제4의 물결과
한국정치의 과제

김영래

박영사

책을 내면서

'제4의 물결'은 한국정치의 시대적 흐름이다. 제4차 산업혁명이란 시대적 화두는 2016년 1월 스위스의 다보스에서 개최된 세계경제포럼(World Economic Forum)에서 클라우스 슈밥(Klaus Schwab)에 의하여 주창되었지만, 한국정치는 이미 제4차 산업혁명보다 더욱 일찍 '제4의 물결' 시대를 맞이하고 있다.

필자는 10여 년 전부터 대학강의와 학술회의 등에서 한국정치는 '제4의 물결(The Fourth Wave)' 시대를 맞이하고 있다고 주장했다. 필자가 주장하는 '제4의 물결'은 슈밥이 주창한 '제4차산업혁명(The Fourth Industrial Revolution)과 직접적인 관련이 있는 것은 아니지만, 이 용어의 대두 이래 필자는 한국정치의 '제4의 물결' 시대의 도래를 더욱 절감하게 되었다. 인공지능(AI: Artificial Intelligence)과 같은 과학기술문명의 발달은 정치를 비롯한 각종 분야에서 국가발전에 심대한 영향을 줄 것이기 때문이다.

한국정치의 '제4의 물결'은 '선진복지사회의 실현을 위한 정치'를 의미하고 있다. 한국정치는 '제1의 물결'인 이승만 초대 대통령의 신생국가의 건설, '제2의 물결'인 박정희 대통령의 근대적 산업국가의 건설, '제3의 물결'인 '87년 민주항쟁 이후 민주국가의 건설이라는 3단계의 국가발전 과정을 성공적으로 수행, 오늘의 한국정치사회에 이른 것이다. 물론 역대 정권과 정치지도자들에 대한 평가는 다양한 시각에서 조명될 수 있으나, 시대적 흐름 자체는 성공적인 과정을 거친 것으로 평가할 수 있다.

그러나 최근 한국정치는 변화 · 개혁 · 희망의 21세기의 시대적 흐름과는 달리 아직도 구태의연한 정치행태를 탈피하지 못한 상태에서 후진적 정치과정의 구조 속에 머무르고 있다. 2020년은 21세기라는 희망의 밀레니엄 시대를 맞이한 지 벌써 20년이 되는 해이며,

동시에 여러 가지 관점에서 한국정치사에 의미 있는 해이다.

금년은 남북분단 75주년, 대한민국 정부수립 72주년, 6·25 한국전쟁이 발발한지 70주년, 4·19 학생혁명이 일어난지 60주년, 광주민중항쟁이 일어난지 40주년이 되는 해이다.

그동안 한국정치는 1948년 민주적인 헌법이 제정되어 민주정치를 실시한지 벌써 70여 년이 넘었다. 그러나 한국정치라는 하드웨어는 번듯하게 21세기라는 화려한 포장을 하였으나, 정치과정과 같은 소프트웨어는 아직도 19세기 내지 20세기의 구태의연한 틀 속에서 제대로 변하지 못하여 정치에 대한 국민의 불신이 고조되고 있다.

2020년 새해 벽두부터 한국정치의 위기라는 소리가 곳곳에서 들리고 있으며, 실제로 정치현장은 이를 극명하게 나타내고 있다. 지난해 하반기부터 광화문을 중심으로 서울시청, 서울역, 여의도, 서초동 등에서 전개되고 있는 '광장정치'는 이제 일상이 되었다. 대의정치, 의회정치, 정당정치는 실종되고 보수와 진보로 갈라진 진영논리에 의한 '광장정치'가 횡행하고 있다.

국민의 대표기관인 국회의원들은 의회정치의 상징인 국회보다는 오히려 국회 밖에서 전개되는 '광장정치'에 더욱 많은 관심을 나타내고 있다. 토론과 타협의 의회정치는 실종되어 대의민주주의보다는 직접민주주의의 시각이 더욱 한국정치를 기속하고 있다. 이에 제왕적 권력을 가진 대통령을 중심한 '청와대 정부'는 입법부는 물론 사법부까지 장악하고 있어 삼권분립의 민주주의 기본원리까지 위협받고 있는 것이 오늘의 한국정치 현실이다. 여야 정치권이 정치력에 의해 국민을 통합시키기보다는 오히려 국론분열을 부추기고 있는 '내로남불'(내가 하면 로맨스, 남이 하면 불륜) 정치현상을 야기시키고 있다.

헌팅톤(Samuel P. Huntington)의 이론에 따르면 한국정치는 2회 이상의 정권교체를 정상적인 선거를 통해 이뤄졌기 때문에 민주정치의 공고화가 상당 수준 달성된 것으로 볼수 있다. 그러나 최근 국회는 물론 청와대를 통해 전개되고 있는 정치상황은 지극히 실망스럽다. 국회는 여야정당이 집권당과 야당 간의 위치만 상호 변했을 뿐, 물리적 힘의 논리를 내세워 변칙적인 국회운영과 정쟁을 일삼는 구시대적 행태는 일상화되었다.

국회에서 일어난 정쟁을 국회 스스로 해결하지 못하고 서로 고소·고발함으로써 검찰과 사법부에 자신들의 운명을 맡기는 일이 발생하였다. 이는 정치력 부재의 국회가 스스로 자초한 정치행위이다. 4·15 총선을 불과 100여 일 앞둔 상황에서 여야 국회의원 37명이 선거법 개정을 둘러싸고 발생한 '동물국회'로 인해 법의 심판을 받게 되었다.

청와대 역시 마찬가지이다. 촛불시위로 인해 한국정치 사상 최초로 박근혜 대통령이 탄핵으로 물러난 후 실시된 선거를 통해 정권을 장악한 문재인 정부는 변화와 개혁을 기대하는 국민의 기대와는 달리 국민통합은 고사하고 오히려 갈등만 부추기는 진영논리의 정치를 하고 있다. 권력 분산의 시대적 흐름을 외면한 채, '청와대 정부'라고 지칭될 정도로 무소불위의 권력이 청와대에 집중되고 있다.

내각은 무력화되었으며, 행정부처 장관들의 존재는 찾아보기 힘들고 관료들은 청와대의 눈치만 보며, 복지부동하고 있다. 협치와 소통의 정치는 말뿐이며, 집권당은 행정부의 거수기 역할을 하는 데 여념이 없다. 청와대와 여당은 아직도 '조국 현상'에서 벗어나지 못하고 있다. 야당 역시 탄핵의 어두운 그림자에서 벗어나지 못한 채 국민들로부터 신뢰를 얻지 못하고 있다.

한국정치는 '다이내믹 코리아(Dynamic Korea)'와 같이 변화무쌍하여 미래의 10년은 고사하고 내년, 심지어는 내달 정치판도도 점치기 어려울 정도로 급변하고 있어 예측가능한 선진정치와는 거리가 멀다. 정치개혁을 통한 변화를 추구하는 것이 정치사회 발전의 원리이기는 하지만 오히려 적폐청산 등 '과거정치'에 집착하여 '미래정치'가 실종, 통합과 화합의 협치정치보다는 갈등과 분노의 분열정치가 계속되고 있다. 이웃 일본에서 제4차 산업혁명시대를 맞아 AI(인공지능) 정치를 준비하고 있으며, 지방자치단체장 선거에 AI 후보가 등장하기도 했는데, 한국정치는 '과거정치'에서 벗어나지 못하고 있다.

그러나 정치는 매일 매일의 일상적인 삶에 있어서 결코 유리될 수 없는 필수적 요소이다. 오늘날 우리는 '정치가 국민을 걱정하기보다'는 오히려 '국민이 정치를 걱정한다'는 역설적인 현상에 직면하고 있지만, 우리는 결코 정치를 떠나서는 살 수 없다. 정치는 우리의 삶의 일부이기 때문에 정치를 어떠한 형식으로든 이해하지 않으면 안 된다. 특히 우리가 살고 있는 한국이라는 공간 속에서 전개되는 정치현상을 분석·이해하는 것이 필요하다. 정치는 우리의 미래를 결정하는 가장 중요한 요소이기 때문이다.

이러한 관점에서 필자는 오랜 기간 봉직하였던 아주대학교에서 교양과목으로 '한국정치의 쟁점과 과제'라는 과목을 개설하여 대학지성인들에게 한국정치를 분석·이해하는 것이 필요하다는 것을 역설하고 있다. 따라서 이 책은 일차적으로 상기 과목 수강생들을 위해 발간한 것이다. 동시에 이 책은 정치에 관심있는 대학생은 물론 일반인들도 한국정치를 상식적인 수준에서 이해할 수 있는 내용을 담았다.

이 책은 '제4의 물결' 시대를 맞이한 한국정치가 나아갈 방향을 제시하는 데 도움을 주고자 발간한 것이다. 이 책은 총 4장으로 구성되어 있다. 제1장부터 제3장에 수록된 논문들은 그동안 필자가 학회지 또는 학술회의 등에서 발표한 것이다. 일부 논문들은

2000년대 초에 발표한 논문이지만 앞에서 언급한 것과 같이 한국정치의 행태 자체가 크게 변하지 않았기 때문에 한국정치를 이해하는 데 큰 어려움이 없을 것으로 사료되어 약간의 수정을 거쳐 게재한 글이다.

제1장은 정치의 본질과 행복론에 대하여 논하고 있다. '정치의 본질과 정의의 개념 재정립'은 필자가 마산 경남대학교에 1981년 3월 교수로 임용되어 처음으로 발표한 논문이다. 상기 논문은 필자가 미국 University of Southern California 대학원 석사과정에서 수학 중, 정치에 대한 개념을 정립하는 데 큰 도움을 받은 정치이론을 중심으로 쓴 내용이다. 행복론은 정치가 추구하는 궁극적 목표가 공동체 구성원의 행복이라는 관점에서 플라톤 등 주요 정치철학자들의 행복론을 기술하였다.

제2장은 이 책의 중심 주제인 한국정치에서 '제4의 물결'이 무엇인가를 고찰하였으며, 동시에 현재 한국정치사회가 추구하는 발전 과제에 대한 방향을 제시하고 있다. 특히 최근 역대 국회 중 최악의 국회라는 20대 국회의 문제점과 대통령의 리더십을 고찰, 이에 대한 개선책을 논하고 있다. 동시에 제3공화국 하에 박정희 대통령에 의한 한국 민주주의 시련과 1987년 제9차 헌법개정 이후 정치권에서 지속적으로 제기되고 있는 헌법 개정 문제를 다뤘다.

제3장은 한국정치과정에서 제기되고 있는 문제점과 이에 대한 해결과제를 논하고 있다. 한국정치과정의 주요 정치행위자(Political Actor)인 정당 · 선거 · 정치자금 · 이익집 단 · 시민사회 · 지방자치 · 여성 문제 등을 논하고 있다. 특히 제3장에서 다룬 정치행위자들 은 비교정치학을 연구하는 필자가 가장 관심을 많이 가진 분야이다.

정당과 선거는 필자가 제18대 국회의원 선거 시 특정 정당에 공천심사위원으로 정치현장 을 경험한 측면에서도 중요한 변수로 여기고 있다. 최근 선거에서 후보자들이 중요하게 취급하고 있는 매니페스토(Manifesto)는 2004년 필자가 일본 게이오대학(慶應大學)에 연구교 수로 있는 동안 일본정치 현장을 연구하여 국내에 도입하는 계기가 되었다. 지방자치와 시민사회는 경제정의실철시민연합 조직위원장, 수원경실련 상임공동대표로서의 활동과 한국NGO학회의 창립을 주도적으로 조직하는 과정에서 역시 많은 관심을 둔 분야이다.

이익집단과 이익집단정치는 필자의 박사학위 논문인 '한국이익집단의 조합주의적 분석' 과 직접적으로 관련 있는 항목이다. 정치자금 분야는 1980년 초 한국정치학계에서는 정치자금에 관한 논문이 전무한 상황에서 필자가 미국대학에서 수강한 정치자금 관련 과목을 한국에 소개, 이론적으로 조명하는 계기를 만든 논문이다. 여성의 정치참여는 여성의 지위 향상과 생활정치와 관련하여 중요성을 강조한 논문이다.

제4장은 그동안 필자가 주요 언론에 게재한 칼럼으로 최근 정치에 대한 견해를 담은 글이다. 조선일보, 중앙일보, 동아일보, 문화일보, 서울신문, 세계일보, 경향신문 등 주요 일간지에 게재한 글과 KBS객원해설위원으로 방송한 원고에서 추렸다. 칼럼의 상당 부분은 지난 30년 동안 경기도의 수부인 수원시에 살고 있는 필자가 지방언론의 중요성을 인식, 경기일보에 1994년부터 현재까지 객원논설위원으로 활동, 기명칼럼인 〈김영래 칼럼〉에 게재된 글이다.

칼럼 내용에 따라 '한국정치의 현실과 미래 개혁과제'라는 주제 하에 '정치지도자와 리더십', '국회와 의회정치', '정당과 정치자금', '선거와 지방자치, 매니패스토', '촛불시위와 탄핵, 대의민주주의', '남북관계와 국제정치', '한반도와 한국외교의 과제', '뉴미디어 시대와 정치드라마', '정치환경 변화와 개헌', '정치선진화와 복지국가'와 관련된 글을 뽑아 실었다.

최근 인터넷과 같은 정보매체의 발달로 출판업계 상황이 상당히 어려움에도 불구하고 학술서적의 출간을 흔쾌히 맡아 준 박영사 안종만(安鍾萬) 회장님과 안상준 대표님, 편집부 직원 여러분께 고마운 마음을 전하고자 한다. 특히 정연환 님과 정수정 님에게 감사드린다. 또한 원고를 작성하는 과정에 있어 자료수집, 색인 작성, 교정작업에 수고하여 준 아주대 대학원생 이현주 조교에게 고마움을 표한다.

필자는 지난 50여 년 동안 정치학이라는 학문을 가지고 학생·교수·연구자·시민활동가로서 활동하는 기간 많은 분들로부터 도움을 받았다. 대학생 시절부터 필자를 지도·격려하여 주신 은사 윤형섭·한흥수 두 분 교수님에게 진심으로 감사를 드린다.

한민족의 성군 세종대왕이 잠들고 계신 영릉(英陵)의 바로 이웃 동네인 여주시 능서면 구양리에서 농부로서 넉넉지 못한 가사에도 불구하고 아들의 장래를 위해 서울로 중학교부터 유학을 보낸 선친(金자 南자 應자)과 모친(吉자 福자 綠자)에 대한 상념이 새삼 떠오른다. 아들의 성장을 제대로 보시지 못하고 선친은 1961년 겨울, 모친은 1987년 여름에 세상을 떠나셨다. 늦게나마 하늘나라에 계신 부모님께 이 책을 바친다.

끝으로 40여 년간 교수로서 생활하느라 가사는 거의 돌보지 못했음에도 집안을 잘 가꾸어 온 아내와 필자의 삶에 활력소를 준 사랑하는 아들 내외와 손자(민유)에 대하여 고마움을 표시하고자 한다.

2020년 경자년 원단에
수원 원천골에서
김 영 래

차례

제1장 정치의 본질과 행복론

제2장 제4의 물결과 한국정치의 좌표

제4장 한국정치의 현실과 미래 개혁과제

제1절 정치지도자와 리더십

제2절 국회와 의회정치

제3절 정당과 정치자금

2. 정치선진화의 과제

제1장
정치의 본질과 행복론

제1절

정치의 본질과 정의(正義)의 개념 재정립

1. 머리말

아리스토텔레스가 그의 저서 「정치학」(*Politics*)에서 "인간은 정치적 또는 사회적 동물이다"라고 칭한 이래 오랜 시간을 통하여 수많은 철학자, 사상가, 또는 정치학자에 의하여 정치의 본질을 규명하려는 시도는 끊임없이 계속되어 왔으며, 지금도 계속적인 논쟁을 통하여 연구되고 있다.

인간을 주체로 한 사회 현상 중의 하나인 정치 현상을 연구의 대상으로 하는 정치학만큼 다양성과 모호성을 내포하고 있으며 논란의 대상이 되고 있는 학문도 드물다. 더구나 정치학에 있어서 주요한 여러 개념 중의 하나인 '정치의 본질'(the nature of politics)은 정치학자의 수만큼이나 많이 거론되고 있기 때문에 어떤 체계적이고 일반적인 정치의 본질을 정의한다는 것은 어려운 일일 뿐만 아니라 또한 어리석은 일일지도 모른다.

근본적으로 인간이 태어나서 로빈슨 크루소(Robinson Crusoe)와 같은 고립된 생활을 할 수 없는 한, 인간이 있는 곳에는 항상 정치 현상이 존재하고, 이에 따른 정치가 무엇이냐 하는 정치의 본질에 관한 문제는 계속적으로 추구되며, 또한 추구하지 않을 수 없다. 더구나 자연과학과는 달리 사회과학의 목적이, 무엇이 바람직한 사회 현상이냐의 문제를 추구하고 있는 한, 무엇이 바람직한 정치현상이냐의 추구를 위하여 정치의 본질이 무엇인가의 문제를 제기하지 않을 수 없다.

한편 정치의 본질에 관한 문제는 인간이 추구하는 제 가치 중에서 정치적 가치와 밀접하게 관련되어 있으며, 특히 정치적 가치 중에서 정의(justice)의 개념은 가장 근본적인 것이다. 정의를 정치적 가치 중에서 최고의 가치로 보는 것은 자유(freedom), 평등(equality) 및 질서(order)와 같은 여러 정치적 가치 개념의 옳고 그름을 결정하는 중요한 기준을 제시하고 있기 때문이다. 어떠한 정치적 가치의 개념이 '옳다' 또는 '그르다'라고 하는 문제는 정치의 본질에 관한 논쟁만큼이나 애매하고 복잡하다.

현대를 "정치화의 시대"(age of politicization)라 칭하고 있다.[1] 정치화의 시대란 인간이 존재하는 한 정치의 본질에 대한 끊임없는 접촉을 의미하는 것이다. 정치의 본질에 대한 끊임없는 사고는 다양한 여러 정치적 가치의 기준을 제시하여 주는 정의의 개념과 필연적으로 관련을 맺고 있다. 따라서 이 두 개의 주요한 개념에 대한 이해 없이, 또는 사고 없이 정치를 논한다고 하는 것은 무의미한 일일지도 모른다.

이와 같이 중요하면서도 어려운 정치의 본질과 정의의 개념을 다시 음미하여 보기 위한 시도로서 본 글에서는 마크 칸(Mark E. Kann)이 제시한 정치에 관한 두 모델을 중심으로 하여 정치의 본질과 정의의 개념을 논하여 보고자 하는 것이다.[2] 이 모델은 칸이 그의 정치 철학에서 가장 중요하게 취급하는 용어인 "정치적 충족"(political adequation)이란 개념을 발전시키기 위하여 사용하는 "해석학적 접근 방식"(interpretive approach)에서 제시된 것으로, 정치학 연구에 있어서 통합적 과정(synthetic process)으로 끌어넣기 위한 기준 제시의 시도로 설명된 것이다.[3]

본 글에서 검토되는 정치의 상반된 두 모델에 대하여 모든 정치학자들이 자기의 논리가 가장 지적이고 또한 과학적인 사고에서 연유하고 있다고 주장하기 때문에, 이 두 모델에 대한 우열을 가름하는 것은 개개인이 처한 환경과 정치적 경험에 따를 수밖에 없다고 칸은 주장하고 있다.

따라서 본 글은 어떤 이상적인 모델의 제시보다는 개개인의 조망에 따른 정치에 대한 이해에 주요한 목적이 있는 것이다. 따라서 본 글은 칸의 두 모델에 따른 개념을 좀 더 세세한 문헌 연구를 통하여 설명함은 물론 기타의 개념들과의 비교를

---

* 본 글은 「현상과 인식」 제6권, (서울: 한국인문사회과학회, 1982.9)에 실린 필자의 논문을 수정·보완한 것임.

1 이극찬, 『정치학』, (서울: 법문사, 1981), 8쪽.

2 Mark E. Kann은 대표적인 정치이론가로서 University of Southern California에서 정치 이론을 강의하였음. 여기에 인용한 두 모델은 그의 저서 *Thinking About Politics: Two Political Science*, (St. Paul, Minnesota: West Publishing, 1980)에서 제시된 것임.

3 Interpretive Approach와 Political Adequation에 관하여는 윗글 169–226쪽을 볼 것.

4   제1장 정치의 본질과 행복론

통하여 더욱 많은 정치에 대한 연구와 사고를 확장시키려는 데 있다.

2. 정치의 본질

1) 정치의 개념

정치현상을 연구 대상으로 하고 있는 정치학은 상당히 추상적이고 모호한 학문이다. 모든 사회과학 연구에 따르는 난해성의 하나로 간주되고 있는 개념의 모호성과 다양성은 정치학에 있어서도 마찬가지이다.

본래 정치라는 용어는 고대 그리스의 폴리스(polis)에서 비롯된 것으로 현대에 이르고 있다. 아리스토텔레스에 의하면 정치란 폴리스 내에 있어서의 어떤 특정한 활동을 지칭하는 것으로 자연(nature)에서 발생되는 성장의 과정을 포함한다.[4] 따라서 아리스토텔레스는 physis(영어로 a way of growth)란 용어를 사용하면서 폴리스는 최고의 자기 충족(height of self-sufficiency)을 달성하는 최종의 완전한 도시 공동체로서 이는 계약에 의한 합의(convention)의 형태와는 구분되는 것이라고 주장하였다.[5]

그러나 그는 폴리스의 설명에 있어서 급진적인 관점을 배격하고 있으므로 정치적 사회의 자연적 성격이 단순한 성장의 과정을 의미하는 것은 아니다. 즉, 아리스토텔레스에 의하면, 가족→마을→국가에 이르는 발전과정을 자연의 성장과정으로 설명할 수 있으나, 이보다는 폴리스는 인간의 내재적 충동-질서를 가진 공동체의 구성을 위한 양심적 충동에서 이룩되는 정치적 결합체(political association)를 의미한다.[6] 아리스토텔레스는 정치적 결합체인 폴리스가 가장 최고의 주권을 가진 결합체로서 자기 충족을 시켜 주는 것이라고 극찬하였다.

아리스토텔레스가 주장하는 폴리스는 현대적 의미에 있어서 국가라고 할 수 있으며, 이는 헌법의 분류에서와 같이 통치 또는 지배의 존재를 인정함으로써 인간의

---

4 Ernest Barker 편역, *The Politics of Aristotle*, (Oxford: Oxford University Press, 1977)의 서문 중에서 제3장을 볼 것.

5 Lee Cameron McDonald, *Western Political Theory*, (New York: Harcourt Brace Jovanovich, 1968), 49쪽. 또한 Physis라는 용어는 Barker에 의하여 Convention(Nomos)의 상반된 개념으로서 Nature로 주장되었다. 그러나 라틴어의 Natura는 Nature로서 원시적 상태를 의미하는 출생의 관념이나, 그리스어의 Physis는 성장의 관념으로서 자연에 있어서의 성장의 과정을 의미한다. Barker의 윗글과 McDonald의 49쪽을 볼 것. 이 외에 Robert A. Nisbet, *Social Change and History*, (New York: Oxford Univ. Press) 8–9쪽을 볼 것.

6 Barker, 위의 책 1–2쪽.

자기 충족을 위한 인간관계에서 발생하는 여러 관계를 '정치적'(political)이란 의미로 사용하고 있다.

물론 아리스토텔레스가 '정치적' 개념 연구에 탁월한 공헌을 많이 하였으며, 특히 다양하고 모호한 정치학 개념에 대한 발전에 기여하였으나, 아리스토텔레스의 정치에 대한 개념은 아직도 모호하고 매우 포괄적이라고 하지 않을 수 없다.

이와 같은 정치의 개념에 대한 모호성과 포괄성은 그 후 마키아벨리(Niccolo Machiavelli), 토마스 홉스(Thomas Hobbes) 등과 같은 사상가에 의하여 많이 발달하였다. 더구나 근세에 들어와서 막스 베버(Max Weber), 라스웰(Harold Lasswell) 등에 의하여 정치의 개념은 더욱 구체화된 의미를 갖게 되었다. 예로 베버는 통치관계에 영토적 개념을 추가하였고, 라스웰은 권력의 구체적 개념을 제시하였다.[7]

아리스토텔레스, 베버, 라스웰 등에 의하여 발전된 정치의 개념을 종합하여 다알(Robert A. Dahl)은 이들의 공통적인 특징은 때로는 상반되는 것이 있기는 하나, 인간관계의 한 측면이라고 강조하였다. 즉, 다알은 "정치체계란 영향력, 권력 또는 권위를 상당한 정도로 포함하는 여러 인간관계의 모든 연속적인 유형이다."[8] 라고 주장하면서, 지배, 영향력, 권력 또는 권위와 같은 주요 개념들이 관련된 인간관계를 정치적 관계라고 포괄적으로 정의하면서 정치의 개념을 설명하려고 하였다. 그러나 다알은 자신이 주장하는 정치의 개념이 너무 포괄적이기 때문에 "정치의 편재성" (ubiquity of politics)을 인정하였다.[9]

지금까지 많은 정치학자들에 의하여 주장되어 온 정치의 개념은 주로 지배, 영향력, 권력 또는 권위 등과 같은 개념에 의하여 설명되었으며, 이로 인하여 발생되는 인간관계를 정치적 관계의 유형(a pattern of political relationship)으로 규정하여 정치를 설명하려고 하였다. 역사적 상황 또는 정치적 상황에 따라서 정치적 관계의 유형을 국가에 한정하여 국가와 직접 또는 간접으로 관련된 현상만을 정치라고 하는 국가현상설과 사회생활관계에서 발생하는 여러 현상을 포함하여 포괄적으로 정치를 규정하려는 사회학파 또는 집단현상설 등의 상반된 이론이 존재하고 있으나, 각 이론은

---

7 Max Weber의 정치의 개념은 H.H. Gerth와 C. Wright Mills 편역, *From Max: Essay in Sociology*, (New York: Oxford University Press, 1978), 제 1장을 참조하고, Lasswell에 관하여는 Hardd D. Lasswell과 A. Kaplan, *Power and Society*, (New Haven: Yale University Press, 1950), 서문과 240쪽을 볼 것.

8 Robert A. Dahl, *Modern Political Analysis*, (Englewood Cliffs, N.J.: Prentice Hall, 1976), 3쪽.

9 위의 책, 3–11쪽.

그 나름대로의 정당성을 가지고 있기 때문에 어느 이론을 일방적으로 수용할 수 없다.[10]

2) 정치적 선입관의 문제

정치에 대한 견해는 모호하고 추상적이고, 또한 각양각색이다. 그럼에도 불구하고 소위 정치에 대하여 견해를 피력하는 각 개개인은—물론 정치학자를 포함하여—자신의 정치에 대한 견해나 설명이 가장 지적이고 과학적이라며 타인을 설득시키려 하고 있다.

그러면 과연 이와 같은 정치에 대한 이해는 무엇을 근거로 하여 발생하며, 이에 따른 각 개개인의 정치의 본질은 무엇인가를 중요하게 생각하지 않을 수 없다. 즉, 이는 정치에 대한 견해를 피력하는 각 개개인에게 어떠한 요인이 영향을 미치며, 왜 그들은 그와 같이 정치의 개념을 해석하고 있느냐 하는 문제이다.

이에 관하여 칸은, 모든 인간이 돌입한 환경에서 지적인 성장을 하지 못하고 각기 다른 환경에서 성장하면서 다른 지적인 성장을 하게 되며, 이것이 정치의 개념 정립에 중요한 요소를 이루고 있는 정치적 선입관(political preconception)이라고 보고 있다.[11]

정치적 선입관은 근본적으로 각 개개인의 성장과정, 생활환경 등에 의하여 형성되는 것으로 정치화의 과정(politicizing process)에 중요한 역할을 하며, 이는 정치적 태도와 행동양식의 결정에 중요한 요인인 정치사회화의 하나로 간주될 수 있다.

그러나 정치사회화를 연구하는 대부분의 학자들은 정치관계의 유지의 입장에서 연구함으로써 사회화와 사회변동(societal change)과의 관계를 규명하는 데 소홀히 하고 있다. 더구나 정치사회화의 과정은 정치의 본질에 대한 근본적인 이해보다는 기존 정치체계에 대한 적응기능을 강조함으로써 정치의 본질에 대한 근본적인 문제해결을 등한시하였다.

그러나 정치적 선입관은 정치사회화 과정과는 달리 체계의 유지에 기여할 뿐 아니라, 체계의 변동에 큰 역할을 함으로써 정치의 본질에 대한 근본적인 문제

---

10 이극찬, 앞의 책, 72–78쪽.
11 Kann, 앞의 책, 2–6쪽.

해결을 시도하는 것이다. 칸에 의하면 각 개개인은 각자의 경제적, 사회적, 문화적 환경에 의하여 정치적 선입관을 가지게 되며, 이는 유아기를 거쳐 의식이 확립되는 성년기에 다다르면서 정치의 본질에 대한 더욱 확고한 이해를 가지게 된다고 주장하였다.[12]

예를 들면 미국과 같은 물질적으로 풍요하고, 개인의 소유권 및 기본권을 존중하고, 자유주의적 관념을 가진 사회에서 자란 개인이 가진 정치에 대한 이해와 아프리카와 같은 풍요롭지 못한 사회에서 자란 개인이 가지는 정치적 선입관은 상이하며, 이는 정치의 본질에 대해 상이한 견해를 가지게 된다는 것이다. 전자의 경우 기존 정치 체계의 지지와 더불어 사유권에 기초한 개인의 기본권의 보호는 당연한 것으로 여기는 정치에 대한 협소한 견해를 갖게 되며, 후자의 경우는 더욱 광범위한 변화를 요구하는 정치에 대한 견해를 가지게 된다.

이와 같이 정치의 개념에 대한 상반된 정치적 선입관은 정치학이 추구하는 "정치란 무엇인가?"라는 정치의 본질에 대한 문제에 대하여 근본적으로 다른 이해 및 태도를 제시하고 있다. 더구나 상이한 정치적 선입관에 의하여 주장하는 그들의 정치에 대한 견해가 다른 견해보다는 더욱 체계적이고 지적이라고 주장하고 오히려 상대방을 설득시키려 하고 있기 때문에 정치의 본질을 설명한다는 것은 더욱 어려운 일이다.

더구나 모든 인간들이 서로 상반된 두 개의 생활권에 살고 있지 않기에 더욱 정치의 본질에 대한 어떤 모델을 제시한다는 것은 어려운 일이다. 그러나 칸은 최소한 정치학 연구에 있어서 두 개의 상이한 논리에 의하여 정치학이 연구되고 있으니, 하나는 정치적 현실주의(political realism)의 논리와 후기 행태주의 연구방법(post-behavioral methods)에 의한 정치에 대한 이해이며, 또 다른 하나는 정치적 기회주의(political opportunities)의 논리와 해석학적 접근방법(interpretive approach)에 의한 정치에 대한 이해라고 주장하고 있다.[13] 이에 따라 정치의 본질에 대하여 칸은 두 개의 모델을 제시하였다.

---

12 위의 책, 2–3쪽.

13 위의 책, 8쪽. 정치적 기회주의의 논리는 현실주의자와 이상주의자의 논리의 중간단계라고 해석할 수 있음.

3) 정치의 두 모델

(1) 갈등 해결로서의 정치

'갈등 해결로서의 정치'(politics as conflict-resolution) 모델은 서구와 같이 경제적으로 풍요하고 자유주의적인 관념이 지배하는 사회에서 성장한 개인들이 가지는 정치적 선입관에 의하여 형성된 모델로서 현실주의적 논리에 의하여 발달되었다고 칸은 주장하였다.[14] 곧 이는 17세기 서구에서 자본주의의 발달과 함께 등장한 시민사회의 발달과 함께 소위 정치적으로 민주주의를 추구하는 국가에서 형성된 정치의 모델이라고 할 수 있다.

17세기 인류는 두 가지의 중요한 정치적, 경제적 변화를 겪었으며, 이와 같은 사회적 변동은 정치의 모델 형성에 결정적인 역할을 하였다고 볼 수 있다.[15]

첫째, 당시 인류는 전에 볼 수 없었든 가공할 만한 정치적 과도기에 접하고 있었으니, 즉 구질서를 파괴하고 새로운 질서를 추구하는 과도기였다고 볼 수 있다.

영국에서 1628년에 요구한 권리 청원(Petition of Rights)을 기점으로 하여 뒤이어 일어난 청교도 혁명(Puritan Revolution: 1653)과 명예 혁명(Glorious Revolution: 1688)으로 절대 왕정은 무너지고, 국민을 대변하는 의회의 지위는 강화되고, 시민의 권리가 옹호되는 새로운 정치질서가 대두되었다.

이는 근대 시민사회의 대두로 볼 수 있으며, 지금까지 지배했던 구질서가 붕괴되는 정치적 과도기라고 할 수 있다. 이와 같은 변화의 사조는 그 후에 발생한 미국 혁명과 프랑스 혁명에 의하여 더욱 구체적으로 정치현실에 적용되었다.

둘째, 17세기에 있어 개인의 자아의식의 발달과 더불어, 시민은 봉건제도와 같은 상대적으로 안정된 사회질서로부터 자본주의에 의한 새로운 동적인 사회질서로의 변혁을 경험하게 되었다.

절대군주는 봉건적 토지 소유에 기초하여 왕권을 확립하고 사회질서를 유지하였다. 이와 같은 절대 왕정에 의한 구질서는 정적인, 또한 안정적인 정치체제를 유지하였으나, 영국에서 발달된 산업혁명과 근대적인 시민의식의 발효와 함께 자본주의가 대두됨으로써 봉건적 경제체제가 무너지고, 임금노동, 공장생활, 시장경제와 같은

---

14 위의 책, 18쪽.
15 위의 책, 18-19쪽.

자본주의적 개념이 싹트게 되었다. 아담 스미스(Adam Smith)가 『국부론』(*The Wealth of Nations*)에서 주장한 자유방임주의 경제이론을 주축으로 하여 발달된 자본주의 경제이론에서는 개인이익의 보호, 국가역할의 극소화 및 사유재산 제도의 인정 등을 주요 골자로 하여 새로운 사회질서의 대두를 예고하였다.

이와 같은 새로운 질서의 대두에 따라 파생된 문제점에 대한 해결을 위하여 새로운 시민의 관심이 등장하였다. 칸은 변화된 새로운 정치적, 경제적 질서를 지지하는 시민의 정치에 대한 관심을 갈등의 해결로 보았다.[16] 칸에 의하면 당시의 시민의 관심은, ① 정치적으로 신·구권력관계와의 갈등을 해결하고, ② 경제적으로 새로운 시장에서 발판을 구축하기 위한 개인 간의 갈등을 해결하는 데 있었다. 정치적으로 절대왕정의 붕괴에 따라 의회제도 등이 창설되었으나, 봉건적 귀족세력은 구질서로의 복귀를 꾀하고, 심지어 이를 위하여 시민과 대립함으로써 새로운 갈등이 사회에 발생되었다. 또한 자본주의의 발생은 경제적 이해관계에 따른 개인 간의 갈등을 고조시켰다.

따라서 기존세력과 신흥세력과의 정치적 갈등, 경쟁에 따른 경제적 갈등 등이 주요한 사회문제로 대두된 새로운 사회질서를 바람직스러운 것, 올바른 것, 합리적인 것으로 생각하는 시민은 새로이 설정된 사회질서의 유지를 위하여 노력하였다. 이에 발생된 갈등의 해결을 제일의 과제로 삼는 정치모델이 등장하였고, 이는 주로 홉스(Thomas Hobbes), 로크(John Locke) 등에 의하여 그 논리적 기초가 발전되었다.[17]

ㄱ) 홉스의 갈등해결 논리

홉스의 생애는 영국이 대외적으로 발전하는 시대였고, 대내적으로는 절대 왕정이 동요하여 신·구질서가 갈등을 겪는 변동기에 걸쳐 있었기 때문에, 그의 사상은 새로운 질서 형성에 많은 영향을 주었다. 그는 저서 『리바이어던』(*Leviathan*)을 통하여 당시의 사회변동이 가지고 있는 갈등의 문제점을 체계적으로 해결하려고 하였다.

유물론자로서 연역적인 방법에 의하여 갈등의 문제를 해결하려고 시도한 홉스는 인간의 유물론적인 이기적 이익의 추구를 기본으로 하여 출발하고 있다.[18] 홉스는

---

16 위의 책, 18~19쪽.

17 위의 책, 18~19쪽.

18 Lee Cameron McDonald, *Western Political Theory*, (New York: Harcourt Brace Jovanovich, 1968), 304쪽.

공동체적인 면보다는 인간의 이기적 측면을 강조하였으며, 이와 같은 이기적 이익을 추구하기 위하여 자유 경쟁에 돌입하게 되며, 만인에 의한 만인에 대한 전쟁(war of everyone against everyone)을 하는 비참한 상태가 된다고 주장하였다.[19]

근본적으로 인간이 이기적 이익을 추구하는 데 있어서 그를 위한 실현 대상은 한정되어 있기 때문에 이익추구를 위하여 무질서한 자유경쟁 상태로, 급기야는 만인에 의한 만인에 대한 전쟁에 돌입하게 되며, 결과적으로 이는 인간의 욕망 가운데 가장 중요한 자기보존과 자기의 생명의 상실을 가져온다는 것이다. 희소자원설에 입각한 인간의 이기적 이익의 추구에 따른 무질서한 자유경쟁의 비참한 결과를 지적한 것이다.

따라서 홉스는 이와 같은 인간의 비참한 상태를 해결하기 위하여 자연법(the law of nature)의 존재를 주장하였다. 갈등을 해결하여 전쟁상태에 종지부를 찍는 이성에 의하여 발견되는 보편적인 법칙인 자연법은 정당한 이성의 명령인 것이다.[20]

홉스에 의하면, 평화를 추구하는 것이 인간의 생존의 욕망이고, 평화를 얻을 수 없는 경우에는 투쟁을 통해서라도 이익을 추구하려는 것이 제1의 기본적 자연법이다. 제2의 자연법은 평화와 자신의 방위를 위하여 필요하다고 생각하는 한 이성의 명령에 의하여 자신이 가지고 있는 권리를 양도하는 것이며, 제3의 자연법은 상호신의에 의한 계약의 상태로, 인간이 자연 상태에서 가져올 수도 있는 비참한 파멸을 막을 수 있다고 주장하였다.[21]

제3의 자연법은 자연 상태에서 발생된 갈등을 해결하기 위하여 계약에 의한 이행을 전제로 한 강제력을 포함하고 있는 것이다. 즉, 평화의 실현은 강제력에 의해서 가능하다는 권력지향적인 사상가로서 홉스는 이와 같은 인간의 갈등을 해결하기 위하여 계약에 의한 강제력은 필요한 것이며, 이에 강제력에 의한 자기중심적인 관점에서 갈등을 해결하고자 하는 정치가 대두된다고 하였다.

ㄴ) 로크의 갈등해결 논리

17세기로부터 18세기에 이르는 정치적 과도기의 영국의 정치사상은 로크에 의하

---

19 Thomas Hobbes, *Leviathan*, (New York: Collier Books, 1962), 101–102쪽. 본 책은 Michael Oakeshott에 의하여 편집되었음.
20 위의 책, 102–103쪽.
21 위의 책, 103–124쪽.

여 대표된다. 근대정치이론의 확립자 또는 위대한 민주주의 사상가로서 불리는 로크는 그의 명저『통치론』(Two Treaties of Government)에서 자연법 이론을 전개하여 갈등해결로서의 정치모델을 제공하였다.

로크의 정치사상은 필머어(Robert Filmer)의『가부장권론』(Patriarcha)에 대한 반론에서 시작되어, 그의 자연권 이론을 전개하여 정치를 이해하려고 하였다.[22] 미국혁명에 가장 많은 영향을 미친 로크는 미국헌법의 기초자의 한 사람인 메디슨(Madison)에 의하여 '지적 대부'(intellectual godparent)[23] 라고도 불리고 있다. 서구정치사상에 있어 주류를 이루고 있는 '생명, 자유, 재산'(life, liberty, and property), '피해자의 동의'(consent of governed), '다수결의 원칙'(the majority rule)과 같은 용어는 로크의 사상에서 연유된 것이다.

로크는 홉스와 달리 자연상태가 항상 전쟁상태는 아니고 자유롭고 평화스러운 상태이나, 전쟁상태화할 가능성을 내포하고 있기 때문에 인간의 생명, 자유 및 재산이 불확실하게 보장되고 있다고 본다. 따라서 로크는 자연적이기보다는 인위적인 정치의 성립에 의하여 인간의 생명, 자유, 재산이 보호되어야 하며, 이를 위하여 피치자로부터 동의에 의한 사회계약이 성립되어야 한다고 주장하였다.[24]

로크는 자연상태는 제정된 법률이 없고, 갈등을 해결하는 공정한 방법이 없으며, 재판을 강제하는 집행권이 없다는 세 가지의 결점을 지적하면서,[25] 이성을 가진 인간은 이와 같은 결점을 제거해야 한다는 것을 이성적으로 생각하고 이에 결점을 제거하기 위한 사회계약이 성립된다고 하였다.

로크는 홉스보다 자연상태에 대한 개념을 광의로 사용하고 있으며, 자연상태에서 사회상태로의 이전은 정치사회의 형성을 의미하고, 이는 계약에 의하여 합의된 권력사용을 통치체제에 위임함으로써 개인의 권리가 더욱 보호된다고 보았다. 즉, 로크에 의하면 합의에 의한 계약으로 자연상태에서 발생하는 갈등을 조정 해결함으로써 생명, 자유, 재산 등의 인간의 기본권이 보장될 수 있다고 보는 것이다.

---

22 왕권신수설을 기초하여 절대 군주제의 옹호를 주장한 Filmer에 관하여는 Lee Cameron McDonald, 앞의 책, 270–272쪽.

23 위의 책, 326쪽.

24 위의 책, 328–332쪽.

25 정인흥,『서양정치사상사』, (서울: 박영사, 1980), 230–231쪽.

ㄷ) 개인 중심의 논리

홉스와 로크 등에서 본 갈등해결로서의 정치에 대한 이해는 현재 서구정치사상의 주류를 이루고 있는바, 가장 만연된 민주정치이론이라고 볼 수 있다. 서구의 민주정치 체계가 강조하고 있는 합리성과 현실성에 기초한 정치모델로서, 칸은 다음과 같은 주요 논리에 의하여 요약될 수 있다고 주장하였다.[26]

첫째, 인간은 생활에 있어서 서로 다른 이해(interests)와 목적(goals)을 가지고 있다. 둘째, 개인이 가지고 있는 이해와 목적은 다른 개인들과 갈등을 유발한다. 셋째, 이와 같은 갈등은 평화적, 또는 폭력적으로 해결할 수 있다. 넷째, 인간이 평화적으로 갈등을 해결하지 못할 때 폭력에 의존하게 된다. 그러나 폭력은 모든 사람의 이해와 목적을 위협한다. 다섯째, 이러한 상황 하에서 갈등해결을 위한 권위적인 수단(authoritative means)은 폭력을 극소시키는 데 필요하다. 여섯째, 정치는 모든 사회에서 갈등해결을 위한 권위적인 수단이 되고, 정부는 갈등을 평화적으로 해결할 수 있는 조직화된 메카니즘 (organizational mechanism)이다. 일곱째, 정치적인 문제는 폭력으로 시작되고 끝날 수 있는 위협을 인간들에게 주는 모든 갈등을 포함하고 있다.

이와 같은 논리를 가진 정치모델은 인간생활에서 일어나는 각가지의 갈등을 해결하는 데 있어 정치는 권위적인 힘을 가지고 폭력을 극소시키고, 평화적인 방법을 극대화함으로써 안정적인 정치체제를 유지할 수 있다는 서구의 민주주의 정치이론을 대표한다. 홉스나 로크에서와 같이 전쟁상태 또는 전쟁상태화할 가능성은 인간의 본질적인 욕망을 결국은 파괴시킬 수 있다는 가정 하에, 이를 해결하기 위한 강제력 또는 합의에 의한 지배로서 정치의 개념을 이해하는 것에서 나온 논리이다.

최소자원과 인간이 추구하는 다양하고 무한한 이해와 목적의 추구를 위한 인간의 욕구충족은 당연히 갈등을 유발하게 되고, 이는 특히 과도기적인 사회 변동 단계에서 더욱 심하게 발생한다. 인간의 이기적 이익의 추구를 위하여 평화적인 방법보다는 폭력을 사용하게 되면 일시적으로 승자 또는 패자가 있을 수 있으나, 결국 폭력은 무질서의 악순환을 되풀이하고 인간의 멸망이라는 비극적인 결과를 가져온다는

---

26 Kann, 앞의 책, 19쪽.

의식 하에 정치가 이를 평화적으로 해결하는 수단으로 등장한다는 논리로 볼 수 있다.

이는 본질적으로 개인이 영위하고 있는 정치체제가 개인의 이익추구를 최대한으로 보장하고 있다는 정치적 선입관에 의한 정치에 대한 이해이다. 따라서 이는 공동체적인 성격보다는 개인주의적 사고방식에 의한, 개인의 이익을 우선한 관점에서 정치를 이해하려는 것이다.

서구와 같이 개인주의와 자유주의가 지배적인 사회에서 갈등은 안정된 사회질서를 유지하는 데 있어 주요한 저해 요인이라는 기능론자, 또는 체계론자의 관점에서 정치를 이해하고 있는 것이다. 즉, 이스톤(David Easton)이 주장한 정치는 "가치의 권위적 분배"라는 가정 하에 갈등을 권위적인 수단에 의하여 해결함으로써 사회질서가 유지될 수 있다는 기능론자의 주장이다.[27]

갈등해결로서의 정치모델을 주장하는 정치에 대한 이해는 사회의 일부분만을 강조하는 경우가 있다고 주장할 수 있다. 기존의 사회 또는 정치체제로부터 어느 정도 혜택을 받은 계층이 주장하기 때문에, 전체적인 면보다는 부분적인 면을 중요시하고 있다.

이들은 특별한 문제에 대한 개인 간의 갈등의 해결에 주요한 관심을 가지며, 소위 갈등이 있는 계층 간에 적절한 합의에 의하여, 또는 정부와 같은 강력한 통치체제에 의하여 현상유지를 목적으로 한 '평화적인 공존'(peaceful coexistence)을 추구하는 관점에서 정치의 본질을 이해하려는 것이다. 근본적인 해결보다는 적절한 방법으로 타협점을 모색하여 갈등을 해결하려는 정치모델에서 볼 수 있는 '정치적 안목'(political lens)을, 칸은 전체로서의 '정치적 숲'(political forest)보다는 부분으로서의 '정치적 나무'(political tree)에 초점을 두고 있다고 주장하였다.[28]

(2) 공동사회 구현으로서의 정치

갈등해결로서의 정치모델이 17세기의 정치적 과도기에 있어서 신·구질서 간의

---

27 David Easton, *A Framework of Political Analysis*, (Englewood Cliffs, N.J.: Prentice-Hall, 1965), 50쪽. 사회변동에 관한 기능론의 논리는 박영신, 『변동의 사회학』, (서울: 학문과 사상사, 1980), 13–18쪽.
28 Kann, 앞의 책, 25쪽.

갈등을 해결하기 위한 산물이라고 하면, "공동사회 구현으로서의 정치"(politics as community-building) 모델은 18세기, 또는 19세기의 산물이라고 할 수 있다.

공동사회 구현으로서의 정치모델은 근본적으로 갈등해결로서의 정치모델이 가지고 있는 취약점에서 대두된 것이라고 칸은 주장하였다.[29] 갈등해결로서의 정치모델은 자유경쟁을 기본으로 하는 자본주의 이념을 바탕으로 발전된 정치원리로서 자본주의 하에서 발생된 여러 가지 사회문제에 대한 근본적인 해결 없이 피상적인 평화공존의 상태를 추구하고 있는 것이다.

자본주의 발달의 초기 과정에서 본 것과 같이 자본주의는 시민의식의 함양, 또는 대의제 촉진과 같은 긍정적인 역할을 하였으나, 저임금, 불결한 작업장, 도시화에 따른 빈민의 증가 등 여러 가지 문제점이 발생하였으며, 사회계층 간에 첨예화된 격차 현상이 노출되었다. 이에 프랑스 리용(Lyon)에서의 방직공장 노동자의 봉기, 영국에서의 '차티스트 운동'(Chartist Movement: 1838-1848) 등이 발생하였으나, 이와 같은 문제는 정치를 갈등해결로서 이해하고 있는 정치인, 또는 지도자에 의하여 무시되었으며 이들은 오직 폭력의 극소화에 따른 개혁만을 주장하게 되었다. 따라서 노동자나 하위계층이 주장하는 근본적인 개혁은 이루어지지 않았다.

또한 칸에 의하면, 갈등해결로서의 정치모델은 인간의 사회생활에 있어서 가장 중요한 면을 무시하였다는 사실이다.[30] 이는 갈등해결의 정치모델을 주장하는 학자들이 대부분 기능론의 입장에서 정치를 이해하였다는 사실에서 볼 수 있는 것과 같이, 이들은 정치의 본질을 부분적인 현실성에 적용하는 문제에 관심을 두었다. 따라서 이들은 고대의 플라톤이나 아리스토텔레스와 같은 사상가에 의하여 주장된 공공의 공통목적(public common goals)의 추구와 같은 정치적인 측면을 무시한다는 것이다.

물론 현대 사회에서 무어(Thomas Moore)의 유토피아와 같은 이상향의 추구는 불가능하겠으나, 최소한 정치는 공공선에 입각한 공동사회의 구현을 목적으로 함으로써 자본주의가 인간의 생활을 분열시키고, 개인의 이익추구를 위하여 경쟁함으로써 야기되는 사회의 부조화에 공동체 의식을 넣어 줌으로써 방지하자는 것이다.

---

29 위의 책, 27쪽.
30 위의 책, 28쪽.

공동사회 구현을 논의하는 정치이론이 18, 19세기에 대두된 것은 우연한 일이 아니다. 17세기에 인간은 구질서와의 단절을 시도하였으며, 18, 19세기에는 17세기에 태동된 새로운 질서에 의한 정치체제가 형성되었기 때문에 새로운 정치질서의 정착화에 따른 문제점이 발생됨으로써, 이에 대한 반론이 제기된 것은 당연한 귀결이다. 17세기에 있어서 영국을 중심한 새로운 질서의 논리를 제공해 준 홉스, 로크 등의 이론에 대한 반론이 제기된 것은 18, 19세기에 있어서 당연한 귀결이라고 볼 수 있다.

18, 19세기에는 가치사상의 황금 시대였다. 자유주의, 사회주의, 보수주의, 무정부주의 등의 각가지 사상이 혼합되어, 또는 혼미되어 새로운 사상을 희구하고 초기 자본주의가 보여 준 문제점을 해결하려고 노력하였다.[31] 자유 경쟁을 주요 논리로 하는 초기 자본주의의 발전 과정은 자유 경쟁을 통하여 자연적인 조화로 인한 평화로운 사회가 구성될 것이라는 기대와는 달리 오히려 사회적, 경제적 병폐만이 만연되고 있으니, 이에 벤담(Jeremy Bentham) 등이 주장하는 "최대 다수의 최대 행복"(the greatest happiness of the great number)의 공리주의(utilitarianism)의 정치사상이 대두되었으며, 또한 밀(John Stuart Mill)에 의하여 공리주의의 이상을 실현하자는 공동사회 구현을 위한 정치사상으로 발전되었다.

ㄱ) 벤담의 공리주의

철학적 급진주의의 대두로 불리우는 공리주의 사상은 탈전통 이론으로서 낡은 우상을 파괴해서 인간으로 하여금 그 스스로의 주인공이 되게 하고, 인간의 목적은 행복에 있다는 관점에서 정치체제의 개혁을 요구한 것이다. 영국은 새로운 질서의 수립에 의해 대의제를 채택하고 있었으나 모든 정치권력은 지주계급이 독점하고 시민의 이익은 대표되지 않았기 때문에, 벤담 등에 의하여 시민이 더욱 정치권력에 참여하고 최대 다수의 행복을 추구하는 개혁적인 공리주의 이론이 대두된 것이다.

블랙스톤(William Blackstone)[32] 에 대한 자연법적 사상을 비판하기 위하여 쓴 『정부론 단편』(*Fragment on Government*)에서 벤담은 기존의 사회계약이론을 비판하고

---

31 19세기는 이데올로기의 시대(age of ideology 또는 age of 'ism')라고 부를 수 있을 정도로 많은 사상이 속출하였음. Lee Cameron McDonald, 앞의 책, 428–455쪽.

32 Blackstone에 관하여는 위의 책, 360–361쪽. Blackstone의 *Commentaries on the Laws of England*는 영미법 체계에 많은 영향을 미쳤음.

실천에 입각한 공리를 원칙으로 하여야 한다고 주장하고 있다.[33] 벤담은 블랙스톤의 고전적 민주주의 이론을 비판하면서 인간은 자신의 행복의 기준에 따른 공리의 원칙에 따라 지배되기를 원한다고 주장하고 있다.

또한 벤담의 공리주의적 정치이론은 『도덕 및 입법에 관한 원리입문』(*An Introduction to the Principles of Morals and Legislation*)에서 더욱 뚜렷이 나타난다. 인간은 고통(pain)과 쾌락(pleasure)에 의하여 지배된다고 주장하면서, 공리의 원칙은 쾌락의 극대화와 고통의 극소화이기 때문에 이는 통치체제에 의하여 수행되어야 한다고 주장하였다.[34]

따라서 벤담은 현존하는 통치체제는 존립 목적인 최대 다수의 최대 행복보다는 권력자 스스로의 행복을 추구하는 데 있기 때문에 정치개혁에 의하여만 공리주의의 실현이 가능하다고 보았다. 물론 벤담의 공리주의 사상은 민주주의의 발전원리를 기초하고 개인주의에 입각하여 전개시키고 있는 고전적 정치이론을 비판하여 실천에 의하여 정치개혁을 주장하였기 때문에, 즉 피상적인 민주주의의 원리보다는 실천적인 민주주의의 원리를 주장함으로써 새로운 시민정치이론을 전개시켰다.

ㄴ) 밀의 공동체 사상

벤담의 공리주의 사상은 제임스 밀(James Mill: 1773-1836)에 의하여 더욱 구체적으로 나타났으며,[35] 또한 그의 아들 존 스튜어트 밀(John Stuart Mill)에 의하여 더욱 급진적인 사상으로 나타나고 있다.

밀은 『자유론』(*On Liberty*), 『공리주의론』(*Utilitarianism*), 『정치경제의 원칙』(*The Principle of Political Economy*) 및 『대의정부론』(*Representative Government*)에서 공리주의의 원칙 하에 공동사회의 실현을 추구하였다. 밀은 벤담의 공리주의 사상이 쾌락을 양적인 것으로 측정하는 데 취약점이 있다고 주장하면서 쾌락의 질적인 차이가 존재한다고 보고, 공리주의의 원칙은 점진적인 인간으로서 인간의 영원한 이익의 추구에 기초한다는 평등주의를 주장하였다. 인간의 이기적인 속성이 변화함으로써 영원의 이익을 추구하는 심정의 존재가 가능하다는 것이다.

---

33 위의 책, 458-461쪽.

34 위의 책, 461-468쪽.

35 James Mill은 *Essays on Government, Jurisprudence, Liberty of the Press and Law of Nations*에서 공리주의의 윤리 및 정치를 구체적으로 나타내고 있다. 윗글, 429-430쪽.

그의 저서 『공리주의론』에서 밀은 "배부른 돼지보다는 배고픈 돼지가 좋다. 즉, 만족한 바보보다는 불만족한 소크라테스가 더욱 좋다"는 가정 하에 인간은 개인적인 행복만을 추구하는 이기적인 존재보다는 점진적인 의미에 있어 개인의 행동은 인간의 영원한 이익, 즉 광의의 사회적 복지를 추구하게 된다는 공리주의 이론을 전개시켰다.[36]

밀은 정치의 본질은 사회적 복지 추구에 있고, 사회적 복지는 개인의 행복과 다른 실체의 것이 아니며 개인의 인격적 개성의 성장과 발전을 의미하기 때문에 사회 복지로 통한 공동사회의 구성은 인간본성의 최고도의 발달과 최대의 효과를 나타내는 상태를 의미한다고 주장하였다. 따라서 각 개인에게는 각기 다른 이해와 목적(interests and goals)이 있어 갈등이 존재하고 있으나, 인격적 개성의 발전은 전체적인 사회의 발전을 위하여 노력한다는 것이다.

밀은 『자유론』에서 언론, 출판, 집회의 자유가 타인의 그것을 침해하지 않는 한 보장되어야 한다고 주장함으로써 갈등해결의 정치를 추구하는 사상가들이 주장하는 자유의 개념보다도 광의로 자유의 개념을 해석하였다. 자유는 개성의 발전을 나타내는 것이기 때문에 더욱 보호되어야 하며, 그의 자유에 대한 도덕적 가치의 중요성은 공동체 형성에 근간을 이룰 수 있다고 주장하였다.[37]

또한 밀은 『대의정부론』에서 대의제 민주주의가 가장 이상적이기는 하나, 영국의 경우 의회는 부적절한 소수 대표가 다수를 차지하고, 다수의 횡포가 자행되어 당파적, 계급적 이익을 주장함으로써 전체적인 사회 발전이 저해된다고 보았다. 이에 밀은 대의제의 모순점을 개선하기 위하여 비례대표제를 주장하였다.[38]

밀의 이와 같은 광범위한 개혁주의 사상은 광범위한 자유의 개념을 근간으로 하여 인간의 최고도의 인격성의 발달에 따른 공동체의 개념을 도입한 그의 정치이론 『정치경제의 원칙』에서 더욱 구체적으로 나타난다. 초기 자본주의의 병폐를 체험하면서 급진적인 자유주의 이론이 전국적으로, 또는 전 사회적으로 변화되어 가는 중요한 계기를 주었으며, 이는 인간의 고도의 인격성을 기초한 공동사회 실현을 위한 새로운 논리적 배경을 제공하였던 것이다.

---

36 위의 책, 430~431쪽.

37 밀의 『자유론』에 관하여는 이극찬(옮김), 『자유론』, (서울: 삼성출판사, 1982).

38 Lee Cameron McDonald, 앞의 책, 430쪽.

ㄷ) 사회발전을 위한 논리

벤담, 밀 등의 정치사상가에 의하여 발달된 공동사회의 구현을 위한 정치모델은 갈등해결로서의 정치모델보다는 더욱 광범위하고 포괄적인 인간의 사회적 관계와 이에 따른 인간의 인격적 최고성을 초점으로 하여 정치를 이해하고자 하는 것이다. 이에 칸은 공동사회의 구현을 위한 정치 모델이 근본적인 사회문제해결에 관심을 두고 있으며, 이의 논리는 다음과 같이 요약될 수 있다고 주장하였다.[39]

첫째, 인간은 공통의 종(種)의 기원(起源)을 가진 사회의 일원으로서 기본적으로 유사성을 가진 사회적 동물이다. 둘째, 존재하는 갈등에도 불구하고 인간은 인류의 공동목적을 달성하기 위하여 함께 일할 수 있는 가능성을 가지고 있다. 셋째, 이와 같은 가능성을 실현하기 위하여 공동사회 목적의 이해관계에 있어 다양한 행동을 필요로 한다. 넷째, 조화는 공동사회 구성원이 공동사회 목적을 이해하고 달성할 수 있는 행동을 위한 권위적인 수단을 요구한다. 다섯째, 정치는 공동사회 목적의 성취를 위한 공동사회의 이해와 행동을 조화하는 권위적인 과정이다. 여섯째, 정치적 문제는 공동사회 생활수단과 목적에 관련된 모든 문제를 포함하나, 이것은 폭력적인 갈등의 가능성을 지닌 문제와 관련을 가질 수도, 또는 없을 수도 있다.

공동사회의 구현을 위한 정치모델은 인간의 이기적 심성 자체를 부인하는 것은 아니다. 인간의 욕망, 목적, 이해가 서로 다른 것은 사실이나 개인의 이해 및 목적 (individual interests and goals)보다는 전체적인 공공의 이해 및 목적(collective public interests and goals)에 우선하여 더욱 나은, 발전된 사회를 추구할 수 있는 가능성을 지니고 있다는 것이다. 이를 위하여 인간은 서로 협조하고 조화를 이루며 양심적인 인간의 지고성에 의하여 구성된 사회를 희구하는 것이다. 따라서 정치의 본질은 "전체적으로 공동사회의 이익을 위하여 다양한 개인과 집단의 행동이 계획된 조화"라고 할 수 있다.[40]

공동사회 구현으로서의 정치모델은 퇴니스(F.Tonnies)가 주장하는 이익사회

---

39 Kann, 앞의 책, 28~29쪽.
40 위의 책, 30쪽.

(Gesellschaft)보다는 공동사회(Gemeinschaft)의 현대적인 개념으로 이해될 수 있다. 이는 또한 갈등해결의 정치모델과는 달리 사회생활의 모든 영역에 관심을 두게 되며, 과거, 현재 및 미래의 광범위한 집단적인 문제의 관련된 상호 의존성을 중시한다.

때문에 이와 같은 정치에 대한 이해는 부분적인 문제에 집착하는 개인주의에 입각한 정치적 안목보다는 전체적인 공동선에 관심을 가진다. 즉, 정치적 나무(political tree)보다는 정치적 숲(political forest)에 관심을 가지게 되며 일시적인 현상유지에 따른 안정보다는 제기된 사회문제의 근본적인 해결을 요구하는 정치에 대한 이해를 주장한다.

3. 정치적 가치와 정의(正義)

1) 정치의 본질과 정치적 가치

정치에 관한 두 모델은 개인의 정치적 선입관에 의하여 제시된 것이므로 옳고 그름의 절대적인 구분은 있을 수 없다. 갈등해결의 모델이 현실적이라고 한다면 공동사회 구현의 모델은 다분히 이상적일 수도 있기 때문이다. 따라서 어떤 획일적인 기준에서보다는 각 개개인이 가진 정치적 선입관에 의하여 형성된 가치에 따라 정치의 두 모델에 대한 선호(選好)는 결정될 수 있을 것이다.

실제로 정치의 본질이란 개개인의 입장에서는 개인이 목적하는 바를 극대화시키고, 집단의 입장에서는 개인보다는 집단이 목적하는 바를 극대화시키는 것이라고 할 수 있다. 목적하는 바의 극대화는 가치 추구의 극대화를 의미하고 있기 때문에 개인이 가지는 가치의 문제는 정치에 대한 이해에 있어서 가장 중요한 관건이다. 갈등해결로서의 정치모델이든, 또는 공동사회 구현으로서의 정치모델을 추구하든 이는 개인 또는 집단이 추구하는 가치에 따라서 해석하려는 것이기에 정치적 가치의 문제는 정치의 모델 선택에 중요한 결정 요인이다.

가치(value)라는 용어가 가지고 있는 개념의 다양성, 모호성 또는 복잡성은 사회과학이 가지고 있는 가장 어려운 문제라는 데에는 재론의 여지가 없다. 정치적 언어(political language)의 속성을 가장 잘 나타내고 있는 정치적 가치의 문제는 정치의 개념이 함유하고 있는 다양성, 모호성 또는 복잡성을 나타내는 대표적인 경우라고 볼 수 있다. 지금까지 우리가 찬사를, 때로는 저주를 했던 정치지도자 또는 정치체계의 경우에도 실제는 정치적 가치의 문제를 어떻게 적절하게 사용하여 국민을 설득시켰느냐에 달려 있다고 볼 수 있다.

지금까지 수많은 정치학자들이 추구하여 온 주제의 하나는 정치적 가치를 어떻게 보느냐? 그것을 어떻게 추구할 수 있느냐? 또는 정치적 가치를 추구하는 데 있어서 과연 어떠한 정치체계가 더욱 좋으냐의 문제라고 할 수 있다. 민주주의를 정치참여의 논리에 의하여 설명한다면 정치에 참여하는 목적도 개개인이 추구하는 정치적 가치를 위함이다. 따라서 정치적 가치는 인간이 정치적 행위의 선택에 있어서 기준을 설정하여 주는 제일의 요인인 것이다. 때문에 정치적 가치의 정립이 없이는 항상 갈등이 존재하고, 무질서한 상태에 머무르게 되며, 정치적 가치의 정립이 있게 되면 안정된 정치질서를 유지할 수 있다.

인간이 추구하는 여러 가지 정치적 가치 중 우선적으로 추구하여야 할 정치적 가치는 자유(freedom), 질서(order), 평등(equality) 및 정의(justice)라고 할 수 있다.

자유의사(free will)의 실현 문제가 중심인 자유의 문제는 개인의 욕망과 결정의 산물로서 개인의 행복 추구와 관련된 문제이다. 즉, 자유로운 의사에 의하여 개인의 행복을 어떻게 실천하느냐가 자유의 기본적인 과제인 것이다. 이와 같은 자유의 문제는 네 개의 주요 개념으로 구분할 수 있다. 이는 '제약이 없는 상황으로서의 자유(freedom as the absence of restraint)', '자기 완전으로서의 자유(freedom as self-perfection)', '정치적 행동으로서의 자유(freedom as political action)', 그리고 '창조를 위한 자유(freedom to create)' 등이다.[41]

자유의사에 의한 선택의 관점에서 위에 언급한 자유의 개념을 살펴보면 제약이 없는 상황으로서 자유는 부정적인 의미로서 인간의 선택능력에 제약의 부재를 의미하고, 자기 완전으로서의 자유는 적극적인 의미로 적절한 방법에 의거 자유롭게 행동할 수 있는 선택의 문제이며, 정치적 행동으로서의 자유는 선택한 행동의 중요성을 강조하는 것이며, 창조의 자유는 자유 개념에 대한 광범위한 선택 논리를 의미한다.[42]

---

41 Peter C. Sederberg, *Interpreting Politics*, (San Francisco: Chandler & Sharp Publishers, 1977), 253-258쪽을 볼 것. 이 부분의 논의는 특별한 표시가 없는 한 Sederberg의 주장을 요약한 것임.

42 Carl J. Friedrich, *Man and His Government: An Empirical Theory of Politics*, (New York: McGraw-Hill, 1963), 367-384쪽.

질서는 다른 정치적 가치를 극대화시키는 데 필요한 조건을 제공한다. 자유, 평등 또는 정의와 같은 정치적 가치가 추구될 수 있는 것은 여하한 형태의 질서가 존재하는 상황에서 가능하다. 사실 사회과학의 연구 대상이 되는 사회 현상의 분석은 어떠한 사회질서의 추구가 바람직하느냐에 직결된다고 볼 수 있다. 더구나 다양한 개인의 이해와 목적에 얽힌 인간사회에서의 갈등은 필연적이라고 할 경우, 갈등을 해결할 수 있는 적절한 사회 질서의 추구는 필연적인 것이다. 질서는 세 개의 주요 개념을 포함하고 있으니, '명백한 갈등이 없는 상황에서의 질서(order as the absence of overt conflict)', '조화로서의 질서(order as harmony)', 그리고 '법에 부속된 질서(order as adherence to the law)' 등이다.[43]

명백한 갈등이 없는 상황에서의 질서는 상식적인 질서의 의미와 같은 무질서의 반대개념으로서 갈등이 존재하지 않는 것을 말하며, 가치 동의에 의하여 진실된 질서를 의미하는 것은 조화로서의 질서이며, 마지막의 경우는 법에 복종 또는 시행에 따른 질서의 개념이다.

그러나 질서의 유지는 기존의 사회체계를 옹호하려는 현상유지의 강력한 욕망이 본질적으로 나타나고 있기 때문에 사회변동에 대하여 많은 우려를 나타낸다. 더욱이 특정한 질서에 대한 욕망의 평가는 자유뿐만 아니라 평등, 정의의 문제를 추구하고 있기 때문에 정의와 더불어 평등은 중요한 정치적 가치이다.

평등과 정의의 문제는 인간이 추구하는 권력의 문제와 깊은 관련이 있다. 욕망하는 권력의 불가피한 희소성은 배분적 갈등을 유발시키며, 이는 희소자원을 어떠한 정당성을 가지고 분배하느냐의 문제를 포함하고 있기 때문이다. 사실 인간이 추구하고자 하는 자원이 충분하다면 평등, 정의의 문제도 등장하지 않을 것이며, 더구나 정치의 개념도 발생하지 않을 것이다.

평등에 관한 문제는 주로 다음과 같은 개념에 집중되어 있다. 즉, '도덕적 평등(moral equality)', '법 앞에서의 평등(equality before the law)', '정치적 평등(political equality)', '사회 경제적 평등(socioeconomic equality)', 그리고 '기회의 평등(equality of opportunity)' 등이다.[44] 도덕적 평등은 인간은 평등하게 태어났다는 고전적 의미의

---

43 Sederberg, 앞의 책, 259–261쪽.
44 위의 책, 266–272쪽.

평등이며, 법 앞의 평등은 사회의 지위, 재산 등에 관계없는 법률의 적용에서의 평등을 의미하며, 정치적 평등은 정치과정에서의 동등한 참여를 의미하며, 사회경제적 평등은 주요한 자원의 동등한 재분배를 의미하고, 기회의 평등은 직업에서의 차별의 철폐 등을 의미한다.

현대에 와서 평등의 문제는 더욱 심각하게 대두되고 있으며, 때로는 이것은 자유와 질서의 개념과 상충되는 경우도 있으며, 이는 극단적인 평등의 추구로 자유와 질서가 도전을 받고 있기 때문이다.[45] 한편, 자유경쟁을 기본으로 하는 민주주의의 경우 평등의 문제는 더욱 심각하게 대두되고 있다. 때문에 평등의 균형 문제는 정치체계가 가지고 있는 가장 근본적인 문제이며, 이에 정의의 문제가 심각하게 대두된다고 볼 수 있다.

2) 정의(正義)의 문제

(1) 정의의 개념의 다양성

정치의 개념이 모호하고 다양한 것과 같이 정의의 개념 역시 다양성, 모호성, 그리고 포괄성 또는 특수성 등을 내포하며, 더욱이 이는 정치적 가치의 여러 문제와 직접 관련을 가지고 있기 때문에 더욱 다양하고 논쟁적인 성격을 가진다. 정의의 개념은 이를 사용하는 학자 또는 사상가에 의하여 그 내용이 다를 뿐만 아니라 정의의 개념이 적용되는 정치체계에 의하여 달리 사용되고 있기 때문에 오랜 연구에도 불구하고 어떤 합일점을 찾지 못하고 있는 대표적인 사회과학 용어의 하나일 것이다.

정의의 개념의 모호성, 다양성은 특히 그 용어의 어원에서 기인된 것이라 볼 수 있다. 아리스토텔레스에 의하면, 정의란 그리스어의 *Dikaiosyne*에서 유래된 것으로 영어의 *Righteousness*와 같은 뜻으로 법적, 윤리적인 측면을 모두 포함하는 것이며, 라틴어의 *Justitia*에서 파생된 법적인 의미인 Justice와는 다른 내용을 포함한다.[46]

---

45 Hannah Arendt는 러시아, 중국 혁명 등에서와 같이 극단적인 평등의 추구 때문에 자유와 질서가 도전을 받고 있다고 주장. Hannah Arendt, *On Revolution*, (New York: Viking, 1965), 53–110쪽.

46 Ernest Barker(편역), 앞의 책, lXIX–lXX쪽과 363쪽. 또한 정의의 개념에 관하여는 김영작, "사회정의 현실의 기본과제", 「현대사회」, (1981년 겨울호), 165–166쪽.

흄(David Hume)은 라틴어의 *Jungre*와 관련된 용어로 "사회의 결합"(the bond of society)으로서 이것 없이 어떠한 인간의 집단도 생존할 수 없다고 하여 정의는 법률상의 개념으로 정치사회에 있어서 인간관계 및 그들이 추구하는 제 가치를 결합시키고 조정하는 것이라고 보았으며, 루카스(J.R. Lucas)는 정의의 개념에 있어서 인간관계에 따른 사회성을 주장하면서도 정의는 평등(equality), 자유(freedom), 우정(fraternity)도 아니며, 따라서 이는 '따뜻한 덕목'(warm virtue)이 아닌 '냉정한 덕목'(cold virtue)으로서 이성에 따른 '합리성'(rationality)를 강조함으로써 암시적으로 법률상의 개념을 강조하였다.[47]

그러나 월린(Sheldon S. Wolin)은 아리스토텔레스와 같이 정의의 개념은 그리스어의 *Dike*로, 이는 라틴어의 *Digitus*(finger)와 같은 어원으로서 '가리킴'이나 '지적함'(showing or indicating) 등을 나타내는 것으로 사용한다고 하였다.[48]

이와 같이 정의의 개념은 다양하게 사용되고 있으며, 이는 인간의 특별한 행동 원리부터 정치집단의 질서라는 포괄적인 의미까지 광범위하게 사용되고 있다. 이와 같은 정의의 개념의 다양성 또는 포괄성 때문에 일부에서는 정치학의 개념으로서 무용성을 주장하는 경우도 있으나 현대 사회의 다양화, 복잡화와 더불어 정의의 문제를 가장 중심적인 주제로 다루는 경향이 있으며, 실제로 많은 학자들에 의하여, 또는 정치지도자에 의하여, 다른 가치와 함께 중요하게 취급되고 있다.[49]

(2) 정의의 중요성

사실 정의라는 개념이 다양하고 정의의 문제가 현대 사회에서 가장 논쟁적인 것은 동양이나 서양이나 정의를 정치의 여러 가치 중에서 최고의 가치로 생각하고 있기 때문이다.

공자는 『논어』에서 정치의 근본은 "정(正)"이라고 말하였으며,[50] 플라톤은 『국가론』(*Republic*)에서 정의의 본질에 관한 대화를 통하여 정의는 "언어와 행동에 있어서

---

47 J.R. Lucas, *On Justice*, (Oxford: Clarendon Press, 1980), 1–5쪽, 35–71쪽, 257–263쪽. Barker의 경우도 유사한 개념으로 사용하고 있음. 김영작, 위의 글.

48 Sheldon S. Wolin, *Politics and Vision: Continuity and Innovation in Western Political Thought*, (Boston Little, Brown and Company, 1960), 15쪽. 이외에도 Barker가 번역한 아리스토텔레스에 관한 앞의 책.

49 김영작, 앞의 글, 166–167쪽.

50 공자는 『논어』 안연편 17에서 정치의 근을 묻는 제자 계강자에게 정치의 요체는 '정자정야(政書正也)'라고 하였음.

정직"(honesty in word and deed)이라고 정의하면서 수많은 대화를 거쳐 "최고선 (goodness)이라는 개념에까지 이르러 정의는 도시적 사회를 결합하게 하는 유대로서 지혜, 용기, 절제가 상호 조절된 공(公)적 덕(德)인 동시에 사(私)적 덕(德)이라고 주장하 였다.[51]

정의에 대한 개념은 아리스토텔레스에서 더욱 명확하게 대두되었는데, 아리스토 텔레스는 정의는 폴리스(polis)의 생활 중에서 가장 중심적인 덕(virtue)이라고 주장하 면서 형식이론에 입각하여 '분배적 정의'(distributive justice)와 '시정적 정의'(corrective justice)로 구분하였다.[52]

아리스토텔레스에 의하면, 분배적 정의는 돈과 명예와 같은 가치를 분배함에 있어서 자질에 따라 평등한 비율로 분배하는 것이며, 자질을 갖추지 못한 자에게는 불평등하게 분배하는 것이다. 한편 시정적 정의는 옳고 그름의 판단을 위하여 재판을 받으며, 법원에 가는 것과 같은 것이다. 이는 형사 사건보다는 손실에 관계가 있는 민사사건에 관계가 있는 것으로서 이득과 손실에 관한 평등을 회복하는 것이다.

이와 같이 아리스토텔레스는 정의의 개념에 있어서 전체적인 덕으로서 선인 '일반적 정의'(general justice)는 '절대적 정의'(absolute justice)와 분배적 정의로, 그리고 시정적 정의는 '특수적 정의'(particular justice)로 구분 · 분류하고 있다.[53]

특수적 정의는 정치적 정의의 일부로서 특정사회의 질서와 관련된 것이며, 폴리스 가 이상적으로 생각하였던 "자기 충족"의 달성을 위한 시민 간의 정의라고 할 수 있다.[54]

그러나 아리스토텔레스의 정치적 정의에 관한 문제는 자연적 정의와 법적 정의에 관한 문제에서 자연법과 실정법 개념의 사용이 명확하지 않기 때문에 많은 논쟁을 일으키고 있다. 물론 레오 스트라우스(Leo Strauss)는 자연권(natural right)를 정치권 (political right)와 동일시하면서 자연적 정의(natural justice)가 최고의 정부의 형태가 가진 정의라고 하였고,[55] 또한 바아카가 법적 정의(legal justice)를 자연적 정의의

---

51 Francis MacDonald Cornford(옮김), *The Republic of Plato*, (New York: Oxford University Press, 1977)을 볼 것.
52 Barker가 옮기고 엮은 아리스토텔레스의 『정치학』 중 부록 362-363쪽 볼 것. 또한 Lee Comeron McDonald, 앞의 책, 42쪽과 양동안, "사회정의", 『정경문화比』.
53 Barker가 옮긴 아리스토텔레스의 정치학 중 부록 2편.
54 위의 책, 김영작, 앞의 글, 167-168쪽.
55 Leo Strauss, *Natural Right and History*, (Chicago: University of Chicago Press, 1951), 156-163쪽. Leo Strauss

하나로 포괄적인 의미로 사용하였으나,[56] 아리스토텔레스의 정의의 개념에 관한 구분은 매우 논쟁적이고 모호하다. 그럼에도 불구하고 아리스토텔레스는 정의의 개념의 발전에 많은 공헌을 하였다.

정의에 관한 여러 가지 이론은 그 후에 홉스, 로크 등과 같은 많은 학자들에 의하여 발전되었으며, 최근 롤스(John Rawls)에 의하여 가장 종합적으로 비판·발전하였다. 롤스는 그의 명저『정의론』(A Theory of Justice)에서 "진리가 사상 체계에 있어서 제 1의 덕목인 것과 같이 정의는 사회 제도의 제 1의 덕목이다"라고 주장하였다.[57]

롤스의『정의론』은 지난 10여 년간 미국의 정치·철학계를 독점하다시피 많은 논쟁을 일으킨 정의에 관한 가장 총체적인 이론으로서 정의의 주체로서 사회제도와 관련된 사회정의를 구체적으로 논하려 하였으며, 이는 혁명적 성격을 내포하지 않았다는 의미에서 자유주의적 정치체제나 자본주의적 정치체제의 인사들에게 많은 공감을 일으키고 있는 것이다.[58] 롤스의 정의의 개념은 분배의 정의에 기준하여 체제의 극단적인 변혁을 꾀함이 없이 공정한 분배를 달성하려는 사회보존적 이론, 또는 체계유지론의 입장을 견지하고 있는 것이다.

한편 롤스의『정의론』이 가지고 있는 모순성을 지적하는 노직(Robert Nozick)은 개인의 자유권에 대한 강력한 개념을 주장하는 롤스의『정의론』은 불평등의 원칙을 정당화하고 있다고 비난하면서 고전적 자유주의, 또는 급진적 이론을 내세워 많은 논란을 일으켰다.[59]

노직의 정의에 관한 이론은 롤스의『정의론』에 대한 논쟁에서 출발된 것으로서 롤스가 자본주의의 발달과 함께 대두된 사회복지국가의 개념을 합리화하고 개혁화하려는 합의이론을 주장하고 있는데 대하여 노직은 복지국가론에 도전하면서 복지국가를 지배하고 있는 실용주의자와 점진적 개혁주의자(pragmatists and incrementalists)를 반대하면서 이상주의자 입장을 견지하였다.

의 견해는 Lee McDonald, 앞의 책 44쪽에서 인용하였음.

56 Barker가 번역한 Aristoteles의 정치학 중 부록 2편.

57 John Rawls, *A Theory of Justice*, (Cambrdige, Mass: The Belknap Press of Harvard University Press, 1971), 3쪽.

58 이홍구, "사회복지와 사회정의", 『한국정치학회보』 제15집, (서울: 한국정치학회, 1981), 244-245쪽.

59 Robert Nozick, *Anarchy, State and Utopia*, (New York: Basic Books, Inc., 1974).

롤스와 노직의 사상적 원류는 공히 로크의 합의 이론에서 찾을 수 있으나,[60] 노직은 개인의 도덕적인 자유권을 더욱 절대시하면서 그의 이상주의 국가인 "최소의 국가"(minimal state)에 부합하기 위한 "정의의 자격이론"(entitlement theory of justice)을 전개하였다.[61]

노직의 정의의 이론은 개인의 자유스러운 선택의 권리를 강조한 것으로 모든 사람이 자기가 원하면 자유스럽게 재산을 처분할 수 있는 자격을 가졌다고 주장하면서 관계론보다는 절대론에 입각한 정의의 개념을 주장하였다. 따라서 롤스의 정의론보다는 노직의 정의론이 지나치게 절대론적이고, 과격한 사회의 개혁을 주장한다고 생각할 수 있다.

이와 같이 정의의 개념은 사상가에 따라서 시대적 특성과 기타 상황적 요건에 따라 변화되고 있으며 계속적인 논란의 대상이 되고 있는 것이다. 그러면 왜 정의론에 대한 논쟁이 계속되고 있으며, 과연 정의란 왜 그렇게 논란의 대상이 되고 있는가를 알아보아야 할 것이다.

정의란 일반적으로 다른 모든 가치 중에서 조정을 할 수 있다고 가정되는 능력 때문에 제1차적인 가치로 고려되는 것이다. 자유, 평등 또는 질서와 같은 가치의 정립 문제는 정의의 원칙에서 나타날 수 있기 때문이다. 예로 라스웰(Harold Lasswell)의 정치를 "누가 무엇을, 언제, 어떻게 갖느냐?"(Who gets what, when, how)라고 표현하고 있는 것과 같이 정의는 "누가 무엇을 어떻게 가져야 되느냐?"(Who should get what and how)라고 표현할 수 있다.[62]

즉 정의란 인간이 추구하고 있는 여러 가치의 획득에 대한 방법상의 옳고 그름을 제시하는 중요한 기준이 되는 것이다. 특히 이와 같은 가치의 기준으로서의 정의의 문제는 현대사회의 차별화 등으로 야기된 각종의 사회적 문제의 해결이란 관점에서 더욱 중요시되고 있는 것이다.

정의에서 당위적 개념으로 표시되는 who, what, how의 문제는 사회적 관계를 띠고 있기 때문에 포괄적인 의미의 사회정의가 정의의 개념을 대신 표현하고 있는 것이 현대사회에서의 특징이라고 볼 수 있다. 따라서 정의는 어떻게 결정이 이루어지

---

60 Rawls, 앞의 책, 서문과 Nozick의 위의 책 9쪽.
61 Nozick의 위의 책, 제7장.
62 Sederberg, 앞의 책, 272쪽.

고, 결정에 대한 심성의 범위는 무엇이며, 그 결정은 어떠한 결과를 초래하느냐에 관심을 두고 있는 것이다.

그러나 당위적 개념으로서의 who, what, how를 동시에 수용한다는 것은 참으로 어려운 일이다. 모든 사회현상이 그렇듯이 바람직한 사회현상은 시대적 상황 등에 의하여 변화하기 마련이다. 정의의 개념의 수용 문제에 있어서도 어느 시대는 how의 원칙을, 또는 what의 원칙을 주장하고 있기 때문에 더욱 정의의 개념은 다양성을 가지고 있으며, 특정 사회질서와 관련된 정의의 문제는 중요성을 가지게 된다.

정의의 개념은 개별적, 또는 독립적이기보다는 상관성을 띤 개념이다. 특히 정의의 개념은 정치에 대한 본질의 이해와 깊은 관련을 가진다. 정치의 본질을 어떻게 이해하느냐는 하나의 정치체계가 추구하는 각종의 정치적 가치에 관한 문제이며, 이와 같이 추구되는 정치적 가치는 정의의 개념에 의하여 더욱 명확하게 가치의 선택기준을 제공받을 수 있기 때문이다. 즉, 각 개인의 정치적 선입관에 의하여 형성된 정치의 본질에 대한 이해는 가치 선호에 의한 정의의 모델을 정립하게 되는 것이다.

칸은 정치의 본질과 관련하여 두 개의 정의의 모델을 제시하고 있으며, 하나는 '공정성(公正性)으로서의 정의'(justice as fairness)와, 또 다른 하나는 '선성(善性)으로서의 정의'(justice as goodness)이다.[63]

(3) 공정성으로서의 정의

공정성으로서의 정의는 갈등해결로서의 정치모델이 체제유지에 주요 목적이 있다는 전제 하에 발전된 것으로서 17세기에 대두된 바와 같은 구질서로부터의 새로운 질서에 대한 정통성(legitimacy)의 확립 문제와 관련이 있다고 칸은 주장하였다.[64] 특히 새로운 정치질서의 정통성과 관련하여 새로운 정치체제는 여하한 경우라도 인간의 행위를 규제하는 정통적인 방법을 국민들에게 인식시키지 않고는 새로운 사회질서를 유지하기 힘들다고 본다.

---

63 Kann, 앞의 책, 44–64쪽. 정의에 관한 두 모델의 설명에 있어 특별한 표시가 없는 한 Kann의 주장을 참고한 것임.

64 위의 책, 46쪽.

예로 어느 조그마한 마을에 사소한 분쟁이 일어났을 때 마을의 구성원 스스로가 만든 법에 의하여 평화적으로 분쟁이 해결되었다고 가정하면, 마을 사람들은 자기들 스스로 만든 법의 정통성을 인정하고 그 법규는 좋은 제도로서 앞으로 야기되는 분쟁은 이 법에 의존하여 해결하려고 할 것이다. 따라서 마을 사람들은 법과 합의를 당연한 것으로 받아들이고 또한 마을의 규약에 의하여 마을의 운영권을 위임받은 일부 인사, 또는 운영기구는 권위를 가지고 마을에 관한 업무를 수행할 수 있다고 믿는다.

반대로 분쟁이 생겼을 때 평화적으로 처리하지 못하고 계속 분쟁이 지속될 때 마을의 일을 규제하는 법규와 합의를 불신하게 되며, 이와 같은 제도는 신임을 갖지 못한다. 때문에 불신받는 제도는 정통성이 없다고 하여 심한 도전을 받게 되며, 비정통성의 체계를 붕괴하게 하기 위한 구성원들의 갖가지 시도가 발생한다.

정통성의 문제는 전통적인 정치체제에 대한 도전에서 발생하여 구체제의 붕괴에 따른 신질서의 수립에서 찾을 수 있고, 이는 신질서의 정당성을 주장하기 위한 것이다. 즉, 왜 구질서가 정당하지 않고, 왜 신질서가 정당한가를 국민에게 설득하기 위한 것으로, 신질서에 의한 '공정한 절차'(fair procedure)를 강조함으로써 신질서에 의한 정치체계의 정당성을 주장하는 것이다.

이는 주로 홉스를 비롯한 정의의 실정법 중심이론과 관련된 것으로서 이는 법 자체가 정의의 기준이 되기 때문에 실정법적 질서를 전제하지 않은 한 정의의 공식들은 모두 공허한 것이라는 이론이다.[65] 이것은 라틴어에서 비롯된 justice의 의미, 또는 플라톤의 정의를 '강자의 이익'(the interest of the stronger)으로 표시한 것이나,[66] 홉스의 '법은 정당한 것과 부당한 것에 관한 법칙이다'라는 이론 등은 이에 속한다고 볼 수 있다.[67]

'절차적 정의'(procedural justice)라고도 불리는 공정성으로서의 정의는 인간성에 대한 비판에서 등장된 것으로 단순한 실법적 중심이론의 영역을 벗어나 다수의 행복을 위하여 소수가 수단이 될 수 없다면서 모든 가치의 분배절차에 있어서 구성원의 합의에 의한 '공정한 절차'(fair procedure)를 요구하는 것이다.[68] 이는 운동경기에

---

65 양동안, 앞의 글, 93–94쪽.
66 플라톤의 『국가론』 중 제3장.
67 홉스의 『Leviathan』 중 제3장.

있어서 정당한 경기운영을 위하여 합의에 의한 게임 운영방식을 정하는 것과 같이 사회에서 갈등이 발생하였을 경우, 그 갈등의 해결을 위한 공정한 절차를 구성원 간의 합의에 의하여 —즉, 게임의 운영규칙(rule of game)— 갈등을 해결함으로써 새로운 사회질서가 유지되므로 이에 새로운 정치체계는 정당하고 또한 정통성을 가지고 있다는 것이다.

구질서와는 달리 17세기에 구질서의 붕괴와 더불어 등장한 새로운 정치체계에 있어서는 전통적인 정치체계는 혈연, 또는 과두적 특권에 의하여 형성된 것이므로 비정통적이나, 국민의 대표에 의하여, 또는 국민의 합의에 의하여 형성된 새로운 정치질서는 정당하고 정통성이 있으니, 이는 구성원의 합의에 의하여 설정된 공정한 절차에 의하여 사회에서 발생하는 갈등이 해결되고 있다고 주장하기 때문이다. 즉, 새로운 정치질서가 전통적인 정치질서에 비하여 공정하게 운영되며, 모든 구성원 은 중립적인 공정한 규칙에 의하여 개인의 목적과 이익을 추구할 수 있는 '공정한 획득 기회'가 새로운 정치체계에 의하여 부여되고 있으니, 새로운 정치체계를 지지하여 달라는 논리적인 귀결을 강조한 것이다.

모든 개인에게 '공정한 획득 기회'를 주기 위한 것으로서 새로운 정치질서에 있어서 경쟁을 위하여, '중립적인 제도'(neutral institution)에 의하여 운영되는 '중립적인 규칙'(a neutral set of rules)에 의하여 발전된 '중립적인 과정'(a natural set of processes)에 의하여 갈등을 해결하고 있으니, 현대적인 의미에 있어서 선거의 공정한 체계, 입법의 또는 행정의 공정한 체계 등은 이와 같은 중립적인 과정을 위한 일단의 체계를 이루고 있는 것이다.

이와 같은 공정성에 의한 정의의 모델은 본질적으로 갈등해결을 위한 특정한 정치체계를 정당화하기 위한 것으로 대두된 논리라고 칸은 주장하면서 다음과 같이 여섯 가지 논리적 배경을 설명하였다.[69]

첫째, 개인은 본질적으로 부, 권력, 또는 지위와 같은 희소한 가치의 추구를 위하여 경쟁한다. 둘째, 때때로 개인은 성공 기회를 높이기 위하여 경쟁 상대방에 대하여 자기가 가진 불리점을 생각한다. 셋째, 성공의 공정한 기회를 모든 사람에게 확신시키기 위하여

---

68 Rawls, 앞의 책, 85쪽.
69 Kann, 앞의 책, 48쪽.

모든 사람들은 비인간적인 중립적인 규칙을 따라야 한다. 넷째, 개인이 이와 같은 규칙에 동의하면 도덕적으로 개인은 가치 추구에 실패 또는 성공하든 경쟁의 결과를 받아들일 의무가 있다. 다섯째, 헌법과 같은 주요 기본법은 규칙이 공정하다는 것을 인식시켜야 하고 불공정한 규칙을 평화적으로 변경시키는 절차를 규정하는 것이 필요하다. 여섯째, 정의는 공정하게 작용하는 것이며 결과에 승복하는 것이다. 따라서 정의는 공정성이다.

이와 같은 논리적 배경은 희소자원의 분배과정에 따른 공정한 절차만이 사회질서를 유지할 수 있고, 또한 갈등해결의 정치본질을 추구할 수 있다고 보는 것이다. 이는 인간이 추구하는 가치는 한정되어 있고, 이에 따른 경쟁은 필연적인 현상이며, 따라서 사회질서가 유지되려면 결과가 어떻든 간에 민주주의 방식에 의한 공정한 경쟁과정만 설정되어 있으면, 즉 절차만 공정하면 그 사회는 정의로운 사회이며, 따라서 정의는 공정성이라는 것이다.

공정성의 정의에서는 공정한 정치체계로서 1인 1투표에 의한 대표자 선출권을 동등한 기회의 부여로 보고 이들 대표자가 적절한 방식에 의하여 제정한 법이 구성원에게 동등한 기회가 부여되도록 규정하였고, 이 법의 적용이 공정한 사법질서, 또는 중립적인 행정관청에 의하여 수행된다면 그 사회는 정의로운 사회라는 것이다. 따라서 사회 내에 있어서 가치의 배분을 위하여 공정한 절차에 의하여 희소한 가치가 권위적인 수단에 의하여 배분되었다면 그것은 정당한 것이며, 이와 같은 정치체계는 정통성을 가진다고 볼 수 있다.

이는 경제체계에 있어서는 자본주의의 자유스러운 시장경제 개념을 주요 근간으로 하고 있으니, 즉 개인의 사적인 경제적 목적의 추구를 위하여 사회는 공정한 경쟁의 틀만을 제공하여 주면 그 결과가 어떻든 간에 관계가 없다는 것이다. 소위 정당한 절차가 우선한다는 것이다.

공정성의 원칙을 적용하는 정의는 사회질서의 안정을 강조하면서 모든 구성원을 적절한 경쟁의 도장으로 유도하여 공정한 규칙에 의하여 경쟁을 하자는 데 그 원칙이 있다고 할 수 있다. 비록 결과가 어떻든 간에 상대방에게 공정한 규칙을 적용하여 경쟁을 하였을 경우 모든 구성원은 그 결과에 승복하여야 된다는 원리라고 볼 수 있다.

즉, 이는 갈등 해결을 위한 과정에 주요 관심을 가지고 민주주의 정치원리에서 주장하는 개인권과 정치적 안정에 우선한 정치적 선입관에 의하여 형성된 정의의 모델이라고 볼 수 있다.

(4) 선성(善性)으로서의 정의

민주주의 정치이론은 자본주의에서 발달된 시장개념을 정치무대에 도입시킨 것으로 볼 수 있다. 즉, 공정한 경쟁을 유도할 수 있는 경쟁원리에 의한 공정성의 규칙을 그 기본으로 하고 있다. 그러나 경쟁의 원리 하에서는 승자와 패자는 반드시 존재하기 마련이고 비록 각 개인이 가지고 있는 재능과 같은 장점에 의하여 이와 같은 우열의 관계가 결정된다고 하더라도 진정한 평등을 원칙으로 한 민주주의의 구현을 위하여 많은 보완점이 대두될 수밖에 없다.

물론 토크빌(Alexis de Tocqueville)은 자본주의 원리에서 발달된 민주주의 하에서 불평등 관계가 발생하는 것은 불가피한 현상이며, 이는 더 큰 평등을 낳으려는 예외적이고 일시적인 현상이라고 지적하였다.[70] 따라서 토크빌은 공정한 절차에 의한 민주정치의 원리를 주장하고 있으며 이는 궁극적으로 평등을 주장할 수 있을 것으로 믿었다.

그러나 혹자는 주장한다. 아무리 공정한 규칙에 의하여 경쟁이 진행된다고 하더라도 원천적으로 경쟁에 있어 승자가 될 수 있는 유리한 이점을 가진 자가 있는 한 그 경쟁의 결과는 뻔한 것이 아닌가? 또한 승자가 될 수 있는 동등한 기회가 주어졌다고 주장하고 있으나 원천적으로 공정한 경쟁의 무대가 주어지지 않는 한 이는 무의미한 것이 아닌가? 오히려 공정한 규칙이라는 것이 지배계층에 속해 있는 소수인이 다수를 지배하는 데 정당화하기 위한 수단으로 사용하고 있는 것이 아닌가? 파렌티(Michael Parenti)는 미국의 민주주의를 비판하면서 현재 미국의 민주주의의 향유는 오직 소수인에 의하여 지배되고 있으며 그들을 위하여 존재하고 있다고 비판하였다.[71] 따라서 이와 같은 민주주의 정치원리에 대하여 문제점을 지적하는 학자들은 민주주의의 원리는 개혁, 또는 수정되어야 한다고 주장하였다. 더구나 공정성을 원칙으로 한 정의의 개념은 보완되지 않으면 안 된다고 주장하였다.

---

70 Alexis de Tocquville, *Democracy in America*, (London: Oxford University Press, 1946).
71 Michael Parenti, *Democracy for the Few*, (New York St. Martin's Press, 1977).

선성으로서의 정의는 1차적으로 공정성으로서의 정의에 대한 비판에서 시작된다. 공정성에서 주장하는 정통성에 대한 비판에서 선성의 정의이론을 전개시키고 있다. 갈등해결로서의 정치가 근본적으로 사회전체보다는 개인의 이익을 우선하고 있는 한, 올바른 사회정의는 실현될 수 없다는 것이다. 공정한 규칙을 제정한 법 자체가 특정한 소수를 위하여 합법화된 것이며 다수에게는 항상 불이익이 따르는 인위적인 덕목이라는 것이다.

예를 들면 시지위크(H. Sidgwick)는 선성이론에 따른 정의를 다음과 같이 주장하였다. 즉, 시지위크는 "정의는 헌법만을 뜻하지는 않는다. 그 첫째 이유는 모든 범법자들이 다 부정의 한 사람이라고 뜻하지 않기 때문이다. 둘째 이유는 기본법이 정의를 완벽하게 실천하지 못하기 때문이다. 셋째 이유는 정의로운 행동의 일부가 법의 영역 밖에 존재하기 때문이다"라고 하였다.[72]

이와 같은 선성의 정의론은 밀(J. S. Mill)에 의하여도 주장되었다. 밀은 정의는 인간이 가지고 있는 이성에 의하여 결정되는 효용성에 기준을 두고 있으며, 이는 인간의 도덕적 원칙에 의거하여 명백한 중심적인 사고에서 탈피하여 사회구성원 모두에게 적용되는 사회적 효용성이 결국은 개인의 쾌락도 극대화시킬 수 있다는 인간의 선성을 주장하였다.[73]

사실 밀에 있어서 정의는 벤담이 주장하는 단순한 공리주의의 차원을 넘은 인간의 영구한 이익을 위한 광의의 사회적 복지의 급진주의적 자유주의를 내포하고 있는 것이다. 이것은 기본적으로 인간의 성선설에 의존하는 것으로서 인간은 자기의 개인 이익을 추구하는 본성 이외에 전체적인 사회의 선을 위하여 생각하고 존재한다는 것이다. 비록 인간이 동물적인 속성을 가지고 있기는 하나, 즉 사적인 이익의 추구를 위하여 상대방의 처지를 고려치 않는 생존의 원리가 작용하고 있으나, 인간은 추상적으로 사고하는 능력을 가지고 자신 이외에 타인을 생각하는 조화적인 능력을 가지고 있다는 관점에서 연유한 것이다.

칸은 이와 같은 인간의 조화적인 능력에 기초한 선성으로서의 정의는 다음과 같은 논리에 의하여 구성되고 있다고 주장한다.[74]

---

72 H. Sidgwick, *Methods of Ethics*, (London: Macmillan & Co., 1962) 269쪽. 양동안, 윗글 96쪽에서 재인용.

73 J.S. Mill, *Utilitarianism*, (Garden City, New York: Anchor Books, 1973), 446~470쪽.

74 Kann, 앞의 책, 54~55쪽.

첫째, 진실한 인간이 되는 것은 다른 인간을 위하여 관심을 가지고, 생각하고, 행동하는 것이다. 둘째, 경쟁에 기초한 사회 및 정치체계는 인간으로 하여금 자신들의 문제만 생각하고 행동하게 하므로 이러한 인간은 스스로 자신들의 인간사회로부터 소외된다. 셋째, 근대사회에 있어서 물질적 풍부는 경제적 경쟁을 불필요하게 하며, 따라서 인간은 기본적인 물질적 욕망을 충족하기 위하여 협력할 수 있다. 넷째, 계획된 경제협력은 타인을 위한 인간의 관심을 개발시키도록 허용하는 제1차적인 것은 도덕이며, 또한 이것이 정치적 협력을 위한 토대이다. 다섯째, 좋은 사회란 경제적 협력과 정치적 협력이 인간 상호관계에 특정적인 양태를 나타내고 있는 사회이며, 여섯째, 정의는 좋은 사회를 창조하기 위한 필요한 단계에 관한 것으로서 정의는 선성을 의미한다.

칸의 기본적인 사고는 인간은 최소한 물질적 욕망의 추구를 위하여 경쟁하고 또한 투쟁을 하고 있으나 현대와 같이 비교적 물질적 욕망을 충족하는 데 있어서 큰 어려움이 없는 풍요한 사회에서는 인간 간의 경제협력이 가능하며, 이와 같은 경제 협력의 바탕 위에서 정치적 협력도 가능하기 때문에 이를 바탕으로 좋은 사회를 이룩할 수 있으니 정의는 곧 선성이라는 것이다.

모든 인간사회의 갈등의 원인은 경쟁적이고 개인 중심적인 경제체계에 의하여 연유되고 있다는 가정 하에 경제체계가 경쟁적인 관계에서 협력적인 관계로 전환할 수 있다면, 이에 따라 정치적인 협력도 가능하다고 주장하였다. 따라서 칸은 이와 같은 토대 위에서 경제적 평등이 달성된다면 인간의 소외 문제를 극소화시킬 수 있고, 더 좋은 협력에 바탕한 공동사회를 발전시킬 수 있다는 것을 주장하였다.

선성의 정의는 인간의 가장 기본적인 욕구인 경제적인 갈등의 해결을 주축으로 전개된 것으로 정치적인 평등만을 주장하는 피상적인 자유민주주의 이론에 대한 비판으로 해석될 수 있다. 이에 칸은 구체적으로 정의는 ① 경제체계의 재조직화가 더욱 평등한 부의 분배, 전체사회의 이익을 위한 자원의 배분을 계획하기 위한 노력이며, ② 이는 인간의 소외를 극복하고 타인과의 조화를 위한 능력을 개발할 수 있는 사회인 좋은 사회의 건설을 의미한다고 하였다.[75]

선성으로서의 정의에 있어 정의를 논함에 있어서 단순한 공정한 절차를 강조하는

---

75 위의 책, 57쪽.

공정성의 원리는 제2차적인 것으로서 진실로 인간을 위한 가치로 볼 수 없다는 관점에서 시작하였으며, 진실로 인간성의 회복을 위한 가치의 문제는 공동사회의 구현을 위한 정치적 관점에서 연유되는 가치에 따라 해결이 가능하다는 논리이다.

또한 이는 인간의 기본적인 욕망을 해결하여 줄 수 있는 경제적 관점에 따른 정치적 문제의 해결을 중요시하고 있는 것으로서 인간의 지고의 조화성, 협력성과 같은 인간의 본성의 재해석에 따른 논리의 전개로 해석될 수 있다. 인간이 협력적이고 조화적이라는 관점을 버리지 않고, 이에 기초하여 인간의 문제를 해결하고자 시도할 때 인간이 추구하는 이상사회는 환상의 세계만이 아닌 실현 가능의 세계라는 것이다.

4. 맺는말

고대 이래로 계속하여 추구되어 온 정치학의 기본적인 개념의 일부인 정치의 본질 및 정의에 관한 해석의 문제는 지금까지 일정한 합의점이 없이 계속적으로 논쟁의 대상이 되어 왔다. 또한 이에 관한 해석에 있어 어떤 주장을 하던 그것이 이와 같은 논쟁점의 해결에 있어 획기적인 전기를 만들기는 쉬운 일이 아니다.

개인의 자유와 이익의 보호를 정치의 도덕적 기준으로 해석하고 사회체계 내에 존재하는 갈등의 해결을 정치의 본질로 취급하며 이에 따른 공정성을 정의로 보는 견해나, 인간의 평등을 정치의 도덕적 기준으로 삼고 공동 사회의 구현을 정치의 본질로 해석하며 이에 따른 선성을 정의로 보는 견해 역시 모든 인간의 과학적인 사고에서 출발한 것이기 때문에 어느 것이 타당하느냐에 관한 정확한 해석을, 또는 판단을 내린다는 것은 용이한 일이 아니다.

지금까지 칸이 주장한 정치의 두 가지 모델을 중심으로 하여 플라톤 등을 비롯한 많은 정치사상가들의 견해를 비교, 설명하였으나, 이들 모두 각기의 과학적인 사고에서 출발하였기 때문에 각기의 다양성을 인정하지 않을 수 없다. 실제로 개개인이 가지고 있는 정치적 선입관에 따라서 이 문제를 연구 · 분석한 칸은 갈등해결로서의 정치, 공정성으로서의 정의는 현실 지향적인 또는 현상 유지적인 측면을 강조하는 편협한 인간의 이기적인 사고에서 발전된 것이라고 주장하였다.

한편 그는 공동사회 구현으로서의 정치, 선성으로서의 정의는 인간의 고도로 발달된 협동성과 조화성을 논리적 배경으로 하는 이상적인 관점에서 주장할 수도 있었으나, 현실 가능한 것으로서 주장하였다.

칸은 후자의 입장을 지지하면서 현재 근본적인 문제의 해결을 도외시하고 다수보다는 소수의 지배계급에 의하여 통치되고 있는 자유민주주의를 비판적인 안목에서 분석하고 그의 '해석학적 접근 방식'(interpretive approach)에 의한 정치학의 접근을 모색하였다.

칸의 '해석학적 접근 방법'은 실증주의를 기초로 하여 발달된 행태주의(behavioralism), 또는 후기 행태주의(post-behavioralism) 접근 방법을 비판하면서 현상주의(phenomenalism)에 입각한 '해석학적 접근 방법'을 주장하였다. 분석대상에 대한 다양한 현실성에 기초하여 가능한 한 칸 자신이 분석 대상에 대한 감정이입(empathy)을 통하여 이해를 추구하려는 것이다.

사실 칸 자신도 지적하였듯이 정치의 본질 및 정의에 관한 문제에 있어서 합의를 이루기는 쉬운 문제가 아니다. 예를 들면 갈등해결로서의 정치모델은 사회에서 발생되는 근본적인 문제의 해결을 도외시하는 약점이 있으나, 그러나 공동사회의 구현으로서의 정치모델은 다분히 이상론이다. 비록 인간이 최후에 달성하여야 할 목표는 불평등이 존재하지 않은 진정한 인간애에 의한 공동사회의 설립이지만, 결국 공동사회로 나가는 과정에 있어 끊임없는 인간의 욕망으로 야기되는 갈등의 해결이 없이 가능하느냐에 관한 문제인 것이다.

정의에 관한 문제도 마찬가지이다. 공정성으로서의 정의는 강자, 또는 지배계급에 의하여 자신들의 이익을 합리화하기 위하여 추구되는 정치적 가치라고 주장될 수 있으나, 그러나 이는 다수보다는 소수에 의하여 성립된 공정한 원리의 적용이라고 비판을 받을 수 있다.

한편 신성으로서의 정의는 지나치게 결과에 치중하여 기존의 사회 질서에 대한 과감한 개혁을 시도함으로써 사회질서의 불안정한 요소가 유발될 가능성이 있으며, 또한 이는 지나치게 과정을 중요시하는 자유민주주의의 원칙을 무시하는 경향이 있다.

지금까지 살펴본 정치의 본질 및 정의에 관한 두 가지 모델은 결코 상호 분리된 것이 아니다. 예를 들면 선성으로서의 정의를 주장한다고 하여 결코 사회질서의 안정적인 바탕을 추구하는 공정성을 무시할 수 없는 것이다. 이와 같은 상호 보완성은 공정성의 정의에서도 마찬가지이다. 실제로 정의에 관한 탁월한 이론을 제시한 롤스도 공정성의 정의를 설명하는 데 있어서 선성의 정의의 개념을 세심하고 효과적으로 조화시키려고 노력하였다.

롤스가 제시한 정의의 원칙은 ① 각 개인은 모든 사람들에 대한 자유와 양립할 수 있는 최대한 평등한 기본적 자유의 총체계에 대해 평등한 권리를 가진다. ② 사회, 경제적 불평등은 ㉠ 가장 불이익을 가진 사람들에게 최대의 혜택을 줄 수 있도록 하고, ㉡ 모든 직책과 직장이 기회의 균등원칙 하에 모든 사람들에게 개방되어 있는 상태이어야 한다고 주장하였다.[76] 즉, 그는 공정성의 원칙에 입각하여 결과를 무시함이 없는 공정한 절차에 초점을 둔 정의의 원칙을 주장하였다.

사실 롤스의 정의의 원칙에서 주장된 바와 같이 정의의 개념 정립은 쉬운 일이 아니다. 더구나 정치의 본질에 관한 명확한 이론이 없이는 더욱 난해한 작업일 것이다. 실제로 정치의 본질 및 정의의 개념 해석은 독특한 정치 문화적 배경에 따른 사회 선택이론의 제시와 깊은 관련을 가지고 있기 때문에 더욱 논쟁적으로 되는 것이다. 안정, 질서, 복지, 평등, 자유, 사회정의 등과 같은 제 관점을 함유한 정치의 본질 및 정의의 이론의 정립은 사실상 불가능할지 모른다. 다만 정도상의 문제만이 제시될 수 있을 것이다.

모든 정치학의 연구 대상이 되는 정치현상의 분석은 개인의 특정한 가치와 관점에 의하여 이루어지고 있기 때문에 각 개인은 자신의 기준을 강조하고 있는 것이다. 그러나 이는 자신들의 경험을 기초로 한 논리적 배경에 기초하고 있기 때문에 모든 정치에 대한 견해는 동등하게 감각적이고 과학적인 견해이다.

다만 문제는 여러 가지 각도에 의하여 정치현상을 해석하더라도 현실과 이상과의 조화에 의하여 각자의 상상력에 따라 환상(vision)을 어떻게 제시하느냐에 달려 있다고 볼 수 있다. 단순히 기술적이 아닌 상상력인 요소를 지닌 환상의 세계가 공동선을 추구하는 도덕적인 힘에 의하여 '너'와 '나'(You & I)의 개념을 포함시킨 '우리'(We)의 개념을 목표로 하는 사회를 추구하려고 할 때 '환상'은 단순히 '이상'이 아닌 '현실'이 될 수 있을 것이다.

---

76 Rawls, 앞의 책, 32쪽.

제2절

정치와 행복론: 정치철학자의 행복론을 중심으로

1. 정치란 무엇인가

정치란 무엇인가? 정치의 목적은 무엇인가? 정치인들은 무엇을 위하여 정치를 하고 있는가? 정치인들이 추구하고 있는 권력은 과연 무엇을 위하여 행사하는 것인가? 정치지도자들은 사익을 추구하는가 또는 공익을 추구하는 하는가? 국가란 어떤 존재인가? 국가가 공동체 구성원을 위하여 무엇을 해야 되는가?

이런 질문은 아주 상식적이고 기초적인 질문이다. 그럼에도 불구하고 이에 대한 대답은 아주 다양하며, 또한 우리의 삶에 있어 가장 중요한 영향을 미치고 있다. 위와 같은 질문은 지금까지 수많은 정치철학자 또는 정치지도자들에 의하여 되풀이된 질문이지만, 이에 대한 근본적인 답변은 아직까지도 공동체 구성원의 합의가 쉽지 않으며, 또한 수긍할 정도의 답변을 얻지 못하고 있는 논쟁적인 주제이다.

이는 정치라는 용어 자체가 가지고 있는 다의성에 기초하고 있다.[1] 정치란 주어진 환경과 지도자가 제시하는 비전, 정치체제를 구성하고 있는 국가의 역사와 전통 등과 같은 다양한 요소에 의하여 운용되고 있기 때문에 일반적인 관점에서 합의된 개념을 도출하는 것은 결코 쉬운 문제가 아니다. 어느 정치학자의 지적과 같이 정치학자의 수(數)만큼이나 정치학이 존재하고 또한 정치체제가 형성된다고 볼 수 있기 때문이다.

이러한 정치에 대한 다의적인 해석에도 불구하고 하나의 합의된 정치에 대한

---

* 본 글은 위즈덤교육포럼, 「행복역량교육, 어떻게 할 것인가」(2018.8)에 실린 글을 수정·보완한 것임.
1 정치의 기본 개념은 「정치학 대사전」, (서울: 박영사, 1975) 참조.

해석은 공동체 구성원의 행복(Happiness)의 추구인 것이다. 행복이란 용어에 대한 해석, 또한 이를 위한 정치체제의 복합성에도 상당한 차이가 있지만 정치가 구성원의 행복을 추구하는 제1차적인 목적에 있다는 것에 대하여 정치지도자들은 물론 플라톤과 같은 고대정치사상가들도 대체로 동의하였다.

현대사회는 정치화의 시대(Age of Politicization)이며, 이는 정치가 우리의 일상생활의 구석구석을 침투하고 있다는 것이다.[2] 이런 시대를 맞이하여 끊임없이 정치의 굴레 속에서 구성원의 행복을 추구하기 위하여 투쟁하여 왔다. 그리고 또한 정치지도자들은 이러한 구성원의 행복을 위하여 자신을 대통령, 국회의원, 시장 등 공직에 선출하여 주면 행복한 국가와 지방자치단체를 만들 수 있다고 선거 때마다 무수히 공약하였지만, 그러나 이들의 공약(公約)은 제대로 지켜지지 않는 공약(空約)으로 오히려 국민들은 정치에 실망하고 있다.

한국은 오랜 역사를 가진 민족이다. 과거 조선시대와 같은 왕조국가에 있어 백성의 행복은 전적으로 절대통치자인 왕의 통치방식 여하에 달려 있었다. 때문에 정치를 통한 행복이란 의미 자체가 구성원 스스로의 노력이나 투쟁에 의하여 이뤄지는 것이 아니고 위로부터 주어지는 것이기 때문에 행복 수준에 대한 평가 자체가 어려웠다.

그러나 절대왕조가 무너지고 민주국가가 성립된 이후 구성원의 행복의 개념은 정치지도자의 정치운영과 밀접한 관계를 갖게 되었다. 우리나라의 경우, 1948년 대한민국 정부가 수립된 이후 구성원의 행복은 정치체제와 밀접한 관계를 갖게 되었다. 행복이 단순히 경제성장에 따른 부의 기준에 의한 것이 아니고 자유, 인권, 정의 등과 관계를 가진다는 것이다. 이는 이승만 정부 이후 지금까지 지속적으로 국민들에 의하여 요구되어 온 행복과 관련된 정치의 주요 의제였다.

이러한 정치와 관련된 행복의 문제는 지금도 마찬가지이다. 우리나라는 제2차세계대전 이후 신생국 중에서 산업화와 민주화를 성공적으로 수행, 세계가 부러워하는 국가가 되었다. 더구나 원조를 받던 국가에서 원조를 주는 공여국으로 변하여 서울에서 G20정상회의까지 개최할 정도로 발전하였다.

그러나 2016년 가을 발생한 소위 청와대 비선 실세 '최순실 게이트'로 인하여 야기된 탄핵정국에서 보는 것과 같이 정치체제는 국민들의 삶을 행복하게 하여

---

2 이극찬, 『정치학』, (서울: 법문사, 1999), 8쪽.

주지 못하고 있다. 2016년 12월 9일 국회에서 박근혜 대통령에 대한 탄핵소추가 의결되고 그 후 2017년 3월 10일 헌법재판소에서 헌법재판관들의 만장일치 결정으로 탄핵소추가 인용되어 대통령이 파면되는 사태까지 발생하였다.[3] 박근혜 전 대통령은 2013년 2월 발표한 국정기조에서 '국민이 행복한 정부'라는 슬로건 아래 정부를 운영하였지만 탄핵사태 등으로 오히려 국민들의 삶의 행복도는 더욱 낮아져 오늘과 같은 정치에 대한 심각한 불신을 초래하였다.

박근혜 대통령이 탄핵으로 물러난 이후, 2017년 5월 9일에 실시된 제19대 대통령 선거에서 당선된 문재인 대통령은 취임사에서 "국민들의 서러운 눈물을 닦아드리는 대통령이 되겠습니다. 소통하는 대통령이 되겠습니다."라고 말했다. 이는 문재인 대통령이 행복한 국민들이 사는 정부를 만들겠다는 의미로 볼 수 있는데, 집권 전반기에 대한 평가를 보면, 과연 국민의 서러운 눈물을 닦아주는 정치를 하였는지에 대하여 상당수 국민들은 회의적이다.

2. 정치화 시대와 행복

정치는 우리의 일상생활에서 가장 중요한 삶의 하나이다. 사회라는 커다란 공동체는 정치 이외에도 경제, 사회, 문화, 교육 등 여러 가지 분야가 한데 어우러져 이루어지는 단위이기는 하지만, 이 중 우리의 생활에 가장 큰 영향을 미치는 것은 정치이다. 따라서 우리는 현대사회를 정치화의 시대라고 칭하고 있다. 정치를 통하여 국민들로부터 권한을 위임받은 대표가 선출되고 또한 이들이 우리의 일상생활을 지배하는 법을 제정하고 또한 이를 집행하기 때문이다.

때문에 대통령 선거, 국회의원 선거 등 선거 때만 되면 입후보자나 정당들은 자신들만이 국민을 위하여 일하는 머슴의 역할을 하겠다고 역설하면서 동시에 국민이 행복한 국가를 만들겠다고 각종 공약을 발표하고 있다. 그러나 최근 박근혜 전 대통령의 탄핵과정에서 나타난 것과 같이 지도자가 정치를 잘못하게 되면 국민들이 행복은커녕 오히려 불행해지는 것이다.

---

3 박근혜 전 대통령에 대한 탄핵소추안은 국회에서 재석의원 299명 중 234명 찬성, 부결 56명, 무효 7명, 기권 2명으로 가결되었음.

2016년 10월 청와대 비선실세 최순실의 국정농단이 언론에 보도된 이후 지금까지 많은 국민들이 탄핵찬성과 탄핵반대로 분열되어 소위 촛불집회와 태극기집회에 참석하느라 고생하였다. 집회의 참석 여부를 두고, 또는 각종 모임에서 탄핵 여부에 대한 논쟁을 통하여 국민들이 받은 스트레스를 보면 정치가 국민의 일상적인 생활은 물론 행복지수에 얼마나 중요한 영향을 주고 있는가를 가히 짐작할 수 있을 것이다.

2013년 2월 25일 출범한 박근혜 정부는 정부 출범 이후, 4대 국정기조를 발표하였으며, 이는 국민행복과 국가발전이 선순환하는 새로운 패러다임의 시대로 명명하면서, '신뢰받는 정부'를 추진기반으로 명시했다. 경제부흥 · 국민행복 · 문화융성 · 평화통일 기반 구축의 4대 국정기조를 정하고 이를 국정에 반영, 정책을 추진하였다. 이들 4대 국정기조는 모두 공동체 구성원의 행복한 생활을 위한 것이다.

그러나 탄핵과정에서 나타난 것과 같이 정치가 오히려 공익(公益)을 위한 것이 아니고 특정인이나 특정정치세력을 위한 사익(私益)을 위한 행위로 전락하여 국민의 공분을 삼으로써 오늘과 같은 국정혼란이 야기된 것이다. 따라서 국민들은 정치와 정치인에 대하여 신뢰하기 보다는 오히려 불신 내지 증오의 대상이 되었으니, 이 얼마나 불행한 상황인가.

문재인 정부는 '국민의 나라, 정의로운 대한민국'이라는 기조 아래 100대 국정과제를 선점, 정책을 수립 · 집행하고 있다. 그러나 집권 초기에 보여주었던 높은 국정지지도가 ㅊ최근 점차 하락하고 있어, 역시 과거 정부와 유사한 평가를 받고 있다.

최근 국회의원을 비롯한 정치인들이 조사한 바에 위하면 이들의 신뢰도는 최하위를 나타내었다. 한국언론진흥재단이 2017년 3월 16일 전국 19세 이상 성인 5,128명을 대상으로 지난해 6~8월 동안 주요 7대 직업군(정치인 · 고위공직자 · 경제인 · 법조인 · 언론인 · 교육자 · 종교인)에 대한 신뢰도를 조사한 결과 정치인은 1.89점으로 전체 직업군 중 가장 낮은 것으로 발표했다.[4] 심지어 일부 조사에서는 "길가다 만난 낯선 사람보다 국회의원에 대한 신뢰도가 더 낮다는 조사 결과가 있다"며 "이런 사태는 국회 신뢰는 물론 의원들이 만드는 법에 대한 신뢰도도 낮추는 결과를 만들 것"이라고 말했다.

2016년 한국행정연구원에서 한 사회통합 실태 조사를 들여다보면, 가족에 대한 신뢰 인식은 4점 만점에 3.6점으로 가장 높았다.[5] 지인(2.9점), 이웃(2.6점)에도

---

4 「연합뉴스」(2017.3.16).

비교적 높은 신뢰도를 나타냈다. 그러나 국회에 대한 신뢰 인식은 4점 만점에 1.7점으로 가장 낮았고 중앙정부부처(2.0점), 검찰(2.0점), 법원(2.1점)도 비슷한 수준이다. 이는 내 사람까지는 믿을 수 있는데 사회를, 특히 공공기관을 믿을 수 없다는 정서라고 볼 수 있다.

이런 정치에 대한 신뢰도가 낮은 수치가 더욱 충격적인 것은 한국행정연구원의 조사가 '최순실 게이트' 이전에 조사된 데이터라는 것이라는 점에서 탄핵 이후 이런 조사를 하게 되면 정치에 대한 신뢰도 조사 결과는 더욱 최악이 될 것이다. 이는 한국정치가 경제 수준에 비하여 아직도 후진적 수준에 머무르고 있어 오히려 국민이 정치를 걱정해야 되는 상황에 있음을 웅변으로 말해주고 있다.

3. UN행복보고서와 한국인 행복지수

유엔(UN)은 매년 세계행복보고서(World Happiness Report)을 발표하여 세계 각국의 행복에 대한 관심을 지구촌의 주요한 관심사로 부각시키고 있다. 유엔은 해마다 국가별 행복지수를 계량화해 세계행복보고서를 발표한다. 유엔 산하 자문기구 '지속가능한 발전해법 네트워크'(SDSN)가 2017년 3월 20일 발표한 '2017 세계행복보고서'에 따르면 한국은 전 세계 155개국 중 56위이다.[6]

한편 2019년 3월 20일 발표된 유엔행복보고서에 의하면 한국은 156개국 중 54위로, 2017년과 비슷한 수준을 나타내고 있다.

한국의 행복도는 10점 만점에 5.838점을 기록했다. 가장 행복한 국가는 노르웨이로 7.537점을 받았으며, 2017년 조사에서 1위였던 덴마크는 7.522점으로 2위를 차지했다. 이어 아이슬란드, 스위스, 핀란드, 네덜란드, 캐나다, 뉴질랜드, 호주, 스웨덴 등의 순이었다. 가장 불행한 나라는 중앙아프리카 공화국이었다. 150위권에는 이 밖에 토고, 시리아, 탄자니아, 브룬디가 있다. 일본은 한국보다 5계단 높은 51위를, 중국은 79위를 차지했다. 이 밖에 미국은 14위, 독일은 16위, 영국은 19위, 프랑스는 31위를 차지했다.

---

5 「프레시안」(2017.4.11.).
6 「연합뉴스」(2017.3.20).

유엔세계행복보고서는 2014년부터 2년간 여론조사기관 갤럽이 진행한 기대수명, 자유, 소득, 사회적 지원 등의 조사 결과와 유엔 인권지수 등을 토대로 순위를 정했다. 유엔의 행복지수 분석에 따르면 노르웨이, 덴마크 등 북유럽국가들이 상위권을 기록, 세계에서 가장 행복한 나라로 명성을 높이고 있다. 반면, 지역적으로 같은 경제 공동체에 속해 있는 프랑스나 이탈리아의 행복지수는 이들 국가에 비해 훨씬 뒤져 있다.

유엔에서 조사하는 행복지수는 1인당 GDP, 사회적 지원, 건강기대 수명, 삶에서 선택의 자유, 관대함, 부패인지도 등으로 측정하고 있다. 이에 의하면 개인의 행복은 개인만이 결정하는 것이 아닌 개인이 아닌 다른 외적 요인에 의해서 결정된다는 것을 보여주며, 우리가 일반적으로 생각하는 행복지수와는 다소 차이가 있기는 하지만 상식적인 수준에서 행복지수를 평가하는 자료는 될 수 있다.

동 조사에 의하면 우리나라 행복지수의 표준편차는 2.155로 전체 조사 국가의 표준편차 순위에서 96위를 차지하고 있다. 이는 표준편차가 가장 작은 국가인 부탄의 1.294과 크게 비교되는 것으로 이와 같이 표준편차가 크다는 것은 행복 불균형도가 심하다는 것을 보여준다. 이 수치가 2005~2011년과 비교해 0.011로 증가하고 있으며, 이는 점점 나빠지고 있다. 따라서 유엔 보고서에서 행복지수가 84위인 부탄이 가끔 세계에서 가장 행복한 나라로 언급되곤 하는데, 그 가장 큰 이유가 행복에 편차가 적기 때문이라고도 할 수 있다.

이런 조사의 대표적 사례의 하나는 '자살'이다. 선진국 모임으로 불리는 경제개발협력기구(OECD) 회원국 36개 국가 중 한국은 '자살률' 부문에서 1위로서 이 분야에서 13년째 가장 높다. 지난 2016년 OECD 통계에 따르면 한국의 인구 10만 명당 자살자 수는 28.7명으로 OECD 국가의 평균인 12명에 비해 2배 이상 많고, 두 번째 순위인 일본의 18.7명과 비교해도 큰 격차가 난다. 또한 통계청에서 발표한 '2018년 사망원인 통계'에 따르면 26.6명으로 OECD 회원국 중 역시 1위의 불명예를 벗어나지 못하고 있다.

이는 경쟁에 지나치게 노출된 환경에서 오는 심리적 압박감, 편가르기나 빈부격차에 따른 소외감, 경제적인 준비가 덜 된 노년층의 확대 등으로 불행한 삶을 사는 사람들이 상대적으로 훨씬 많다는 것을 말하는 것으로 앞에서 언급한 유엔의 세계행복지수 2017 보고서 내용과 유사하다.

4. OECD와 행복보고서

유엔 이외에도 OECD에서도 유사한 행복지수를 발표하고 있다. 객관적 지표와 주관적 만족도를 합쳐 계산하는 OECD의 '더 나은 삶(BLI) 지수'에서 한국은 38개국 중에서 2011년 26위, 2012년 24위에 이어 2016년 발표에서 28위를 차지하였다. 이는 우리나라가 주관적 만족도만을 비교한 유엔의 '세계행복보고서'에서는 전 세계 158개국 중 2010~2012년 평균 41위로 이웃 일본이나 대만보다 앞선 것으로 나타났지만, 2012~2014년 평균 47위, 2013~2015년 평균 58위로 계속 낮아지며, 이런 결과는 일본과 대만에 비해 뒤처지고 있다. 1인당 국민소득 순위가 2013년에 31위였고, 2016년 29위였던 것에 비하면 소위 행복을 기준으로 한 우리 삶의 질은 경제적 수준에 못 미치고 있는 것을 여실히 나타내고 있다.

이와 같은 행복지수에 대한 조사는 2017년 4월 5일 한국보건사회연구원의 발표에서도 나타났다.[7] 한국보건사회연구원의 'OECD 국가의 복지 수준 비교 연구' 보고서에 따르면 한국의 복지 수준은 36개 OECD 회원국 중에서 2011년 23위에서 2016년 21위로 두 계단 올랐다. 이는 연구원이 '경제 활력'과 '복지 수요', '재정 지속', '복지 충족', '국민 행복' 등 5개 부문의 23개 지표로 각국의 복지 수준을 측정한 결과다.

그러나 이 중에서 삶의 만족도와 국가 투명도, 자살률, 합계출산율, 여가, 출생 시 기대수명 등으로 측정한 국민 행복도는 0.348점에서 0.133점으로 크게 떨어졌으며, 국가순위도 30위에서 33위로 하락했다. 이는 OECD 회원국 36개국 중 행복도 33위를 나타내는 것이며, 한국의 복지 수준은 지난 5년 동안 소폭 개선됐지만, 국민이 느끼는 행복감은 오히려 크게 떨어졌다는 연구 결과를 나타내고 있다.

이는 청소년에 경우도 마찬가지이다. 2015년 연세대 사회발전연구소가 발표한 '2016 제8차 어린이·청소년 행복지수 국제비교 연구' 보고서에 따르면 한국 어린이의 주관적 행복지수는 조사 대상인 OECD 회원국 22개국 중 가장 낮은 점수인 82점으로 확인됐으며, 더욱 충격적인 것은 우리나라 어린이·청소년 중 20%가 '자살충동'을

---

7 「중앙일보」(2017.4.5).

경험했다는 것이다.[8]

한국 학생들이 느끼는 삶의 만족도가 세계 꼴찌 수준이라는 최근 OECD 조사 결과도 나왔다. OECD가 2017년 4월 21일 공개한 '국제학업성취도평가(PISA) 2015년 학생 행복도' 조사 결과에 따르면 한국 학생들의 삶의 만족도 지수는 10점 만점에 6.36점을 기록했다. 한국 학생들의 만족도 지수는 OECD 회원국 평균(7.31점)보다 낮았다. 한국보다 낮은 점수를 기록한 회원국은 오랜 반정부 시위로 정국이 불안한 터키(6.12점)뿐이었다.[9]

한국 학생의 22%는 가장 낮은 만족도를 뜻하는 4 이하 점수를 줬다. 이는 OECD 평균(12%)보다 2배 가량 높은 수치다. 또 한국 학생의 75%는 '학교에서 낮은 점수를 받을 것에 대해 걱정한다'고 답해 OECD 평균(66%)보다 9%p 높아 한국 학생들의 학업 부담이 상당한 것으로 분석되고 있다. 학습 성취 욕구는 높지만 삶의 만족도는 낮은 학생들, 한국의 교육 현실이다.

한국 교사들의 직업 만족도 역시 OECD 국가 중 꼴찌라는 보도가 있었다. 교사도 학생도 행복하지 않은 나라, 우리 교육에 큰 문제라고 볼 수 있다. 이와 같이 한국인의 '행복지수' 아닌 '불행지수'는 이제 성인뿐 아니라 아이들에게까지 전염되고 있는 것은 앞으로 미래 한국사회 발전에 있어 반드시 해결해야 할 과제이다.

5. 정치체제와 공동체 행복관계

행복은 다분히 주관적이다. 그러나 정치사회 환경의 변화에 의하여 행복지수는 다양하게 변화할 수 있다. 때문에 정치지도자들은 자신들이 정권을 잡으면 정치체제를 변화시킬 수 있으며, 따라서 공동체 구성원의 행복한 삶도 영위할 수 있다고 역설하고 있다. 또 공동체 구성원들은 정치지도자들의 선거공약이 다분히 정권장악을 위한 임기응변적이고 또한 현실성이 떨어지고 있는 것으로 인식하고 있으면서도 선거 때만 되면 일시적으로 현혹되어 특정 후보자나 정당을 지지, 행복한 세상을 꿈꾸게 하는 것이다.

---

8 「매일경제」(2016.5.3).
9 「경기일보」(2017.4.24).

그러나 대부분의 경우, 선거 후 이런 유권자의 착각은 현실로 나타나게 된다. 이러한 정치지도자가 보여주는 여러 가지 불신에도 불구하고 때로는 정치체제의 변화에 따라 공동체 구성원의 삶의 질은 변화될 수 있으며, 또한 이런 사례는 여러 곳에서 찾아볼 수 있다. 때문에 우리는 공동체 구성원의 행복한 삶을 향한 변화가 일어나려면 구성원의 일상생활에 밀접하게 영향을 주는 정치체제, 경제구조, 사회구조와 같은 국정 운영의 패러다임이 바뀌어야 한다고 생각한다.

즉, 국정 평가의 기준과 선거 공약, 정책결정의 우선순위가 바뀌어야 하며, 이렇게 하기 위하여 정치지도자들은 공동체 구성원들과 더욱 많은 대화, 토론, 발표를 해야되고 이런 과정에서 단순히 경제적 측면의 국내총생산(GDP) 수치보다는 지니계수, 노동시간, 삶의 만족도, 신뢰 수준과 같은 일상적인 삶과 더욱 밀접하게 관련 있는 주제들을 논해야 한다.

정치지도자들이 과거처럼 경제가 성장하고 GDP가 늘어나면 국민들이 더 행복해진다고 믿는 것이 아니라, 국민들이 더 행복해져야 경제도 성장하고 GDP도 늘어난다고 생각할 수 있도록 인식을 전환시켜야 한다. 과거에 주택이 부족하고 도로가 없던 시절에 주택을 건설하고 도로를 확장하는 것은 GDP와 삶의 질을 모두 높이는 것이었지만 지금은 주택 건설이나 도로 확장 등 GDP 증가보다는, 오히려 교육환경, 문화여건, 환경보존과 같은 문제가 더욱 공동체 구성원의 행복한 삶과 관계가 있는 것이다.

정치제도 이런 문제에 효율적으로 대응할 수 있는 정치체제가 형성되는 것이 오늘날 각국이 지니고 있는 과제이다. 그러나 이런 문제는 단기간에 형성되는 것이 아니고 오랜 정치체제의 실험, 그리고 이를 운영하는 정치지도자의 리더십과 이를 뒷받침해주는 정치세력의 정치운영에 대한 경험 등이 상호 조화를 이루어졌을 때 가능한 것이다.

따라서 지금까지 정치에 대한 각종 철학이나 이론을 정립한 정치철학자들의 행복론을 우선적으로 고찰하는 것이 중요하다. 현대 정치이론도 그 근원을 보면 고대 그리스의 플라톤, 아리스토텔레스와 같은 정치철학자들의 이론을 기초로 그 후 시대적 상황에 따라 다양한 형태로 변화 또는 수용되었기 때문이다.

6. 정치철학자들의 행복론

행복이란 다양하게 정의되고 있다. 일반적으로 심신의 요구가 충족된 상태를 말하고 있으며, 이런 요구를 어떻게 생각하는가에 따라 여러 가지 차이가 생기는 것이다. 행복을 개인의 감성적 요구의 만족, 즉 쾌락과 동일시하는 공리주의적 시각, 소극적으로 고통이나 불쾌함이 없는 상태, 또는 자족, 무욕과 같은 정신적 독립의 상태를 생각하는 스토아학파의 시각, 자아나 인격의 전체적·영속적 만족이라고 간주하는 플라톤적인 시각 등 여러 가지로 논의되고 있다.[10]

물론 이들이 주장하는 행복에 대한 시각에는 차이가 있기는 하지만 이들은 궁극적으로 인간의 삶의 질을 높이자는 것이며, 또한 이를 위하여 정치가 중요한 역할을 하여야 한다는 것에 대하여 대부분 동의하였다. 그리고 이런 정치와 행복에 대한 논리적 이론은 정치철학자들에 의하여 제공되고 있는 것이며, 이는 시대적 상황에 따라 다소 변화는 있지만 근본적 이론체계는 유지되면서 오늘날 민주정치와 같은 각종 정치체제 형성에 큰 영향을 미치고 있다.

1) 플라톤의 행복론

정치철학자 중에서 정치와 관련된 행복의 문제를 가장 먼저 구체적으로 다룬 철학자는 플라톤(Plato: BC 427~346)이라고 볼 수 있다. 플라톤은 정치뿐만 아니라 철학 등 다양한 영역에서 영향을 주었다고 볼 수 있으며, 특히 그의 국가론은 정치와 행복을 나타내는 대표적인 저서이다. 『국가론』(The Republic)은 플라톤의 철학과 정치학에 관한 주저로, 기원전 380년 경에 스승 소크라테스 주도의 대화체로 된 것이며, 이 저서는 철학과 정치이론에서 광범위한 영향력을 가지며, 플라톤의 저작 중 가장 잘 알려진 책이다.[11]

플라톤의 허구적 대화에서 주인공 소크라테스를 비롯한 다양한 아테네인과 외국인들은 올바름(正義)의 정의(定義)에 대해서 논하고, 철인왕(哲人王: Philosopher King)과 수호자들이 다스리는 이상사회를 지칭하고 있으며, 정의로운 사람이 부정의한 사람보

---

10 이극찬, 앞의 책, 81쪽.
11 플라톤(이병길 역), 『국가론』(The Republic), (서울: 박영사, 1996) 참조.

다 더 행복한지를 논하고 있다. 또 이 저서는 철학자의 역할, 이데아론, 시가(詩歌)의 위상, 영혼의 불멸성에 대해 다루고 있다.

스승 소크라테스와 제자 아리스토텔레스를 잇는 서양철학의 뿌리를 이루고 있는 플라톤은 국가와 정의가 무엇인지, 지도자의 역할은 무엇인지를 설명하며 이상국가를 실현하려 노력하는 철인정치를 주장하였다. 플라톤은 '국가론'에서 철인왕이 지배하는 이상국가를 논하고 있으며, 철학자가 마음만 먹으면 권력과 철학이 결합하여 이상적인 지도자가 되어 이상국가를 건설, 공동체 구성원이 행복할 수 있다는 것이다.

플라톤은 '국가'와 '철인왕'에서 행복과 관계된 정치를 설명하였다. 플라톤은 국가론에서 "왜 인간은 정의롭게 행동해야 하는가? 형벌이 두려워 정의롭게 행동하는가? 신의 보복이 무서워 떨고 있는가? 왜 강자는 약한 인간들을 법의 이름으로 다스리는가? 정의는 상벌과는 상관없이 그것 자체가 목적이 될 수 있는가? 정의란 무엇인가? 국가에 정의가 필요한 것인가?" 등과 같은 수많은 질문을 던지면서 이런 과정에서 국가가 구성원의 행복을 위하여 무엇을 해야 하는지를 설명하였다.

플라톤은 이런 차원에서 이데아를 볼 수 있는 능력을 가진 자로 진리를 추구하는 자가 아니라 진리 자체가 된 자로서 항해를 떠난 배의 선장으로 비유, 당시 유행하던 민주주의를 비판하였다. 그는 당시의 민주주의는 오늘날의 민주주의와는 달리 일종의 선동주의나 다수주의에 가깝다고 보면서 다수의 투표로 뽑은 선장이 해로(海路)에 대한 지식이 없다면 그 배는 좌초하고 말 것이라고 보고 철인왕에 의한 정치를 주장하였다.[12]

플라톤이 제시하는 최선의 통치는 법률에 의한 통치가 아니다. 최선의 통치는 지혜를 갖춘 '왕도적 치자'에 의한 통치를 말하고 있으며, 이를 동굴에 우화에 비유하여 철학자의 정치참여를 독려하였다. 플라톤은 철인왕은 누구보다도 정치를 잘 할 수 있으며, 이는 진리를 알 뿐만 아니라 사사로운 욕심이 없기 때문이기에 공동체 구성원은 행복할 수 있다고 보았다.[13] 이러한 이상적인 국가를 건설하려는 플라톤의 철인왕은 현실세계에 존재하기는 어려운 것이지만 인간의 행복을 우선시한다는 측면에서 철인왕의 존재를 이해하여야 할 필요가 있다.

---

12 「주간조선」(2017.1.23) 참조.
13 서병훈, 『위대한 정치』, (서울: 책세상, 2017), 17-18쪽.

2) 아리스토텔레스의 행복론

아리스토텔레스(Aristotle, BC 384~322)는 오늘날 학문세계에 가장 영향을 많이 미친 사상사가로서 '만학(萬學)의 아버지'로 지칭할 정도로 여러 가지 학문분야에 탁월한 업적을 남겼다. 아리스토텔레스는 그의 대표적인 저서인 『정치학』(The Politics)에서 정치의 가장 중요한 가치가 선의 추구이며, 이는 덕의 정치(The politics of virtue)로서 이를 통하여 행복을 추구하는 것이 정치라고 주장하였다.[14]

그는 행복의 문제를 주관적인 쾌락에서가 아니라 이성적 활동의 측면에서 논의한 고대 그리스의 철학자이다. 결론부터 말하자면, 행복이란 이론과 실천의 지속적 병행을 통한 자기실현이다. 플라톤과 그의 사상을 계승한 아리스토텔레스는 행복을 올바르게 행위하는 윤리적인 삶이라고 규정하며 여기에서 행복에 대한 논의가 윤리적 논의로 이행했음에 주목하여, 윤리적 삶을 위해 몸소 도덕적 행위를 해야 한다고 강조하였다. 선한 행동을 직접 함으로써 선한 사람이 되는 것이지, 도덕 강의만 듣는다고 해서 선한 사람이 되는 것은 아니라는 것이다.

따라서 도덕적 행위가 행복을 구성하는 것이기 때문에 행복의 성취는 역시 부단한 노력을 요구하는 것이라고 주장하였다. 인간은 행복해지기 위해서는 도덕적인 행동을 지속적으로, 억지로가 아니라 자발적으로, 그리고 다른 실리적 목적을 위해서가 아니라 도덕적 행동 그 자체만을 목적으로 해야 한다고 보았다.

아리스토텔레스의 행복론은 행복의 보편적 정의를 통하여 말했다. 아리스토텔레스는 인간의 행위는 여러 수단과 목적의 연쇄체계로 구성되어 있고, 그러한 수단과 목적의 연쇄체계의 마지막 단계에는 인간의 궁극 목적에 도달할 것이고, 그 궁극 목적에 이르면 그것은 가장 좋은 것, 즉 최고선이며, 최고선을 이루는 것이 진정한 최고의 행복이라고 주장하면서 궁극 목적은 최고선(Goodness)이며, 이것에 의하여 행복이라는 방정식이 성립된다고 보았다.

특히 아리스토텔레스는 행복에 있어서 공동체와 이성을 강조하였다. 즉, 공동체 사회 속에서 타인의 장점을 발견하고 서로가 서로에게 좋은 것을 나누면 공동체의 행복이 달성되고, 다른 사람에게 먼저 베풀면 다른 사람도 그렇게 함으로서 공동체는 행복을 누리게 된다는 것이다. 또한 아리스토텔레스는 행복이란 인간의 이성적

---

14 Aristotle(나종일 역), *The Politics*, (서울: 삼성출판사, 1981) 참조.

기능을 통하여 얻어지는 즐거움이라고 설명하였다.

아리스토텔레스는 공동체의 행복 추구에 있어 입법가의 역할을 강조하였다. 입법가의 역할은 공동체 구성원들이 선행에 익숙해져 올바른 성품을 형성하도록 안내하는 것이다. 이 일을 해내지 못하는 입법가는 자신에게 부여된 목적 달성에 실패한 것이며, 이런 차원에서 좋은 정치체제와 나쁜 정치체제가 구분된다고 보았다.

아리스토텔레스는 오늘날 서구 정치체제의 사상적 기틀을 만들었다고 볼 수 있는바, 특히 행복추구를 위한 정치체제의 중요성에 대하여 강조하였다. 개인이 도덕적인 삶을 살려고 노력해도 사회제도나 전체적인 사회구조가 비도덕적이고 바람직하지 못한 방향으로 흘러간다면, 그 사회의 미래는 결코 밝지 않다고 보는 것이다. 따라서 이것이 바로 개인의 도덕성뿐만 아니라, 사회 전체의 도덕성도 요구되는 이유이다. 이러한 측면에서 정치체제가 도덕성을 지킬 수 있도록 운영되어야 한다고 보며, 이런 정치체제의 하나가 일종의 공화주의인 것이다.

아리스토텔레스는 인간은 본성적으로 누구나 동일한 품성 바탕을 갖고 태어난다고 본다. 성선설 입장도 아니고 성악설 입장도 아니며, 따라서 성선과 성악은 오로지 성장과정과 교육이 어떠한가에 달려있다고 보는 것이다. 탁월한 품성은 성장과정에서 여러 감성과 행동의 경험과 학습에 의해 길러지는 것이라고 아리스토텔레스는 주장하였다. 아리스토텔레스는 훌륭한 감정과 행위들이 반복해서 이루어지도록 습관화하는 교육의 중요성을 강조했으며, 따라서 자발적 노력이 어려운 사람들을 사회적으로 바람직한 탁월성으로 유도해 내기 위한 규제적 입법 및 정치체계도 필요하다고 하였다.

이런 정치체계를 아리스토텔레스는 민주적 요소와 귀족적 · 과두적 요소의 혼합을 가장 바람직한 정치체제로 주장했다. 아리스토텔레스는 인간으로 하여금 유덕한 생활을 가능하게 하는 것은 바로 폴리스(polis)이며, 이것이 인간에게 행복을 조장해주는 것이라고 보았다.[15] 따라서 아리스토텔레스는 정치는 국민을 일정한 성질의 인간으로, 즉 선한 인간, 고귀한 인간, 아름다운 행위를 할 수 있는 인간이 되도록 하는 데 심혈을 기울이는 것이라고 하였다.

특히 아리스토텔레스의 행복론은 『니코마커스의 윤리학』에서 더욱 구체적으로

---

15 이극찬, 앞의 책, 83쪽.

보여주었는데, 여기에서도 최고선을 이야기하며, 최고선은 다른 목적을 위한 수단이 아니라 그 자체가 목적인 궁극의 선이라고 주장하였다. 따라서 정치의 목적은 바로 이와 같은 최고의 선으로서 행복에 추구에 있다는 것이다.[16]

3) 벤담의 행복론

벤담(Jeremy Bentham: 1748-1732)은 영국의 공리주의를 대표하는 사회사상가이다. 본래 법학자였는데, 정치 · 경제 · 교육 등 다방면에 많은 업적을 남겼으며, 변호사가 되었지만 기존의 해석법학에 흥미를 잃고, 로크(John Locke)와 흄(David Hume)의 경험론철학의 연구에 몰두하였다. 프리스틀리(J.Priestley)의 『정부론』(1968)을 읽고 이 책에서 '최대다수의 최대행복'이라는 구절을 발견하였으며, 그는 이에 대하여 '공사(公私)의 도덕에 관한 나의 주의가 확립된 것은 이 소책자의 이 구절에서였다'고 하였다.

1776년 『정부론 단편』을 익명으로 출판하고 그 후 1789년에는 『도덕 및 입법원칙에 대한 서론』을 공표하였다.[17] 그는 이 저서에서 공리의 원리를 가지고 개인적 도덕행위 및 사회적 입법을 구명하였다. 벤담에 있어서 도덕과 법률은 일치하는 것이며, 양자의 기초원리는 공리주의, 즉 '최대다수의 최대행복'에서 찾을 수 있다고 하였다. 그는 프랑스 혁명이 무정부적 혼란을 반복하는 것을 보고 프랑스 혁명사상, 즉 혁명의 기초를 이루는 자연법사상에 반대하고 이에 대한 비판을 가하였다. 또한 그는 1808년 밀(J.S.Mill)을 알게 되었으며, 벤담의 사상은 밀에 의하여 한층 더 발전하였다.[18]

'최대다수의 최대행복'을 주장, 쾌락을 행복과 동일시한 벤담의 공리주의 행복론은 20세기 후반 개인의 성격 등을 중시하는 심리학에 의해 허점이 노출되었다. 즉, 이는 외향적 성격 · 신경증적 성격 · 내적 통제 · 낙천주의 · 유머감각 · 자부심 · 삶의 목표 · 천성과 환경 등이 개인의 행복과 밀접한 상관관계를 갖고 있다는 것이다.

벤담의 철학은 쾌락주의에 기초하고 있다. 쾌락주의에 따르면 사람들의 행동은

---

16 Aristotle(최명관 역), *Nicomachean Ethics*, (서울: 서광사, 1984) 참조.

17 제레미 벤담(강준호 역), 『도덕과 입법의 원칙에 대한 서론』, (서울: 아카넷, 2013) 참조.

18 『경제학사전』, (서울: 경연사, 2011) 참조.

쾌락과 고통이 지배하며, 쾌락은 곧 선이며 행복이라는 것이다. 반면 고통은 악이고 불행임으로 따라서 올바른 행위란 자신이 얻을 수 있는 쾌락의 양을 늘리는 것이고, 잘못된 행위는 쾌락의 양을 줄이는 것이라고 주장하였다. 어떤 행위가 옳고 잘못되었는지는 쾌락을 계산해 밝힐 수 있으며, 그 기준은 강도·확실성·근접성·생산성·지속성·순수성 등 6가지이다.

벤담은 여기에 쾌락의 일곱 번째 기준으로 범위를 추가한다. 사람에게는 이기적 쾌락뿐만 아니라 인애(仁愛)라는 다른 사람들을 도와주면서 얻는 쾌락도 있다고 하였다. 따라서 더 많은 사람에게 쾌락을 주는 행위가 도덕적으로 옳다는 것이며, 이런 윤리적 행위는 공동체의 최대 행복이 되는 것으로 보았다.

그의 저서 『도덕과 입법의 원칙에 대한 서론』은 처음에는 그다지 주목받지 못했다. 사람들의 관심이 같은 해 일어난 프랑스 혁명에 온통 쏠렸기 때문이다. 그러나 보통선거, 비밀선거 등 당시로써는 혁명적인 내용을 담고 있던 벤담의 사상은 뒤몽(Pierre Étienne Louis Dumont)에 의해 혁명의 핵심 세력에게 충분히 영향을 끼쳤다.[19] 이런 이유로 1792년, 프랑스 국민 의회는 벤담에게 명예시민 자격을 부여했다. 벤담의 저작도 뒤몽을 통해 프랑스어로 번역되어 영국보다 프랑스에서 더 큰 명성을 얻었다.

4) 밀의 행복론

존 스튜어트 밀(John Stuart Mill, 1806~1873)이 주창한 철학사상은 행복으로서 표현된 쾌락주의 사상이라고 할 수 있다. 공리주의 철학의 대표자로서 벤담(Jeremy Bentham, 1748~1832)과 플레이스(Francis Place, 1771~1854) 등의 도움을 받아 고전을 폭넓게 읽어 그의 사상의 영역을 넓혔다. 사회주의 사회개혁가인 생 시몽(Saint-Simon, 1760~1825), 콩트(Auguste Comte, 1798~1857)와의 교류를 통하여 영국 사회에 실증주의 사상을 확산시키는 데 큰 영향을 준 밀은 공리주의 사상과 정치경제학, 논리학 등 다양한 학문을 섭렵할 수 있었으며, 이는 『자유론』(On Liberty)(1859) 등에 잘

---

19 스위스의 정치가·저술가인 뒤몽은 1782년 보수파의 압박으로 스위스를 떠나 페테르스부르크를 거쳐 1786년 런던으로 건너감. 1789~1790년 파리에 머물다가 프랑스혁명에 관계하고, 잡지를 편집하였으며, 1814년 제네바로 돌아와 시의회 지도자로서 법제정비에 힘씀. 『두산백과사전』, (2010) 참조.

나타나 있다.[20]

밀은 철학뿐 아니라 정치학, 경제학, 논리학, 윤리학 등의 분야에서 방대한 저술을 남겼으며, 폭넓은 영향을 끼쳤다. 그는 자신의 대부이자 스승이었던 벤담의 영향을 받아 공리주의(功利主義, Utilitarianism)를 사상의 기초로 하였으나, 쾌락의 계량 가능성을 주장한 벤담과는 달리 쾌락의 질적인 차이를 주장하며 벤담의 사상을 수정하였다.

밀은 인간은 동물적인 본성 이상의 능력을 가지고 있으므로 질적으로 높고 고상한 쾌락을 추구한다고 보았다. 법률에 의한 정치적 제재를 중시한 벤담과는 달리 양심의 내부적인 제재로서 인간이 가지는 인류애를 중시하였다. 이러한 밀의 사상은 벤담의 '양적(量的) 공리주의'와 구분하여 '질적(質的) 공리주의'라고 불린다.

또한 그는 아담 스미스의『국부론』을 비판하며 사유재산을 보장해 주면서도 자본주의의 모순을 시정하기 위한 제한적인 정부개입을 옹호하는 경제학 사상을 주장하였다. 그가 저술한『정치경제학 원리』는 고전경제학의 완결판이라는 평가를 받으며, 고전경제학을 계승하면서도 사회주의의 주장을 일부 수용하여 분배의 개선과 사회의 점진적 개혁을 주장하는 이론을 담고 있다. 논리학에서도 실증주의적인 사회과학 방법론을 체계화하는 성과를 남겼다.

밀은 행복, 쾌락은 그 자체를 목적으로 하면 오히려 도망간다고 말하면서, 인생의 목적은 행복이고 행복이 행위의 기본 동기이자 준칙이 되는 것이긴 하나, 자기만을 위한 행복을 목적으로 하지 않고 타인의 행복, 이를테면 인류의 진보와 개선, 기술, 직업 등 그 자체를 하나의 이상으로 하여 그것을 목적으로 전심전력을 기울일 때에 비로소 행복을 느낄 수 있다고 하였다.

따라서 보다 질적으로 높은 행복을 얻으려면 현실적인 바깥 것에 눈치보지 말고 나만의 고유함, 나만의 내적 가치를 존중하는 자기 수양과 훈련이 필요하다고 밀은 강조하였다. 즉, '쾌락의 진정한 고급화를 추구하라'가 공리주의 완성자로서 밀이 제시하는 진정한 행복론의 요체라고 할 수 있다.[21]

밀은 사회적 입법을 통한 개혁을 주장하며 현실 정치에도 직접 참여하였는데,

---

20 존 스튜어트 밀(서병훈 역), 『자유론』, (서울: 책세상, 2005) 참조.
21 이정호 엮음, 『행복에 이르는 지혜』, (서울: 한국방송통신대학교 출판부, 2013) 참조.

특히 노동입법이나 단결권의 보호, 지대(地代) 공유 주장 등을 통해 민주주의적 정치제도와 사유재산 보호의 틀 안에서 점진적인 분배의 평등을 강조하는 영국 사회주의 사상의 발달에 크게 기여하였다. 또한 사회적 공리의 실현을 위해 보통·비밀선거에 기초한 의회와 선거제도의 개혁을 주장하였으며, 여성에게 교육의 기회뿐 아니라 시민으로서의 자유와 경제적 기회도 똑같이 제공할 것을 주장하였다.[22]

밀은 자유주의 정치철학의 발전에도 크게 기여하였는데, 『자유론』에서 밀은 '다수의 전제'로부터 개인의 자유를 보호하기 위한 '사상의 자유'와 '행복추구권(선택의 자유)', '결사의 자유'를 강조하였다. 어떤 사상이 옳든 그르든 사상의 자유와 언론·출판의 자유는 절대적으로 보장되어야 하는데, 이는 인간 정신이 토론과 경험을 통해서 잘못을 시정할 수 있는 능력을 지니고 있기 때문이다.

또한 다른 사람에게 피해가 없다면 개인의 행위는 다른 사람과 다르다는 이유로 박해를 받아서는 안 된다고 보면서 개성이 발달하면 한 개인의 삶뿐 아니라 사회 전체도 더 활기 넘치게 될 수 있다고 보았다. 때문에 개인이 한 인격체로 성장하기 위한 자발적 선택권은 반드시 보장되어야 한다는 것이다. 이러한 인식을 기반으로 그는 사회나 국가가 개인에 대해 행사하는 권력이 도덕적으로 정당성을 지닐 수 있는 한계에 대해 논했다.

밀은 행복의 정의와 실현방법은 무엇인지 살펴보고 한 걸음 더 나아가 공리성의 원리와 자유의 원칙이 상충하는 것이 아니라 상호의존과 보완을 통해서 더 큰 행복을 산출해 낼 수 있다는 것을 보여주려고 하였으며, 행복은 공리성의 원리와 자유의 원칙의 상호의존과 보완을 통해서 더 큰 행복에 도달하게 되는 것으로 보았다. 이는 밀이 궁극적으로 의도했던 것이며 자유의 증진을 통한 개인의 행복이 사회 전체의 발전과 깊은 관계가 있다고 보는 그의 진보적 사회관의 근본 원칙과도 부합한다.

밀은 공리성의 원리와 자유의 원칙을 규명하고 개별성을 행복의 근본요소로 보고, 자유는 행복과 상충관계에 놓여 있는 것이 아니라 행복의 필수적인 구성요소로 보았다. 따라서 공리성의 원리와 자유의 원칙의 상호 의존과 보완을 통해서 행복의 최대화를 생산해 낼 수 있다고 생각하였다.

밀은 '좋은 정치'를 추구했으며 이것을 이상적인 정치라고 보면서, 그의 『대의정부

---

22 서병훈, 『위대한 정치: 밀과 토크빌, 시대에 부름에 답하다』, (서울: 책세상, 2017) 참조.

론』에서는 정부의 역할을 중요하게 보았다. 따라서 정부 형태는 최고의 권력이 국가 구성원 전체에 있는 것이며, 또한 모든 시민이 전국 차원에서 공공의 임무를 수행하며, 정부의 일에 직접 참여할 수 있는 것을 주장하고 있는바, 이를 통하여 구성원이 행복한 삶을 누릴 수 있는 것이라고 보았다.[23]

5) 러셀의 행복론

20세기 대표적 지성으로 꼽히는 철학자 버트런드 러셀(Bertrand W. Russell, 1872-1970)은 『행복론』(*The Conquest of Happiness*)에서 인간의 삶을 통한 행복을 주장하고 있다.[24] 러셀은 그의 저서에서 불행한 현실의 벽이 왜 만들어졌는지 분석하고, 어떻게 하면 그 벽을 부술 수 있는지를 알려주며, 그 벽을 깰 수 있도록 도와주는 방법 등을 이야기 하고 있어 일종의 행복지침서라 할 수 있다. 러셀은 어려운 철학 용어나 딱딱한 논리는 배제하고 노벨 문학상을 받은 문필가답게 쉽고 명확한 문장으로 불행의 원인과 행복의 비결을 설득력 있게 설명하였다.

러셀은 자기몰입, 염세주의, 경쟁, 권태, 피로, 질투, 죄의식, 피해망상, 여론에 대한 두려움 등 아홉 가지를 불행의 원인으로 지적하면서 이를 극복할 수 있는 방안을 제시하면서 행복을 설명하였다. 또한 삶에 대한 열정과 폭넓은 관심, 사랑, 가족 등을 행복의 비결로 꼽으면서 특히 삶에 대한 열정과 관심을 자신의 내면이 아니라 바깥세상으로 돌리면 행복해질 수 있다고 강조하는 그의 행복관은 시사하는 바가 많다.

러셀은 모든 불행은 의식이 분열되거나 통합을 이루지 못하기 때문에 발생한다고 보면서, 반면 행복한 사람은 자신이 우주를 구성하고 있는 한 성원임을 자각하고 우주가 베푸는 아름다운 광경과 기쁨을 누린다고 하였다. 마음속 깊은 곳의 본능을 좇아서 강물처럼 흘러가는 삶에 충분히 몸을 맡길 때, 우리는 가장 큰 행복을 발견할 수 있다는 것이다.

러셀은 사소하고 즐거운 일에 집중함으로써 경쟁에서 문제에서 벗어나 상당한

---

23 서병훈, 위의 책 참조.

24 버트런드 러셀(황문수 역), 『러셀의 행복론』, (서울: 문예출판사, 2001); 버트런드 러셀(이순희 옮김), 『행복의 정복』, (서울: 사회평론, 2005) 참조.

시간 눈을 돌릴 수 있을 뿐만 아니라 자신의 일에 더욱 열정을 불태울 수 있다고 주장하였다. 러셀의 경험과 주장대로 취미는 열정을 불태울 수 있는 훌륭한 도구이며, 열정은 행복을 위한 또 하나의 중요한 열쇠라고 보면서 러셀 특유의 행복론을 펼쳤다.

7. 국가와 행복

개인의 행복은 시대적 환경과 개인이 가지고 있는 시각에 따라 큰 차이가 있다. 특히 서구의 경우, 앞에서 고찰된 바와 같이 정치철학자들은 개인이 누리고 있는 자유와 삶의 방식에 따라 행복에 대한 수준의 차이는 다르다는 것이다. 특히 자유주의적 사고를 가진 서구 정치철학자들은 국가와 개인을 대립시켜 국가로부터 개인의 자유를 보호하는 것이 오히려 개인의 행복한 삶을 영위하는 데 더욱 바람직하다고 보았다.

그러나 근대국가관이 형성되면서, 특히 국가의 존재가 더욱 증대되면서 국가와 행복에 대한 관계가 변화하고 있다. 특히 제2차세계대전 이후 대부분의 정치체제에서는 국가에 의한 정치관이 개인의 행복과 깊은 관련성을 나타내고 있다.[25] 국가의 기초가 튼튼하지 못하고 외부로부터 안보의 위협이 있는 상황에서 구성원은 행복한 삶을 영위하기 어렵다는 시각이 점증하고 있다.

이는 국가의 목적, 기능, 그리고 존재 양식에 관련된 모든 것을 정치라고 해석하는 기본적 전제하에 논의되고 있는 것이다. 국가라는 공동체의 기원을 언제부터 기준하느냐에 따라 해석상에 차이가 있기는 하지만 인간은 태어남과 동시에 어느 한 국가의 구성원으로 국민이 되기 때문에 국가가 정하는 법률에 따라 권리와 의무가 있으며, 이를 통하여 개인의 삶이 결정된다는 것이다.

이러한 국가현상설에 기초한 개인의 행복관은 국가가 어떠한 정치체제를 가지고 운영되느냐에 따라 개인이 행복 수준도 결정된다고 본다. 국가가 행하는 모든 것이 정치라고 본다면 이에 구성원인 개인은 국가가 하는 일에 따라 운명을 같이 하게 되면 따라서 개인의 행복 수준도 결정되는 것으로 간주될 수 있다.

특히 국가의 정치지도자가 국가의 권력을 어떻게 사용하느냐는 중요한 기준이

---

25 서울대학교 정치학과 교수 공저, 「정치학의 이해」(서울: 박영사, 2002)참조

된다. 단순히 국가의 권력이 왕조시대와 같은 개인의 사유물로 취급되어 사용될 때 구성원은 왕과 백성의 주종관계로서의 위치에서 삶을 영위할 수밖에 없으며, 따라서 개인의 존재는 무시된 상황에서 생활, 불행할 수밖에 없다.

그러나 국가의 정치지도자가 민주정치체제에서 선거와 같은 정치과정을 통하여 구성원의 선택에 의하여 국가를 운영, 수평적 관계로서 상호의존적 관계로 인식되고 또한 권력의 사용이 사익을 아닌 구성원 전체의 공익을 위하여 사용되며, 이런 과정에 국민이 자발적으로 참여, 소속감을 가질 때 행복도 향상될 수 있는 것이다. 이러한 정치지도자의 국가 경영철학은 현대 민주정치에서 추구하는 이념인 것이며, 우리는 이를 통하여 공동체의 행복을 추구하여야 할 것이다.

개인보다는 사회가, 개인주의보다는 공동체주의가 우리 사회가 지향해야 할 방향이다. 공동체와 이성을 강조한 고대 정치철학자 아리스토텔레스의 말과 같이 불행한 사회 속의 개인의 행복은 결코 행복일 수 없다는 것을 정치지도자들은 깊이 인식해야 한다. 특히 21세기라는 변화와 개혁하는 시대에 걸맞은 시대정신에 따라 개인보다는 공동체가 행복한 것이 한국정치가 지향하는 제4의 물결인 선진복지사회 라는 것을 인식함과 더불어 정치지도자는 물론 정치체계 역시 이를 효과적으로 수행할 수 있는 정치운영 방식을 추구해야 할 것이다.

제2장

제4의 물결과
한국정치의 좌표

제1절

제4의 물결과 한국 정치사회의 발전과제: 광복 · 분단의 70년과 변화의 역동성

1. 역동적 변화의 70년

금년(2015년)은 광복 70주년이면서 동시에 분단 70주년을 맞이하는 해이다. 1945년 8월 15일은 일제 식민지로부터 해방되는 기쁨의 시간이기도 하였지만 동시에 한반도가 미 · 소 양국에 의하여 분단이 되는 비극의 이중적 역사의 시작이 되는 시간이기도 했다. 이런 역사의 이중적 궤적은 지난 70년간 한국정치사회 변화에 직 · 간접적으로 큰 영향을 주었다.

광복과 분단이라는 상호 모순적 상황 속에서 지난 70년 동안 한국정치사회는 격동의 시기라고 할 정도로 실로 많은 변화를 겪었다. 70년이란 시간은 국가 역사의 차원에서 본다면 결코 길다고 할 수 없지만, 그러나 지나간 시간을 돌이켜 보면 너무도 파란만장한 각종 사건이 발생, 정치사회 변화의 역동성을 실감하지 않을 수 없다.

해방 후 강대국에 의한 냉전체제 하에서 신생국가 체제도 제대로 형성하기도 전에 6 · 25 한국전쟁이라는 비극적인 민족상잔의 쓰라린 역사를 겪으면서 오늘의 한국을 발전시킨 것이다. 6 · 25 한국전쟁으로 인한 폐허 속에서도 국가발전을 위한 한민족 특유의 민족성을 발휘하여 신생국의 국가건설(nation building)에 매진하였으며, 그 후 '한강의 기적'을 통하여 산업화를 이룩하였고 또한 부침하는 정치체제의

---

* 본 글은 대한민국 역사박물관 주최 "광복 70주년 기념학술대회"(2015년 8월 6일) 발표한 기조발제를 수정 · 보완하였음.

변화 속에서 민주화를 실현, 세계가 주목하는 오늘의 한국을 건설하였다.

한국은 경제 규모 세계 제14위, 고등교육 진학률 세계 제1위, 인터넷 보급률 세계 제1위 등 경제·사회·교육 등 각종 분야에서 눈부신 발전을 거듭하였다. 제2차세계대전 이후 독립된 신생국들이 아직도 선진국으로 원조를 받고 있지만, 이들 신생국 중 한국은 유일하게 수원국에서 해외에 원조를 주는 공여국으로 바뀌었다. 그뿐만 아니다. 2010년에는 서울에서 G20세계정상회의를 개최하였으며, 한때 UN에 가입하지도 못했던 한국은 전 외무부장관이 사무총장직을 수행했을 정도로 국제적 위상이 높아졌다.[1]

그러나 한국은 이와 같은 희망찬 측면에도 불구하고 OECD 국가 중 자살률 제1위, 세계 상위권의 저출산·고령화, 날로 심화되는 경제사회적 불균형 구조, 지역·세대 갈등, 고학력 청년 실업의 증가 등등으로 인하여 사회적 불만이 고조되고 있다. 또한 북한의 핵무기시험발사로 인한 남북한 간의 긴장 고조, 중국의 부상과 일본의 군국주의화 현상 등은 국가안보를 위협하고 있다.

특히 2014년 4월 16일 발생한 세월호 참사, 2015년 6월 중순 발생한 메르스 사태 시 정부를 비롯한 한국정치사회가 보여준 후진적인 대응과 시민의식 등은 앞에서 언급한 '희망의 한국(Hope Kora)'이 아닌 '불안한 한국', 심지어 '위기의 한국(Risk Korea)'의 징후마저 나타나고 있다.

이제 한국은 광복·분단의 70년을 맞이하여 '한강의 기적'을 넘어 '한반도의 기적'을 이룩하기 위하여 새로운 국가비전을 설정해야 한다. 지난 70년의 영욕의 시간을 거울삼아 변화하는 세계질서를 직시, 발전을 위한 변화를 추구하여 21세기를 리드하는 성숙한 민주국가 건설을 위하여 매진해야 할 것이다.

지구촌은 끊임없이 급속하게 변하고 있다. 특히 최근 지구촌의 변화는 과거와는 가히 측정할 수 없을 정도로 급변하고 있다. 우리는 이런 정치사회 변화의 흐름을 하나의 시대적 흐름, 즉 물결(wave)이라고 할 수 있다. 따라서 우리가 변화의 물결에 대한 본질과 특성을 파악, 이에 적절하게 대응하면, 한국 정치사회는 발전할 수 있을 것이고 그렇지 못하면 퇴보하는 것이다.

이런 측면에서 광복과 분단의 이중적 역사의 수레바퀴 하에서 국가발전을 추구하

---

1 반기문 전 외무부 장관은 제8대 UN사무총장으로 2007.1부터 2016.12까지 재직하였음.

고 있는 우리는 광복과 분단의 70년을 새롭게 성찰, 국가 발전과제를 고찰할 필요가 있다. 이에 본 글은 지난 70년의 한국정치사회를 물결이라는 새로운 패러다임의 시각을 가지고 정치사회 변화를 성찰함과 동시에 미래 한국 정치사회의 발전과제를 제시하고자 한다.

2. 제4의 물결 시대의 도래

특정한 시대의 물결을 예측하고 이에 대한 대응 전략을 제시하는 보고서나 연구물 등은 이미 많은 미래학자들에 의하여 출간되었다. 이 중 대표적인 미래학자인 앨빈 토플러(Alvin Toffler: 1928~2016)는 45년 전에 발간한『미래의 충격』(Future Shock: 1970년 발간)에 이어 매 10년마다 새로운 미래 예측서를 발표, 지구촌의 정치사회의 변화 트렌드 이해에 신선한 충격을 주고 있다.

앨빈 토플러가 1970년『미래의 충격』을 발간하였을 당시만 해도 우리 사회는 각 가정이 전화기와 같은 기본적인 통신수단조차 제대로 소유하지 못한 시대였지만, 그는 앞으로 미래사회는 무선에 의한 소형 휴대폰이 어린아이들에게까지 보급될 것이라고 하여 우리 사회에 충격을 줌과 동시에 사회발전에 대응하는 전략 제시의 필요성을 강조했다.

그 후 앨빈 토플러는 1980년에『제3의 물결』(The Third Wave), 1990년에『권력이동』(Power Shift) 발간을 통하여 한국을 비롯한 각국이 변화하는 정치사회발전에 대응하는 것이 얼마나 중요한 것인가에 대하여 미래학자로서의 예리한 분석을 발표하였다. 특히『제3의 물결』은 20세기 후반과 21세기의 다가오는 정보혁명과 정보사회를 예견하면서 새로운 정치사회발전 대응책의 강구를 주장하였다.

특히 앨빈 토플러는 인류사회는 지금까지 세 번에 걸친 변화 물결을 통하여 발전하였다고 분석하였다. 제1단계인 '제1의 물결(The First Wave)'은 농업 혁명에 의한 수렵 채집사회에서 본격적 문명의 시대로 도래하게 되는 농경사회로의 혁명적 사회 변화이며, 이는 인류사회의 변화의 초석이 된 것으로 분석하고 있다.

제2단계인 '제2의 물결(The Second Wave)'은 산업 혁명에 의한 농경사회에서 산업사회로의 정치사회 변화이다. 그는 핵가족, 공장 같은 교육시스템과 기업의 주요 요소를 가진 제2의 물결의 사회는 고도로 산업화되어 있으며 대량생산, 대량분배, 대량소비, 대량교육, 대량휴양, 대중문화와 대량살상무기 등에 기반하고 있다고 보았다.

제3단계인 '제3의 물결(The Third Wave)'은 후기 산업사회이며 정보화사회로서 1950년대 후반부터 산업사회에서 정보사회로의 변혁이 일어나기 시작했으며, 이 사회에서는 탈대량화, 다양화, 지식기반 생산과 변화의 가속이 있을 것이라고 예측했다. 제3의 물결은 형태를 눈으로 볼 수 없는 첨단기술과 정보가 중요한 소유 형태가 되는 사회를 말하는 것으로 생산, 유통 등의 분야에서 이러한 경향이 먼저 나타나며 이 물결은 결국 정치사회를 수직에서 수평으로, 중앙집권정치를 지방분권정치로 바꿀 것이라는 등 정치사회체제의 변화를 설명하였다.

또한 앨빈 토플러는 1994년 발간된 『정치는 어떻게 이동하는가』(Creating a New Civilization)를 통하여 정치권력이 의회, 대통령, 정부기관, 정당 등의 기존 정치조직들을 떠나 첨단 통신기기들로 연결되어 있는 풀뿌리 집단들과 미디어쪽으로 계속 옮겨가고 있다고 주장하였다.

미래학자로서의 앨빈 토플러의 정치사회발전 예측은 우리나라를 비롯하여 선진국가뿐만 아니라 일부 후발 개발도상국에서 대부분 현실화되고 있으며, 각국은 이런 사회발전 예측에 따라 국가발전 대응전략에 수립에 부심하고 있다. 미국을 비롯한 선진국은 정부를 비롯한 국가기관은 물론 기업을 포함한 민간사회도 급속하게 변화는 사회발전 속도에 맞추어 전략을 수립, 실행에 옮김으로써 선진국의 지위를 유지하기 위하여 노력하고 있다.

그러나 앨빈 토플러는 2006년 발간된 그의 저서 『부의 미래』(Revolutionary Wealth)에서 포스트 모던사회는 '제3의 물결'(The Third Wave)을 뛰어 넘어 정치·경제·사회 등 각 부문이 완전히 변화하는 '제4의 물결'(The Fourth Wave) 시대가 도래하고 있다고 예견하면서 이에 대한 국가적 대응전략을 주문하였다.

『권력의 이동』 이후 앨빈 토플러가 16년 만에 내놓은 『부의 미래』는 제목 그대로 미래의 부(富)가 어떻게 변화하고 우리의 삶에 영향을 미칠 것인가를 기술한 책이다. 그러나 이는 단순히 경제학적 관점에서의 부가 아니라 문화와 문명이라는 좀 더 커다란 구조 속에서 우리 생활 곳곳에 영향을 미치는 부가 어떻게 형성, 변화하며,

또 어떻게 이동하는지 등을 통하여 우리의 삶에 어떤 변화를 몰고 올 것인지를 제시하였으며, 따라서 정치·경제·사회구조의 광범위한 변화를 예측하였다.

3. 한국정치사회의 변화 물결

한국정치사회의 변화는 가히 역동적이었을 뿐만 아니라 변화의 성격도 서구 선진국과는 다른 양상을 나타냈다. 광복 후 미군정이 실시되었지만 민주주의에 대한 훈련이 없이 민주주의를 받아드림으로써 민주정치를 실제로 운영하는 데 많은 시행착오를 거치지 않을 수 없었으며, 이런 과정에서 많은 문제가 노출되었다.

한국은 정치사회의 변화의 특성 자체가 서구와는 다른 차원에서 전개되었다. 한국은 '체제의 변화(change of system)'라는 특성을 가지고 있다면 영국, 미국 등 선진국은 '체제 내의 변화(change in system)'라는 특성을 보여주고 있다. 한국의 경우, 1945년 7월 제정된 제헌헌법이 있어 민주적 정치체제의 요소를 지니고 있으나, 실제 운영에는 부산정치파동, 4·19혁명, 5·16군부 쿠데타, 10월 유신, '87년 6월 항쟁, 대통령 탄핵과 같은 수많은 혼돈의 정치변화를 통하여 정치체제가 운영되었다.

이런 의미에서 선진국은 안정적 정치질서 하에 체제 내의 변화를 촉진하면서 체제 자체의 변화를 실현할 수 있었다면, 한국은 연속적이고 점진적이기보다는 돌발적(abrupt)인 변화의 성격을 가지고 있음으로 변화의 성격이 예측 가능하지 못한 사례가 많아 정치체제가 불안정하고 리더십이 자주 교체되고 있어 민주정치의 제도화가 상당 기간 이뤄지지 못하였다. 특히 민주정치가 정당정치를 통하여 운영되어야 함에도 정당정치의 제도화 수준이 아주 낮았기 때문에 일종의 조숙한 민주주의가 겪는 각종 어려움에 직면하여 수많은 시행착오를 겪게 된 것이다.

이러한 과정에서도 한국 정치사회는 세 차례의 걸친 역동적인 변화를 통하여 오늘에 이르게 되었으니, 이를 시대별로 살펴보면 다음과 같이 고찰할 수 있다.

1) 제1의 물결과 신생국가 건설

제1의 물결은 이승만 초대 대통령의 집권 기간으로 신생국가의 건설과 민주정치제도의 도입을 통한 시기이다. 미국에서 교육을 받고 또한 해외에서 독립운동을 전개한 이승만은 단독정부 수립이라는 비판에도 불구하고 미·소 간의 냉전체제에서 미국식의 민주주의 제도를 받아들여 신생독립국가를 건설하는 데 총력을 다 하였다.

6·25전쟁을 거치면서 공산권의 위협을 절실하게 경험한 이승만은 북한, 중공, 소련을 비롯한 공산권으로부터 국가의 안전을 보호하기 위하여 미국과의 동맹 강화를 통하여 신생국의 토대를 마련하려고 노력하였으며, 이는 한미방위수호조약의 체결 등과 같은 외교적 성과에서 나타났다. 미국에서 교육과 정치훈련을 받은 이승만이 당시에 극심한 냉전체제 하에서 대한민국을 보호할 수 있었던 것은 그의 외교적 역량의 결과라고 볼 수 있다.

그러나 국내정치에서 이승만은 상당한 비판을 받았다. 미국에서 민주주의 교육을 받은 이승만의 정치적 리더십은 민주적이라기보다는 개인의 권위주의 형성을 통한 통치체제로, 도전 불가능의 최고지도자로서 전횡적인 권위주의적 특성을 가지고 국가를 운영하였다.

이승만의 집권양식은 준경쟁적이고 직선에 의하여 행정수반직을 차지하였으나, 선거과정에서는 경찰, 군과 같은 행정 조직이나 물리적 조직을 공공연하게 개입시켜 통치기반을 확대하였을 뿐만 아니라 이로 인하여 이승만 1인 지배체제를 강화하였다. 입법부와 사법부의 관계에서 삼권분립의 원칙보다는 행정부의 권한이 보다 우위적인 현상으로 나타났으며, 정치참여도 제도화되지 못하고 형식화되거나 관 주도의 여론형성을 통하여 이승만의 우상화를 추구하였다. 형식적으로 정당제도는 있으나, 여야 간은 준 경쟁적 성격을 지니고 있으며, 야당의 활동은 구술적 반대(verbal opposition)의 차원에서 벗어나지 못함으로 국회와 여당은 대통령의 들러리에 지나지 않았다.

이승만은 특히 1954년 소위 사사오입 개헌을 통하여 영구집권을 추구하였으며, 이는 결국 1960년 3월 15일 실시된 정·부통령 선거에서 조직적인 부정선거를 획책함으로써 4·19혁명에 의하여 대통령직에서 하야, 하와이로 망명하는 비운의 지도자가 되었다.

그럼에도 불구하고 이승만은 국민의 뜻을 존중, 대통령직을 하야를 함으로써 민주정치에 대한 믿음을 잃지 않으려고 노력했다. 4·19 학생혁명 후 "불의에 분노하지 않으면 젊은이가 아니다"라고 하면서 대통령직을 하야했던 점과 6·25전쟁과 같은 어려운 상황에서도 신생국의 국가건설(nation building)의 기틀을 마련한 건국대통령으로서의 공(功)은 평가되어야 할 것이다.

금년(2015년)은 이승만 대통령이 하와이에서 사망한 지 50주년이 되는 해이다. 1965년 7월 19일 하와이의 한 노인 요양원에서 90세를 일기로 생애를 마감한 이승만 대통령은 자유경제체제의 도입, 토지개혁, 교육진흥, 각종 서구식 제도의 도입, 원자력 도입 등과 같은 신생국의 기초를 마련한 공은 정당하게 평가되어야 한다.

2) 제2의 물결과 산업화

한국정치사회에서 제2의 물결은 박정희 시대로부터 이어지는 군부 권위주의 시대라고 볼 수 있다. 4·19 학생혁명으로 정권을 잡은 장면 정권은 준비가 제대로 되지 않은 상황에서 획득한 민주정치제도의 운영이 얼마나 어려운가를 체험적으로 보여준 사례이다. 이승만의 권위주의 체제로부터 해방되어 민주정치체제로 전환된다고 해도 그 자체가 민주정치의 제도화가 될 수 없다는 것을 실증적으로 보여줌으로써 한국정치사회는 또다시 급격한 정치사회 변화를 맞게 되었다.

1961년 5월 16일 박정희 육군소장을 중심으로 일어난 군부 쿠데타는 무질서한 사회적 현상과 안보위험을 제대로 대처하지 못하고 있는 장면 정권에 대한 실망에서 비롯된 것이며, 이는 당시 일반 국민들로부터 상당한 지지를 받은 것으로 알려졌다.

박정희 시대는 조국근대화란 국가적 목표 아래 수출산업의 육성 등과 같은 산업화를 통하여 '한강의 기적'을 이룩하였다. 60년대 중반까지만 해도 여름철에는 보릿고개를 넘기기 힘든 한국경제를 '경제개발 5개년 계획' 등과 같은 종합적 경제플랜을 통하여 경제성장을 추구하였다. 제철, 자동차, 전자, 조선 등과 같은 중화학공업 육성으로 오늘과 같은 고도의 경제성장을 이룩한 것은 박정희 정권의 가장 큰 공적으로 평가할 수 있다.

그러나 박정희 정권은 근대화 작업의 성공적 추진을 위하여 민주정치의 억제는 불가피하다는 이유 하에 노동운동의 탄압, 대통령에 대한 권한 강화, 야당에 대한 탄압 등과 같은 비민주적 방식에 의한 정치체제를 운용하였다. 특히 1969년 3선개헌을 통하여 권력을 강화한 박정희 대통령은 1972년 유신헌법을 통해 1인 지배체제를 구축하였다. 박정희 대통령의 권한이 강화되고 유신헌법의 채택으로 삼권분립체제는 사실상 붕괴되었으며, 통치권의 사유화와 신격성이 인정되고 대통령은 통일주체국민회의에서 선출하였으며, 대통령의 임기는 6년으로 사실상 종신집권체제를 형성하였다.

국회의 3분의 1은 대통령이 선출하는 유신정유회(이하 유정회로 약칭)이며, 유정회 출신이 국회의장이 되기도 하는가 하면, 대통령은 국회해산권, 비상사태선포와 같은 막강한 권한을 가지고 국회는 국정감사권은 없으며, 야당의 집권 가능성은 원천적으로 봉쇄되었다. 이런 군부권위주의체제는 1979년 박정희 대통령 사망 이후 등장한 신군부 정권까지 연결되었다.

박정희 대통령의 사망으로 1인 통치는 종료되었으나, 이후에도 유신체제의 연장이 실질적으로 지속되었으며, 박정희 대통령과 마찬가지로 전두환 대통령은 삼권 위에 군림하여 통치권을 사유화하고 입법부와 사법부를 종속화시키고 군부는 단순한 지지기반이 아닌 패권적 지위가 강화되었으며, 통치권의 방만한 남용과 부패로 산업화의 공이 희석되는 상태에 이르렀다.

이런 측면에서 박정희 시대를 중심한 군부정권은 산업화의 제2의 물결을 성공적으로 수행하였으나, 민주주의의 단절과 후퇴를 야기함으로써 민주정치 발전에 미친 부정적 평가는 한국정치사의 오점이 아닐 수 없다.

3) 제3의 물결과 민주화로의 이행

제3의 물결은 1987년 6월 민주항쟁과 이로 인하여 당시 민주정의당의 대통령 후보인 노태우의 6 · 29선언으로 이어진 제9차 헌법 개정으로 시작되었다. 대통령 직선제를 수용한 6 · 29선언으로 헌법 개정이 이뤄져 국회의 국정감사권 부활, 헌법재판소 설치, 지방자치제 실시 등과 같은 민주적 규정이 삽입되어 이는 민주화 세력의 승리로서 볼 수 있으며, 동시에 한국에서 민주화로의 이행이 본격적으로 전개되는 과정을 나타내게 된 것이다.

당시 대통령 선거에서 비록 36.7%의 낮은 득표율에도 불구하고 신군부를 대표하는 노태우 민정당 후보가 대통령에 당선되어 민주화를 열망하는 세력들에게 실망을 주기는 하였으나, 새로운 민주화 과정이 점진적으로 진행되는 계기를 마련했다고도 볼 수 있다.

이는 1988년 제13대 총선에서 야3당의 압도적인 승리로 나타났다. 그 후 전개된 각종 정치과정에서 과거 민주화 투쟁을 전개하였던 세력들이 국회에 대거 진출하였으며, 또한 이어 실시된 대통령 선거에서 김영삼·김대중·노무현 등이 당선된 것은 '87년 체제 이후 한국정치사회에서 민주화로의 이행이 순탄하게 진행되고 있음을 나타낸다.

1987년 대통령 선거 이후 민주정의당, 통일민주당, 신민주공화당의 3당 합당으로 민주자유당이 탄생, 여소야대가 여대야소로 변하고 신군부 세력들이 집권세력으로 포진하고 있어 정치체제 운영의 한계성이 나타나기도 했으나, 1993년 2월 등장한 김영삼 정권에 의하여 금융실명제, 정치개혁법 제정, 군의 하나회 해체 등 각종 개혁 입법이 수행되고, 또한 1997년 12월 야당인 국민회의 후보인 김대중 대통령의 당선으로 실질적인 정권 교체가 이루어졌다. 이어 2002년 12월 해방 이후 세대인 노무현 대통령이 당선, 정치지도자의 세대교체까지 이뤄짐으로써 민주주의의 공고화가 더욱 진척되었다.

이후 한국정치는 2007년 12월 19일 당시 야당인 한나라당의 이명박 후보가 대통령에 당선, 진보정권에서 보수정권으로 변화하는 새로운 정권교체를 경험하게 되었다. 2012년 12월 박근혜 새누리당 후보가 대통령에 당선, 보수정권이 재집권하는 계기가 되었으며, 이런 일련의 과정은 자유스러운 민주질서 하에 실시된 투표에 의하여 정권교체가 이뤄짐으로서 한국정치의 발전된 면모를 나타내고 있다.

한국은 헌팅톤(Samuel P. Huntington)의 이론에 따른 '두 차례에 의한 정권교체(two turnover)'가 있었다는 점에서 '87년 민주화 이후 민주주의의 공고화가 상당 수준 이뤄졌다고 평가할 수 있다. 이런 민주주의의 공고화 평가지표로서의 두 번의 정권교체는 동아시아에서 한국이 최초이며 대만은 2008년에 있었다.

제3의 물결 시대인 '87년 체제 이후 한국 민주주의는 상당한 정도로 공고화되는 과정을 나타내었으나, 경제적인 측면에서는 1997년의 외환위기, 2000년대에 금융위기 등 어려운 시기도 있었고 또한 소득격차의 심화, 청년실업의 증가 등의 문제가 미해결이 과제로 남아 있다.

그러나 이는 국내외적 상황이 복합적으로 혼재된 상황에서 발생하고 있는 것으로 볼 수 있다. 이러한 어려운 상황에서도 제3물결 시대의 한국정치사회는 다른 국가에 비하여 민주주의의 공고화와 더불어 금융위기와 같은 경제 문제 해결에도 비교적 효과적으로 대처하고 있는 것으로 평가되고 있다.

4. 미래한국 정치사회 발전 방향

한국은 지난 70년 동안 세 번에 걸친 물결을 통하여 급속도로 발전하여 왔다. 앨빈 토플러는 세계가 지난 수백 년을 통하여 제1의 물결인 농경사회, 제2의 물결인 산업사회, 그리고 제3의 물결인 정보사회를 통하여 발전되었다고 한다면, 한국은 불과 70년이란 짧은 세월을 통하여 앨빈 토플러가 설명하고 있는 세 번의 물결을 거쳐 지금과 같이 변화되었다고 볼 수 있다.

한국은 1960년대 중반까지도 제1의 물결인 전형적인 농경사회였으며, 농업이 주요 산업이었다. 인구의 약 70%가 농업에 종사하는 전근대적인 농업국가였다. 그러나 1960년 후반을 중심으로 조국근대화의 물결과 더불어 급속한 산업화가 이뤄져 제2의 물결 사회가 되었다. 특히 자동차, 철강, 조선과 같은 중화학공업의 발달은 한국경제성장을 급속하게 촉진시켰다. 이후 '87년 민주화 운동을 계기로 민주화의 공고화가 진행되었으니 이런 일련의 변화과정은 세계사에 유래가 없을 정도로 초고속의 변화물결인 것이다.

제4의 물결 시대는 정치권력을 비롯한 "힘의 본질이 변하고 있다."는 것에서 출발한다. 제3의 물결 시대에서 가장 변하지 않은 것이 정치 분야인데, 제4의 물결 시대에는 정치 분야도 변화하지 않으면 정치권 자체가 여야 구분 없이 스스로 붕괴될 수 있다는 것이다.

이제 우리는 새로운 물결인 제4의 물결 시대를 맞이하여 희망찬 미래의 한국정치사회를 건설해야 할 것이다. 제3의 물결 시대를 넘어 정치사회의 근본적인 구조가 변화되어 가고 있는 제4의 물결 시대인 미래의 한국사회는 선진복지사회로의 국가비전의 제시와 더불어 새로운 네트워크 정치사회에 대비하기 위하여 다음과 같은 변화가 있어야 할 것이다.

1) 민주정치의 선진화

권위주의 체제를 붕괴시키고 민주화로의 이행을 향한 '87년 체제는 28년이 지난 지금의 상황에서 한국정치사회를 평가할 때 무작정 긍정적 평가만을 내리기에는 여러 가지 문제가 있다. 김영삼·김대중·김종필과 같은 3김(三金)에 의한 보스정치는 퇴진하였지만 영남·호남·충청의 지역구도는 아직도 한국정치에서 가장 막강한 정치구도를 형성하고 있다. 정치인들은 지역구도 타파를 외치면서도 선거 때만 되면 이를 최대한 이용, 개인의 정치적 목적을 추구하고 있다.

민주정치 운영의 핵심적 기제인 정당은 결코 짧지 않은 역사에도 불구하고 아직도 정당정치의 제도화의 수준이 낮은 상태이다. 헌팅톤(Samuel P. Huntington)은 제도화(institutionalization)란 조직과 절차가 가치와 안정성을 갖는 것으로 적용성(adaptability), 복합성(complexity), 자율성(autonomy), 일관성(coherence)의 높은 수준이라 하였으며, 한국정당은 현재 이런 제도화 수준이 아직도 낮은 상태이다. 최근 여야 정당의 분열상이나 상호 이전투구의 상황에서 보는 바와 같이, 특히 정당의 대표성과 책임성은 이전보다도 못한 상황이다. 따라서 한국정치를 선진화시키기 위하여 무엇보다도 정당정치의 제도화 수준의 향상이 가장 중요한 과제이다.

대통령을 비롯한 정치지도자의 리더십 부재, 정당, 의회, 이익집단, 헌법, 시민사회와 같은 정치행위자(political actor)들의 역할의 왜곡 현상과 이기주의적 행위 등은 정치에 대한 국민적 불신을 야기하고 있다. 최근 대학생의 여론조사에서 가장 불신을 받는 집단으로 85.3%가 정치인을 지적한 것이 하나의 사례이다.[2]

한국정치의 선진화를 위하여 예측 가능한 정치가 되어야 한다. 정치는 살아있는 생물과 같아 공학과 같은 과학적인 예측은 어렵지만 최소한 앞으로 전개될 정치 상황에 대한 국민적 불안이 최소화될 수 있는 정치 상황이 전개되어야 하며, 이는 책임정치의 틀 하에서 신뢰의 정치가 형성되어야 한다. 정치는 기본적으로 인간들 사이의 신뢰관계에서 형성되는 것임으로 정치지도자를 비롯한 정치권이 국민과 더불어 현실에 대한 정치인식을 공유하고 동시에 국민과 아픔을 같이 할 때 신뢰의 정치가 가능하다.

최근 정치는 국민에게 희망을 주지 못하고 혼란만 주는 정치, 국민을 위한 정치가 아닌 정치인을 스스로를 위한 정치를 하고 있다는 비판이 많다. 정치가 국민을 걱정하는 것이 아니고 오히려 국민이 정치를 걱정하는 상황이 되고 있다. 정치권은

---

2 「조선일보」(2014.10.14).

국가발전을 위한 미래 비전을 제시하는 정책 경쟁을 하는 정치를 함으로써 유권자들은 이를 철저하게 검증 후, 선거 시 각종 공직 후보자 또는 정당에 대한 선택을 할 수 있는 매니페스토(Manifesto) 중심의 정치로의 변화가 요구된다.

2) 불평등 구조의 개선

자유 경쟁을 기본으로 하는 자본주의 사회인 한국에서 개인의 능력과 환경에 따라 소득의 격차, 교육의 기회의 불균등 현상 등이 발생하는 것은 불가피한 현상일 수 있다. 우리는 산업화와 민주화는 어느 정도 달성하였지만 심각한 경제, 정치, 사회, 문화, 교육 등의 각 분야에서 심각한 불평등 구조가 형성되어 정치사회 발전에 큰 걸림돌이 되고 있다.

특히 이런 현상은 1990년 말 외환위기로 발생한 IMF체제 이후 더욱 심화되고 있다. 최근 발표된 자료에 의하면 중위소득자의 소득이 연간 1,100만원 정도라는 연구 결과에서 드러나듯이, 중산층의 붕괴현상이 나타나고 있다. 최근 서울대 행정대학원의 조사에 의하면 한국민의 89%는 '나는 중간 이하의 계층'이라고 답하였다.[3]

이런 심각한 소득과 부의 불평등 구조는 단순한 경제뿐만 아니라 사회, 문화, 교육 불평등까지 야기해 상대적 박탈감을 더욱 심화, 심지어 한국사회는 고도의 경제성장에도 불구하고 분노사회(Anger Society)라고 불릴 정도이다. 국민 절반 이상은 '한국사회는 하층시민이 다수인 피라미드형 사회'라고 하향 평가할 정도로 불만이 고조되고 있다.

헌법에는 자유·평등·박애의 가치가 규정되어 있으며 이는 지켜져야 한다. 존 롤스(John Rawls)의 정의(Justice) 원칙을 응용하여 헌법의 가치가 보호될 수 있도록 노력하며, 특히 효율성·공정성·균등성은 물론 최소 수혜자 우대라는 경제사회 원칙을 도출할 수 있어야 한다. 경제성장은 이러한 원칙에 입각해서 이루어져야 하며, 공동체 구성원에게 낙수효과 없이 불평등구조가 심화되는 경제구조가 형성된 상황에서 정부는 더욱 적극적으로 재분배에 나서고 또한 기회균등을 만들어야 할 것이다.

한국 경제는 대기업 중심, 비정규직으로 인한 불안정 노동 증가, 주거 불안정,

---

3 「중앙일보」(2015.7.18.).

가계 부채 등의 심각한 문제를 안고 있다. 이런 문제를 해결하기 위하여 독점 재벌기업의 지배구조는 개선되어야 하며, 중소기업과의 공정한 거래가 이루어지고 이익이서로 공유되는 경제민주화가 이루어져야 할 것이다. 특히 최근 더욱 심각해지고있는 비정규직 문제와 청년실업 문제는 미래한국 발전을 위한 최우선 해결 과제이다.

불평등구조의 개선은 정부가 복지정책을 어떠한 방향에서 추진하느냐에 관련한다. 복지예산은 매년 증가하고 있으며, 동시에 복지에 대한 국민의 요구도 급속도로증대하고 있다. 따라서 정부는 한정된 재원을 효율적으로 운영, 복지 사각지대를최소화하여 사회빈곤층 문제를 해결하여야 할 것이다.

3) 시민사회와 거버넌스

21세기의 대표적인 주요 화두는 시민사회이다. 우리는 21세기를 흔히 NGO(Non-Governmental Organization) 혹은 NPO(Non-Profit Organization)의 시대라고 한다.시민사회에 대한 논의는 결코 21세기 들어 대두된 화두는 아니지만, 그동안 정부와시장의 역할이 변화하면서 시민사회에 대한 관심은 어느 때보다 증대되고 있다.

앞에서 언급한 미래학자 앨빈 토플러(Alvin Toffler)가 현대사회 변화의 혁명적동인으로서 풀뿌리 시민사회(grassroots civil society)를 지칭한 것과 같이 미국, 영국,독일 등 선진국에서는 물론 개발도상국을 비롯한 지구촌에서는 시민사회에 대한중요성이 날로 강조되고 있다. 2012년 아프리카와 중동에서 일어난 민주화 혁명도시민사회에 의하여 주도된 것이며, 심지어 중국에서조차도 최근 시민사회에 대한관심이 증대하고 있다.[4]

21세기에 새로운 국가사회발전의 동력으로 등장한 시민사회는 정부와 시장(기업)의 한계로부터 시민의 자유와 인권을 지키고 구성원의 삶의 질을 개선하기 위한차원에서 제3섹터(third sector)로 등장하였다. 특히 포스트 모던사회(post modernsociety)에서 세계화와 정보화로 인하여 점증하는 사회욕구와 다양하고 복잡한 문제들은 정부와 기업 혼자서 대처할 수 없음으로 이에 대한 해결책으로 시민사회가 등장하고있는 것이다.

따라서 시민사회는 자신들의 자율적인 역량과 활동능력을 기반으로 정부와 기업

---

4 중국 칭화대학(淸華大學) 등에 시민사회관련 연구소가 설립되어 있음.

의 조정기능의 한계를 보완하고 공공성에 기반을 둔 대안을 제시하기 위해서 민관협력과 파트너십과 같은 거버넌스(governance)의 틀에 적극 참여할 필요성이 제기되었으니, 이는 정부나 기업은 물론 시민사회 차원에서도 요망되고 있다.

거버넌스는 정부가 정부 이외의 다양한 행위자(actor)들과 소통과 신뢰를 중심으로 지식과 경험을 공유하면서 공동의 문제해결과 발전방안을 모색해 나가는 '협력적 공치양식(mode of cooperative-public governing)' 또는 '조종을 통한 공동의 목표추구 과정(process of steering and pursuing common goals)'이라고 할 수 있는바, 이는 경험적인 차원에서뿐만 아니라, 국민과 정부 간 소통부재, 정부와 의회 간에 대화와 타협 부족, 그리고 국민들의 정치와 국가기관에 대한 불신감 증대 등 국정운영 전반의 경험에서도 잘 드러난다.

특히 한국사회와 같이 짧은 기간에 급속한 경제발전을 이룩한 사회에서는 이념과 정파갈등, 계층갈등, 지역갈등, 남북갈등, 남남갈등, 세대갈등, 정부와 시민사회 갈등 등이 발생하고 있어, 거버넌스의 필요성은 더욱 제기되고 있음으로 이를 강화할 필요가 있다.[5]

파트너십은 시민사회가 정부, 시장과 동등한 파트너가 되어 정치사회를 운영, 국가발전을 추구하는 관계를 말하고 있다. 이는 국가발전의 주요 정책을 결정하는 과정에서 정부 · 시장 · 시민사회가 가진 전문성, 자원, 기술, 계획 등을 동원하여 상호 책임을 공유하면서 새로운 행동의 연대를 구성하는 일종의 좋은 연대(good governance)를 말한다. 이런 파트너십은 1990년대의 캐나다 등에서 공공 · 민간 파트너십의 형태로 운영되어 이를 우리도 참고할 필요가 있다.

최근 주요 일간지가 금년의 화두를 "이젠 시민이다"라고 명명하면서 시민사회가 각종 갈등해결이나 지역사회 발전에 기여하는 역할에 대하여 강조하고 있다. 정치권에 대한 신뢰도가 낮고 탈정당화로 인하여 대의민주정치의 위기는 오는 현 상황에서 '통치'가 아닌 '협치'를 통하여 시민들의 정치참여를 확대하는 것이 필요하다. 시민사회의 활성화는 국가발전에 있어 귀중한 사회적 자본(social capital)이다. 최근 문제

---

5 국무총리실 자문기구인 시민사회발전위원회에서 2015년 6월7일 정부와 시민사회와의 거버넌스 발전 방안에 대한 연찬회 등을 개최하였음. 2013년 6월 국무총리 자문기구로 발족한 시민위는 시민사회단체 대표 14인과 학계 인사 2인 등 총 16인의 민간위원들로 구성됐으며 정부와 시민사회의 바람직한 관계 정립, 시민사회 발전방안 모색, 시민사회단체 활성화 방안 등을 모색하고 있음. 문재인 정부 하에서도 동 기구는 유지되었으며, 청와대 비서실에는 노무현 정부 때와 같은 시민사회수석이 있음.

해결형 민주주의 형식으로 점차 확산되고 있는 협동조합이나 사회적 기업도 일종의 사회적 자본을 축적시키는 중요한 요소이다.

한국정치사회가 변화하기 위하여 거버넌스는 선택이 아니라 이제 필수적 요소이다. 국가운영체제가 과거와 같은 수직적 리더십을 통하여 운영되는 시대는 지났음으로 시민사회와의 거버넌스를 통하여 국가발전의 도약의 계기를 삼아야 할 것이다.

한국사회가 지속가능한 발전을 위하여 국가·시장·시민사회가 공익에 상호 기여하는 방법으로 협치를 할 때 가능하다. 정부가 최적의 결과를 얻기 위해서는 다양한 이해관계를 가진 정치행위자와 긴밀히 협력하며 시민사회의 잠재력을 촉진하는 방향으로 정부를 개혁하고 재설계해야 하며, 상호 작용관계로 대체시키는 거버넌스 구조를 통해서 가능하다고 할 수 있다.

4) 이데올로기적 갈등의 극복

하나의 신념체계를 나타내는 이데올로기는 어느 사회든 존재하며, 사회구성원이 다양화되면서 이데올로기에 의하여 갈등이 발생하는 것은 당연한 현상일 수 있으며, 이는 정치사회 변화의 동인이 되기도 한다. 오늘날과 같은 정치변화를 가능하게 한 것은 비록 이데올로기는 다르지만 정치사회 변화를 위한 논리의 개발과 투쟁, 그리고 다른 정치세력 간의 경쟁을 통하여 역사가 발전된 것이기 때문이다.

이러한 이데올로기의 긍정적 측면과는 달리 구성원이나 정치세력 간의 극단적인 이데올로기적 갈등이 지나치게 심화, 공동체의 통합을 저해하는 부정적 측면이 확산되면 그 사회는 공멸할 수 있다. 우리는 이러한 사례를 국가발전에 비생산적인 자신들의 분파 이해의 최대화를 위한 차원에서 전개한 조선시대의 사색당쟁에서도 볼 수 있다.

이러한 이데올로기의 심각한 갈등 현상은 한국사회에 오랜 뿌리를 가지고 있어 문제가 되고 있다. 예로부터 한국은 이데올로기의 천국이라고 할 정도로 정치지도자나 정치세력들은 이데올로기의 포로가 되고 있다. 그 뿌리는 조선왕조에서부터 연유되고 있는바, 특히 해방 직후 냉전체제 하에 좌우이데올로기에 의한 갈등이 더욱 증폭되었다.

1945년의 해방 정국의 신탁통치 문제로 격화된 이데올로기 투쟁은 1948년의 분단체제도 그 연장선상에서 비롯됐으며, 이는 지금까지 한국사회를 지배하는 논쟁의 핵이 되고 있다. 민족보다는 이데올로기가 중시되는 갈등은 급기야 1950년 6월 25일 기습적인 남침으로 민족상잔의 비극을 가져오는 전쟁으로까지 발생했다.

과거에는 마르크스주의나 서구 제국주의적 근대성의 수용이 민족사회를 위한 유일한 이념처럼 여겨지는 차원에서 논쟁이 있었다. 때문에 한편에서는 마르크스주의를 유일 절대적인 이데올로기로 수용했으며, 또 다른 한편에서는 서구 근대성의 논리를 맹목적으로 추종, 상호 갈등이 심화되었다. 이로 인하여 용공, 친미, 반미 등과 같은 극단적인 용어를 사용, 공동체 구성원 간에 상호 불신이 증폭되었다.

이들 양자 간에는 적대적인 대립관계만 형성되어 양자 사이를 타협시켜줄 기반적인 가교 역할을 맡을 민족적인 가치 관념이 제대로 이루어지지 않았다. 결국 이로 인하여 한국의 정치가들은 좌우파의 이데올로기의 선명한 깃발만 휘날리는 기수로 자처함으로써 민족적 현실 문제를 해결할 실천적인 지도자의 역할보다는 이데올로기의 폐쇄된 틀에서 벗어나지 못하고 타협에 의한 정치보다는 극단적인 선택을 택한 사례를 우리는 많이 경험하였으며, 최근 정치사회 현상에서도 이를 볼 수 있다. 이런 차원에서 박근혜 대통령 탄핵 이후 문재인 정권 하에서 전개되고 있는 보수와 진보의 대립 속에 격화되고 진영논리에 의한 이데올로기적 극단적 갈등 현상은 미래한국정치사회 발전에 걸림돌이 될 수 있다.

따라서 한국정치사회가 선진화되기 위해서는 정책경쟁을 하기 위한 이데올로기적 논쟁은 바람직하지만 패권적 차원이라든가 또는 자유민주주의 체제 자체를 부정하는 차원에서 극단적인 선택을 추구하는 이데올로기적 투쟁은 지양해야 할 것이다.

5) 글로벌 공동체 의식 함양

지금 지구촌은 인터넷, 스마트폰과 같은 정보매체의 발달, 교통수단의 발달 등으로 일일생활권이 된 글로벌시대(age of globalization)가 되었으며 한국은 지구촌 공동체의 일원이다. 비록 개별 국가 간에 국경이 있고 민족 단위의 생활 문화권이 있지만 과거와 같은 폐쇄적인 국경의 개념은 물론 민족주의적 사고도 이미 낡은 하나의 개념이 되었다. 더구나 한국은 이미 1백만 명 이상의 다민족·다인종이 살고 있는 다문화권 사회가 되었다.[6]

그러나 2014년 4월 세월호 참사가 발생하였을 때 선장과 승무원이 승객의 안전보다 자신의 안전보호에만 급급, 먼저 탈출하여 수백 명의 어린 학생들이 생명을 잃게 된 사건이나 2015년 5월 메르스 발생 시 정부의 대처나 일반 시민의 행태 역시 미숙한 초동 대처와 개인의 이기주의적 사고만 앞세워 행동함으로써 또다시 후진국형의 민낯을 보여주었다.

　한국은 외국 환자들이 병을 고치러 몰려올 정도로 최고의 의료 수준을 나타내고 있는 의료선진국임에도 불구하고 메르스 의심 징후가 있는 의사가 스스로를 격리하지 않고 아파트재건축총회를 참석하였는가 하면, 강남에 거주하는 격리대상자인 주부는 격리 기간이 끝나기 전에 지방으로 골프를 치러갔다가 위치 추적으로 발견되어 강제로 호송되는 사태도 발생했다.

　심지어 일부 격리대상자는 홍콩과 중국까지 여행을 하여 해당국으로부터 강제로 격리되었을 뿐만 아니라 현지 국민들로부터 비난의 대상이 되었다. 이로 인해 홍콩과 중국은 한국으로부터 입국하는 여행객에 대하여 별도의 엄격한 검역을 하는 등 한국에 대한 이미지가 극도로 추락하였다.

　글로벌시대에 지구촌의 일원으로 살아가려면 글로벌 시민의식(global citizenship)을 가져야 한다. 지구촌 공동체의 구성원으로서의 의무를 다하는 행동 양식을 가져야 한다. 공동체의 구성원으로서의 의무와 안전을 무시하고 개개인이 혼자만 살기 위하여 행동하는 각자도생(各自圖生)을 할 때 공동체는 무너지는 것이며, 그 피해는 결국 개개인에게 돌아오는 것이다.

　'나' 하나쯤이야 하는 빗나간 개인주의 사고는 글로벌시대에 있어 지양되어야 한다. 우리는 지금까지 경쟁 위주의 교육을 통하여 효율성과 생산성을 강조, 산업화를 성공적으로 이루었다. 그러나 이제 교육의 패러다임을 바꾸어 공동체의 구성원으로 책임감, 인내, 희생, 봉사, 배려 등과 같은 글로벌 시민의식을 함양하는 것이 필요하다. 우리는 각자의 행동이 나 하나만의 행동으로 끝나지 않고 대한민국 공동체는 물론 지구촌 전체에 영향을 주고 있다는 사실을 인식하여야 할 것이다.

6　행정자치부가 2015년 7월 5일 발표한 '2015년 외국인주민 현황' 조사결과에 따르면 2015년 1월 1일 기준 국내 거주 외국인 수는 174만1,919명, 주민등록인구(5,133만명) 대비 3.4%로 집계됐다. 「한국일보」(2015.7.5.).

앞에서 고찰한 과제 이외에도 한국정치사회가 발전하기 위해서 해결해야 할 문제는 산적해 있다. 저출산 · 고령화로 인한 인구사회구조의 개편, 외국인 노동자의 국내진출로 인한 다민족 · 다문화 사회에 대한 교육, 문화정책 변화, 청년실업의 해소, 교육개혁, 만연된 부정부패의 근절책과 동시의 투명한 사회건설 등 수 많은 과제가 놓여 있다.

현재 한국사회는 자본주의 3기에 있다고 볼 수 있기 때문에 위험요인이 과거와는 다른 새로운 유형으로 나타나고 있다. 새로운 정치사회적 위험은 시간과 공간을 초월하여 예측이 잘되지 않는 상황에서 발생하기 때문에 문제 해결이 더욱 어려울 수 있다.

따라서 이를 단기간에 해결하기에는 여러 가지 어려움이 있음으로 장기적 관점에서 제4의 물결시대에 대비, 민 · 관 · 산 · 학이 함께 이러한 과제를 연구, 정책을 수립하는 가칭 '미래한국사회발전준비위원회'를 설치, 희망찬 미래 한국의 발전전략을 수립할 필요가 있다.

5. 분단에서 통일로

광복 · 분단의 70주년을 맞이하는 2015년 을미년 새해, 을미년의 상징인 청양(blue sheep)은 상생과 평화, 그리고 화합을 뜻한다고 하여 우리는 남북관계 개선에 대한 희망을 가지기도 했다. 특히 박근혜 대통령의 신년사와 더불어 북한의 김정은 국방위원회 제1위원장도 고위급 접촉을 재개할 수 있다는 의지를 신년사에서 표명, 남북관계에 새로운 전기가 올 것 같은 희망을 가졌다.

그러나 남북관계는 개선은 고사하고 오히려 답보상태 내지 악화되고 있는 상황이다. 2014년 연초에 제기된 박근혜 대통령의 통일대박론으로 통일에 대한 관심이 고조되고 '통일준비위원회'까지 조직되었으나 실제적 차원의 남북관계는 5 · 24조치 이후 한 발자국의 진전도 없다.

김정은 체제 등장 이후 남북 간의 경제 · 사회 · 문화 교류 협력이 더욱 단절되고 있으며, 북한의 공포정치와 함께 군사적 긴장 상태가 고조되고 있다. 그러나 남북 간에는 군사 긴장 완화, 한반도 비핵화, 이산가족 상봉 정례화, 5 · 24조치 해제,

금강산 관광 재개 등 해결해야 할 난제들이 산적해 있어 이를 해결하기 위해선 남북 양쪽의 대승적인 결단이 필요하다. 특히 북한보다 경제·사회·문화 등 각종 분야에서 우위에 점하고 있는 한국정부의 호혜적 전략적 접근이 필요하다.

그러나 남북관계의 개선을 정부 당국에만 의존하는 데는 한계가 있다. 우선 남북 간의 이질감 해소와 개방화를 통한 북한 경제사회를 발전시키기 위하여 남북 간의 민간 분야 교류 협력이 무엇보다도 필요하다. 특히 북한 어린이에게 우유보내기 운동, 의료지원 활동, 벼농사 증산운동 지원사업 등은 인도적, 환경적 차원에서 민간 부분이 담당할 수 있다.

이런 의미에서 2014년 중앙일보가 중심이 된 〈(사)1090평화와 통일〉 운동이 전개한 우유보내기 사업이나 2016년 조선일보가 중심이 되어 전개하고 있는 〈(사)통일과 나눔 기금 운동〉은 민간차원의 통일운동 확산에 상당한 촉진제가 될 것이다.

6·25전쟁과 같은 비극적인 전쟁이 되풀이되지 않기 위하여 우선적으로 필요한 것은 남북 간의 교류이다. 동서독의 사례에서 보듯이 지난 70년이란 긴 세월 동안 쌓인 장벽을 최소화하기 위하여 남북 간의 이질감 해소가 무엇보다도 급선무이며, 이는 동시에 통일을 위한 지름길이기도 하다.

정부 차원의 교류관계가 북한의 핵 실험 등으로 어려움이 있더라도 남북 간의 민간분야에서 상호교류는 추진되어야 한다. 우리 국민의 약 92%가 분단 이후 출생한 세대로 남북한 주민간의 이질감이 더욱 심화되어 이대로 가면 남북한은 남남이 될 수밖에 없을 것 같다.

6·25전쟁으로 헤어진 이산가족 상봉은 인도적 차원에서 적극 추진되어야 한다. 2014년 9월 말 기준으로 이산가족 상봉 신청자로 등록된 12만 9천 5백여 명 중 사망자가 6만 명을 넘어 현재 남은 이산가족 수는 약 6만 9천 2백여 명이며, 이 중 80세 이상 고령 인구가 52% 정도가 된다고 한다. 매년 3천 8백여 명에 사망하는 것으로 나타나 2015년을 기점으로 이산가족 상봉 신청자 중 사망 인구가 더욱 많을 것으로 추산되고 있어 이산가족의 조속한 상봉 추진은 통일 이전의 인도적 차원에서 시급히 실행되어야 한다.

한반도 통일은 민족의 숙원이고 또한 지상과제이다. 우리는 세계에서 유례가 없을 정도로 오랜 기간 통일된 국가로 생활해 왔다. 더 이상 6·25전쟁과 같은 민족적 상잔의 역사적 비극을 되풀이 하지 않기 위해서라도 남북한은 통일이 되어야한다. 통일을 외부세력에만 의존할 수 없다. 지금의 어려운 경제문제 해결뿐만아니라 희망의 새로운 한국건설에 있어서 통일은 일종의 불루오션이다.

우리는 광복 70주년이 되는 금년(2015년)을 맞이하여 분단 70주년의 쓰라린역사의 종지부를 찍을 수 있는 전기를 마련해야 한다. 그동안 남북관계는 상호입장만 강조하는 일방적이고 선언적이었다면 이제는 상대방에 대한 정책적 배려를통해 일관성 있고 신뢰할 수 있는 대화를 복원시켜 민족통일의 새로운 활로를 모색하고, 통일된 한반도가 지구촌에서 제4의 물결시대의 주역이 되어야 할 것이다.

광복 70주년을 맞이하는 우리는 세계가 부러워할 정도로 짧은 기간에 신생국가건설·산업화·민주화라는 세 단계에 걸친 물결의 성공을 통해 한강의 기적을 창출하였다. 이제 우리는 단기간에 이룩한 세 차례의 시대적 물결을 한 단계 뛰어넘는 새로운패러다임이 요구된다. 이는 선진복지사회의 건설을 통해 제4의 물결시대를 리드하는희망한국의 시대적 소명이다.

제2절

한국정치의 파행적 구조와 개혁과제

1. 최악의 20대 국회

2016년 5월 30일 20대 국회가 새로 임기를 시작할 때 국민들의 기대는 컸다. 당시 대다수 국민들은 20대 국회는 역대 최악의 국회라는 제19대 국회보다는 다소 나아질 것이라고 생각했다. 19대 국회는 마지막까지 선거구 획정을 둘러싸고 여야가 대립되는 바람에 일시적이지만 2016년 1월 1일부터 선거구 부재라는 초유의 사태가 발생했다. 이는 헌법재판소가 "최대 선거구와 최소 선거구의 인구 편차가 3 대 1에 달하는 것은 위헌"이라며 재판관 6 대 3 의견으로 헌법불합치를 결정. 헌재는 선거구 구역표 개정 시한을 2015년 12월 31일로 정했기 때문이다.

그러나 국회가 선거구 구역표 개정을 2015년 12월 31일까지 결정하지 못하여 20대 총선을 위한 '선거구 부재' 사태가 선거 사상 초유로 발생하였다. 19대 국회는 20대 국회의원 선거구 조정에서 선거일 43일 전에 확정함으로써, 현역 국회의원들이 국민은 안중에 없이 기득권을 지키려는 의도가 있다고 비판을 받았다.

그러면 20대 국회의 성적은 어떠한가? 20대 국회는 오히려 19대 국회보다도 더욱 성적이 나쁜 역대 최악의 국회가 될 가능성이 많다. 20대 국회는 여야 간 극단적 정쟁 속에 법안은 '후순위'로 밀리고 있으니, 2019년 10월 7일까지 국회에 2만2100건의 의안이 접수됐고 이중 국회의원이 낸 건수는 2만61건에 달하고 있다. 그러나 이 중 처리된 법안은 전체 6354건이고 이 중 의원이 발의한 것은 4772건에 그치고 있으며, 전체 처리율은 28.7%, 의원입법 처리율은 23.7%로 역대 최악으로

---

* 본 글은 『사람과 언론』 제6호(2019. 가을호)에 실린 글을 수정·보완한 것임.

평가받고 있다.[1] 16대 국회의 경우 63%, 19대 국회도 41.7%에 달하고 있다.

20대 국회는 여야가 선거법 패스트트랙(신속처리안건) 과정에서 발생한 폭력사태로 인해 정치는 실종되고 정치의 사법화가 되고 있다. 여야가 서로 상대 정당 국회의원을 검찰에 고발하는 것으로 이어지면서 국회의원 98명이 수사대상에 올라있으며, 자유한국당 59명, 민주당 35명, 정의당 3명과 문희상 국회의장(무소속)이 피고발인 신분으로 의원들의 운명이 사법부의 판단에 맡겨질 지경이다.[2] 한편 검찰은 2020년 1월 2일 이들 중 여야 국회의원과 당직자 총 37명을 불구속기소하였다.

또한 조국 법무부장관 임명으로 야기된 소위 광화문(태극기집회)과 서초동(촛불집회)에서 매주 세 대결에 나선 보수와 진보의 국론분열 양상이 있음에도 국회는 이에 아무런 역할도 제대로 하고 있지 못하는 '정치실종'의 상태에 있다. 이러한 정치권의 정치력 부재와 여야정당 간의 정쟁으로 인해 국민적 비판이 강하게 제기되자 더불어민주당의 초선의원인 이철희 의원과 표창원 의원, 자유한국당의 3선 의원인 김세연 의원은 국회의원으로서의 책임을 통감하고 2020년 4월 실시되는 총선에 출마하지 않겠다고 선언했다.[3]

2. 대화와 타협이 실종된 국회

한국 정치권에서 여야 간 실질적인 대화가 상실된 지 오래다. 여당 핵심관계자는

---

1 「내일신문」(2019.10.9).

2 「경향신문」(2019.9.9).

3 「중앙일보」(2019.10.15.), 「조선일보」(2019.10.24.), 「동아일보」(2019.1.18.). 이철희 의원은 10월 15일 "정치가 '해답'(solution)을 주기는커녕 '문제'(problem)가 돼버렸다"며 "부끄럽고 창피하다면서, 단언컨대 이런 정치는 공동체의 해악"이라고 말했다. 또한 "조국 얘기로 하루를 시작하고 조국 얘기로 하루를 마감하는 국면이 67일 만에 끝났다." "야당만을 탓할 생각은 없다. 정치인 모두, 정치권 전체의 책임이다. 부끄럽고 창피하다."고 말했다.
또한 표창원 의원은 10월24일 입장문을 내고 "국가와 국민을 위해 일해야 하는 국회가 정쟁에 매몰돼 민생을 외면하고 본분을 망각했다"며 "사상 최악의 20대 국회, 책임을 지겠다"고 했다. 표 의원은 "사상 최저라고 알려진 법안 처리율, (야당의 국회 회의) 20여 회 보이콧, 패스트트랙 처리를 둘러싼 폭력과 회의 방해 사태, 막말과 무례와 비방과 억지 독설들"을 비롯한 국회의 구태를 조목조목 열거했다. 이어 "여야 각자 나름의 이유와 명분은 있겠지만, 국민 앞에 내놓을 변명은 없어야 한다"며 "모두 각자의 방식으로 반성과 참회를 하고, 저는 제가 질 수 있는 만큼의 책임을 지고 불출마의 방식으로 참회하겠다"고 밝혔다.
김세연 의원은 2019년 11월 17일 국회 정론관에서 기자회견을 열고 "한국당은 이제 수명을 다했다. … 한국당을 깨끗하게 해체하고 완전한 백지상태에서 새로 시작해야 한다"면서 총선 불출마를 선언했다.

"야당과 협상을 하려고 해도 서로 할말이 없다"면서 "지지층에만 기댄 정치를 하다보니 대놓고 반대하니 주고받는 협상이 불가능하다"고 말했다. 그는 "만나봐야 할 얘기도 없고 합의할 것도 없어 이제는 안 만난다"고도 했다. 이는 야당 입장에서도 마찬가지로 여당과의 협상의 어려움을 토로하고 있다.

여야정협의체도 별 효과가 없었다. 2018년 8월 문 대통령과 여야 5당 원내대표가 '여야정 국정상설협의체'를 분기에 한 차례씩 운영하자고 합의했으나 단 한 번 여는 데 그쳤다. 일본의 경제보복에 대한 여야정민관협의체도 별 성과를 내지 못하고 있다. 정치권에서의 '대화와 협상'이 자취를 감춰버린 모습이다.

이는 정치의 사법화, 국민의 정쟁 참여, 법안 처리율 하락으로 이어졌다. 여야는 정쟁이 발생하면 국회 윤리위원회 등을 통한 자정능력을 발휘하지 못하고 곧바로 사법부로 달려갔다. 윤리위는 2018년에 비상설위원회로 전환한 데 이어 2019년 7월부터 아예 가동이 중단됐다.

민의의 전당으로서 국민을 대표하는 헌법기관인 국회가 그동안 여야 간의 정쟁으로 국회 문을 닫았다가 국민의 비판이 거세지자 겨우 84일 만에 국회 본회의를 개회하였다. 지난해 6월 28일 국회는 여야 원내대표 간의 합의에 의하여 84일 만에 본회의를 개회, 정치개혁특별위원회와 사법개혁특별위원회 활동을 2개월 연장하는 안건을 의결하였다.

국회 본회의가 개회된 것은 지난해 4월 5일 본회의 개회 이후 무려 84일 만이다. 그동안 여야는 민생은 제쳐두고 자신들의 밥그릇을 챙기기 위한 싸움만 했다. 사실상 국회가 파업 내지 직무유기를 한 것이다. 일반 회사라면 3개월분 월급을 받지 못하는 무노동·무임금의 원칙이 적용되었겠지만, 특권을 지닌 국회의원들은 세비 등 모든 것을 다 챙겼다.

이러한 상황 속에서 2019년 4월 24일부터 27일까지 사흘간 민주정치의 전당인 대한민국 국회는 부끄러운 행태를 보여주었다. 연동형 비례대표제에 대한 '패스트트랙' 처리를 놓고 국회의사당에서 발생한 여야 간의 충돌은 국회의원들이 모여 대화와 토론을 하는 무대라기보다는 아프리카 정글에서 맹수들이 자신들의 생존을 위한 먹잇감을 쟁취하기 위해 사활을 걸고 싸우는 동물들 간의 전쟁터와 같은 모습이었다. 세계 경제순위 10위권에서 1인당 국민소득 3만 달러로 〈3050클럽〉의 일원임을 자랑하는 선진국 한국 국회가 보여준 일명 '동물국회', '폭력국회'는 후진국형 한국 정치의 민낯을 여실 없이 드러냈다.

골목 싸움패들이 사용하는 빠루(노루발장도리)와 쇠망치가 등장, 세금으로 지은 국회 시설을 파괴하고 상당수 의원들은 물리적 충돌로 인해 병원에 실려 가는 사태가 발생했다. 30년 만에 발동된 국회의장의 경호권도 '동물국회' 앞에서 무력화되고, 여야는 서로 상대방을 탓하는 비난 속에 고소 · 고발사태가 발생, 100여 명의 많은 국회의원들이 검찰에 조사를 받는 신세가 되었다. 84일 만에 개회된 지금의 국회도 민생은 뒷전으로 팽개치고, 연일 정쟁으로 '식물국회'가 되어 국민의 세금만 축내고 있다.

국회는 과거에 잘못된 행태였던 '동물국회', '폭력국회'를 방지하기 위해 소위 '국회 선진화법'을 만들었다. 과거에 법안은 국회에서 재적 과반수 출석 하에 과반수가 찬성하면 법안을 통과시킬 수 있었다. 때문에 다수당이 과반수의 힘으로 법안을 통과시키는 과정에서 여야 간의 폭력을 사용하는 사례가 있어 국민들로부터 불신을 받았다. 이런 잘못된 '동물국회'의 관행을 방지하기 위해 2012년 여야정당의 합의 하에 통과된 법이 소위 '국회 선진화법'이지만, 이번 '폭력국회'로 인하여 국회의원 스스로 법을 지키지 않아 사실상 국회 선진화법은 무력화된 것이다.

3. '정치꾼'(politician)으로 가득 찬 국회

대한민국 국회는 2020년 현재 개원 72년을 맞이한다. 국회는 2019년 7월 17일 제헌절 71주년 기념식을 맞이했지만 국민들의 시선은 매우 따갑다. 이는 국회의원들이 국리민복을 위한 국정에 전념하지 않고 자신들의 사적 이익, 또는 내년 총선만 겨냥, 정쟁만 하고 있기 때문이다. 2019년 4월 발생한 국회 폭력사태는 2020년 4월 15일 실시되는 제21대 국회의원 선거를 위한 선거구 획정 문제로 인해 발생한 것이다.

국회는 매 4년마다 정쟁의 핵심으로 등장한 선거구 획정 문제로 인해 여야 정당 간의 정쟁, 소위 '밥그릇 싸움'은 계속될 것이다. 우리는 흔히 정치인은 두 가지 유형으로 구분할 수 있는 바, 하나는 영어로 'politician'과, 또 다른 하나는

'statesman'이다. 'politician'은 우리가 흔히 말하는 '정객', '정치꾼'이라고 부를 수 있고, 'statesman'은 '정치인'을 말한다. '정객', '정치꾼'은 최우선 관심이 다음 선거에서 내가 당선되느냐의 여부에만 관심을 갖고 있는 반면, '정치인'은 국가의 미래를 생각하는 지도자이다.

이런 정치인의 대표적인 유형을 외국의 예로 든다고 하면 미국의 케네디(John F. Kennedy) 대통령의 경우 '새로운 개척자(New Frontier)' 정신을 말하면서 국가의 미래를 설계한 statesman의 대표적인 사람이다. 이에 반해 미국의 닉슨(Richard Nixon) 대통령은 워터게이트(Watergate) 사건 때문에 탄핵 일보 전에 사임한 '정치꾼'인 politician이라고 볼 수 있다. 이런 politician은 수단과 방법을 가리지 않고 다음 선거, 또는 권력을 잡는 것에 모든 관심이 집중되어 있다.

지금 우리나라의 국회의원들은 대부분은 statesman 유형의 '정치인'들이 아니라, politician과 같은 '정객', '정치꾼'이 아닌가 생각한다. 현재 국회의원 대부분은 경제, 사회, 안보, 교육, 복지, 저출산·고령화 등 국정 현안보다는 제21대 국회의원 선거에서 과연 '내가 당선될 수 있느냐' '우리 지역구가 살아남느냐'에 더욱 관심이 있다. 이번 국회에서 패스트트랙으로 올라가 있는 '연동형 비례대표제'는 현역 국회의 원들의 사활이 걸린 선거구 획정과 밀접한 관련이 있다.

「공직선거법」과 「국회법」에 따르면 국회의원 선거 1년 전에 선거구를 획정하게 되어 있어 국회는 중앙선거관리위원회 산하에 있는 선거구 획정위원회에서 선거구를 획정하여 국회로 넘기면 국회에서 2019년 4월 15일까지 내년에 선출할 국회의원 정수와 선거구 획정을 결정해야 하는데 이는 국회가 스스로 법을 지키지 않은 것이다.

그러나 선거구 획정 문제가 합의되지 않아 여야 정당 간의 싸움만 계속하고 있다. 선거구 획정 문제는 정치인의 사활이 걸린 사항이기 때문에 최근 수차례에 걸친 국회의원 선거에서 항상 문제가 되었던 것이며, 이번 국회 역시 마찬가지이다. 따라서 제21대 국회의원 선거의 경우, 패스트트랙에 의한 선거법 개정은 2019년 12월 27일 당초의 개정안과는 다른 준(準)연동형 비례대표제를 골자로 한 개정안이 이른바 4+1(민주당·바른미래당통합파·정의당·민주평화당+대안신당) 협의체의 찬성으로 통과되었다. 이번 통과된 개정안은 지역구 253석, 비례대표 47석 규모인 현재의 국회의원 의석구조로 유지하되 비례대표의석 중 30석에 연동형 비례대표제도(연동률

50%)를 도입하는 내용이다. 또한 투표 연령을 현행 19세에서 18세로 낮추었다. 국회는 오는 4월 총선을 앞두고 선거구 획정 문제, 공수처법, 검찰 개혁 등과 관련하여 국회의원 선거에서 주도권을 잡기 위한 경쟁을 계속 할 것이다.

4. 한국정치는 제4의 물결 시대

한국정치는 현재 '제4의 물결' 시대를 맞이하고 있다. 2016년 사망한 미래학자 앨빈 토플러(Alvin Toffler)는 오늘날 우리 사회는 제1의 물결, 제2의 물결, 제3의 물결로 변했다고 그의 저서『제3의 물결』에서 주장했다. 제1의 물결은 농업혁명, 제2의 물결은 산업혁명, 제3의 물결은 정보혁명이다.

앨빈 토플러는 2006년 발간된 그의 저서『부의 미래』(The Revolutionary Wealth)에서 앞으로 사회는 심층적인 변화가 발생하는 '제4의 물결'(The Fourth Wave) 시대로서 이를 철저하게 준비해야 한다고 말했다. 앨빈 토플러는 한국을 여러 번 방문했으며, 한국의 미래에 대해서 여러 가지 예측적인 분석을 했는데, 앨빈 토플러의 분류에 따라 이를 한국정치에 적용하면 다음과 같다.

한국정치의 제1의 물결은 이승만 초대 대통령에 의한 신생국가의 건설이다. 이승만 대통령에 대한 평가는 다양하지만, 이승만 대통령은 신생국가를 건설하고 대한민국의 안보체제와 자유민주주의 시장경제체제의 기틀을 마련하는데 큰 역할을 했다고 본다. 물론 이승만 대통령에 대한 공과는 상당히 논쟁적이다. 이승만 대통령은 친일세력의 잔재를 청산하지 못하고, 발췌개헌, 사사오입개헌 등을 통해 헌법을 개정, 영구집권을 꾀했는가하면, 부정선거를 자행하여 4·19학생혁명이 발생, 대통령 직에서 사임하였다. 그러나 6·25한국전쟁 등 여러 가지 어려운 국내외 정치환경 하에서도 신생국가를 건설하는 데 결정적인 역할을 했다고 할 수 있다.

한국정치의 제2의 물결은 산업화이며, 이는 박정희 대통령 시대를 의미한다. 초대 이승만 대통령과 같이 박정희 대통령에 대한 공과 역시 논쟁적이지만 오늘날 한국을 세계경제순위 10위권으로 도약하는 계기를 마련한 것은 박정희 대통령이 수행한 경제발전5개년계획, 중화학공업 육성과 같은 성공적인 산업화의 결과라고 볼 수 있다. 유신헌법을 통한 유신체제와 같은 민주정치발전에 역행하는 리더십에 대한 비판은 과(過)이지만, '한강의 기적'과 같은 경제성장은 공(功)으로 평가해야 한다.

한국정치의 제3의 물결은 민주화를 이룩한 김영삼·김대중·노무현 대통령 시대를 의미한다. 1987년 6월 민주항쟁 이후 한국정치는 급속적인 민주정치로 발전하였다. 이는 오랜 기간 이승만, 박정희 시대의 비민주적 정치를 민주정치로 변화시킨 한국정치의 위대성을 의미하고 있다. 제2차세계대전 이후 무려 100여 개 국가가 독립하여 신생국가가 됐는데 그중에서 한국과 같이 발전한 나라는 우리나라가 유일하다. 신생국가 대부분이 아직도 원조를 받고 있지만, 한국은 후진국에서 탈피, 원조를 주는 공여국가로 바뀐 유일한 나라이다. 2018년 영국의 〈Economist〉지에서 평가한 세계민주주의 지수에 따르면 한국은 167개국 중 21위를 차지하고 있다.

따라서 한국정치는 제1의 물결, 제2의 물결, 제3의 물결까지 성공적으로 수행, 발전하여 왔다고 볼 수 있다. 이에 대하여 우리는 자부심과 긍지를 가질 수 있으며, 세계 각국도 이를 인정하고 있다. 따라서 이러한 기반 하에 한국정치가 발전해야 할 제4의 물결은 무엇이며, 이를 위한 우리의 정치적인 과제는 무엇인가를 살펴보자.

제4의 물결 시대에 있어 한국정치가 당면한 주요 과제는 '선진복지사회' 구현이다. 국회도 선진화법을 만들어 국회 운영 자체를 선진화된 정치로 변화시키겠다고 했지만 오히려 스스로 국회법을 무력화시켜 우리에게 실망을 주고 있다. 이명박 정부, 박근혜 정부는 선진화된 한국정치를 펼치겠다고 주장했지만 국민과 제대로 소통하지 못하는 정치리더십으로 실패했다. 역대 대통령들과 유사하게 국민들의 존경을 받지 못하고 있으며, 현재 2명의 전직 대통령은 법의 심판을 받고 있는 부끄러운 상황이다.

박근혜 대통령에 대한 탄핵으로 탄생한 문재인 정부는 '나라다운 나라' 건설이라는 기치 하에 소득주도성장과 포용국가를 정책 기조로 하여 최저임금인상 등을 통한 선진복지사회 구현을 추구하고 있지만, '청와대 정부'라는 비판을 받을 정도로 일방통행식으로 행하는 경제정책, 인사정책 등으로 국민에게 실망을 주고 있다. 최대의 실적으로 기대했던 남북관계 개선도 현재로서는 예측불가 상황이며, 특히 최근 야기된 일본의 대한(對韓)무역 보복으로 인해 심각한 경제 위기를 맞고 있으며, "조국 사태"로 야기된 국론분열로 인해 정부에 대한 불신이 점증하고 있다.

이와 같은 정치환경에서 한국정치의 미래는 과연 어떻게 펼쳐질 수 있을지 국민들은 상당히 우려하고 있다. 역대 대통령 대부분이 임기 말년을 비극적으로 끝낸 한국정치를 볼 때, 한국정치가 과연 제4의 물결 시대가 추구하는 선진복지사회 구현을 언제 어떠한 방식으로 실현할 수 있을지 의문이 제기된다.

5. 분노·패거리·공포의 균형의 한국정치

한국은 신생국가의 건설, 산업화와 민주화의 과정을 거쳐 제3의 물결시대를 성공적으로 이끌어 온 세계가 부러워 할 국가가 되었다. 최근 한국은 '인구 5천만 명·1인당 국민소득 3만 달러' 시대를 상징하는 "3050클럽"의 일원이 되었다. 이는 세계에서 우리나라가 일곱 번째이다. 미국, 영국, 독일, 프랑스, 일본, 이탈리아에 이어 우리가 일곱 번째 국가가 된 것은 우리도 정치만 잘하면 충분히 '선진복지사회를 구현할 제4의 물결'의 시대를 맞이할 수 있다는 것을 의미하고 있다.

그러나 유감스럽게도 한국정치의 현 상황은 제4의 물결을 성공적으로 수행할 준비가 되어 있지 않다. 국민들로부터 한국정치가 불신받는 이유는 무엇일까? 한국정치의 문제점은 다음 세 가지로 요약될 수 있다.

첫 번째 문제는 한국정치는 소위 '분노의 정치'다. 정치를 이야기하는 국민들 대부분은 여야(與野) 정당과 정치인에게는 물론, 진보·보수집단 모두에 대하여 크게 분노하고 있다. 보수는 보수대로 분노하고 진보는 진보대로 모두 분노하고 있다. 또 세대는 세대별, 지역은 지역대로, 계층은 계층대로 모두 '네 탓이오' 하면서 분노에 차 있다.

20대는 취업 문제로, 30대는 결혼과 주택 문제로, 40대는 자녀교육 문제, 50대는 은퇴와 노후 문제로, 60대 이상은 젊은 세대의 행태에 대한 불만으로 분노하고 있다. 분노의 정치는 한풀이 정치를 잉태하고 결국 정치 현장은 끝없는 싸움판으로 변하게 된다. 여야는 공존이 대상이 아니고 상호 적폐의 대상이라고 보고 있으며, 소속 정당 내에서 이념적 성향의 차이가 있을 경우, 극단적인 대립을 하고 있다.

두 번째 문제는 한국정치는 '패거리 정치'다. 정치는 본질적으로 지지세력을 기초로 권력을 장악하는 것임으로 소위 '패거리' 정치는 자연적 현상이다. 그러나 한국은 조선 시대부터 사색당쟁 등 패거리 정치가 아주 극심했으며, 이로 인한 음모정치, 과거 정권에 대한 적폐청산정치가 정치발전에 부정적 요소로 작용했다.

이러한 패거리 정치가 최근 들어 이념적 갈등, 지역갈등 등과 맞물려 더욱 기승을 부리고 있다. 때문에 국가발전을 위한 미래문제 해결이나 비전제시보다는 과거청산 문제로 여야 정당 간의 치열한 정쟁이 전개, 결국 이에 의한 피해는 국민이 입게 된다. 미래정치가 아닌 과거회귀로의 정치로는 국가가 발전할 수 없다. 매니페스토 (Manifesto)에 의한 정책 경쟁은 없고, 특정 인물, 또는 지역 중심의 패거리 정치만 난무하고 있다.

세 번째 문제는 한국정치의 특징적인 내용이라고 규정할 수 있는 것으로 '공포의 균형 정치'다. '공포의 균형정치'란 여야 정당 간의 정쟁을 할 때 상대 정당을 제압하기 위해 최대한의 공포를 주는 정치언어를 사용, 상대에게 승리하려는 것이다. 예를 들어서 여(與)가 힘의 논리를 내세워 야당이 반대하더라도 "여하한 방법을 사용, 법안을 통과시키겠다'고 하면, 야당은 '국회 일정을 보이콧하여 법안 통과를 막겠다'하는 식으로 대응하는 것이다.

공포의 정치언어는 또 다른 공포의 정치언어를 재생시키고 있다. '공포의 균형정치'는 여야 정당이 서로 더욱 강도 높은 공포의 정치언어를 사용함으로서 정치적 효과를 극대화시키려는 전략이다. 최근 폭력국회에서 여야 정당 대표가 사용한 정치언어가 하나의 대표적인 공포의 균형정치 사례이며, 이는 자유당 시절부터 현재까지 내려오고 있는 한국정치의 대표적 행태이다. 정치인의 소위 '막말' 파동은 이런 공포의 정치의 균형에서 잉태하고 있다.

6. 미래·포용·희망의 균형 정치를 지향해야

최근 한국정치에 대한 국민들의 실망은 대단하다. 그러면 과연 이런 한국정치를 극복하기 위한 과제는 무엇인가. 제4의 물결 시대에 한국정치가 지향해야 될 방향은 어떠한 것인가를 살펴보면 다음과 같다.

첫째, 한국정치는 '과거의 정치'에서 '미래를 위한 정치'가 되어야 한다. 현재 국회는 물론 청와대를 비롯한 정치사회 전반이 과거의 정치 프레임에 갇혀 미래에 대한 논의를 못하고 있다. 과거의 잘못된 행태는 바로 잡아야 하지만, 지나치게 과거의 문제 해결에만 집착하고 있으면 한국사회는 발전하지 못한다. 제4의 물결 시대의 한국정치는 선진복지사회로의 진입을 위한 국가 비전의 제시와 더불어 초지능·초연결·초고속 네트워크 정치에 대비해야 할 것이다.

정치권은 미래를 위한 토론장을 마련해야 된다. 얼마나 많은 미래의 국정현안이 놓여 있는가? 저출산·고령화, 미래성장산업의 발굴, 제4차산업에 적응하는 교육제도의 개혁, 빈부격차의 해소는 물론 한반도의 평화 문제 등과 과제는 한국의 미래를 설계하는 주요한 화두이다. 청와대를 비롯한 국회, 행정부는 이러한 정책비전을 제시하는 데 총력을 다 해야 된다.

둘째 '포용의 정치'를 해야 한다. 한국은 이념, 세대, 지역 등 갈등으로 사회가 분열되어 있다. 남북문제 해결에 있어서도 오히려 남남갈등이 더욱 심각한 문제라고 할 정도로 한국사회는 분열되고 있어 사회통합을 위한 포용의 정치가 요구된다. 대통령과 국회는 협치정치를 하겠다고 약속했지만 협치는커녕 분열의 정치만 하고 있다.

남아프리카공화국의 만델라 대통령은 27년 동안 감옥생활을 하였지만 백인에 대한 포용정책을 실시, 흑백으로 분리된 남아프리카공화국을 통합, 안정되게 발전시켰다. 미국의 링컨 대통령은 자신을 무자비하게 비판했던 반대파인 변호사 에드윈 스탠턴(Edwin M. Stanton)을 전쟁부장관, 즉 국방부장관으로 임명, 남북전쟁을 승리로 이끌었다. 우리 국민은 이런 포용의 리더십을 가진 정치인을 원하고 있다.

셋째 한국정치가 '희망의 균형정치'로 변해야 한다. '공포의 균형정치'라는 구시대적 사고에 위한 정치는 소위 정치꾼들의 정치행태이다. 최근 젊은이들이 '헬조선'을 하는 가장 중요한 이유는 미래의 비전을 보지 못하기 때문이다. 이는 여야 정당이 정책경쟁을 통하여 국민에게 희망을 보여주어야 한다.

예를 들면 정부와 여당에서 "10년 후 한국사회가 1인당 국민소득 5만 달러의 사회로 발전할 것이다"라고 경제정책에 대한 비전을 제시하면, 이에 대하여 야당은 오히려 여당의 경제정책보다 한 단계 더욱 높은 비전을 제시함으로써 여야 정당이 밥그릇 싸움이 아닌 국가발전에 비전을 제시하는 정책경쟁을 할 때, 즉 '희망의 균형정치'를 하면 한국사회는 발전하게 될 것이다.

7. 국회의원에 대한 국민소환제 실시를

국민소환제(recall)란 국민들이 부적격하다고 판단하는 국회의원을 임기 도중이라도 유권자들이 소환할 수 있도록 하는 제도를 일컫는다. 국민투표와 국민발안과 함께 대의민주주의를 보완하는 직접 민주주의제도로 알려진 국민소환제는 현행법과 제도 하에서는 국회의원이 자신을 선출한 유권자의 의사에 어긋나는 행동을 하더라도 범죄로 인해 유죄확정판결을 받지 않는 이상 의원직이 박탈당하지 않기 때문에 이에 대한 제도적 장치를 통하여 국회의원에 대한 소환권을 많은 유권자들이 요구하고 있다.

이런 국민소환제도는 자치단체장에게는 적용되고 있지만 국회의원에게는 적용되지 못하고 있다. 이에 국회의원들을 비롯한 정치권에 대한 국민들의 비판이 점증하고 있는 차원에서 국민소환제에 대한 요구가 점차 확산되고 있다. 현재와 같이 국가의 미래를 걱정하는 '정치인(statesman)'이 아닌 개인의 정치적 욕구 또는 차기 선거에서 여하한 방법과 수단을 사용해서라도 당선만을 목적으로 하는 '정치꾼(politician)'만 득실대는 국회에서는 한국의 미래를 희망적인 관점에서 조망하기 어렵다.

매번 총선거 때마다 국회의원들은 유권자에게 약속을 한다. 자신이 이번에 당선되면, 국회의원들이 가지고 있는 갖가지 '특권을 내려놓겠다', '국회 싸움으로 휴회 중이면, 세비를 받지 않겠다', 또는 국회의원 선서에 한 것과 같이 '국리민복을 위하여 헌신하겠다'고 공약(公約)을 하지만, 이는 또다시 거짓말이 되는 공약(空約)으로 돌아온다.

때문에 최근 국민들 사이에는 심지어 '국회의원들을 외국에서 수입하자', '국회의원들에게 무노동·무임금을 적용하자' 등의 각종 비판적 내용들이 SNS를 비롯하여 여론매체에 등장하고 있다. 스웨덴과 같은 북유럽국가들의 국회의원들은 자전거를 타고 의사당에 갈 정도로 검소하고 또한 제한된 인원의 보좌진과 더불어 열심히 의정활동을 하는 모습을 보면 한국 국회의원들에 대한 국민들의 비판은 충분히 이해할 수 있다.

이러한 국회에 대한 비판과 더불어 최근 국회의원에 대한 소환제가 강력하게 확산되고 있다. 문희상 국회의장은 제헌절 71주년 기념사에서 이를 개헌과 추진하고

자 했으며, 또한 이해찬 더불어민주당 대표 역시 의원총회에서 국민소환제 도입을 언급했다. 역대 국회에서 국민소환제는 꾸준히 제기되었으며, 20대 국회 들어서는 민주당 김병욱 · 박주민 의원, 자유한국당 황영철 의원이 각각 '국민소환에 관한 법률안'을 발의했다. 이들은 국회의원이 위법, 부당한 행위를 한 경우 국민소환을 요청할 수 있다는 내용을 담고 있다.

실제로 2019년 5월 31일 CBS의 의뢰로 여론기관 리얼미터가 조사한 결과를 보면 국민의 77.5%가 국회의원 소환제 도입에 찬성하고 있다. 반대는 불과 15.6%이다. 경실련 등 주요 시민단체는 물론 '국민소환제 추진본부'와 같은 시민단체도 조직되어 개헌에 이를 포함시킬 것을 강력하게 요구하고 있다.

8. 시대변화를 반영하는 개헌 필요

1987년에 개정된 제9차 개정헌법에 대한 개정 의견이 점차 높아지고 있다. 최근 실시된 여론조사에 의하면 국민의 약 70% 정도가 개헌을 지지하는 것으로 나타났다. 또한 한국정치학회가 2016년 6월 발표한 20대 국회의원을 대상으로 한 설문조사에서 응답 의원 217명 중 93.5%인 203명이 개헌에 대하여 찬성한 것으로 나타났다. 이는 개헌 의결정족수 200명을 넘은 수치이다.

이와 같은 개헌에 대한 찬성 여론이 증가하고 있는 것은 2016년 4월 20대 국회의원 선거 결과에 이미 나타났다고 볼 수 있다. 20대 총선에서 국민들은 1987년 정치체제의 문제점을 지적, 국회 구조를 거대 양당체제에서 3당 체제로 변화시켰고 또한 정치세력 간의 이전투구가 아닌 협치를 요구하였다.

2020년은 1987년 6월 민주항쟁이 일어난 지 33년이 된다. 6월 민주항쟁의 결과로 5년 단임 직선제 대통령제를 택한 제9차 개헌이 되었으므로 현행 헌법이 적용된 지 33년이 되고 있다. 우리는 그동안 7명의 대통령을 선출하였으며, 또한 8차례의 국회의원 선거를 치렀다.

그러나 불행하게도 지금까지 6명의 5년 단임제 대통령은 제왕과 같은 절대권력만 향유하였지 효율적인 국정운영을 하지 못하였다. 전임 대통령들은 집권 후반기에는 레임덕 현상을 맞아 효율적인 국정 운영을 하지 못하였으며, 심지어 일부 대통령은 집권당으로부터 탈당을 강요받아 소속 정당을 탈당한 사례도 있다.

10년이면 강산도 변한다는 속담이 있듯이 현행 헌법은 지난 32년간 시행을 통하여 많은 문제점이 노출되었으므로 이제 새로운 옷으로 갈아입을 때가 된 것이다. 제9차 개헌은 기본적인 헌법 틀의 변경 없이 3김(김영삼·김대중·김종필)의 집권을 우선시하는 직선의 5년 단임제에 초점을 둔 것이기 때문에 현행 헌법은 변화하는 시대의 흐름을 정치에 제대로 반영하지 못하고 있다.

정치권에서 전개되는 개헌 논의는 역대 정권에 따라 다소 정도의 차이는 있으나 항상 거론되었다. 특히 문재인 대통령은 2017년 대선 후보 시 개헌을 선거 공약으로 제시한 바 있으며, 실제로 개헌안도 2019년 3월 국회에 제출하였으나, 제대로 된 논의도 없이 무산되었다. 이번 제헌절 기념사에서 문희상 국회의장은 이를 다시 강조, 개헌이 필요성을 역설했다.

헌법은 국가의 기본법이다. 따라서 헌법을 자주 변경하는 것도 문제이지만 그렇다고 시대가 변했음에도 헌법을 개정하지 않은 것은 더욱 문제이다. 2016년 4월 총선 결과로 여야 정당도, 그리고 청와대도 정치권력을 독점하고 있지 못하고 있어 지금이 개헌의 적기이다. 2020년 총선 이후 대통령의 레임덕 현상이 가속화될 것임으로 대통령이 개헌을 추진하기도 어렵다. 따라서 국회가 주도권을 가지고 개헌 작업을 진행, 2020년 4월 총선에 국민투표에 회부하여 결정하면 되는 것이지만, 이미 이 시기는 놓친 것 같다. 따라서 개헌은 21대 국회에 기대할 수밖에 없다.

9. 정치의 최종 책임은 유권자의 몫

최근 한국정치에 대한 비판이 사회 각계각층에서 고조되고 있다. 특히 60대 이상 기성세대로부터 현재 한국정치에 대한 비판은 대단하다. 그러나 한국은 임진왜란, 병자호란, 일제식민지 하에서도 굳건하게 버티어 오늘의 한국을 건설한 강인한 저력을 가진 민족이다. 따라서 정치, 경제, 사회 등 제반 분야에 많은 난관은 있으나, 정치권이 '미래를 위한 정치', '포용의 정치', '희망의 균형정치'를 한다면 이런 난관은 충분히 극복할 수 있는 자질을 가진 민족이다.

2020년 4월 15일 총선거를 실시하게 된다. 20대 국회가 남은 국회일정을 놓고 어떠한 의정활동을 펼치게 될지는 모르겠으나, 패스트트랙에 올린 연동형 비례대표제를 가지고 2020년 총선 직전까지 정쟁이 지속될 가능성이 농후하다. 따라서 제20대 국회 역시 지난 제19대 국회와 마찬가지로 성공적인 의정활동을 기대하기는 어렵다.

프랑스의 사상가 루소(Jean Jacques Rousseau: 1712-1778)는 유권자는 투표일 하루만 주인이고 그 이후에는 머슴이 된다고 했다. 굳이 루소의 말을 빌리지 않더라도 국회의원들을 비롯한 위정자들은 선거 때만 되면 유권자들로부터 표를 얻기 위하여 열심히 국가를 위해 봉사함은 물론 국민들을 위한 머슴이 되겠다고 약속하지만, 선거가 끝난 후는 마이동풍과 같이 무시하고 있다. '머슴'이 아니라 오히려 '주인'으로 둔갑하고 있다.

독일의 작가이며 사상가인 토마스 만(Thomas Mann: 1875-1955)은 '유권자의 수준이 한 나라의 정치 수준을 결정한다'라고 하였다. 올바른 정치지도자를 선출하느냐의 여부는 결국 유권자가 투표장에 가서 어떤 후보자와 정당에게 투표하느냐에 달려있다. 우리는 한국정치에 대한 불신을 정치인에게만 돌리지 말고, 유권자 스스로 한국정치에 대한 책임은 '내 탓이오'라고 인식하여 올바른 정치지도자를 선택하여야 될 것이다. 이런 차원에서 2020년 4월 총선은 새로운 대한민국을 이끌 정치지도자를 선출하는 주요한 선거가 될 것이다. 결국 한국정치가 앞으로 더욱 발전하느냐 또는 퇴보하느냐의 문제는 유권자의 선택에 달린 것이다. 때문에 정치에 대한 최종 책임은 지도자 선출 투표권을 가진 유권자의 몫이다.

제3절

제3공화국과 한국 민주주의의 시련: 민주화운동의 좌절을 중심으로

1. 문제의 제기

박정희(朴正熙) 대통령의 제3공화국은 현대 한국정치 연구에 있어 가장 중요한 핵심을 이루고 있을 뿐만 아니라 동시에 논쟁적인 정치체제이다. 5·16군사 쿠데타로 정권을 잡은 박정희 대통령에 의한 제3공화국은 대한민국의 산업화 및 근대화를 추진시켜 경제성장의 밑거름이 된 시대라는 긍정적인 평가와 더불어 18년이란 장기간 집권을 통하여 1인 집권체제를 강화, 민주정치를 상당히 후퇴시켰다는 부정적인 평가를 함으로써 두 개의 상반된 시각이 공존하고 있으며, 이와 같은 논쟁은 최근 더욱 가열되고 있다.[1]

부산정치파동, 4사5입(四捨五入) 등과 같은 비민주적 정치행태를 통하여 이승만(李承晩)대통령에 의한 1인 독재정치를 구축한 제1공화국은 1960년 3·15부정선거를 획책, 이에 저항하던 학생들에 의한 4·19학생혁명에 의하여 붕괴되었다. 이후 등장한 장면(張勉) 정권은 민주주의가 이제 막 뿌리를 내리려고 하던 과정에서 민주당 신구파(新舊派)의 정쟁과 그 동안 억압되었던 국민의 욕구 분출을 제대로 수용하지 못하여 정국 혼란이 야기되는 상황에서 등장한 것이 박정희 육군소장을 중심으로

---

* 본 글은 2016년 민주화운동기념사업회의 지원으로 연구된 논문으로 『한국 민주화와 민주화운동: 성공과 좌절』(서울: 한울아카데미, 2016)에 실린 것을 수정·보완한 것임.

1 박정희 대통령은 1979년 10월 26일 당시 중앙정보부장인 김재규의 총탄에 의하여 서거하였음. 2019년 10월 26일 박정희 대통령 서거 40주년을 맞이하여 최근 정치 상황과 맞물려 박정희 대통령에 대한 평가는 더욱 논쟁적으로 전개되고 있음.

한 군부에 의한 쿠데타였다.

군사 쿠데타로 권력을 장악한 박정희 소장을 비롯한 군부세력은 정통성을 확보하기 위하여 범죄추방과 부정부패의 일소 등과 같은 구악을 근절시키는 정책, 농가채무 탕감을 위한 농촌고리채 정리, 근대화를 위한 장기 경제개발계획의 수립을 통한 경제성장의 추구, 국민재건운동 등을 강력하게 추진하여 소위 '한강의 기적'을 이룩함으로써 오늘의 발전된 한국을 건설하는 데 큰 역할을 하였다.

그러나 박정희 정권은 경제성장을 위한 외국투자유치, 노사안정, 정국안정 등을 이유로 정당의 해산 등 정치활동을 일시 정지하는 상황이 있었는가 하면, 정권을 유지하기 위하여 야당세력에 대하여 탄압하고 또한 안정적 정권 유지를 위해 부정선거의 획책하였고, 급기야 3선개헌 등을 통하여 장기집권을 획책하는 등 한국의 민주주의는 극도로 후퇴하는 상황이 발생하였다.

이러한 박정희 대통령의 제3공화국 연구는 최근까지 주로 근대화를 통한 경제성장에 치중하였으며, 정치체제 운용에 대한 연구는 비교적 소홀하게 다뤄졌다. 특히 박정희 정권 시 정치체제 운용에 있어 야기된 비민주적 정치행태에 대한 연구를 민주화운동이라는 시각에서 이뤄진 연구는 상당히 제한적인 것으로 평가되고 있다.

이에 박정희 대통령의 집권 전반기인 제3공화국 시 실시되었던 1967년 국회의원 선거와 1969년 3선 개헌 시 전개되었던 대학생을 비롯한 야당, 재야인사, 종교단체 등의 민주화운동의 동기 · 전개과정 · 결과 등을 분석, 평가하고자 한다. 또한 이 시기에 전개되었던 한일회담 반대운동, 노동운동에 대한 탄압과 대학가에서 전개되었던 교련을 통한 학원 병영화 정책 등에 대한 대항운동을 민주화운동의 시각에서 평가하고자 한다.

박정희 대통령이 집권하였던 제3공화국 하에 전개되었던 민주화운동은 '성공'이 아닌 '좌절'의 시기였다고 볼 수 있다. 반면 비록 민주화운동은 좌절되었지만 1980년대 중반 신군부 정권 하에서 민주화운동이 성공할 수 있었던 요인, 즉 민주화운동의 실패의 경험, 민주화운동 조직의 기초적 토대 마련, 민주화운동 지도자의 충원 등과 성과가 이뤄지는 계기가 마련되었다는 점에서 민주화운동의 좌절에 대한 평가는 동시에 민주화운동 연구에 중요한 의미를 지니고 있다.

2. 민주화운동의 개념과 연구 범위

민주화운동(democratization movement)에 대한 개념은 학자에 따라 다양하게 정의되고 있다. 이는 민주주의의 다의성(diversity)에 기인하고 있다고 볼 수 있다. 민주주의에 대한 개념 정의도 자유민주주의, 사회민주주의, 대중민주주의, 산업민주주의, 인민민주주의, 교도민주주의 등 수십 개에 이르는 것과 같이 민주화운동에 대한 개념 역시 정치체제, 시대상황 등에 따라 다양하게 논의되고 있다.[2]

민주주의를 정부의 형태로서 정의할 때 통치를 위한 권위의 원천, 통치의 목적, 그리고 통치를 구성하고 있는 절차를 말할 수 있는데, 이는 절차적 정의가 가장 중심적인 개념이다. 특히 이는 경쟁적인 선거를 통한 지도자의 선출이라고 볼 수 있다.[3] 이는 슘페터(J.A. Schumpeter)에 의한 민주주의론으로서 그는 지도자의 선출이나 정치적 경쟁에 중점을 두고 있다.

슘페터는 민주주의적 방법이란 정치적 결정에 도달하기 위하여 개개인이 인민의 투표를 획득하기 위한 경쟁을 행함으로써 결정력을 얻는 것과 같은 제도적 장치라고 정의를 내리면서, 선거의 중요성을 강조하였다.[4] 따라서 선거가 어떠한 과정을 통하여 실시되어 지도자를 선출, 정치체제가 운용되는가는 민주주의에 있어 가장 중요한 요소이다.

따라서 민주화운동은 기본적으로 선거와 같은 민주적 절차를 중요시하는 민주주의에 대한 이해에서부터 출발하여야 하며, 이에 민주화운동은 민주주의를 추구하는 과정에서 야기되는 행태라고 볼 수 있다. 정치학자 헌팅톤(Samuel P. Huntington)은 그의 저서 『민주화의 제3의 물결: 20세기 후반의 민주화』(The Third Wave: Democratization in the Late Twentieth Century)에서 민주화의 경로를 위로부터의 민주화인 변형(transformation), 아래로부터의 민주화인 대치(replacement), 그리고 타협을 통한 민주화인 변환(transplacement)을 말하고 있다.[5]

헌팅톤은 변형은 위로부터의 민주화로 권위주의 체제의 권력자들이 솔선해서

---

2 민주주의에 대한 다양한 개념과 유형은 이극찬(1999), 496–497쪽 참조.

3 Samuel P. Huntington(1991), 6쪽.

4 J. A. Schumpeter(1952), 235–302쪽.

5 Samuel P. Huntington(1991), 109–162쪽.

민주화를 주도하는 것이며, 아래로부터의 민주화인 대치는 권위주의 체제의 현상유지파들이 완강히 버티고 있으나, 강력해진 반정부 저항세력의 주도로 권위주의 체제가 붕괴되는 것을 말하고 있다. 그리고 변환은 권위주의 체제 내의 개혁파와 반정부세력 내의 온건파의 협상으로 민주화로의 이행이 이뤄진다고 주장하고 있다.

이러한 민주화 단계에는 집권층 내에서 개혁파의 출현 등 여러 가지 단계와 양상이 나타나고 있으나, 본 글에서 사용되는 민주화는 비민주적 방법에 의한 선거나 정책결정을 통하여 독재나 권위주의 세력이 권력을 장악, 정책을 집행할 뿐만 아니라 이를 지속적으로 유지하기 위한 정치체제 운용에 대한 저항을 의미하고 있다. 따라서 이런 과정에서 나타나는 것을 민주화운동이라고 할 수 있다.

한국의 민주화 이행은 아래로부터의 민주화와 타협에 의한 민주화 두 과정이 결합되어 전개되는 것이 일반적인 경향이기는 하지만, 1960년대 박정희 정권 하에 민주화운동은 주로 아래로부터의 민주화와 관련된 운동으로 볼 수 있다.[6] 즉 , 권위주의 또는 독재정권 하에서 자행되고 있는 반민주적 정치 운용에 대한 저항은 학생운동, 노동운동, 지식인운동의 행태로 나타났다.

이런 민주화운동이 개념을 더욱 구체적으로 표현한 것은 2001년 제정된 「민주화운동 기념사업회법」이다. 이에 따르면 "민주화운동이란 1948년 대한민국 정부 수립 이후 헌법에 보장된 국민의 기본권을 침해한 권위주의적 통치에 항거하여 국민의 자유와 권리를 회복 · 신장시킨 활동"이라고 정의하였다.[7]

그러나 이후 동법 시행령에서는 민주화운동을 구체적으로 "2 · 28대구민주화운동, 3 · 8민주의거, 3 · 15의거, 4 · 19혁명, 6 · 3한일회담 반대운동, 3선개헌 반대 운동, 유신헌법 반대운동, 부 · 마항쟁, 광주민주화운동 및 6 · 10항쟁"으로 정의하였다.

이런 개념들을 종합하면 민주화운동이란 민주주의적 가치를 추구, 또는 보존하기 위한 운동이라고 볼 수 있다. 이는 포괄적으로 헌법상의 기본권을 확보하기 위해 독재권력과 공권력의 탄압에 맞서 항거한 운동이라고 평가할 수 있다.[8] 특히 여기에서 주목하고 있는 항거란 개념은 직접 국가권력에 항거한 경우뿐만 아니라 국가권력이

---

6 윤성이(2015), 40쪽.

7 동법은 2001년 7월 24일 법률 6495호로 제정된 법임. 민주화운동의 정의는 2013년 5월 22일 개정을 통하여 2 · 28대구민주화운동, 3 · 8대전민주의거까지 범위를 확대함. 민주화운동기념사업회 홈페이지(http://www.kdemo.or.kr) 참조. 검색일 2016.6.5.

8 안병욱 외(2010), 21–22쪽.

학교 · 언론 · 노동 등 사회 분야에서 발생한 민주화운동을 억압하는 과정에서 사용자나 기타의 자에 의하여 행하여진 폭력 등에 항거함으로써 결과적으로 국가 권력의 통치에 항거한 경우를 포함하는 광의의 개념으로 볼 수 있다.

따라서 민주화운동은 다음과 같이 개념화할 수 있다. 첫째 헌법질서의 가치 추구와 보존을 위한 활동을 말한다. 둘째 민주적 정치과정의 확립을 위한 운동이다. 셋째 권위주의 정치체제 운영에 대한 비판적 활동이다.

제3공화국의 민주화운동에 관한 연구는 한국정치학회, 한국정치외교사학회, 한국사회학회, 한국노동경제학회 등을 비롯한 학술단체에서 부분적으로 이뤄졌다. 이 분야에 대표적인 연구는 지난 2008년부터 3회에 걸쳐 민주화운동기념사업회에서 발간한 『한국민주화운동사』이다. 이외에도 강정인(외), 『민주주의의 한국적 수용: 한국의 민주화, 민주주의의 한국화』(서울: 책세상, 2002); 박경미 · 손병권 · 임성학 · 전진영(공저), 『한국의 민주주의: 공고화를 넘어 심화로』(서울: 오름, 2012); 박권흠, 『정치의 현장: 제3공화국 정치비화, 5 · 16에서 10월 유신까지』(서울: 백양출판사, 1982) 등이 있다.

근대화와 경제발전에 대한 연구는 상당수 있으나 이 당시 민주화운동에 대한 연구는 자료의 부족, 정치적 이유 등의 여러 가지 이유로 인하여 비교적 소홀한 편이다. 또한 상당수의 글은 신문기자 등이 저널리스트적인 시각에서 다룬 야사의 성격이 많은 것으로 평가되고 있다.

본 연구의 방법은 박정희 시대인 제3공화국의 민주화운동에 대한 각종 연구물에 대한 문헌연구(literature review)를 함과 동시에 당시에 있었던 선거와 개헌 등과 관련하여 전개된 민주화운동에 있어 정치행위자(political actor)들의 역할을 중심으로 비교 분석(comparative analysis)하고자 한다.

특히 본 연구는 각종 언론에 보도된 자료와 데이터의 분석을 통한 질적 연구의 방법을 사용할 것이며, 신문, 개별단체 성명서, 대학별 민주화 운동사, 개별단체 운동사, 부문별 운동사, 기록, 논문, 서적, 사건 공판기록 등의 문헌자료와 운동가들의 개인 구술과 집단 구술 등등을 통한 기타 자료를 분석하여 연구하고자 한다.[9]

---

9 제3공화국 하의 대학별 학생운동에 관련된 기록은 서울대의 「대학신문」, 연세대의 「연세춘추」, 고려대의 「고대신문」 등이 대표적이며, 연세대 한국문제연구회, 『한국문제연구50주년 기념자료집』(2013), 6 · 3동지회, 『6 · 3학생운동사』(2001) 등을 참조.

본 연구의 제3공화국의 민주화운동 연구 시기는 1961년 5월 16일 발생한 군사쿠데타 이후 1972년 10월 유신헌법 선포 이전까지의 기간을 연구하고자 한다.

3. 제3공화국의 형성과 정치체제 특성

1961년 5월 16일 새벽 박정희 소장을 중심으로 일단의 군 장교들에 의해 주도된 군사쿠데타로 인하여 4·19학생혁명에 의거 수립된 장면 국무총리의 제2공화국은 붕괴되었다. 장면 정권의 붕괴는 비록 10개월밖에 안 되는 짧은 기간이지만 이승만 독재정권이 물러나고 민주주의에 대한 새로운 희망을 가지고 등장하던 한국정치는 또 다시 시련을 맞게 되었다.

박정희 소장이 이끄는 군사혁명위원회는 5월 16일 새벽 5시 서울중앙방송을 통하여 6개 항의 혁명공약을 발표, 이후 비상계엄을 선포, 정권을 장악하였다.[10] 즉 반공을 국시로 삼고, 미국 및 자유세계 국가와의 우호적 유대를 강화하며, 부패와 구악을 일소하고, 국가경제의 발전을 도모하며, 승공을 통한 국가통일을 유도하며 민정이양 준비를 한다는 내용으로 되어 있는 혁명공약은 제2공화국 시기 동안 문란해진 사회적·경제적·정치적 질서를 회복한다는 데 초점을 맞추었다.

비상계엄을 선포한 후 군부쿠데타 세력은 당시 대통령이었던 윤보선으로부터 사후 승인을 얻었고, 쿠데타 이후 은신하고 있던 장면 총리가 5월 18일 나타남으로써 국무총리와 모든 각료는 사직했으며, 민주당 정권은 장도영을 수반으로 하는 국사혁명위원회에 이양하였다.

이후 정당과 국회도 해산되었고 군사혁명위원회는 명칭을 변경, 국가재건최고회의로 개칭, 모든 권력은 이에 집중되었다.[11] 기존의 헌법은 효력이 중지되고 그것을

---

10 5·16군부쿠데타는 당시 육군 제2군부사령관인 박정희 소장에 의하여 주도되었으나, 정부 장악 발표와 5·16 후 전국비상계엄령 발표는 장도영 육군 참모총장의 명의로 되었음. 당시 군부 쿠데타에 동원된 장교는 250여 명, 사병은 3,500여 명으로 알려짐. 김성환 외(1984), 141–143쪽; 군사혁명사편찬위원회(1964), 178–220쪽; 김종필 (2016) 참조.

11 5·16군부쿠데타와 더불어 조직된 국사혁명위원회는 5월 19일 국가재건최고회의로 개칭. 의장에는 장도영 육군 참모총장이 선임. 부의장에는 박정희 소장이 맡아 실질적 권한을 행사함. 장도영은 그 후, 5월 20일에는 내각 수반 및 국방장관에 임명되었으나, 동년 6월 6일 육군 참모총장과 국방장관직에서 물러나고 7월 3일에는 내각 수반에서 사임하였으며, 1961년 7월 8일 반혁명음모조로 체포, 기소됨. 이후 1963년 3월 무기징역을 선고받았으나, 5월 형집행 면제로 풀려남. 장도영은 이후 1963년 미국으로 건너가 1969년 위스콘신 대학교 교수를 지냈고

대체하는 국가재건비상조치법이 1961년 6월 6일 제정되었는데, 이 법 제24조에 따르면, "헌법 규정 중 이 국가재건비상조치법과 저촉되는 규정은 이 국가재건비상조치법의 규정에 의한다"고 규정되어 있고, 제3조에서는 "국가재건최고회의는 … 국회가 구성되고 정부가 수립될 때까지 대한민국 최고통치기관으로서의 지위를 가진다"고 규정하고 있다.[12] 이후 6월 9일에는 전문 34개조의 국가재건최고회의법이 제정되었으며, 또한 7월 3일에는 최고회의 의장에 박정희 부의장이 취임하였다.

박정희 정권은 1962년 3월 16일 구(舊)정치인의 정치활동에 대한 적부심사하기 위하여 정치활동정화법을 만들어 4,374명에 달하는 인사들의 정치활동을 금지시켰으며, 또한 동년 12월 31일에는 정당법과 집회 및 시위에 관한 법률을 공포하여 군사정권 이외에 모든 정당과 사회단체의 정치활동과 사회활동을 금지시켰다.[13]

박정희 정권은 군정이 실시된 지 1년여 만에 정권이양을 위한 헌법개정 작업에 착수되었는데, 1962년 7월 11일 국가재건최고회의의 특별위원회로서 헌법심의위원회가 발족되어 헌법의 기초 작업이 이루어져 11월 5일 국가재건최고회의의 투표를 거쳐 11월 26일 공포되어 제3공화국의 헌법이 탄생하였다.

제3공화국의 헌법은 전면적인 개헌으로써 의원내각제의 반동에 의한 대통령제 정부형태를 채택하였다.[14] 그러나 국무총리제도를 둠으로써 제3공화국의 정부 형태는 일종의 이원정부로서의 특징을 갖고 있는데, 즉 대통령제의 채택과 더불어 의원내각제적인 요소를 가미하고 있다고 볼 수 있다.

그러나 대통령은 절대적으로 우월한 지위를 차지하고 있었으며, 정당의 당원으로서 당수를 겸하고 있었음으로 강력한 권한을 행사할 수 있었다. 결국 입법부와 행정부에 대한 권력균형관계에 있어서 행정부 쪽으로 기울게 되는 불균형의 정부

1993년까지 교수로 재직함. 2012년 8월 3일 90세의 나이로 사망함.

12 김운태(1994), 377쪽

13 이정식(1987), 237쪽.

14 헌법의 주요 내용은 다음과 같음. 대통령은 행정부 수반으로서 국민에 의하여 직접 선출되고(제64조), 4년의 임기동안 탄핵소추를 당하는 경우를 제외하고는 어떤 정치적 책임도 지지 않음. 그러나 1962년의 헌법에 있어 의원내각제의 유산은 완전히 청산되지 못함. 즉, 국무회의를 단순한 심의기관에 머물게 함으로써(제83조) 의원내각제의 색채를 완화하였으나, 부통령제를 두지 않는 대신에 의원내각제의 상징이라 할 수 있는 국무총리제를 채택하였으며(제84조), 대통령의 국무위원 임명도 국무총리의 제청에 의하게 하였고, 국회는 국무총리 또는 국무위원의 해임을 대통령에게 건의할 수 있도록 하였고(제59조), 국무총리·국무위원은 국회에 출석하여 발언 할 수 있도록 하는(제58조) 등 의원내각제적 요소가 남아있었음.

형태였기 때문에 일종의 신(新)대통령제 요소가 가미된 절충형의 정부 형태라고 할 수 있다.[15]

제3공화국의 헌법은 정당 국가적 조항과 왜곡된 비례대표제를 채택하고 있는데, 이는 의회주의에 대한 회의에서 수용되었다는 점에 문제가 있다고 볼 수 있다. 즉, 이는 사회의 다양성을 의회에 반영시켜 보려는 민주화의 관점에서 도입된 것이 아니라 사회적 현상유지 위에서 사회와 국가에 있어서의 기존 권력질서를 안정화시키려는 정치적 목적에서 도입되었던 것으로 볼 수 있다.[16]

대통령의 권력이 더욱 강화된 헌법에 힘입어 김종필 등 쿠데타 주역들은 1963년 초에 민주공화당은 창당, 1963년 10월 15일 제5대 대통령 선거에 박정희 후보를 대통령에 당선시키고, 이어 11월 26일에 실시된 제6대 국회의원 선거에서 승리하여 여당의 지위를 얻었다. 그러나 여당인 민주공화당의 역할은 대통령을 중심한 행정부에 비하여 점차 약화되었다. 이는 박정희 대통령이 조국근대화를 추진하는 과정에서 기술관료들에게 크게 의존했으며, 이를 위해 정치적 고려보다는 행정적 효율성을 앞세웠기 때문으로 볼 수 있다. 때문에 민주공화당은 시간이 흐를수록 권력의 원천이 되기보다는 정부의 하수인으로 전락하였으며, 박정희 대통령 개인의 권력 확대를 위한 도구로 사용되었던 것이다.[17]

제3공화국의 집권세력은 기본적으로 의회주의자라기보다는 반(反)의회주의적인 경향을 더욱 강하게 가지고 있었다. 국토분단의 안보를 이유로 강력한 반공정책 하에서 「국가보안법」에 의한 민간에 대한 사찰과 감시가 강화되었으며, 따라서 일반국민에 대한 정부의 통제 체제를 강화하였다. 이런 현상은 대공업무를 전담하기 위하여 설치한 중앙정보부는 정치권 전체를 영향력 하에 묶어놓고 야당은 물론 여당에 대한 정치공작도 강화한 것에서도 알 수 있다.[18]

제3공화국은 이러한 과정을 거쳐 정치권력은 점차 박정희 대통령 개인에게 집중되었으며, 이에 따라 제3공화국의 정치체제는 권위주의 체제가 강화되었다. 특히 1962년부터 추진하기 시작한 제1차 경제개발5개년 계획이 끝난 1966년의 시점에서

---

15 허영(1993), 711쪽.
16 김운태(1994), 382-384쪽.
17 김영명(1992), 282쪽.
18 안병만(1995), 162쪽.

볼 때 연평균 8.3%의 경제성장률을 기록하였고, 제2차 기간에도 연평균 11.3%의 높은 경제성장률을 보임으로써 국민의 경제적 욕구가 어느 정도 충족되어 이른바 조국근대화의 국가목표를 달성해가고 있다고 평가되었다. 이에 조국근대화 작업의 완성이라는 지상명령을 수행하기 위한 박정희 대통령의 강력한 리더십의 필요성이 강조되었으며, 이는 결국 장기집권을 위한 3선개헌 문제가 부상되는 단계까지 이르게 되었다.[19]

　　이에 박정희 대통령은 1969년 7월 25일 "개헌문제를 통해 나와 정부에 대한 신임을 묻겠다"는 특별담화를 발표하였고, 민주공화당 내에서는 3선개헌에 대한 당론조정 작업에 들어가 반대의 입장에 있던 김종필 세력을 제어하고 122명의 민주공화당 의원의 이름으로 8월 7일 3선개헌안을 국회에 제출하였다.[20]　3선개헌안은 1969년 9월 14일 새벽에 국회 별관 특별회의실에서 기습 통과되었고, 9월 15일에 정부로 이송되어 10월 17일 국민투표를 거쳐 10월 21일 공포되었다. 이로써 그나마 외형적인 가능성을 보여주었던 정당정치나 민주주의의 소멸을 가져왔으며, 박정희 1인 지배체제가 구축되었다.

　　이후 1971년 제7대 대통령 선거를 통해 박정희 대통령은 다시 한번 집권에 성공하지만, 국민의 지지는 4년 전에 비해 크게 약화되었고 신민당 후보로 나온 김대중이 '향토예비군제도의 무조건 폐지'와 '대통령중임제한' 등을 주장하여 불과 100만 표 미만의 표차로 패함에 따라 박정희 대통령은 권력유지에 심각한 위협을 느끼게 되었다. 이어 실시된 제8대 국회의원선거에서도 민주공화당이 48.7%의 득표율을 보인 데 반해 신민당이 44.3%의 득표율을 보임으로써 장기집권 가능성이 더욱 희박해지고 있음을 실감하게 되었다.

　　이에 박정희 대통령은 "현시점에서 우리 민족의 지상과제인 조국의 평화통일을 위한 남북대화를 뒷받침하기 위하여 북한을 능가하는 국력을 배양할 수 있도록 우리 정치체제를 비상적 방법으로 혁신하여 국력의 조직화를 기한다"는 명분 하에 1972년 10월 유신을 단행함으로써 제3공화국 시기의 정치체제를 스스로 붕괴시키고

---

19 김운태(1994), 390쪽

20 허영(1993). 3선 개헌안의 골자는 대통령의 계속 재임은 3기에 한한다고 규정하였으며(제 69조 3항), 국회의원의 수는 150인 이상 250인 이하의 범위 안에서 법률로 정한다고 하였고(제36조 2항), 국회의원은 국무총리·국무위원의 겸직이 가능하도록 법률에 위임하고(제39조), 대통령에 대한 탄핵요건을 강화함으로써(제61조 2항) 사실상 국회의 견제를 무력화함.

더욱 권위주의화된 체제인 이른바 유신체제로 불리는 제4공화국을 출범시키게 된다.[21]

박정희 대통령의 제3공화국은 독재병영국가로서의 특징을 가지게 되는데, 이는 국가기구, 특히 국가억압기구의 팽창, 주민감시체제의 치밀화, 외적 도전에 대응한 전시동원태세의 체제화, 국가 활동 영역의 확대, 반대자와 정치적 일탈자로 규정한 자에 대한 처벌과 추방, 정치적 · 사회적 · 경제적 · 문화적 자원의 통제권 대한 국가적 독점, 그리고 이에 기초한 지속적 국가 추출 능력의 확대였으며, 이는 정치체제의 운용이 비민주적인 방식으로 악순환을 거듭하는 계기가 되었다.[22]

이상과 같은 제3공화국의 정치체제 형성 과정을 보면 반민주주의 또는 반의회주의 성격을 가진 군부권위주의 내지 독재병영국가로 규정할 수 있다. 대통령 직선제를 통하여 국민의 정부 선택권이 인정되었고 대통령 중심제이면서도 삼권분립의 균형원리를 어느 정도 적용하려고 노력하기는 하였으나, 군부지배체제를 강화하여 박정희 대통령을 중심한 군부엘리트가 권력을 장악, 이를 통하여 박정희 대통령 1인 지배체제를 구축하였다.

군부 쿠데타로 집권한 박정희 대통령의 제3공화국은 항상 정통성의 위기와 체제 유지의 한계를 인식하여 이를 극복하기 위하여 근대화를 통한 경제발전에 최대한 정책을 집중시키는 반면, 정치체제 운용은 민주적 방법보다는 부정선거의 획책, 3선개헌의 추진과 같은 비민주적 방법에 의하여 1인 지배체제를 강화하는 악순환이 지속되었으며, 따라서 이에 반대하는 민주화운동 세력도 점차 확대되었다. 이런 정치체제 운영과정에서 가장 먼저 나타난 대표적인 민주화운동이 한일회담 반대운동으로 볼 수 있다.

4. 한일회담 반대운동

1) 한일회담 전개과정

한일 양국 간의 국교정상화를 위한 회담은 1951년부터 10월에 개시된 양국

---

21 김운태(1994), 393쪽.
22 류근일(1997), 56–58쪽.

간의 예비회담으로부터 시작하여 1965년 6월 22일 한일기본조약이 조인되기까지 약 14년간 총 7차례에 걸쳐 있었던 대한민국과 일본 간의 일련의 협정을 말한다. 한일 양국 간의 최초 회담은 한국전쟁의 와중이던 1951년 10월 20일 주일연합군 총사령부의 주선에 의하여 양유찬(梁裕燦) 대한민국 대표와 마쓰모토 슌이치 일본 대표 간에 도쿄에서 예비회담을 개최하고, 1952년 2월 15일에 제1차 본회담을 개최함으로써 양국 간의 국교조정을 위한 기본조약 체결, 일본 거주 한국인의 법적 지위, 재산청구권, 문화재 반환, 어업 문제, 선박 문제 등 여러 문제를 중심으로 교섭이 시작되었다.[23]

한일회담은 원래 샌프란시스코 강화조약의 발효(1952년 4월) 전에 타결할 것을 목표로 하였으나 처음부터 청구권 문제와 양국기본관계의 수립에 있어 여러 가지로 심각한 문제가 노출되어 제1차 회담은 결렬되었다. 그 후 1953년 4월 미국의 중재로 개최된 제2차 회담 역시 특별한 진전을 보지 못하였으며, 특히 제3차 회담은 일본의 수석대표인 구보타(久保田)의 망언으로 결렬되었다.[24] 그 후 이승만 정권과 장면 정권에 의하여 4차, 5차 회담이 계속하여 진행되었으나, 특별한 진전이 없이 박정희 정권까지 넘어오게 된 것이다.

이승만 정권 시 한일회담은 한국 측이 일제지배에 대한 반감에서 강경한 반일정책을 취하였으며, 이에 반하여 일본 측은 '구보타 망언' 등에서 나타나는 바와 같이 과거 한국을 침략한 이후 약탈과 공출 등에 대한 보상 액수도 낮고, 전혀 반성하는 기색이 없이 오히려 청구권문제에서 미군점령에 의해 소멸된 재한 일본 재산에 대해 역청구권을 들고 나오는가 하면, 평화선 철폐라는 현실적 이해만 충족시키려 함으로써 한일양국 간 회담에 아무런 진전이 없었다.

이런 감정적인 대립 외에도 당시 양국이 모두 정치·경제적으로 회담 조속 타결의 현실적 필요성을 별로 느끼고 있지 않았다. 한국은 6·25전쟁 이후 피해 복구에 정책이 집중되었으며, 특히 일본은 패전의 후유증 때문에 시일을 끌수록 유리하다는 생각을 하고 있었다는 것이 또 하나의 교섭 저해요인으로 작용하였다고 볼 수 있다.

제4차 회담은 1957년 예비회담을 거쳐 1958년 4월 15일 시작되었는데, 재일교포

---

23 지병문 외(2014), 163쪽.
24 구보타 망언은 1953년 10월 15일 회담에서 행한 발언으로 "일본의 한반도 통치는 한국민에 유익하였다" 등으로 주장한 것. Kwan Bong Kim(1971), 48쪽.

의 북송문제로 난항을 거듭하다가 1960년 4월 일어난 4·19혁명에 의한 이승만 정권의 붕괴로 다시 중단되었다.

그 후 장면 내각은 한일회담 재개를 추진하여 그해 10월 25일 제5차 회담이 열렸으나, 1961년 5·16군사쿠데타로 다시 중단될 수밖에 없었다. 이승만 정권 퇴진 이후에 등장한 장면 정권의 경우, 1960년 일본은 한국에 제2공화국이 새로 출범한 것을 기회로 조속한 한일회담을 타결하려 하였으나, 한국의 장면 총리가 23억의 배상금을 요구함으로써 한일회담은 아무런 성과 없이 역시 결렬되었다.

이와 같이 지지부진하던 한일회담은 1961년 5월 군부쿠데타를 통해 권력을 장악한 박정희 정권에 의하여 다른 양상으로 전개되었다. 당시의 한국경제 상황은 상당히 열악하였다. 특히 인구의 절반 가까운 숫자가 절대 빈곤이었던 소위 '춘궁기' 또는 '보릿고개'가 만연된 상황에서 경제적 어려움의 해소는 정권을 장악한 군부지도자가 수행하여야 할 가장 시급한 과제였으며, 이에 상당한 재원이 필요했다.

박정희 대통령은 그의 저서 『국가와 혁명과 나』에서 "가난은 본인의 스승이자 은인이다"라고 할 정도로 가난 극복에 대한 철저한 인식이 있었으며, 이는 그의 근대화정책에 대한 집념으로 나타났다.[25] 특히 1962년부터 처음으로 실시하는 '경제개발5개년계획'의 추진을 위하여 외국자본의 도입이 시급하였다. 때문에 경제개발을 위하여 박정희 정권은 그 재원 조달의 방법으로 한일회담을 추진하였다고 볼 수 있다.

그러나 한일회담은 단지 경제개발을 위한 재원 조달만의 문제는 아니었다. 미국의 아시아정책이 한일 간의 국교정상화를 강력하게 원하고 있었으며, 당시 군사정부는 5·16군사쿠데타에 대한 미국의 승인을 얻어내는 데 있어 미국 측이 한일국교정상화를 요구하였음으로 이를 수용할 수밖에 없었다.

미국은 과도한 베트남 전쟁 개입에 대한 반성, 달러 위기 등으로 어려움을 겪고 있었으며, 따라서 이에 일본의 방위부담 증가, 아시아 평화에의 기여 등을 요구하는 소리가 높아지고 있었으며, 그 일환으로 한일회담 타결에 대한 요구가 강력히 대두되었다. 이에 따라 일본의 이케다 하야토(池田勇人) 내각은 1962년 말부터 회담 조기 타결을 지향하게 되었으며, 1964년에 성립된 사토 에이사쿠(佐藤榮作) 내각은 한일

---

25 박정희(1963).

국교정상화를 최대과제로 내걸고 이를 추진하게 되었다.

한편 한국에서도 민주당 정권 시부터 대일정책에 유연성이 나타나기 시작했으며, 특히 5·16군사쿠데타 후에 성립된 공화당 정부는 예상되는 미국의 군사·경제원조 감소라는 어려운 여건 속에서 공산위협에 대한 한일 양국의 결속과 자립경제체제 확립을 위한 경제협력을 위해 한일회담 타결을 강력히 추진하였다.

그 결과 국내에서는 일본의 경제 진출을 둘러싼 반대 여론이 비등하였으나, 1961년 11월 박정희·이케다 회담에서 회담 촉진 분위기가 조성되고, 1962년 11월 12일 김종필 중앙정보부장과 오히라 마사요시(太平正芳) 일본 외상 간에 일본이 한국에 무상으로 3억 달러를 10년간 지불하는 동시에 정부차관 2억 달러를 연리 3.5%, 7년 거치 20년 상환조건으로 제공하며 1억 달러 이상의 상업차관을 제공한다는 소위 '김·오히라 메모'를 작성하여, 청구권 문제의 해결원칙에 합의를 보았다. 1963년 7월 김용식 외무장관과 오히라 일본외상 간의 회담에서는 어업 문제의 조속한 해결에 합의하였다.

경제개발을 신앙으로 삼은 박정희 대통령은 그 재원 조달을 위해 1964년 봄 한일회담을 본격적으로 추진하였다. 그러나 한일회담의 추진은 순조롭지 않았다. 학생들은 한일회담을 반대하는 투쟁을 격렬하게 벌였으며 언론은 그 투쟁을 대대적으로 보도하였다. 한일회담 반대투쟁에 대한 탄압, 그 탄압에 대한 저항으로 이어지는 쌍방 간의 그 격렬함은 확고한 신앙의 대결과 같아 일종의 전쟁을 방불케 했다.

이러한 한일회담 반대에도 불구하고 1965년 2월에는 시나 에쓰사부로(推名悅三郎) 일본 외상의 서울 방문과 기본조약 초안 작성 이루어지는 등 회담이 급진전 되었으며, 이어 양국은 1965년 6월 22일 국교정상화조약에 조인하고 동년 12월 발효되었다. 한일기본조약은 기본조약 이외 4개 부속협정과 25개 문서로 구성되었다.[26]

---

26 1965년 6월 22일 한국의 외무장관 이동원(李東元), 한일회담 수석대표 김동조(金東祚)와 일본 외무장관 시이나 에쓰사부로[推名悅三郎], 수석대표 다카스기 신이치[高杉晋一] 사이에 조인된 '대한민국과 일본국 간의 기본관계에 관한 조약'(기본조약)과 이에 부속된 4개의 협정 및 25개의 문서(협정부속서 2, 교환공문 9, 의정서 2, 구술서 4, 합의의사록 4, 토의기록 2, 계약서 2, 왕복서간 1)의 총칭.
부속협정은 ① 어업에 관한 협정, ② 재일교포의 법적 지위 및 대우에 관한 협정, ③ 재산 및 청구권에 관한 문제의 해결과 경제협력에 관한 협정, ④ 문화재 및 문화협력에 관한 협정 등.
1965년 6월 22일에 도쿄에서 어업·청구권 문제·경제협력·법적 지위 등 제 현안 해결을 위한 제 협정과 함께 서명되어 동년 12월 18일 서울에서 비준서교환으로 효력을 발생함. 정식명칭은 '대한민국과 일본국 간의 기본관계에 관한 조약'이다. 이것에 의해 한일 양국 간의 국교가 정상화됨.
이 조약은 전문, 본문 7개조 및 말문으로 구성되고 양국이 과거의 관계를 청산하고 향후 상호 우호적인 관계를

2) 한일회담 반대운동의 전개와 특성

박정희 대통령 집권 시 체결된 한일협정에 대한 반대운동은 한일회담이 본격적으로 공개적인 차원에서 진행된 1964년 초였다고 볼 수 있다. 1961년 10월 제6차 한일회담이 시작되었으나, 큰 진전이 없이 전개되어 쟁점이 되지 못하였다. 그러나 1964년 1월 미국이 한일 양국에 회담의 조속한 타결을 촉구하면서부터 회담 타결 소식이 임박해오자 이에 대한 반대 운동 역시 표면화되었다.[27]

이 당시 한일회담 반대운동은 주로 야당과 대학생들에 의하여 전개되었다. 이는 당시에 한국에는 정부와 여당에 반대하는 조직화된 정치세력은 야당과 대학생 이외에는 별로 없었다. 시민사회 세력은 그 활동이 상당히 미미하였으며, 야당과 대학생이 비교적 조직화된 세력으로서 정치권에 영향력을 미칠 수 있었기 때문에 한일회담 반대운동도 자연스럽게 이들에 의하여 주도되었다.

유지해 가는데 가장 기본적이라고 생각되는 사항, 예를 들면 외교·영사관계의 개설, 국제연합헌장의 원칙의 존중, 한국정부의 지위에 대한 기본적 인식 등을 주요 내용으로 함.

이 조약에 의해 양국은 첫째, 조약 발효 후 신속하게 대사의 자격을 갖는 외교사절을 교환함과 동시에 양국 정부가 합의한 장소에 영사관을 설치할 것에 동의함(1조).

둘째, 양국은 1910년 8월 22일의 이른바 한일 합병조약(실제로, 조약합의서에는 국새(國璽)가 찍히지 않는 '사기에 의한 조약'으로 확인됨)과 그 이전에 대일본제국과 대한제국 간에 체결된 모든 조약 및 협정(총계 52건)의 무효를 확인함(2조). 이 조항은 한국 측의 강력한 요구에 의해 들어간 것으로 한일합병조약이 현재의 시점에 있어서 '이미 무효'(already null and void)라는 사실을 특별히 확인한 것임.

셋째, 양국은 대한민국정부가 국제연합총회결의 195(III)에 명확하게 제시되어 있는 바와 같이 한국에서 유일한 합법적인 정부라는 것을 확인함(3조). 이 규정은 일본 측의 강력한 주장에 의해 들어간 것으로 총회결의를 그대로 인용한 형태로 한국정부의 기본적인 성격을 확인한 것임. 동 결의는 국제연합 임시 조선위원회의 관찰 하에 북위 38도선 이남의 남조선 부분에서 총선거가 이루어져 한국정부가 수립되었다는 것과 이 정부가 '조선에서의 유일한 이 종류의 정부이다'는 것을 선언한 것임. 일본 측은 이 표현에 의해 한국정부가 유효한 지배와 관할권이 미치는 범위가 북위 38도 이남이라는 것을 명확하게 하고자 한 것에 대해 한국 측은 '조선에 있는 유일한 합법적인 정부'라는 문언을 강조함.

넷째, 양국은 상호의 관계에서 국제연합헌장의 원칙을 지침으로(4조 (a)항) 상호의 복지와 공통 이익의 증진에 해당하는 헌장의 원칙에 맞게 협력한다(동 (b)항)는 것을 약속함. 국제연합헌장의 원칙이라는 것은 헌장 2조에 게재된 '원칙'을 가리키는 것이지만 (b)항에 관해서는 한국국제연합군에 대한 일본의 협력을 약속한 것은 아닌가 라고 논의된 적도 있음.

다섯째, 양국은 우호통상항해조약과 민간항공협정을 체결하기 위한 협상을 가능한 신속하게 개시할 것에 합의함(5조, 6조).

27 민주화운동기념사업회 연구소(2008), 406쪽.

(1) 대학생의 한일회담 반대운동

4 · 19학생혁명을 통하여 민주화 운동세력으로 국민적 관심을 갖게 된 대학생들은 박정희 정권에 의하여 추진되고 있는 한일회담이 굴욕적이며 매국적이란 인식 하에 반대운동을 전개하였다. 대학생들의 반대운동은 한일회담의 진척상황에 따라 한일회 담 반대운동, 한일협정 조인 반대운동, 한일협정 비준 반대운동의 형태로 발전, 전개되었다.[28]

한일회담 반대운동은 1964년 3월24일 서울에서 서울대, 연세대, 고려대 등 대학생들이 연대하여 소위 '3 · 24시위'를 통하여 일어난 민주화 운동으로서 군부세력 에 의한 민정 이양 이후 최초의 대규모 시위였다.[29] 특히 이들 3개 대학의 한일회담 반대운동은 1963년 말부터 3개 대학의 이념동아리를 중심으로 상호 접촉을 통하여 준비되었던 것이다.

서울대학교 민족주의비교연구회, 연세대 한국문제연구회, 고려대 한국사상연구 회 등 대학 이념동아리들이 대학가에서 전개된 한일회담 반대운동에 주도적인 역할을 하였다. 이들 대학생들이 시위에서 주장한 내용은 '한일회담을 즉각 중단하라', '평화선을 사수하라', '악덕재벌 타도하고 민족자본 이룩하자' 등의 내용이었다. 따라 서 당시의 한일회담 반대운동은 반정부적이기보다는 비공개적으로 진행되고 있는 평화선 흥정을 반대하고 일본에 회담 차 건너간 김종필씨의 소환과 굴욕적 회담의 중지 요청이었다.

3 · 24시위를 계기로 5월 중순 각 대학 대표자들은 대학 간 연대기구인 '한일굴욕회 담반대 학생총연합회'를 결성, 이 기구를 중심으로 결집된 운동을 전개하였다. 대학가 의 격양된 분위기는 6월 들어서 더욱 확산되었으며, 6월 3일에는 전국적으로 확산되었 을 뿐만 아니라 '박정희 정권 퇴진' 구호까지 외치는 상황이 되었다. 이에 정부는 각급 학교에 휴교령을 내리고 이어 비상계엄령을 선포, 시위를 진압하였다.[30]

한일협정 조인 반대운동은 1965년 4월3일 한일 정부 간 한일협정에 대한 가조인이 서명되면서부터 일어난 운동이다. 한일협정 가조인 이후 대학가에서 이에 대한

---

28 지병문(2014), 165-168쪽.
29 민주화운동기념사업회(2008), 406-438쪽.
30 동아일보(1964.6.4).

무효와 평화선 사수를 주장하는 시위가 발생하였으며, 시위 중 대학생이 사망하는 사태까지 발생, 더욱 시위가 격화되었다.[31] 이에 정부는 6월 21일 대학가에 휴교령을 내리고 6월 22일 양국 간의 한일협정을 공식 조인하였다.

한일협정 비준 반대운동은 공식 조인 이후 마지막 절차에 대한 반대운동이었다. 이 반대운동에는 대학생들의 시위는 물론 연세대, 이화여대 교수들이 대정부 성명을 발표하는가 하면, 개신교 목사, 문인들이 반대성명을 발표하는 등 대학생 이외에 지식인 사회까지 확산되었다. 대학생들은 한일협정 비준저지를 위하여 전국대학을 하나의 연합조직으로 만들었으니, 1965년 7월 13일 '한일협정비준반대 각대학연합체 (한비연)'가 연세대에서 발족되었다.[32] 특히 대학교수, 예비역 장성, 문인, 종교인 등 300여 명은 1965년 7월 31일 '조국수호국민협의회'를 구성, 조직적인 반대운동을 전개하는 양상까지 발전하였다.[33]

그러나 이런 반대운동에도 불구하고 정부와 여당은 7월 14일 국회에 한일협정비준 안을 베트남전쟁 전투병파병 동의안과 단독으로 발의하였으며, 야당 의원들이 단상에 올라 비준동의안 발의를 저지하였으나, 뜻을 이루지 못하였다. 이후 8월 14일 국회에서 통과됨으로써 1964년 3월 이후 지속적으로 전개되었던 한일회담 반대운동은 실패로 끝났다.

이 당시 한일협정 비준반대운동은 주로 대학생과 야당에 의하여 주도되었다. 당시 야당은 한일회담을 반대하였으나, 당내 강경파 온건파로 대립, 효과적인 반대운동을 전개하는데, 한계가 노출되었다. 따라서 주로 대학생에 의하여 전개된 한일회담 반대운동이 비록 성공하지는 못했으나, 국민 여론을 집결시키고 또한 재야 측까지 반대운동으로 이끄는 데 큰 역할을 했다고 볼 수 있다.

(2) 야당과 재야의 한일회담 반대운동

당시 야당은 1964년 3월 초 한일회담 일정을 발표하자 야당 지도자인 윤보선, 장택상, 박순천, 이범석, 장준하 등은 박정희 정부의 한일회담을 '대일굴욕외교'로

---

31 1965년 4월13일 동국대생 김중배군이 시위에 참여, 외부 타박상으로 인한 두개골 골절로 4월15일 사망함. 민주화운동기념사업회연구소(2006), 141쪽.
32 민주화운동기념사업회 연구소(2008), 454쪽.
33 민주화운동기념사업회연구소(2008), 457쪽.

규정하고 한일회담 반대운동을 벌였다. 이후 1964년 3월 장준하와 〈사상계〉는 한일회담 반대시위의 선봉에 섰고, 3월 6일 윤보선, 장택상을 중심으로 '대일굴욕외교 반대 범국민투쟁위원회'가 설치되어 조직적인 반대운동을 전개하였다.

특히 1964년 3월부터 윤보선, 장택상, 박순천, 이범석, 장준하 등은 대일굴욕외교 반대 범국민투쟁위원회(범국민투위)의 초청연사로 부산, 대구, 광주, 목포, 마산 등 전국을 순회하는 강연을 통하여 국민참여를 배제한 상태에서 대일굴욕외교를 전개하는 박정희 · 김종필 등과 한일회담 주체 세력을 비판하였다.

야당은 1965년 윤보선의 민정당과 박순천의 민주당이 합당하여 통합야당 민주당을 결성함으로써 한일협정 반대운동을 본격적으로 전개하였다고 볼 수 있다. 6월 22일 한일협정이 조인되자 범국민투위와 민주당원들이 당사 옥상에 조기를 달고, 윤보선 민중당 고문은 국회에서 무기한 단식투쟁을 하는 등 강렬하게 반대운동을 전개하였다.[34]

야당의 반대운동과 더불어 이미 앞에서 언급된 바와 같이 대학교수, 종교인, 문인 등 사회지도층 인사들이 한일협정 비준 반대운동에 동참하였다. 특히 7월 12일 재경 교수단 354명은 한일회담에 반대하는 강력한 성명을 발표하였으며, 이후 예비역 장성, 문인, 변호사 등이 다양한 차원에서 반대하는 성명서를 발표하였다.

이런 재야운동의 결과로 7월 31일에는 사회 각계 인사들이 망라된 '조국수호국민 협의회'가 발족되었으며, 한일협정 전에 총선을 실시해야 한다고 주장하면서 야당 중심의 범국민투위와 공동 투쟁을 모색하였다. 이후 야당의원들은 국회의원 사직서를 제출하고, 또한 재야인사들의 적극적 반대운동에도 불구하고 한일협정은 국회에서 비준되었다.

3) 집권세력의 대응과 결과

한일회담 반대운동에 대한 집권세력의 대응은 설득과 타협보다는 강경일변도로 전개되었으며, 이는 비상계엄과 같은 군부를 다시 동원하는 사태로 발전했다. 그리고 한일협정 비준과정에서는 의회주의의 원칙조차 무시된 상황에서 여당에 의하여 단독으로 처리되는 등 비민주적 행태가 속출하였다.

---

34 민주화운동기념사업회 연구소(2008), 455–458쪽.

특히 한일협정 비준이 국회에서 통과된 이후 박정희 정부는 8월 26일 서울 일원에 위수령을 선포했다. 이후 김홍일 등 예비역 장성들이 구속되었고, 연세대 이극찬 교수, 고려대 조지훈 교수 등 대학 교수 21명이 소위 '정치교수'로 학원에서 추방되는 사태까지 발생했다. 또 서울문리대 학생 서클인 민족주의비교연구회를 공식 해체시키고, 9월 25일 중앙정보부는 국가전복을 기도했다는 혐의로 학생 11명을 구속기소하고 6명을 수배하는 등 강경일변도의 억압 정책을 실시하였다. 이와 동시에 박정희 정권은 이 날 위수령을 해제, 사실상 한일협정 반대운동은 종결되기에 이르렀다.

4) 한일회담의 문제점과 민주화운동의 관계

한일회담 반대운동은 한일 간의 외교교섭 과정에 대한 문제점에 제기에서 전개된 민주화운동이다. 따라서 선거부정이나 3선개헌과 같은 헌정질서의 파괴와 같은 차원에 대한 반대운동으로서의 민주화운동 성격과는 다소 차이를 볼 수 있다. 그럼에도 불구하고 회담은 다음과 같은 점에서 문제가 제기되어 한일회담 반대운동은 민주화운동의 차원에서 조명될 수 있다.

첫째 한일회담은 자유민주주의의 헌법적 가치로서의 민주적 정치과정이 준수되지 못하고 있다. 양국 간의 협정체결에 있어 전개되는 외교적 행위는 고도의 전략과 때로는 비공개성의 필요성이 제기되기는 하지만 한일협정은 '오히라-김종필 메모' 등과 같은 일련의 전개과정이 비민주적으로 행하여짐으로써 국민들로부터 저항을 받게 되었다.

둘째 군부정권에 대한 반대운동이다. 한일회담 반대운동은 한일 간의 외교적 행위에 대한 반대운동의 성격으로 출발하였지만 반대운동에 대한 내면적 요소는 쿠데타로 민주당 정권을 붕괴시키고 군부가 권력을 장악한 것에 대한 반대성격이 한일회담 반대운동이 격화되면서 나타났다. 특히 한일회담 반대시위를 진압하기 위하여 비상계엄을 선포하는가 하면 대학가에 군대를 주둔시키고 주동자들을 구속시키고 대학 당국에 압력을 가하여 반대운동 주동자를 제적시키는 군부 권위주의 정치체제인 박정희 정권의 행태에 대한 반대 운동이다.

셋째 한일회담 반대운동은 4·19학생혁명으로 민주화운동에 상징성을 지닌 대학생과 대학교수를 비롯한 지식인 그룹이 한일회담 반대운동에 선두에 섬으로써 앞으로 한국정치에서 민주화운동을 전개하는 가장 중심적인 세력을 다시 한번 자리매김하는 계기가 되었다. 특히 한일회담 반대운동을 주도했던 대학생 운동단체들은 이후 '한국연구학생연합'을 결성하였으며, 이런 유형 학생단체들이 이후 대학사회의 민주화 운동을 전개하는 토대를 마련하는 계기가 되었다고 볼 수 있다.[35] 예를 들면 연세대 한국문제연구회는 매주 주간 토론을 개최하여 다양한 주제를 토론하였는데, 가장 많이 다룬 주제가 민주화와 관련된 학생운동에 대한 내용이었다.[36]

결론적으로 한일회담 반대운동은 비록 한일 간의 외교적 문제와 관련된 반대운동이기는 하지만 총체적으로 군부쿠데타를 통하여 민주적으로 형성된 정부를 전복하였을 뿐만 아니라 정권유지 과정에서 비민주적 행태가 자행되어 이를 바로잡기 위한 차원에서 전개된 민주화운동이라고 볼 수 있다.[37]

5. 6·8부정선거 규탄운동

1) 제3공화국 중반기 정치상황

대학생과 지식인, 그리고 야당의 강력한 반대에도 불구하고 한일협정을 마무리한 박정희 정권은 경제개발계획의 추진을 이유로 강력한 정치안정 기반 확립을 추구하였으며, 이는 대통령 선거와 국회의원 선거에서의 절대적 지지를 통하여 획득하고자 하였다. 선거는 민주주의의 가장 기초적인 정치과정이면서 동시에 정통성이 약한 정치체제가 정통성을 확보할 수 있는 유용한 수단이기 때문이다.

이러한 박정희 정권의 정치적 야망에는 야당의 분열도 한 몫을 하였다. 한일협정

---

35 한국학생연합은 1967년 3월 24일 서울대, 연세대, 고려대에서 한일회담 반대운동을 주도하던 서울대 낙산사회과학연구회, 연세대 한국문제연구회, 고려대 한국민족사상연구회가 연합하여 결성한 한국 최초의 대학생운동연합체. 한국문제연구회, 「한연회 25주년 일지」, (서울: 연세대 한국문제연구회 선후배 모임, 1988), 47쪽.

36 한국문제연구회 주간 토론은 1967년의 경우, 3월부터 12월까지 개최되었는바, 토론 주제는 '한국학생운동의 이념적 고찰', '자유당 치하의 학생운동', '해방 이후의 학생운동 고찰', '대학생이 현실참여에 대한 시비' 등임. 연세대 한국문제연구회는 한일회담 반대운동 등을 주도한 단체로서 박정희 정권에 의하여 최초로 대학생 서클 해산 명령을 받아 1971년 11월9일 강제로 해산됨. 이후 동 단체는 1973년 〈동곳회〉란 이름 하에 한국문제연구회 활동을 계승하였으며, 이들 선후배들이 〈사단법인 내나라연구소〉를 1994년 6월 29일 설립하여 현재 활동하고 있음. 한국문제연구회는 위의 「한연회 25주년 일지」(1988) 이외에도 「한연회 40년사」(2003), 「한연회 50년사」(2013) 등을 발간함. 한국문제연구회(1988), 50쪽.

37 민주화운동기념사업회 연구소(2008), 469~479쪽.

비준 이후 야당인 민중당의 온건파가 원내 복귀를 선언하자 강경파는 집단 탈당하여 1966년 3월 신한당을 창당하였다. 따라서 야당은 민중당과 신한당으로 분열되어 박정희 정권에 대항하는 대체세력으로서의 역할을 사실상 수행하기 어려운 상황이었다. 그리고 이러한 상황은 1967년 대통령 선거가 다가오고 있음에도 분열된 상황이 지속되고 있었다.[38]

그러나 야당은 분열된 상황 하에서는 박정희 정권을 대항하기 힘들다는 공통인식이 팽배하여 이는 오히려 야당 합당의 촉진제가 되었다. 이에 1966년 12월부터 민중당과 신한당의 통합 논의가 급진전되어 통합 야당은 신민당으로 당명을 변경, 당수에 유진오, 대통령 후보에 윤보선이 맡기로 하는 등 양당이 합의, 합당하였다.

이후 민주공화당의 박정희 후보와 신민당의 윤보선 후보는 1967년 실시된 대통령 선거에서 대결하였다. 1963년 제5대 대통령 선거와는 달리 서울에서도 여당에 대한 지지가 증가하였으며, 또한 농촌뿐만 아니라 도시지역에서도 박정희 민주공화당 후보에 대한 지지가 눈에 띄게 증가하였다.

이러한 현상은 한일국교 정상화와 베트남 파병에 따라 유입된 자금의 상당 부분이 선거자금으로 사용된 탓도 있지만 제1차 경제개발계획이 성공적인 수행에 따른 결과라고도 볼 수 있다.[39] 더구나 야당은 통합은 되었지만 효과적인 선거운동을 전개하지 못했으며, 이런 결과로 대통령 선거에서 박정희 후보가 유효표의 51.4%를 획득, 41.0%를 획득한 야당의 윤보선 후보를 무려 116만 표 차이로 승리, 대통령에 당선되었다.

제6대 대통령 선거는 1963년 제5대 대통령 선거와는 전혀 다른 투표 결과를 나타냈다. 1963년의 경우, 당시 여당인 민주공화당의 박정희 후보와 야당인 신민당의 후보인 윤보선과의 표차는 겨우 1.5%이었는데, 제6대 대통령 선거에서는 무려 10.4%의 표차가 발생하였다.[40]

이런 대통령 선거 결과는 박정희 정권으로 하여금 정치적 안정을 통하여 경제개발계획을 더욱 강력하게 추진할 수 있는 동력을 주었으며, 또한 정치권력의 운용에 있어 자신감을 주는 계기가 되었다. 동시에 이는 대통령 선거 이후 1개월 만에

---

38 심지연(2004), 194쪽.
39 지병문(2014), 176쪽.
40 지병문(2014), 174쪽

실시되는 제7대 국회의원 선거에서 부정선거를 통하여 절대적인 과반수를 획득, 장기집권의 기반을 마련할 수 있는 기회를 주는 요인도 되었다.

2) 6·8부정선거의 사례

국민의 대표를 선출하는 국회의원 선거를 통하여 개헌선을 확보함으로써 장기집권을 도모하는 계기를 만들고자 하는 박정희 정권의 의도는 국회의원 선거운동 과정에 표출되었다. 우선 1967년 5월 9일 국무회의에서 선거법 시행령을 개정하여 대통령, 국무총리, 국무위원 등 별정직 공무원은 선거운동을 할 수 있도록 하였다. 이를 통하여 대통령은 전국을 순회하며 민주공화당 후보들에 대한 지원유세를 하였으며, 이는 국무위원들도 마찬가지였다.[41]

이에 중앙선거관리위원회는 공무원의 선거개입에 대한 우려를 나타냈지만, 그러나 정부와 여당은 경찰, 검찰을 통하여 야당의 선거운동을 방해하였고 또한 공무원들을 조직적으로 동원, 여당 후보를 지원하였다. 심지어 박정희 정권을 공격하는데 주도적인 역할을 했던 장준하, 서민호 등 야당 정치인이나 선거운동원들을 선거법이나 반공법 위반으로 구속하는 사태까지 발생했다.[42]

공무원을 동원한 관권 선거개입 사례도 많았다. 경찰서장, 시장, 군수, 구청장 등이 직접 선거운동에 참여하여 동장과 경찰들에게 현금과 쌀, 밀가루 등을 나눠져 살포하도록 독려하는가 하면, 500원 또는 1,000원의 현금이 든 현금 봉투를 공공연하게 유권자에게 돌리는 일도 비일비재했다.[43]

이런 부정선거는 국회의원 선거 당일에도 계속되었다. 전라남도 여수와 벌교와 같은 지역에서는 유권자들이 단체로 민주공화당 선거운동원이나 공무원들에게 여당 후보를 찍은 투표용지를 보인 다음 투표함에 넣는 공개투표를 하다 발각되었는가 하면, 괴한이 투표소에 난입하여 야당 참관인을 강제로 끌어내고 미리 기표한 투표용지를 투표함에 무더기로 넣는 사례도 있었다. 개표가 야당 참관이 없는 상황에서 진행되었고, 개표과정에서 야당후보에게 투표한 용지를 무효표로 만드는 소위 피아노

---

41 민주화운동기념사업회연구소(2008), 495쪽.

42 조선일보(1967.5.9).

43 신동아(1967.7), 70–75쪽.

표, 빈대표 등도 무더기로 나타나는 등 금권, 관권이 판치고 또한 폭력까지 동원되는 불법과 부정이 극치에 달한 것이 6·8부정선거 양태이다.[44]

제7대 국회의원 선거에서 민주공화당은 여전히 농촌지역에서 압승을 거둔 반면, 신민당은 대도시에서 크게 승리하여 '여촌야도(與村野都)'의 심화현상을 나타냈다. 그러나 앞에서 기술한 바와 같이 선거운동 과정은 물론 투개표과정에서 저질러진 많은 부정선거 행위로 말미암아 야당으로부터 전면적인 부정선거라는 문제가 제기되었으며, 이에 야당은 6·8총선거의 '전면 무효화', '전면 재선거'를 요구하였으며, 야당 국회의원 당선자들은 국회의원 등록을 거부하였다.[45]

이러한 6·8선거부정의 행태와 선거 결과가 알려지자 정국은 이에 대한 수습대책을 세우느라 혼란이 야기되었으며, 이런 여파는 대학가에 번져 서울대를 비롯하여 많은 대학들이 선거부정규탄시위에 참여하였다. 이에 정부는 대학에 휴교조치를 취했고 이어 대학은 조기방학에 들어가게 되었다.

이런 상황 하에 민주공화당 스스로도 "타락되고 혼탁한 분위기의 선거이었음에는 틀림이 없었다"라고 부정선거 사실을 시인하면서 일부 지역에서 당선자를 변경하거나 또는 당에서 제명하는 조치 등을 취하였다. 예를 들면, 경기 화성 지역구의 권오석 당선자를 김형일로 착오란 이유로 시정하였고, 또한 보성 양달승, 평택 이윤용, 대전 원용석, 보령 이원장, 군산 차형근, 고창 신용남, 화순 기세풍, 영천 이원우 당선자 등을 제명하고, 7개 선거구의 지구당 위원장을 당에서 제명하여 민주공화당 스스로 6·8국회의원 선거가 부정선거임을 자인했다.

3) 제7대 국회의원 선거과정과 결과

6.8부정선거 규탄운동은 제7대 총선이 1967년 6월 8일에 실시되면서 발생한 선거부정 행태에 대한 규탄행위를 말한다. 당시 국회의원 선거는 소선거구제를 통한 직접선거로 131명을 선출하였으며, 정당별 득표율에 따라 선출한 44명의 전국구를 포함하여 총 175명을 선출한 것이다.[46] 국회의원 선거에는 지역구에 702명이

---

44 동아일보, 1967.6.7−9.

45 민주화운동기념사업회 연구소(208), 507쪽; 신민당(1967.8), 「6·.8 선거부정백서」.

46 중앙선거관리위원회(1973), 「대한민국선거사」, 705쪽.

입후보하여 평균 경쟁률은 5.4 대 1을 나타냈으며, 동 선거에는 민주공화당과 신민당 이외에 대중당·민중당·자민당 등 모두 11개 정당이 참여하였다.

선거 결과 투표율은 76.1%로 제6대 국회의원 선거보다 4% 가량 증가하였다. 선거 결과를 보면 〈표-1〉과 같이 정당별 당선자는 민주공화당이 의원정수의 73.7%에 해당하는 129명(지역구 102, 전국구 27명)으로 제6대 국회보다 19명이 늘어나 절대다수 의석을 자치하게 되었다. 한편 야당인 신민당은 45명(지역구 28명, 전국구 17명), 대중당이 1명이 당선되었으나, 그러나 나머지 8개 정당은 단 1명의 당선자도 내지 못하였다. 정당별 득표율에서는 민주공화당이 50.6%의 득표율로 전체 의석의 77.9%에 해당하는 102명을 당선시켰다. 반면에 신민당이 32.7%를 획득하여 당선비율 21.4%에 해당하는 28명을 당선시켰다.

〈표-1〉 1967년 7대 국회의원 선거 결과

정당	지역구	전국구	총의석	의석점유율(%)	득표율(%)
민주공화당	102	27	129	73.7	50.6
신민당	28	17	45	25.7	32.7
대중당	1	0	1	0.6	2.3
기타	0	0	0	0	14.4
합계	131	44	175	100	100

출처: 중앙선거관리위원회, 『대한민국선거사 제1집』(1973), 705쪽.

제7대 총선 시 전국 선거인수 14,717,354명 중 11,202,317명이 투표하여, 투표율은 76.1%를 기록하였다

4) 6·8부정선거 규탄운동 개요

1967년 6월 8일은 1963년 민정이양 이후 두 번째로 실시된 총선거였다. 정부는 제7대 국회의원 선거일을 6월 8일로 확정하고 5월 8일 공포하였다. 각 정당은 5월 3일 치러진 대통령 선거체제를 해산하고 총선거에 대비했다. 박정희 대통령의 장기집권을 위한 3선개헌이 예상되는 상황에서 정부와 여당은 최소 110석 확보를 목표로 선거전략을 세웠으며, 한편 야당은 과반수 확보를 목표로 선거전에 임했다.

민주공화당 총재인 박정희 대통령은 5월 18일부터 행정시찰을 명목으로 지방유세전을 전개했다. 한편 신민당은 대통령의 선거 지원유세를 불법으로 고발했으나,

5월 21일 중앙선거관리위원회는 대통령의 지원유세를 합법으로 인정했으며, 따라서 공무원의 선거 개입이 공공연하게 전개되었다.

앞에서 언급된 바와 같이 6월 8일 실시된 제7대 국회의원 선거에서 공개투표, 대리투표, 빈대표, 올빼미표, 피아노표 등 신조어를 만들었을 정도로 전국적으로 광범위한 부정이 저질러졌으며, 대통령부터 일선의 공무원에 이르기까지 국가 기관과 공무원이 총동원되어 여당의 선거운동을 지원했다고 볼 수 있다. 전남 여수와 벌교는 공개투표, 부산에서는 대리투표, 의성 · 공주 · 보성은 환표(換票: 표 바꿔치기), 대전은 무더기 투표 등이 나타났으며, 전국의 개표장에서는 부정투 · 개표 사건이 발생했다.[47]

이는 제7대 국회의원 선거 후 전국 131개 선거구에서 모두 266건의 선거소송이 제기된 것에서도 선거부정이 많았음을 나타낸다. 제6대 국회의원 선거에서는 선거소송이 불과 38건이었음을 비교할 때 무려 7배에 달하는 것으로 이는 당시 박정희 정권이 총선에서 개헌선인 3분의 2선을 확보하기 위하여 선거에서 각종을 불법과 부정을 자행하였음을 나타낸다.

(1) 야당의 부정선거 규탄운동

6월 10일까지의 개표 결과, 공화당은 의석수의 3분의 2 이상인 총 129석(지역구 102, 전국구 27. 개헌선은 117석)을, 야당은 46석(신민당 45석, 대중당 1석)이 당선됐다. 이러한 선거 결과에 대해 신민당을 비롯한 야권은 6 · 8선거를 부정선거로 규정하고 선거무효화 등을 비롯한 규탄투쟁에 돌입했다.

이에 야당인 신민당은 6월 9일 오후 중앙당사에서 유진오 대표위원 주재 아래 확대간부회의를 열고 부정선거에 항의하는 투쟁방법으로 부정선거 규탄 군중대회 개최 및 시위를 전개키로 하였으며, 동시에 원내에 들어갈 경우 부정선거조사 특별위원회 구성을 제의하는 한편 6 · 8부정선거 진상조사와 관계책임자의 인책 등을 요구키로 하였다. 또한 야당은 법적 투쟁으로 부정행위로 당선된 선거구의 당선 및 선거무효 소송을 제기하고 부정선거 관계 공무원들을 고발키로 하였다.[48]

---

47 민주화운동기념사업회 연구소(2008), 496~497쪽.
48 민주화운동기념사업회 연구소(2008), 497~507쪽.

신민당은 6월 12일 당선자 회의를 끝낸 뒤 45명의 당선자와 100여 명의 당원들이 가두시위를 벌이는 것을 시작으로 부정선거 규탄투쟁을 벌였다. 신민당은 6월 18일 '부정선거 규탄 국민 궐기대회'를 안국동 로터리에서 강행하자 경찰이 봉쇄함으로써 경찰과 시위대 간의 충돌이 발생했다. 이 대회에서는 "총선거 무효와 재선거 실시", "박정희 대통령의 사과와 부정 책임자 엄단", "부정선거 가담 공화당 후보 및 공무원 처단", "전국의 선거보복 중단과 관계자 엄단", "검찰의 전면적인 수사, 학생과 시민에 대한 탄압 중단과 국민이 납득할 수 있는 부정선거 처리" 등의 5개 항을 결의했다.

또한 선거소송 마감일인 1967년 7월 8일 7대 국회의원 선거의 전면 무효소송을 대법원에 제기했다. 소장에서는 "6·8선거의 부정양상은 전국적으로 동일하여 민주공화당, 행정기관 및 폭력단으로 편성된 연합군에 의해 무방비한 국민 대중의 주권은 완전히 압살되고 민주주의는 장송되었다"고 주장했다.

한편 신민당은 전국 131개 지역구 가운데 1백 지구, 1백 33건의 선거소송을 제기했다. 이외에도 사광욱 중앙선거관리위원장을 상대로 한 전면 선거무효 소송을 제기하였다. 또한 1개 정당에서 전 지역구 선거관리위원장을 상대로 낸 단일 소장의 일괄 선거 무효소송을 제기하는가 하면, 경남 산청·합천 지구 신민당 낙선자 이상신은 공화당 당선자 김삼상을 상대로 국회의원 직무집행 가처분 신청 등을 하기도 했다.

(2) 대학생의 6·8부정선거 규탄운동

6·8부정선거에 대한 규탄 운동은 야권과 더불어 서울시대 대학가를 비롯한 전국 각지의 학생들이 부정선거를 규탄하는 투쟁에 돌입했다. 1967년 6월 8일에 실시된 국회의원 선거과정에서 발생한 민주공화당의 부정행위를 규탄한 민주화운동은 전국 각지에서 약 1개월간 지속된 학생시위가 주를 이뤘다. 선거 다음 날인 6월 9일 연세대의 부정선거규탄을 시작으로 13일에는 고대 등 시내 8개 대학, 15일에는 전국 21개 고교와 5개 대학이 시위에 돌입하고, 3개 대학이 단식투쟁에 들어갔다.[49]

---

49 민주화운동기념사업회 연구소(2008), 499쪽.

이에 정부는 14일 시내 11개 대학에 휴교령을 내린 데 이어 16일에는 전국 28개 대학과 219개 고교로 휴교령을 확대했으나 학생들의 투쟁은 멈추지 않고 계속되었다. 또한 21일 서울대·고대·연대·성대·건대 등의 학생대표가 모여 '부정부패일소 전학생투쟁위원회'를 결성하고 부정선거 규탄성토대회를 열었다.

부정선거 규탄시위는 7월 3일 절정에 이르러, 서울 시내 14개 대학 1만6천명이 시위에 참가, 6·3항쟁 이후 학생운동의 위력을 과시하는 한편, 민주주의에 대한 열망을 보여주었다. 그러나 이날부터 서울시내 고교가 무기한 휴교에 들어가고 4일부터는 각 대학이 조기방학을 실시함으로써 부정선거 규탄시위는 사실상 중단되었다.

당시 중앙정보부는 부정선거 규탄시위가 한창이던 7월 8일부터 18일까지 무려 일곱 차례에 걸쳐 '동백림 거점 간첩단 사건'(일명 동백림사건)을 발표하여 언론과 국민의 관심을 집중시켰다.[50] 이 사건은 2004년 출범한 국정원 과거사 규명위원회에서 지적하였듯이 당시 대학생 등을 비롯한 야당의 부정선거 규탄시위를 무력화시키기 위한 의도가 있는 것으로 볼 수 있다.[51] 이는 동백림사건을 수사하는 과정에서 당시 대표적인 대학생 운동 동아리인 민족주의비교연구회의 지도교수인 황성모 서울대 교수를 관련시켜 기소한 것에서도 알 수 있다.[52] 그리고 7월 16일 '신민당 6·8총선 무효화 투쟁위 집행위원회'의 장준하(張俊河)와 부완혁(夫琓爀)을 이 사건과 관련하여 연행하였다.

결국 6·8 부정선거 반대투쟁은 여름 방학이 끝나고 2학기에 들어서도 계속되었으나 대중적 투쟁은 더 전개되지 못하였다. 그러나 공화당과 정부는 대학가에서 부정선거 규탄시위가 계속되자, 6명의 공화당 의원들을 당에서 제명하였으며, 부정선거 관련 공무원들을 파면하는 등 조치를 취하였다. 뒤이어 여야 대표 김종필과 유진오의 협상 끝에 11월 20일 '합의의정서'에 서명함으로써, 11월 27일 야당 의원들은 국회의원 등록을 마치고, 29일 등원함으로 6개월간의 야당 의원 등원 거부와 대학생들의 부정선거 규탄·투쟁은 막을 내렸다.

---

50 동백림사건은 예술인, 대학교수, 유학생 등이 동독 주재 북한대사관을 왕래하면서 간첩활동을 한 것이라고 중앙정보부가 발표한 것(동아일보, 1967.7.8). 그러나 동 사건은 국가정보원 과거사규명위원회 조사에서 간첩혐의가 과정된 것으로 밝혀짐(경향신문 2015.1.25~2015.2.08).
51 국가정보원(2007).
52 민주화운동기념사업회 연구소(2008), 510~511쪽.

5) 6·8 부정선거 규탄운동의 특성

6·8 부정선거는 박정희 대통령의 장기 집권을 위한 포석으로 실시된 것으로, 이는 결국 3선 개헌으로 이어졌다. 이 과정에서 6·8 부정선거 반대 투쟁은 6·8 선거의 무효화와 재선거라는 목표를 이루지는 못하였으나, 박정희 정권의 반(反)민주적 본질을 일반국민들에게 알리고 대중적 분노를 확산하는 성과를 거두었다는 데 의의가 있다.

6·8 부정선거 규탄운동에서 역시 중심이 된 것은 한일회담 반대투쟁에서와 같이 대학생이 중심이 되었다. 재야나 야당과의 연계 없이 대학생들이 독자적인 판단에 의하여 전개한 것이다. 6월 9일 연세대 이념동아리인 한국문제연구회은 정법대학에 있는 광복관에서 6·8 부정선거 성토대회를 열고 '국민에게 고함'이라는 선언문을 발표하여 민권수호를 외치며, 6·8 총선을 암흑과 폭력, 금력으로 치러 민주주의를 타락시킨 정부는 총책임을 져야 된다고 주장하면서 부정선거로 당선된 국회의원의 사퇴를 요구했다.[53]

대학생들의 6·8부정선거 규탄 운동은 박정희 대통령과 여당이 부정선거를 인정, 일부 당선자를 제명시키는 등 이에 따른 조치를 취하였지만, 이에 만족하지 않고 지속적인 민주화 운동을 전개하였다. 특히 서울대의 민주주의수호투위, 연세대의 6·8부정선거완전무효화투위, 고려대의 민권수호투위 등이 중심이 되어 조직적인 민주화 운동을 전개하였으며, 이런 학생운동은 그 후 3선개헌 반대운동, 교련 반대운동 등으로 이어지면 1971년 6월 14일 서울의 주요 대학들이 주축이 된 가칭 '전국학생연맹'을 결성, 대학생의 민주화 운동의 주축이 되었다.[54] 이 조직은 그 후 1980년대 민주화 운동을 주도한 '한국대학생총연합회' 구성의 모태가 되었다고 볼 수 있다.

6·8부정선거 규탄운동은 양국 간의 외교적 행위에 대한 반대운동인 한일회담 반대운동과는 달리 선거라는 민주주의의 가장 기본적인 정치과정에 대한 문제를 제기하였다는 점에서 민주화운동의 중요한 의의를 찾을 수 있다. 자유민주주의적 헌법적 가치를 추구, 보존하는 데 있어 무엇보다도 공정·비밀·평등·자유의 4대 선거원칙이 가장 중요시되는데 불법과 부정으로 선거를 치렀다는 것은 민주주의의

---

53 한국문제연구회(2013), 50쪽.
54 한국문제연구회(2013), 106쪽.

근본적 파괴를 의미할 수 있다는 점에서 부정선거 규탄운동의 중요한 의미를 찾을 수 있다.

특히 박정희 대통령이 6 · 8부정선거 규탄운동이 강력하게 전개되는 것에 대한 심각성을 인식, 비록 제한적이기는 하지만 일부 민주공화당 소속 당선자를 제명시키고, 부정선거 관련 공무원에 대한 인사 조치를 취함으로서 여당을 비롯한 정치권에 대하여 시민들의 저항운동의 역량을 보여주었다는 점에서 민주화운동의 중요한 의의를 찾을 수 있다.

6 · 8부정선거 규탄운동은 민주화운동 과정에서 단순히 특정시기에 실시된 6 · 8 총선거에 대한 규탄운동만은 아니다. 이는 민주정치 실현에 있어 가장 기본적인 선거가 어떠한 과정을 거쳐 실시되었으며, 과연 후보자 선정과정, 선거운동과정과 같은 이런 일련의 선거과정이 민주정치를 지향하는데 있어 합당하였는가를 평가할 수 있기 때문이다. 만약 이런 선거과정이 불법적이고 제도나 규정을 제대로 따르지 않고 실시되었다면 이는 민주정치 구현에 반하는 것이며, 따라서 이런 선거과정에 대한 비판이나 반대 운동은 민주화운동의 주요 요인이 되고 있는 것이다.

이런 의미에서 6 · 8부정선거 규탄운동은 1967년 6월 8일 국회의원 선거에 관련된 문제점만 지적된 것이 아니고 이전에 있었던 대통령 선거와 국회의원 선거에서 있었던 각종 비민주적 선거과정에 대한 문제점에 대한 비판까지 포함된 것으로 평가되며, 이는 특히 후보자 선정과정과 선거운동과정에서 나타난 비민주성에 대한 비판으로 볼 수 있다.[55]

6. 3선개헌 반대운동

1) 박정희 정권의 위기와 강력한 야당의 등장

1967년 실시된 제6대 대통령 선거와 제7대 국회의원 선거에서 박정희 민주공화당 후보는 대통령에 야당 후보에 대하여 압도적 표 차이로 재선되었으며, 여당 역시 총선 승리로 끝났다. 그러나 야당은 분열되어 선거에서 패배하였을 뿐만 아니라

---

55 신명순, 『한국선거와 민주주의』, 이완범 외(2015), 105–128쪽.

국민에게 차기의 대안적인 정치세력으로서의 인식도 제대로 심어주지 못한 상황이 되었다.

그러나 이러한 강력한 통치기반을 구축한 박정희 대통령과 여당에게 선거에서의 승리는 동시에 장기집권의 기회가 되기도 하였다. 동시에 이런 강력한 여당의 대두는 또 다른 한편에서는 분열된 야당이 통합하여 대여투쟁을 강력하게 전개할 수 있는 역설적인 계기도 마련되었다고 볼 수 있다.

여당의 경우, 6·8부정선거의 후유증으로 당내 내분이 일기 시작하였으며, 이는 특히 1971년 박정희 대통령의 임기가 종료된 이후 전개될 수 있는 후계문제로 당내 이견이 표출되는 계기도 되었다. 박정희 대통령의 후계자로 유력시 되는 김종필을 중심한 중심한 주류와 비주류 간의 갈등이 서서히 나타나기 시작했다.

한편 야당은 제6대 대통령 선거 직전 통합하였지만 효과적인 대여투쟁을 전개하지 못했다. 그러나 제7대 국회의원 선거에서 참패한 이후 여당이 장기집권을 추구할 가능성을 염두에 둔 야당은 3선개헌에 대한 강력한 야당의 저지가 없으면 안 되겠다는 공통된 인식을 바탕으로 오히려 강력한 야당이 등장하는 계기가 되었다.

2) 3선개헌과 장기집권

3선개헌은 1969년 박정희 대통령이 정권 연장을 위하여 대통령의 3선이 가능하도록 헌법을 개정한 대한민국의 여섯번째 헌법 개정이다. 대통령의 3선 연임을 허용하는 개헌안이 9월 14일 국회에서 변칙통과, 10월 17일 국민투표에서 확정된 결과 박정희 대통령은 1971년 제7대 대통령선거에 또 다시 민주공화당 후보로 출마, 대통령에 당선되어 유신체제와 장기집권을 할 수 있게 되었다.

1962년의 제3공화국 헌법은 대통령의 임기를 4년으로 정하고, 1차에 한하여 중임할 수 있게 하고 있었다. 그러나 박정희 대통령은 1967년 제6대 대통령으로 재선된 이후 곧 3선개헌을 준비하였다고 볼 수 있다. 박정희 대통령의 3선개헌 계획은 후계자로 유력시되던 김종필과 그를 지지하는 세력에 의하여 집권 민주공화당 내에서부터 반대에 부딪혔으나, 박정희 대통령은 1968년 '국민복지회 사건'으로 민주공화당 내 김종필 지지세력를 제거하는 것으로부터 3선개헌 작업을 시작하였다고 볼 수 있다.

1968년 5월 24일 발생한 '국민복지회 사건'은 농촌부흥과 사회개량을 표방한 당내 모임이기에 표면적으로 문제될 것이 없는 것이었다. 그러나 정치적 파장이 발생한 것은 1971년 후계자 문제와 관련하여 당내 포섭대상자에게 배포되었던 정세보고서에 "박정희의 3선을 가능케 하는 개헌을 저지하고 김종필을 1971년 대통령 후보로 추대한다"는 내용이었다.[56]

이 사건을 계기로 민주공화당의 김종필 측근인 김용태 국회의원 등은 당에서 제명되고 김종필 당의장은 이에 항의 표시로 당의장 직을 사퇴하고 또한 탈당하였다. 이후 민주공화당의 당내 세력은 김종필 계에서 소위 신주류인 길재호 · 백남억 · 김진만 · 김성곤 등 소위 '4인체제'가 당권을 장악하게 되었다.

1968년 12월 경남도당 개편대회에 참석하기 위해 부산을 찾은 윤치영 의원이 "국민이 원한다면 헌법개정을 단행하겠다"고 전제한 뒤 "국민이 원하는지의 여부는 여론조사로써 뒷받침하겠다."는 발언 이후 개헌논의는 공식화되었으며,[57] 또한 1969년 1월 6일 길재호 민주공화당 사무총장은 "헌법의 시행과정에서 드러난 미비점을 보완하기 위한 헌법의 일부 조항의 개정문제가 방금 여당 내에서 신중히 검토되고 있다"고 발언했다.[58]

윤치영 민주공화당 의장서리는 기자회견에서 "우리나라 실정에서는 무엇보다 강력한 리더십이 있어야 조국 근대화와 조국중흥이라는 민족적 과업을 완수할 수 있다"고 말하고 이를 위해서는 "대통령 연임금지 조항을 포함해서 강력한 리더십을 계속 유지해야 한다는 지상명령에 차질이 없도록 해야 하며 이러한 기본 입장에서 현행 헌법상에 문제점이 있다면 앞으로 검토 · 연구될 수 있다"고 밝혔다.[59]

윤치영 당의장 기자회견 이후 본격적으로 개헌논의가 양성화되었다. 개헌논의가 양성화 되자, 박정희 대통령은 연두기자회견을 통해 "특별한 사유가 없는 한 내 임기 중 개헌을 안하는 것이 내 소신이지만 필요가 있다면 연말이나 내년 초 논의해도 늦지 않다"고 자신의 견해를 밝혔다.[60]

---

56 서병조(1982), 320–321쪽; 한국정치연구회(1993), 230쪽.
57 「경향신문」(1968.12.17).
58 「경향신문」(1969.1.7).
59 「경향신문」(1969.1.7).
60 「동아일보」1969.1.10).

박정희 대통령의 개헌에 대한 언급은 3선개헌 문제를 정치 현안으로 급부상시켰으며, 이후 민주공화당 내 개정을 추진하는 신주류 측은 여론만 성숙되면 개헌안을 빨리 처리해야 한다고 주장하면서 설득작업을 본격화하기 시작하였다. 한편 민주공화당의 양순직을 비롯한 구주류의 일부 의원들은 동년 2월3일 개최된 의원총회에서 이에 대한 반대의견을 개진하였다.[61]

또한 당시 야당이었던 신민당 유진오 총재는 "신민당은 당의 운명을 걸고 대통령 3선개헌 저지투쟁을 벌이겠다"고 선언하였으며, 당 조직을 이원조직으로 구성하기로 하고 당내기구로 '대통령3선개헌저지투쟁위원회'를 구성, 당외기구로 범야초당기구 구성을 위해 정치정화법 해금인사 및 종교계, 학계, 학생층 및 지식인들과 규합하기로 하였다. 정무회의에서는 3선개헌 저지를 위해 '호헌5인위원회'를 김의택, 조영규, 정헌주, 고흥문, 김영삼 등으로 구성하고 구체적인 개헌방지 대책을 세웠다.[62]

특히 앞에서 언급된 바와 같이 1969년 2월 민주공화당 의원총회에서 찬·반논의가 이루어지고 논란이 커지고, 야당의 반대가 심해지자, 당시 민주공화당 총재였던 박정희 대통령은 경제건설을 이유로 개헌문제를 거론치 말 것을 지시하여 개헌논의는 잠시 소강상태에 들어갔다.[63]

이후 민주공화당 비주류들은 더욱 결속을 다지면서 3선개헌 반대운동을 전개하였는데, 이때 4월 신민당은 본회의에서 권오병 문교부장관에 대한 해임권고건 의안을 제출하였으며, 이에 민주공화당 구주류의원들이 반대표를 던지면서 장관 해임안이 통과되었다. 이에 박정희 총재는 "1주일 안에 이번 사건을 주동한 반당분자를 철저히 규명하여 그 숫자가 몇십명이 되더라도 가차 없이 처단하라"는 지시를 내렸다.

이에 민주공화당의 구주류 의원이었던 양순직, 예춘호, 박종태, 정태성, 김달수 의원을 제명하였고, 이후 박대통령은 기자회견석상에서 "꼭 필요가 있다면 개헌할 수 있으나 그 필요성과 정당한 이유가 문제"라고 밝히면서, 3선개헌을 다시 공식화하였고 3선개헌을 방침으로 굳히고 6월부터 민주공화당과 정우회 소속의원들을 상대로 개헌찬성 서명을 받기 시작했다.[64]

---

61 서병조(1982), 326—327쪽.
62 「경향신문」(1969.1.14.); 「동아일보」(1969.1.17.).
63 「동아일보」(1969.2.4.).
64 「경향신문」(1969.4.11.); 「동아일보」(1969.7.10).

이에 동년 6월 신민당은 정치정화법 해금인사와 재야인사들과 본격적으로 규합, 반대운동을 전개하는 준비를 하였고 서울대에서 시작한 개헌반대 데모가 전국적으로 파급되었다. 이에 정부 당국은 데모를 막기 위해 방학 중에 학교장의 사전승인 없이 학생집회를 금지토록 각 학교에 시달했다.[65] 이후 서울대 비롯하여 29개 대학이 휴교 또는 조기방학에 들어갔으며, 유진오 신민당 총재는 박정희 대통령에게 공개서한을 보내 "개헌을 하지 않겠다고 선언하면 정국안정 등 모든 문제는 끝나는 것"이라며 3선개헌 문제에 대한 결단을 촉구했다.[66]

이와 같은 야당의 공개서한에 대하여 박정희 대통령은 강상욱 청와대 대변인을 통하여 "개헌안이 합법적으로 발의될 때에는 공정한 관리로써 국민의 의사가 충분히 반영되도록 적법조치를 하는 것이 정부의 의무일 뿐"이라고 밝히고 "개헌찬성 의사표시는 자유이나 의사표시 방법은 합법적이고 평화적이어야 하며 폭력과 불법으로 의사를 관찰하겠다는 찬·반자는 용납치 않겠다고 밝혔다.[67] 한편 동년 7월 25일 박정희 대통령은 '개헌문제에 관하여 특별담화문'을 발표하였으니, 이 담화문에서 개헌을 신임과 결부하는 등 7개조의 항목을 여야 정치인에게 제의했다.[68]

이후 민주공화당은 중앙당사에서 당무회의를 갖고 백남억 정책의장이 마련한 연임금지안 삭제, 국회의원의 국무위원 겸직허용, 대통령에 대한 탄핵소추의결정족수 강화 등 3개항을 내용으로 하는 헌법개정안과 오치성 사무총장이 마련한 종합적인 일정을 검토했고, 영빈관에서 비공개로 의원총회를 열고 당무회의에서 합의된 개헌안에 대한 민주공화당 공식안 추인작업에 들어갔다.[69]

민주공화당 의원총회는 7월 29일 10시부터 30일 새벽 4시 20분까지 18시간 동안 진행되었으며, 의원총회에 끝까지 참석한 의원은 98명이었다. 민주공화당은

---

65 「동아일보」(1969.6.25).
66 「경향신문」(1969.7.7).
67 「동아일보」(1969.7.7).
68 1) 개헌 문제를 통해서, 나와 이 정부에 대한 신임을 묻는다.
　 2) 개헌안이 통과될 때에는, 그것이 곧 국민의 신임으로 간주한다.
　 3) 개헌안이 부결될 때에는, 그것을 불신임을 간주한다.
　 4) 여당은 빠른 시일 안에 개헌안을 발의해 줄 것
　 5) 야당은 합법적으로 개헌 반대 운동을 전개해야 한다.
　 6) 개헌 찬반에 있어, 폭력과 불법은 배제한다.
　 7) 정부는 중립을 지켜, 공정한 국민 투표를 관리한다.
69 「조선일보」(1969.7.28).

3선개헌을 당론으로 정하고 끝까지 반대한 정구영 의원만 제외하고 108명의 민주공화당 의원이 헌법개정안에 서명했다. 야당의 성낙현, 조흥만, 연주흠 의원이 개헌 지지 성명을 발표하였으며, 정우회 소속의원들은 의원총회를 소속의원 12명 중 10명이 개헌안에 서명했다.[70] 양찬우 의원은 불참했고 신용남 의원은 대중당과 협의를 거치기 위해 보류를 한 뒤 나중에 개헌안에 서명했다.[71]

민주공화당은 1969년 8월 헌법개정안 통과를 위해 제71회 임시국회를 소집 요구하였으며, 윤치영 외 121명 의원(공화 108명, 정우회 11명, 신민 3명)에 의해 헌법개정안(의안번호: 070573)은 국회에 제출하였다.[72] 헌법개정안 제안 설명은 신민당 소속의원들이 본회의장 단상을 점거하여 이루어지지 못하자, 이에 이효상 국회의장은 본회의에 보고를 생략한 채 헌법개정안을 정부에 직송했다. 직송된 헌법개정안은 임시각료회의를 거쳐 대통령 공고 제16호로 공고되었다.[73]

헌법개정 이유를 "현행 헌법이 제정.시행된 이래 오늘에 이르기까지의 헌정을 통하여 경험한 실정법상의 동시에 현하의 국내외 정세에 비추어 시급한 정국의 안정, 국방태세 확립 및 지속적인 경제성장 등의 제 요청에 부응하기 위하여 이 개헌안을 제출하는 것임"이라고 밝힌 헌법개정의 골자는 다음과 같다.

즉 1) 국회의원 정수의 상한을 250명으로 확대함, 2) 국회의원이 겸직할 수 없는 직을 법률로 정하도록 함, 3) 대통령에 대한 탄핵소추는 50인 이상의 발의와 재적 3분의 2 이상의 찬성을 얻도록 그 요건을 엄격히 함, 4) 대통령의 계속 재임은 3기까지 할 수 있도록 하는 것 등이다.[74]

---

70 정우회는 6·8부정선거의 여파로 민주공화당에서 제명된 무소속 국회의원 13인이 구성한 단체이다. 국회사무처 (1998), 408쪽.

71 「동아일보」(1969.7.30).

72 발의의원: 윤치영
찬성의원: 고재필 공정식 구태회 길재호 길전식 김대진 김동환 김두현 김병순 김봉환 김삼상 김성곤 김성용 김성철 김성희 김영복 김용순 김용진 김용채 김용호 김우영 김우경 김유탁 김유택 김익준 김장섭 김재소 김재순 김정렬 김종익 김종철 김종호 김주인 김진만 김창근 김창욱 김천수 김택수 노재필 류광현 류범수 문태준 민기식 민병권 박노선 박두선 박병선 박주현 박준규 배길도 백남억 백두진 서상린 설두하 성낙현 송한철 신동욱 신동준 신용남 신윤창 안동준 양정규 연주흠 오원선 오준석 오치성 오학진 육인수 윤인식 윤재명 윤천주 이남준 이동녕 이동원 이만섭 이매리 이민우 이백일 이병옥 이병주 이병희 이상무 이상희 이성수 이승춘 이영근 이영호 이우헌 이우현 이원만 이원엽 이원영 이원우 이윤용 이정석 이종근 이진용 이현재 이호범 이효상 장경순 장승태 장영순 전휴상 정간용 정래정 정직래 정진동 조창대 조흥만 차지철 차형근 최두고 최석림 최익규 최치환 최희송 한상준 한태일 현오봉 현정주

73 「경향신문」(1969.8.9).

헌법개정안이 국회에 제출되자, 야당인 신민당 의원들이 국회에서 농성을 하는 등 정국이 파국을 맞고 국회는 정상적으로 개회되지 못하였다. 그러나 제71회 임시국회가 9일 만에 정상되었고, 여·야는 헌법개정의 절차법인 국민투표법을 단일법안으로 합의하고자 하였으나, 민주공화당의 반대로 무산되었다.

9월 정기국회가 개회되고 방학 중이던 각급 학교의 개학과 더불어 서울대를 시작으로 다시 반대데모가 일어나자, 전국 대학과 고교의 휴업사태가 빚어졌다.[75] 민주공화당 윤치영 당의장 서리는 "개헌안은 9일 국회에 상정하여 15일까지는 통과시킬 방침"이라고 말하고 "개헌안을 질의와 대체토론 없이 다수당이 취할 수 있는 최선의 방법으로 처리하겠다"고 밝혔다.[76]

이에 대하여 야당인 신민당은 유진오 총재 자택에서 긴급 전당대회를 개최, 총 520명 중 370명 참석을 열어 신민당을 해산했으며, 당이 해산됨에 따라 헌법개정 지지서명을 낸 3명(성낙현·연주흠·조흥만)은 의원직을 상실했고, 나머지 44명의 의원은 제명함으로써 무소속의원이 됐다. 해산의 궁극적인 목표는 개헌안 가결정족수인 117명 미달로 개헌을 저지하기 위함이었으며, 무소속이 된 44명의 의원은 원내교섭단체인 신민회(新民會)를 구성하기로 합의하였다.[77]

9월 8일 30일간의 공고기간이 끝나고 헌법개정안이 국회 본회의에 정식 상정되었다. 여·야총무회담에서 여·야는 헌법개정안 의사일정을 10일에는 제안 설명, 12일까지 질의 및 토론, 13일에는 표결하기로 합의했다. 또한 국민투표법안에 대한 보완작업을 하기로 하고 '국민투표법개정9인소위원회'를 구성하고 국민투표법안을 수정하기로 하였다. 여·야합의는 신민회가 표대결로 전략방침을 변경한 데 있었다.

제72회 정기국회 제5차 본회의에서 개헌안에 대한 표결 선포가 있자 신민회 국회의원들이 단상을 점거하였고 자정을 넘기면서 산회됐는데, 14일 새벽 2시 33분

---

74 1) 제36조 2항 "국회의원의 수는 150인 이상 200인 이사의 범위 안에서 법률로 정한다."를 "국회의원의 수는 150인 이상 250인 이하의 범위 안에서 법률로 정한다."로 한다. 2) 제39조 "국회의원은 대통령, 국무위원, 지방 의회의원 기타 법률이 정하는 공사의 직을 겸할 수 없다"를 "국회의원은 법률이 정하는 공사의 직을 겸할 수 없다."로 한다. 3) 제61조 2항 단서조항 "다만, 대통령에 대한 탄핵소추는 국회의원 50인 이상의 발의와 재적의원 3분의 2이상의 찬성이 있어야 한다."를 추가한다. 4) 제69조 3항 "대통령은 1차에 한하여 중임할 수 있다"를 "대통령의 계속 재임은 3기에 한한다"로 한다. 5) 부칙에 "이 헌법은 공포한 날로부터 시행한다.

75 「동아일보」(1969.9.2).

76 「경향신문」(1969.9.5).

77 「동아일보」(1969.9.8.); (1969.9.9).

공화당 · 정우회 총무단을 비롯하여 66명의 요구로 소집된 제6차 본회의는 국회 제3별관 특별위원회 회의실에서 이효상 의장이 제6차 본회의의 개의를 선포하였다. 본회의에는 122명(공화 107명, 정우회 11명, 무소속 4명)이 참석한 가운데 헌법개정안 표결에 들어갔으며, 2시 43분에 개표시작, 2시 50분에 122명 전원 찬성으로 헌법개정안이 가결되었음을 선포했다.[78]

국회에서 통과한 박정희 대통령의 3선을 위한 헌법 개정에 찬성의원은 민주공화당 107명 등 총 122명이다.[79]

민주공화당은 3선 개헌안 통과 2분 뒤인 2시 52분 국민투표법안을 상정, 김용진 의원의 제안 설명을 듣고 질의토론을 일체 생략한 채 내무위원회 안대로 122명 만장일치로 통과시켰으며, 2시 54분 본회의는 산회했고, 민주공화당은 개표완료 직후 야당에 통고함으로서 개헌작업은 그 후 국민투표로 마무리되었다.[80]

비밀투표는 무효라는 야당의 주장과 학생들의 치열한 3선개헌 반대운동에도 불구하고 3선개헌안은 10월 17일 국민투표에 부쳐졌고, 총유권자의 77.1%가 투표에 참여, 65.1% 찬성을 얻어 가결되었다. 이와 같은 3선개헌으로 박정희 대통령은

---

78 「동아일보」(1969.9.15).
79 3선개헌 찬성의원은 다음과 같음
　　고재필 공정식 구태회 길재호 길전식 김대진 김동환 김두현 김병순 김봉환 김삼상 김성곤 김성철 김성희 김영복 김용순 김용진 김용채 김용호 김우경 김우영 김유탁 김유택 김장섭 김재소 김재순 김정렬 김종익 김종철 김종호 김주인 김진만 김창근 김창욱 김천수 김택수 노재필 류광현 류범수 문태준 민기식 민병권 박노선 박두선 박주현 박준규 배길도 백남억 백두진 서상린 설두하 송한철 신동욱 신동준 신윤창 안동준 양정규 오원선 오준석 오치성 오학진 육인수 윤인식 윤재명 윤천주 윤치영 이남준 이동녕 이만섭 이매리 이민우 이백일 이병옥 이병희 이상무 이상희 이성수 이승춘 이영근 이영호 이우헌 이우현 이원만 이원영 이정석 이종근 이진용 이현재 이호범 이효상 장경순 장승태 장영순 전휴상 정간용 정래정 정직래 정진동 차지철 최두고 최익규 최치환 최희송 한상준 한태일 현오봉 현정주 /107명, 민주공화당
　　이동원 김익준 김성용 박병선 이원우 최석림 차형근 이원엽 이병주 이윤용 양찬우 /11명, 정우회
　　신용남 김용태 정태성 박종태 /4명, 무소속

　　한편 불참 의원은 49명은 다음과 같음
　　고흥문 김대중 김상현 김세영 김수한 김영삼 김옥선 김원만 김은하 김응주 김재광 김정렬 김현기 김형일 김홍일 박기출 박병배 박순천 박영록 박재우 박한상 서범석 송원영 양회수 우홍구 유진산 유진오 윤제술 이기택 이민우 이재형 이중재 임갑수 장준하 정상구 정성태 정운갑 정일형 정해영 조윤형 조일환 조한백 편용호 한통숙 /44명, 신민회
　　김달수 양순직 예춘호 /3명, 무소속
　　정구영 /1명, 공화당
　　서민호 /1명, 대중당
80 「동아일보」(1969.9.15).

1971년 4월 제7대 대통령 선거에 민주공화당 후보로 다시 출마, 당선됨으로써 장기집권의 길에 들어섰다.

3) 대학생의 3선개헌 반대운동

3선개헌 반대운동은 한일회담 반대운동과 6·8부정선거 규탄운동 등과 마찬가지로 대학가에서 주도하여 전개하였다. 1968년 대학가는 이례적으로 조용한 한해를 보냈다. 이는 1·21청와대 습격사건, 울진·삼척공비 출몰사건, 프에블로호 납치사건 등이 발생하여 한반도에 냉전이 극도로 구조화된 상황이었던 안보 요인이 중요한 변수였다.

그러나 1969년 6월 들어 그 동안 여권에서 조용하게 추진하고 있던 3선개헌이 본격적으로 추진되자 대학가는 이를 반대하는 운동이 시작되었다. 1969년 6월 12일 서울대 법대생이 개최한 '헌정수호법대학생총회'가 최초의 3선개헌 반대운동이다.[81] 서울대 법대생들은 '이제 독아를 드러내기 시작한 3선개헌의 음모를 반민주적인 행위로 단정하는데 주저하지 않으며 … 조국의 헌정질서를 유린하는 어떠한 반민주적이 행위도 결코 용납하지 않을 것을' 선언했다.

서울대 법대생들은 다음 날인 6월 13일 학생총회를 열고 '정부는 개헌추진을 즉각 중지하라' '언론의 자유를 보장하라' '학원사찰을 즉각 중지하라' 등의 3개 요구사항을 발표하고 철야농성에 돌입하였다. 이어 서울대 문리대생들도 6월 17일 3선개헌 반대 집회를 시작하였으며, 이들은 '3선개헌은 명백한 민주주의의 조기(弔旗)이며, 국가의 존립을 위태롭게하는 반민주주의적 위법행위'이므로 즉각 중단되어야 한다고 주장하였다. 서울대의 경우, 공대생들도 6월 19일 3선개헌 반대운동에 참여하였다.

연세대는 6월 20일 정법대생들이 중심이 되어 '범연세호헌투쟁위원회'를 결성, 시국선언대회를 개최, 3선개헌 반대운동을 전개하였다.[82] 이들은 '헌법을 개악하려는 일부 인사들의 언동은 애국 청년의 이름으로 도저히 용납할 수 없다'고 선언했다. 경희대와 경북대는 6월 23일, 경기대는 6월 24일 3선개헌 반대 성토대회를 개최하였

---

81 민주화운동기념사업회 연구소(2008), 522–539쪽.
82 한국문제연구회(2008), 83쪽.

다. 고려대는 6월 27일 '범고대민주수호투쟁위원회'를 조직, 3선개헌 반대운동을 전개하였다.[83] 고려대생들은 학원 내 자치보장과 법대 학생회장 징계철회를 요구하는 내용의 선언문을 발표하였으며, 28일에도 '개헌을 철회하라'라는 플래카드를 들고 반대 집회를 하였다.

이후 1969년 6월 29일경부터 전국의 각 대학교 학생들은 거의 매일 같이 3선개헌 반대투쟁을 과거 어느 때보다도 더욱 강력하게 전개하였다. 대구 경북대생들은 6월 29일부터 7월 1일까지 연 4일간 성토대회와 가두시위를 하였으며, 이어 연세대생들은 6월 30일 시험을 거부하고 '3선개헌 반대 시국선언대회'를 개최하였고, 고려대생들은 휴교상황에서도 반대시위를 하였다.

대학생들의 3선개헌 반대운동은 학기말 시험까지 거부하면서 또는 임시 휴교령에도 불구하고 등교하여 각 대학별로 강력하게 반대 운동을 전개하였으며, 이는 전국적으로 확산되었다. 당시 경찰의 집계에 의하면 1969년 6월 27일부터 7월 3일 사이에 12개 대학 3만3,200여명이 참가한 것으로 알려졌으며, 학생 541명과 시민 35명이 연행된 것으로 나타났다. 이외에도 많은 학생들이 연행되는 과정에서 구타를 당해 부상하기도 하고 경찰은 페퍼보그라는 새로운 진압장비를 가지고 3선개헌 반대운동을 진압하였다.

1969년 7월7일 전국의 대부분 대학들에게 휴교령이 내려졌고 고등학교도 조기 방학에 들어갔지만, 연세대, 성균관대, 부산대, 영남대, 계명대, 가톨릭 의대 등에서 반대 운동이 강렬하게 전개되었다. 특히 한일회담 반대운동 때와 달리 고등학생들까지 반대집회를 개최, 반대운동을 전개하였다.[84] 7월 10일 대구고, 대륜고, 경북고, 7월 11일 안동고, 계성고, 12일에는 김천고 학생들이 개헌반대 성토대회를 개최, 3선개헌을 반대했다.

한편 대학생들의 3선개헌 반대운동이 방학 때임에도 더욱 격렬하여지자 이에 따른 정부의 대응도 더욱 강경해졌다. 많은 대학에서 3선개헌 반대운동 주동학생들은 경찰에 연행되고 또한 제적되는 사태가 발생하였으며, 상당수 학생들은 군에 강제징집되었다. 대학가의 3선개헌 반대운동은 2학기가 개강되어 더욱 확산되었다. 특히

---

83 「고대신문」(1969.8.11).
84 고등학교의 경우, 대구·경북지역의 대구고, 경북고, 안동고 등이 대표적임. 민주화운동기념사업회 연구소 (2008), 529쪽.

3선개헌안이 국회에서 통과되자 경기고생들까지 반대시위에 참여하게 되자, 상당수 대학에 휴교조치가 취해졌다. 더구나 개헌에 대한 국민투표법이 통과, 사실상 개헌반대운동이 금지됨으로서 더 이상 학생들의 반대운동은 전개되지 못하였다. 이어 3선개헌은 10월 17일 국민투표로 통과되었다.

그러나 이와 같은 대학가에서 전개된 강렬한 3선개헌 반대운동은 전에 있었던 6·8부정선거 규탄운동의 선언문이나 시위기사 등이 상세히 보도되는 것과는 달리 언론에 크게 보도되지 않아 일반국민들에게 큰 전파력을 발휘하지 못하였다. 즉 3선개헌 반대운동에서 발표된 선언문이나 시위기사는 거의 보도되지 않거나 또는 아주 미미하게 취급되었다.[85] 이는 박정희 정권이 '신동아 필화사건'처럼 언론에 대하여 탄압을 가하고 한편으로는 유력 신문에 특혜를 주는 당근책을 사용하는 방식을 취한 요인이라고 분석되고 있다.[86] [87]

4) 재야세력의 3선개헌 반대운동

3선개헌 반대운동은 재야세력이 야당인 신민당과 연계하여 전개한 것이기는 하지만, 재야세력이 민주화운동의 한축을 담당하는 세력으로 조직, 발전하는 계기가 되었다. 1969년 6월부터 7월까지 학생들의 격렬한 3선개헌 반대운동이 전개되는 동안 재야세력은 '3선개헌반대범국민투쟁위원회'(범투위)를 결성을 위한 발기인대회를 개최, 자유민주주의 체제의 수호를 위한 선언문을 발표하였다.[88] 김재준 목사를 대표로 하는 투쟁위원회는 야당의 지방조직을 이용하여 전국적인 반대운동을 전개하였다. 투쟁위원회 고문에는 윤보선, 유진오, 박순천, 장택상, 이희승, 함석헌 씨 등이 추대되었으며, 8월 16일 전주에서부터 지방유세를 시작하였다.

재야세력은 7월 17일 제헌절을 기하여 '3선개헌반대범국민투쟁위원회'의 발기인대회를 개최하고 선언문을 발표하였다. 이 기구는 62년 3월 16일부터 정치정화법에

---

85 사상계(1970.7), 150쪽.
86 강준만(2004), 249–250쪽.
87 1968년 11월 '신동아 필화사건'이 일어났는데 이 사건이 정권의 언론탄압에 언론자본이 굴복하기 시작한 계기가 되었음. 동아일보 자매지 신동아가 정부의 차관도입 내막을 파헤쳤는데 이 기사가 문제가 됐고 기자 2명이 구속되었음. 동아일보는 이 사건을 수습하면서 구속된 기자 2명을 석방하는 대신 천관우 주필 등 간부 3명을 퇴직시켰음(미디어오늘 2015, 513).
88 「조선일보」(1969.7.18).

묶여 있다가, 68년 8월 15일을 기해 시한이 끝나 만기 해금된 70여 명 중 친야세력이었던 김상돈, 이철승, 김영선, 김선태 등이 중심이 되어 3선개헌 논의가 표면화 된 69년 2월 3일에 조직된 단체이다.[89]

범투위는 선언문에서 "자유민주주의 체제의 방향을 경시, 왜곡 또는 역행하는 정권이나 운동은 결코 용납될 수 없는 민족사의 이단이며,… 자유민주주의 체제의 마비와 말상을 지향하고 있다"고 말하면서 국민들이 3선개헌 반대운동에 참여할 것을 요망했다.[90] 범투위는 학원의 자율성 침해, 언론 자유 상실, 인권 침해, 부정부패의 만연, 소수 재벌에게 부의 집중 등의 박정희 체제 하의 실정임에도 불구하고 장기집권을 위한 3선개헌을 추진하고 있다고 비판하면서 국민들에게 자유민주주의 헌정수호 대열에 빠짐없이 참여할 것을 호소했다.

재야기구인 범투위는 야당인 신민당과 유대관계를 갖고 3선개헌 반대운동을 전개하였다. 서울 등 각 시도에 지부를 둔 범투위는 위원회 활동에 참여한 정당의 지구당 조직을 지휘할 수 있도록 하여 사실상 범투위와 정당이 유기적으로 3선개헌 반대운동을 전개하였다. 특히 민주공화당이 1969년 8월 7일 개헌안을 국회에 제출하지 신민당 의원들은 국회에서 농성을 하였으며, 범투위는 8월 16일 전주를 시작으로 전국적인 3선개헌 반대유세를 하였다.

범투위 이외에도 대한변호사협회의 일부 변호사들이 9월 12일 '호헌선언문' 등을 발표하였는가 하면, 한국기독교연합회도 9월 8일 실행위원회를 개최, 3선개헌 반대 성명을 발표하였다.[91] 그러나 범투위의 활동은 3선개헌 상정이 임박하자 반대운동은 야당을 중심으로 주로 원내에서 투쟁하는 것을 지원하는 보조역할이 되었다.

1969년 9월 9일 국회 본회의에 개헌안이 상정되자 야당은 본회의장을 점거하였으며, 이에 민주공화당 소속 의원들은 국회 본회의장이 아닌 제3별관에서 9월 14일 개헌안을 통과시켰다. 이후 국민투표법에 의하여 학생들과 범투위의 국회의원을 제외한 위원들의 반대운동은 그 자체가 위법이 되어 사실상 반대운동을 할 수 없었다.

범투위의 3선개헌 반대운동은 3선개헌을 저지하는 데 실패하였기는 하지만, 그러나 이런 운동을 기반으로 재야기구는 이후 1970년대 유신체제에 반대하는

---

89 서병조(1993), 341쪽.
90 민주화운동기념사회회 기업연구소(2008), 331쪽.
91 「동아일보」(1969.9.8.); (1969.9.12).

재야권의 조직기반을 구축하는 출발점이 되었다고 볼 수 있다. 당시에 대학생의 투쟁운동과 범투위의 활동이 상호 영향을 주기는 하였지만 효과적인 네트워크를 형성하는 데 있어 이를 부정적으로 인식하는 사회여론 등으로 쉽지 않았다.

범투위의 3선개헌 반대운동은 당시 민주화 운동에 주축을 이루고 있는 대학생 세력과 효과적인 연대를 통한 반대운동을 전개하지 못하였지만, 그러나 이후 전개된 한국 민주화운동에서 상호 연계될 수 있는 기초적인 네트워크를 형성하는 계기가 되었다는 점에서 중요한 의의를 찾을 수 있다.

7. 1971년 양대 선거와 민주화운동

1) 1971년의 정치 상황

1969년 9월 14일 3선 개헌안이 국회에서 통과된 이후 동년 10월 17일 시행된 국민투표 기간까지 3선개헌 반대운동은 국민투표법에 적용을 받지 않는 야당인 신민당에 의하여 강력하게 전개되었다. 국민투표법은 국민투표의 대상이 되는 사항에 대한 찬성 또는 반대운동은 정당 등 선관위에 신고된 단체만이 연설회를 허용했기 때문에 학생들은 더 이상 3선개헌 반대운동은 전개할 수 없었다. 실제로 3선개헌 반대운동을 전개한 대학생 일부가 국민투표법을 위반한 혐의로 구속되는 사례가 발생하였다.

야당인 신민당는 3선개헌안이 통과되자 이런 날치기통과를 제2의 쿠데타로 규정하고 박정희 정권에 대한 정권교체 투쟁을 벌이겠다고 선언하면서 당 해체 후 13일 만에 신민당으로 재창당, 3선개헌 반대운동을 전개하였다. 민주공화당이 국민투표에서 '안정이냐, 혼란이냐, 양자택일을 하자'라는 주장에 대하여 신민당은 '개헌안 부결로서 민주공화당 정권을 몰아내자'라는 구호로 대결을 하였다.

그러나 이런 반대운동 하에서도 큰 불상사는 일어나지 않고 국민투표가 실시되어 총 투표자 1천1백60만4천38명 중 찬성 7백55만3천655표, 반대 3백63만6천369표로 압도적 다수에 의하여 개헌은 확정되었다. 즉 개헌안은 국민투표에서 77.1%의 투표율과 65.1%의 찬성으로 확정되었다. 국민투표는 독재를 위한 개헌을 합리화하기 위하여 시행한 첫 번째 투표였으나, 야당인 신민당의 개헌 반대유세보다 민주공화당이 더욱 큰 규모로 개헌지지 유세를 하였다. 또한 대학생이나 재야세력이 국민투표법의 제한 규정으로 인하여 효과적인 운동을 전개할 수 없었기 때문에 3선개헌안에 대한 국민투표는 큰 차이의 지지로 결정 났다.[92]

1971년은 개헌 이후 민주 · 민권을 수호하려는 민주화운동 세력과 개헌으로 막강한 권력을 가지면서 장기집권을 위한 통제정책을 추구하는 박정희 정권이 첨예하게 대립하던 시기로서 볼 수 있다. 특히 1968년 이후 연이어 발생한 1 · 21청와대습격사건, 1 · 23프에블로호 사건 등은 남북관계와 북미관계를 극도로 긴장시켰으며, 이런 안보 환경을 박정희 정권은 대민 · 대사회를 강력하게 통제하는 데 이용하였다고 볼 수 있다.

2) 대통령 선거와 국회의원 선거과정과 결과

3선 개헌 파동이 지난 이후 비록 박정희 정권에 의하여 강력한 통제가 이뤄지기는 하였으나, 그러나 두 차례 걸친 선거에서 박정희 정권은 상당한 어려움을 겪게 되었다. 우선 1971년 4월 27일 실시된 대통령 선거에서 여당의 경우, 박정희 민주공화당 대통령 후보 혼자만 3선 진출이라는 점에서 여론 공세에 직면하게 되었다. 특히 야당의 경우, 신민당 대통령 후보였던 김대중 후보는 40대기수론을 제창한 야당 당내 경선에서 역전극을 펼치면서 승리하여 대통령 선거에서 국민적 관심을 갖게 하였다.[93]

제7대 대통령 선거에서 야당의 대통령 후보 김대중은 예비군 폐지 · 노자공동위원회 구성 · 비정치적 남북교류 · 4대국 보장안 등을 선거공약으로 내걸고, 박정희 정권의 안보논리와 경제성장론의 허구성을 정면에서 공격함으로써 선거전은 뜨겁게 달아 올랐다. 더구나 재야권이 공명선거 실천이라는 이름 하에 '민주수호국민협의회'를 발족, 사실상 대통령 선거전에 참여함으로써 더욱 국민들의 관심이 집중되었다.

이에 민주공화당의 박정희 후보는 선거를 3일 앞둔 부산 유세에서 "75년 선거의 불출마 선언"을 약속하고 또한 2일 앞둔 장충단공원 유세에서는 "다시는 여러분 앞에서 표를 찍어 달라고 나서지 않겠다"는 말을 함으로써 야당 대통령 후보인

---

92 「조선일보」(1969.10.20).

93 서병조(1993), 351쪽.

김대중의 공격을 차단, 유권자들로부터 동정표를 얻는 작전을 적극 구사하였다.

'이번이 마지막' 선거라고 거듭 강조하면서 대선에 총력전을 펼친 결과 박정희 민주공화당 대통령 후보는 〈표-2〉와 같이 총투표의 51.2%(유효투표의 53.2%)를 획득, 43.6%(유효투표의 45.3%)를 얻은 김대중 야당 대통령 후보를 95만 표차로 따돌렸으나, 부정불법 관권선거라는 비난을 받았다. 특히 김대중 후보는 전체 도시표의 51.5%, 서울에서 58%의 득표율을 보여 박정희 후보의 39%에 비해 도시에서 압도적 지지를 얻어 이후 박정희 대통령에게 정치적으로 중요한 위협세력이 되었다.

〈표-2〉 제7대 대통령 선거 결과

득표순위	기호	이름	정당	득표수	득표율	비고
1	1	박정희	민주공화당	6,342,828	53.2%	당선
2	2	김대중	신민당	5,395,900	45.3%	
3	6	진복기	정의당	122,914	1.0%	
4	3	박기출	국민당	43,753	0.4%	
5	5	이종윤	자민당	17,823	0.1%	
-	4	성보경	민중당	중도 사퇴		
-	7	김철	통일사회당	중도 사퇴		
선거인 수				15,510,316		
총투표수				12,417,816		
투표율				79.8%		

출처: 중앙선거관리위원회(1973), 760-763쪽.

특히 제7대 대통령 선거의 경우, 제6대 대통령 선거에서 나타나기 시작한 지역에 따른 표의 향배가 더욱 두드러져, 김대중 후보는 전라북도에서 58.8%, 전라남도에서 58.4%, 박정희 후보는 경상북도에서 68.6%, 경상남도에서 70.8%를 각각 얻었다. 이 선거를 계기로 김대중은 박정희 정권에 위협적 인물로 부상, 이후 김대중 납치사건과 같은 반대세력을 탄압하는 하나의 원인이 되기도 했다.

1971년 4월 27일에 실시된 제7대 대통령 선거에서 또 다시 민주공화당의 박정희 후보가 당선되자 민주공화당은 여세를 몰아 국회에서 원내 안정세력을 확보하기 위하여 즉시 제8대 국회의원 선거에 대비한 총선체제로 돌입하였으나, 야당인 신민당 내에는 4·27대통령 선거의 전면 부정 등을 비롯하여 5·25총선거 거부론이 대두되어 선거를 앞두고 당론 조정에 혼선을 빚게 되었다.

〈표-3〉 제8대 국회의원 선거 결과

정당별 당선자 수(명)

정당	지역구	전국구	합계
민주공화당	86	27	113
신민당	65	24	89
국민당	1		1
민중당	1		1
합계	153	51	204

출처: 중앙선거관리위원회(1973), 720쪽.

이러한 상황에서 맞게 된 제8대 국회의원 선거에는 〈표-3〉에서 보는 바와 같이 지역구 의원정수가 153명으로 증가된 이 선거에 민주공화당과 신민당은 전 지역구에 후보자를 공천하였으며, 또한 국민당은 121개 지역구에만 후보자를 공천하여 79.1%의 공천율을 보였다. 그러나 통일사회당은 60개 지역구에서, 대중당은 53개 지역구에서, 민중당은 37개 지역구에서만 후보자를 공천하여 각각 39.2%, 34.6%, 24.2%의 공천율을 보이는 데 불과하였다. 결과적으로 입후보자는 총 577명, 평균경쟁률 3.8:1을 보임으로써 제3공화국에 들어와서 실시된 역대 국회의원 선거 중 가장 낮은 경쟁률을 보였다.

〈표-4〉 제8대 국회의원 선거 정당별 득표율

정당 득표율

정당	득표수	득표율	당선인
민주공화당	5,460,581	48.8%	27
신민당	4,969,050	44.4%	24
국민당	454,257	4.1%	
대중당	59,359	0.5%	
민중당	155,277	1.4%	
통일사회당	97,398	0.9%	
총합	11,195,922		51

출처: 중앙선거관리위원회(1973), 720쪽

제8대 국회의원 선거 결과에 있어서는 〈표-4〉에서 보는 바와 같이 민주공화당의 득표율은 47.8%, 신민당의 득표율은 44.4%의 근소한 차이를 보여 유권자들의 지지도가 비등했음을 알 수 있는데, 이와 같은 결과는 신민당이 호소한 박정희 대통령의 독재에 대한 견제론이 유권자들로부터 지지를 얻은 것이라고 해석할 수 있다. 그러나 나머지 4개 정당이 얻은 득표율은 불과 7.2% 정도여서 유권자들은 양당제도를 선호하고 있는 것으로 분석된다.

이러한 선거 결과는 여당인 민주공화당에 대한 야당인 신민당의 견제노력이 성과를 거둔 것이라고 평가된다. 제8대 국회의원 선거의 양상 역시 민주공화당과 신민당 간의 대결이었는데, 민주공화당은 조직을 통한 득표활동과 병행하여 박정희 총재를 비롯한 김종필 부총재, 백남억 당의장, 정일권 고문 등 당 중진으로 유세반을 편성하여 한결같이 원내안정세력 확보와 지역개발을 들어 유권자의 지지를 호소했다.

이에 비해 신민당은 총선거 거부론으로 당론통일에 진통을 겪었고, 이른바 '진산파동'으로 인해 한때 선거 초반전에 지장을 초래했으나 당의 혼란을 김홍일 전당대회 의장이 당수권한대행을 맡음으로써 일단 수습하고 총선거에 임하였다. 그리하여 신민당은 일명 '진산파동'으로 야기된 열세를 만회하는 데 역점을 두어 김대중, 김홍일, 이철승, 김영삼 등 당 중진으로 유세반을 편성, 도시에서의 야당 붐의 조성과 4·27대통령 선거 때 호남지지표 유지 및 영남의 여당견제에 전력을 다하였는 데 그것이 주효했던 것이다.[94]

3) 민주화 운동 세력의 선거 대응과정

1971년 실시된 대통령 선거와 총선에 있어 민주화 운동세력의 대응은 과거에 비하여 아주 활발하게 전개되었으며, 이는 그 후 1980년 민주화 운동에 중요한 밑거름이 되었다. 특히 1971년 4월 19일 서울 대성빌딩에서 정식 결성된 1970년대 최초의 재야지식인 연합체인 '민주수호국민협의회'는 이후 민주화 운동에 중심세력으로 역할을 하였다.

1970년 말부터 3선개헌의 후유증에서 깨어난 각계각층의 재야 민주인사들은 1971년 4월의 대통령 선거를 앞두고 전열을 가다듬기 시작, 1971년을 '민주수호의 해'로 정하고, 공명선거를 통해 박정희 대통령의 1인 장기집권을 막아보려는 의도로 1970년 3월 20일부터 모임을 가지고 이를 준비하였다.

이들은 4월 8일 서울 YMCA에서 학계·언론계·법조계·종교계·문화계 등 각계를 망라한 저명인사들이 모임을 갖고, 4·27제7대 대통령 선거와 제8대 국회의원

---

94 1971년 신민당 당수 유진산의 국회의원 출마 등록을 둘러싸고, 신민당 내에서 벌어진 갈등임. 동아일보 1971.5.6.

선거에서 양대 선거가 민주적이고 공명정대하게 치러질 수 있도록 하기 위하여 범국민운동을 전개할 것을 발의하여 공명선거를 다짐하는 '민주수호선언'을 채택한 데 이어 '민주수호국민협의회'를 결성하기로 합의했다.[95]

이날 모임에서 김재준 · 천관우 · 이병린 · 이병용 · 장용 · 김정례 등 6인으로 준비소위원회를 구성한 데 이어 4월 19일 동 협의회를 정식 발족시키고, 김재준 · 이병린 · 천관우를 대표위원으로, 신순언 · 이호철 · 조향록 · 김정례 · 법정 · 한철하 · 계훈제를 운영위원으로 선출했다. 이후 협의회는 강연회 · 좌담회 · 성명서 발표 · 인권탄압 사례조사 · 공명선거를 위한 선거참관인단 구성 등의 활동을 전개하는 한편, 학원정상화를 위한 법률개정안을 마련하기도 했다.

민주수호국민협의회는 박정희 대통령의 제3공화국 하에서 민주화운동을 위하여 조직된 최초의 재야민주세력의 구심점이었을 뿐만 아니라, 이후 '민주수호청년협의회', '민주수호청년학생연맹', '민주수호기독청년협의회' 등과 연대하여 공명선거운동을 전개하는 등 민주화운동 확산에 주도적 역할을 하였다.[96]

민주수호국민협의회는 공명선거를 감시하기 위하여 선거참관인단을 구성하여 파견하였다. 민주수호국민협의회로부터 신임장을 받은 6천여 명의 청년, 학생들은 전국 각지로 파견되어 공명선거 감시를 하였으며, 선거 당일에는 4개반의 선거참관단이 영남, 호남 등에 파견되어 공명선거 감시활동을 전개하였다.

민주수호국민협의회의 활동은 그 후 '민주회복 국민회의', '민주주의와 민족통일을 위한 국민연합' 등 유신시대에 긴급조치를 반대하는 민주화운동을 전개한 재야단체의 모태가 되었다는 점에서 그 의의가 크다. 그러나 이를 범국민운동으로 승화되지 못한 채 지식인운동으로 일관했다는 점에서 그 한계를 보였다고 생각된다.

그럼에도 불구하고 민주수호국민협의회는 짧은 기간 동안에 민주화운동 관점에서 민주수호 필요성을 일반 대중에게 널리 전파하고 또한 이에 대한 정당성을 획득하였으며, 학생 및 청년운동과 연대의 기반을 마련하는 등 다양한 활동을 하였다. 그러나 민주수호국민협의회는 1971년 10월 15일 박정희 정권에 의한 위수령 발동과 함께 활동이 위축되고, 특히 1972년 10월 17일 유신 선포 후 활동이 중단되었다.

---

95 「조선일보」(19??.4.9); 민주수호국민협의회(1971), 9~10쪽.
96 지병문(2014), 561~562쪽.

8. 교련반대운동과 노동탄압 반대운동

1) 학원 통제정책과 교련반대운동

대학생들에 의하여 주도된 4·19학생혁명, 한일회담반대운동, 3선개헌 반대 등을 경험한 박정희 정권은 대학가에 대한 통제정책을 시도하였다. 물론 1960년 1·21청와대 습격사건, 프에블로호 납치사건이라는 남북관계의 긴장에 따른 한반도 분단이라는 특수한 안보상황이 있기는 하지만, 정치권력을 강화하기 위한 차원에서 대민·대사회통제를 강화하였으며, 그 일환으로 대학생에 대한 통제강화정책을 추구하였다고 볼 수 있다.

박정희 정권은 1·21청와대습격사건 이후 대학생들에 대한 반공교육의 한층 강화하였으며, 이와 더불어 1968년 4월 학생군사훈련 강화방침을 발표하였다. 1969 년 신학기부터 ROTC(학생군사교육단: Reserve Officers' Training Corps)훈련을 받지 않는 일반대학생들에게 군사교육을 실시하기로 하였다.[97] 학생군사훈련은 대학교 에 예비역 출신의 배속 장교를 배치하여 매주 2시간씩 기본적 훈련을 받는 것이다. 문교부는 1968년 8월부터 시범 고교를 선정, 실시하다가 1969년부터 전체 대학을 대상으로 확대하였으며, 군사훈련과목도 '교련'이란 정규과목으로 명칭을 부여하는 강화하였다.

이어 정부는 1971년 1학기부터 1969년에 정규과목으로 채택된 교련교육을 종래 2시간에서 3시간으로 늘리고 집체교육까지 부과, 재학 중 무려 71시간의 군사교육을 받도록 제도화하고 교관도 전원 현역으로 교체하는 등 교련을 더욱 강화하자, 이에 대학생들은 이런 정부의 조치를 학원병영화로 규정, 교련반대운동을 전개하였다.

교련강화방침을 반대한 대학생들은 1970년 11월 3일 서울대, 연세대, 고려대, 성균관대, 서강대 등 5개 총학생회는 공동선언문을 발표, 이에 반대하는 성명을 발표하였다. 특히 12월 2일 연세대생 500여 명은 교련반대 시위를 전개하였으니, 이는 대학가에서 발생한 최초의 교련반대시위였다. 이후 경북대 등에서도 교련강화반 대 성토대회 등을 개최하여 대학가에서 반대운동은 더욱 확산되었다.

---

97 「동아일보」(1968.4.5).

그러나 정부는 대학생들의 반대에도 불구하고 오히려 교련강화를 더욱 강경하게 추진하여 대학생들과의 충돌은 불가피하였다. 특히 대학생들은 총 수업시간의 약 20%에 해당되는 71시간이라는 엄청난 교련시간에 상당한 반대를 하였다. 이런 정부의 방침에 대하여 학생들은 교련강화는 학원의 자율성을 침해하는 것일 뿐만 아니라 학원의 병영화를 추구하는 것이라고 강력히 반대하였다.

1971년 봄 학기가 시작되자 대학가에서 교련반대운동은 더욱 확산되었다. 4월 2일 연대생 5백여 명의 교련거부 성토대회를 시발로 4월 6일 성대 · 고대 · 서울대생 1천여 명이 가두시위에 돌입한 데 이어, 4월 15일에는 서울시내 대학생 2만여 명이 가두시위를 전개, 1학기 교련반대시위의 절정을 이루었다.

이런 운동은 2학기에도 계속되었다. 2학기에 접어들면서 교련철폐와 현역교관 철수를 외치는 시위가 전국 대학가를 휩쓸던 중, 10월 5일 새벽 수도경비사령부 소속 군인 30여 명이 고려대에 난입, 학생 5명을 불법 연행 · 구타한 사건이 발생하자 10월 8일 서울대 총학생회는 '중앙정보부 폐지 · 군의 정치적 중'을 요구하는 성명을 발표하고, 11일~14일에는 전국 대학생 5만여 명이 '고대 난입군인 처단'을 요구하며 가두시위를 단행했다.

이에 대해 박정희 정권은 탄압조치로 일관, 10월 12일 '교련거부 학생은 전원 징집하겠다'는 내용의 담화문을 발표한 데 이어, 15일에는 서울 전역에 위수령을 발동하고, '학원질서 확립을 위한 특별명령'을 발표, 1,889명의 학생을 연행하고 그중 119명을 구속했다. 문교부는 시위 주동 학생들을 제적시키도록 각 대학에 강요하여 23개 대학에서 117명을 제적시키고 이들을 즉각 입영 조치하는 한편, 각 대학의 서클 74개를 해체하고 서울대 법대 '자유의 종' 등 14종의 간행물을 폐간 조치했다.

이런 강력한 억압정책에 의하여 대학생들이 교련수강거부에서 시작되어 7개월간 지속되며 학원자율화 · 사회민주화투쟁으로까지 발전한 교련철폐투쟁은 막을 내리고 더불어 학생운동도 당분간 동면에 빠져들었다. 특히 10월 15일 위수령의 발동과 함께 '일체의 교련 반대 데모를 중지하라'는 대통령 특별명령이 발표되고, 1971년 10월 17일 박정희 대통령에 의한 '국회 해산'과 전국에 '비상계엄'이 선포되면서 교련강화 반대투쟁은 막을 내렸다.

교련반대운동은 다음과 같은 관점에서 민주화 운동과 관련될 수 있다.

첫째 박정희 정부는 대학생들에 대한 교련강화는 안보위기 등을 이유로 하고 있지만 이는 박정희 대통령의 장기집권을 위한 차원에서 계획된 것이라고 대학생들은 인식하고, 이에 대한 반대운동을 전개한 것이다. 대학생들은 박정희 정권의 교련 강화방침이 비록 안보위기라는 이유를 들기는 하였지만 현실 타당성이 상당히 부족하며, 오히려 이는 학원 병영화를 통하여 대학생들의 건전한 비판의식을 약화시킴으로써 박정희 정권의 통제력을 강화, 궁극적으로 장기집권을 획책하기 위한 고도의 통치행위이기 때문에 민주화에 역행된다는 것이다.

둘째 대학생에 대한 교련강화는 대학의 생명인 자유와 자율성을 침해하는 것이며 이는 결국 대학생의 민주정치 의식을 약화시킬 수 있다고 본다. 교련강화라는 명목 하에 강의과목 개설과 같은 대학 교육과정에 관여함으로써 창의성과 자율성을 통하여 국가발전에 기여하는 대학의 본질을 훼손시키고 있다는 것이다. 자유로운 사고를 배양하는 대학캠퍼스를 병영화시킴으로써 민주정치 의식 형성에 기초가 되는 자유로운 사고가 위축될 경우, 대학교육의 발전은 물론 민주정치도 퇴보된다고 주장하면서 학생들은 강력한 교련 반대운동을 전개한 것이다.

셋째 교련반대운동은 1969년 3선개헌 반대운동의 실패로 인한 침체를 넘어서서 학생운동이 새로운 흐름을 형성하는 중요한 기점을 형성하는 계기가 되었다. 박정희 정권은 3선 개헌 후 정권의 통치기반 강화를 위하여 각종 통제정책을 구축, 여러 가지 정책을 실시하였다. 그러나 대학가는 정부의 통제정책에 대하여 효과적인 대응 전략을 가지고 있지 못한 상황이기는 하였지만, 오히려 이런 정부의 교련강화 정책이 대학사회가 정부의 비민주적 통제정책을 비판할 수 있는 계기가 마련해 주었으며, 이는 나아가 대학가에서 1980년대 민주화운동의 중요한 인적 · 조직적 기반을 형성하는 불씨가 되었다고 볼 수 있다.

특히 대학생들은 3선개헌 반대운동, 교련반대운동을 전개하면서 민주화 운동의 토대를 마련하기 조직을 강화하였으니, 그에 대한 일환으로 결성된 것이 '전국학생연맹'이다. '전국학생연맹'은 1971년 6월 14일 서울대, 연세대, 고려대, 이화여대, 숙명여대, 성균관대, 서강대 등 서울의 주요 대학교 학생대표들이 효율적인 학생운동을 전개하기 위하여 조직되었으며, 6월 15일에는 4개항으로 된 시국선언문을 발표하기도 했다.[98] 이와 같은 대학생들의 연대조직은 비록 느슨한 네트워크 형태이기는 하지만 1980년대 민주화운동의 주도세력이었던 '전국대학생연합'의 출범에도 큰 영향을 주었다고 볼 수 있다.

2) 노동탄압 반대운동

1960년대 경제개발계획의 성공적인 수행과 더불어 경제성장이 되면서 산업화가 급속하게 진행되었다. 경제성장을 위하여 정부는 외국으로부터 외자를 유치하게 되었으며, 또한 수많은 공장이 건설되면서 노동자의 수가 급격하게 증가되었다. 이런 과정에서 정부는 외국자본의 투자 환경을 유리하게 조성하기 위하여 노동운동을 억압하게 되었으며, 이에 따라 노동자들은 정부의 노동운동 억압정책에 저항하는 운동이 전개되었다.

1960년대 추진된 경제개발은 일명 보릿고개와 같은 빈곤을 극복하는 과정이었지만, 이는 동시에 저임금과 저농산물 가격정책을 기반으로 한 불균형 성장이었고 따라서 노동자들은 '부익부 빈익빈'이라는 말대로 경제성장이 이루어질수록 상대적인 빈곤이 나타나는 현상이 야기되었다. 특히 1970년 초 발효된 「외국인투자기업의노동조합및노동쟁의에관한임시특례법」으로 인하여 노동현장은 비록 과거에 비하여 소득은 나아졌지만 노동통제는 더욱 강화되고 오히려 상대적 빈곤은 더욱 심화되었다.[99]

이와 같은 열악한 노동조건이 전개되고 있던 시기인 1970년대 노동탄압에 대한 저항운동은 한 젊은 노동자의 죽음으로부터 시작되었다. 즉 작업장의 노동조건을 개선하기 위해 온갖 노력을 다 해보았지만 정부와 노동단체, 사회의 무관심과 냉대로 하나도 실현되지 않자, 평화시장 재단사 전태일은 1970년 11월 13일 작업장 부근에서

---

98 한국문제연구회(1988), 98쪽.

99 '외국인 투자기업의 노동조합 및 노동쟁의에 관한 임시특례법'은 박정희 정권이 1970년 1월 1일 외자를 끌어들여 경제 위기를 벗어날 목적으로 제정 공포하여, 외국인 투자기업에서 노동조합의 결성과 노동쟁의를 사실상 금지시킴. 동법 제4조는 노동조합의 설립을 기존의 '신고제'가 아닌 당국의 '허가제'로 바꾸고 그 권한을 행정당국에 일임함으로써 외자업체에서의 노조설립을 극히 제한하고 있으며, 제5조는 쟁의발생 시 '외국인투자기업체 노동조정위원회'의 조정을 거쳐야 하고 조정이 성립되지 못한 경우(신고 후 20일 경과) 중앙노동위원회의 중재를 받도록 규정하고 있어 실질적으로 쟁의행위를 금지하고 있음. 노동자의 단결권과 단체행동권을 사실상 전면 부정한 이 법에 의해 전체기업의 9할 이상이 일본계 기업인 '마산수출자유지역'의 경우 공단 설치 10년 만에 처음으로 노조의 설립이 허가되었을 정도로 이 법은 외자업체 노동자들을 정치적 무권리상태로 몰아넣은 악법으로서 1987년 노동법개정과 함께 폐지되었음(한국근현대사사전, 2005).

석유를 뿌리고 분신자살을 하면서 "근로기준법을 준수하라!", "우리는 기계가 아니다!", "노동자들을 혹사하지 말라!", "나의 죽음을 헛되이 하지 말라!"하고 외쳤던 것이다.[100]

태일은 일명 '바보회'라는 모임을 만들어 노동조건 개선을 요구하기도 했고 「근로기준법」을 공부하고 노동실태를 조사하여 관계당국에 진정을 내기도 했으나 돌아오는 것은 사용자들의 해고와 노동 관련 행정부서를 비롯한 관계당국의 무관심뿐이었다. 이에 마침내 전태일은 노동조건 개선을 위한 시위를 통해 요구조건을 밝히려 하다가 경찰이 막자 스스로 몸에 불을 질러 사망하였다.

그러나 전태일의 죽음은 결코 한 노동자의 죽음으로만 끝나지는 않았다. 그것은 이 땅의 억압과 무관심, 어용적인 노조간부의 무사안일성의 죽음이자 1970년대 노동운동의 흐름을 암시하는 죽음이었다. 물론 이 분신자살은 조직적인 집단운동으로서의 노동운동 입장에서는 그다지 효과적인 투쟁이라고 볼 수 없지만, 비인간적인 저임금의 경제정책과 노동자들의 고통을 외면하는 사회에게 커다란 충격을 던져줌으로써 노동운동의 발전에 많은 자극을 준 것이다.

1960년대 저임금을 밑바탕으로 한 정부의 경제성장정책과 기업주들의 조직적이고 폭력적인 탄압과 탐욕 속에서도 생존을 위해 몸부림을 쳤던 노동운동은 1970년대에 들어서면서 폭발적으로 발전하게 되었다. 그러나 이러한 경제정책과 자본가들의 탐욕에 대하여 노동자들은 침묵만 지키고 있지 않았다. 전태일 분신자살로부터 시작하여 1970년대의 노동운동은 심한 탄압에도 불구하고 거세게 일어나고 있었다.

이러한 노동운동의 폭발과 함께 1971년 대통령선거에도 위기를 느낀 박정희 정권은 결국 1971년 12월 6일 국가비상사태를 선언, 6개항의 특별조치를 발표하고,[101] 1972년 12월 27일에는 유신헌법으로써 군사독재체제를 유지하면서 모든 민주화 운동과 노동운동을 전면적으로 탄압하기 시작한 것이다.[102] 특히 박정희

---

100 조명래(1991), 92–293쪽.

101 6개항은 (1) 정부의 시책은 국가 안보를 최우선으로 하고, 조속히 만전의 안보 태세를 확립한다. (2. 안보상 취약점이 될 일체의 사회 불안을 용납하지 않으며, 또 불안 요소를 배제한다. (3) 언론은 무책임한 안보 논의를 삼가해야 한다. (4) 모든 국민은 안보상 책무 수행에 자진 성실하여야 한다. (5) 모든 국민은 안보 위주의 새 가치관을 확립하여야 한다. (6) 최악의 경우, 우리가 향유하고 있는 자유의 일부도 유보할 결의를 가져야 한다. (동아일보 1971.12.6.).

102 유신헌법은 소위 '10월유신'에 따라 1972년 12월 17일 국민투표로 확정된 한국 헌정사상 7차로 개정된 헌법. 10월 27일 평화적 통일지향·한국적 민주주의의 토착화를 표방한 개헌안이 비상국무회의에서 의결·공고되어 개

정부는 노동운동에 대하여 1970년대 「외국인투자기업의노동조합및쟁의조정에관한임시특례법」을 제정하여 외국자본의 진출을 촉진하기 위해 외국자본기업에서 노동조합을 결성하거나 쟁의하는 기본권리를 제한했다.

또한 71년 12월 27일 「국가보위에관한특별조치법」은 노동3권 가운데 단체행동권과 단체교섭권을 전면적으로 부정하고 있었다.[103] 그리고 1973년에는 다시 노동법을 개악하여 ① 노사협의회를 노동조합의 기능과 분리시켜 노사협조주의를 유도했고 ② 산업별 노조체제를 부정하고 기업별 단위로 전환시키면서 노동운동의 힘을 약화시켰고 ③ 공익사업이 범위를 넓혀 노동3권의 제한을 강화함과 동시에 노동쟁의조정에 대한 행정관청의 개입을 규정하여 노동운동을 탄압하기 시작한 것이다. 이처럼 당시 공화당 정권은 노총을 완전히 어용화 시키면서 노동조직을 장악하고 노동운동을 철저히 금지하는 정책을 취한 것이다.

1970년대는 우리나라 역사상 노동운동이 매우 빈번했던 시기이다. 전태일 열사의 분신 사건으로 불이 붙은 노동운동은 1970년대를 넘어 1980년대까지 계속 이어져왔고, 지금까지도 이어오고 있다. 최근의 노동운동은 폭력사태가 많이 일어나지 않고, 노조와 회사 간의 협상으로 이루어지지만, 1970년대의 노동 운동은 공권력의 개입과 폭력이 비일비재하였다. 하지만 수많은 노동자들이 자신의 생존을 위해 투쟁해왔고, 그 결과물이 최근 전개되고 있는 노동이라고 할 수 있다.

특히 1970년 11월 13일 평화시장 재단사 전태일의 분신자살은 노동운동 탄압에 대한 저항운동 차원에서 최초의 것으로서 매우 큰 의미를 가진다. 첫째, 한국경제를

헌반대 발언이 완전히 봉쇄된 가운데 11월 21일 국민투표에서 투표율 91.9%에 91.5% 찬성으로 확정, 대통령 취임일인 12월 27일 공포·시행되었다. 전문과 12장 126조 및 부칙 11조로 되어 있는 유신헌법은 (1) 법률유보조항으로 기본권 제한 (2) 긴급조치권·국회해산권 등 대통령에게 초헌법적 권한 부여 (3) 대통령 임기를 6년으로 연장 (4) 국회회기 단축 및 권한 약화 (5. 법관 및 일부 국회의원을 대통령이 임명 (6) 통일주체국민회의에서 대통령 선거 (7) 지방의회 구성 통일 이후로 보류 등(한국근현대사사전, 2005).

103 「국가보위에관한특별조치법」은 비상사태 하에서 국가안전보장과 관련되는 내정·외교 및 국방상 필요한 조치를 사전에 효율적이고 신속하게 취할 수 있게 함을 목적으로 제정된 법률(1971. 12. 27. 법률 2312호). 당시 대통령 박정희에게 초헌법적인 국가긴급권의 행사를 가능하게 한 법률로, 국가비상사태 하에서 대통령은 인적·물적 자원을 효율적으로 통제·운영하기 위하여 국가동원령을 발할 수 있도록 하였으며, 특정 지역에서의 이동 및 입주에 대하여 필요한 조치를 취할 수 있고, 옥외집회·시위·언론·출판·단체교섭권 등에 대하여 일정한 규제를 할 수 있으며, 예산의 변경을 가할 수 있도록 규정하는 등 전문 12조와 부칙으로 구성됨. 많은 논란의 대상이 되어 오다가 1981년 12월 17일 폐지.

지배한 1960~70년대의 비인간적인 경제성장 정책 아래서 탄압받고 있는 노동자들의 실상을 정치사회에 널리 알려 주는 계기가 되었으며, 둘째, 1970년대의 폭발적인 노동운동을 불러일으키는 강력한 자극제가 되었고, 셋째, 지식인, 종교단체, 언론 등 민주운동세력에게 노동운동에 대한 참여와 관심을 불러일으켰다.

3) 민주노조운동

노동운동에 있어서 노동조합이 차지하는 위치는 아주 중요한 것이다. 노동자들은 노동조합을 통해서 비로소 가장 기초적인 단결을 이룰 수 있고 노동자들의 생활상의 요구를 실현하기 위해 기업주와 교섭할 수 있으며, 또한 노동조합의 교육, 선전활동을 통해 노동자의 권리의식을 향상시킬 수 있는 것이다. 이러한 의미에서 노동조합은 노동운동을 하기 위한 가장 초보적인 조직이며 노동자들을 훈련시키는 진정한 학교라고 할 수 있다.

이러한 현실 속에서 진정으로 노동자의 권익을 향상시키기 위한 민주노조운동이 1970년대 전반기에 점차 일어나게 되었다. 이런 현상은 각성된 노동자와 도시산업선교회 등의 종교단체, 소수의 학생운동출신 지식인들이 현장 속에서 온갖 탄압을 이겨내면서 싸워서 이루어지게 된 것이다.[104] 그러나 민주노조가 결성될 때도 정치권력과 자본가로부터 부당한 탄압을 많이 받았지만 특히 1970년대 후반기에 들면서부터 민주노조를 파괴하기 위한 집중적인 탄압을 받아 노동자들은 처절하게 싸우지 않을 수 없었다.

1970년대 민주노조운동이 어떻게 진행되었는지 간단히 살펴보면, 하나의 사례로 청계피복노조의 결성과 투쟁 과정은 다음과 같다. 청계피복노조는 전태일 분신자살사

---

104 도시산업선교회는 1950년대 말 미국 선교사들의 주도로 개신교의 산업전도가 시작되었고, 1968년 산업선교로 활동 방향을 전환하여 조직된 단체. 산업전도 초기에는 노동자, 기업가 모두를 대상으로 전교, 봉사활동을 전개하였지만, 그 효과는 제한적이라 이들 선교사와 목사 등은 노동자의 삶의 현실에 참여하면서 노동자의 노동조건 개선과 민주노조 건설을 지원하는 사회운동을 전개함. 도시산업선교회는 대한예수교장로회 통합, 기독교대한 감리회, 한국기독교장로회 등의 교단별 산업선교회는 1971년 '한국도시산업선교연합회'를 구성함. 유신 독재정권이 들어서자 도시산업선교회는 그 동안 협조관계를 유지하던 한국노총이 유신 독재를 지지하자 관계를 단절하고 본격적으로 민주노조운동 지원을 전개. 도시산업선교회의 노동자 교양 교육과 조직은 노동자들의 자발적인 참여로 소모임 형식으로 이루어짐. 당시 노동자들은 정부, 사측으로부터 법적 권리마저 박탈당하는 상황에서 소모임 활동을 통해 사회적 의식을 성숙시켜나감.

건이 발생한 지 2주일 후인 1970년 11월 27일 결성되었다. 결성 후에도 경찰은 "노동조건 개선 위해 노동조합 가입하자"라는 플래카드를 철거하도록 요구하는 등 노조활동에 개입을 하였다.

이에 분격한 고 전태일의 어머니 이소선과 노조 간부 등 12명은 12월 21일 밤 '허수아비 근로기준법'이라고 쓴 혈서를 노조 사무실 벽에 붙이고 몸에 석유를 끼얹은 채 집단 자살하겠다고 경찰에 대해 저항하다가 경찰의 습격으로 모두 연행된 적도 있었다. 그 뒤로도 청계피복노조는 끈질기게 노조 활동을 벌여 1974년 2월에는 조합원 200여 명이 7시간에 걸쳐 투쟁한 결과 기업주들이 폐쇄했던 노동교실을 다시 노동자들에게 개방하는 데 성공했고, 1975년 12월에는 40여 명이 노동청으로 몰려가 근로조건개선을 요구하여 1일 근로시간을 12시간으로 줄이는 것으로 결정을 보았다.

한국모방 노동자들의 노조민주화 투쟁도 또 하나의 사례이다. 한국모방노조는 1963년 9월에 결성되어 1972년까지 계속되었는데 그동안 회사 측과 가까워져 어용노조로서 활동해왔다. 이에 따라 노동조건은 점점 나빠지게 되었는데 1971년 말경에는 회사 측이 퇴사한 근로자에게 퇴직금마저 지불하지 않자 이들은 1972년 4월 퇴직금받기 투쟁위원회를 결성하여 회사를 고발하게 되었다.

그러나 이와 같은 활동도 어용노조가 방관함에 따라 별다른 성과가 없자 노동자들은 지부장을 지동진으로 바꾸기 위한 활동을 시작했는데, 오히려 회사 측이 지동진을 해고하려 하자 노동자들은 7월 8일 한국모방노조정상화투쟁위원회를 결성하고, 전국섬유노조에 대의원대회의 소집을 신청했다. 그러자 회사 측은 "두 사람 이상 모이지 말라"고 감시를 하면서 지동진에게 노량진 공장으로 전출명령을 내린 것이다.

이에 분노한 600여 명의 노동자들은 회사운동장에 모여 지동진의 노량진 공장전출을 철회하라는 요구를 내걸고 회사의 해산요구에도 불구하고 1,000여 명으로 불어난 노동자들이 밤늦도록 도저히 물러설 기미를 보이지 않자, 밤 9시경 회사는 할 수 없이 요구를 들어주기로 했다. 이리하여 지동진은 회사 측의 방해에도 불구하고 8월 17일 노조대의원대회에서 지부장으로 선출되었는데, 회사 측은 그 다음날부터 열성 노조간부와 조합원들을 무더기 징계하여 22일에는 해고 14명, 부서이동 25명, 직위해제 2명에 이르렀다.

이에 노동자들은 특근거부로 맞서 싸웠는데 회사 측은 지부장 등을 구타하고서 아예 무기휴업을 공고하였고, 경찰은 노동자 2명을 연행해 간 것이다. 사태가 이와 같이 발전하자 600여 명의 노동자들은 회사를 뛰쳐나와 명동성당에서 농성에 들어갔다. 이에 당황한 경찰은 양측을 중재하여 조합원에 대해서는 보복조치를 하지 않고 부서 이동자는 전원 원부서로 환원한다는 합의를 보게 했다. 그러나 회사 측은 그 다음 날 노동자들을 「국가보위에관한특별조치법」 위반혐의로 고발했고, 이 고발에 따라 경찰은 지부장 등 노조 간부 14명을 연행하여 그중 2명을 구속시키기에 이르렀다.

이러한 과정에서 한국모방 사태가 언론을 통해 여론화되자 9월 6일에는 회사 측과 노조 간에 노조의 자주적인 활동보장, 단체협약의 체결 등을 내용으로 한 협정서가 체결되었고, 경찰은 9월 15일 구속된 노동자들을 석방하게 되었다. 그리고 단체협약의 교섭 과정에서 회사 측과 노조 간에 임금인상률에 대해 의견이 대립되었는데 조합원들이 태업으로 실력행사를 하였다. 이에 회사 측은 노조 측의 요구조건을 그대로 들어줌으로써 마침내 회사와 노조는 단체협약을 체결하게 된 것이다. 이처럼 한국모방(뒤의 원풍모방)의 노동쟁의는 조합원 간의 굳은 단결력으로써 그 당시 일반적이었던 어용노조를 민주화시킨다는 단계를 잘 선택하여 성공한 대표적인 경우이다.

4) 민주화운동의 토양 구축

우선 대학 자주화선언운동은 서울대 문리대 교수들의 '대학자주화선언'을 시발로 전국 대학으로 확산된 교수들의 학원자율화 운동이다. 1971년 8월 18일 서울 문리대 교수들은 '현재 학원의 동요는 학원 내의 제반 현실이 근본적인 결함을 내포하고 있다는 데 주요 원인이 있으며, 이러한 결함을 제거하고 불건전한 학원의 질서를 정상화하는 것이 교수들에게 주어진 본연의 사명'이라는 요지의 '대학자주화선언'을 발표했다.

이어 8월 23일에는 서울대 교수 6백여 명이 서울대교수협의회 임시긴급총회를 열고, ① 서울대 운영의 문교부로부터의 독립, ② 총학장 임명제의 철폐와 민주적 선임제 채택, ③ 교수회의의 권한 강화 등을 요구함으로써 대학자주화선언운동은 본격화되었다. 이어 23일에는 경북대 교수협의회의 대학의 자주성 확립을 위한 교육자치제 실시 요구로 이어졌고, 25일 충남대·충북대 교수들의 자주선언, 27일

부산대 교수협의회의 자율결의문 채택, 9월 4일 제주대·진주농대 교수협의회의 자주선언 등 전국 국공립대학으로 확산되었으며, 사립대학 교수들도 사학의 자주화선 언을 잇따라 발표, 이 운동에 동참했다. 학생들의 뜨거운 지지와 호응 속에 전개된 대학자주화선언운동은 학생들의 교련철폐투쟁과 더불어 1970년대 초 학원자율화운 동의 양대 산맥을 이루었다.[105]

민주수호전국청년학생연맹은 민주수호운동의 일환으로 1971년 4월 14일 서울 대·고려대·연세대·서강대·성대·경북대·전남대 대표 2백여 명이 서울상대 도서관에 모여 결성한 70년대 학생운동 연합체이다. 이날 결성대회에서 학생대표들 은 서울상대 3학년 심재권을 위원장으로 선출하고, '학생연맹'을 중심으로 교련철폐 운동과 공명선거 캠페인을 벌이기로 결의한 후, ① 대학이 폐쇄되는 한이 있더라도 끝까지 교련철폐투쟁을 계속한다 ② 공명선거를 저해하는 온갖 부정부패를 사직당국 에 고발하고 대학단위로 선거참관운동을 벌인다 등 10개 항의 행동강령을 채택했다.

이후 민주수호전국청년학생연맹은 4·19를 맞아 공동시국선언문을 발표하는 한편, 선거참관인단 구성·부정선거규탄투쟁·학원자율화 및 교련철폐투쟁 등을 주도해나갔다. 1971년 5월 17일 서울사대생들이 대통령 경호차에 집단 투석한 것을 기화로 기동경찰이 서울사대에 난입, 학생 및 교수들을 무차별 폭행·폭언한 사건이 벌어지면서 직접적인 탄압을 받기 시작했고, 5월 27일 서울대 문리대·사범대·상 대·법대에 휴업령이 내려짐으로써 학생연맹의 활동은 각 대학 학생운동으로 귀속되 었다.[106]

9. 결론: 민주화 운동의 좌절과 역사적 교훈

지금까지 한국정치에서 가장 논란이 많은 시기였던 박정희 정권의 전반기에 해당되는 제3공화국에서 전개되었던 민주화 운동에 대하여 고찰하였다. 이미 서론에 서 지적한 바와 같이 군부 쿠데타로 집권한 박정희 정권은 현대한국정치사에 있어 18년 이상이란 최장기간 집권하면서 한국정치사회에 미친 영향은 대단하다.

---

105 한국근현대사사전(2005).
106 위의 책.

군부 쿠데타로 정권을 장악하여 이에 대한 정통성이 항상 제기되는 상황에서 이를 최소화하기 위하여 부정부패 척결, 경제성장 등을 통하여 정통성을 확보하려고 하였으며, 이는 상당한 수준 성공하였다고 볼 수 있다. 특히 경제 부문에 있어 소위 '한강의 기적'을 달성, 오늘의 산업화된 한국을 건설한 것은 박정희 대통령의 최대의 치적으로 평가되고 있으며, 또한 이는 개발도상국의 모범적 사례가 되었다.

반면 효율적인 경제개발을 위하여 정치체제의 안정이 필요했던 박정희 정권은 억압적인 물리적 정권기재를 통하여 노동세력에 대한 억압 등과 같은 통제정책을 강화하였으며, 의회와 정당은 행정부의 시녀로서 전락시키는 등 비민주적 정치운용이 횡행하여 민주주의를 후퇴시킨 것이다. 이는 앞에서 고찰된 한일회담 반대, 6·8부정 선거 규탄운동, 3선개헌 반대운동, 교련 반대운동, 노동운동 등과 같은 각종 민주화 운동에서 잘 나타나고 있다.

제3공화국 하의 민주화 운동은 직업정치인이 아닌 대학생, 재야세력과 같은 인사들이 의회라는 합법적 정치공간이 아닌 곳에서 정권 장악에 집착하지 않고 민주주의 실현이라는 도덕적 가치를 갖고 대의를 위하여 투쟁하였다는 점에서 국민들로부터 지지가 많았다. 이런 정당성과 도덕성의 확보가 그 후 민주화 운동 확대에 큰 자산이 되었다.

박정희 정권은 체제가 의도했던 또는 의도하지 않았던 성공과 실패의 결과로 민주화 운동에 영향을 주었다. 즉, 하나는 산업화의 성공을 통하여 민주화 운동을 할 수 있는 세력, 고등교육을 통한 고학력자의 배출, 그리고 노동자와 중산층의 양산이며, 이들이 민주화 운동에 주축 세력으로 성장하였다. 또 다른 하나는 민주주의를 억압하고 권위주의 체제를 유지하는 데 따른 저항세력의 상대적 형성과 강화이며, 이 역시 1980년대 민주화운동의 주축 세력이 되었다.

이들 민주화 운동은 제도외적 참여행위자로 그때그때의 시대적 상황에 따라 집단적 대항문화권을 형성하여 비민주적 정치과정 또는 통제적 억압정책에 반대하는 운동을 전개하였다. 이들 반대행위의 주축 세력은 대학생으로 주로 구성되었고 이는 학생시위를 통계로 작성한 〈표-5〉에서도 볼 수 있다.[107]

---

107 류근일(1997), 154쪽.

<표-5> 제3공화국 하의 제도외적 반대운동

연도	횟수	연인원	시위쟁점	조치	운동세대 명칭
1962	2	200	군정연장 반대		
1964	153	159,200	한일회담 반대	계엄령 선포, 조기방학	6·3세대
1965	221	79,195	한일회담추진 반대		
1967	146	84,416	6·8부정선거 규탄	조기방학	7·1세대
1969	85	114,600	3선개헌반대	특별담화문 발표, 조기방학	
1970	27	2,400	노동조건 개선		
1971	40	102,993	교련 반대	위수령 선포, 휴업령, 조기방학	
1972	23	82	유신철폐		민청련세대

출처: 류근일 1997, 155쪽의 〈표 3-2〉를 수정, 재작성함.

군·경찰·검찰·정보기관 등 강력한 물리적 기재를 가지고 정치체제를 운용한 박정희 정권을 상대로 한 민주화 운동이었음으로 이를 성공하기에는 여러 가지 한계가 있음을 인식하지 않을 수 없다. 따라서 민주화 운동은 강력한 병영국가체제를 가진 박정희 정권에 대항하여 실패한 운동이었지만, 그러나 이는 역설적으로 이후 민주화 운동에 조직·인력·이념 등과 같은 주요한 기틀을 마련해 주었다고 볼 수 있다.

지금까지 고찰된 박정희 정권의 전반기인 제3공화국 하에 전개된 민주화 운동의 특성을 요약하면 다음과 같다.

첫째 박정희 대통령이 집권한 제3공회국의 민주화 운동은 대학생들에 의하여 주도된 운동이었다. 4·19학생혁명 이후 한국정치에서 민주화 운동을 주도하는 가장 큰 정치세력은 대학가였다. 4·19학생혁명이 대학생에 의하여 주도되었지만 이후 권력을 잡은 기성 정치인들은 대학생들이 추구한 민주정치를 제대로 실현시키지 못하여 군부 쿠데타가 야기되는 등 악순환이 거듭되었다. 대학에서 민주주의 교육을 받고 또한 4·19학생혁명을 통하여 대학생들에 의하여 정치가 변화될 수 있다는 것을 체험한 이들 대학생들은 군부정권이 감행한 빈민주적 정치행태에 대하여 민주화 차원에서 반대 운동을 전개하였으며, 이는 1980년대 민주화 운동이 성공하는 데 결정적인 세력으로 성장, 발전하였다.

둘째 대학생들에 의하여 주도된 한일회담 반대운동, 6·8부정선거 규탄운동,

3선개헌 반대운동, 교련 반대운동 등과 같은 민주화 운동은 1970~1980년대 대학생들의 조직적인 민주화 운동의 기틀을 마련할 수 있는 계기가 제공되었다. 제3공화국 하에 대학생들이 전개한 민주화 운동이 여러 가지 환경적 요인의 한계로 인하여 성공하지는 못하였지만 각 대학 간의 상호 네트워크를 형성하는 계기가 마련되었으며, 이런 조직적 기반이 그 후 박정희 유신정권, 전두환의 신군부정권 집권 시기에 가장 강력한 민주화 운동세력으로 발전하는 모태를 제공하였다. 특히 6·8부정선거 규탄운동 직후 서울대, 연대, 고대의 학생지도부 그룹을 중심으로 한 대학생연합회는 그 후 한국총학생연합회와 같은 총학생회 연대기구를 결성하는 데 있어 시론적 계기가 되었다.

셋째 제3공화국 하에 민주화운동, 특히 한일회담반대운동과 6·8부정선거 규탄운동은 정치사회적 환경요인에 의하여 대학생과 재야권이 조직적인 연계를 통한 효과적인 민주화 운동을 전개하지 못하였다. 이는 당시 대학생들은 민주화 운동의 순수성을 강조, 정치권, 재야 세력과 연계를 경원시 하는 사회적 경향과도 관련이 있다고 볼 수 있다. 당시 재야권은 정치적인 역량도 미약하였으며, 대학생과의 연대도 중요하게 생각하지 않았다. 그러나 3선개헌 반대운동을 통하여 재야세력이 새로운 민주화 운동세력으로 조직, 발전되었으며, 이는 그 후 가장 강력한 민주화 운동 세력으로 성장, 발전하여 1980년대 민주화 운동에 있어 대학생과 연계하여 적극적인 활동을 전개하였다. 따라서 제3공화국 하에 민주화 운동은 대학생과 재야세력이 연대할 수 있는 기초를 마련했다고 볼 수 있다.

넷째 제3공화국 하에 민주화 운동은 비록 실패한 운동이기는 하지만 이 운동을 기점으로 대학생과 재야인사들이 그 후 전개된 유신철폐, 대통령 직선제를 위한 헌법개정운동 등과 같은 구체적이고 실천적인 민주화 운동 전개에 있어 상호 협력하여 주도적인 민주화 운동 세력으로 성장, 발전하는 기틀이 마련되었다. 즉, 이들은 군부권위주의 정권 하에 민주화 운동이 좌절된 요인 등의 분석을 통하여 민주화 운동 세력 간의 연대가 민주화 운동의 성공을 가져올 수 있다는 인식의 공감대를 형성하는 계기가 되었다.

다섯째 제3공화국 하에 민주화운동은 국민들에게 민주주의에 대한 중요성을 인식, 확산시키는 계기가 되었다. 이는 1980년 서울의 봄, 1987년 유신헌법 철폐

운동 등에 많은 일반 국민들이 적극적으로 참여하는 과정에서 볼 수 있다. 제3공화국 초기에 대다수 국민들의 어려운 경제사정으로 인하여 민주주의에 대한 정치인식이 크게 확산되지 않았다. 그러나 민주주의 교육의 확산, 경제 사정의 점진적 개선 등 사회경제적 환경의 변화와 더불어 민주주의의 중요성을 더욱 인식하게 되었으며, 이는 1980년대 민주화 운동 전개 시 일반 국민들이 적극적으로 참여하는 형태로 나타나 민주화 운동이 성공하게 되는 요인이 되었다고 볼 수 있다.

결론적으로 1961년 5월 16일 군부 쿠데타로 집권한 박정희 대통령의 절대적 권력에 의한 권위주의 체제인 제3공화국 하에서 다양한 형태로 전개된 민주화 운동은 주로 대학생을 비롯한 제도외적 세력에 의하여 주도되었다. 이 시대의 민주화 운동은 박정희 정권이 장악하고 있는 군·경찰·검찰·정보기관과 같은 강력한 물리적 기재들에 의하여 실패하였다.

제3공화국 하의 민주화 운동을 주도한 야당과 대학생을 비롯한 사회세력은 효과적인 운동을 전개하지 못하였으니, 이는 국가와 야당을 비롯한 사회세력의 양자가 가진 힘의 근본적인 차이 때문이다.[108] 그러나 이런 민주화 운동은 비록 반복된 좌절에도 불구하고 지속적인 동력을 마련, 구축하는 계기가 되었으며, 이는 그 후, 유신체제, 신군부체제에 대항하는 민주화 운동, 특히 1987년 이후 민주화 추세를 견인하는 중요한 요인이 되었다고 평가할 수 있다.

---

108 김영명(2006), 168쪽.

제4절

헌법개정, 어떻게 풀 것인가

1. 문제의 제기

그동안 정치권에서 개헌 논의가 활발하게 진행되었다. 1987년 제9차 헌법개정이 있은 이후 헌법개정 논의는 다소 정도의 차이는 있으나 역대 정권에서 다양한 형태로 논의되었기 때문에 결코 새롭게 제기된 문제는 아니다.

특히 지난 18대 국회에서 개헌 논의는 상당 수준 진행되었으나, 특별한 성과는 없었다. 18대 국회에 구성된 '국회미래한국헌법연구회'의 발간된 자료에 의하면 국회의원의 90% 이상이 개헌에 찬성하는 것으로 나타났으며, 2010년 1월 한국갤럽조사에서 국민의 53.7%가 개헌에 찬성하는 것으로 나타났다.[1]

19대 국회 초반부터 개헌 논의가 진행되더니 2014년 10월 초순 새누리당의 김무성 대표가 개헌 문제에 대하여 언급하고 또한 문희상 새정치민주연합 비상대책위원장 등도 개헌 문제에 대하여 국회 교섭단체 대표 연설에서도 조속한 개헌 논의의 필요성을 제기함으로써 국회에서는 개헌 논의가 더욱 활발하게 논의될 가능성이 높았다.

19대 국회에 결성되어 있는 개헌추진모임은 원내 과반수가 넘는 155명이 참여하여 개헌 논의를 했다. 그 동안 수차례의 모임을 개최하였으며, 특히 여야지도부가 국회 내에 헌법개정특별위원회의 설치에 긍정적이기 때문에 당시 정기국회가 마무리되면 국회 내에서 개헌 논의가 활발하게 전개될 가능성이 있었으나, 특별한 진전이

---

* 본 글은 국제신문·목요학술회 주최, "개헌문제, 어떻게 풀 것인가" 토론회(2014.11.14)에서 기조발제한 글을 수정·보완한 것임.
1 국회미래헌법한국헌법연구회, 『국민과 함께하는 개헌 이야기』, (서울: 중앙디엔피, 2010) 참조.

없었다.

이러한 국회에서의 개헌 논의 활성화 가능성에도 불구하고 박근혜 대통령이 중심한 청와대가 개헌 논의에 대하여 부정적인 입장을 취하고 있어 개헌 논의는 무산되었다. 당시 청와대는 현재 경제상황에 좋지 않아 정부가 경제문제에 올인하여 될 시점이기 때문에 개헌 문제가 제기되면 이는 모든 이슈를 빨아드리는 블랙홀이 될 수 있어 개헌문제의 제기는 부적절하다는 것이었다.

20대 국회는 문재인 대통령이 대선 공약에서 개헌을 약속하고 또한 취임 후에도 초반부터 적극적으로 개헌을 추진하고 또한 개헌안까지 국회에 제출하였으나, 국회에서 무산되어 더 이상 진전은 없는 상황이다.

한편 국민여론은 개헌 필요성에 대하여 의견은 다소 양분되어 있다. 특히 과연 지금이 개헌 문제를 제기할 적절한 시점이냐에 대하여는 비교적 부정적으로 나타나 있다. 한국갤럽이 2014년 10월 21일부터 3일 동안 전국의 성인 남녀 1,032명을 대상으로 개헌의 필요성을 조사한 결과 응답자의 46%가 '제도보다는 운영상의 문제이므로 개헌이 필요치 않다'고 응답했는가 하면, 한편 '현행 대통령제에 문제가 있으므로 개헌이 필요하다'는 의견은 42%로 조금 적었고, 12%는 의견을 유보했다고 발표했다.[2]

또한 개헌을 하더라도 지금은 적기가 아니라고 하면서 현재 논의되고 있는 개헌 시기에 대하여 부정적인 의견을 제기하는 국민도 상당수 있다. 개헌은 논의하되 지금은 적기가 아니라는 의견은 청와대의 주장과 같은 맥락에서 경제에 정치권이 올인해야 된다는 것이다.

반면 2014년 11월 7~8일 한 언론사가 조사한 여론조사에 의하면 현행 5년 단임 대통령제를 바꾸는 개헌의 필요성에 대하여 57.3%가 필요하다고 답했고, 40.3%는 필요없다고 하였다.[3] 특히 지역적으로는 서울(61.8%)과 경기·인천(57.2%) 등 수도권이 높은 것으로 나타났고 경북·대구(52.1%), 호남·광주(54.0%) 등은 부정적 답변이 많았다.

헌법은 국가의 기본법이다. 따라서 기본법인 헌법을 자주 변경하는 것은 정치질서

---

2 「머니투데이」(2014.10.24).

3 「중앙일보」(2014.11.10).

안정에 부정적인 요소가 될 수 있다. 실제로 미국은 변화하는 시대에 필요한 부분만 수정헌법이란 명칭 하에 추가하고 있지 전면적인 개정은 하지 않는다. 그렇다고 시대가 변했음에도 헌법이 개정하기가 어렵다는 이유로 그대로 두어 시대정신을 반영하지 못하는 것도 역시 문제가 아닐 수 없다.

이에 본 글은 그동안 논의되었던 개헌에 대한 제반 문제점을 고찰하여 봄으로써 개헌 문제에 대한 국민적 이해의 폭을 확대하고자 하는 것이다. 개헌 문제가 단순한 정파적 이해나 정치인들의 기득권을 지키기 위한 단기적 국가적 과제가 아닌 장기적 국가적 발전을 위한 차원에서 개헌 문제를 논의하는 것이 바람직하다는 전제 하에 개헌 논의의 필요성, 지금까지의 진행 개요, 개헌 논의의 주요 내용 등 개헌논의 제반 문제점을 고찰하고자 한다.

2. 개헌 논의의 필요성

현행 헌법은 1987년 6월 민주항쟁의 결과로 개정된 헌법으로서 지금까지 32년이란 기간 한국을 지배해온 기본법이다. 1988년 노태우 대통령 이래 김영삼 · 김대중 · 노무현 · 이명박 · 박근혜 · 문재인 대통령이 현행 헌법에 의하여 당선되어 지금까지 한국정치를 운영하여 왔다.

우리나라는 1948년 제헌헌법이 제정된 이후 그동안 9차례나 개정되었다. 그러나 4.19학생혁명 이후 내각책임제로의 제3차 헌법 개정과 1987년 대통령 직선제를 위한 제9차 헌법개정 이외에는 정치권의 합의나 국민적 동의에 의하여 개정되지 못하고 특정 지도자의 집권욕을 위한 강압적인 상황 하에서 개헌되어 국민의 지지를 받지 못하였다.

한국 헌법 개정의 주요 내용과 역사를 약술하면 다음 〈표-1〉과 같다.

〈표-1〉 헌법 개정 개요

제헌 헌법 (1948.7.17)	제헌헌법: 대통령 중심제 대통령을 국회에서 간선으로 선출. 이승만이 대통령에 선출됨.
1차 개헌 (1952.7.7.)	발췌개헌: 대통령 직선제 도입, 이승만 대통령의 집권 연장 의도 이승만 대통령은 재당선 가능성이 낮아지자 재집권을 위해 대통령 직선제를 골자로 한 정부안과 의원내각제를 주 내용으로 한 의회발의안의 일부를 각각 발췌해 정부통

	령을 직선으로 하고, 단원제 국회를 양원제로 하는 기형적 개헌안을 만들었음. 이 대통령은 계엄령을 선포, 공고절차도 없이 일부 국회의원을 감금한 상태로 기립표결로 통과함.
2차 개헌 (1954.11.29.)	**사사오입 개헌: 이승만 대통령의 장기집권** 이승만 대통령의 장기집권의 길을 트기 위해 대통령 연임제 제한을 없애는 것이 개헌안의 골자였음. 당시 국회에서 재적 203명 중 135표를 얻어 개헌선 재적의원 3분의 2(135.333)에 0.333인이 미달되어 국회의장은 국회법에 따라 부결을 선언했으나, 2일 후 이른바 '4사5입'이론을 내세워 개헌선을 135표로 수정하고 개헌을 선포함.
3차 개헌 (1960.6.15)	**내각책임제로 전환** 4·19혁명으로 자유당 정권이 물러나고 이승만은 하야함. 그 후 의원내각제를 도입하면서 장기집권에 따른 독재를 방지하고 국민의 자유와 권리보장을 강화하며 공무원의 신분 및 정치적 중립성을 보장하는 내용으로 개헌함. 여야 합의 하에 개헌.
4차 개헌 (1960.11.29)	**4·19혁명 후속 처리: 소급입법** 3·15부정선거에 관련된 반민주행위자처벌을 위한 소급적용을 허용하는 헌법부칙 개정.
5차 개헌 (1962.12.26.)	**민정 이양에 따른 헌법개정** 5·16군사 쿠데타로 집권한 박정희 대통령은 1962년 12월 권력구조를 다시 대통령 중심제로, 국회를 단원제로 각각 환원하는 제5차 개헌을 단행함. 공화당 정권 수립을 목표로 한 이 개헌은 국회가 해산된 상태에서 헌정사상 처음으로 국민투표에 의해 이뤄짐.
6차 개헌 (1969.10.21.)	**3선 금지 철폐 개헌** 박 대통령의 장기집권을 목적으로 5차 개헌 때 3선을 금지한 조항을 폐지하고 대통령의 재임을 3회까지 가능하게 하는 이른바 '3선 개헌'이 새벽에 여당이 날치기로 통과함.
7차 개헌 (1972.11.27)	**유신헌법** 6차 개헌으로 다시 대통령선거에 선출된 박 대통령은 대통령 직선제를 없애는 내용의 이른바 '유신헌법'을 제정했음. 국회해산, 정당활동 금지 등 비상계엄조치로 헌정이 중단된 상황에서 비상국무회의에 의해 만들어진 개헌안이 11월 국민투표를 통과했음. 유신헌법은 국민의 기본권을 퇴보시키고 대통령이 임명한 통일주체국민회의 대의원들이 대통령을 간선으로 뽑는 이른바 '체육관 선거'로 임기 6년에 중임이나 연임제한이 없어 대통령의 1인 장기집권체제를 제도적으로 확립했음.
8차 개헌 (1980.10.27.)	**신군부 집권 의도** 10·26사태와 12·12쿠데타 등을 거쳐 집권한 전두환 대통령은 국회를 해산하고 국가보위 입법회의라는 기구를 만들어 헌법개정안을 만들고 국민투표로 확정함. 대통령 간선제는 유지하면서 임기 7년의 대통령 단임제 도입을 골자로 함.
9차 개헌 (1987.10.29.)	**현행 헌법: 대통령 직선제 개헌** 6월 민주항쟁을 통해 '대통령 직선제'에 대한 국민적 욕구가 분출되자 당시 노태우 민정당 대표위원은 '6·29선언'으로 직선제 개헌을 약속했고 그 결과 헌정사상 최초의 여야합의를 거친 개헌안이 만들어지고 10월 27일 국민투표를 통과함. 대통령을 직선제, 5년 단임으로 하고 국민의 기본권을 천부적 권리로 규정하고 헌법재판소를 두는 등 기본권 보장 측면에서 진일보한 헌법으로 평가받음.

출처: 류근일 1997. 155쪽의 〈표 3-2〉를 수정. 재작성함.

이와 같은 의미에서 1987년 헌법개정은 정치권의 합의와 국민들의 대통령 직선제 열망을 개헌에 담음으로써 국민적 지지를 받아 오늘까지 가장 장기간 기본법으로 한국정치를 지배하고 있다. 따라서 현행 헌법은 '87년 체제'의 한국정치를 이끄는 가장 중심적인 축인 것이다. 그동안 잦은 헌법 개정으로 정치가 불안정하고 헌법에 대한 신뢰가 없었던 점을 감안하면 현행 헌법은 민주정치의 제도화라는 의미에서 크게 기여한 기본법으로 볼 수 있다.

그러나 소위 대통령 임기 5년 단임제를 골간으로 하는 '87년 체제'의 현행 헌법이 당시의 시대상을 반영한 헌법 현실이라면 32년이나 지난 오늘의 시대 변화를 반영하는 헌법이냐에 대한 의문이 제기될 수 있다. 즉 1987년 이후 시대는 급격하게 변화하였는데, 현행 헌법은 변화된 헌법 현실과 상당한 괴리가 있는 것으로 볼 수 있다.

현행 헌법은 1987년 민주항쟁의 결과로 개정된 것으로 5년 단임제를 골자로 개정된 제9차 헌법이다. 당시의 정치상황은 무엇보다도 대통령의 장기집권을 방지하는 것이 가장 큰 목적이었기 때문에 5년 단임제가 채택되었던 것이다. 물론 국정감사제도의 부활, 헌법재판소의 설치와 같은 주요 내용을 담기는 했지만 다음과 같은 측면에서 개헌의 필요성이 제기되고 있다.[4]

첫째 국정 운영의 안정성의 문제이다. 5년 단임제 대통령제가 가지고 있는 문제점이다. 5년 단임제는 5년간 한정된 임기가 이미 주어져 있기 때문에 조기레임덕 현상이 야기되어 국정 수행 능력을 약화시킬 수 있다. 공직사회에 대한 장악력뿐만 아니라 대통령이 여당에 대하여 가지고 있는 정치력도 5년 단임제 하에서는 약화되어 야당으로부터는 물론 여당 내에서도 권력투쟁 현상이 야기되어 국정수행에 많은 어려움을 갖게 된다. 노태우 대통령 이래 역대 대통령들은 레임덕 현상을 조기에 맞았고 심지어 소속정당으로부터 탈당을 강요받는 사태까지 발생했다.

둘째 5년 단임제 대통령에 대한 민주적 책임성(democratic accountability)의 문제이다. 대통령의 리더십 특성에 따라 다소 차이는 있겠지만 5년 단임 대통령은 차기 선거에서 심판을 받을 필요가 없다. 때문에 국민들이 차기 선거를 통하여 대통령을 심판할 제도적 장치가 없음으로 대통령은 단기적 국가과제에 집중하거나 또는 임기 내에 권력창출에 기여한 인사들에 대한 논공행상 등에 권력을 사용하여 장기적 국정과제 등을 등한시할 수 있다. 또한 임기 내에 소위 한탕주의와 같은 유혹에 의해 권력층 내에 부정부패가 야기될 소지가 많다.

셋째 정치의 효율성의 문제이다. 정치과정에 있어 효율적인 정당정치가 제도화되

---

4 임혁백, "개헌의 성공조건과 절차", 국회 미래한국헌법연구회, 『국민과 함께하는 개헌 이야기』, (서울: 중앙디엔피, 2010), 28–29쪽.

기 어렵다. 민주정치에 있어 정당이 중심이 되어 정치를 해야 하지만 5년 단임제 하에서 대통령은 임기 내에 성과 위주의 업적에 집착하고 여당은 차기 정권 창출에 더욱 치중함으로써 상호 다른 목표에 따른 갈등이 유발될 수 있다. 대통령은 대화와 타협이라는 정치 본연의 자세를 통한 여당 또는 야당과의 관계 정립보다는 국민에게 직접 소통하는 방식을 통하여 정치를 하려는 유혹에 빠짐으로써 대통령과 여당 간의 갈등은 물론 야당과도 극명하게 대립되는 상황이 되는 사례가 많다. 즉, 국회와 정당과의 관계가 악화됨으로서 정치력을 통한 효율적인 국정수행에 차질을 가져 오게 된다.

이외에도 5년 단임제 대통령, 4년 국회의원 임기, 그리고 중간에 있는 지방자치단 체 선거와 같은 정치일정으로 인하여 사실상 5년 내내 대통령이 선거와 관련된 정치행위를 할 수밖에 없어 주기적 선거에 의한 민주적 책임성 확보라는 민주주의의 원리에 부합하지 못하고 있다. 5년 임기의 대통령과 4년 임기의 국회의원, 그리고 또한 4년 임기의 지방자치단체 선거가 있어 이들 선거가 대통령에 대한 심판으로 전락되어 효율적인 국정운영이·어려울 수 있다.

3. 개헌 논의 진행과정 개요

개헌 논의는 역대 정권에 항상 화두가 되고 있는 주제이다. 1948년 제헌헌법이 제정된 이래 정치권력을 장악한 지도자들은 개헌을 통하여 권력을 장기화 내지 강화시키 려는 유혹에 빠지기 쉽고 또한 실제 그런 유혹 때문에 앞에서 본 〈표-1〉과 같이 국민의 의사와는 관계없이 개헌이 추진되어 민주정치가 제대로 운용되지 못하였다.

최근에도 이런 개헌 논의는 끊임없이 제기되었다. 더구나 제9차 헌법개정 이후 32년이 지난 지금의 정치 상황은 많이 변화였기 때문에 개헌에 대한 욕구는 더욱 강하게 분출되고 있다. 특히 지난 노무현 정권 때부터 헌법개정에 대한 논의가 계속되고 있는 것이다.

2007년 연초 노무현 대통령은 소위 '원 포인트(one point)' 개헌을 주장하였다. 대통령 임기를 4년 1회 연임으로 하면 대통령과 국회의원의 임기가 일치되어 분점정부 가 탄생할 가능성이 줄고 국정안정을 꾀할 수 있다는 것이 원 포인트 개헌의 취지였다.

그러나 이런 개헌 논의가 대통령 선거 직전이라는 시기의 문제가 제기되어 정치권은 물론 국민적 공감대 형성에 실패하여 더 이상 진전되지 못하였다. 이후 집권한 이명박 대통령, 박근혜 대통령은 개헌논의에 대하여 소극적 내지는 부정적이었다. 이 당시에 개헌논의는 주로 국회에서 이루어졌다.

1) 18대 국회 개헌 활동

이명박 정부에서도 역시 개헌 문제가 제기되었다. 18대 국회에서 개헌에 대한 국회 논의에 대하여 강한 의지를 가진 김형오 국회의장의 자문기구로 설치된 헌법연구자문위원회(위원장 김종인 전 국회의원)는 2009년 8월 31일 향후 헌법개정 논의 시에 참고할 최종 연구 결과를 발표하였다. 헌법연구자문위원회는 2008년 9월 4일부터 활동을 시작하였다.

헌법연구자문위는 최종 결과보고서에서 헌법 개정의 방향으로 ① 헌법이 추구할 항구적 가치로서의 기본권 보장 강화, ② 민주주의 원리에 충실한 권력구조 설계, ③ 미래지향적이고 국가의 지속가능한 발전을 위한 비전의 집약 등 세 가지를 제시하고, 국회 내에 헌법 개정을 위한 기구를 설치하여 2010년 지방선거 전까지 헌법 개정 절차를 마무리하는 것이 바람직하다고 제안하였다.

헌법연구자문위는 권력구조 개편의 방향으로, 집행권을 대통령과 국무총리가 분점하는 '이원정부제'와 대통령 4년 중임제와 부통령제를 도입하는 '4년 중임, 정·부통령제'를 함께 제시하였다. 즉, 직선 대통령과 국회가 선출한 국무총리가 권한을 나눠 갖는 이원집정제와 미국식 중임 정·부통령제 등의 복수안을 골자로 하는 개헌보고서를 국회의장에게 제출하였다. 이 보고서는 2008년 9월부터 1년간 자문위원회가 각국의 사례 등을 종합, 연구한 결과로써 복수안을 채택, 국회에 논의를 위하여 의장에게 제출한 것이다. 또한 자문위는 국회 형태를 현재 '단원제'에서 '양원제'로 변경할 것을 제안하였다.

특히 18대 국회에는 미래한국헌법연구회가 결성되어 개헌에 공감하는 의원들이 2008년 7월 16명의 국회의원을 창립회원으로 순수하게 출발, 설립한 모임으로 개헌통과선인 3분의 2에 육박하는 186명의 여야 국회의원이 가입하여 개헌에 대한 논의를 가장 활발하게 전개하였다. 당시 한나라당 이주영 의원, 민주당 이낙연

의원, 자유선진당 이상민 의원 등이 공동대표를 맡고 있어 사실상 여·야 국회의원이 가장 폭넓게 참여하고 있는 모임으로서 그동안 전국 각 지역을 순회하면서 헌법개정에 대한 국민의 여론은 물론 전문가의 의견을 광범위하게 청취하였다.

국회에서 개헌 논의를 주도하고 있는 미래한국헌법연구회는 외부의 전문학자들이 자문위원으로 참여하여 정치권에서의 개헌논의에 활력을 제공하고 있으며, 특히 각 지역에서 토론회를 개최, 개헌에 대한 국민적 공감대 형성에 주력하고 있으며, 동시에 국회에서 개헌 논의 시 광범위한 여론의 지지를 유도하려고 하였으며, 연구결과를 2010년 『국민과 함께하는 개헌 이야기』(1, 2권)란 책자를 발간하기도 했다. 그러나 실제 개헌에 대한 구체적인 작업은 수행하지 못하였다.

2) 19대 국회 개헌 활동

19대 국회에서도 이런 개헌 움직임은 지속되었다. 강창희 국회의장은 2014년 1월 24일 국회의장 직속 '헌법개정자문위원회'를 구성했다. 김철수 서울대 명예교수를 위원장으로 한 헌법개정자문위원회 위원은 15명으로 구성되었으며, 연구 결과를 2014년 7월 '헌법개정자문위원회' 결과보고서란 이름으로 발표하였다.[5]

국회 헌법개정자문위원회가 마련한 헌법개정안의 주요 내용을 소개하면 다음과 같다. 먼저, 기본권 규정을 체계화하고 권리보장을 강화하였으며, 기본권의 주체를 원칙적으로 '국민'에서 '사람'으로 확대하였고, 생명권, 안전의 권리, 성평등권, 어린이·청소년·노인·장애인 권리보호, 정보기본권 등을 신설하는 등 선진적인 인권보장이 가능하도록 하였다.

권력구조에 있어서는 대통령으로의 과도한 권력집중·국정부담과 정파 간의 반목·대립을 개선하기 위하여 '분권형 대통령제'를 제안하였다. 또한 국가의사를 신중하게 결정하고 통일에 대비할 수 있도록 국회에 양원제를 도입하였다.

국가예산을 법률형식으로 의결하는 예산법률주의를 도입하여 국가재정에 대한 통제와 투명성을 제고하는 한편, 상시국회가 강화되도록 회기 제한도 삭제하였다. 특히, 국회의원 특권 내려놓기도 제안하여 국회의원 겸직금지원칙을 강화하고, 불체포특권·면책특권을 대폭 축소하여 불체포특권에서는 장기 5년이 넘는 징역

---

5 국회법제실, 『2014 국회 헌법 개정 자문위원회 활동결과보고서』(2014.7) 참조.

이상의 죄를, 면책특권 대상에서는 명예훼손 · 모욕 및 민주적 기본질서를 침해하는 발언을 제외하였다.

한편, 헌법전문과 관련하여서는 제헌헌법 전문(前文)을 원문대로 다시 수록하고 제헌헌법의 이념과 정신을 계승함을 명문화하며, 제헌헌법전문 뒤에 간략히 추가되는 제10차 개정헌법 전문에서는 국가의 정체성과 평화통일, 복지국가 등 미래지향적인 내용을 담았다.

이 외에도 감사원은 회계검사원과 감찰원으로 분리하고 독립기관화 하였으며, 헌법기구로 인사추천위원회를 신설하여 대법관 · 헌법재판관 등의 후보자 추천이 객관적 · 중립적으로 이루어지도록 하는 등 제도적인 보완도 시도하였다.

또한 19대 국회에는 18대 국회와 마찬가지로 국회에는 개헌모임이 활동하였다. 정치권의 개헌 논의는 '개헌추진 국회의원 모임(개헌모임)'을 중심으로 이루어 졌는데, 2012년 10월 20일 현재 이 모임에는 여야 가릴 것 없이 '권력구조 개편'의 필요성에 공감하는 155명(새누리 57명, 새정치민주연합 95명, 정의당 2명, 무소속 1명)의 의원들이 참여하였다.

개헌모임은 2012년 11월 '분권형 개헌추진 국회의원 모임'으로 시작했으며, 당시 발기인은 새누리당 의원 14명과 민주당 의원 21명 등 총 35명이었고, 새누리당에서는 이재오 · 정몽준 · 정갑윤 의원이, 민주당에서는 우윤근 · 이낙연 · 유인태 의원이 주축이 됐다. 2013년 2월 개헌모임으로 이름을 바꾸면서 운영위원 30명(간사 이군현 · 우윤근)을 임명했다.

개헌모임은 2012년 10월 정기국회에서 개헌특위를 구성, 2013년 상반기 안에 개헌 작업 추진을 목표로 하고 있으며, 실제로 2013년 5월과 11월, 두 차례에 걸쳐 여야 대표에게, 그리고 최근에는 정의화 국회의장에게 '개헌특위 구성'을 위한 건의문을 전달하는 등 압박 수위를 높이기도 했다.

개헌모임은 2014년 4월 '세월호 참사'와 '6월 지방선거 정국'으로 주춤했다가, 2014년 10월 1일 최태욱 한림대 국제대학원 교수를 초빙해 토론회를 열면서 약 8개월 만에 활동을 공식 재개했다. 개헌모임은 개헌방법론에 있어서는 각자 견해가 다르지만, 개헌모임 산하 개헌안 작성소위는 '4년 중임 분권형 대통령제'를 골자로 조문화 작업을 진행, 특히 권력구조에서 대통령은 외교 · 통일 · 안보 등 외치에 전념하고 국정운영은 국무총리가 전담하는 이른바 '독일·오스트리아식 모델'을 중점적으로 논의하고 있는 것으로 알려졌다.

당시 개헌모임에는 이인제·이미경·이석현·문희상·정의화·이재오·심재철·원유철·이병석·이한구·정갑윤·정병국·김성곤·김영환·박병석·신기남·원혜영·이종걸·추미애 등 중진 의원들도 대거 참여하였다.[6] 따라서 헌법개정안은 대통령이나 국회의원 과반의 제안으로 발의, 재적인원 3분의 2의 동의를 얻으면 국민투표에 부칠 수 있다는 점에서 개헌모임이 향후 개헌논의의 주춧돌 역할을 할 수 있을지 여부가 주목되기도 하였다.

특히 정치권에서는 김무성 새누리당 대표가 2014년 10월 16일 중국에서 기자간담회를 갖고 개헌 문제에 대해 "정기국회가 끝나면 봇물 터지고, 봇물이 터지면 막을 길이 없을 것"이라고 말하면서 연말 개헌정국 가능성을 예고했다. 물론 이에 대하여 박근혜 대통령이 '경제 블랙홀'이라는 표현까지 써가며 '개헌 불가' 입장을 밝혔고 청와대 그 후 김무성 대표 발언에 여러 가지 비판을 하고 있고 또한 김무성 대표는 더 이상 개헌에 대하여 언급하지 않겠다고 하여 더 이상 진전은 없었다. 한편 새정치민주연합은 문희상 비대위원장, 우윤근 원내 대표 등이 개헌에 적극적이기 때문에 정기국회 이후 개헌과 관련된 정국 추이는 국민적 관심사였으나, 역시 정치권에서 개헌에 대한 특별한 진전은 없었다.

3) 20대 국회 개헌활동

---

6 『중앙SUNDAY』 제396호(2014년 10월 12일 - 10월 13일), 3쪽.
개헌추진 국회의원 모임 의원은 다음과 같음(2014.10.10. 현재).
*새누리당(57명): 강기윤 강석호 권성동 김동완 김성찬 김영우 김용태 김을동 김장실 김재경 김정훈 김종훈 김재식 김태호 김학용 김한표 김회선 나성린 박덕흠 박명재 박민식 박상은 배덕광. 신동우 신성범 신의진 심재철 안덕수 안효대 여상규 염동열 원유철 윤명희 이군현 이명수 이병석 이에리사 이이재 이인제 이장우 이재오 이주영 이한구 정갑윤 정병국 정우택 조명철 조해진 주영순 주호영 진영 최봉홍 하태경 함진규 홍문표 홍일표 황진하
*민주당(95명): 강기정 강창일 권은희 김경협 김관영 김광진 김기식 김기준. 김동철 김민기 김성곤 김성주 김승남 김영록 김영환 김용익 김윤덕 김재윤 김춘진 김현 노영민 노웅래 문병호 문희상 민병두 민홍철 박남춘 박민수 박범계 박병석 박수현 박영선 박완주 박지원 박혜자 배재정 백군기 백재현 변재일 부좌현 설훈 신경민 신기남 신정훈 신학용 심재권 안민석 양승조 오영식 오제세 우윤근 윤호중 원혜영 유대운 유성엽 유인태 윤관석 윤호정 윤후덕 이목희 이미경 이상민 이상직 이석현 이언주 이원욱 이윤석 이종걸. 이찬열 이춘석 이학영 인재근 임내현 임수경 장병완 전병헌 전순옥 전정희 전해철 정성호 정호준 조정식 주승용 진선미 최규성 최동익 최민희 최원식 최재성 추미애 한정애 홍영표 홍의락 황주홍
*정의당(2명): 김제남 서기호
*무소속(1명): 정의화

20대 국회는 2016년 12월 29일 본회의를 열고 '헌법개정 특별위원회 구성결의안'을 통과시켰으며, 재석 219인의 의원 가운데 찬성 217인 기권 2인으로 개헌특위 구성안을 가결시켰다. 개헌특위는 36인의 위원으로 구성, 활동 기한은 2017년 6월 30일까지였으며 전국에 걸쳐 개헌토론회를 개최하였으나, 더 이상 진전되지 못하였다.

특히 당시 정세균 국회의장은 개헌에 대하여 강력한 지지입장을 표명했으며, 2017년 9월 여론조사에 의하면 국민 75%, 전문가 88%, 국회의원 90% 이상이 찬성하는 것으로 나타났다. 이에 국회는 2018년 3월까지 의견 수렴, 5월 개헌안 마련, 6월 지방선거 시 국민투표에 부칠 예정이었다. 그러나 여야 간의 의견이 합의되지 못하여 2018년 3월 26일 문재인 대통령이 발의한 개헌안이 국회에 이송되었으나, 국회는 2018년 5월 24일 의결정족수 미달로 인한 투표불성립으로 폐기되었다.[7]

20대 국회 후반기 의장인 문희상 국회의장은 국회에 18명으로 구성된 정치개혁특별위원회(위원장: 정의당 심상정)를 설치, 선거제도 개혁, 개헌 등을 다루고 있으나, 개헌 문제 논의는 특별한 진전이 없는 상태로 끝났다.

4) 시민단체 개헌 활동

이와 같은 정치권의 개헌 논의와는 달리 민간차원에서는 극히 제한된 논의가 이루어지고 있다. 지금까지 대표적인 개헌 논의 단체는 순수 민간인 단체인 대화문화아카데미(이사장: 박종화 목사)이다. 대화문화아카데미는 입장과 견해를 달리하는 전문가, 시민, 정치인 등 500여 명이 지난 5년간(2006~2011)의 대화와 심의를 거쳐 민간주도 미래지향적 헌법안의 제시를 위한 연구와 운동을 활발하게 전개하였다. 대화문화아카데미는 수많은 전문가들이 그동안 수차례에 걸친 세미나를 통하여 개헌은 논의하였다.

---

7 2018년 3월 22일 청와대가 발표한 개헌안 요지는 다음과 같음.
　(1) 4년연임 대통령제: 헌법 70조 대통령 임기 조항은 '4년으로 하되, 연이어 선출되는 경우에만 한번 중임 가능'
　(2) 국무총리 추천은 현행대로 대통령이 임명하고 국회의 동의를 받음
　(3) 대통령 권한 축소, 분산함. 국가원수로서의 지위 삭제, 대통령 자의적인 사면권 행사불가. 특별사면도 사면위원회 심사받음
　(4) 선거연령 18세로 하향함
　(5) 국회선거 비례성 강화하고 대통령 선거 시 결선투표제 도입
　(6) 사법제도 개선

민간주도 헌법심의를 통해 도출한 1차 결과물로 2009년 『새로운 헌법 필요한가』를 출간하였다. 최근 이 내용을 중심으로 '새헌법 조문화 위원회'가 발족, 조문화 작업을 앞두고 한국 정치문화를 고려한 독창적인 분권형 정부형태와 양원제 의회 도입을 포함, 기본권, 경제, 사법부, 지방분권 등 헌법의 모든 내용을 포괄하는 새로운 헌법안을 연구했다.

대화문화아카데미의 새헌법조문화위원회는 김문현(이화여대, 법학), 김선택(고려대, 법학), 김재원(성균관대, 법학), 박명림(연세대, 정치학), 박은정(서울대, 법학), 박찬욱(서울대, 정치학), 정종섭(서울대, 법학), 하승창(시민사회단체연대회의) 등이다. 대화문화아카데미는 고 강원용 목사가 설립한 크리스챤아카데미의 후신으로 크리스챤아카데미는 1980년 초에도 새로운 헌법안이 시대적으로 요구되었을 때, 민간 주도의 헌법개정안을 내놓은 바 있다.

대화문화아카데미는 새 헌법의 방향은 1987년 이후의 심대한 사회변화를 반영하고 생태위기 등 문명의 전환에 따른 21세기형 문제에 효율적으로 대처하는 데 역점을 두고 있으며 국력의 신장 못지않게 문화적으로 국격을 높이는 비전을 담아야 된다고 주장하고 있으며, 연구 결과물은 2011년 『새로운 헌법, 무엇을 담았나』로 발간되었다.[8]

또한 필자가 대표로 있는 사단법인 내나라연구소는 2008년 11월 7일 미래한국헌법연구회의 후원 하에 국회 헌정회관에서 '바람직한 정부형태와 헌법개정'이란 주제 하에 토론회를 개최하였다. 당시 이만섭 전 국회의장은 축사를 통하여 87년 헌법개정 이후 20여년이 지나 변화된 정치사회환경을 담은 개헌의 필요성을 역설했다.[9] 동 토론회에서 주로 권력구조의 변경에 대한 논의가 있었으며, 발표 주제는 ① 대통령중심제와 헌법개정(김일영: 성균관대 교수), ② 내각책임제와 헌법개정(이준일: 고려대 교수), ③ 이원집정제와 헌법개정(황태연: 동국대 교수) 등이다.

이외에도 민간학술단체로는 한국정치학회, 한국행정학회, 한국헌법학회, 한반도선진화재단, 한국공법학회 등 각종 연구단체에서 개헌 문제에 대한 토론회가 개최되기도 했다.

---

8 http://daemunan.or.kr(2014.10.30 검색).

9 이만섭, "헌법 개정의 필요성과 과제," 『내나라』 제17권, (서울: 내나라연구소, 2008.11), 5–7쪽.

4. 개헌 논의 주요 내용

1) 개헌의 기본 방향 정립

어떠한 법률이라도 제정 또는 개정에 있어 기본 방향의 설정이 가장 중요하다. 기본 방향의 정립이 잘못되면 아무리 좋은 내용을 담아도 이는 바람직한 법률의 제정이나 개정이 될 수 없기 때문이다. 특히 국가의 기본법인 헌법의 경우, 제정은 말할 필요도 없고 개정 역시 기본 방향의 정립이 무엇보다도 중요한 것이다.

헌법은 국민을 위한 국가최고규범이라는 것을 항상 명심하면서 특히 국민의 기본권을 확실히 보장하기 위한 것이어야 된다. 특정 집단이나 세력을 위한 것이 되어서는 안 되며, 국민의 자유와 권리를 신장시키기 위한 차원에서 논의되어야 한다.

개헌은 단순히 권력구조의 변경을 의미하는 것이 아니다. 이는 국가의 기본법이기 때문에 새로운 시대에 맞는 내용이 들어가야 한다. 변화하는 시대상을 반영해 헌법에 새로운 기본권을 신설하거나 보완해야 한다는 것이다. 헌법은 국민주권원리가 지배하면서 법치국가를 지향하는 성격을 갖고 있기 때문에 민주헌법이 지향하는 방향을 분명히 설정하고 개헌 작업을 수행하여야 할 것이다.

따라서 기본권에 관한 조항은 구체적으로 명시되어야 한다. 성문화되지 않은 '생명권'과 '사상의 자유'를 헌법에 명시해야 한다는 주장이 대표적이다. 이들 항목은 헌법 해석을 통해 인정받고 있지만 성문화 작업을 통해 더욱 확실한 보장이 필요하다. 이미 상당수 국가들이 이를 성문화해 기본권 강화에 나서고 있는 추세 역시 감안해야 한다.

이 밖에도 '정보 접근권 · 보호권'을 헌법 조문에 명문화할 필요도 있다. 우리나라의 국제정치적 위상을 고려해 정치적 망명권과 난민권을 명문으로 규정할 필요성도 제기된다. 또한 기본권의 하나인 '언론의 자유'와 관련해 법률에 위임하거나 자유를 제한하는 규정을 삭제하는 문제도 적극 검토되어야 한다.

민주주의의 초석이 되는 풀뿌리민주주의인 지방자치를 신장시키는 방향에서 지방자치에 대한 규정을 더욱 명확히 하는 것도 필요하다. 특히 지방균형발전을 위한 지방분권의 헌법적 근거를 확립하는 것은 지방자치의 틀을 더욱 굳건히 할 수 있을 것이다. 이 외에도 시장질서를 존중하는 경제조항, 국제평화질서를 존중하는 내용이 헌법에 더욱 명확하게 규정하는 것이 바람직하다.[10]

2) 권력구조의 문제

(1) 대통령 4년 중임제

최근 개헌에서 가장 중점적으로 논의되고 있는 것은 권력구조이며, 이와 관련된 대표적인 내용은 기존 5년인 대통령의 임기를 줄이는 대신 한차례의 연임을 가능토록 하는 대통령 4년중임제가 논의되고 있다. "유능한 대통령에게 5년은 짧고, 무능한 대통령에게는 길다"는 김무성 새누리당 대표의 최근 발언이 있기도 하였지만 그동안 개헌논의 때마다 가장 중점적으로 등장하는 핵심내용이다. 〈그림-1〉과 같이 2014년 10월 24일 공개한 한국갤럽조사에서 현행 5년 단임제가 좋다는 의견은 36%, 4년 중임제가 좋다는 의견은 58%였다.

기존 단임제는 그 특성상 대통령 임기 후반 차기 대선주자들의 대권행보가 시작되면 레임덕 현상이 시작되기 때문에 중장기적인 국가정책 실현이 어려우며, 대통령 교체와 함께 정책단절도 우려된다는 것이다. 따라서 중임제는 짧은 임기 동안 성과를 내기 위해 성급하게 일을 추진하면서 불거지는 사회적 갈등 및 설익은 정책을 방지할 수 있다는 것이다. 대통령의 임기를 줄이는 대신 중간평가 성격의 중임제를 도입해 무능한 정부의 조기 퇴진과 유능한 정부의 정책 연속성을 꾀할 수 있다는 것이 장점으로 논의되고 있다.

(2) 정부형태: 이원집정제

대통령의 권한과 관련된 것은 프랑스와 오스트리아에서 시행 중인 '이원집정부제'는 대통령은 국가원수로서 외교·통일·국방 등 대외활동에 나서고, 국내 통치는 행정부 수장인 국무총리가 전담토록 한다는 것이다.[11] 대통령제와 의원내각제의 절충안으로 대통령은 직선으로, 총리는 의회를 통해 선출하는 방식이다. 2014년 10월 24일 공개한 한국갤럽조사에서 분권형 대통령제는 53%로, 대통령 중심제 35%보다 높은 것으로 나타났다.

그러나 이 제도는 대통령과 총리가 갈등을 빚게 되면 이를 해결할 수 있는 뚜렷한

---

10 김상겸, "헌법 개정의 시기와 방향", 국회 미래한국헌법연구회, 앞의 책, 28–29쪽.

11 프랑스의 사례는 오일환, "프랑스:이원집정제 권력구조 분석", 국회 미래한국헌법연구회, 위의 책, 오스트리아의 사례는 안병영, 『왜 오스트리아 모델인가』(서울: 문학과 지성사) 참조.

방안이 없어 문제가 되고 있어 독일이 채택하고 있는 '건설적 불신임제' 도입이 거론되고 있다. 이 제도는 독일과 같이 총리 교체요구가 있을 때마다 의회를 해산하고 총선을 실시하는 것이 아니라 의회가 후임자를 선출, 자연스럽게 현직 총리를 불신임하는 제도다. 총리 공백으로 인한 국정혼란이 없고, 4년 주기의 총선이 진행돼 안정적인 국정운영이 가능하다는 견해이다.[12]

(3) 기타

이외에도 기존 대통령에 집중된 인사권한 역시 입법부로 분할하는 방안도 논의되고 있다. 우선 감사원장 임명권을 의회로 이전하고, 대법원장·대법관 역시 별도 추천위원회를 마련해 후보자 추천이 완료되면 국회가 동의하는 방식으로 개정하며, 헌법재판관은 대통령과 국회, 대법원이 각각 3명씩 선출하는 기존 제도에서 전원 국회에서 선출하는 방식으로 전환하자는 것 등이다.

〈그림-1〉 개헌 관련 최근 여론 조사(한국갤럽, 2014.10.24.)

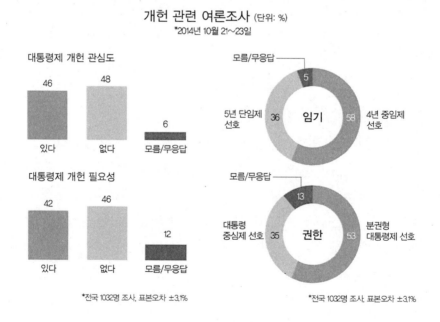

개헌 관련 여론조사 (단위: %)
*2014년 10월 21~23일

대통령제 개헌 관심도
46 있다
48 없다
6 모름/무응답

대통령제 개헌 필요성
42 있다
46 없다
12 모름/무응답

*전국 1032명 조사, 표본오차 ±3.1%

임기
모름/무응답 5
5년 단임제 선호 36
4년 중임제 선호 58

권한
모름/무응답 13
대통령 중심제 선호 35
분권형 대통령제 선호 53

*전국 1032명 조사, 표본오차 ±3.1%

12 송석윤, "독일의 정부형태", 국회 미래한국헌법연구회, 위의 책 참조.

3) 국회의 구성과 선거제도의 문제 : 선거구제 개편과 양원제의 도입

국회를 상원과 하원으로 이원화하는 '양원제'에 대한 검토 움직임도 있다. 이는 헌재에서 위헌 판결을 받은 선거구 획정과 관련되어 거론되고 있다. 특히 소선거구제에 의한 지역주의의 병폐를 해결하기 위한 방안으로서 양원제를 논의하고 있다. 미국과 같이 상원을 지역을 대표하는 기구로서 운용할 수 있으며, 미래에 있을 통일 후의 의회구성과도 연결시킬 수 있다는 것이다.

그러나 현재 국회의원 수가 많다고 비판하는 국민들이 상당수 있는 것을 감안하면 양원제 도입은 쉽지 않다. 또한 양원 모두 의결이 완료돼야 의안을 실행할 수 있는 양원제는 의안심의에 많은 시간이 소요되는 문제점이 있다. 특히 그간 대립으로 인해 법안 및 예결산 처리 등에 진통을 겪고 있는 현재의 국회 정치상황에 맞지 않는 데다 의원 수 증가에 대한 부정적인 여론도 어려운 과제이다.

양원제의 도입과 관련하여 국회의원 선거구제의 개편도 정치개혁 차원에서 논의되고 있다. 즉 중선거구제를 도입하여 지역주의 구도를 해소할 수 있는 정치개혁을 하자는 것이다. 일부에서는 한국의 고질적인 지역갈등을 해소하기 위하여 기존 소선구제를 중·대선거구제로 전환하는 선거법 개정이 개헌보다 우선이라는 주장도 제기되고 있다.

1위 득표자만 당선되는 'All or Nothing' 형태의 소선구제는 여당과 제1야당이 각각 영남과 호남 지역 선거구를 독점하다시피 하는 국내 정치지형상 지역감정을 부추겨 왔으며 이것이 국가발전에 심대한 걸림돌이라는 것이다. 이에 따라 20대 국회에서 준(準)연동형 비례대표제를 골자로 한 선거법이 개정되어, 오는 4월 15일 총선에 적용되지만, 과연 지역 패권주의와 다당제의 효과가 나타날지는 미지수이다.

반면 중·대선거구제 도입은 2위 득표자의 국회진입이 가능하기 때문에 이들의 활약 여부에 따라 특정 정당의 지역주의 탈피 현상을 가져올 수 있으며, 또한 정치권의 정책경쟁을 유도해 민생정치로 패러다임을 전환시킬 수 있다는 것이다. 특히 다양화된 구성원의 이익을 소수정당이 의회에 진입함으로써 해결, 사회적 안정을 추구할 수 있다는 것이다. 그러나 이는 특정 지역에 기반이 있는 정당들이 국회 다수를 차지하고 있는 현재의 정치 상황에서 기득권을 내려놓을 수 있을지가 해결의 열쇠이다.

5. 개헌 시기와 고려 사항

개헌 추진에 있어 절차나 내용 못지않게 중요한 것은 개헌의 시기이다. 개헌은 아무 때나 할 수 있는 정치일정이 아니다. 시간도 상당수 필요하고 또한 개헌에 대한 국민 여론 수렴도 중요하기 때문이다. 노무현 정권 때 개헌 논의는 임기 말을 앞둔 시기에 제기되어 특정 정치적 목적을 위한 것으로 의심, 개헌시기의 적절성 문제로 무산되었다.

이명박 정권 시 국회를 중심으로 추진되었던 개헌 논의도 마찬가지이다. 국회에서 다각적으로 논의되었던 개헌 문제가 2010년 6월 2일에는 지방선거가 끝난 이후 조속 추진되었다면 가능하였으나, 결국 시간만 지체하다가 정치권은 2012년 4월과 12월에 있는 국회의원 선거와 대통령 선거로 인해 사실상 선거 정국으로 변함으로써 또다시 무산되었다.

개헌과 같은 중요한 정치적 의제가 선거를 앞둔 시기에 충분하게 논의되기 어렵다. 예를 들면 2014년 제기된 개헌 논의는 2015년 상반기 중에 마무리되지 않으면 개헌은 어렵다는 식 등이다. 2015년 하반기가 되면 2016년 4월 총선이 있어 사실상 선거 정국으로 정치상황이 변하기 때문이다.

현행 헌법을 고치기 위해서는 헌법개정 발의 → 헌법개정안 공고 → 국회 의결 → 국민투표의 과정을 거치도록 헌법에 명시돼 있다. 첫 번째 절차를 거쳐야 헌법 개정이 본격화하는데, 헌법 제128조는 '헌법 개정은 국회 재적의원 과반수 또는 대통령의 발의로 제안된다'고 규정 개헌 발의권을 국회에 대통령에게 부여하고 있다.

2014년의 경우, 당시 CBS 조사 결과 총 300명의 국회의원 가운데 231명이 '개헌 찬성' 의사를 밝혀 개헌발의 정족수를 훌쩍 넘어섰다. 국회 내 콘센서스만 이뤄진다면 대통령이 반대하더라도 개헌은 시작될 수 있음을 의미한다. 발의된 개헌안이 국회를 통과하는 것도 가능하다. 개헌안 의결정족수는 200명이다.[13]

개헌안 발의에서부터 공포까지는 여야협상이 상당 기간이 필요하다. 그 후 개정안은 대통령이 공고를 20일 이상하여야 하며, 공고 후 국회는 의결을 60일 이내에 행하여 한다. 의결된 개헌안은 30일 이내에 국민투표에서 국회의원 선거권자의

---

13 노컷 뉴스(2014.10.6).

과반수 이상의 참여와 투표자의 과반수 이상의 찬성이 있어야 된다. 이런 일정을 감안할 때 최단 4개월에서 최장 6개월의 기간이 소요될 것으로 추산된다.

19대 국회의 경우 여야 지도부가 개헌에 적극적이고 개헌안 의결정족수가 확보된 상태임으로 청와대와 새누리당 간의 의견일치만 이뤄지면 개헌은 급물살을 타기에 충분한 조건이 형성돼 있다고 볼 수 있었으나, 역시 무산되었다. 이런 사례는 20대 국회의 경우도 유사하다.

〈표-2〉 역대 개헌 논의의 시기와 기간

개헌 회차	공식 논의 기간	기간 계산 근거
제헌	43일	제헌국회 개원(1948.5.31.)-국회본회의 의결(7.12)
제1차	2개월18일	야당 내각책임제 개헌안(1952.4.17.)-발췌안 의결(7.4)
제2차	2개월23일	정부 3선 개헌안(1954.9.6.)-의결(11.29)
제3차	1개월20일	이승만 하야(1960.4.26.)-의결(6.15)
제4차	1개월18일	데모대 의사당 난입(1960.10.11.)-참의원 의결(11.28)
제5차	5개월7일	헌법심의위원회(1962.7.11.)-국민투표(12.17)
제6차	7개월29일	신민당 개헌 반대 성명(1969.1.17.)-국회의결(9.14)
제7차	1개월5일	헌법정지(1972.10.17.)-국민투표(11.21)
제8차	1개월22일	전두환 대통령 취임(1980.9.1.)-국민투표(10.22)
제9차	3개월27일	6.29선언(1987.6.29.)-국민투표(10.27)

출처: 오호택, 국회미래헌법연구회, 위의 책, 45쪽.

6. 헌법개정특위 구성해야

정치권에서 헌법 개정에 쟁점이 되는 것은 권력 구조의 변경과 같은 헌법 개정의 내용이다. 그러나 헌법 개정 내용 못지않게 중요한 것은 개헌이 어떠한 절차와 국민적 합의를 거쳐 개정되느냐의 문제이다. 헌법 개정은 국민들의 일상생활에 중요한 영향을 미칠 수 있는 정치적 관심사이기 때문에 국민적 공감대 형성을 통한 합의가 가장 중요하다.

또한 개헌은 여·야정치세력들 간의 권력장악을 위한 첨예한 이해관계가 걸려있기 때문에 여·야 간의 합의가 없으면 사실상 개헌은 어렵다. 개헌 내용, 개헌

방법, 그리고 개헌 시기에 따라 여·야정치세력들은 이해득실을 저울질하게 되면 이에 따라 개헌 내용이나 시기 등이 결정되기 때문이다.

따라서 개헌의 절차와 국민적 합의, 여·야 간의 개헌 논의는 상호 신뢰하고 이해할 수 있는 정당성의 확보가 중요하다. 아무리 개헌에 대한 국민의 여론이 높고 또한 개헌 내용이 바람직한 조항을 포함하고 있더라도 우선 여·야 간의 절차와 내용, 그리고 시기에 대한 합의가 없으면 현재 헌법 하에서 개헌은 불가능하기 때문이다.

개헌의 성공적인 절차를 위하여 우선 국회 내에 가칭 '헌법개정특별위원회'를 설치하는 필요하다. 제18대 국회에서도 헌법개정자문위는 국회 내에 헌법개정특별위원회를 설치, 논의할 것을 제안하였으나 아무런 진전이 없었다. 또한 당시 국회미래한국헌법연구회도 수차례에 걸친 개헌 관련 토론회를 개최하였으나, 실제적인 헌법개정 작업 착수에는 중요한 진전이 없다.

19대 국회와 정치권에서 개헌에 관해 논의된 내용은 아래 〈표-3〉과 같으며, 18대 국회와는 달리 19대 국회는 각 정당의 대표자나 영향력 있는 정치인이 개헌 논의 필요성을 제기하고 있어 국회 내에 헌법개정특별위원회를 구성, 공론화 시키는 것이 바람직했으나, 역시 무산되었다. 이런 사례는 20대 국회의 경우도 역시 마찬가지이다.

〈표-3〉 주요 정치인의 개헌 관련 발언

발언자	주요 발언 내용	발언 일자
박근혜 대통령	개헌 논의하면 경제 블랙홀 유발한다	10월 6일
김무성 새누리당 대표	*정치국회 끝나면 개헌 봇물 터질 것 *민감한 개헌 발언 내 불찰, 대통령께 죄송	*10월 16일 *10월 17일
이완구 새누리당 원내 대표	정기국회 끝날 때까지 개헌논의 언급하지 말아 달라	10월 17일
문재인 새정치민주연합 비대위원	개헌은 누구도 못 막아	10월 20일
청와대 고위 관계자	당 대표가 실수로 개헌 언급했다고 생각안해	10월21일
김문수 새누리당 개혁위원장	개헌은 민심아니다	10월 26일
문희상 새정치연합 비대위원장	분권형 대통령제라는 새옷을 갈아 입을 때	10월30일
김태호 새누리당 최고위원	경제도 살리고 개헌도 살리고	11월4일
이재오 새누리당 국회의원	국회개헌특위 구성 요구안 제출할 것	11월4일
우윤근 새정치민주연합 원내대표	국회개헌특위 구성 요구안 제출할 것	11월4일
박원순 서울 시장	4년 중임제로 하는 것이 다수 국민 생각, 개헌은 이미 논의에 들어 갔다	11월4일
안철수 새정치민주연합 국회의원	우리나라는 대통령제가 기반이 되어야 한다	11월4일

2014년 11월 4일 '개헌추진 국회의원 모임'은 이 국회에서 개헌에 관련한 법적·제도적 방안을 논의하도록 특별위원회를 구성해달라는 요구안을 제출하기로 의견을 모은 것으로 알려졌다. 또한 당시 개헌추진 의원모임은 여야 의원 40여 명의 서명을 받아 '국회 개헌특위 구성요구안'을 이 달 혹은 다음 날 제출하기로 했다고 밝혔지만 특별한 진전은 없었다.

이와 같은 정치권의 움직임을 감안하면 앞으로 구성될 21대 국회는 국회 내에 여·야 간의 합의에 의한 '헌법개정특별위원회'를 조속 설치하여 국회 내는 물론 일반국민들을 상대로 한 공론화 작업과 더불어 개정 내용에 대한 논의를 진전시키는 것이 필요하다. 지금까지 9차의 개헌이 있었으나, 대부분의 개헌이 4·19학생혁명, 5·16군사 쿠데타, 10월 유신과 같은 정변이나 또는 부산정치파동, 사사오입과 같은 비정상적인 방법에 의한 개헌이 이뤄졌기 때문에 '헌법개정특별위원회'와 같은 기구가 제대로 설치되지도, 또한 설치되었더라도 단순한 통과의례에 의한 기구로 전락하였다. 1987년 제9차 개정도 3김에 의한 정치적 이해에 의하여 대통령 5년 단임제가 채택된 것으로 볼 수 있다.

그러나 앞으로 개헌 논의는 지극히 정상적인 정치상황에서 논의되는 것이기 때문에 국회 내에 '헌법개정특별위원회'를 설치, 여·야 간의 광범위한 토론과 대화를 할 수 있는 공식적인 논의 구조를 설치하는 것이다. 개헌 논의는 어떤 정치세력의 압력도 없이 가장 자유롭고 또한 광범위한 국민의 여론을 수렴, 개정 작업을 할 수 있어야 한다. '헌법개정특별위원회'는 여·야 국회의원은 물론 헌법학자, 정치학자와 같은 전문학자들을 비롯한 시민단체 대표 등도 참여, 개헌 논의의 동력을 제고하여야 할 것이다.

민간부문에 있어 광범위한 개헌 논의가 필요하다. 헌법학회, 정치학회는 물론 각종 학회, 시민단체 등에서도 개헌에 대한 활발한 논의가 선행되어야한다. 이번 개헌은 단순한 권력구조에 대한 문제뿐만 아니라 경제, 인권, 환경, 소비자 등과 같은 변화하는 국민생활환경에 따른 내용도 개헌에 포함되어야하기 때문에 각계각층의 광범위한 의견 수렴이 있어야 한다.

개헌에 대한 국민적 공감대 형성을 위하여 언론의 역할은 무엇보다도 중요하다. 방송, 신문과 같은 언론 매체가 중심이 되어 학계, 시민사회 등에서 논의되는 개헌에 대한 심층적 보도를 통하여 개헌에 대한 국민적 관심은 물론 공감대 형성에 노력해야 할 것이다. 방송, 신문에서 개헌에 대한 토론 프로그램을 대폭 확대할 필요가 있다.

7. 개헌 논의, 국민적 공감대 형성 필수적

개헌을 추진하는 데, 가장 중요한 원칙은 우선 무엇보다도 개헌이 국민을 위한 개헌이 되어야 한다. 개헌은 정치인의 입장에서 추진할 것이 아닌 국민의 입장에서 추진되어야 한다. 노무현 대통령 말기 소위 '원 포인트' 개헌에 대한 논의가 제기되었으나, 이는 대선을 앞둔 시기에 대선 후보 출마 예상자는 물론 각 정당 간의 이해득실에 의하여 논의 자체가 무산된 사례가 있다.

현재 국민들은 정치권의 각종 개헌 논의가 정치인들만의 리그전이라고 할 정도로 비판이 제기되고 있다. 최근 여론 조사에 의하면 국민의 89%가 국회가 제대로 일을 하지 못하고 있다고 불신하고 있는 상황에서 국회의원들만의 주도로는 국민적 지지를 받을 수 없다.[14] 개헌이 이런 식으로 추진된다면 개헌은 성공할 수 없다.

따라서 개헌 논의에 있어 시기 문제는 여·야 정치권이 국민들의 광범위한 여론을 수렴, 조속히 절차와 시기 문제를 논의할 필요가 있다. 각종 정치현안이 산적한 상황에서 개헌 문제에 대한 여·야 간의 합의 없이 개헌 논의만 무성하게 되면 오히려 이는 개헌 자체를 지체시킬 수 있으며, 정치에 대한 불신만 야기할 수 있다.

개헌은 시대변화에 따른 미래한국의 발전을 위한 초석을 마련하기 위한 것이다. 때문에 개헌 논의 자체가 특정 정치세력에 의하여 일방적으로 주도되거나 또는 특정 정치인을 배제하기 위한 목적으로 이용되어서는 안 된다. 우리는 과거 수차례의 개헌에서 이런 불순한 의도로 개헌이 되어 그동안 상당한 정치적 대가를 치렀다.

정치권은 2014년 10월 30일 헌법재판소가 현행 국회의원 선거구구역표에 대해 헌법불합치 결정을 내림으로 정치개혁이 불가피했다. 국회의원 선거구를 정할 때 인구 편차가 최대 2대 1을 넘지 않도록 하라는 것이며, 이는 2015년 12월 31일까지 선거구별 인구 편차를 현행 3 대 1에서 2 대 1 이하로 바꾸라는 기준을 제시함에

---

14 한국갤럽이 2014년 11월 4일부터 6일까지 3일간 전국 성인 1,011명에게 요즘 국회가 역할을 잘 수행하고 있다고 보는지, 잘못 수행하고 있다고 보는지 물은 결과, '잘하고 있다'는 응답은 6%에 불과한 반면 89%가 '잘못하고 있다'고 답했음. TV조선(2014.11.7).

따라, 새로 획정되는 선거구 구역표는 2016년 4월 실시하는 제20대 총선부터 적용되어야 하였다. 따라서 정치권은 불가피하게 선거구 재조정이라는 중요한 과제를 해결하여야 하며, 따라서 개헌도 정치개혁이라는 차원에서 이런 작업과 더불어 추진하는 것이 오히려 바람직하지만, 19대 국회는 이런 절호의 기회를 무산시켰다.

20대 국회 역시 문재인 대통령의 개헌 의지가 강력했고, 정세균·문희상 국회의장도 개헌을 강력히 주장하였으나 20대 국회는 계속되는 여·야 정쟁으로 역시 개헌의 기회를 무산시켰다.

개헌 추진에 있어 정치인들의 철학과 가치는 무엇보다도 중요하다. 우리는 최근 의정활동에서 일부 국회의원들이 국민의 대표기관으로서의 역할보다는 의원 개개인의 이익과 정파적 이해관계에 따라 행동하는 사례가 빈번, 국민들에게 실망을 주고 있다. 개헌은 정치인들의 정파적 이해가 아닌 국가발전을 위한 거시적 차원에서 정치권에서 활발하게 공론화하여 국민적 공감대를 형성하는 것이 무엇보다도 중요한 과제이다. 이것이 현재 복잡하게 얽혀있는 개헌문제를 풀 수 있는 열쇠이다.

제3장

한국정치과정의 전개와 개혁과제

제1절

한국의 혼합선거제도와 정당체제의 변화 연구

1. 문제의 제기

한국은 민주정치제도를 도입한지 70여 년이 지났으나, 아직도 선거제도와 정당제도의 변화를 통한 민주정치발전 문제가 지속적으로 논의되고 있다. 특히 최근에는 광장정치로 지칭되는 촛불시위와 낮은 선거 참여율로 인해 대의민주정치제도의 위기론이 대두되면서 중요한 정치행위자로서 선거, 정당에 대한 개혁문제를 민주정치발전의 중요한 화두로 논하고 있다.

이에 본 글은 한국정치사회가 직면한 정치적 위기 타개를 위한 선거제도의 개혁과 그 개혁으로 인해 나타나는 정당체제의 변화에 대한 논의를 목적으로 하고 있다. 특히 소선거구 단순다수대표제와 병행하여 제3공화국부터 도입해 실시하고 있는 비례대표제도는 혼합선거제도(mixed electoral system)로서 그 운용과정에서 여러 차례 배분방식이 바뀌었다. 특히 제 17대 총선부터는 시민사회의 요구에 의한 정치개혁의 일환으로 도입된 1인2표 선거제도가 실시되었는데, 이러한 선거제도의 변화로 한국의 기존 정당체제에 어떤 변화가 있었는가를 중점적으로 살펴보려 한다.

정치과정에 중요한 정치행위자로서 선거와 정당이 민주정치발전에 주는 영향은 절대적이다. 현대 민주정치는 이들 정치행위자에 의하여 결정된다고 해도 과언이 아닐 정도로 이들의 중요성이 강조되고 있다. 정당은 대의민주주의 실현에 중요한 역할을 담당하고 있으며, 선거제도가 정당체제 형성에 중요한 영향을 주는 요인이기

---

* 본 글은 경희대학교 인류사회재건연구원, 『OUGHTOPIA』, Vol.24, No.1(2009)에 실린 논문을 수정·보완한 것임. 또한 본 글은 박상신 박사(아주대)와 공동으로 집필함.

때문이다.

이러한 상황에서 한국의 대의민주정치는 점차 위기를 맞이하고 있다. 무엇보다도 2008년 4월 9일 실시된 제18대 국회의원 선거가 보여준 46.1%라는 역대 최저 투표율은 지난 10여 년간 지속된 정치적 위기의 발현이었다. 이처럼 낮은 투표율의 원인으로 언론과 전문가들은 투표 당일 날씨가 궂었던 점, 청년 실업난의 심화로 인해 젊은 유권자 층의 관심이 정치보다 취업 등의 경제적 측면에 집중되었다는 점, 선거쟁점의 부재, 직전에 치러진 대통령 선거일과 총선일의 짧은 시간 차이 등을 들고 있지만, 이런 이유가 주요한 요인이 될 수는 없다.

1987년 민주화를 전후로 70~80%를 유지하던 유권자들의 선거 참여율이 1990년대 후반을 지나면서는 대통령 선거, 국회의원 선거, 지방선거 등 모든 선거에서 지속적으로 50~60%대 이하의 낮은 투표율을 기록하고 있던 상황을 볼 때, 18대 총선의 낮은 투표율이 단순히 투표 당일의 기상상태나, 대선과 짧은 시간을 두고 치러진 선거일정만으로 설명되기보다는 한국정치가 지니고 있는 문제점 때문에 유권자들이 투표를 외면하는 것이라고 볼 수 있다. 즉 유권자들이 가지는 정부, 정당 및 정치에 대한 불신과 정치적 일체감 및 정치적 효능감 저하 등을 그 요인으로 보아야 타당할 것이다.

한국의 국회의원 선거에서 도입하여 지역구 선거와 비례대표 제도를 병행 시행하고 있는 혼합선거제도는 유권자의 의사를 선거에 가능한 최대로 반영하여 그들의 정치적 효능감이나 정당 일체감을 향상시킬 수 있도록 하기 위한 것이었다. 정치적 효능감이나 정당 일체감이 증가하면 낮은 투표율이나 정치에 대한 무관심은 자연적으로 호전되리라 예상할 수 있기 때문이다. 그러나 2008년에 나타난 낮은 투표율이나 촛불집회와 같은 일련의 정치적 위기 징후들은 혼합선거제도를 시행함으로써 얻으려 했던 애초의 목적이 효과적으로 실현되지 않았다는 방증으로 볼 수 있다.

이에 본 글은 정치개혁 차원에서 도입한 혼합선거 제도가 당초 의도했던 효과를 얻지 못했다는 가정 하에 선거제도의 개혁에 따라 한국 정당체제가 어떤 변화를 가져왔는가를 고찰하고자 한다. 제6대 국회의원 선거 이후부터 유지되어 온 단순다수대표제에 비례대표제가 가미된 혼합선거제도의 주요 변화내용, 즉 비례대표 배분방식 변화와 1인2표선거제 도입이 검토될 대상이다.

특히 본 글은 2004년 4월 실시된 제17대 총선 당시 정책정당화, 지역주의의 완화, 정치신인과 신생정당의 정치권 진입장벽 완화 등을 위하여 도입된 1인2투표제를 중심으로 살펴보고자 한다.

2. 선거제도와 정당체제의 영향

선거제도와 정당체제라는 두 변수 간의 상관관계에 관한 대표적인 이론은 뒤베르제에 의해 성립되었다.[1] 이를 흔히 뒤베르제의 법칙이라고 지칭하고 있는데, 이는 다음 세 가지 특징을 나타내고 있다. 첫째, 결선투표가 없는 단순다수대표제는 대규모 정당에 유리하게 작용하여 가장 큰 2개 주요 개별 정당 간의 권력교체가 이루어지는 양당제를 유도한다. 둘째, 결선투표를 진행하는 단순다수대표제에서는 다당체제의 정당구조를 근간으로 연합정권을 형성하는 경향이 나타난다. 셋째, 비례대표제는 다당제와 병행하여 나타나며, 정당들이 연합하기보다는 상호 독립적인 체제에 이르게 하는 경향이 있다. 특히, 결선투표 없는 단순다수대표제에서는 정당의 규모가 작을수록 득표율에 비해 의석 획득비율이 낮아지는 현상이 나타난다. 유권자들이 자신의 투표를 유효화하려는 동기를 가지기 때문에 작은 정당보다는 가장 큰 두 개의 대규모 정당 중 어느 하나를 선택하는 경향이 있기 때문이라는 것이 뒤베르제의 논리이다.

라이커는 뒤베르제의 단순다수대표제가 양당체제를 형성한다는 논리를 좀 더 세부적으로 발전시켰다.[2] 그는 후보자들도 유권자와 마찬가지로 군소정당에서 당선 가능성이 희박하면 선거운동에서 재정지원을 받기 어렵다고 판단하기 때문에 입후보를 자제하려 한다는 점을 지적하였다. 정치자금 기부자들 역시 현실적으로 승산이 없는 군소정당의 후보자에게는 관심을 갖지 않는다는 점이 또한 강조되었다.

사르토리는 뒤베르제의 비례대표제와 다당제 간의 상관관계에 관한 논리에 주목하였다.[3] 그는 순수한 비례대표제는 정당체제와 그다지 큰 상관관계는 없으며,

---

1 Maurice Duverger(1984), 34-35쪽.

2 William H. Riker(1982), 753-766쪽.

3 Giovani Sartori(1986), 59-59쪽.

비례대표제가 선거구의 규모, 정당의 진입장벽, 대형 정당에 유리하게 정해진 규칙 등과 같은 여타의 선거제도와 맞물렸을 경우에 다당체제에서 정당의 수를 오히려 감소시켜 3~4개 정도의 정당으로 구성된 정당체제를 형성하는 결과를 보인다고 강조했다. 사르토리 역시, 뒤베르제와 마찬가지로 단순다수대표제가 양당체제를 형성하는 경향이 있다고는 보았지만, 유권자가 후보의 인물을 중심으로 투표하는 성향을 보일 때는 그 정도가 덜하며, 정당에 초점을 맞추어 투표할 때 양당체제가 더 형성된다고 본다.

샷트슈나이더는 단순 다수대표제이면서 소선거구제를 운영하고 있는 미국의 선거제도에서는 대규모 정당일수록 그 정당의 득표율이 의석 획득률로 전환되는 정도가 커지기 때문에, 작은 정당보다 큰 정당이 훨씬 유리하다는 점을 강조했다.[4] 또한 큰 정당일수록 유리한 미국과 같은 선거제도에서 왜 제2당이 완전히 사라지지 않는가라는 이유에 대해서도 설명한다. 우선, 제2당 역시 특정한 몇몇 지역에서는 제1당으로서 유리한 이점을 누릴 수 있다는 것이다. 이와 더불어, 유권자들도 자신의 표가 무의미하게 되는 것을 꺼리기 때문에 당선 가능한 대규모 정당의 후보자에게만 투표함으로써 미국의 정당체제를 양당체제로 형성하는 데 기여한다는 심리적 효과가 역시 지적되었다.

레이파트는 비례대표제가 군소정당의 출현을 조장하여 다당체제를 형성하고, 다당제가 민의를 반영하는 데 더 효과적이라는 것에 사르토리와 동일한 견해를 갖는다.[5] 그러나 그는 비례대표제도가 실제 운영되는 과정에서 선거구 규모, 투표구 조, 의석배분방식, 진입장벽, 후보자 명부 작성방식 등 각종 제도와 맞물리는 경우 오히려 민의를 잘 반영하지 못할 수 있다는 점을 지적했다. 이를 설명하기 위해 레이파트는 불균형 비례대표성(disproportionality)이라는 개념을 사용하였다. 이는 샷트슈나이더가 일찍이 언급한 정당의 득표율과 실제 의석 획득률 간에 발생하는 차이에 주목한 개념이다. 하지만 샷트슈나이더는 대표성의 불균형 현상을 단순다수대표제에서만 찾았던 반면, 레이파트는 비례대표제에도 불균형적인 대표현상이 나타날 수 있다는 점을 지적했다. 레이파트는 결론적으로, 단순다수대표제와 비례대표제에서

---

4 Elmer E. Schattschneider(1942), 74–92쪽.

5 Arend Lijphart(1994), 57–77쪽.

모두 나타날 수 있는 불균형비례대표성으로 인해 다당체제가 감소되는 경향이 있으며, 정당의 수가 너무 많아도 불균형비례대표성이 증가한다는 연구 결과를 내 놓았다.

파월도 다당체제와 양당체제 중에서 다당체제가 더 민주적이라는 점을 효과적인 민의 대표성(effective representation) 개념을 사용하여 설명한다.[6] 그러나 단순 다수대표제나 비례대표제는 헌법상의 구상에 따라 달라진 것일 뿐, 모두가 민주적 제도이며, 각각 장단점을 모두 갖고 있다고 언급하였다. 비례대표제가 소수의 유권자도 정책의 고려 대상이 되도록 하여 민의 대표(effective representation) 개념을 사용하여 설명한다. 그러나 단순 다수대표제나 비례대표제는 헌법상의 구상에 따라 달라진 것일 뿐, 모두가 민주적 제도이며, 각각 장단점을 모두 갖고 있다고 언급하였다. 비례대표제가 소수의 유권자도 정책의 고려 대상이 되도록 하여 민의 대표성을 높일 수 있는 것이 사실이기는 하나, 책임소재의 명확성, 향후 정부의 식별 가능성, 과반수를 가능케 하는 정부위임의 정당성 등은 단순다수대표제가 채택된 경우에 더 효과적이라는 것이다. 그는 유권자의 의견이나 이해관계를 정부 또는 정책결정자가 반영하는 정도를 반응성(responsiveness)으로 나타내었는데, 정당 및 선거 수준에서 단순다수대표제와 비례대표제 모두가 반응성 측면에서는 이상향을 만족시키지 못한다는 사실을 밝혀냈다. 결국, 양당체제는 소수의 민의를 제대로 반영하지 못하고, 다당체제 하에서는 군소정당이 난립하는 경우에 정치가 불안정하여 민의를 효과적으로 반영하지 못할 수 있다는 것이다.

정치적 참여와 관련된 연구의 대부분은 정치참여가 학력, 소득, 계급 등의 사회경제적 지위가 높을수록 더 활발히 일어난다고 설명한다. 사회경제적 지위가 높은 유권자가 정치적 지식과 정보를 얻는 데 소요되는 자원, 즉 시간, 노력, 비용 등을 보다 쉽게 활용할 수 있기 때문이다. 그러나 워튼버그는 교육 수준의 향상에도 불구하고 대부분의 민주주의 국가에서 투표율이 감소하고 있는 현상을 지적했다.[7] 콘웨이는 워튼버그의 견해를 따랐다.[8] 2000년 실시된 미국 대선에 관한 연구에서 콘웨이는 미국 인구의 10%를 차지하는 히스패닉계 유권자들이 선거에서는 겨우 4%의 참여만을 보여주는 현상에 주목하여 저학력과 실업 혹은 사회조직 활동이 거의

---

6 G. Bingham Powell(2000).

7 Martin P. Wattenberg(2000), 65쪽.

8 Margaret Conway(2001), 81쪽.

없는 젊은 소수인종들에게서 선거의 기권 현상이 나타나고 있다는 점을 지적하였다.

립셋은 낮은 정치적 관심도와 정치참여를 유권자들의 현 정부에 대한 만족도가 반영된 것으로 보아야 한다는 관점을 가진다.[9] 또한, 립셋은 유권자들이 정치에 대해 높은 관심을 보일 때는 국가 위기의 순간이라고 주장한다. 프랭크린은 투표율의 저하를 경제적으로 발전된 민주주의 사회에서 선거제도의 중요성이 감소한다는 관점과 결부시켰다.[10] 노리스나 푸트남도 프랭크린과 유사한 시각을 가지고 민주주의 정부들이 유권자의 기대치를 만족시키는 수준이 저하되고 있음을 투표율 감소의 이유로 지적했다.[11] 특히, 1980년대에 여러 국가들에서 시민들의 정부와 정당에 대한 신뢰가 저하되었는데, 이는 세계화로 인한 국제 및 국내 환경의 복잡성 증가나 정부의 부패가 그 원인이라는 것이다. 비록 민주주의 정치가 국민의 지지를 바탕으로 해야 한다는 기본 원칙을 유지하고 있긴 하지만, 정부의 업적에 대한 최근 유권자들의 냉소적 시각이 증가함으로써, 이들이 점차 선거로부터 멀어지고 있다고 주장한다.

오커너와 새배토는 선거의 제도적 요인에 초점을 맞추어 미국과 유럽을 비교하면서 미국의 투표율이 다른 서구 유럽 민주주의 국가들에 비해 낮은 이유를 거주자 투표등록제(residential requirement of registration laws)나 부재자 투표제(absentee ballot laws) 등 까다로운 유권자 등록제도 때문이라고 지적하였다.[12] 그 외에 당선자가 모든 것을 독점하는 (winner-take-all) 다수대표제적 특징을 투표율 저하의 원인이라고 설명한다. 많은 경우, 채 과반도 넘기지 못한 득표의 후보 또는 정당이 정부 전체를 운영함으로써 나타나는 대표성의 한계가 유권자들로 하여금 냉소주의에 휩싸이게 하고, 이것이 다시 정치적 불신을 증대시킨다는 것이다.

알드리치, 그리고 로젠스톤과 한센은 유권자들의 정치적 불신을 정당 일체감 (party identification)과 정치적 효능감(political efficacy)의 개념으로 설명한다.[13] 정당 일체감은 유권자 개개인이 특정 정당에 대해 가지는 소속감 또는 동질감으로, 개인의 경험과 시대적 상황에 따라 달라진다. 알드리치는 특히 젊은 유권자 층에서 나타나는

---

9 Seymour Martin Lipset(1981).

10 Mark N. Franklin(2002).

11 Pippa Norris(1999); and Robert D. Putnam(1995).

12 Karen O'Conner and Larry J. Sabato(2002).

13 John Aldrich(1982); Steven J. Rosenstone and John Mark Hansen(1993).

이러한 정당 일체감의 약화와 감소가 그들의 투표율 감소로 이어진다고 보았으며, 이 같은 현상이 한동안 계속될 것이라고 예측했다. 정치적 효능감의 감소도 로젠스톤과 한센에 의해 투표율 감소의 중요한 원인으로 지적되었다. 이들은 민주주의 체제 하에서 유권자가 정치에 참여할 수 있고 자신의 의견이 정책에 반영된다는 믿음인 정치적 효능감이 유권자로 하여금 투표를 비롯한 각종 정치활동에 참여하도록 유도한다고 설명한다. 그러나 로젠스톤과 한센은 1970년대와 1980년대의 선거자료를 바탕으로 진행한 연구에서 정치적 불신이 유권자들의 투표행위를 결정하는 영향력을 갖지 못한다는 사실을 경험적으로 입증하였다.

한편으로는, 비록 정치적 불신이 투표율의 감소에 대해 직접적인 영향력을 미치지 않더라도 정치적 효능감과 정당 일체성의 저하를 통해 간접적으로나마 관계를 형성할 수 있을 것이라는 주장도 존재한다. 캔터와 미르비스는 정치적 불신이 정치참여를 통해 개인의 자유와 권리를 신장시킬 수 있다는 믿음인 정치적 효능감과 깊은 관계를 가지며, 유권자가 자신의 정치참여가 정책에 반영되지 않는다고 생각하면 투표에 참여할 동기도 잃게 되는 것은 당연한 현상이라고 주장했다.[14]

3. 혼합선거제도의 도입 및 운용

1) 도입배경

한국의 국회의원 선거는 〈표-1〉에서 보는 바와 같이 변화를 겪었으며 1948년 5월 10일 선거로 구성된 제헌국회로부터 2016년 4월 실시된 20대 국회의원 선거까지 다양한 방법에 의해 실시되었다. 그러나 대부분의 선거는 단순다수대표제에 의한 의원 선출방식을 주요 골격으로 하고 있었다. 특히 1963년 제6대 국회의원 선거부터는 비례대표제가 가미되어 현재까지 단순 다수대표제에 일부 국회의원을 비례대표제로 충원하는 혼합선거방식을 유지해 오고 있다.

단순다수대표제와 비례대표제를 혼합하는 선거방식은 기존연구 검토에서도 살펴본 바와 마찬가지로 이론적으로는 단순다수대표제가 가진 양당체제 강화 경향과

---

14 Donald I. Kanter and Philip H. Mirvis(1989).

불균형비례대표성에 의한 대표성의 왜곡현상을 완화하고 소수의 민의를 좀 더 잘 대변할 수 있도록 하기 위해 채택되었다. 혼합선거제도는 ① 소수파에게도 그 득표비율에 따라 원내에 의석을 부여하여 소수대표의 입지를 보장하고, ② 유권자의 표를 사장시키지 않고 이양시켜 사표를 방지함으로써 유권자의 의사를 존중하며, ③ 득표수와 의석수 간의 비례관계를 유지하여 의석비례에 있어 선거에 나타난 유권자의 의사와 균형을 유지하고, ④ 유권자의 의사를 가능한 최대로 반영함으로써 국회를 다양한 여론 논의의 장으로 만들기 위한 것이다. 또한 각 정당이 비례대표 명부에 필요한 분야의 전문가를 포함시킴으로써 국회 내에 전문인력을 충원한다는 취지도 갖고 있다.

하지만 한국의 역대 국회의원 선거제도에서는 권위주의 정권이 지속되던 약 30년의 기간 동안, 레이파트가 지적한 바와 마찬가지로, 오히려 비례대표제 도입을 통해 선거에서 나타난 민의를 고의로 왜곡하는 결과를 가져왔다. 제3공화국 시기에 처음 도입된 한국의 비례대표제는 정치적 안정을 도모한다는 명분 하에 정권의 정치적 권한을 강화할 목적을 가지고 있었다. 따라서 지역구 선거에서 얻은 의석을 바탕으로 제1당에게 일방적으로 유리하게 비례대표를 배분하는 방식을 취하였다. 제4공화국에서 시행된 유정회제도는 국회의원 정수의 3분의 1에 해당하는 의원을 대통령이 지명할 수 있게 함으로써 선거를 통한 민의 반영이라는 측면에서 극단적인 왜곡현상을 초래했었다.

〈표-1〉 역대 국회의원 선거제도

시기		대표방식	선거구	후보등록
1공화국	제헌	단순다수대표제	소선거구	선거인 추천제
	2대			
	3대			
	4대			
2공화국	5대	단순다수대표제(민) /제한연기제(참)	소선거구(민의원) 중 대선거구(참의원)	추천제 폐지 민/참의원으로 등록
3공화국	6대	단순다수대표제 /비례대표제	소선거구-지역구 비례대표제-전국구방식	정당공천제 및 무소속 출마 금지
	7대			
	8대			
4공화국	9대	단순다수대표제 /통일주체국민회의 간접선거	중선거구(2인) 유신정우회 추천제	정당공천제 및 무소속 출마 허용
	10대			

5공화국	11대	단순다수대표제 /비례대표제	중선거구(2인)-지역구 비례대표제-전국구방식	정당공천제 및 무소속 출마 허용
	12대			
6공화국	13대	단순다수대표제 /비례대표제	소선거구-지역구 비례대표제-전국구방식	정당공천제 및 무소속 출마 허용
	14대			
	15대			
	16대		소선거구-지역구 비례대표제-정당명부식	정당공천제 및 무소속 출마 허용
	17대			
	18대			
	19대			
	20대			
	21대	단순다수대표제 /준연동형 비례대표제	소선거구-지역구 준연동형 비례대표제-정당명부식	정당공천제 및 무소속 출마 허용

제5공화국 시절에도 역시 집권 여당이 항상 제1당이 될 수 있다는 가정 하에 비례대표 배분에서 제1당이 특혜를 받도록 배분, 비율을 조절하였다. 이처럼 제1당에게 유리한 비례대표의 인위적 배분은, 비록 그 비율이 완화되었다고는 하나, 제6공화국 초기인 제13대 국회의원 선거까지 유지되다가 제14대 국회의원 선거에서 비로소 인위적 조작을 배제한 채 각 정당이 획득한 의석수 비율에 따라 비례대표를 배분하였다. 그러나 획득 의석수 비율에 따른 배분은 이미 단순다수대표제가 본래 내포한 불비례대표성을 더욱 확대시키는 결과를 나타냈다.

제15대와 16대 국회의원 선거에서는 정당의 획득 의석수가 아닌 득표율에 기반을 두는 것으로 배분방식을 전환함으로써 불비례대표성을 완화하기는 하였으나, 여전히 지역구에서의 득표가 전국구 의석배분을 결정한다는 점에서 위헌적이라는 비판을 받았다.

기존의 국회의원 선거가 정당명부식 비례대표제를 시행하면서도 유권자가 별도의 정당투표를 할 수 없도록 하는 방식을 취하고 있기 때문에 위헌적이라는 2001년 헌법재판소의 판결은 제17대 국회의원 선거에서부터 유권자가 지역구 후보자와 선호 정당에 각각 분할하여 투표할 수 있도록 하는 1인2표제 시행의 직접적인 계기가 되었다.[15]

헌법재판소의 결정 이외에도 역대 선거에서 나타났던 다음과 같은 몇 가지 문제점을 해결하고자 한 필요성이 1인2표의 분할투표제를 도입하게 된 원인이었다.[16]

---

15 김왕식(2006), 156쪽.
16 Wang sik Kim(2005), 96쪽.

첫째, 불비례대표성의 완화이다. 과거의 국회의원 선거, 특히 제13대 국회의원 선거까지는 단순다수대표제가 가진 양당체제 강화 경향에 인위적 배분방식을 가진 비례대표 제도를 혼합함으로써 항상 제1당에게만 절대적으로 유리한 선거결과를 나타냈다. 이와 같은 기존의 비민주성 혹은 민의 대표성에 있어서의 한계가 분할투표 도입을 통해 완화될 것을 기대했다.

둘째, 유권자의 선거 참여율 제고이다. 1987년 민주화를 전후로 실시된 제12대와 13대 국회의원 선거에서는 투표율이 각각 84.6%와 75.8%였으나, 제14대 선거에서는 71.6%, 제15대 선거에서는 63.6%, 제16대 선거에서는 57.2%로 점차 낮아지는 추세에 있었기 때문이다.

셋째, 지역주의적 투표성향의 완화이다. 전통적으로 지역주의적 성향을 두드러지게 나타내던 영호남의 유권자들이 분할투표를 통해 타 정당 혹은 타 정당의 후보자에게 교차하여 투표할 수 있는 기회가 주어진다고 볼 수 있기 때문이다.

2) 비례대표 배분방식 변화와 이에 따른 비례대표성 변화

제3공화국 제6대 국회의원 선거에서 도입된 바 있는 혼합선거제도는 제4공화국에서 유신정우회 추천제도를 시행하던 9년을 제외하더라도 현재까지 30년이 넘게 운영되어 오고 있다는 점에서 선거사적 측면으로는 비교적 제도화 및 고착화된 선거 형태라고 볼 수 있다. 또한, 도입 초기와 권위주의 정부 시절에는 여당인 제1당에게만 일방적으로 유리하게 배분하던 비례대표를 점차 야당과 군소정당들에게도 확대 배분할 수 있도록 개선함으로써, 발전의 과정을 거쳐 오고 있다고 해석할 수도 있다.

〈표-2〉 비례대표 배분방식 변화

국회	비례대표 배분방식
6대	• 지역구 선거결과 제1당에게 전국구 의석 총수의 50%를 배분
	• 제2당은 잔여의석의 2/3을 할당받음
7대	• 나머지 의석에 대해서 제3당 이하 모든 정당에게 비례배분
8대	• 단, 지역구 선거에서 유효투표 총수의 5%나 총의석 3석 중, 어느 한 조건을 만족시키지 못한 정당은 제외
11대	• 지역구 선거결과 제1당에 전국구 의석총수의 2/3를 배분
12대	• 나머지 의석은 제2당 이하 모든 정당에게 의석비율에 따라 비례배분
13대	• 지역구 선거에서 과반수 정당이 있는 경우: 5석 이상을 확보한 정당들의 지역구 의석

	수에 따라 비례배분 • 과반수 의석 정당이 없는 경우: 제1당에 1/2를 배분하고 나머지를 5석이상 정당의 의석수에 따라 비례배분
14대	• 지역구 선거에서 5석 이상을 확보하거나 유효투표의 3%이상 득표를 한 정당의 지역 구 의석수에 비례배분
15대	• 지역구 선거에서 5석 이상을 차지하거나 유효투표 총수의 5% 이상을 득표한 각 정 당의 득표비율에 따라 배분
16대	• 단, 지역구 선거에서 3%~5%를 득표한 각 정당에 대해서는 1석씩 배분
17대	
18대	• 지역구 선거에서 5석 이상을 차지하거나 유효투표 총수의 3% 이상을 득표한 각 정 당의 정당투표 득표비율에 따라 배정
19대	
20대	
21대	• 준연동형 비례대표제로 비례대표 47석 중 30석에 한하여 유효투표 3% 이상을 득표 한 정당에 득표비율에 따라 연동형 비례의석 배분

위의 〈표-2〉는 비례대표 도입 이후 배분방식의 변화를 정리한 것이다. 먼저 비례대표제가 처음 도입되었던 제3공화국 당시에는 지역구 선거에서 제1당이 된 정당에게 전국구 비례대표 의석의 절반을 배분했으며, 그 결과 제6, 7, 8대 국회에서는 제1당이면서 여당인 민주공화당이 각각 22, 27, 27석의 비례대표 의석을 차지했었다.[17] 제2당에게는 나머지 절반의 비례대표 의석 중 3분의 2가 배분되었다.

제5공화국 당시의 비례대표 배분은 제1당이 비례대표 의석의 3분의 2를 차지하고, 나머지 비례대표 의석을 제2당 이하의 모든 정당이 지역구 선거에서 확보한 의석 비율에 따라 나누어 가지는 방식이었다. 이와 같이 제3공화국보다 제1당에게 더 유리한 배분방식으로 인해, 제11대와 12대 국회에서 여당이면서 제1당이던 민주정의 당이 양대 국회 모두 61석의 비례대표를 차지할 수 있었다. 이는 당시 비례대표 의석의 66%에 해당하는 비율로, 지역구 선거에서 50%의 의석을 확보하지 못한 여당이 총 의석에서는 50% 이상 확보가 가능하도록 해 주었다.

〈그림-1〉은 제3공화국과 제5공화국 당시의 비례대표성, 즉 정당별 득표율과 의석률과의 관계를 비교한 것이다. 각 그래프의 점선은 득표율과 의석률 간의 관계가 1:1로 유권자의 표가 정당의 의석에 완전히 반영된 것을 의미한다. 제3공화국 당시 정당 득표율과 의석률 비율이 1:1.29인데 반해, 제5공화국에서의 비율은 1:1.37로 높아져 득표율이 높은 정당일수록 더 많은 의석을 확보하게 되어 비례의 불균형

---

17 국회별 정당 의석수 현황은 〈부록-1〉 참고.

정도가 높아진 것을 보여 준다. 이는 제5공화국에서 비례대표 배분방식을 이전에
비해 제1당에게 더 유리하게 조정한 것과 아울러 비례대표 의석수도 전체의 3분의 1
가까이 증가되었기 때문에 나타난 현상으로 볼 수 있다.

〈그림-1〉 제6·7·8대 국회와 제11, 12대 국회의 득표율-의석률 관계 비교

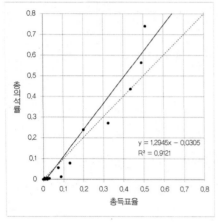 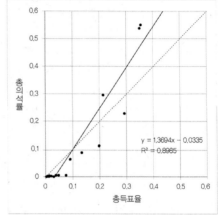

※ 비례대표성 계산에서 무소속의석수는 제외하고 계산함

　　제6공화국의 첫 국회인 제13대 국회의원 선거에서는 제1당에 배분되는 비례대표
의 비율이 완화되기는 하였지만, 여전히 제1당이 국회 내의 과반수 정당으로서
지위 유지가 가능하도록 하려는 기제는 갖추고 있었다. 지역구 선거에서 과반수
의석을 차지한 정당이 있는 경우, 5석 이상을 확보한 정당이 모두 지역구 의석수
비율에 따라 비례대표를 나누었지만, 과반수 정당이 없는 경우에는 제1당에게 비례대
표의 2분의 1을 배분한 이후에 지역구 5석 이상의 정당들이 의석수 비율에 따라
나머지 비례대표를 배분받았다. 선거 결과, 당시 여당이었던 민주정의당이 지역구
선거에서 87(38%)의 의석으로 과반수를 넘지 못하여 비례대표 의석의 2분의 1을
배분받았지만 여전히 전체 의석의 42%(125석)를 차지함으로써 제헌국회 이후 48년
만에 여소야대 국회가 구성되는 현상이 빚어졌다.
　　제14대 국회에서는 비례대표를 인위적으로 배분하던 기제가 완전히 폐지되고,
지역구 선거에서 5석 이상을 얻었거나 3% 이상의 득표를 한 모든 정당의 의석수
비율에 따라 비례대표를 배분했다.
　　〈그림-2〉는 제13대 국회와 제14대 국회의 비례대표성을 비교한 것이다. 민주화

직후 진행된 제13대 총선에서의 득표율—의석률 비율은 1:1.10으로 이전보다 불균형 정도가 현저히 낮아졌다. 비록 제1당이 과반수 의석을 확보할 수 있도록 인위적인 기제가 여전히 존재하긴 했지만 제5공화국 당시보다 훨씬 완화된 비례대표 배분방식 으로 인해 다수당인 민주정의당이 원내 과반수를 확보하는 데 실패한 점과 37석의 비례대표 의석을 3개 야당이 의석에 따라 배분받은 점이 불균형성을 낮출 수 있었던 원인이다. 제14대 총선에서는 득표율 대 의석률 비율이 1:1.25로 다시 높아졌다. 이는 제1당이었던 민주자유당이 무소속을 제외한 지역구 선거에서 과반수를 확보함 으로써 과반의 비례대표 의석을 배분받을 수 있었기 때문이다.

〈그림-2〉 제13대 국회와 제14대 국회 득표율—의석률 관계 비교

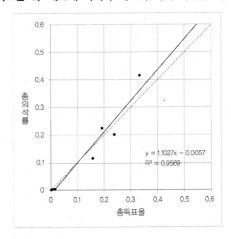
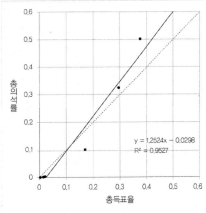

그러나 제15대와 16대 선거에서는 비례대표를 배분받을 수 있는 정당의 자격이 지역구 선거에서 5석 이상을 얻거나 득표율이 5% 이상 되는 정당으로 다소 강화되었 다. 지역구 득표율이 3~5%인 정당에 대해서는 1석의 비례대표만을 배분했다.

제17대 국회부터는 분할투표가 도입되면서 비례대표 배분의 기준이 의석수에서 득표율로 변화하였다. 지역구 선거에서 5석 이상을 차지했거나 정당 득표비율이 5% 이상인 각 정당에게 정당투표의 득표율을 기준으로 비례대표가 배분되도록 했다.

선거결과는 여당인 열린우리당이 정당 득표율 39%로 23석의 비례대표를 얻었으 며, 한나라당과 민주노동당, 새천년민주당이 차례로 37%, 13%, 7%의 정당 득표율을 기록해 비례대표를 21석, 8석, 4석 순으로 배분받았다. 당시 민주노동당의 의석구성 은 역대 선거에서는 볼 수 없었던 특이한 것이었다. 지역구 선거에서 겨우 2석으로

1% 미만을 득표한 민주노동당이 정당투표에서는 13% 이상을 득표해 무려 8석의 비례대표 의석을 차지했기 때문이다. 이는 소수파의 원내지위를 보장함으로써 원내에서 보다 다양한 국민의 요구를 논의하고 민의대표성을 높인다는 비례대표제의 본래 도입 취지가 실현된 것이었다.

　제18대 국회에서는 여당인 한나라당이 37%의 정당득표를 기록해 비례대표 22석을 확보했으며, 통합민주당은 25%의 정당득표로 비례대표 15석을 배분받았다. 그 뒤를 이어, 친박연대와 자유선진당, 민주노동당, 창조한국당이 각각 8, 3, 4, 2석의 비례대표를 차지했다. 특히 친박연대는 이전 제17대 국회에서 민주노동당이 보여준 사례와 비슷하게 지역구 의석에서는 5석(2%)밖에 차지하지 못했지만 정당득표에서 13% 이상을 얻음으로써, 분할투표를 통한 비례대표제의 수혜자가 되었다.

　〈그림-3〉은 지역구 선거에 근거하여 비례대표를 배분했던 제15, 16대 국회와 1인2표제를 도입하여 정당투표 득표율에 근거한 제17, 18대 국회의 득표율-의석률 비율을 비교한 것이다. 그래프를 보면 처음 1인2표제 도입 당시에 기대했던 불균형성을 완화하지 못했음을 알 수 있다. 오히려 이전 국회에 비해 불균형 정도가 근소하게 증가하였는데, 새로운 비례대표 배분방식이 비례대표성을 개선할 수 있을 것이라는 믿음을 유보할 필요가 있음을 보여주는 것이다. 다른 한 편으로는 제17대 총선 당시의 탄핵정국이나 제18대 총선의 경제회생 이슈와 맞물려 제1당인 열린우리당이나 한나라당이 과반수가 넘는 의석을 차지할 수 있었기 때문으로도 볼 수 있다.

〈그림-3〉 제15·16대 국회와 제17·18대 국회 득표율-의석률 관계 비교

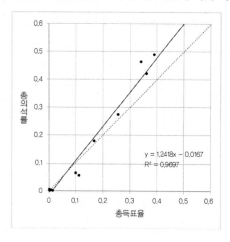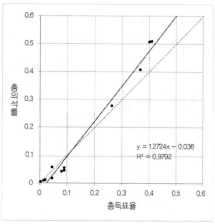

제19대 국회의원 선거는 총 의석이 300석으로 제18대에 비하여 1석 증가하였다. 제19대 총선거에서 여당인 새누리당이 42.8%의 정당득표율을 기록해 22석, 야당인 민주통합당은 36.5%로 21석, 통합진보당은 10.3로 6석, 그리고 자유선진당은 3.2%로 2석을 배분 받았다. 제19대 총선의 경우, 야권은 이명박 정부 심판론을 내세우며 2011년 하반기 재보궐선거에서 야5당 연대로 서울시장 선거를 승리로 이끌었고, 2011년 11월 한미자유무역협정(한미FTA) 협정의 강행처리로 수도권을 중심으로 여당에 반대하는 민심이 거세지자 총선 승리를 예상했다.

그러나 위기를 느낀 여당인 한나라당은 2011년 12월 박근혜 전 대표를 비상대책위원장으로 추대하였으며, 2월을 기해 당명도 새누리당으로 바꾸고 김종인 전 청와대 경제수석을 영입해 좌클릭 행보인 '경제민주화' 슬로건을 내세웠다. 따라서 새누리당의 친이계 의원들이 공천 반발로 탈당하려는 움직임을 보였으나 대부분 불출마로 끝나면서 오히려 예상과는 달리 새누리당이 〈부록-2〉와 같이 원내 과반수를 차지했다.

제20대 선거는 여당인 새누리당이 정당득표율에서 33.5%로 17, 더불어 민주당이 25.5%로 13석, 국민의당 26.7%로 13석, 정의당이 7.2%로 4석을 배분받았다. 선거 결과를 분석하면 여당인 새누리당은 패배하였으며, 민주당과 국민의당은 기회를 얻은 선거였다. 그러나 여당의 패배이자 범야권의 승리이긴 하지만 야권의 3개 정당에게는 각기 해결해야 할 과제를 준 선거였다.

〈부록-3〉에서와 같이 어떤 당에게도 안주할 수 없는 결과를 준 투표로 해석할 수 있다. 새누리당은 위기에 봉착했고, 더불어민주당은 승리는 했으나 그 승리가 유동표에 의한 것이고 호남지역 등 고정층들이 대거 빠져나갔으며 정당투표율이 낮아 사실상 불안한 상태였다. 국민의당은 기대를 훨씬 뛰어넘는 대승을 거두어 새로운 가능성을 보여준 선거였다.

지금까지 설명한 역대 선거에서 비례대표 배분방식에 의하여 나타난 선거결과는 〈부록-1〉에서 살펴보면 더욱 구체적으로 알 수 있다.

4. 선거 결과와 정당체제에 대한 영향

이미 언급한 바와 같이 제17대 국회의원 선거에서 처음으로 1인의 유권자가 지역구와 정당에 각각 투표할 수 있게 한 1인2표제는 선거 참여율 제고, 불비례대표성의 완화, 지역주의 투표성향의 완화를 목적으로 도입되었다. 그러나 제17대 국회의원 선거결과를 분석한 기존 연구결과에서는 위의 비례대표성 비교에서 제시된 바와 마찬가지로, 새로이 도입된 1인2표 투표제도가 당초 의도했던 효과를 충분히 거두지는 못하였음이 지적되었다. 제17대 총선 당시, 지역구 후보자와 정당에 대해 다르게 분할하여 투표한 20.8%의 유권자 비율은 유사한 제도를 시행하고 있는 다른 나라들과 비교할 때 낮은 수준에 불과한 것이며, 또한 지역주의 투표성향도 완화되지 않은 투표결과를 나타내었기 때문이다.

투표율 측면에서도 새 제도의 효과를 확인하기는 어렵다. 비록 제16대 총선 투표율 57.3%와 비교해 60.6%로 제17대 총선에서 3% 정도가 상승한 것으로 나타나고는 있지만, 이 증가가 1인2표제 투표제도와 직접적인 관계를 가진다는 증거를 찾을 수는 없으며, 외국의 사례에서도 1인2표제 도입이 투표율을 제고시키지 않았다는 점이 지적되고 있다.[18] 다만, 유권자의 정치 및 이념 성향에 따라 진보적 성향일수록 분할투표의 경향이 높았으며, 군소정당에 대한 지지자일수록 역시 분할투표 경향을 더 많이 보였다는 점은 쉽게 알 수 있었다. 이 점은 결국 분할투표가 이전의 비례대표 배분방식보다 군소정당이 의석을 차지하는 데 더 유리하게 작용하여 불비례 대표성을 다소 완화할 수 있는 가능성을 내포하고 있다는 것을 의미하는 것이다.

제17대 총선 결과를 분석을 중심으로 한 연구를 제18대 총선결과에도 적용하여 봄으로써, 1인2표 선거제도가 한국 정당체제에 미친 영향을 보면 다음과 같다.

1) 분할투표

제17, 18대 총선을 비교할 때 가장 두드러지는 특징 중의 하나는 유권자의 분할투표 성향이 제18대 총선에서 눈에 띄게 증가하였다는 점이다. 1인2표제가 처음 도입되었던 제17대 총선에서는 새 제도의 도입이 급하게 이루어져 유권자가 분할투표에 대한 정보를 충분히 획득하지 못했다는 점과 정당 비례대표 의석의 규모가 지역구 의석에 비해 크게 작은 점, 그리고 제도적 측면으로부터 얻는 효과에 비해 탄핵정국이라는 선거 쟁점에 훨씬 더 크게 영향을 받았기 때문에 분할투표의 효과가 상쇄된

18 김왕식(2006), 166–167쪽.

경향이 있다.[19]

제18대 총선에서는 유권자가 이미 1인2표제 선거제도에 대한 경험과 정보를 이전보다 많이 가지고 있었다는 점이 이전의 총선 때와는 달랐던 것으로 여겨진다. 선거쟁점의 측면에서 볼 때, 이전의 탄핵정국이 분할투표를 감소시키는 방향으로 작용했었다면, 제18대 총선 당시의 한반도 대운하 추진과 정부 및 여당에 대한 견제 필요성과 같은 유권자들의 문제의식이 분할투표를 증가시키는 요인이 되었다고 볼 수 있다.

분할투표의 증가 현상은 〈표-3〉과 〈표-4〉에 잘 나타나고 있다. 제17대 총선에서는 단지 진보적 성향의 유권자들만이 30%를 약간 웃도는 분할투표를 행사했던 데 비해, 제18대 총선에서는 진보와 중도 성향 유권자의 거의 절반에 가까운 인원이 분할투표를 행사하였다. 또한 보수성향의 유권자들 중에서도 분할투표 행사자가 25% 넘게 증가한 것을 알 수 있다. 중도와 보수 성향 유권자들의 분할투표가 25~30% 가까이 급격하게 증가한 현상에 대해서는 정부와 여당을 지지하는 유권자들이 여당이 중요하게 추진하려던 사업인 한반도 대운하 건설에는 반대하는 의견을 보여주었기 때문이라든지, 한나라당을 탈당하여 선거에 참여한 친박연대로 정당투표가 이탈하였기 때문이라는 해석이 가능하다. 또한 정부와 여당의 독주를 막고 야당에도 힘을 실어주어 국회 내에서 어느 정도 세력의 균형을 맞추어 줄 필요가 있다는 유권자의 의도가 반영된 것으로도 볼 수 있겠다.

〈표-3〉 제17대와 제18대 총선의 이념성향별 분할투표 비율(%) 비교[20]

		제17대 총선		제18대 총선	
		일괄투표	분할투표	일괄투표	분할투표
이념 성향	진보	69.4	30.6	59.9	40.1
	중도	78.2	21.8	51.6	48.4
	보수	88.6	11.4	62.8	37.2

〈표-4〉를 살펴보면, 대규모 정당의 지지자보다는 민주노동당이나, 친박연대와

---

19 위의 책, 159~160쪽.

20 김왕식, 위의 글(2006), 164쪽; 김민전, "분할투표로 본 총선 민심", 동아시아 연구원 웹사이트, [http://www.eai .or.kr/korean/project/pjbbs/pjbbsView02.asp?seq=843&blockNum= 1&pageNum=1&searchTyp e=&searchText =&cat1_code=&cat2_code=] (2009.3.10. 검색).

같은 군소정당의 지지자들에게서 분할투표가 평균을 웃도는 수준으로 더 많이 행사된 것을 볼 수 있다. 이는 당선 가능성이 높은 대형정당의 후보자에게 투표하여 자신의 표가 무효화 되는 것을 피하려는 심리적 동기로부터 비롯되기도 했겠지만, 민주노동당이나 친박연대와 같은 군소정당은 대규모 정당처럼 대부분의 지역구에 후보자를 내세울 수 없다는 근본적 문제와도 깊은 관련이 있는 듯하다. 비록 민주노동당이나 친박연대를 지지하는 유권자라 할지라도 자신이 속한 선거구에 이들 정당의 후보자가 출마하지 않은 경우에는 어쩔 수 없이 타 정당 후보를 차선으로 선택해야 하기 때문이다.

비록 1인2표 선거제도가 대규모 정당의 양당 독주를 막고 소규모 정당의 의회 내 입지를 보장해 주려는 의도가 있다고는 하지만, 군소정당이 가진 이와 같은 물리적 자원동원에 있어서의 한계와 관련된 문제가 여전히 그들의 의회진출을 가로막는 장애로 남아있기는 마찬가지이다.

〈표-4〉 제17대와 제18대 총선의 정당지지자별 분할투표 비율(%) 비교[21]

	제17대 총선					제18대 총선					
	열린 우리	한나라	민주 노동	민주	전체	한나라	통합 민주	자유 선진	친박 연대	민주 노동	전체
일괄 투표	80.8	86.2	64.9	81.4	79.2	69.2	72.5	65.6	25.7	43.8	58.9
분할 투표	19.2	13.8	35.1	18.6	20.8	30.8	27.5	34.4	74.3	56.2	41.1

2) 불비례대표성과 군소정당의 원내진입

1인2표 선거제도를 도입한 이후에도 소선거구에서 단순 다수대표제를 통한 지역구 선거가 국회의원 충원의 대부분을 차지하고 있는 것은, 앞의 문헌검토에서 언급된 군소정당이 가지는 자원 동원의 한계나 유권자가 나타내는 심리적 투표 성향과 더불어, 여전히 대규모 정당을 중심으로 한 정당체제가 유지되게 만드는 요인이 되고 있다.

그러나 분할투표로 말미암아 일부 소규모 정당이 원내 의석수 확보라는 측면에서 뜻밖의 좋은 결과를 나타낸 사례가 제17대 및 18대 총선에서 발견되었다. 제17대

---

21 김왕식. 위의 글(2006), 164쪽; 김민전(2009).

총선에서 민주노동당이 원내 10석을 차지했던 것과 제18대 총선에서 친박연대가 13개 국회의원 의석을 확보한 사례가 그것이다. 민주노동당은 제17대 총선 당시 지역구 선거에서 92만여 표로 약 4.3%를 득표하여 2개 의석을 차지하는 데 그쳤으나, 정당투표에서 2백 77만여 표로 13%가 넘는 득표를 함으로써 8개 비례대표 의석을 얻었다. 친박연대 또한 제18대 총선에서 지역구 선거는 64만 표, 약 4%에 못 미치는 득표로 5석의 의석을 얻었지만, 정당투표에서는 2백 89만 6천여 표를 얻음으로써 비례대표의 8.6%인 8석의 의석을 확보하는 결과를 보여주었다. 이들 두 정당은 새로운 분할투표제의 최대 수혜자가 된 것이다. 결국 지역구 선거에서는 유권자의 투표와 각 정당의 의석 점유율 간의 괴리인 불비례대표성이 변하지 않았지만, 적어도 정당투표에서 유권자의 투표율이 각 정당의 비례대표 의석 점유율에 반영됨으로써, 기존의 불비례 대표성이 다소 완화되는 잠재적 효과를 얻게 된 셈이다.

이와 같은 1인2표제의 도입이 실제로 기존의 불비례대표성을 얼마나 해소하였는지는 측정하기 위해 제17대 총선 결과를 이전의 비례대표 배분방식에 적용하는 시뮬레이션을 사용하였는데, 제18대 총선 결과에도 적용해 두 결과를 비교해 보면 〈표-5〉와 같은 결과를 얻을 수 있다. 민주노동당이 제17대 총선에서 실제 얻은 의석의 이득률 값은 78인데 반해, 제16대 선거 당시의 방식으로 비례대표를 배분하였을 때 이득률 값은 29로 현저히 저하된다. 따라서 민주노동당은 새로 도입된 1인2표로 인한 분할투표의 효과를 톡톡히 본 셈이다.

제18대 총선에서는 자유선진당과 친박연대, 민주노동당이 분할투표의 뚜렷한 혜택을 입었다. 실제 선거결과로부터 계산된 이 세 당의 이득률 값은 각각 207, 110, 52이나, 이를 이전의 비례대표 배분방식에 적용하면 그 값이 148, 48, 36으로 저하되며, 이러한 이득률의 저하는 친박연대가 가장 크게 나타난다. 즉 제18대 총선에서는 친박연대가 분할투표의 최대수혜자라는 의미이다. 반면, 열린우리당이나 한나라당, 통합민주당과 같은 대형 정당들은 비례대표 배분방식이 바뀌어도 이득률 값이 크게 변화지 않았다.

따라서 현행 1인2표제는 대형 정당에는 크게 영향을 미치지 않지만 군소정당이 원내에 진출하는 데는 도움이 되고 있으며, 이로 인해 불균형 비례대표성을 어느 정도 해소하는 효과를 나타내고 있다고 볼 수 있다. 불균형 비례대표성의 해소를 목적으로 한다면 향후 선거에서 지역구 의석수를 줄이고 정당투표에 의한 비례대표 의석을 늘리는 것도 한 가지 방법이 될 수 있을 것이라는 예측도 가능하다.

〈표-5〉 제17·18대 총선결과와 이를 제16대 총선 비례대표 배분방식에 적용한 시뮬레이션[22]

국회	구분	정당	득표율 (A)	의석률		보너스율		이득비		비례지수
				지역구 (B)	전체 (C)	지역구 (B)-(A)	전체 (C)-(A)	지역구 (B)/(A)	전체 (C)/(A)	이득 ×100
17대	시뮬	열린 우리당	41.3*	53.1	50.8	11.8	9.5	1.29	1.23	123
	실제		41.9	53.1	50.8	11.2	8.9	1.27	1.21	121
	시뮬	한나라	37.5*	41.2	40.5	3.7	3.0	1.10	1.08	108
	실제		37.9	41.2	40.5	3.3	2.6	1.09	1.07	107
	시뮬	민주 노동당	5.9*	0.8	1.7	5.1	4.2	0.14	0.29	29
	실제		4.3	0.8	3.3	3.5	1.0	0.19	0.78	78
	시뮬	새천년 민주당	7.7*	2.1	3.0	5.6	4.7	0.27	0.39	39
	실제		7.9	2.1	3.0	5.8	4.9	0.27	0.38	38
18대	시뮬	한나라	43.7**	53.5	51.5	9.8	7.8	1.22	1.18	118
	실제		45.1	53.5	51.2	8.4	6.1	1.19	1.14	114
	시뮬	통합 민주당	27.1**	26.9	26.8	0.2	0.3	0.99	0.99	99
	실제		27.5	26.9	27.1	0.6	0.4	0.98	0.99	99
	시뮬	자유 선진당	3.6**	5.7	5.4	2.1	1.7	1.57	1.48	148
	실제		2.9	5.7	6.0	2.8	3.1	1.97	2.07	207
	시뮬	친박 연대	5.6**	2.0	2.7	3.6	2.9	0.36	0.48	48
	실제		3.9	2.0	4.3	1.9	0.4	0.51	1.10	110
	시뮬	민주 노동당	3.7**	0.8	1.3	2.9	2.4	0.21	0.36	36
	실제		3.3	0.8	1.7	2.5	1.6	0.24	0.52	52

3) 투표율

민주화 이후 제13대 총선부터 하락추세에 있는 투표율의 제고 필요성 또한 1인2표제를 도입하게 된 중요한 요인 중 하나이다. 유권자가 투표행위를 통해 자신의

---

22 김왕식. 위의 글(2006). 173쪽; 김왕식은 이 같은 비교를 위하여 17대 총선의 정당 득표율에서 지역구 득표와 정당득표에 가중치를 두어 가상의 지역구 득표율을 계산함. 〈표-5〉은 저자가 김왕식의 기존 시뮬레이션에 제18대 총선결과를 추가하여 작성한 도표임. 여기서 "시뮬"은 실제 선거결과를 이전의 배분방식에 적용하여 얻은 값을 의미하며, "실제"는 제 17대 및 18대 총선의 실제 결과임.
* 제17대 총선 지역구 의석비중: (243/299)×100 = 0.813, 전국구 의석비중: (56/299)×100 = 0.187
(열린우리당 지역구 득표율 41.9%×0.813) + 열린우리당 정당 득표율 38.3%×0.187) = 41.3
** 제18대 총선 지역구 의석비중: (245/299)×100 = 0.819, 전국구 의석비중: (54/299)×100 = 0.181
(한나라당 지역구 득표율 45.1%×0.819) + 한나라당 정당 득표율 37.5%×0.181) = 43.7
위와 같은 계산을 통해 얻은 가상의 지역구 득표율에 따라 비례대표를 배분하여 전체 의석률 (C)의 값을 구할 수 있음.

정치적 의사를 효과적으로 전달할 수 있다고 여기는 정치적 효능감이나, 유권자의 이해관계가 자신이 지지하는 정당을 통해 정책에 반영될 수 있다고 믿는 정당일체감이 투표율을 높이는 데 기여한다는 사실은 서두에서도 언급했듯이 이미 기존의 연구들에서 밝혀진 바 있다.

수많은 유권자들의 다양한 이해관계를 정치과정에 반영하는 데는 양당체제보다 다당체제가 유리하다는 점도 역시 앞에서 다룬 레이파트나 파웰을 비롯한 여러 연구자들의 선행연구를 통해 살펴보았다. 이러한 관점에서 1인2표제는 그 도입 당시에는 불비례대표성의 해소를 전제로 유권자들의 정치적 효능감 및 정당일체감 조성과 더불어 투표율도 제고하는 데 기여할 수 있을 것으로 예견되었다.

실제로 제17대 총선 당시의 투표율은 이전 총선의 투표율인 57.2%보다 약 3% 이상 증가한 60.6%를 기록함으로써 유권자에게 투표동기를 제공하는 효과를 가지는 것처럼 보였다.[23] 그러나 제18대 총선의 투표율이 다시 46.1%라는 역대 국회의원 선거 중 최저치를 기록하며 하락세로 돌아서면서 1인2표 선거제도가 투표율을 향상시킬 수 있을 것이라는 도입 당시의 기대가 무색해졌다.

〈그림-4〉 역대 국회의원 총선거 투표율 변화[24]

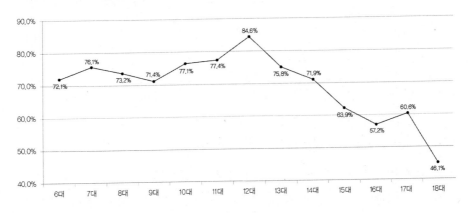

4) 지역주의 투표성향

지역주의 투표성향은 한국의 대의정치가 나타내는 중요한 특징 중의 하나로

---

23 박명호(2006), 449-452쪽.

24 중앙선거관리위원회 웹사이트 "역대 선거정보 시스템"에서 투표율 자료 참고. http://www.nec.go.kr/sinfo /index.html (2009.3.10. 검색).

1인2표 선거제도의 시행 이후에도 여전히 지속되고 있다. 제도를 도입하며 기대했던 지역주의 투표성향의 해소 또는 완화 효과가 없음을 의미하는 것이다. 〈표-6〉에서 보는 바와 같이 영남에 지역적 근거를 두고 있다고 볼 수 있는 한나라당은 제17대와 18대 총선에서 모두 50%가 넘는 득표율을 영남지역으로부터 얻고 있다.

〈표-6〉 제17 · 18대 총선 지역별 지역구 및 정당 득표율

국회	정당	투표방식	전국	서울	경기	충청	영남	호남	기타
17대	열린 우리당	지역구	42.0	42.8	50.0	53.7	37.5	68.0	57.9
		정당	38.3	37.7	46.0	53.8	34.3	64.8	44.7
	한나라	지역구	37.9	41.3	35.4	17.6	55.8	0.8	39.5
		정당	35.8	36.7	31.7	20.8	50.8	0.8	36.8
	민주 노동당	지역구	4.3	3.4	4.8	6.5	4.8	3.9	0
		정당	13.0	12.6	12.2	13.2	13.5	12.5	18.4
	새천년 민주당	지역구	7.9	9.8	8.0	0.9	1.0	23.4	0
		정당	7.1	8.4	7.8	1.9	1.0	18.8	0
18대	한나라	지역구	45.1	50.0	48.2	53.4	52.9	6.5	42.0
		정당	37.5	40.2	40.7	28.6	46.7	7.3	42.0
	통합 민주당	지역구	27.5	36.3	36.0	23.6	6.0	60.0	29.2
		정당	25.2	28.3	26.0	18.2	8.8	66.8	21.8
	자유 선진당	지역구	2.9	2.3	2.9	34.5	2.0	0.3	7.1
		정당	6.9	4.8	5.0	29.3	4.1	1.2	5.8
	친박 연대	지역구	3.9	1.9	3.1	3.0	8.1	0	0.4
		정당	13.2	10.4	11.3	9.2	23.2	1.9	12.3
	민주 노동당	지역구	3.3	2.0	2.9	1.4	5.4	4.2	3.6
		정당	5.7	3.8	5.0	4.8	6.7	9.0	7.0

친박연대 역시 영남을 근거지로 삼아 제18대 총선에 참여하여 주로 영남지역에서 의석을 확보하였다. 친박연대는 지역구에서 자신이 얻은 득표에 비해 정당투표에서 월등히 높은 득표율을 기록하였는데, 이는 친박연대가 가진 정치적 성향과 지역적 기반이 한나라당과 유사하다는 점으로부터 기인되었다고 할 수 있다. 즉, 지역구 선거에서는 당선이 유력한 대형 정당인 한나라당 후보자에게 투표하고 정당투표에서 는 친박연대로 표를 분할하여 행사한 유권자가 많았음을 시사하는 것이다.

호남에 주로 지역적 근거를 둔 민주당, 통합민주당, 열린우리당도 다른 지역에서 의 득표율과 비교할 때, 호남지역에서 월등히 높은 득표를 하고 있는 것을 볼 수 있다. 영남과 호남에 서로 다른 지지기반을 둔 정당들은 여전히 영·호남 중 자기 지역에서는 몰표를 받는 대신 상대 지역에서는 매우 저조한 득표를 받는 과거와

같은 현상을 보이고 있다.

이와 같은 지역주의 투표성향에 대해 한국의 선거제도는 전통적으로 소선거구 단순다수대표제로 치러지고 있으며, 비록 비례대표제가 가미되었다 하더라도 그 규모가 전체 의석의 20% 미만으로 매우 제한적이기 때문에 이론적으로 보자면 대형 정당 중심의 양당체제가 구성되어야 하지만, 지역에 지지기반을 두고 있는 정당들이 계속해서 원내에 일정한 의석을 확보해왔다는 사실은 다당체제가 유지될 수 있게 한 원인이 되었다.

이는 지역주의 투표성향이 이미 한국의 정당체제에서 다당체제를 수립하였기 때문에 소선거구 단순다수대표제에 비례대표제를 가미함으로 인해 나타나는 다당체제 형성 효과를 관찰하기가 어렵다는 설명도 가능하리라 생각된다. 단순다수대표제라 할지라도 유권자가 후보자의 정당보다는 인물에 중점을 두어 투표하는 성향을 보일 때는 양당체제 성립 정도가 약하다는 사르토리의 설명 역시, 한국 정당체제의 다당체제 경향을 설명할 수 있는 것으로, 비례대표제로 인한 다당체제 형성 여부를 확인하기 어렵게 하는 요인 중 하나로 볼 수 있다.

5. 결론

2008년 한 해 동안 한국정치사회는 역대 최저 총선 투표율이나 촛불시위, 경제위기에 대한 정치권의 무반응과 같은 사건들로 인하여 국가발전에 많은 어려움을 겪었다. 심지어 대의민주정치의 위기론으로까지 확산되고 있는 실정이다. 특히, 낮은 투표율이나 촛불시위와 같은 현상은 유권자의 정치적 효능감과 정당일체감 수준이 낮기 때문에 정치적 의사가 절대적 무관심과 적극적 요구라는 두 극단적 양태로 표현된 것으로 볼 수 있다.

한국정치가 국회의원 선거에서 도입하여 지역구 선거와 병행 시행하고 있는 비례대표제도는 혼합선거로서 유권자의 의사를 선거에 가능한 최대로 반영하여 그들의 정치적 효능감이나 정당일체감을 향상시킬 수 있도록 하기 위한 것이었다. 이런 예측과는 달리 2008년에 나타난 일련의 정치적 위기 징후들은 혼합선거제도를 시행함으로써 얻으려 했던 애초의 목적이 효과적으로 실현되지 않았음을 보여주는 것으로 해석할 수 있다.

따라서 비례대표제가 당초 의도했던 효과를 얻지 못했는가에 대한 답을 얻기 위해, 본 논문은 역대 비례대표제의 변화와 그 변화가 정당체제에 미친 영향을 살펴보았고 다음과 같은 몇 가지 결론을 도출해 낼 수 있었다.

첫째, 한국이 제3공화국 이후로 줄곧 채택해 오고 있는 혼합선거제도는 소선거구 단순다수대표제 선거가 가지는 유권자 의사의 불충분한 대표현상을 완화하고자 비례대표 선거방식을 가미한 국회의원 충원방식이었다. 그러나 역대 권위주의 정권들은 비례대표 선거제도를 본래의 취지와는 전혀 다르게, 오히려 유권자의 민의를 왜곡하여 정권의 안정성을 확보하는 차원으로만 활용해 왔다. 역대 정권이 정치적 목적을 가지고 필요에 따라 선거제도, 특히 비례대표의 배분방식을 여러 차례 바꿈으로써, 한국의 선거제도가 제도화의 관점에서 낮은 수준에 머무르고 있다는 비판을 받아 온 것도 사실이다.

그러나 다른 한편으로는 1963년 비례대표제가 처음 도입되어 40년이 넘게 지속적으로 운영되어 오고 있다는 점과, 민주화 과정을 거치며 그 배분방식의 불합리성도 개선 및 발전되었다는 점, 그리고 이 같은 비례대표 제도를 통해 과거에는 생각조차 할 수 없었던 민주노동당과 같은 진보적 이념정당이 원내에 위치를 확보할 수 있게 된 점 등을 고려한다면, 이제 한국의 혼합선거제도는 상당히 높은 제도화 수준에 이르렀다고 볼 수도 있을 것이다.

둘째, 지난 제 7대 국회부터 도입된 1인2표제 비례대표 선출방식은 그 효과를 경험적으로 검증하기가 아직 이르다는 점이다. 소선거구 단순다수대표제가 가진 양당체제 강화 경향과 불비례대표성의 완화, 유권자의 정치적 효능감 고양을 통한 선거 참여율 제고, 지역주의적 투표성향 완화 등의 도입 목적이 달성되었는지 여부를 확인하기 위해 필요한 자료가 지난 두 차례의 총선 경험만을 통해서는 아직 충분하지 못 할 뿐더러, 양대 선거 당시 탄핵정국이나 경제회생 필요성과 같은 쟁점이 새로운 제도의 효과를 상쇄할 수 있을 만큼 충분히 강력했다는 점도 부인하기 어렵다. 따라서 1인2표제의 효과를 평가하기 위해서는 앞으로 몇 차례의 총선을 더 지켜보아야 할 필요가 있다.

셋째, 한국의 혼합선거, 즉 부분적 비례대표제는 권위주의 정부 시기동안 일반적인 의도와는 정반대 배경과 의도를 가지고 도입 및 운영되었다. 본문에서도 여러 차례 언급하였듯이, 단순 다수대표제를 채택한 지역구 선거에 비례대표 제도를 가미하는 것은 단순다수대표제가 가진 양당체제 강화 경향과 불균형비례대표성에 의한 대표성의 왜곡현상을 완화하고 소수의 민의를 좀 더 잘 대변할 수 있도록 하기 위한 것이다. 그러나 한국의 경우에는 혼합선거가 시행되기 이전부터, 단순다수대표제만을 채택하고 있었음에도 불구하고 이미 다당체제 경향을 나타내고 있었다. 권위주의 정권들은 이러한 다당체제 경향을 극복하고 여당이 안정적인 의석을 확보하기 위한 의도에서 비례대표제를 도입했던 것이다. 이 부분이 역대 한국 선거제도가 보여주는 특이한 현상으로 지적될 수 있을 것이다.

넷째, 한국 정당체제가 비례대표제 도입 이전에 이미 다당체제적 성격을 띠었던 까닭으로는 유권자들이 선거에서 보여준 투표행태, 즉 인물을 중심으로 한 투표와 지역적 투표성향 때문으로 해석할 수 있으며, 이는 비례대표제 도입으로 인한 효과를 제대로 측정할 수 없게 만든 원인이기도 하다. 지역에 기반을 두고 선거에 참여한 정당들이 원내에 적지만 계속해서 일정한 의석을 확보해 왔다는 점과 선거에 참여한 정당보다는 후보자의 인물을 투표의 기준으로 삼는 한국 유권자의 특성이 군소정당이나 무소속 후보의 당선가능성을 높여온 것이다.

그렇기 때문에 비례대표제가 도입된 이후에 나타나는 군소정당의 원내진입이 새로운 제도로 인한 것인지 아니면 유권자들의 투표행태로 인한 것인지 구별해내기 어려운 것이다. 이러한 관점에서 보자면, 비록 민주화된 이후에 유권자들의 지역투표 성향이 한국 정치의 고질적 병폐로 지적받고 있기는 하지만, 과거 권위주의 정권 시절에는 정부 여당의 독주를 막는 긍정적 역할을 수행했던 것으로 평가할 수도 있다고 본다.

다섯째, 정당보다는 인물이나 지역적 기반에 더 중점을 두는 유권자의 투표행태가 가장 최근의 제18대 총선결과에서까지 관측되는 점은 한국 정당체제가 정책을 중심으로 한 구분보다는 지역이나 특정인물을 중심으로 한 구분에 의해 형성되고 있음을 보여주는 것이기도 하다. 지난 제18대 선거에서는 한국 선거사상 처음으로 정책정당화를 위한 매니페스토(Manifesto)가 도입되었고 실제 주요 정당에서는 선거공약집을 매니페스토 형식에 담아 발표하였지만 이는 투표에서 크게 효과를 나타내고 있지 못하다.

제18대 총선에서 볼 수 있었던 열린우리당 해체와 통합민주당의 창당, 친박연대의 한나라당으로부터 분당, 민주노동당과 진보신당의 분할 등과 같은 정당체제 개편이 비단 지난 선거에만 국한되는 현상은 아니다. 이는 한국정치를 연구한 학자들에 의해 이미 여러 차례 지적된 폐단 중의 하나인 인물과 지역을 중심으로 한 정당체제 형성, 즉 특정 인물의 의사에 따라 정당이 소멸, 생성, 혹은 이합집산하는 현상이 현재에도 존재하며 앞으로도 지속될 가능성이 높다는 사실을 보여주는 사례라 볼 수 있겠다.

만일, 이와 같은 다당체제와 군소정당의 이합집산이 한국의 정치문화에서 사라지기 어려운 현상이라면 오히려 이를 제도화 하는 방향으로 선거제도의 개선을 이루는 방안에 대해 검토할 필요도 있을 것이다.

첫째, 현재 시행 중인 1인2표제를 통한 비례대표 의석 충원의 규모를 좀 더 확대하는 것이다. 현재 비례대표 의석의 규모는 국회의원 총 의석인 300석 중 47석으로 불과 15.6%에 지나지 않는다. 이 같은 비율로는 앞서 언급한 바와 같이 현재 한국의 약한 다당체제가 선거제도로 인한 것인지 아니면 다른 이유 때문인지 구별하기 어려울 뿐만 아니라, 애초 비례대표제를 통해 얻으려 했던 불비례대표성의 완화 및 민의 대표성의 증대효과를 충분히 얻기 힘들기 때문이다.

둘째, 현재의 소선거구 단순다수대표제 방식에 결선투표방식을 도입하는 방안이다. 이를 통해 기존에 존재하는 군소정당들의 존재를 인정하고, 이들이 비록 작은 규모의 정당이라 할지라도 선거 과정에서 정당 간의 연합을 통해 자신의 정책을 구현할 수 있는 가능성을 높일 수 있을 것이기 때문이다.

셋째, 선거구의 규모를 소선거구에서 중선거구로 확대하는 방안도 가능할 것이다. 1개의 선거구에서 인구 규모에 따라 2인 이상의 당선자를 선출하는 방식은 선거에 참여한 후보자들 간의 치열한 경쟁을 완화하는 효과를 얻는 것과 더불어, 지역구 선거에서도 군소정당들의 당선 가능성을 높여줌으로써 다양한 유권자들의 민의를 대변할 수도 있을 것이다.

최근 한국정치에서 국회에 대한 국민들의 신뢰 저하는 더욱 확산되고 있다. 1인2표제를 통한 선거제도의 개혁은 정책정당화, 정당의 지역주의 완화, 국회의원에 대한 신뢰성 제고를 통한 선진화된 의회정치의 제도화를 추구하고 있으나, 오히려 국회의원들의 행태나 의정운영은 후진적 양상을 나타내고 있다.

넷째, 국회는 2019년 12월 27일 야당인 자유한국당의 불참 하에 준(準)연동형 비례대표제의 도입, 선거연령을 18세로 하향하는 내용을 골자로 한 공직선거법 개정안을 통과시켰다. 27일 오후 국회 본회의에서 김관영 바른미래당 의원이 대표발의안 공직선거법 일부 법률개정안은 재석 167인 찬성 156인 반대 10인 기권 1인으로 가결됐다.

2019년 4월말 패스트트랙(신속처리)안건으로 지정된 공직선거법 개정안은 더불어민주당 · 바른미래당 · 정의당 · 민주평화당과 대안신당 창준위 등 이른바 '4+1 협의체'가 낸 선거법 수정안이다. 동 개정안은 국회의원 총 의석수 300석 중 지역구 253석, 비례대표 47석을 선출하는바, 연동형 비례대표제를 골자로 하되 지역구 대 비례대표 의석 비율은 현행대로인 253 대 47로 하고 연동률 적용 대상 비례대표 의석은 내년 총선에 한해 47석 중 30석에만 '연동형 캡(cap)'을 적용해 연동률 50%로 한다는 내용이다. 또 선거연령을 18세로 인하하는 내용도 담겼다. 다만 막판 논의를 거치며, 그간 개혁 방안으로 언급됐던 석패율제나 권역별 비례대표제는 수정안 내용에서 빠졌다.

상기 선거법 개정안이 국회에서 통과됨으로 오는 4월 15일 실시될 제21대 총선거는 여러 가지 차원에서 어떤 선거 결과가 나올지 예측 불가이다. 벌써부터 비례대표의석을 가급적 최대한 확보하기 위하여 주요 정당들이 자당의 위성정당 형태로 '비례○○당'이 등장할 가능성도 있었지만, 이 문제는 중앙선관위에서 2020년 1월 13일 전체회의를 개최, 「정당법」 제41조(유사 명칭 등의 사용 금지) 제3항에 위반된다고 결정함으로써 더 이상 '비례○○당' 명칭은 사용할 수 없다.[25]

중앙선거관리위원회의 결정으로 자유한국당은 종래 결정하였던 '비례한국당' 명칭을 사용할 수 없게 되자, 지난 2월 5일 '미래한국당'을 창당하여 오는 4월 국회의원 선거에 비례대표 후보자를 입후보시킬 예정이다. 미래한국당은 대표에 자유한국당에서 탈당한 한선교 의원을 선출하고 또한 황교안 자유한국당 대표 등 당 지도부가 미래한국당 창당대회에 대거 참석한 것에서도 비례대표 후보자 당선을

---

25 중앙선관위 보도자료(www.nec.go.kr; 2020.1.13.).

겨냥하였다는 것이며, 따라서 미래한국당이 자유한국당의 위성정당임을 사실상 나타내고 있다.26

이에 대하여 더불어민주당 등 다른 정당들은 "코미디 같은 정치 현실에 한마디로 참담함을 금할 수 없습니다." 라고 비판하는가 하면, 반면 이런 비판에 대하여 자유한국당은 "미래한국당 창당은 무너지는 나라를 살리기 위한 자유민주세력의 고육지책입니다." 이라고 맞서 대응하고 있는 상황이다.

이런 상황에서 중앙선관위가 안철수 전 국민의당 대표가 중심이 되어 추진하려던 '안철수신당' 명칭의 사용을 불허하고 또한 2월 6일 중앙선관위는 이번 총선부터 비례대표 국회의원 후보를 당 지도부의 자의적인 판단에 따라 '전략공천'하는 것이 불가능하다고 결정함으로서 4월 국회의원 선거에 적용되는 연동형 비례대표제에 여러가지 변수가 등장하고 있다. 26)

중앙선관위는 지난해 말 개정돼 이달 14일부터 시행된 공직선거법은 '정당은 비례대표 후보를 추천할 경우 민주적 심사 절차를 거쳐 대의원 · 당원 등으로 구성된 선거인단의 민주적 투표절차에 따라 추천할 후보를 결정한다'고 규정하고 있다고 말하면서 이에 중앙선관위는 2월 6일 전체 위원회의를 열어 개정 선거법을 이번 총선부터 적용하기 위한 구체적인 판단기준을 마련했다고 밝혔다.

현재 중앙선거관리위원회에 등록된 정당은 〈부록-4〉에서와 같이 39개 정당, 오는 총선거를 겨냥하여 창당준비위원회로 등록된 경우도 〈부록-5〉과 같이 19개가 되어 우후죽순으로 창당, 선거에 참여할 가능성도 많다. 그러나 과거 알바니아 등에서 실시했던 연동형 비례대표제가 한국의 경우, 과연 군소정당의 의회진출 확대, 지역주의 완화, 정치신인 진출 확대 등의 긍정적인 효과를 낼 수 있을지 미지수이다.27

또한 선거연령이 〈부록-6〉과 같이 18세로 하향되면서 53만 7천여 명(2001.4.17.- 2002.4.16 출생자)이 선거권을 갖게 되며, 이 중 약 14만 명에 달하는 고등학교 3학년 유권자의 향배도 관심 대상이다. 그러나 선거법 개정안이 졸속으로 처리되어 벌써부

---

26 중앙선거관리위원회 보도자료(www.nec.go.kr; 2020.2.6)

27 개정된 선거법에 따라 지난 20대 총선에 대비할 경우 더불어민주당은 115석, 자유한국당은 111석, 국민의당은 52석, 정의당은 11석을 얻게 됨. 더불어민주당과 자유한국당은 당시 실제 당선자 수보다 각각 8석과 1석이 줄게 되며, 반면 국민의당은 실제보다 14석, 정의당은 5석이 늘어남. 비례대표 의석수로만 따지면 더불어민주당은 5석(실제 당선 수 13석), 자유한국당은 6석(17석), 국민의당은 27석(13석), 정의당은 9석(4석)을 확보하게 됨.

터 문제점이 등장하기 시작했다. 중앙선거관리위원회가 2020년 1월 12일 국회에 공문을 보내 지난 연말 개정된 「공직선거법」을 보완해줄 것을 요구했다. 선거권 기준연령을 만 18세로 낮춘 것과 관련해 "고등학교의 정치화 등 교육현장의 혼란이 우려된다"며 입법 보완을 주문했는데 그 내용은 다음과 같다.[28]

즉, 중앙선거관리위원회는 초·중등학교 내 예비후보자 명함 배부금지 여부, 초·중등학교 내 연설 금지 여부, 초·중등학교 내 의정보고회 개최 금지 여부, 공무원의 지위를 이용한 선거운동 금지 조항 등에 사립학교 교원 포함 여부 등을 보완이 필요한 항목으로 적시했다. 또한 선관위는 헌법재판소에서 2016년 위헌 결정이 난 비례대표 국회의원 선거 후보자 기탁금(1,500만 원) 문제에 대해서도 보완 입법을 촉구했다. 헌재는 비례대표 선거 후보자 기탁금과 당내 공천심사에서 탈락한 예비후보자가 기탁금을 돌려받지 못하는 조항에 대해 헌법불합치 결정을 내렸다. 그러나 국회는 3년 넘게 관련 개정법을 통과시키지 않았다.

개정된 공직선거법에 따라 실시될 4월 총선거는 역대 어느 선거보다도 혼돈 속에서 치러질 것 같다. 여당인 더불어민주당은 청와대 출신 인사들이 대거 선거전에 예비후보자로 등록하여 민주당에서조차 지나치게 청와대 출신 인사들이 많아 '문재인 정권 심판'으로 선거분위기가 바뀔 경우, 선거에 악영향을 줄 것이라는 우려가 제기되고 있다.[29] 또한 자유한국당의 경우, 위성 비례정당인 미래한국당의 창당이 과연 유권자로부터 얼마나 지지를 받을 수 있을지에 대한 우려이다.

또한 자유한국당과 새로운 보수당의 합당 움직임, 바른미래당·평화민주당·대안신당의 합당문제, 안철수 중심의 신당 창당, 30/40대가 주축이 되어 정치판을 변화시키겠다는 '시대 전환' 등 신생정당의 창당, 예비후보자를 각 지역구마다 평균 2-3명씩 등록시키면서(2월 7일 현재 총 예비후보자 등록 2056명 중 883명 등록), 국민 1인당 150만 원씩 국민배당금을 주겠다는 허경영 전 대통령후보(15, 17대) 중심의 국민혁명배당금당, 문재인 대통령 하야를 주장하면서 청와대 앞 시위를 주도하고 있는 전광훈 목사 중심의 자유통일당 등에 대한 유권자의 평가 등이 어떻게 선거결과에

---

28 중앙선거관리위원회 보도자료(www.nec.go.kr; 2020.1.12)

29 21대 국회의원 선거에 예비후보자로 등록한 인사 중 문재인 정부 대통령 비서실에서 근무한 이력이 있는 후보자는 총 44명임. 이는 역대 정부들 가운데 최대 규모임. 이명박·박근혜 정부 때 치러진 19·20대 총선에서 청와대 출신은 10명 안팎에 그쳤고 노무현 정부(18대) 때도 30명 내 였음. 「서울경제」(2020.2.3.).

영향을 미칠지 알 수 없다. 특히 최근 확산되고 있는 신종 코로나바이러스에 대한 정부·여당의 대책과 이에 대한 야당의 비판도 역시 유권자의 중요한 평가 기준으로 등장할 가능성이 높아 4월 국회의원 선거 결과는 예측하기 어렵다.

최근 한국정치에서 국회에 대한 국민들의 신뢰 저하는 더욱 확산되고 있다. 1인2표제를 통한 선거제도의 개혁은 정책정당화, 정당의 지역주의 완화, 국회의원에 대한 신뢰성 제고를 통한 선진화된 의회정치의 제도화를 추구하고 있으나, 오히려 국회의원들의 행태나 의정운영은 후진적 양상을 나타내고 있다. 〈부록-7〉에서와 같이 한국의 정당사를 보면 너무도 많은 정당이 창당되거나 선거 후 소멸됨으로써 국민들에게 정당에 대한 불신을 야기시키고 있다.

특히 오는 4월 제21대 국회의원 선거를 겨냥하여 비례대표에서 의석을 차지할 목적으로 새로 창당한 정당들이 많아 국민들은 혼란을 겪고 있다. 이 중 상당수 정당들은 총선 후 정당요건을 제대로 갖추지 못하여 소멸될 것이다. 정당법 제44조 제3항은 국회의원 선거에서 유효투표총수의 100분의 2 이상을 득표하지 못하면 정당등록이 취소되도록 규정하고 있다.

선거제도와 정당체제의 변화는 민주정치 발전에 중요한 요소이다. 그러나 한국 정치의 경우, 선거제도의 개혁을 통한 정당체계의 변화를 추구하는 민주정치 발전과 제는 일정한 한계성을 나타내고 있다. 따라서 제도개혁 이전에 정치인을 비롯한 사회구성원의 민주정치의식 함양과 유권자의 합리적 선택이 우선되어야 함을 말해 주고 있다. 이는 한국정치가 선진정치로 발전하기 위하여 시급히 해결해야 될 중요한 과제이다.

〈부록-1〉 6대~20대 국회별 비례대표 배분방식 및 각 정당 의석

국회	원내정당	득표율 (%)	총 의석	지역구 의석	전국구 의석	비례대표 배분방식
6대	민주공화당	33.5	110	88	22	• 지역구 선거결과 제1당에게 전국구 의석 총수의 50%를 배분 • 제2당은 잔여의석의 2/3를 할당받음 • 나머지 의석에 대해서 제3당 이하 모든 정당에게 비례배분 • 단, 지역구 선거에서 유효투표 총수의 5%나 총의석 3석 중 어느 한 조건을 만족시키지 못한 정당은 제외
	민정당	20.1	41	27	14	
	민주당	13.6	13	8	5	
	자유민주당	8.1	9	6	3	
	국민의당	8.8	2	2	0	
7대	민주공화당	50.6	129	102	27	
	신민당	32.7	45	28	17	
	대중당	2.3	1	1	0	
8대	민주공화당	48.8	113	86	27	
	신민당	44.4	89	65	24	
	국민당	4	1	1	0	
	민중당	1.4	1	1	0	
11대	민주정의당	35.6	151	90	61	• 지역구 선거결과 제1당에 전국구 의석총수의 2/3를 배분 • 나머지 의석은 제2당 이하 모든 정당에게 의석비율에 따라 비례배분
	민주한국당	21.6	81	57	24	
	한국국민당	13.3	25	18	7	
	무소속	10.7	11	11	0	
	민권당	6.7	2	2	0	
	신정당	4.2	2	2	0	
	민주사회당	3.2	2	2	0	
	민주농민당	1.4	1	1	0	
	안민당	0.9	1	1	0	
12대	민주정의당	35.2	148	87	61	
	신한민주당	29.3	67	50	17	
	민주한국당	19.7	35	26	9	
	한국국민당	9.2	20	15	5	
	무소속	3.2	4	4	0	
	신정사회당	1.4	1	1	0	
	신민주당	0.6	1	1	0	
13대	민주정의당	34.0	125	87	38	• 지역구 선거에서 과반수 정당이 있는 경우: 5석 이상을 확보한 정당들의 지역구 의석수에 따라 비례배분 • 과반수 의석 정당이 없는 경우: 제1당에 1/2를 배분하고 나머지를 5석이상 정당의 의석수에 따라 비례배분
	평화민주당	19.3	70	54	16	
	통일민주당	23.8	59	46	13	
	신민주공화당	15.6	35	27	8	
	무소속	4.8	9	9	0	
	한겨레민주당	1.3	1	1	0	
14대	민주자유당	38.5	149	116	33	• 지역구 선거에서 5석 이상을 확보하거나 유효투표의 3%이상 득표를 한 정당의 지역구 의석수에 비례배분
	민주당	29.2	97	75	22	
	통일국민당	17.4	31	24	7	
	무소속	11.5	21	21	0	
	신정치개혁당	1.8	1	1	0	
15대	신한국당	34.5	139	121	18	• 지역구 선거에서 5석 이상을 차지하거나 유효투표 총수의 5% 이상을 득표한 각 정당의 득표비율에 따라 배분
	새정치국민회의	25.3	79	66	13	
	자유민주연합	16.2	50	41	9	

대수	정당					비고
	무소속	11.9	16	16	0	• 단, 지역구 선거에서 3%~5%를 득표한 각 정당에 대해서는 1석씩 배분
	통합민주당	11.2	15	9	6	
16대	한나라당	39.0	133	112	21	상동
	새정치국민회의	35.9	115	96	19	
	자유민주연합	9.8	17	12	5	
	민주국민당	0	2	1	1	
	한국신당	0	1	1	0	
	무소속	0	5	5	0	
17대	열린우리당	39.2	152	129	23	• 지역구 선거에서 5석 이상을 차지하거나 유효투표 총수의 3% 이상을 득표한 각 정당의 정당투표 득표비율에 따라 배분
	한나라당	36.7	121	100	21	
	민주노동당	13.3	10	2	8	
	새천년민주당	7.2	9	5	4	
	자유민주연합	2.9	4	4	0	
	국민통합21	0.6	1	1	0	
	무소속	0	2	2	0	
18대	한나라당	37.5	153	131	22	상동
	통합민주당	25.2	81	66	15	
	자유선진당	6.9	18	14	4	
	친박연대	13.2	13	5	8	
	민주노동당	5.7	5	2	3	
	창조한국당	3.8	3	1	2	
	무소속	0	26	26	0	
19대	새누리당	42.8	127	25	152	상동
	민주통합당	36.5	106	2	127	
	통합진보당	10.3	7	6	13	
	자유선진당	3.2	3	2	5	
	무소속	0	3	–	3	
20대	더불어민주당	25.5	110	13	123	상동
	새누리당	33.5	105	17	122	
	국민의당	26.7	25	13	38	
	정의당	7.2	2	4	6	
	무소속	0	11	–	11	

자료: 중앙선거관리위원회 선거통계시스템(http://info.nec.go.kr)

〈부록-2〉 19대 국회의원 선거 결과(2012. 4. 11)

정당	지역구	비례대표	합계
새누리당	127	25	152
민주통합당	106	21	127
통합진보당	7	6	13
자유선진당	3	2	5
무소속	3	–	3
합계	246	54	300

〈부록-3〉 20대 국회의원 선거 결과

정당	지역구	비례대표	합계
더불어 민주당	110	13	123
새누리당	105	17	122
국민의당	25	13	38
정의당	2	4	6
무소속	11	–	11
합계	253	47	300

〈부록-4〉 선거관리위원회 등록 정당(2020.1.27. 현재)

명칭	등록연월일	대표자
더불어민주당(민주당, 더민주)	2014-03-26	이해찬
자유한국당(한국당)	1997-11-24	황교안
바른미래당	2018-02-19	손학규
대안신당	2020-01-22	최경환
새로운보수당(새보수당, 보수당)	2020-01-13	하태경, 오신환, 유의동, 정운천, 지상욱
정의당	2012-10-31	심상정
민주평화당(평화당)	2018-02-07	정동영
우리공화당	2017-09-04	홍문종, 조원진
미래를향한전진4.0(전진당)	2020-01-22	이언주
민중당	2017-10-26	이상규
가자코리아(코리아)	2012-11-13	류승구
공화당	2014-05-14	신동욱
국가혁명배당금당(혁명배당금당)	2019-09-11	허경영
국민새정당	2017-04-15	신재훈
국민참여신당(참여신당)	2015-12-02	박성태
국민행복당(행복당)	2015-10-07	김천식
국민희망당	2016-03-21	김경세, 최정이
국제녹색당	2007-08-08	이래원
그린불교연합당(불교당)	2012-12-11	이대마
기독당	2014-05-01	박두식
기독자유당	2016-03-16	고영일
기본소득당	2020-01-22	용혜인
노동당	2012-10-22	박성철
녹색당	2012-10-22	신지예, 하승수
대한당	2016-02-15	이석인
대한민국당(대민당)	2012-07-16	이동진
민중민주당	2016-11-21	한명희

새누리당	2017-04-10	정준길(직무대행)
우리미래(미래당)	2017-03-20	오태양, 김소희
인권정당	2016-03-21	최용상
자유의새벽당(새벽당)	2019-07-15	박결
친박연대	2012-11-13	이은영
통합민주당(통민주당)	2016-05-16	안동옥
한국국민당	2015-08-04	윤영오
한나라당	2013-04-15	권순덕
한누리평화통일당(한누리당)	2016-02-15	이경열
한민족사명당(사명당)	2020-01-13	최창원, 박성현
한반도미래연합(한미연)	2016-03-21	김정선
홍익당	2017-04-10	윤홍식

〈부록-5〉 창당준비위원회 현황(2020.1.27. 현재)

명칭	등록연월일	대표자
통일한국당(가칭)창당준비위원회	2019-09-24	김창득
핵나라당(가칭)창당준비위원회	2019-10-10	정희원
평화통일당(가칭)창당준비위원회	2019-10-18	이정희
국민혁명당(가칭)창당준비위원회	2019-10-23	최인식
국민의힘(가칭)창당준비위원회	2019-11-04	이정호
정민당창당준비위원회	2019-11-07	김수현
소상공인당(가칭)창당준비위원회	2019-11-14	강계명
자유당(가칭)창당준비위원회	2019-11-26	손상윤
국민소리당(가칭)창당준비위원회	2019-12-13	장기표
비례민주당(가칭)창당준비위원회	2019-12-30	박병수
미래한국당(가칭)창당준비위원회	2020-01-06	오영철
같이오름(가칭)창당준비위원회	2020-01-08	김재섭
만나자영업직능당(가칭)창당준비위원회	2020-01-09	장화철
결혼미래당(가칭)창당준비위원회	2020-01-10	이웅진
가자환경보호당(가칭)창당준비위원회	2020-01-13	권기재
충청의미래당(가칭)창당준비위원회	2020-01-17	장지원
시대전환(가칭)창당준비위원회	2020-01-20	이원재, 조정훈
브랜드뉴파티(가칭)창당준비위원회	2020-01-21	조성은
깨어있는시민연대당(가칭)창당준비위원회	2020-01-21	이민구

〈부록-6〉 개정 공직선거법 주요 내용[30]

1. 의원정수 및 의석배분
1) 의원정수: 300명(지역구국회의원 253명+비례대표국회의원 47명)
2) 의석배분: 정당별 비례대표 할당의석수 산정(준연동 방식)
- (연동배분의석수 산정) 의석할당정당이 비례대표국회의원선거에서 얻은 득표비율에 따라 산정한 의석수에서 해당 정당의 지역구국회의원 당선인 수를 뺀 후, 그 수의 50%에 이를 때까지 해당 정당에 비례대표국회의원 의석을 먼저 배분
  ※ 의석할당정당은 현행과 같음(지역구 5석 또는 비례대표 전국유효득표 3%)
- (잔여배분의석수 산정) 잔여의석은 비례대표국회의원선거의 득표비율에 따라 산정한 의석수를 배분
- (조정의석수 산정) 연동배분의석수가 비례대표국회의원 의석정수를 초과할 경우 각 정당별 연동배분의석수비율대로 배분(초과의석 방지 방안)

2. 부칙
제21대 국선에 한하여 다음과 같이 배분
- 30석에 대하여 준연동 방식으로 배분
- 17석에 대하여 기존 의석배분방식(병립형) 배분

3. 비례대표 추천절차 법정화
- (추천절차 제출 및 공표) 비례대표 추천절차를 당헌·당규 및 그 밖의 내부규약 등으로 정하고, 선거일 전 1년*까지 선관위 제출 및 공표
  * 제21대 국선에서는 후보자등록신청개시일 전 10일까지 제출(부칙§3)
- (선거인단 투표) 민주적 심사절차와 당원·대의원 등을 포함한 선거인단의 투표 절차를 거쳐 후보자 추천
- (회의록 등 제출) 비례대표 후보자 추천 과정을 담은 회의록 등 관련서류*를 후보자등록시에 선관위 제출
  * 관련서류 미제출 시 수리불가 사유
- (등록무효) 선관위는 후보자 추천 서류를 검토하여 비례대표 추천절차를 정한 내부규약 등을 위반한 경우 해당 정당의 모든 후보자등록을 무효 처리

4. 선거권 연령 18세로 하향
선거일 기준 만 18세 이상(2002.4.16. 이전 출생자)

5. 준연동형 선거제 의석배분방식

- ■ (1단계) 전국단위 준연동(연동비율 50%) 방식으로 각 정당별 연동배분의석수 산정
- ■ (2-1단계) 각 정당별 연동배분의석수의 합계 〈 비례대표 의석정수(47석)
  ☞ 잔여의석에 대해 기존 의석배분방식(병립형) 적용 배분
- ■ (2-2단계) 각 정당별 연동배분의석수의 합계 〉 비례대표 의석정수(47석)
  ☞ 각 정당별 연동배분의석수비율대로 배분

1) 의석할당정당 배분 총의석 산정
- (연동배분의석수 산정) 의석할당정당이 비례대표국회의원선거에서 얻은 득표비율에 따라 산정한 의석수에서 해당 정당의 지역구국회의원 당선인 수를 뺀 후, 그 수의 50%에 이를 때까지 해당 정당에 비례대표국회의원 의석을 먼저 배분

---

30 중앙선거관리위원회 홈페이지 (www.nec.go.kr)

$$\text{연동배분의석수} = \frac{\left[\left(\text{국회의원정수} - \text{의석할당정당이 추천하지 않은 지역구국회의원당선인수}\right) \times \text{해당 정당의 비례대표국회의원선거 득표비율} - \text{해당 정당의 지역구국회의원당선인수}\right]}{2}$$

[사례]

구분	A당	B당	C당	D당	무소속 등	합계
지역구당선인수	100석	80석	40석	30석	3석	253석
비례득표비율	40%	30%	10%	20%	−	100%
연동배분의석수	9석	5석	0석	15석	−	29석

※ A당 연동의석수 $= \dfrac{\left[(\text{국회의원정수}300 - \text{무소속 등}3) \times A\text{당 비례득표비율}40\% - A\text{당 지역구}100\right]}{2}$

(결과값 소수점 첫째자리에서 반올림, 1보다 작으면 0)

2)-1. 각 정당별 연동배분의석수의 합계 〈 비례대표 의석정수(47석)

• (잔여배분의석수 산정) 잔여의석은 비례대표국회의원선거의 득표비율에 따라 산정한 의석을 배분

$$\text{잔여배분의석수} = \left(\text{비례대표국회의원정수} - \text{각 연동배분의석수의 합계}\right) \times \text{비례대표국회의원선거 득표비율}$$

[사례]

구분	A당	B당	C당	D당	무소속 등	합계
비례득표비율	40%	30%	10%	20%	−	100%
연동배분의석수	9석	5석	0석	15석	−	29석
잔여배분의석수	7석	5석	2석	4석		18석

※ A당 잔여의석수 $= [\text{비례정수}47 - 29(A\text{연동}9 + B\text{연동}5 + C\text{연동}0 + D\text{연동}15)] \times A\text{당 비례득표비율}40\%$

(결과값 정수를 먼저 배정하고, 나머지는 소수점이하 수가 큰 순으로 배분)

2)-2. 각 정당별 연동배분의석수의 합계 〉 비례대표 의석정수(47석)

• (조정의석수 산정) 연동배분의석수가 비례대표국회의원 의석정수를 초과할 경우 각 정당별 연동배분의석수비율대로 배분(초과의석 방지 방안)

$$\text{조정의석수} = \frac{\text{비례대표국회의원정수} \times \text{연동배분의석수}}{\text{각 연동배분의석수의 합계}}$$

[사례]

구분	A당	B당	C당	D당	무소속 등	합계
연동배분의석수	22석	18석	7석	13석	−	60석
조정의석수	17석	14석	6석	10석		47석

※ A당 조정의석수 $= \dfrac{\text{비례정수}47 \times A\text{당 연동}22}{\text{각 정당 연동 합계}60}$

(결과값 정수를 먼저 배정하고, 나머지는 소수점이하 수가 큰 순으로 배분)

7. 제21대 국선 비례대표 의석배분방식

- (1단계) 30석에 대해 전국단위 준연동(연동비율 50%) 방식으로 각 정당별 연동배분의석수 산정
- (2-1단계) 각 정당별 연동배분의석수의 합계 〈 30석
  - ☞ 잔여의석에 대해 기존 의석배분방식(병립형) 적용 배분
- (2-2단계) 각 정당별 연동배분의석수의 합계 〉 30석
  - ☞ 각 정당별 연동배분의석수비율대로 배분
- (3단계) 17석에 대해 기존 의석배분방식(병립형) 적용 배분

1) 30석에 대해 의석할당정당 배분 총의석 산정

• (연동배분의석수 산정) 의석할당정당이 비례대표국회의원선거에서 얻은 득표비율에 따라 산정한 의석수에서 해당 정당의 지역구국회의원 당선인 수를 뺀 후, 그 수의 50%에 이를 때까지 해당 정당에 비례대표국회의원 의석을 먼저 배분

$$
\text{연동배분의석수} = \frac{\left[\left(\text{국회의원정수} - \text{의석할당정당이 추천하지 않은 지역구국회의원 당선인수}\right) \times \text{해당 정당의 비례대표국회의원선거 득표비율} - \text{해당 정당의 지역구국회의원 당선인수}\right]}{2}
$$

[사례]

구분	A당	B당	C당	D당	무소속 등	합계
지역구당선인수	100석	80석	40석	30석	3석	253석
비례득표비율	40%	30%	10%	20%	–	100%
연동배분의석수	9석	5석	0석	15석	–	29석

※ A당 연동의석수 $= \dfrac{[(\text{국회의원정수}\,300 - \text{무소속 등}\,3) \times A\text{당 비례득표비율}\,40\% - A\text{당 지역구}\,100]}{2}$

(결과값 소수점 첫째자리에서 반올림, 1보다 작으면 0)

$$
\text{잔여배분의석수} = \left(30 - \text{각 연동배분의석수의 합계}\right) \times \text{비례대표국회의원 선거 득표비율}
$$

[사례]

구분	A당	B당	C당	D당	무소속 등	합계
비례득표비율	40%	30%	10%	20%	–	100%
연동배분의석수	9석	5석	0석	15석	–	29석
잔여배분의석수	1석	0석	0석	0석		1석

※ A당 잔여의석수

$= [\text{비례정수}\,30 - 29(A\text{연동}\,9 + B\text{연동}\,5 + C\text{연동}\,0 + D\text{연동}\,15)] \times A\text{당 비례득표비율}\,40\%$

(결과값 정수를 먼저 배정하고, 나머지는 소수점이하 수가 큰 순으로 배분)

$$\text{조정의석수} \quad = \quad \cfrac{30 \qquad\qquad \times \qquad\qquad \text{연동배분의석수}}{\text{각 연동배분의석수의 합계}}$$

[사례]

구분	A당	B당	C당	D당	무소속 등	합계
연동배분의석수	13석	12석	8석	10석	–	43석
조정의석수	9석	8석	6석	7석		30석

※ A당 조정의석수 $= \cfrac{30 \times A \text{당 연동} 13}{\text{각 정당 연동 합계} 43}$

(결과값 정수를 먼저 배정하고, 나머지는 소수점이하 수가 큰 순으로 배분)

3) 17석에 대해 **병립형 의석 배분**
• 17석에 대해 비례대표국회의원선거의 득표비율에 따라 산정한 의석을 배분

$$\text{배분의석} \quad = \quad 17 \quad \times \quad \text{비례대표국회의원선거 득표비율}$$

[사례]

구분	A당	B당	C당	D당	무소속 등	합계
비례득표비율	40%	30%	10%	20%	–	100%
배분의석수	7석	5석	2석	3석		17석

※ A당 배분의석수 $= 17 \times A$당 비례득표비율40%

(결과값 정수를 먼저 배정하고, 나머지는 소수점이하 수가 큰 순으로 배분)

〈부록-7〉 한국 정당 변천사(2020.2.17. 현재)

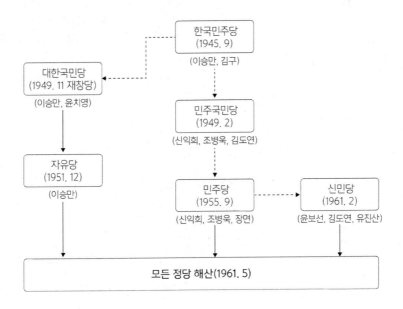

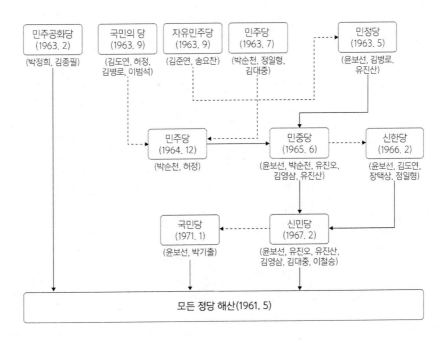

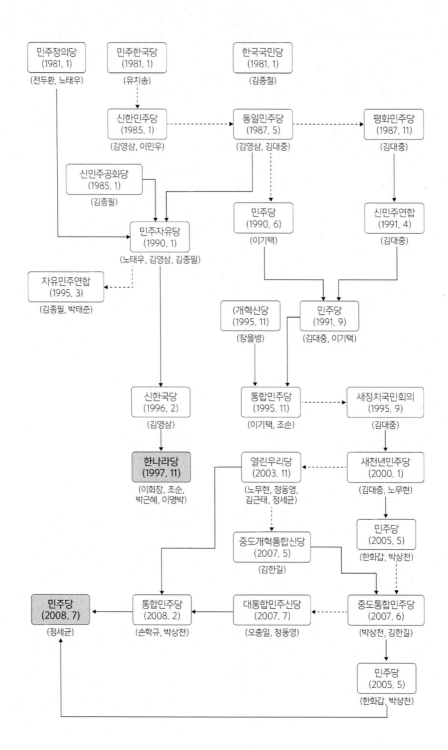

| 민주정의당
(1981. 1)
(전두환, 노태우) | 민주한국당
(1981. 1)
(유치송) | 한국국민당
(1981. 1)
(김종철) |

신한민주당
(1985. 1)
(김영삼, 이민우)

통일민주당
(1987. 5)
(김영삼, 김대중)

평화민주당
(1987. 11)
(김대중)

신민주공화당
(1985. 1)
(김종필)

민주당
(1990. 6)
(이기택)

신민주연합
(1991. 4)
(김대중)

민주자유당
(1990. 1)
(노태우, 김영삼, 김종필)

자유민주연합
(1995. 3)
(김종필, 박태준)

개혁신당
(1995. 11)
(장을병)

민주당
(1991. 9)
(김대중, 이기택)

신한국당
(1996. 2)
(김영삼)

통합민주당
(1995. 11)
(이기택, 조순)

새정치국민회의
(1995. 9)
(김대중)

한나라당
(1997. 11)
(이회창, 조순,
박근혜, 이명박)

열린우리당
(2003. 11)
(노무현, 정동영,
김근태, 정세균)

새천년민주당
(2000. 1)
(김대중, 노무현)

중도개혁통합신당
(2007. 5)
(김한길)

민주당
(2005. 5)
(한화갑, 박상천)

민주당
(2008. 7)
(정세균)

통합민주당
(2008. 2)
(손학규, 박상천)

대통합민주신당
(2007. 7)
(오충일, 정동영)

중도통합민주당
(2007. 6)
(박상천, 김한길)

민주당
(2005. 5)
(한화갑, 박상천)

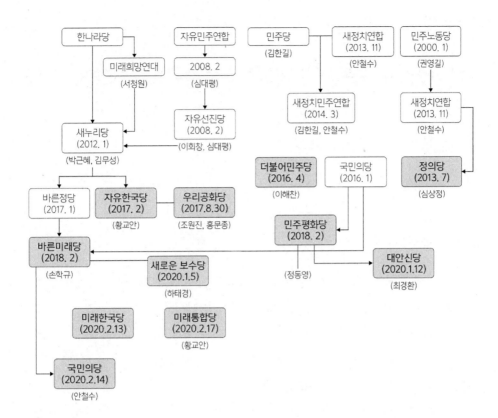

제2절

매니페스토 운동의 의의와 선거문화의 발전 전망

1. 문제의 제기

21세기에 있어 변화와 개혁은 시대적 흐름이며 발전의 원동력이다. 한국을 비롯한 세계 각국은 이러한 변화와 개혁의 시대인 21세기를 맞이하여 자국의 발전을 도모하고 또한 새로 재편되는 세계질서 형성에 있어 주도적인 역할을 수행하기 위하여 새로운 패러다임(new paradigm)에 의한 발전전략의 수립을 추구하고 있으며, 이의 실현을 위한 국가적 역량을 총동원하고 있다.

새로운 패러다임에 의한 정치권 변화는 더욱 급속하게 전개되고 있다. 정보화 혁명의 따른 사회변화에 의하여 정치권도 급속하게 변화되었다. 그 동안 권위주의 체제하에 있던 개발 도상국, 교조주의적 이데올로기 하에 있던 동유럽을 비롯한 사회주의 국가에서 민주화의 열기가 급속하게 확산되었다.

이런 민주화의 현상을 헌팅톤(Samuel P. Huntington)은 민주화의 '제3의 물결'(The Third Wave)로서 분석하였다. 헌팅톤에 의하여 민주화의 제3의 물결의 대표적인 사례로 지적되고 있는 한국의 민주화는 1987년 민주항쟁 이후 급속하게 진전되었다.[1] 특히 2000년 실시된 제16대 총선을 계기로 사회 각계각층에서 뉴 밀레니엄의 물결 속에 변화와 개혁을 기대하였으며, 이런 욕구는 '2000총선시민연대'의 낙천·낙선운동과 같은 시민사회단체의 활동으로 더욱 강력하게 표출되었다.[2]

---

* 본 글은 21세기정치학회 학술대회(2006.3.31.)에서 발표한 글을 수정·보완한 것임.

1　Samuel P. Huntington, *The Third World: Democratization in the Late Twentieth Century* (Norman: University of Oklahoma Press, 1991), 23쪽.

2　2000년 4.13 국회의원 선거 시 총선시민연대의 활동은 『2000총선연대 백서』(2001.4)를 참조.

또한 2002년 실시된 16대 대통령 선거에서도 소위 2030세대라는 젊은 세대의 정치참여 증대로 인하여 새로운 정치지도자가 선출되어 국민들은 정치권이 구태의연한 타성에서 벗어나 새로운 희망을 줄 것으로 기대하였다. 2004년 4월 실시된 17대 총선거에서는 정치신인이 187명으로 무려 62.5%, 50대 이하가 80% 정도 등장하는 거대한 정치변화가 있었다.

정치신인의 대거 등장과 더불어 민주노동당과 같은 진보세력의 제도권 정치에의 진입, 여성정치인의 의회진출 확대, 분점 정부(divided government)의 탈피 등과 같은 여러 변화가 나타나 17대 총선거를 중대선거(critical election)라고 할 정도로 정치권의 변화는 대단했다.[3] 또한 시민사회단체는 2000년 총선시민연대와 유사하게 낙선 운동, 당선 운동 등을 전개하였다. 2004총선시민연대의 낙선대상자 206명 중 129명(63%)이 낙선되었으며, 2004총선물갈이연대는 지지·당선운동을 전개 54명의 후보 중 23명이 당선되었다.[4]

이러한 변화에도 불구하고 아직도 한국정치는 구태의연한 정치행태에 포위되고, 정치지도자들의 자질 부족과 리더십 빈곤으로 인하여 국민을 실망시키고 있다. 이는 국민의 기대 속에 출범한 17대 국회에서도 정치상황에서도 크게 변하지 못하였다. 이는 중앙정치를 둘러 싼 여러 가지 상황변화에도 불구하고 기존의 정치구조를 변화시키지 못하고 있음을 나타내는 한계성을 보여주고 있다.

이러한 차원에서 우리가 새롭게 변화를 추구해야 될 곳은 지방정치(local politics)이다. 지방은 가장 기초적인 공동체의 정치단위로서 우리의 삶의 뿌리가 태생된 곳이며 또한 발전의 원동력을 제공하는 곳이다.

이에 본 글은 지방정치 발전이 중앙 정치발전의 가장 핵심적인 요소라는 인식하에 지방선거를 종래의 중앙정치의 구태의연한 틀이 아닌 매니페스토(Manifesto)에 의한 정책선거를 실시함으로써 한국선거문화를 한 단계 발전시키고자 하는 차원에서 논의를 전개하고자 한다. 매니페스토 운동은 2006년 5월 제4회 전국동시지방선거에 처음으로 도입된 시민사회운동이다.

---

3 17대 총선거 결과 분석은 윤형섭·김영래·이완범, 『한국정치, 어떻게 볼 것인가』 증보판(서울: 박영사, 2006), 제15장 참조.

4 시민의 신문, 『한국시민사회연감 2005』(2005), 452-458쪽; 2004 총선물갈이연대, 『물갈이연대백서』(2004.7), 24-81쪽.

2. 매니페스토의 개념과 특성

선거 시 후보자나 정당에 의하여 유권자에게 호소하는 선거공약의 일종인 매니페스토(Manifesto)는 본래 라틴어가 그 기원이다. 영국에서는 매니페스토, 미국에서는 정책(platform), 독일에서는 선거강령(wahlprogramm), 또는 약속(pledges), 계약(contract) 등으로 다양하게 사용되고 있다. 이를 일본에서는 정권 공약으로 지칭하고 있다.[5]

매니페스토는 사전적 정의에 의하면 어원은 라틴어의 마니페스투스(Manifestuo)에서 유래한 것으로 일종의 공개적인 '약속', '선언'을 의미한다. 따라서 이는 공직선거 시 선거운동 과정에서 정당이나 후보자가 선거 후 정권을 담당하거나 당선되었을 경우, 반드시 입법화 또는 실천하겠다고 약속한 정책개요를 공식적으로 문서화하여 선거 기간 중에 공표하는 국민에 대한 서약서로 정의되고 있다.[6]

이런 매니페스토가 일반 공약과 다른 점은 선거공약의 목표치를 구체적이고 확실하게 내세워 실현을 위한 재정적 근거와 로드맵을 구체적으로 제시하는 것으로 "선거공약에 기간, 목표, 공정, 재원 나아가 우선순위라는 구체적 계약을 담는 것"을 말한다.

예를 들면, 영국의 매니페스토는 정책실현을 위한 수치목표와 목표달성을 위한 재원, 목표 기한이 명기되어 있고 정책 간에 우선순위를 분명히 하고 있다. 1997년에 발표된 노동당 매니페스토를 살펴보면, "노동당과 국민과의 계약(contract)"이란 제하의 10대 비전이 제시되어 있다.[7] 여기에서 영국 노동당은 교육을 최우선시한다고 명시하고 있다. 다음으로 이 비전을 실현하기 위한 구체적인 시책이 제시되고 있고, 각각의 시책마다 기한, 목표, 재원이 정리되어 있다. 노동당의 매니페스토 기한은 향후 4년 내에, 즉 정권을 담당하는 기간 내에 추진할 사항을 중심으로 제시하게 된다.

---

5 정권공약은 선거공약과 혼동을 피하고, 유권자가 선거에서 정권을 선택한다는 원리적인 문제와 관련 있으며, 정당이 그 실시에 책임을 진다는 것을 의미하고 있다고 보고 있음. 소네 야스노리, "일본 지방선거에서의 매니페스토 도입과 정치변화", 내나라연구소 주최, 2006년도 국제학술회의 자료집(2006.2.3), 30쪽: www.naenara.org.

6 *The Oxford English Reference Dictionary*, (London: Oxford University Press, 1996).

7 http://www.labour-party.org.uk/manifesto/1997; 四日市大學地域政策研究所, 『ローカル·マニフェスト』(2003), 15쪽: 이현출, "외국의 매니페스토와 한국의 도입을 위한 시사점", 중앙선거관리위원회·531 매니페스토 추진본부, 『한국형 매니페스토의 정착과 확산』(2006.2.23.), 15쪽: www.manifesto.or.kr.

〈표 1〉 1997년 노동당 매니페스토 10대 비전

1	노동당은 "교육"을 최우선 과제로 삼는다. 국민소득 대비 정부의 교육지출 비율을 증가시킴과 함께 경제적 실책에 대한 정부지출 비율을 삭감
2	소득세의 기초세율과 최고세율의 인상 하지 않음
3	물가상승률을 억제하여 경제의 안정성장을 도모. 산업의 국내·국제경쟁력제고
4	청년실업자 25만명에게 일자리 부여
5	국영의료기관 사무비 삭감하여 환자에 대한 의료서비스 충실 도모
6	범죄에 단호히 대처하고 범죄유발 요인에 대해서도 엄격히 대처. 재범의 청소년범죄자에 대한 재판기간의 단축화
7	견실한 가정과 지역 만들기 지원에 힘써 복지국가의 기반을 확립
8	환경을 지키며 교통정체, 환경오염에 대한 종합적인 교통대책 마련
9	정치 정화에 힘쓰고 정치권력의 분권화추진. 정당지출의 적정화 도모
10	유럽에서의 리더십을 영국이 발휘

구체적인 수치가 포함된 대표적 사례는 '5-7세 아동의 학급규모를 30인 이하로 한다', '5년간은 소득세의 증액을 하지 않는다', '입원 대기 환자 수를 10만인 줄인다' 등으로 반드시 실현할 것을 제시하고 있다. 또한 이러한 시책에 필요한 재원의 제시 방법에 관해서는 기존 시책의 중지, 축소 등에 의한 재원 확보, 새로운 세금 도입을 통한 재원확보, 공공부문 내부의 효율화에 의한 재원염출 등으로 대별된다. 예를 들면, 앞에서 언급한 '입원대기 환자 수를 10만인 줄인다.'라는 목표에 대해서 현행 국민의료서비스의 효율화에 의한 1억 파운드를 염출하여 시책의 재원에 충당한다는 경우와 같이 개별 시책별 재원이 확보된다.

이와 같은 영국의 매니페스토와 한국의 선거공약을 비교하면 다음과 같다.[8]

〈표-2〉 1997년 영국 노동당 매니페스토의 예

> 25세 미만 25만명의 청년 고용
> 5-7세 아동 학급규모 30인 이하로 축소
> 향후 2년간은 현재의 지출제한 틀을 넘지 않음.
> 100만인을 진료대기 상태로부터 해방

〈표-3〉 2004년 총선 시 한국의 정당의 청년실업해소 방안

> 창업촉진, 투자활성화, 서비스산업 육성, 중소·벤처기업의 일자리 창출 등 중장기적 대책 추진
> 대국민 서비스 분야의 공무원 신규 채용확대

---

8 이현출, "한국의 지방선거와 정책정당화 과제", 내나라연구소 주최, 『2006년도 국제학술회의 자료집』(2006), 79쪽.

공기업의 청년채용 적극 권장
통합적 청년실업대책인 YES(Youth Employment System) KOREA를
시행하여 구직자에게 맞는 개인별 직업알선 서비스 제공
고용안정센터를 인력수급 중추기관으로 전문화

이런 매니페스토는 지금까지 선거 시 각 정당이나 단체장들이 발표한 기존 공약과 여러 가지 다른 특징을 가지고 있다. 특히 매니페스토가 종래의 선거 공약과 다른 것은 〈표-2〉, 〈표-3〉에서의 비교와 같이 다음과 같은 정치적 의의를 들 수 있다.

첫째 정책 추진에 있어 수치를 표시함으로써 허황된 내용, 추상적인 이념, 그리고 단순한 언어의 수식이 아니다. 실현가능성을 생각하면서 결단의 필요까지 제기하고 있다. 주민으로부터 여러 가지 요망을 듣고 이에 대한 정책의 우선순위를 정하고 있다.

둘째 수치 목표나 구체적인 대응력을 표시하고 있기 때문에 유권자가 정책의 내용과 성과를 역시 구체적으로 알 수 있다. 후보자 간의 정책 비교가 쉬우며, 후보자 간의 논쟁이 가능하며, 정책본위의 선거가 될 수 있다.

셋째 주민들에게 부담을 요구하는 정책을 제시하는 정책이 포함되어 신임을 구할 수 있으며, 또한 정책 실행이 쉽게 되어 정치적 정통성이 있다. 정치가인 수장이 관료조직에 대하여 리더십을 강화할 수 있으며, 정책 중심의 정치가 될 수 있다.

넷째 당선 후 정책의 실현에 대하여 명확한 입장을 알 수 있다. 정책평가인 업적평가가 가능하여 정치행정이 성과주의가 될 수 있다. 일본 가나가와현의 시케후미 마쯔자와(松澤成文)지사는 최근 자신의 매니페스토에 대한 평가 결과를 발표하여 주목을 끌었다.[9] 한편 일본 최대의 경제인 단체인 경단련(經團聯)은 자유민주당, 민주당 등 주요 정당의 매니페스토에 대한 평가를 실시, 발표하였다.[10]

다섯째 정치가가 유권자에 대하여 실행의 의무를 부담하게 되며, 매니페스토에서 제시한 정책을 실현하지 않을 경우, 이에 대한 경과를 설명해야 되기 때문에 정치인은 설명 책임을 지게 된다. 즉 매니페스토 사이클이 형성되어 정책중심의 시민선택형 지방자치가 가능하게 된다.

매니페스토 사이클이란, 그 발상은, Plan-Do-See라든지, Plan-Do-Check-

---

9 마쯔자와 지사의 발표 내용은 www.naenara.org; 讀賣新聞(2005.5.21); 神奈川新聞(2005.6.7) 참조.
10 www.keidaren.or.jp.

Action(PDCA)이라는 통상 경영 분야에서 이용되는 개념과 동일한 것으로 오랫동안 행정학 등에서도 원리처럼 간주되어 온 정책의 순환(과제 설정, 정책 입안, 정책 결정, 정책 실시, 정책 평가→피드백)을 구체화한 것이기도 하다.[11]

〈그림 1〉 매니페스토 사이클

즉 종래에는 후보자의 선택과 정책 선택이 연결되지 않았었다. 그리고 유권자가 선거에서 정권을 선택하는 것과 결합되지 않았다. 때문에 개개 후보자의 인품 혹은 선거구활동 등 개별적인 이해가 판단의 근거로 작용하여 왔다. 하지만 매니페스트 선거는 후보자의 선택이 정권·정책·수상 후보(지방 자치체의 경우는 단체장)로 연결되는 일관적인 선택을 제공하고 있다는 것이 일본 매니페스토의 사이클이 가진 특성이다.

3. 매니페스토의 발전과정

매니페스토는 영국에서 처음으로 선거에 도입되었다. 즉 보수당 문헌에 의하면 1834년 영국 보수당의 필(Robert Peel) 수상이 자신의 선거구인 영국 중부지역의 탐워스(Tamworth)의 선거에 처음으로 매니페스토가 제시된 것으로 알려지고 있다.[12] 따라서 약 172년 전에 영국에 매니페스토가 사용되었으며, 마르크스(Karl Marx)의 1848 공산당 선언(Communist Manifesto)에서 사용된 Manifesto란 용어보다도 더욱 먼저 사용된 것을 알 수 있다.

이후 1906년 노동당이 매니페스토를 문서화하였고, 보수당과 자유당 양당도

---

11 소네 야스노리, 앞의 글, 35쪽.

12 위의 글, 30쪽; http://www.scholars.nus.edu.sg/landow/victorian/history/tamworth2.html 참조.

이에 따르게 되었으며, 현재와 같은 매니페스토 스타일은 1935년 보수당 매니페스토가 시초라고 할 수 있다.

그 후 영국에서 1997년 노동당의 토니 블레어(Tony Blair) 후보는 '새로운 노동당(New Labour)'라는 이름 하에, 그리고 2001년에는 '영국을 위한 야망(Ambitions for Britain)'이란 이름하에 선거 시 대국민 약속으로서의 정권선택의 수단으로서 매니페스토를 발표하였다.[13] 물론 보수당도 매니페스토를 발표하였으나, 노동당은 자신의 매니페스토를 통하여 선거에서 승리하였을 뿐만 아니라 정치의 신뢰성과 정치변화를 추구, 오늘의 영국을 이끌고 있다.

이와 같은 영국의 정치변화에 자극을 받은 일본도 지난 2003년 중의원 선거에서부터 각 정당이나 유력 정치인들이 매니페스트를 도입하여 오늘날 일본에서 매니페스토에 의한 선거는 중앙정치, 특히 지방정치에서는 일반화되었을 뿐만 아니라 상당한 정치적 파급 효과를 나타내고 있다.[14]

일본에서 매니페스토가 등장한 것은 2003년 1월 마사야수 기타가와(北川正恭) 전 미에현(三重縣) 지사의 제안에 의해 지방선거시 다수의 후보자들이 구체적인 정책프로그램을 가지고 선거에 나서기 시작한 것이 계기가 되었다. 2003년 4월 실시된 지사 선거에서 매니페스토를 주창한 많은 후보자들이 승리를 거두어 로컬 매니페스트가 유권자들에게 인식되는 계기가 된다. 당시 14명의 후보자가 매니페스토를 공표하였고 이 중 6명이 당선되었다.

그 후 일본에서 로컬 매니페스토는 가나가와현(神奈川縣)의 시케후미 마쯔자와 등을 중심으로 전개되고 있으며, 이는 지방 변화를 통하여 일본의 중앙정치의 변화를 추구하는 운동이다. 마쯔자와 지사는 일본에서 중의원을 3회 지낸 중진정치인으로 지방정치의 개혁이 없이는 일본 정치가 발전하기 힘들다는 것을 인식하고, 로컬 매니페스토를 가지고 2003년 가나가와현 지사에 출마, 최연소 지사로 당선됨으로서 차세대 리더로서 각광을 받고 있다.[15]

마쯔자와 지사는 그의 로컬 매니페스토에서 지금까지의 공약은 무엇을 실현하는

---

13 http://www.labout-party.org.uk/manifesto/1997;/2001; David Coates and Peter Lawler.ed., *New Labour in Power* (Manchester: Manchester University Press, 2000) 참조.

14 松澤成文, 『實踐ザ. ローカル. マニフェス』(東京:東信堂, 2005) 참조.

15 특히 마쯔자와 지사는 2006년 2월 3일 사단법인 내나라연구소(www.naeanra.org) 주최, 매니페스토 관련 국제회의에 기조발표자로 내한, 각 언론사로부터 인터뷰를 하는 등 집중 조명을 받았음.

지도 모르는 추상적인 슬로건이나 백화점식 요망사항(wish list)이라고 비판하면서 '주요정책 TRY 10'이란 매니페스토에서 총 37개의 구체적인 공약을 제시하였는데, 예를 들면, qja죄대책을 위하여 행정직원 1,500명의 감원과 경찰관 1,500명의 증원 등이다.[16]

로칼 매니페스토 운동가들은 일본에서 개혁적인 정치인들인바, "백지 위임정치로부터 결별하여 시민의 손으로 정책을"(お任せ政治に決別, 市民の手で政策を)이라는 슬로건 하에 동경 등에서 로칼 매니페스토 관련 추진센터를 조직, 결성하였다. 지방선거 시 매니페스토의 보급을 위하여 2005년 5월 22일 도쿄에서 매니페스토 추진 지방의원 연맹이 결성되었다.

또한 2005년 6월 12일 요코하마에서 관동지역 로칼 매니페스토추진네트워크 결성대회를 개최하여 전국적인 네트워크를 결성, 앞으로 선거 시 본격적인 로칼 매니페스토 운동을 전국적으로 전개하였다.[17]

로칼 매니페스토추진센터는 로칼 매니페스토의 작성, 의회의 평가기능 향상, 지방선거에서 매니페스토가 가능토록 공직선거법의 개정 등을 목표로 하고 있다. 로칼 매니페스토 추진의원연맹은 2005년 2월 발족한 '추진수장연맹' '추진네트워크' 등과 합하여 추진체제를 정비하고 있으며, 경제계, 노동계, 학계 등과 더불어 구성된 '새로운 일본을 만드는 국민회의'인 '21세기임조(臨調)'는 매니페스토에 대한 확산과 평가 활동을 하였다.[18]

지방에서 출발한 매니페스토가 중앙정치 레벨에서는 2003년 6월 민주당에서 매니페스토를 추진함으로서 본격적으로 대두되었다. 즉 2003년 11월의 중의원 총선거를 앞두고 민주당의 나오토 칸(菅直人) 대표가 당수토론에서 다음 선거를 정권교체를 가능케 하는 매니페스트 선거로 치르자는 제안을 하였다. 당초 자민당은 냉담한 반응을 보였으나, 당 총재 선거를 목전에 두고 준 이치로 고이즈미(小泉純一郎) 수상이 이를 수용하게 자세를 보임으로써 중앙레벨에서 주요 정당 간의 쟁점이 되었다.

매니페스트는 후보자가 선거에 당선된 후 실행할 수 있는 정책을 검증 가능한

---

16 松澤成文『實踐ザ. ローカル. マニフェスト』(東京:東信堂, 2005), 149쪽.

17 당시 필자는 일본 게이오대학에서 연구활동을 하던 중 동 회의에 참석함. 이후 8월 23일 마쯔자와 지사를 가나가와 현 지사실에서 인터뷰하고 한국에서의 매니페스토 도입에 관한 논의를 함.

18 임조에 관하여는 http://secj.jp 참조.

형태로 제시하여 정책선거를 목표로 하고 있는 것을 말하고 있는데, 이에는 일반적으로 목표(무엇을 목표로 하나), 방법(어떻게), 재원(무슨 돈으로), 기한(언제까지) 등 실현할수 있는 내용이 기재되어 있다.

따라서 매스페스트는 일종의 대국민약속으로 특정 정당이 정권을 획득했을 때 반드시 선거 시 약속한 공약을 실행하고 그 정책 실패 여부의 책임을 지겠다는 정국운영의 로드맵으로 인식되고 있다. 따라서 매니페스토는 선거 시 유권자들에게 각 정당이 표방한 정책을 관찰하면서 앞으로의 국정을 맡겨야 할 정당에 대한 정권선택의 재료이자 수단으로 사용되게 된다.

4. 지세화 시대와 지방선거

21세기를 흔히 지세화(地世化)의 시대라고 한다. 지세화(loc-balization)란 지방화(localization)와 세계화(globalization)의 합성어로서 앞으로의 국가발전, 지구촌 발전은 지방을 통하여 이루어질 수 있다는 것을 의미한다. 1990년대만 해도 '사고는 세계적으로, 행동은 지방적으로'(Thinking Globally, Acting Locally)라는 구호 하에 세방화(glocalization)의 시대를 논의하였다면, 21세기는 '지방의 행동이 세계를 움직인다'(Local Action Moves the World)라는 구호 하에 지세화 시대를 맞이하고 있다.

이와 같은 지세화 시대는 이미 2002년 8월 남아프리카공화국의 요한네스버그에서 개최된 지속가능발전세계정상회의(World Summit on Sustainable Development: WSSD)에서 21세기의 지구촌 발전의 동력으로서 지방을 강조한 지방정부 선언(Local Government Declaration)에서도 잘 나타나고 있다.[19] 동 회의에서 세계 각국의 정상들은 지방정부 선언을 통하여 21세기를 지방이 주도하여 사회발전을 이끌어감으로써 지방은 국가발전, 지구촌 발전의 디딤돌을 제공해야 한다고 주장하고 있다.

지방은 이미 중앙의 하부개념이 아니고 독립된 개체로서의 발전의 주체인 것이다. WSSD회의에서 세계 각국의 정상들은 중앙정부는 이미 자신의 능력을 초과하여 비대해진 과부하 상태이기 때문에 중앙을 중심으로 한 기존의 발전 전략을 가지고는 새로운 시대를 이끌 발전의 동력을 구하기는 어렵다고 주장하면서, 새로운 창조정신

---

19 지방정부 선언문은 지방의제21전국협의회, 「글로벌 거버넌스와 지방행동 21: WSSD 참가보고서」(2002), 77~88쪽.

과 공동체적 인식의 확산을 통하여 지방을 중심으로 한 발전의 전기를 마련해야 한다고 보고 있다.

지방화의 필요성은 여러 가지 차원에서 이미 제기되었다. 지방화는 세계적인 추세이며, 동시에 시대적 사명이다. 특히 민주주의의 뿌리를 이루고 있는 지방자치의 필요성은 지방화 실현에 있어 중요한 요소다.

최근 세계 각국은 이러한 지방화를 통하여 세계화를 달성하고자 하고 있으며, 이것이 지세화이며, 이런 현상은 한국에서도 나타나고 있다. 지방자치의 역사가 불과 15년 정도밖에 되지 않았으나, 서울과 경기도를 비롯한 전국 각 지역의 지자체를 중심으로 발전을 위한 변화된 모습을 보여주고 있다.

지방자치는 지방선거를 통하여 실시된다. 그러나 한국의 지방자치는 아직 15여 년 밖에 지나지 않은 짧은 역사를 가지고 있다. 물론 1952년 4월부터 1961년 5월에 발생한 5·16군사 쿠데타가 일어나기 전까지 9년 1개월 동안 지방자치를 실시한 바가 있지만, 이는 1960년 12월 지방선거를 제외하고는 당시 이승만 대통령이 장기집권을 위한 지지세력으로 지방자치를 이용하였기 때문에 한국에서 지방자치가 실시된 것은 1991년 3월과 6월에 각각 실시된 기초의원 선거와 광역의원 선거부터이다.

1991년의 경우, 지방의원 선거만 실시하였기 때문에 일종의 '반쪽 지방자치'였다. 따라서 본격저긍로 지방자치가 실시된 것은 지방자치단체장선거까지 포함된 1995년 6월 27일 제1회 전국동시지방선거 때부터이다.

그러나 1991년 지방의원 선거는 지방의회의 권한을 제약하는 많은 내용이 포함되어 있는 지방자치 관련 법 규정으로 인하여 실질적인 지방자치를 실시하지 못하였다. 이런 의미에서 외형적으로나마 본격적으로 지방자치가 실시된 것은 1995년 6월 27일 전국동시지방선거로 지방의회 의원과 단체장을 주민이 직접 선출함으로서 풀뿌리 민주주의(grassroots democracy)를 구현할 수 있는 계기가 되었다.

그러나 아직도 지방자치 관련 법규가 본격적인 지방자치를 실시하기에는 미흡하고 또한 중앙정치가 지방자치를 발전시킬 수 있는 의식이 제대로 되어있지 않아 지방자치 발전을 위한 수많은 과제가 산적하여 있음은 지적하지 않을 수 없다. 그럼에도 불구하고 앞으로 지방자치에 대한 문제점을 보완하면 지방민주주의 통한 지방자치 발전이 결코 어려운 과제는 아니다.

그 동안 우리나라는 서구식의 민주정치제도를 도입 · 실시하였으나, 아직까지 바람직한 민주정치제도가 정착되지 못하고 있다. 민주정치제도가 정착되지 못한 요인은 여러 가지가 있겠으나, 무엇보다도 기초적 민주주의가 생활화되지 못하고 또한 의식화되지 못한 데 요인이 있다. 특히 이는 풀뿌리 민주주의의 기초인 바람직한 지방선거 문화를 통한 지방자치가 발전되지 못한데 기인하고 있다.

지방자치는 그 동안 중앙정부의 일선행정 기관으로 취급되었던 각급 지방행정단위에 대하여 정부로서의 지위를 부여하여 지역 문제를 지방자치단체와 지역주민 스스로 해결하는 제도를 말한다. 분권화와 자율성, 그리고 참여를 주축으로 하는 지방자치는 민주주의의 기초가 되는 것이다. 이러한 기초단위에서부터 민주주의를 생활화함으로서 민주정치를 정착시키기 위하여 무엇보다도 지방선거가 바람직한 선거 문화를 통하여 이루어짐으로서 지방자치의 토대를 구축하는 것이다.

지금까지 실시된 역대 지방선거 실시현황을 살펴보면 다음 〈표-4〉와 같다.

〈표-4〉 역대 지방선거 실시 상황

선거명	선거일	정수	투표율
시·읍·면의회의원선거	1952.04.25(금)	17,559	90.7%
시·도의회의원선거	1952.05.10(토)	306	81.2%
시·읍·면회의원선거	1956.08.08(수)	16,961	79.6%
시·읍·면장선거	1956.08.08(수)	582	86.7%
시·도의회의원선거	1956.08.13(월)	437	85.8%
시·도의회의원선거	1960.12.12(월)	487	67.4%
시·읍·면의회의원선거	1960.12.19(월)	16,909	78.9%
시·읍·면장선거	1960.12.26(월)	1,468	75.4%
서울시장 및 도지사선거	1960.12.29(목)	10	38.8%
구·시·군의회의원선거	1991.03.26(화)	4,304	55.0%
시·도의회의원선거	1991.06.20(목)	866	58.9%
제1회 전국동시지방선거	1995.06.27(화)	5,758	68.4%
제2회 전국동시지방선거	1998.06.04(목)	4,428	52.7%
제3회 전국동시지방선거	2002.06.13(목)	4,414	48.9%
제4회 전국동시지방선거	2006.05.31(수)	3,872	51.6%
제5회 전국동시지방선거	2010.06.02(수)	3,991	54.5%
제6회 전국동시지방선거	2014.06.04(수)	3,952	56.8%
제7회 전국동시지방선거	2018.06.13(수)	4,016	60.2%

자료: 중앙선거관리위원회 선거통계시스템

5. 매니페스토 운동과 시민사회의 활동

매니페스토 선거는 지방선거를 통하여 한국정치를 발전시키자는 의미에서 출발한 것이다. 이와 같은 매니페스토 운동이 한국에서는 금년 지방선거부터 각 정당이나 지방자치단체장 후보들이 도입하여 정책정당의 면모를 갖추고 선거에 임한다면 한국정치는 한 단계 발전할 것이라는 인식 하에 2006년 2월1일 출발한 것이 '531 스마트 매니페스토 정책선거 추진본부'이다.[20] 매니페스토 정책선거 추진본부는 중앙선거관리위원회와 협력하에 각 정당 대표들과 2006년 3월 16일 '매니페스토 협약식'을 개최하였으며, 이는 이후 「공직선거법」에 매니페스토 관련 조항이 법제화 되는 계기가 되었다.

매니페스토 운동은 아직도 우리 사회에서 지방자치가 꽃피우고 주민들의 행복한 삶이 실현되기 위해서는 해결해 나가야 할 많은 과제들이 있다는 인식하에 지방선거부터 정책선거를 실시, 정치사회를 변화시키자는 운동이다. 시민운동도 그 동안 전개하였던 낙천·낙선 운동과 같은 부정적 캠페인(negative campaign)보다는 좋은 정책, 갖춘 정책, 책임지는 정책을 제시토록 유도하는 긍정적 캠페인(positive campaign)이 더욱 효과적이라는 인식 하에 전개되고 있는 것이 매니페스토 운동이다.

지난 2000년 전개한 낙천·낙선운동, 정보공개운동, 그리고 2004년에 전개한 낙선운동과 당선운동 등이 당시에 시대적 상황에서는 상당한 의미도 있었으며, 또한 정치변화에 다대한 영향도 주었으나, 선거법과의 시비 문제, 그리고 시민들의 관심 저하로 과거에 비하여 시민운동 내부에서도 새로운 운동 방향이 모색되었으며, 이런 의미에서 매니페스토 운동은 선거 시 전개되는 새로운 시민운동의 일환으로 등장한 것이다.

그러나 이번에 전개하고 있는 시민운동은 지방선거가 가지고 있는 여러 과제들 중에서 우리는 지역을 살리는 좋은 정책이 넘쳐나고 책임지는 선거문화의 정착과 확산을 위해 노력하고자 하는 것으로 볼 수 있다. 영국이나 일본에서 전개된 매니페스토 운동과는 다른 특징을 가지고 있어 한국형 스마트-셀프 매니페스토 정책선거

---

20 www.manifesto.or.kr; "531스마트 매니페스토 정책선거추진본부 출범식 자료" 참조. 이하 매니페스토 운동에 관한 내용은 "531 스마트 매니페스토 정책선거 추진본부" 출범 자료집의 내용을 요약한 것임.
　　당시 필자는 "531 스마트 매니페스토 정책선거 추진본보"의 상임공동대표(2006.2~2008.1)로 활동하였음.

운동이라고 할 수 있는바, 그 특징은 다음과 같다.

첫째 한국형 매니페스토에서 지칭하는 스마트(SMART)와 셀프(SELF)는 다음을 의미하고 있어 영국이나 일본과 다른 특징을 나타내고 있다. 즉, SMART는 유권자와 약속하는 서약으로서 S는 구체적(Specific), M은 측정가능하며(Measurable), A는 달성 가능하며(Achievable), R은 정책이 타당하며(Relevant), T는 시간계획이 포함된(Timed) 정책서약서이다.

한편 SELF는 지방선거의 특색을 최대한 반영하기 위한 차원에서 구상된 것이다. 즉 유권자들과 함께 지속성(S, Sustainability), 자치력 강화(E, Empowerment), 지역성(L, Locality), 책임있는 후속조치(F, Following)에 근거를 마련하고자 하는 것이다.

둘째 이 운동은 좋은 정책 뱅크구축과 제공 운동이다. 지방의 미래 비전과 좋은 정책은 주민들의 삶의 경험과 지혜 속에 있기 때문에 좋은 정책 운동의 출발은 주민들의 관심과 참여를 활성화하는 것이라는 인식하에 각 지역에서 발굴되는 다양한 우수사례들을 수집, 정리하여 이들을 전국적으로 확산시켜 냄으로 지방자치단체의 수준을 한 단계 높여 나가려고 하는 것이다. 따라서 시민사회단체들과 각종 연구기관에서 개발하여 제시해 온 수많은 지역정책과 지역발전의 대안들을 체계적으로 정리하여 출마자들에게 제공, 활용토록 할 예정이다.

셋째 추상적인 장미 빛 공약들은 유권자들의 정확한 판단을 불가능하게 만들었고 출마자와 유권자 사이의 불명확한 권한의 위임으로 당선 후 정책추진과정에서 많은 갈등을 발생시켜 왔음으로 매니페스토는 출마자들의 정책공약에 대해 정책의 우선 순위 설정, 필요 재원의 확보방안, 실현 가능성, 이행과정에 대한 주민의 평가 등을 포함하고 있어 책임지는 선거문화를 정착시킬 수 있는 좋은 기회가 될 것으로 보고 있다.

넷째 매니페스토 운동은 과거 시민사회가 행하였던 네거티브한 낙선운동과 다르게 적극적인 좋은 정책 제공과 수용을 통한 살고 싶은 '우리 고장 만들기 지역사회 협약식'과 같은 것을 개최하여 전국의 많은 지역에서 추진될 수 있도록 적극적인 지원활동을 전개하려는 것이다. 이런 활동을 위한 지역별 네트워크가 구축되면 이를 바탕으로 전국 네트워크를 구축하여 통일적인 활동을 진행할 수 있을 것으로 예상된다.

이런 특징을 가진 매니페스토 운동은 지방선거 이후에도 당선자나 정당에 의하여 얼마나 지속될 수 있는가에 대한 평가 작업을 시행할 예정이다. 그동안 전개된 매니페스토 추진본부의 활동과 앞으로의 활동 계획을 보면 다음과 같다.

〈표-5〉 매니페스토 정책선거 추진본부 활동 현황과 계획

사업명	시기	주요내용
좋은 지역정책 개발 및 정책뱅크 구축	2005년 12월 - 2006년 2월까지 완료	• 좋은 지역정책의 기본 틀을 설정한 후 분야별 전문가 등이 참여하여 정책들을 개발하도록 함 • 지역정책 차원에서 접근하되 구체적 정책은 각 지역에서 주민참여방식으로 해결하도록 한다.
지역별 순회 간담회	2006년 2월	• 지역 네트워크 구축 및 지역 실천 활동을 위한 지역별 간담회 및 지역활동가 워크숍
홈페이지 구축 및 운용	2006년 2월	• 주민들의 참여활성화, 전문가 및 미가입 단체들의 참여를 위한 온라인 활동 전개
추진본부 출범식	2006년 2월 1일	• [531 스마트 매니페스토 정책선거 추진본부] 출범식을 통해 활동을 본격 추진토록 함.
매니페스토 한일 국제심포지움 참가	2006년 2월 3일	• 매니페스토운동 확산을 위한 한일 국제심포지움 참가(사)내나라연구소, 아주대 사회과학연구소, 한국정당학회 주최, 프레스센터) • 추진본부와 일본 참가단과 간담회(2월 5일)
매니페스토 국민대토론회	2006년 2월 23일	• 한국형 매니페스토 운동 확산을 위한 국민대토론회(중앙선거관리위원회, 한국정책학회, 지방자치학회와 공동주최)
정당과의 간담회, 정책전달식, 매니페스토정책선거 추진 협약식	2006년 3월 16일	• 중앙정당에 좋은 정책을 전달하여 후보자들이 적극 반영할 수 있도록 함. 매니페스토 추진을 약속하는 서약식을 언론사와 공동으로 추진하여 운동의 전국적 확산의 기회로 활용하도록 함.
출마자 아카데미	2006년 3월~4월	• 아카데미의 내용을 확보하여 출마자들에게 새로운 지역사회 발전의 비전과 전망을 생각할 수 있도록 함. 매니페스토에 대한 안내와 참여를 요청
지방선거 출마자 매니페스토 평가결과 발표	2006년 5월 중순	• 지역추진본부가 정책평가단을 구성하여 각 후보자가 발표한 정책공약을 평가하여 발표함
민선4기 당선자 간담회	2006년 6월	• 당선자의 열정과 계획들에 대해 지역주민과 약속함으로서 실천력을 높임
민선4기 출범과 정책이행 선포식	민선4기 출범일 2006년 7월 1일	• 민선 4기를 출범하면서 약속하였던 정책들의 이행계획과 평가계획을 다시 한번 지역주민들에게 선포함. 이때 경쟁자들과의 협력방안을 발표할 수 있도록 함.
비전과 정책이행에 대한 지역보고회 지속추진	매년 연말, 혹은 지역 실정에 맞게	• 지역 구성원모두가 참여하여 선거 시기에 약속하였던 정책의 이행을 점검, 평가하고 격려, 화합하는 축제한마당으로 기획추진

매니페스토 운동은 유권자인 주민들이 혈연과 학연, 지연, 그리고 금권에서

벗어나 좋은 정책으로 지역 일꾼들을 선택하고 출마자들은 스마트한 매니페스토를 작성, 발표하여 책임지는 선거문화를 만들어 나가는 운동으로 이번 지방선거에 있어 정책선거를 추진하는 대표적인 브랜드라고 볼 수 있다.

6. 결론

우리는 2020년 4월 15일 제21대 총선거를 치르게 된다. 오는 4·15총선거를 시작으로 2022년 3월 9일 제20대 대통령 선거, 2022년 6월 2일 제8회 전국동시지방선거를 실시할 것이다.[21] 선거는 민주정치에 있어 가장 중요한 절차이며, 또한 선거를 통하여 국민들은 정치권을 평가하게 된다.

한국정치는 지금 새로운 도전에 직면하고 있다. 더구나 최근 야기되고 있는 리더십의 부재, 책임정치의 회피, 정치에 대한 불신, 각종 정책의 실패 등으로 인하여 정치위기가 조성되고 있다. 특히 정당들은 정당정치의 중심으로 자리 잡지 못하고 있으며, 정책빈곤으로 국민들로부터 신뢰성을 잃고 있다.

급속하게 변화하는 사회에서 많은 국민은 2002년 대선과 2004년 총선에서 새로운 정치지도력이 형성되어 정치권이 구태의연한 타성에서 벗어나 새로운 희망을 줄 것으로 기대하고 있으나, 그러나 아직도 한국정치는 구태의연한 정치행태에 포위되고, 특히 정치지도자들의 리더십 부족, 비전 제시의 미흡 등으로 인하여 국민들은 실망하고 있다.

더 이상 한국정치의 악순환적 구조가 되풀이 되어서는 안 된다. 지금까지 한국정치는 공포의 균형에 의한 폭력의 정치였으며, 비전 빈곤의 정치였다. 아직도 한국정치는 지연·학연·혈연·금연(金緣) 등 소위 4연(四緣)에서 벗어나지 못하고 있다. 따라서 새로운 패러다임에 의한 미래의 비전 제시를 통해 희망의 균형을 주어야 한다. 대통령을 비롯한 정치지도자가 상호불신과 질시가 아닌 타협과 조정의 정치력을 발휘, 상생의 정치를 추구함으로써 미래에 대한 희망의 비전을 제시하여 국민들로부터 정치적 신뢰를 회복해야 한다.

---

21 「공직선거법」 제34조 제2항에 의거 제20대 대통령 선거는 2022년 3월 2일이 공휴일인 3·1절 다음 날이기 때문에 그 다음 주 수요일인 3월 9일에 실시하게 된다.

따라서 한국의 정치문화 · 선거문화를 변화시키려는 매니페스토 운동이 성공하려면 우선 정당, 후보자, 유권자들이 매니페스토에 대한 중요성을 인식해야 된다. 또한 영국이나 일본에서와 같이 선거법을 개정하여 매니페스토를 책자로 만들어 자유롭게 유권자에 판매할 수 있어야 한다. 또한 매니페스토 추진 및 평가 관련 단체들이 공정성, 객관성, 중립성을 유지하는 것도 중요한 해결 과제이다.

한국은 매니페스토를 확산 · 제도화시키기 위하여 매니페스토 관련 조항을 2008년과 2012년 두차례에 걸친 공직선거법 개정을 통하여 선거운동 규정에 포함시켰다. 즉 공직선거법 제66조(선거공약서) 2항에 의하면 "선거공약서에는 선거공약 및 이에 대한 추진계획으로 각 사업의 목표 · 우선순위 · 이행절차 · 이행기한 · 재원조달방안을 게재하여야 하며, 다른 정당이나 후보자에 관한 사항을 게재할 수 없다. 이 경우 후보자의 성명 · 기호와 선거공약 및 그 추진계획에 관한 사항 외의 후보자의 사진 · 학력 · 경력, 그 밖에 홍보에 필요한 사항은 제3항에 따른 면수 중 1면 이내에서 게재할 수 있다"라고 명기되어 있다.

따라서 공직선거에 당선된 후보자들은 공직 취임 이후 공약 이행과정과 평가 내용에 대하여 해당 시 · 도 · 군 홈페이지를 통하여 알려주고 있다. 그러나 당선 이후 일부 공직자는 선거공약을 단순한 선거용으로 치부하는 사례가 있어 문제점으로 등장하고 있다. 또한 유권자 역시 선거공약을 꼼꼼하게 살펴 투표에 임하기보다는 선거 시 정치상황, 이념, 지연 · 학연 · 혈연 · 금연(金緣) 등에 영향을 받아 투표권을 행사하는 사례가 많아 문제가 되고 있다.

정치권은 지금과 같은 질시와 극단의 정치가 아닌 안정적 정치 질서 하에 조화와 상생의 정치가 이루어질 수 있도록 깊은 성찰이 있어야 한다. 특히 앞으로 실시되는 대통령 선거, 국회의원 선거, 지방선거 등 각종 선거는 지역 대결이 아닌 뉴 패러다임에 의한 책임 있고 신뢰할 수 있는 정책 제시를 통한 국민과의 계약인 매니페스토 선거를 전개, 새로운 선거문화를 통하여 제4의 물결에 걸 맞는 선진화된 한국정치문화를 창출해야 한다.

제3절

한국 시민사회와 지방자치 발전과제

1. 시민사회의 등장과 특성

21세기의 대표적인 주요 화두의 하나는 시민사회(civil society)이다. 우리는 21세기를 흔히 비정부조직(NGO: Non-Governmental Organization) 혹은 비영리조직(NPO: Non-Profit Organization)의 시대라고 부르고 있으며, 때로는 시민권력의 시대라고 한다.[1] 우리는 환경단체, 소비자 보호단체, 인권단체, 문화단체, 정치개혁단체, 경제정의 실천단체와 같은 각종 분야에서 활동하는 단체들을 시민사회단체(CSO: Civil Society Organization)라고 칭하며, 현대사회에 있어 이들의 영향력은 각종 분야에서 상당히 커져가고 있는 것을 알 수 있다.

때문에 우리는 정부조직(GO: Governmental Organization)을 상징하는 입법부·행정부·사법부를 3부라고 하며, 이어 언론을 4부라고 부르고 있는데, 그 다음으로 정치사회에 강력한 영향력을 가진 집단을 시민사회라고 하며, 이를 5부라고 부르고 있을 정도로 시민사회의 영향력이 사회 전반에 급속하게 증대되고 있다. 이런 차원에서 시민사회란 용어는 경실련, 참여연대, 환경운동연합과 같은 각종 시민사회단체인 비정부조직들이 활동하는 영역을 통칭하여 말하고 있다.

시민사회에 대한 논의는 결코 21세기 들어 대두된 화두는 아니지만, 그동안 국가를 대표하는 '정부'와 기업을 대표하는 '시장'의 역할이 변화 내지 한계를 나타내면

---

* 본 글은 노융희 외, 『지역리더를 위한 사용설명서 200문 200답: 지방자치의 어제·오늘 그리고 내일 지방자치』(서울: 조선뉴스프레스, 2015.10)에 실린 필자의 글을 수정·보완한 것임.

1 미국과 일본 등은 NGO는 정부를 대신하여 주로 해외원조를 제공하는 단체를 말하며, NPO는 사회복지 관련 단체를 지칭하고 있음. 그러나 한국의 경우, 이들 단체를 통칭하여 시민사회단체(CSO)라고 함.

서 이에 대한 보완 또는 대체 조직으로 활동하고 있어 시민사회에 대한 관심은 어느 때보다 증대되고 있다.

미래학자 앨빈 토플러(Alvin Toffler)가 현대사회 변화의 혁명적 동인으로서 풀뿌리 시민사회를 지칭한 것과 같이 미국, 영국, 독일 등 선진국에서는 물론 개발도상국을 비롯한 지구촌에서는 시민사회에 대한 중요성이 날로 강조되고 있다. 2012년 아프리카와 중동에서 일어난 민주화 혁명도 시민사회에 의하여 주도된 것이며, 심지어 중국에서조차도 시민사회에 대한 관심이 증가되고 있다.

시민사회가 21세기에 막중한 임무를 지닌 영역으로 간주되기 시작한 것은 '국가(정부)의 실패' 및 '시장(기업)의 실패'에 따른 후기산업사회의 각종 사회문제를 해결하기 위한 문제의식에서 시작하였다고 볼 수 있다. 특히 시민사회는 인류의 생존과 번영을 지향하는 발전에서 비물질적 재화와 시민의 자발적인 가치형성, 예를 들면, 인권, 환경, 자원봉사, 소비자 보호 등을 통해 시민 자신의 주인의식을 형성하고 그들 사이의 공동체를 형성하려는 양상으로의 전환에서 비롯하고 있는 것을 알 수 있다.

이와 같은 시민사회가 국민들로부터 신뢰와 지지를 받고 있는 것은 그들의 활동이 국가나 특정 정파로부터 독립적이고 중립적인 입장으로 활동하기 때문이다. 정부의 권력이나 특정 정치집단의 압력을 배제하고 정치적인 색채 없이 중립적인 차원에서 불특정 다수의 공공이익을 추구하기 위한 공공의 활동을 전개하고 있기 때문에 시민들이 자발적인 지지를 보내고 있는 것이다.

이들 시민사회단체들의 임원들은 정부로부터 임명되지 않고 단체 회원들 스스로의 의사에 의하여 결정되고, 이들 임원 역시 사심 없이 공공이익 추구를 위한 단체의 설립목적을 달성하기 위한 활동에 최선을 다하며, 단체의 조직기반은 일반 대중들을 중심으로 한 풀뿌리 조직이다. 때문에 이런 특성을 가진 시민사회단체들의 활동이 일반국민들로부터 신뢰를 받고 있는 것이다.

2. NGO의 이론적 배경

헌팅톤(Samuel P. Huntington)에 의한 민주화의 제3의 물결(third wave)과 더불어 발전하여 시민사회의 중요한 정치적 행위자로 등장한 NGO는 전지구적 현상으로서 결사체 혁명(associational revolution)의 징후로서 이해될 수 있으며, 따라서 하나의 결사체(association) 형태이기 때문에 집단 접근(group approach)에 의하여 개념화를 할 수 있다.

본래 NGO란 용어는 유럽에서 사용된 개념으로 제1차 세계대전 당시 영국에서 설립된 아동구제기금(Save the Children Fund: 1919년 설립)과 로마 가톨릭에서 1915년 설립한 'Caritas'라는 네트워크가 NGO형태로 이루어지면서 이 용어가 국제사회에 등장하기 시작하였다.[2] 이는 제2차세계대전 시 전쟁희생자를 위한 구제활동에서 NGO가 더욱 알려지기 시작하였으며, 이후 1970~80년대 유럽에서 광범위하게 사용되었다. 이런 NGO의 활동은 미국에서는 사적자원봉사기구(PVO: Private Voluntary Organization)로서 주로 구제활동을 하는 차원에서 NGO란 용어가 사용되었다.

따라서 자원봉사를 통한 구제활동을 NGO의 효시로서 생각할 수 있는데, 이는 봉사영역이 강조되었기 때문에 국가를 중심한 공공영역(public sector), 이윤추구를 중심한 사적영역(private sector)에 이어 제3의 영역(third sector)으로 불려지고 있는 봉사영역(voluntary sector)이 초기의 NGO 개념을 이루었다고 볼 수 있다. 초기에 봉사영역 중심으로 구제활동으로 출발한 NGO는 그 후 각국이 지니고 있는 역사적 배경, 정치 문화적 환경, 그리고 정치체제에 따라 다양하게 정의되고 있다.[3]

NGO의 뿌리는 중세서구사회의 다양한 결사(association)에 발견될 수 있기 때문에 집단이론적인 측면에서 이익집단(interest group)의 개념과 유사하게 공유된 이익을 추구하는 개인들의 집합체로 정의될 수 있으나, NGO는 추구하는 목적이나 성원의 구성에 있어 사적이익집단(private interest group)과는 다른 성격을 나타내고 있는 것이다. 이런 관점에서 NGO는 공익집단(public interest group)의 특징을 나타내고 있다. 따라서 NGO는 정부와 기업의 활동 영역과 비교하여 자원봉사주의(voluntarism)와 연합주의(associationalism)의 기본 가치와 이데올로기에 근거한 사적 비영리조직으로서의 행위자 성격을 지니고 있다.[4]

영국을 비롯한 선진국에서 이미 19세기 초부터 시작된 NGO들은 평화, 개발,

---

2 Seamus Cleary, *The Role of NGOs under Authoritarian Political Systems* (New York: St. Martins Press, 1997), 3–4쪽.

3 John Farrington and Anthony Bebbington, *Reluctant Partners* (London: Routledge, 1993), 1–3쪽.

4 Paul Hirst, *Associative Democracy: New Forms of Economic and Social Governance* (New York: Cambridge Polity Press, 1994), 200쪽.

인권, 환경, 보건, 난민, 아동보호, 긴급구호, 원주민 인권보호, 문화 등의 다양한 영역에 대하여 활동을 하여 왔다. 그러나 1949년 국제연합(United Nations: UN)에 의하여 NGO란 용어가 국제사회에서 공식적으로 사용된 이래, 처음에는 단순히 UN 산하 기관들과 결부되어 있는 NGO들을 지칭하다가, 1950년과 1968년의 개정을 통하여 NGO는 UN의 경제사회위원회(Economic and Social Council)에 의해 UN헌장 제71조에 협의 지위(consultative status)로 규정되었다.[5] 이는 UN 경제사회이사회 (ECOSOC: Economic and Social Council)가 그 권한 내에 있는 NGO들과 협의하기 위한 규정이다. 따라서 경제사회이사회는 NGO들과 관계확립을 위한 규정을 제정하여 국제 NGO들은 국제기구에 자문할 수 있는 제도적 지위를 부여하고 있다. 이와 관련된 국제 NGO들은 현재 약 1천 500여 개에 이르고 있다.[6] 국제 NGO는 기본적으로 국가 주권의 범위를 벗어나는 보편적 목표를 지향하고 있으며, 이는 곧 영토적인 경계를 뛰어넘는 활동 영역을 표방한다. 그러나 이러한 보편적 목표와 비영토적인 활동 영역에도 불구하고 국제 NGO들은 위치하는 국가의 법규나 제도적인 규율에 의하여 영향을 받는다.[7]

NGO의 개념은 정치체제와 활동유형에 따라 다르게 정의될 수 있으나, UN 헌장에서 의미하는 NGO와 같이 정부나 정부 간 협정에 의해 설립되지 않은 모든 비영리 사적조직들을 포괄하는 광범위한 의미로 사용되고 있다. 특히 최근까지는 NGO는 주로 국제사회를 중심으로 활동하는 조직을 의미했다.

그러나 최근 NGO들은 국제적 차원에서 뿐만 아니라 국내적 차원에서 각종 정치적, 경제적, 사회적 쟁점들에 관하여 더욱 많은 활동을 하고 있으며, NGO에 대한 구성원들의 관심이 증대하고 있다. 즉 NGO의 개념이 시민사회의 등장과 관련되어 국제적 성격에서 국내적 성격으로 변화하고 있다. 이는 국제적 활동을 하는 NGO들이 개발도상국이나 후진국에 구호사업, 인권보호, 개발협력, 환경보호

---

5 Peter Willets, *Pressure Groups in the Global System: The Transnational Relations of Issues-Oriented Non-Governmental Organizations* (New York: St. Martin's Press, 1982); 이신화, "탈냉전시대의 국제비정부단체 (NGO),"「동서연구」제9권2호(1998), 73 쪽.

6 한국은 1996년 8월 이웃사랑회가 유엔 경제사회위원회의 '특정분야협의지위'(Special Consultative Status)를 가진 단체로 가입된 이후, 환경운동연합, 한국여성단체협의회, 밝은사회 국제본부 등에 가입되어 있음. 이근, "UN-NGO 관계의 현황과 전망", 주요국제분석,(서울: 외교안보연구원, 1999), 5-6쪽; 「외교문제해설」(1998.7.18).

7 Paul Ghils, "International Civil Society: International Non-governmental Organizations in the International System," *International Social Science Journal 133* (1992), 419쪽.

등을 이유로 진출하여 이미 해당지역에서 활동하고 있는 NGO들을 지원하거나 또는 설립을 유도하여 국내문제에 영향력을 행사함으로서 나타난 현상으로 특히 정치사회의 민주화와 밀접한 관련성을 가지고 있다.

이는 NGO들이 비정치적 · 비당파적 · 자율적 · 독립적 성격을 가지고 활동하고 있으나, 인권문제, 소득불균형, 소비자 보호, 환경보호 같은 쟁점들이 정치체제가 지닌 특성 때문에 야기되는 경우가 많기 때문에 자연적으로 NGO들은 활동하고 있는 지역의 국내정치 · 경제 · 사회문제의 관심을 갖게 되고, 이런 과정에 민주화 추진세력과 연대하거나 또는 독자적인 정치활동을 통하여 시민사회의 중심세력으로 발전하게 된다. 이런 예는 인도, 인도네시아, 필리핀, 중앙아메리카, 라틴아메리카와 같은 개발도상국에서 활동하는 NGO들의 성격에서 잘 나타나고 있다.[8] 이런 문제들은 인간의 기본권과 관련된 사항임으로 NGO들은 자신들의 목표 추구를 위하여 정치영역에 참여하게 되며, 이런 과정에서 정부나 정당이 역할을 제대로 하지 못하기 때문에 대중동원을 통한 활동은 자연히 민주화 촉진과 같은 정치적 성격을 갖게 된다.

또한 비영리단체를 통하여 NGO를 정의하고 있는 살라몬(Lester Salamon) 교수는 공식적 조직(formal organization)으로 사적(private) 성격을 띠며, 비영리성(non-profit distributing), 자치적(self-governing), 그리고 자발적(voluntary) 성경을 강조하고 있다.[9]

지금까지 논의된 NGO의 개념을 종합하면 다음과 같다.[10]

첫째, NGO는 정부의 조직과는 무관하게 사적으로 조직된 비정부(non-governmental), 비국가(non-state), 비당파적(non-parisian) 행위자(actor)이다. 둘째, 개인들의 자발적 참여에 의하여 활동하는 비영리조직(non-profit organization)으로서 환경보호, 인권보호, 난민구호, 개발지원 등과 같은 공공선(public goods) 실현에 관심을 갖고 있다. 셋째 NGO들이 추구하는 목표 달성을 위하여 압력단체(pressure group)로서의 성격을 지니고 있으며, 이는 국내외적 영역에서 광범위한 정치참여

---

8 Laura Macdonald. *Supporting Civil Society: the Political Role of Non- Governmental Organizations in Central America* (New York: St. Martin's Press,1997). 1–6쪽.

9 Lester Salamon, *America's Nonprofit Sector: A Primer* (Foundation Center, 1999), 10–11쪽.

10 김영래, "비정부조직의 정치참여 비교연구". 「공공정책연구」 제4권 (서울: 한국공공정책학회, 1998), 152쪽.

(political participation)를 유도한다. 넷째, 이들이 활동하는 영역이 주로 인간의 기본적인 삶과 관련된 사항이기 때문에 억압적 또는 권위주의적 정치체제를 민주정치체제로 변화시키려는 활동을 하고 있으며, 이런 과정에서 시민사회(civil society)의 주축이 된다. 다섯째, NGO는 광범위한 대중참여를 유도하기 때문에 풀뿌리(grassroots) 조직의 성격을 가지며 또한 자율성과 독립성을 가진다. 풀뿌리 조직은 자율성과 독립성이 지켜질 때 생명력을 가지며, 동시에 이를 통하여 광범위한 대중의 참여를 유도할 수 있다.

3. 시민사회단체 발전의 환경적 요인

시민운동단체가 20세기 후반에 하나의 전지구적 현상으로 발전된 것은 현재 정치적·사회적 상황이 지니고 있는 특징 때문이다. NGO를 하나의 비영리조직으로 규정하고 있는 학자들은 20세기는 복지국가의 위기, 발전의 위기, 환경의 위기, 사회주의의 위기 등 4대 위기와 경제성장률의 상승, 정보통신기술의 발전 등 2대 발전 요소를 지니고 있는데, 이런 요인들이 비영리조직인 NGO의 성장을 촉진시켰다고 주장한다.[11]

4대 위기는 첫째 1950년대와 60년대를 통하여 확대 발전되었던 서구형 복지국가는 70년대의 오일쇼크로 인한 재정위기로 인하여 정부의 위기를 맞게 되었으며, 이에 대한 대안으로 제3섹터의 육성을 통한 민간집단의 역할을 중요시하게 되었다. 둘째 발전의 위기는 제3세계 개발도상국에 있어 발전의 주체로서 정부의 한계가 드러나, 이에 대하여 민간 부문이 갖고 있는 창의력과 문제해결 능력을 추구하게 되었다. 셋째 환경의 위기는 특정국가에 한정된 문제가 아니라 전 지구촌에 관련된 문제로서 정부보다는 각종 환경단체들에 의한 노력이 더욱 각광을 받게 되었다. 넷째 사회주의 위기는 사회주의권의 붕괴로 새로운 정치질서와 민주주의 체제가 등장하면서 시민의 자발적 참여를 유도하게 되었다.

2대 변화는 첫째, 70년대 이후 급속히 발달된 정보통신기술의 변화로 지구촌을

---

11 Lester M. Salamon, and Helmut K. Anheier, *The Emerging Sector: An Overview* (Baltimore, MD: Johns Hopkins University Institute for Policy, 1994), 115쪽.

일일생활권으로 만들면서 시민의 권리에 대한 의식, 권리의 행사 등에 대한 시민단체의 눈부신 활동이 시시각각으로 지구촌에 알려지면서 NGO의 성장을 가속화시켰다. 둘째, 경제성장에 따른 물질적 풍요와 함께 중산층의 확대, 이들의 정치참여와 사회활동의 증대는 선진국뿐만 아니라 제3세계에서 NGO의 발전을 두드러지게 하였다.

이런 요인들은 NGO뿐만 아니라 20세기를 규정하는 하나의 특징적인 현상이며, 또한 현재 지구가 당면하고 있는 제반 문제와 연결된 과제들이다. 이와 같은 급격한 변화 속에서 NGO들은 특히 다음과 같은 현상에 의하여 더욱 성장, 발전되었다고 볼 수 있다.

우선 후기산업사회의 분화와 다양성과 더불어 변화하는 사회에 대한 욕구를 충족시키는데 정부가 지니고 있는 한계가 나타난 것이 주요한 요인이다. 그동안 사회문제 해결에 독점적인 지위를 지니고 있던 정부를 중심한 정치체제가 다양하게 변화하는 정치적·경제적·사회적 요구들을 수용하는 데 있어 한계를 지니고 있기 때문에 이에 대한 하나의 대안으로 등장한 것이 NGO라고 볼 수 있다.

특히 1970년대 후반부터 전세계적으로 일기 시작한 민주화의 흐름은 결사체 혁명(associational revolution)이라고 부를 정도로 사적 이익집단을 비롯한 수많은 조직들이 특정의 이익추구목표를 가지고 조직을 하였으며, 이런 현상은 NGO의 발전을 촉진시켰다. 민주화는 그동안 권위주의 체제로부터 억압되었던 결사의 자유, 언론의 자유와 같은 기본권의 회복을 의미하며, 이는 특정의 공유된 목표추구를 요망하는 개인들 간의 집합체를 형성하는 데 촉진제 역할을 하였다.

제3의 영역으로서의 NGO는 정부조직이 지니고 있는 한계성을 인식함과 동시에 사적 영역이 지니고 있는 지나친 경쟁원리와 이윤속성도 문제점으로 지적하고 있다. 때문에 NGO는 비영리기구로서 자발성을 지니게 되는데, 이런 요인은 급격한 경제발전과 중산층의 발전에 의하여 이루어졌다고 볼 수 있다. 20세기 중반부터 선진국을 중심으로 발전된 경제성장으로 각국에서 중산층이 확대되었으며, 이들은 생활의 여유와 자신들의 가치와 신념을 자발적인 활동을 통하여 확산시키려는 강렬한 욕구를 지니고 있으며, 따라서 이와 같은 이들의 욕구는 NGO의 중심적인 위치로 활동할 수 있도록 했다. 특히 도시화와 더불어 급격히 증대된 도시중산층은 NGO의 리더로서 활동하게 되었으며, 이들은 주로 환경보존, 인권, 민주화 등과 같은 광범위한 인간의 기본적인 삶과 관련된 영역에 관심을 갖게 되었다.

경제발전은 중산층의 확대를 통한 긍정적인 측면도 있으나, 반면 이는 급격한 경제발전으로 야기된 불평등구조와 같은 부정적 측면이 나타나게 되었으며, 이런 부정적인 현상, 역시 NGO의 발전을 가져오게 되었다. 현재 NGO들이 주장하는 경제발전과 관련된 중심과제는 지속적인 발전(sustainable development)으로서 불평등 소득구조의 개선, 환경보호, 노동조건의 개선 등과 같은 과제들이 무시됨이 없이 경제발전이 되어야 한다는 것이다.

지속적인 발전의 문제는 이미 정부간 기구인 UN에서도 가장 중요한 21세기의 과제로 채택되었으며, 이를 논의하기 위한 회의는 UN과 각종 NGO 간에 활발하게 전개되고 있다. 1992년 리우환경회의, 1996년 이스탄불의 세계주거회의 등은 내적 성장 없이 외적인 성장에 치중함으로써 야기되는 전지구촌의 파괴현상을 우려한 대표적인 국제회의이며, 이 회의에서 NGO는 어느 때보다도 적극적인 의견을 제시하였다.

각국의 정부를 비롯한 정부간 기구들의 정책 변화는 NGO의 성장을 가져오게 하였다. 미국을 비롯한 일부 선진국을 제외한 대부분의 국가에서 정부나 정부간 기구들은 그동안 NGO들을 도전세력, 때로는 반정부 세력으로 인식하여 NGO 활동에 대하여 냉담하거나 또는 억압하였다. 그러나 민주화 과정에서 새롭게 등장한 정치세력들은 정치체제의 정통성 등을 제고하기 위하여 대중의 지지를 필요로 하였으며, 이런 과정에서 정부조직은 NGO에 대하여 호의적인 태도를 나타내거나 또는 이들로부터 지지를 획득하려고 노력하였다.

그동안 권위주의 체제 하에 있던 정부들은 결사체를 억압하는 각종 규제들, 예를 들면 「집회 및 시위에 관한 법률」 등을 대폭 철폐하여 NGO들을 비롯한 각종 결사체들의 조직을 용이하게 하였으며, 동시에 이들을 포용하려는 정책을 추진하였다. 예를 들면 필리핀의 라모스 정부와 같이 정부가 주도하는 "Philippines 2000"과 같은 장기적 프로그램 수립에 있어 NGO들이 "People's 2000년"이란 이름 하에 참여토록 한 것 등이 대표적인 예이다.

이런 과정에서 UN의 역할은 괄목할 만하다. UN은 그동안 UNDP, WHO,

UNESCO, UNICEF와 같은 국제기구들을 통하여 민간차원의 협력을 강화하였으며, 특히 민간인들에 대한 조직교육도 병행하여, 그 후 각국에서 자발적인 비영리조직들을 설립, 운영하는데 크게 기여하였다. 더구나 UN이 헌장 제71조 규약을 통하여 경제사회이사회에 NGO를 협의기구로 규정, 공식적으로 인정한 것은 그 후에 UN에서 개최된 각종 회의에 NGO들이 적극적으로 참여하는 계기가 되었다.

국제 정치정세의 변화도 NGO의 발전을 촉진시켰다. 그동안 국제사회를 자유민주주의, 사회주의 체제로 양분시켰던 냉전체제의 붕괴에 따른 탈이데올로기적 현상은 NGO의 폭발현상을 가져왔다. 특히 소련과 동유럽을 비롯한 사회주의 체제의 붕괴는 냉전체제 하에 반정부세력으로 적대시하였던 각종 인권보호, 환경보존, 소비자보호, 경제정의 구현, 부정부패 추방 단체 등이 급격히 조직, 활발히 활동하게 되었다.

최근 발달된 정보통신기술은 NGO가 전지구적 현상으로 발전하는 데 큰 역할을 하였다. 각국이 정치, 경제, 사회 등 제분야에 있어 다양성을 지니고 있지만, 고도로 발달된 정보통신기술은 공간적인 개념을 뛰어넘어 지구가 하나의 공동체로 발전하는 데 기여하고 있으며, 이런 현상은 각국의 NGO 간의 원활하고 신속한 정보교환을 가능케 하여 NGO의 설립은 물론 활동에 있어 상당한 도움을 주었다.

4. 시민사회단체와 이익단체와의 차이점

시민사회단체와 이익단체(interest group)는 1명 이상의 사람이 모인 단체, 정부가 운영하는 조직이 아닌 민간조직, 그리고 정부의 정책 결정 등에 있어 영향력을 행사하려는 차원에서는 큰 차이가 없다. 그러나 시민사회단체와 이익단체는 단체의 설립목적, 구성, 그리고 활동에는 상당한 차이가 있음을 알 수 있다.

이익단체는 때로는 압력단체(pressure group)로 칭하기도 하는데, 이익집단은 특정한 목적 달성, 예를 들면 경제인들의 경우, 기업인의 이익을 추구하기 위하여 상공회의소, 전국경제인연합회 등과 같은 경제단체를, 의사들은 의료인들의 이익을 추구하기 위하여 의학협회 등을 조직하여 정부 등을 상대로 로비(lobby) 활동하고 있다.

위의 단체 이외에도 교사들의 모임인 한국교원단체총연합회, 약사들이 모인 약사협회, 노동자들이 모인 한국노동조합총연맹 등 각종 이익단체가 활동하고 있다. 이들 단체는 조직에 있어서도 상공회의소는 상공인만, 의학협회는 의사자격을 가진 사람들만 회원이 자격 요건이 제한되고 있으며, 이 단체의 활동의 최우선 목적은 소속 회원의 사적이익이 추구이다. 따라서 우리는 이런 이익단체를 사익단체(private interest group)라고 한다.

이익단체와는 달리 시민사회단체는 불특정 다수의 공공이익을 추구하기 위하여 일반시민들로 조직, 활동하는 단체를 말하고 있다. 우리는 이런 정부조직이 아닌 단체를 비정부조직, 비정부기구, 비정부단체라고 부르고 있으며, 이에는 비영리차원에서 저개발국가에 원조를 하는 각종 구호단체, 독거노인이나 장애인들을 보호해주는 각종 사회복지관련 단체들도 이에 포함되고 있다.

이들 단체는 특정 정당이나 정치세력으로부터, 독립적이고 중립적인 입장을 가지고 자율적으로 활동하고 있으며, 단체의 설립목적에 찬동하는 시민은 누구든지 가입할 수 있도록 문호가 개방되어 있다. 그리고 이들 시민사회단체는 불특정 사회구성원 대다수를 위한 환경보호, 인권보호, 소비자 보호, 교육제도 개혁, 정치개혁, 경제정의와 같은 공공이익의 추구를 목적으로 하고 있기 때문에 공익단체(public interest group)라고 부르고 있다.

미국, 영국, 독일 등 서구 선진국에서는 이런 공익단체인 시민사회단체가 오랜 역사를 가지고 발전되어 왔다. 본래 NGO란 용어는 유럽에서 사용된 개념으로 제1차 세계대전 당시 영국에서 설립된 '아동구제기금'(Save the Children Fund), 로마 가톨릭에서 1915년 설립한 구호단체인 'Caritas', 세계적인 환경단체인 '그린피스'(Greenpeace), 국제민간 인도주의 의료구호단체인 '국경 없는 의사회'(Doctors without Borders), 전세계의 빈곤 아동 · 가정 · 지역사회 구호단체인 '월드비전'(World Vison)이 대표적인 시민사회단체라고 볼 수 있다.

시민사회단체의 활동은 주로 자원봉사자들과 같은 사람들에 의하여 활동이 전개되고 있으며, 이들 단체들은 정치인들의 부정부패, 부동산투기, 공직자의 권력남용 등을 감시하는 활동을 전개하여 일반국민들로부터 신뢰를 받고 있으며, 이런 단체의 활동이 활성화될수록 사회는 건강하고 또한 투명하여 깨끗한 사회가 되는 것이다.

5. 한국 시민사회단체 발생과 등장

한국에 있어 시민사회단체의 역사는 서구 선진국에 비하면 다소 짧은 역사가 되겠지만, 그러나 오래전부터 시민사회단체가 설립되어 활동해 왔다. 일제 강점기를 전후하여 설립된 독립협회, 조선물산장려운동, YMCA, YWCA, 흥사단과 같은 단체들은 일종의 시민사회단체로서 볼 수 있다. 물론 이들 단체 중 일부는 일제로부터 민족의 독립이라는 정치적 성격을 가지고 활동을 하였지만, 일반 시민들에 의하여 자발적으로 조직된 단체이기 때문에 현대적 개념의 시민사회단체라고 볼 수 있다.

그러나 우리나라에서 시민사회단체가 본격적으로 조직, 활동하기 시작한 것은 1980년대 중반부터로, 한국정치사회의 변화와 더불어 시민사회단체가 폭발적으로 조직, 활동을 하였다고 볼 수 있다. 물론 1945년 해방 이후 각종 사회단체가 설립되어 신생국가 건설을 위한 정치사회운동을 전개하였으며, 이후 이승만 정권 시 '사사오입' (四捨五入) 개헌, 부정선거, 독재에 반대하는 운동을 전개하는 단체들이 조직, 활동하여 시민사회의 역량을 키우기 시작하였다.[12]

그러나 이러한 시민사회단체는 정부의 탄압으로 활발한 활동을 하지 못하다가 1987년 6월 민주화 운동 이후 급격히 조직, 성장한 시민사회단체는 노동단체 등과 같은 이익집단의 발달과 더불어 민주화를 비롯한 여러 가지 정치사회문제에 대하여 활동 범위를 넓혀가면서 정치사회의 중심세력으로 대두되기 시작하였다.

특히 1989년 7월 창립된 경제정의실천시민연합(경실련으로 약칭)의 창립 이후 환경운동연합(1993.4 창립), 참여연대(1994.9 창립) 등 한국의 시민사회단체들이 조직되어 활동을 하기 시작하였다. 금융실명제, 토지실명제 등과 같은 경제 문제, 부정부패 추방, 공명선거, 환경, 교육, 여성문제 각종 정치, 경제, 사회문제 등에 대한 쟁점을 제기하고, 국민들로부터 신뢰를 얻음으로써 시민사회단체가 정치사회발전에 중요한 영향력을 발휘하였으며, 정치권으로 주목을 받았다.

이후 한국시민사회단체들은 1992년의 리우 환경회의, 93년의 비엔나 인권회의, 94년의 카이로 인구회의, 95년 코펜하겐의 사회개발을 위한 세계정상회의, 북경

---

12 1954년 11월29일 제1공화국의 제3대 국회에서 대통령 이승만(李承晚)에 대한 3선제한의 철폐를 핵심으로 하는 헌법개정안을 통과시킨 제2차 헌법 개정을 말함.

세계여성대회, 96년 이스탄불 세계주거회의, 2002년 남아프리카공화국의 지속가능 발전 세계 정상회의(WSSD: World Summit on Sustainable Development) 등 각종 국제회의에 참석, 국제사회에서 한국시민사회단체의 활동이 널리 알려졌다. 특히 1999년 10월에는 '서울NGO세계대회', 2016년 6월에는 UN NGO포럼이 한국에서 개최되어 한국 시민사회단체의 위상이 더욱 높아졌다.[13]

　　김대중 정부가 들어선 이후 시민사회단체는 더욱 성장하였으며, 「비영리민간단체 지원법」을 제정, 시민사회단체 활동을 지원하였다. 이후 한국 시민사회는 2000년 4월 총선거 시 전개된 낙천·낙선운동을 계기로 일대 도약기를 맞이하였다. 한국시민사회단체는 서구에 비하여 짧은 역사를 가지고 있음에도 2000년 총선시민연대의 낙천·낙선운동 등과 같은 역동적 운동을 전개, 지구촌으로부터 주목받는 시민사회단체 활동이 되었다. 이런 시민사회단체의 활동으로 인하여 2004년 여론 조사에서 시민사회단체는 정치권을 제치고 한국사회에서 가장 영향력 있는 제1위의 지위를 차지하기도 했다.[14]

　　노무현 정권 시 시민사회는 더욱 발전하였다. 청와대 비서실에 시민사회수석실이 설치되었으며, 정부의 중요 부서, 각종 위원회에는 시민사회와 직·간접으로 관련 있는 인사들이 대거 진입하여 정책 입안이나 시행에 있어 상당한 영향력을 행사했다. 또한 국무총리실 자문기구로 시민사회발전위원회를 두어 시민사회와 정부와의 거버넌스 정립에 많은 노력을 했다.

　　이명박 정부의 경우, 초기에는 청와대 비서실에 시민사회수석실을 폐지하였으나, 광우병 사태 이후 사회통합수석을 신설하여 시민사회정책을 담당했다. 또한 특임장관실 자문기구로 시민사회발전위원회 설치하여 운영했다. 박근혜 정부의 경우 시민사회 정책은 이명박 정부와 큰 차이가 없었으며, 국무총리실 자문기구로 시민사회발전위원회를 두어 운영했다. 이 당시 서울특별시를 비롯한 일부 지방자치단체는 조례를 제정, 'NPO지원센터'를 운영하여 지방정부 차원에서 시민사회에 대한 정책이 더욱 활성화되었다.

---

13 서울 NGO 세계대회는 '뜻을 세우고, 힘을 모아, 행동하자(Inspire, Empower, Act!)'라는 슬로건으로 세계 각국 5천여 명의 NGO 활동가들이 서울 올림픽공원에 모여 개최하였음. 경주에서 개최된 제66회 UN NGO포럼은 '세계 시민교육' 등을 주제로 하였음.

14 「시사저널」(2004.10.28), 59쪽.

문재인 정부의 경우, 시민사회에 대한 정책은 노무현 정부와 유사하다. 청와대에는 노 정권과 같이 시민사회수석 업무를 담당하고 있으며, 정책실장 등 주요 청와대 참모, 각료 등에 시민사회 관련 인사들이 대거 참여하였다. 장하준 전 정책실장, 김상조 정책실장, 조국 전 민정수석, 하승창 전 사회혁신수석, 이용선 전 시민사회수석, 김거성 시민사회수석 등은 시민사회출신이다. 국무총리 자문기구로 과거와 같이 시민사회발전위원회가 설치되어 있다.

문재인 정부는 '시민사회발전기본법'을 추진하고 있다. 국민이 직접 정책 기획 및 결정에 참여할 기회를 제공하여 시민사회의 역량을 신장시키려 한다. 문재인 정부 100대 과제에는 '시민사회발전기본법 제정' 및 '시민사회발전위원회 설치'가 포함되었으나, 아직까지 입법화 되지 못하고 있다.

이에 대한 대안으로 문재인 정부는 시민사회의 공익활동 증진과 정부·시민사회 간 소통을 담당하는 '시민사회발전위원회'를 국무총리 자문기구에서 심의기구로 격상시켰다. 2019년 12월 11일 입법예고한 '시민사회 발전과 공익활동 증진에 관한 규정'이 대통령령으로 제정되었으며, 따라서 오는 2020년 2월 중 시행될 것이다. 이에 따라 각 시·도에서 조례를 정해 '시·도 시민사회발전위원회'를 설립할 수 있는 근거도 마련됐다. 하지만 시민사회발전기본법·공익법인법·사회적경제기본법 등 시민사회 관련 법안이 수년째 추진 중에 있으나, 이들 법안들은 여야 간의 이견으로 20대 국회에서 사실상 처리가 무산되었다.

6. 시민사회단체의 사회적 역할

시민사회단체가 최근 한국사회를 비롯하여 민주주의 국가에서 발전하게 된 가장 중요한 요인은 그동안 국가발전에 있어 중추적인 역할을 수행하였던 정부와 기업의 역할이 사회가 다양화되고 다원화됨으로써 한계에 이르게 되어 이에 대한 대안 또는 보완조직으로 등장하게 된 것이다.

특히 서구 선진국가에서 1950년대와 1960년대를 통하여 확대 발전되었던 서구형 복지국가는 1970년대의 오일쇼크 때문에 재정위기로 인하여 정부의 역할이 한계를 맞게 되었으며, 이에 대한 대안으로 각종 민간복지사회단체들이 조직, 정부를 대신하여 복지활동을 하고 있는 것도 하나의 사례이다.

이는 민간으로 조직된 시민사회단체가 관료들로 조직된 정부보다 더욱 창조적이고 유연성을 가지고 문제해결에 큰 역할을 하고 있기 때문이다. 관료조직은 환경, 인권 등에 관련된 문제가 발생해도 관료 특유의 보신주의 또는 상사의 지시에 의하여 움직이고 또한 기업은 공공의 이익이 침해되더라도 사적 이익만 추구하려고 하지만 시민사회단체는 자기희생적, 자발적으로 공공이익을 우선시하여 활동한다.

예를 들어 우리나라가 1997년 외환부족으로 IMF체제에 들어갔을 때 금모으기 운동을 전개하여 외환위기를 극복하였던 사례가 있다. 만약 이때 금모으기 운동을 정부나 기업이 주도하였다면 아마 성공하기 어려웠을 것이다. 이는 시민사회운동 차원에서 시민들이 사심 없이 국가위기 극복을 위하여 자발적으로 운동을 전개하였기 때문에 시민들이 적극 호응하여 성공할 수 있었던 것이다.

지구온난화현상으로 인류의 생태계를 보호하기 위한 환경보호운동도 마찬가지이다. 정부나 기업은 일산화탄소 배출이 많은 공해배출 공장도 이익이 발생하면 재정수입을 증대하기 위하여 유치하려고 하겠지만, 시민사회단체는 이는 장기적으로 구성원의 건강을 해칠 수 있다는 차원에서 환경운동단체들은 공해발생 공장의 설치 등에 반대운동을 전개하는 것이다. 시민사회단체들은 정부가 국민이 낸 세금을 제대로 사용하고 있는가를 감시하는 예산감시운동, 소비자권익 보호를 위한 기업감시활동 등 국가권력과 경제 권력의 견제활동을 하고 있다.

시민사회단체들의 공공가치의 학습과 보존도 중요한 역할이다. 건설업자들이 문화재가 있는 지역을 마구 파헤쳐 아파트 등을 건설하려고 할 때 이를 저지하는 활동은 기업의 이익보다는 국가의 공공가치를 보존하는 것이 더욱 중요하다고 인식하고 있기 때문에 문화재보호 운동 시민사회단체를 조직, 이를 보존하는 운동을 전개하는 것이다. 이런 운동에 많은 시민들이 자발적으로 참여함으로써 이는 민주시민으로 육성될 수 있도록 민주시민교육도 담당하는 중요한 역할을 하고 있다.

시민사회단체는 사회적 안전과 국민통합을 유도하는 역할도 담당하고 있다. 2014년 4월 16일 발생한 세월호 참사 시 정부정책의 부실로 인하여 수많은 학생들이 희생된 것에 대한 정부의 정책을 질책함과 동시에 대안 마련을 촉구하는 시민사회단체들의 운동은 사회의 안녕과 질서를 보존하려는 역할로 볼 수 있다.

7. 한국 시민사회단체 현황

한국 시민사회단체는 1987년 민주화 운동 이후 비약적인 발전을 하였으니, 이는 〈그림-1〉에서와 같이 시민사회단체의 설립 추이를 보아도 알 수 있다. 즉 〈그림-1〉과 같이 시민사회단체의 설립을 연도별로 보면 1990년 이후에 설립된 시민사회단체가 전체의 약 91%를 차지하고 있으며, 특히 1987년 6.29민주화 선언 이후에 환경, 소비자 보호, 인권, 정치개혁과 같은 시민사회단체가 급격히 증가하고 있는 현상을 보이고 있음을 알 수 있다.

〈그림-1〉 시민사회단체의 설립연도별 분포

설립연도별 분포

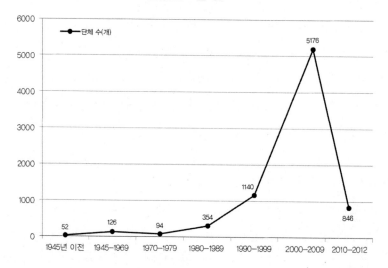

〈사단법인 시민운동정보센터〉가 2011년 발행한 『한국민간단체총람 2012』에 따르면, 한국의 시민사회단체는 약 12,750개에 달한다. 물론 이는 등록된 시민사회단체를 집계한 것으로서, 등록되지 않은 시민사회단체를 모두 포함한다면 약 25,000여 개가 넘을 것으로 추산되고 있다.[15]   이는 2000년도의 7,600여 개에 불과했던 점을 감안하면 시민사회단체 수의 상당한 정도로 증가한 것을 확인할 수 있다. 이는 과거의 증가 속도와 비교해도 놀라운 수치라고 할 수 있으며, 이와 같이 한국

---

15 (사)시민운동정보센터(www.kngo.or.kr)는 1996년 설립된 공익법인으로 『한국민간단체총람』, 『한국시민사회연감』, 『한국시민사회운동사』 등을 발간하고 있음.

시민사회단체는 〈그림-1〉과 같이 2000년 이후에 양적으로 비약적인 성장을 하고 있다.

그러나 이러한 시민사회단체의 양적 팽창에도 불구하고 활동하고 있는 지역을 구체적으로 살펴보면 시민사회단체의 지역별 분포에서 수도권 집중현상이 여전히 나타나고 있는 것을 알 수 있다. 상기 『한국민간단체총람 2012』에 따르면 〈그림-2〉와 같이 서울, 경기, 인천을 비롯한 수도권에서 조직되어 본부를 두고 활동하는 시민사회단체가 2000년의 경우, 무려 66.0%를 차지하고 있는 수도권 집중 현상을 나타내고 있다.

이런 현상은 우리나라의 경우, 지방자치가 실시되고 있음에도 아직까지도 대다수 국민들은 서울을 비롯한 수도권에서 활동을 하는 것이 발전에 유리하다고 생각하고 있으며, 이런 사고는 시민사회단체도 마찬가지로 정부의 정책 결정이나 단체 회원들의 모집에 있어 절대적으로 유리하다고 생각하는 중앙집권적인 의식이 지배하고 있는 것으로 볼 수 있다.

〈그림-2〉 시민사회단체의 지역별 분포

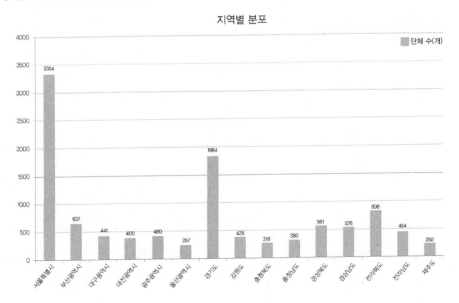

8. 시민사회단체의 유형과 주요 단체

산업화와 더불어 한국 사회가 다원화되고 또한 다양화됨에 따라 시민사회단체도 과거와는 달리 다양한 분야에 걸쳐 설립, 조직되었다. 이는 과거 농경사회와는 달리 사회구성원의 요구가 다양해진 것을 의미하며 동시에 이에 따라 시민사회단체도 각종 분야에 걸쳐 활동하게 된 것이다. 특히 최근에는 각 지역에서 주민들의 일상적인 삶과 관련된 소규모의 생활정치형 시민사회단체가 등장, 시민들의 삶을 제고시키는 활동을 하고 있다.

그러나 〈그림-3〉에서 보여주는 것과 같이 시민들이 관심을 많이 가진 활동 영역에 편중되는 현상이 나타나고 있다. 가장 활발하게 활동하는 시민사회단체 영역은 복지, 환경, 정치 · 경제의 영역이며, 반면 모금, 소비자권리, 외국인, 대안사회, 국제연대 영역에서는 활동이 미약한 것을 알 수 있다.

한편 한국에서 활동하고 있는 주요 시민사회단체를 살펴보면 다음 〈표-1〉과 같다.

〈그림-3〉 시민사회단체의 분야별 분포

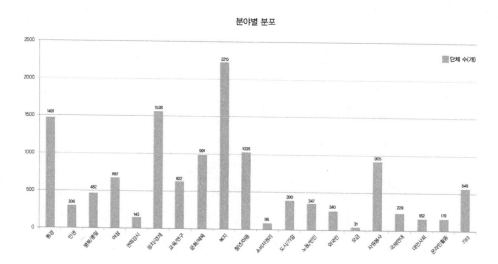

〈표-1〉 한국의 활동영역별 주요 시민사회단체

활동영역	주요단체
환경	환경운동연합, 녹색연합, 환경정의시민연대, 생명의 숲가꾸기 국민운동
인권	인권운동사랑방, 민주화실천가족운동협의회, 한국정신대 대책협의회
평화/통일	우리민족서로돕기운동, 민족화해협력범국민협의회, 1090평화와 통일운동
여성	여성민우회, 한국여성의 전화, 한국여성단체연합, 세계평화여성연합
예술/문화	문화연대, 두레문화기행, 여성문화예술기획, 책사랑회, 봉천놀이마당
교육/연구	참교육위한전국학부모회, 인간교육실현학부모연대, 학벌없는 사회를 위한 모임,
정치문화	공명선거실천시민운동협의회, 정치개혁시민연대, 한국매니페스토실천본부
의료	사랑의 장기기증 운동본부, 새생명찾아주기 운동본부, 생명나눔실천회
청소년/아동	흥사단, YWCA, YMCA, 청소년폭력예방재단, 색동회
복지일반	백혈병 어린이재단, 자비의 집, 이웃을 돕는 사람들, 장애우권익문제연구소
소비자권리	소비자 문제를 연구하는 시민의모임, 한국소비자연맹, 녹색소비자연대
권력감시	참여연대, 반부패국민연대, 민주언론시민운동연합, 행정개혁시민연합
자원봉사	볼런티어21, 곰두리차량봉사대, 녹색어머니회, 한국국제기아대책기구
경제정의	경제정의실천시민연합, 함께하는 시민행동, 한국납세자연맹
노동	외국인노동자대책협의회, 한국노동청년연대, 부천노동문화센터
교통	녹색교통운동, 어린이교통안전연구소, 범국민자전거생활진흥회
공동체	열린사회 시민연합, 다일공동체, 한살림공동체, 평화마을, 한두레
국제협력	굿네이버스, 월드비전, 지구촌나눔운동, 글로벌게어, 좋은 벗들, KOPION,
대안사회	대안연대회의, 나무를 심는 사람들, 새문명아카데미
기타 일반	바른사회 시민회의, 청년네트워크21, 아름다운재단, 시민운동정보센터

9. 지방자치발전에 있어 시민사회단체의 역할

현대사회를 시민사회라고 할 정도로 시민사회단체의 중요성이 강조되고 있으며, 이는 특히 지방자치제도의 발전과 더불어 그 중요성이 더욱 커지고 있다. 한국에서 지방자치제도가 본격적으로 실시된 것은 1990년부터이며, 이는 1987년 민주화 운동이 성공, 제9차 헌법 개정을 통하여 당시 정치권이 그동안 유보되었던 지방자치를 실시하였기 때문이다.

이는 한국 시민사회 발전은 지방자치제도의 실시와 더불어 동시에 발전하기 시작하였다는 것을 의미하고 있다. 앨빈 토플러는 미래사회에서 가장 중요한 역할을 하는 것으로 시민사회라고 하였으며, 특히 이를 지역주민의 기반을 둔 풀뿌리 시민사회단체라고 하였으니, 이는 지역에서 자생적으로 설립, 조직된 시민사회단체를 의미하고 있다.

1990년 중반 지방자치가 본격적으로 실시되면서부터 지역의 이름을 가진 시민사회 단체들이 조직, 활동하기 시작하였다. 경실련, 참여연대, 환경운동연합 등 과 같은 중앙에서 활동하는 단체와는 직·간접으로 관계를 맺으면서, 예를 들면 '경기경실련', '부산참여자치시민연대',' 광주환경운동연합', 등이 지역에서 활동하기 시작하였다.

현대정치는 생활정치가 가장 중요시 되고 있는데, 지방자치야말로 생활정치의 현장인 지방에서 활동하는 시민사회단체들이 지역민의 의견을 반영하여 지방자치에 반영함으로 바람직한 풀뿌리 민주주의가 될 수 있기 때문에 지역에서 활동하는 시민사회단체들은 지역주민의 참여를 통한 지방자치를 발전시키는 데 획기적인 역할을 하였다.

지방자치제도가 실시되기 이전에는 지방자치단체의 장들이 중앙에서 임명된 공직 자들이었기 때문에 지역의 실정도 잘 알지 못하였고 적당한 기간 근무하다 중앙으로 진출하려는 생각만 하였다. 그러나 지방자치가 실시되고부터는 지역사회단체들이 지역에서 주민들에 의하여 선출된 단체장이나 지방의원들이 대부분 같은 지역민이기 때문에 서로 협력하여 지역사회를 발전시키고자 하는 의식을 갖게 되었다.

시민사회단체들이 수시로 단체장을 면담하여 지역주민들의 의견을 전달하기도 하고 또한 지방의회가 개회 시 방청하여 의원들의 활동을 체크하는가 하면 예산이 잘 집행되고 있는가를 감시하는 단체들도 조직되어 단체장과 지방의원들이 시민사회 단체 활동에 대하여 상당한 정도로 의식하게 되었다는 사실 자체만으로도 지방자치 발전에 큰 역할을 하였다고 볼 수 있다.

특히 지방선거는 지역의 대표적인 일꾼을 선출하는 행위인데, 이때 각 지역에서 활동하는 시민사회단체, 예를 들면 참여자치연대, 공명선거실천협의회, 매니페스토 (Manifesto)실천본부와 같은 단체들이 후보자들의 공약을 검증하는 각종 토론회를 개최, 유권자에게 후보자에 대한 정보를 제공함으로써 후보자 선택에 상당한 도움을 주었을 뿐만 아니라 한국선거문화 변화에도 큰 영향을 주고 있다.[16]

---

16 매니페스토란 공직선거 시 정당이나 후보자가 실천 가능한 공약을 구체적인 예산까지 명기하여 작성, 발표함으로서 선거를 지연, 학연, 혈연, 금권으로 배제시키는 선거문화개혁운동인데, 우리나라의 경우, 2006년 지방선거 때부터 실시되었음. 현재 지방자치단체장선거에 매니페스토 형식의 공약 제출은 필수이며, 당선 후에 해당 지방

이외에도 환경단체, 교육관련 단체, 문화보존단체, 소비자보호단체와 같은 시민사회단체들이 지역 내에 각종 현안들을 시민의 입장에서 관찰하고 감시하여 '살기 좋은 고장을 만들기 위한 시민운동'을 전개하였으며, 이는 지방자치 제도 실시 이후 각 지역이 특색 있는 지역발전 정책을 실시, 관광객을 유치, 지방재정 확보에 도움을 주고 있는 것에서도 알 수 있다.

10. 지역사회에서 바람직한 시민사회단체의 역할

지역에서의 시민사회운동은 지역사회의 구조개혁을 통해서 지역시민들의 삶의 스타일을 보다 참여적인 양태로 바꿀 수 있도록 아파트 공동체운동, 마을 만들기 등 생활현장, 삶터에서의 생활운동 등을 적극적으로 펼쳐나가야 하는 것이다. 1991년 지방자치제도가 실시된 이후 주민자치에 대한 인식이 확산되었으며, 특히 2000년 이후에 활발해지기 시작한 지역에 기반을 둔 시민사회단체가 등장하면서부터 주민자치운동이 활성화되고 있으니, 이는 중앙집중식의 통치 행위가 아닌 스스로 통치하는 주민자치가 점차 확대되고 있음을 의미하고 있다. 따라서 앞으로 지역시민사회단체는 주민의 자치역량을 함양시키는 데 노력해야 할 것이다.

지금은 무엇보다도 생활정치가 강조되는 시대이다. 지역주민의 생활권 단위의 풀뿌리 조직이 다양하게 형성되고 환경, 교육, 문화, 청소년 문제 등 생활영역에서 이루어지는 활발한 논의를 통해서 사회공론이 형성되고 지역 시민사회단체와 생활민주주의라는 지반이 보다 넓고 깊게 확장함으로써 지역주민이 행복한 삶을 영위할 수 있도록 하는 것이다.

특히 지방자치단체의 예산이 인기영합적인 정책에 치중하기보다는 장기적인 생활기반을 공고하게 하는 데 사용되도록 예산감시 활동을 철저하게 해야 한다. 일부 지방자치단체장들이 자신들의 임기 중에 업적을 남기기 위하여 시청사 등 대형 지자체 행정 건물을 건설하여 예산을 낭비하는 사례 등이 대표적인 사례이다.

지역에서 시민사회단체는 거버넌스(governance)를 통하여 지방정부와 협력 체제

자치단체 홈페이지에 '민선 7기 서울특별시장 공약지도'(서울특별시), '공약&매니페스토'(경기도) 등을 통하여 공약 이행도를 알리고 있음.

를 강화해야 한다. 지역시민사회가 성장하여 조직력과 전문성을 갖추게 되면서 지방자치단체가 제안하는 공공사업의 영역에서도 주요 행위자로 활동하고 있다. 양자 간의 협력은 지역사회의 물적 기반을 조성함과 동시에 다양한 서비스를 지역시민에게 전달하는 효과를 거두면서 지방자치를 발전시킬 수 있다.

지방자치단체장과 지방의원들에 대한 감시자 역할을 시민사회단체가 해야 한다. 우리는 지방자치 실시 이후 상당수 단체장이 불법부정행위로 구속, 사퇴한 것을 보았다. 심지어 어느 기초자치단체의 경우, 최근 4년 동안 3번의 군수 선거를 치름으로서 지방자치에 대한 부정적 인식을 주민들에게 심어주었다. 기초단체장과 광역단체장 중 지난 20년간 형사 처분으로 물러난 민선 자치단체장은 모두 102명으로, 이는 1995년부터 선출된 자치단체장 총 1천 200여 명 가운데 약 8.3%에 이르는 부끄러운 현실이다.

지방의원들의 경우도 비슷하다. 행정자치부 자료를 보면, 지방의회가 출범한 1991년부터 2013년까지 형사 처분을 받은 지방의회 의원은 모두 1,230명으로 그동안 선출된 전체 지방의원 2만 6천여 명의 약 4.7%에 이른다. 따라서 지역의 시민사회단체는 지역의 특수성인 지연, 학연, 혈연에 의한 개인적 관계보다는 시민사회의 공익성을 인식, 지역사회 지도자들의 부정부패나 불법행위에 대한 감시활동을 철저하게 함으로써 민주적이고 투명한 지방행정이 이뤄지도록 해야 될 것이다.

11. 시민사회단체와 지방정부와의 거버넌스의 필요성

현대사회는 과거와 같이 행정정책 당국의 독자적인 능력만으로는 각종 정치사회 문제를 해결하기 어려운 복잡한 사회가 되었다. 이런 사례는 수년 전 발생한 메르스 사태에서 정부의 힘만으로는 사태 해결이 어려워 결국 민간전문가가 참여하는 거버넌스 형태를 이뤄 사태를 해결하였다.

시민사회는 자신들의 자율적인 역량과 활동능력을 기반으로 정부와 기업의 조정기능의 한계를 보완하고 공공성에 기반을 둔 대안을 제시하기 위해서 민관협력과 같은 거버넌스(governance)의 틀에 적극 참여할 필요성이 제기되고 있으며, 이를 통하여 지역사회 발전을 추구하고 또한 복잡한 각종 문제를 해결해야 한다.

거버넌스는 정부가 정부 이외의 다양한 행위자(actor)들과 소통과 신뢰를 중심으로 지식과 경험을 공유, 공동의 문제해결과 발전방안을 모색해 나가는 '협력적 공치양식(Mode of Cooperative-Public Governing)' 또는 '조종을 통한 공동의 목표추구 과정(Process of Steering and Pursuing Common Goals)'이다.

거버넌스는 시민사회가 지방정부, 시장(기업) 등과 동등한 파트너가 되어 정치사회를 운영, 국가발전을 추구하는 관계를 말한다. 이는 국가발전의 주요 정책을 결정하는 과정에서 정부·시장·시민사회가 가진 전문성, 자원, 기술, 계획 등을 동원하여 상호 책임을 공유하면서 새로운 행동의 연대를 구성하는 일종의 '좋은 연대'(good governance)를 말하고 있다.

지방자치제도 실시된 이후 지역에서 이뤄진 대표적인 거버넌스 사례는 '지방의제 21'이다. 민관을 포함한 지역사회에서의 다양한 구성원들이 참여와 협력을 통해 지속가능발전을 실현하기 위해 시작된 지방의제 21은 지난 20년간 지역사회의 환경, 교통, 교육 등을 해결하는 데 큰 기여를 하였다. 톱다운(top-down) 방식에서 바텀업(bottom-up) 방식으로 기존의 중앙정부 주도의 일방적이고 하향적인 계획과는 다르게 지방자치시대에 걸맞게 지방의제 21은 민관을 포함한 지역사회의 다양한 구성원들의 자발적 참여와 협력을 통하여 작은 단위는 '가정의제 만들기'에서 '마을의제'로 확대되었으며, 각 지방자치단체가 연대하여 전국 네트워크를 이루고 있을 정도로 발전하였다.[17] 이의 대표적인 사례는 '인천 효성동 마을의제 21', '푸른경기21 실천협의회' 등이다.

한국정치사회가 변화하기 위하여 거버넌스는 선택이 아니라 이제 필수적 요소이다. 국가운영체제가 과거와 같은 수직적 리더십을 통하여 운영되는 시대는 지났음으로 시민사회와의 거버넌스를 통하여 국가발전, 지역발전의 도약의 계기를 삼아야 할 것이다. 중앙중심의 행정 운영은 지역 실정에 맞는 지역 중심의 행정으로 변해야 되며, 이는 지역에서 활동하고 있는 시민사회단체들이 주도되어 운동을 전개해야 된다.

거버넌스는 종래의 수직적인 관계를 중시한 행정행위인 통치(government)와는 다른 것으로 일종의 협치(協治), 또는 공치(共治)라고 할 수 있는바 이들의 차이는

---

17 '지방의제21'은 1992년 브라질 리우 환경회의에서 21세기 지속가능한 지구환경보존을 위해 국제사회가 이행해야 할 분야별 실천계획을 구체적으로 제시한 기초 규범.

〈표-2〉와 같이 비교할 수 있다.

〈표-2〉 통치와 거버넌스와의 비교

통치(Government)	거버넌스(Governance)
정부의 독점적 결정	참여와 권한 부여
권력집중	권력 분화
강제와 불평등	자율과 평등
위계적 조직	네트워크형 조직
명령과 체제	조정과 합의
불신·폐쇄·은폐	신뢰·개방·투명
획일성	다양성
신속·강요·독단	토론 협력 연대
다수결 원리	소수자의 권익 보호
이데올로기 주입	시민성 개발

12. 지역사회발전과 시민사회단체의 역할

한국에서 지방자치가 실시된 지 25주년이 되었다. 1987년 제9차 헌법개정과 더불어 지방자치는 1991년 지방의회의원 선거부터 실시되었으나, 그러나 당시 지방단체장 직선은 제외되었다가 1995년부터 단체장 직선도 실시되었기 때문에 올해가 실질적인 지방자치가 실시된 지 25주년이 되는 해이다.

풀뿌리 민주주의의 기초로서 지방자치는 비록 짧은 연륜에도 불구하고 지역발전과 주민의 자치역량 강화에 상당한 기여가 있었음에 국민들은 공감하고 있다. 특히 직선 자치단체장과 지방의회를 중심으로 주민과의 소통을 통해 지역 실정에 맞는 살아있는 행정을 실시, 지역민의 애향심 고취는 물론 주민의 삶도 제고되고 있다는 것이 지방자치에 대한 긍정적 평가이다.

그러나 지방자치에 대한 비판도 많다. 일부 지자체에서 자치단체장이나 지방의원들이 차기 선거를 의식한 인기 영합적 정책이나 전시 위주의 행정으로 방만한 재정을 운용, 지방재정이 파산지경에 이르게 된 사례도 있다. 또한 아직도 주민자치의식이나 지역지도자들의 역량이 부족하고 주민참여도 저조, 지방자치가 미숙한 상태라는 지적도 있다.

우선 지방자치가 제대로 되려면 지방분권이 우선 대폭 확대되어야 한다. 그러나 아직도 20%의 지방자치라는 자조적인 평가에서와 같이 자율적인 행정보다는 중앙에서 위임된 사무만을 집행하는 지방자치가 실시되는 한 선진국과 같은 주민자치에 의한 지방자치가 실현되기 어렵다.

메르스 사태에서 보는 바와 같이 서울특별시, 경기도 등 지방자치단체들은 오히려 중앙정부보다 더욱 적극적이고 신속한 대처를 하여 주민들로부터 상당한 신뢰를 받았다. 이는 그동안 지방자치를 통하여 얻은 산 경험의 산물인 것이다. 때문에 지방자치를 발전시키려면 지방정부가 더욱 많은 권한을 가지고 지역실정에 맞는 행정을 과감하게 펼쳐야 하며, 이에는 주민참여가 적극적으로 이뤄질 때 가능한 것이다.

지방자치 25년은 사람으로 치면 성년의 때가 되는 것이다. 사람이 성인이 되면 보다 많은 자율권과 책임을 갖게 된다. 지방자치도 성년에 걸맞은 자율과 책임을 갖도록 더욱 많은 분권이 주어져 성숙한 지방자치가 되도록 해야 할 것이며, 이를 위하여 지역의 시민사회단체가 적극적으로 정치참여를 하여 지방분권 확대를 위한 정치개혁이 이뤄지도록 전국적인 캠페인을 펼칠 필요가 있다.

정치권은 지방정부의 수직적인 구조가 아닌 수평적인 구조로서 권한을 가지고 지역발전을 위한 각종 정책을 자율적으로 실행할 수 있도록 해야 하며, 이렇게 하기 위하여 지역의 시민사회의 성장을 가져오도록 지역주민들이 시민사회단체 활동에 적극 참여해야 한다. 특히 지역의 젊은 엘리트들이 중앙정치에만 관심을 두지 말고 지역 문제 해결에 전력하여 지역발전에 선도적인 역할을 해야 한다. 이에 많은 지역 젊은이들이 시민사회단체에서 활동하도록 지역의 시민사회는 이들을 적극 유치하는 노력을 하여야 한다.

13. 시민사회단체의 문제점과 해결 과제

한국의 시민사회는 이제 선진국의 시민사회가 부러워할 정도로 성장, 발전하였다. 특히 동남아시아, 아프리카의 젊은이들이 한국시민사회를 연구하기 위하여 한국대학에 유학을 올 정도로 지구촌의 관심 대상이 되고 있다. 상당수 한국시민사회단체들이 유엔 산하 경제사회위원회(ECOSOC: Economic and Social Council)의 협의적 지위를 받은 NGO로 등록되어 국제적인 연대활동도 전개하고 있다.[18]

시민사회단체의 영향력이 증대됨으로써 시민사회활동가들이 정부의 중요 직책에 임명되거나 또는 선거직에 출마, 당선되는 사례도 점차 증대하고 있다. 예를 들면 서울특별시의 박원순 시장의 경우, 시민사회단체인 참여연대를 주도적으로 설립한 대표적인 시민활동가이다. 그리고 경실련이 주장한 금융실명제, 토지실명제, 정부의 정보공개 등은 그 동안 시민사회단체가 지속적으로 요구, 정책에 반영된 대표적인 사례이다.

그러나 이런 양적 증대와 또한 영향력 증가에 따른 시민사회단체의 문제점도 점차 나타나고 있다. 우선 시민사회단체의 권력화 현상이다. NGO의 크기가 지나치게 비대화 되어 정부와 같은 힘을 가진 기구화 되는 현상이 나타나 권력을 비판해야 할 NGO가 권력 지향적인 기구가 되어버리는 아이러니한 상황의 연출되기도 한다. 특히 일부 시민활동가들이 선출직에 출마하거나 정부의 주요 직책에 임명되면서 이런 비판이 더욱 강하게 제기되고 있다.

시민사회단체의 비(非)전문성에 관한 문제도 제기되고 있다. 환경, 교육, 소비자 보호, 인권 등의 단체들이 특정 분야에 대한 전문적 지식이 없으면서 있는 것처럼 행동하는 사례가 있어 구체적인 대안 제시 없이 목소리만 크다는 지적도 있다.

시민사회단체의 백화점식 운영의 문제이다. NGO가 원래 가졌던 일들 외의 다른 일들을 수행하는 일이 많이 발생하고 있다. 특히 일부 대형 시민사회단체들이 모든 분야에 참여하는 형태를 나타내고 있어 시민운동의 독점화 현상이 나타나고 있다.

운영 구조의 취약성은 시민사회단체가 반드시 해결해야 될 과제이다. 일부 시민사화단체의 회원 수가 적고, 기여도가 낮아 대중적 기반 없이 주요 간부가 일을 도맡아 함으로 효율성의 감소되는 경향이 나타나고 있다. 이러한 국민의 관심 부족으로 NGO의 방관자(outsider)화 경향이 나타나고 있으며, 풀뿌리 조직으로서의 성장이 제대로 되지 못하고 이유도 된다.

단체를 운영하는 데 있어 필요한 재정이 부족하여 효과적인 운동을 전개하지 못하고 있다. 일부 단체의 경우, 회원이 납부하는 회비가 단체운영에 주종이 되고 있지 못하고 외부에 지원에 의존하고 있는 사례도 상당수 있다. 때문에 능력 있는 시민사회 상근자의 이직률이 높고 또한 재충원이 어려운 상태이다.

---

18 UN헌장 제71조에 의거 일반적 협의지위, 특별협의지위, 명부의 지위 등 세 종류의 지위를 부여하고 있음.

일부 시민사회단체가 국민들로부터 지나치게 관심을 유도하기 위하여 시민운동이 너무 정치화되고 있는 것이나 성명서 등을 발표할 때 검증 절차나 자료에 대한 공정성의 문제도 발생하고 있다. 이런 경우, 잘못하면 정치권에 의하여 시민사회단체의 순수성이 정략적으로 악용될 소지가 있다.

특히 한국의 지역사회는 취미, 친교, 종교를 위주로 하고 있고 일부 시민사회단체의 경우, 사업상 이익도모를 보조적으로 하는 조직화 수준에 머물고 있어 사회적 자본(social capital)의 형성에는 난제가 되고 있다. 이런 단체의 경우, 참여의 문제도 공공성이 취약하고 간접적 수준이다.

지방자치의 경우, 권력구조는 단체장의 공식적 권력이 제도적 수준에서는 막강하지만 지역토착세력의 비공식적 권력도 강해 미국 등 선진국과는 달리 이러한 공식 권력과 비공식 권력이 구분되지 않고 혼재되어 있는 양상을 보이는 사례도 많다. 특히 지역토착세력과 지방정부의 유착 가능성이 심각하게 우려되고 있다.

14. 시민사회단체의 발전방향

미래학자 앨빈 토플러는 21세기는 역동적인 변화를 맞이하게 되는데, 그중에서도 '풀뿌리 시민사회단체'(Grassroots NGO)가 기업 다음으로 가장 중요한 역할을 하게 된다고 전망하고 있다. 우리나라에서 시민사회는 과거에 비하여 양적, 질적 측면에서 발전하고 있으며, 또한 그 영향력도 증대하고 있다. 특히 서울, 부산 등 광역지방자치단체의 경우, NGO지원센터 등이 조례로 설치되어 새로운 시민사회단체의 조직을 지원하거나 또는 기존 단체의 활동 영역을 확대하는 데 도움을 주고 있다.

최근 한국을 비롯한 대의제를 가진 민주정치체제가 시민의 요구를 제대로 수렴하지 못하고 오히려 일부 기득권을 가진 정치인들이나 정당에 의하여 민의가 왜곡되는 현상까지 발생, 시민들이 각종 시위 등을 통하여 직접 정치현장에 뛰어드는 시민정치 현상이 나타나고 있어 시민사회에 대한 관심은 더욱 증대될 것이다.

이럴 때 일수록 시민사회단체는 지금까지의 활동에 만족하지 말고 새로운 각오로 자기 성찰을 통한 발전을 모색하여야 할 것이다.

첫째 일반대중의 기반을 둔 NGO가 되어야 한다. 일반시민들을 회원으로 한

대중조직으로 발전하여야 생명력이 있고 또한 운동역량이 확대된다.

둘째 시민사회의 대변자로서 역할을 충실하게 수행해야 한다. 일반시민으로부터의 요구를 파악하고, 이를 정부의 정책결정에 연결하는 매개체(agent)로서의 역할을 충실하게 수행하기 위하여 전문화된 체제를 구축하는 것이 필요하다.

셋째 NGO의 자율성 제고가 시급한 과제이다. 단체의 임원의 충원, 재정 운영의 독립성과 건전성, 활동 방향이 자율성 등 단체운영에 있어 자율성, 독립성, 투명성 등이 강조된다.

넷째 정부와 거버넌스의 확대이다. NGO는 정부로부터의 자율성의 확보와 더불어 정부와의 지속적인 제도적 연계망을 구축하여 거버넌스를 확대, 공익추구를 위한 영역을 넓혀야 한다. 그러나 정부기관과의 지나친 밀착은 오히려 시민사회단체의 신뢰성을 저하시킬 수 있다.

다섯째 신뢰성의 제고이다. 시민사회단체의 생명은 국가와 기업과는 달리 고도의 신뢰성을 일반 국민들로부터 유지하는 것임으로 조직운영과 사업추진에 있어 철저한 투명성과 높은 수준의 도덕성이 요구된다.

여섯째 정보사회의 등장에 따른 네트워크의 확대이다. 통신기술의 발달은 NGO의 활동을 국내적 수준에서뿐만 아니라 국제적 수준에까지 범위를 확대하고 있으므로, NGO 간의 국제적 연계 활동의 강화와 협력체제의 구축이 요구되고 있다. SNS(Social Networks Service)와 같은 정보매체의 효율적인 이용과 관리가 중요하다.

일곱째 지금은 지구화(globalization)시대이다. 중앙정부는 물론 지방정부도 지구촌의 일원으로서의 역할과 사명감을 가지고 정책을 결정, 집행하여야 할 것이다. 따라서 각국의 시민사회단체들과의 연대 활동을 강화하여 환경, 인권, 소비자 보호, 평화 문제 등과 같은 지구촌 공동과제를 해결하는 데 상호 협력하여야 할 것이다.

제4절

여성 정치참여의 발전방향

1. 문제의 제기

변화 개혁의 소용돌이에 있는 한국은 2004년 4월 15일 제17대 총선거에서 이를 실감하게 되었다. 민주정치과정에 있어 정치발전의 중요한 전환점이 되는 선거가 정상적으로 치뤄졌지만 제17대 선거는 역대 어느 선거보다도 한국정치사에서 중요한 의미를 지니는 중대선거(critical election)가 되었다. 정치학자 V.O.Key 등에 따르면 중대선거는 기존의 정치패턴이 반복, 유지는 정상선거(normal election)와는 달리 국회의원 선거 과정이나 결과가 기존의 정치패턴을 변화시키면서 특정 정치체제 운영에 중대한 변화를 가져오는 경우를 지칭할 수 있는데,[1] 2004년 4월 실시된 제17대 총선 과정과 결과는 이런 중대선거의 특징을 나타냈다.

이런 변화도 유권자들의 선택으로 이뤄진 것이다. 노무현 대통령에 대한 탄핵정국으로 상당한 변화가 예상되어 국민들의 관심이 대단한 가운데 실시된 제17대 총선은 지난 제16대에 보다 높은 투표율과 더불어 유권자들의 고심에 찬 절묘한 선택으로 끝났다. 열린우리당에게는 안정의석을, 한나라당에게는 견제의석을, 그리고 민주노동당에게는 원내 진입과 더불어 제3당의 위치를 주었다. 이러한 유권자의 선택은 탄핵정국으로 인하여 야기된 선거 초반의 예상과는 상당한 차이가 있는 것이며, 이는 유권자에 의하여 선택된 결과이다.

이러한 변화는 한국을 비롯한 세계 각국이 변화와 개혁의 시대인 21세기를 맞이하

---

* 본 글은 2004년 7월2일 한국선거학회 학술회의에서 발표한 논문을 수정·보완한 것임.

1 V.O.Key(1965), 16쪽.

여 이미 예고된 것이다. 새로운 패러다임(paradigm)에 의한 발전전략의 수립을 추구하고 있는 지구촌은 21세기의 대표적인 화두인 세계화 · 정보화 · 지방화 등을 통하여 새로운 패러다임의 모색을 요구하고 있다.

정보혁명에 따른 제3의 물결을 주장한 미래학자 앨빈 토플러(Alvin Toffler)는 정보화가 인간의 의식구조나 생활양식을 변화를 통하여 과거 사회와는 다른 새로운 패러다임의 전이가 요구되고 있으며, 이는 시대적 흐름이기 때문에 패러다임 전이에 부응하지 못하면 결국 낙후된 사회가 될 수밖에 없다고 경고하고 있다.

최근 한국사회는 정치, 경제, 사회뿐만 아니라 교육, 문화 등 제반분야에서 급속한 변화가 일어나고 있다. 2000년 실시된 제16대 총선, 2002년 대선을 계기로 사회 각계각층은 뉴 밀레니엄의 물결 속에 변화와 개혁을 기대하였으며, 이번 제17대 총선이 중대선거로서 한국정치사에 새로운 변화의 전기를 의회정치사에서도 추구하게 되었다.[2]

2002년 실시된 제16대 대선에서 소위 2030세대라는 젊은 세대의 정치참여 증대로 새로운 정치지도자가 선출되어 국민들은 정치권이 구태의연한 타성에서 벗어나 새로운 희망을 줄 것으로 기대하고 있으나, 오히려 제16대 국회는 대통령의 탄핵소추, 방탄국회, 부정부패 등과 같은 최악의 국회상으로 점철되어 국민들로부터 비판이 제기되었으며, 이런 결과 제17대 총선은 중대선거로까지 발전되었다.

특히 2004년 국회의원 선거는 과거 어느 선거보다 여성정치인들의 등장이 두드러지게 나타났으며, 이는 앞으로 한국정치운영에 있어 상당한 변화를 줄 것으로 기대된다.[3] 이에 본 글은 17대 국회의원 선거의 정치사적 의의를 고찰하고 이에 따른 여성정치인 등장과 앞으로의 발전방향을 살펴보고자 한다.

2. 제17대 총선의 정치사적 의미

2004년 4월 15일 실시된 제17대 총선에는 전국 243개 지역구에 1,175명이 후보로 등록하여 경쟁을 하였으며, 이 중 한나라당 218명, 민주당 182명, 열린우리당

---

2 김영래 · 이정희(2004); 총선시민연대(2001); 「시민의신문」(2004.4.19).

3 송은희(2004).

243명, 자민련 123명, 민주노동당 123명이 등록하였다. 비례대표는 56석으로 190명
이 등록하였다. 총선에 처음으로 적용되는 1인2표제에 의한 비례대표는 지역구
5석, 정당투표에서 3%이상 획득시에만 의석 배정을 받게 되는데, 이번 선거에
총 14개 정당이 등록하였다.[4]

유권자의 참여율은 제16대 총선의 57.2%보다 3.4%가 높은 60.6%의 투표율을
나타난 제17대 총선은 투표 결과 〈표-1〉과 같이 열린우리당은 152석, 한나라당
121석, 민주노동당 10석이라는 유권자의 선택이 있었으며, 이는 앞으로 한국정치에
있어 상당한 변화를 예고하고 있다.

〈표-1〉 제17대 총선 결과

정당	전체의석수 (299석)	지역구 (243석)	비례대표 (56석)	지역구 지지율(%)	비례대표 지지율(%)
열린우리당	152	129	23	41.9	38.3
한나라당	121	100	21	37.9	35.8
민주노동당	10	2	8	4.3.	13.0
새천년민주당	9	5	4	7.9	7.1
자유민주연합	4	4	0	2.6	2.8
국민통합21	1	1	0		0.6
무소속	2	2	0		2.4(기타정당)

2004년 3월 9일 선거법을 비롯한 정치관계법이 국회에서 통과되고, 또한 탄핵정국
으로 인하여 어느 때보다 유권자들이 관심이 집중된 가운데 실시된 제17대 총선은
한국정치사에 있어 다음과 같은 의미를 가지고 있다.

첫째 민주주의의 공고화에 기여이다.

한국정치는 1987년 민주화 이후 민주화로의 이행은 점진적으로 전개되었으나,
민주주의의 이행이 제대로 되지 않고 있었으나, 이번 선거는 한국의 민주주의의
이행이 상당한 수준 이뤄지고 있음을 나타내고 있다.

제17대 총선에서 각 정당은 외부의 압력이나 영향력에 의하기보다는 자율적으로
당의 정체성을 회복하기 위한 차원에서 내부개혁을 하였다. 공천과정에서부터 역대
선거와는 달리 상향식, 외부인사의 심사 등을 통하여 민주적 정당의 모습을 보려주려

---

4 비례대표 후보는 한나라당 43명, 민주당 26명, 열린우리당 51명, 자민련 14명, 민주노동당 16명 등등 총 190명이 등
   록하였음. 비례대표 의석 배분은 의석 할당을 받는 정당별 득표 비율에 비례대표의석 56을 곱하고, 그 결과 산출된
   정수 부분만큼 정당의석을 먼저 배분함. 남은 여석은 소수점 이하가 큰 순서대로 56석이 달할 때까지 할당함.

고 노력했으며, 이런 성과는 상당한 수준 달성되었다.

또한 탄핵소추, 재신임 발표 등 각종 대형 정치적 사건이 발생함에도 불구하고 비교적 정치사회는 안정을 유지하였으며, 선거도 특별한 사고 없이 실시되었다. 초기에 우려되었던 선거 연기론 등은 지지를 얻지 못하였으며, 특히 정부가 선거의 공정관리에 노력, 공명한 선거가 실시되었다.

둘째 정치개혁의 전기 마련이다.

정치개혁은 역대 정권 최대의 화두었으나, 실제로 잘 이행되지 않았다. 그러나 2003년 10월 10일 대통령의 재신임 선언 발표 이후 정치개혁에 대한 국민적 열망 고조되어 되어 2004년 3월 9일 「공직선거법」, 「정치자금법」, 「정당법」 등을 비롯한 정치관계법이 통과되었으며, 이번 선거에서 관권선거, 금권선거의 풍토는 일단 사라졌다. 이런 현상은 역대선거에서 총선을 전후 통화량이 10%로 증가하였으나, 이번에는 약 2%의 통화량 증가를 나타난 것에서도 알 수 있다.

선거구당 법정선거비용이 1억 7천만 원인데, 2004년 4월 14일 오후 3시까지 평균 5천 300백만 원을 사용한 것으로 신고, 약 31.5%를 사용한 것으로 나타냈다. 물론 그 후 선관위에 보고된 자료 분석에 의하면 일부 선거후보자가 고의로 선거비용을 축소한 의혹이 있기는 하지만 과거 어느 때보다 돈이 적게 들은 선거였다는 점에는 정치권은 물론 유권자들도 동의하고 있다. 이는 개정선거법이 사무장이나 회계책임자 의 초과지출이 0.5% 이상으로 벌금형 300만 원 이상이면 당선 무효가 되고, 또한 금품수수나 향응 제공 시 50배의 벌금부과를 하는 등의 엄격한 통제 조항이 큰 효과를 나타낸 것으로 보여진다.

일부 후보자나 유권자들은 개정 선거법이 현실을 도외시한 너무 이상적이라는 비판을 하기도 하지만 이런 정도의 극약처방이 없이 부정부패로 얼룩진 선거풍토를 개선할 수 없다는 국민적 공감대가 형성되어 개정된 선거법이기 때문에 이번 선거에서 개정 선거법은 상당한 위력을 발휘했다.

셋째 세대 교체의 정치적 변화이다. 제15대 총선은 초선 비율이 35.4%, 제16대는 40.6%였다. 제17대 선거에서 현역 의원들이 출마 자체를 포기한 사례도 많고 더구나 초선 당선자는 188명으로 비율은 63.0%로 역대 선거에 비하여 가장 높다. 이런 변화는 한국사회의 전반적인 세대교체와 직접적인 관련이 있다.

더구나 이들의 연령이 과거 어느 국회보다 낮아 한국사회의 본격적인 세대교체가 지난 2002년 대선에 이어 지속되고 있다. 30대 23명(8%), 40대 106명(35%), 50대 121명(41%)으로 50대 이하가 84%에 다하고 있다. 60대 이상은 불과 49명으로 16%이다. 더구나 제16대 현역 의원은 89명으로 33%만 당선되어 제16대의 현역 당선율 52%보다 크게 낮아졌다.

넷째 정책정당화를 통한 정당정치의 제도화이다. 제17대 총선은 정책정당화를 위한 1인2투표제가 처음으로 실시되었다. 이는 보스정치, 계파정치의 구태를 벗어버리고 정책정당화를 통하여 정당정치를 제도화하자는 것인데, 비록 감성정치로 인하여 정책이 실종되기는 하였지만 민주노동당의 선전에서와 같이 1인2투표제는 정책정당화의 전기를 마련했다.

제17대 총선에서 탄핵정국으로 인하여 각 당은 정책캠페인에 주력하지 못하였으며, 따라서 정당정치의 발전과 1인2투표제의 의미를 제대로 살리지는 못하였다. 유권자들도 탄핵정국에 따른 'all or nothing'의 2분법적 선택사고에서 고심하였으나, 민주노동당의 원내 진입은 한국정치사에 새로운 역사적 의미가 있다.

다섯째 지역주의에 변화추이다. 한국의 지역주의는 지역감정이나 지역갈등을 수준을 넘어 정치 자체를 규정하는 최대의 변수로 등장했다. 그동안 지역주의는 지역 간의 사회경제적 발전의 격차, 권위주의 정권 하에서의 폐쇄적·자의적인 정치사회적 충원, 지역민 간의 고정관념 및 편견 등의 요인도 있으나, 실제는 정당과 정치인들의 권력쟁취의 도구로 변하였다.

제17대 국회의원 선거는 과거에 비하여 지역주의가 완화되는 추세에 있기는 하나 아직도 지역주의는 중요한 변수로 등장했다. 실제로 상당수 후보자나 정당들이 선거 막판에 지역주의를 부추기는 전략을 구사했다. 유권자들 역시 지역주의에서 벗어나지 못하였다. 여론 조사에 의하면 지역 등 연고주의에 의한 투표가 약 29%로 나타났다.

그러나 영남지역에서 열린우리당이 교두보를 확보하고, 민주당과 자민련이 참패한 것은 지역주의의 새로운 변화이다. 영남에서 열린우리당이 3석, 민주노동당이 2석을 얻었을 뿐만 아니라, 득표율도 비례대표구의 경우, 대구 22.3%에서부터 부산 33.7%까지 얻는 것은 상당한 의미가 있다. 그러나 호남의 경우, 한나라당은 광주 1.81%에서 전북 3.48%로 지극히 낮다.

여섯째 시민단체의 영향력 증대이다. 시민단체는 이번 총선에서 낙선운동, 당선운동, 정보공개운동을 전개하였다. 2000년 4월 총선연대의 활동과는 달리 분화된 운동을 전개하였으며, 전국적인 응집력도 약했다. 2004총선물갈이연대(mulgari.com)는 4월 7일 개혁성, 전문성 등을 기준으로 54명의 지지 후보를 발표하고, 2004총선시민연대는 4월 6일 탄핵표결 참가자를 포함 208명의 낙선대상자를 발표하였다.

총선연대는 낙선대상자 중 129명이 낙선하여 약 63%의 낙선율을 기록하였고, 물갈이 연대는 지지후보 543명 중 23명이 당선되었으며, 시민단체들은 이런 결과가 국민들의 정치개혁에 대한 욕구에서 연유되었다고 평가하고 있다. 물론 시민단체 활동 결과라기보다는 탄핵 여파로 볼 수 있다는 지적도 있지만 전체적으로 시민단체의 영향력 증대로서 볼 수 있다.

일곱째 새로운 리더십의 창출이다. 한국정치는 현재 심각한 리더십 부재 현상에 놓여 있다. 정치체제의 민주화로 인하여 과거와 같은 권위주의적 리더십이 약화되고 있는 현상은 바람직하지만, 그러나 정치지도자들에게 필요한 민주적 권위(authority)마저 무너지고 있어 문제가 되고 있다.

17대 총선 당시 문제되고 있는 탄핵정국도 정치권의 리더십 부재에서 야기된 것이다. 정치지도자들이 국민들에게 비전을 주고 있기보다는 상호 비방과 당리당략에 치중함으로서 지도자로서의 리더십을 발휘하지 못했다. 17대 국회의원 선거에서 개혁적 사고와 비전, 통합적 리더십을 가진 대표들을 선택함으로써 한국정치사회 발전을 위한 리더십의 변화의 계기가 될 것이다. 특히 2004년 4월 19일 자민련의 김종필 총재가 정계를 은퇴함으로써 지금까지 한국정치를 40년 이상 지배했던 3김 리더십의 완전한 퇴조는 새로운 리더십의 출현을 예고했다.

3. 여성정치의 발전 요인

21세기 들어 각국에서는 여성들의 정치참여가 계속 확대되고 있다. 한국에서도 생활정치 시대와 더불어 여성의 본격적인 정치진입이 이뤄졌으며, 이는 제17대 총선에서 더욱 두드러지게 나타났다. 제17대 총선에서 주요 정당의 선대위원장은 물론 대변인들이 대부분 여성정치인이였으며, 특히 지역구 10석을 포함 비례대표 29명이 당선됨으로써 총 39명으로 약 13%에 달하고 있다. 한편 2016년 4월 실시된 제20대 국회의원 선거에는 〈표-2〉와 같이 300명의 국회의원 중 17%인 51명이 당선되어 비약적인 발전을 하였다.

이런 현상은 한국뿐만 아니라 전 지구촌에서 일어나고 있는 공통적인 현상으로, 여성의 정치참여 확대는 다음과 같은 요인에 의하여 발전되고 있다고 볼 수 있다.

첫째 여성 정치의 증대는 민주주의의 기본 이념 추구에 따른 발전이다. 여성의 정치참여 확대는 한국정치의 오랜 숙제였다. 이는 민주주의 발전이라는 가장 기본적인 차원에서 논의되는 문제로서 민주주의 기본 이념인 기회의 균등, 다수결원칙, 인간존중과 밀접한 관계를 갖는 것으로, 유권자의 절반을 차지하고 있는 여성유권자의 권익 추구 차원에서 제기되는 문제이다. 민주주의 체제에서 공공이익은 광범위한 대중참여가 필수적이기 때문에 인구의 반을 차지하고 있는 여성의 참여가 확대되는 것은 당연한 귀결이다.

현재 우리나라 유권자 분포는 남성 유권자에 오히려 여성이 많다. 이번 17대 총선의 경우 전체 유권자는 약 3천 5백70만 명인바, 이 중 여성 유권자는 전체의 50.9%로 남성 유권자 49.1%보다 약 61만 명이 많다.

둘째 생활정치의 시대의 등장에 따른 현상이다. 포스트 모던사회의 등장과 더불어 정치의 개념이 힘을 근간으로 하는 권력정치의 개념에서 시민들의 생활주변에 관련된 일상적 관심이 정치의 주된 개념으로 변하는 생활정치의 개념으로 변하였다. 생활정치란 우리 주변에서 일어나는 환경, 교육, 교통, 소비자 문제, 인권 등과 같이 삶의 형태와 직접 관련된 것을 정치의 주요 활동 범위로 삼는 것으로 시민들의 이해가 직접적으로 걸려 있는 사항들이다.

이런 생활정치의 시대에는 여성들의 섬세하고 구체적인 삶의 형태에서 제기된 문제들이 정책으로 반영되는 사례가 증대하고 있다. 따라서 이제 생활정치의 국외자가 아닌 참여자로서 활동함으로써 정책의 실효성을 더욱 증대시킬 수 있기 때문에 자연히 여성의 정치인의 역할이 확대되고 있다.

셋째 정보사회의 발전에 따른 인터넷 정치문화의 확대 결과이다. 앨빈 토플러 (Alvin Toffler)의 제3의 물결(The Third Wave)에서와 같이 컴퓨터의 급속한 보급으로 인한 인터넷의 발전으로 일방적 통신에서 쌍방형 통신이 가능한 사회가 되었으며, 특히 한국은 어느 사회보다도 정보화의 급속한 진전을 이루고 있다. 정보화로 인하여 국경 없는 세상을 만들고 있으며, 정보가 권력의 핵심이 되고 있다.

정보화는 한국사회를 가장 급속하게 변화시키는 요인으로서 등장하고 있으며, 특히 인터넷은 여성의 정치참여를 확대시키고 있다.[5] 현재 인터넷 사용인구는 약 3,500만 명인바, 인터넷을 통한 동원체제의 결과이다. 특히 2002년 대통령 선거와 탄핵정국에서의 촛불시위, 월드컵 축구경기 응원과정에게 네티즌의 역할이 대단했으며, 이런 과정에 여성들이 적극 참여하였다. 이는 여성의 적극적 정치참여 형태로 변화되었다.

넷째 시민사회의 지속적인 발전이 여성정치 참여를 증대시켰다. 21세기는 NGO의 시대, 시민사회의 시대라고 할 정도 시민사회의 영향력이 증대하고 있다.[6] 바람직한 사회는 시민권력이 정치권력과 균형을 이루어야 된다. 한국은 1987년 민중항쟁 이후 1989년 경실련, 1994년 참여연대의 출범과 더불어 시민사회가 중요한 정치적 행위자(political actor)로서 한국사회의 변화와 개혁의 중심으로 등장하고 있다.

현재 국무총리실 산하에 시민사회발전위원회가 설치되어 NGO가 한국정치사회 발전을 위한 장기적 계획을 수립할 정도로 영향력이 증대되었으며, 앞으로 제5부로서의 역할이 더욱 확대될 것이다. 특히 17대 국회의원 선거에서 여성단체들은 정치개혁 뿐만 아니라 여성후보자들이 당선을 위하여 전력하였으며, 대부분의 여성 당선자들은 시민사회운동과 직간접으로 관련을 맺고 있다. 시민사회단체에서 활동을 한 여성 당선자는 총 9명으로 약 23%에 달하고 있다.[7]

다섯째 여성정치인의 등장을 통한 정치개혁에 대한 기대감이다. 최근 우리사회에서 가장 논의되는 용어가 정치개혁이라고 할 정도로 정치개혁에 대한 국민적 열망은 대단하다. 지난 대선이 가장 돈 적게 들은 선거였다고 하지만 그 후 각 정당이 불법으로 받은 선거자금 때문에 중요 정치인이나 당직자들이 구속되는 사례가 속출하고 있어 어느 때보다 정치개혁에 대한 욕구가 강렬하다.

이런 불법대선자금 수사과정이나 각종 정치부패 관련자들은 보면 모두 남성정치

---

5 김영래 편. 『정보사회와 정치』 (서울: 오름, 2001) 참조.
6 박상필. 『NGO와 현대사회』 (서울: 아르케, 2001) 참조.
7 이 중 한명숙, 이경숙, 이미경 당선자는 여성단체 대표를 역임하였음. 『우먼타임스』(2004.4.27) 참조.

인들이다. 이는 한국뿐만 아니라 다른 나라도 비슷하다. 때문에 정치개혁 차원에서도 여성정치인들에 대한 기대가 큰 것이다. 실제로 이번 선거에서 여성 후보자들이 많이 당선된 것은 1인2표제, 선거자금 및 운동의 규제와 같은 정치개혁이 중요한 역할을 하였다.

여섯째 참여적 정치문화와 한국사회의 변화구조가 여성의 정치참여를 확대시키고 있다. 과거 권위주의 체제하에 억압되었던 국민들의 요구가 정치권에 폭발적으로 유입되고 있다. 참여정치의 확산으로 국민들의 이익추구 요구가 강하게 표출되고 있다. 노무현 정부는 '참여정부'라는 이름 하에 역대 어느 정권보다도 국민의 정치참여 확산을 도모하고 있을 정도로 참여 욕구가 분출하였다.[8]

참여적 정치문화의 확산은 국민들로 하여금 자신들이 의견을 정치권에 반영할 수 있는 공간을 확대시켰다. 이런 참여적 정치문화의 증대는 여성들의 정치에 대한 관심을 증대시키면서 동시에 정치활동에 대한 직접적 참여를 확대시키고 있다. 특히 여성의 전문직 진출과 같은 사회구조의 변화로 인하여 여성들은 정치뿐만 아니라 경제, 사회, 교육 등 다양한 영역에서 활동 폭을 넓히고 있다.

4. 여성정치 시대의 등장

제17대 총선 결과는 한국정치에서 여성정치시대의 본격적인 개막을 알리는 계기가 되었다. 총선에서 여성의원이 39명 당선되어 지난 제16대의 16명인 5.9%에 비하여 13%를 기록하게 되었다 (〈부록 표 1〉과 〈부록 표 2〉 여성의원 당선자 명단 참조). 지역구 당선자 10명을 비롯하여 비례대표 29명 등 총 39명이 당선된 것은 비약적인 발전일 뿐만 아니라 여성정치 시대를 예고하고 있는 것이다.

여성 국회의원 수는 1948년 제헌국회 이후 제9대 국회를 제외하고 전체의원 중 차지하는 비율이 극히 미미했다.[9] 여성들의 정치참여가 증대되기 시작한 1990년대에 와서도 크게 향상되지 못하였으니, 즉 제15대 총선에서 9명으로 3.0%에 지나지

---

8 주성수, "참여시대의 시민, 정부, 그리고 NGO", 『시민사회와 NGO』 제1권 1호 (서울: 한양대학교 제3섹터연구소, 2003), 1~11쪽.

9 제헌국회에 진출한 최초의 여성의원은 임영신 의원이며, 박순천 의원은 2, 4, 5, 6, 7대 의원을 지냈으며, 최초로 주요 정당의 대표가 됨.

않았으며, 21세기인 2000년 4월에 실시된 제16대에서도 총 16명으로 5.9%에 그쳤다.

최근까지 한국에서 여성의 정치적 지위는 비교적 낮았다. 일반적으로 여성 국회의원 비율은 여성권한척도(GEM: Gender Empowerment Measure)의 대표적 지표가 되고 있는데, 한국은 다른 여성개발지수에 비하여 낮은 것으로 나타나고 있다. 즉 우리나라는 평균수명, 문맹률, 취학비율, 남녀소득차 등으로 측정된 여성개발지수(Gender-related Development Index)는 상위권에 속하는 것으로 나타났지만, GEM은 매우 낮은 것으로 나타났다. 조사대상 70개국 가운데 63위로 밑바닥 수준인 것으로 평가됐다. 이는 파키스탄(58위), 우크라이나(61위)보다도 낮은 수치이다.[10]

한국은 제16대 국회의 경우 5.9%(16명)로 147개국 가운데 119위에 해당되어, 전 세계 국회의원 평균비율 15%대의 절반에도 미치지 못하는 상황이었다. 지방의원의 경우, 2002년 6월 현재 기초자치단체장 0.9%(2명), 광역의회 9.2%(63명), 기초의회 2.2%(77명)에 불과한 실정이다. 이런 의미에서 제17대 총선에서 여성의원 비율이 13%에 달하게 된 것은 대단한 여성정치인의 등장이다.[11] 〈표 2〉에서와 같이 제18대 13.7%, 제19대 15.7%, 그리고 제20대는 17%로 증가하였다.

한국에서 여성의 참정권은 외국과는 달리 민주정치제도의 도입과 더불어 헌법 등 각종 법규에 명시되었다. 그러나 이런 제도적인 참정권에 보장에도 불구하고 실제 정치참여 수준은 OECD 등 선진국에 비해 비교적 낮았다. 이는 〈표 2〉와 같이 지금까지 실시된 역대 국회의원 선거에서 여성후보자들의 당선 현황을 보면 알 수 있다.

1948년 5월 실시된 제헌 국회로부터 이후 2000년 제16대 국회에 이르기까지 전체 의원 총수는 3,806명인데 그중에 여성 국회의원은 94명으로서 평균 2.4%에 불과하다. 여성의원 94명 중 70명이 전국구나 또는 대통령이 임명한 유정회 의원 등이고, 지역구 의원은 24명에 불과하다.

그러나 제17대 총선 이후 여성 국회의원 수가 〈표-2〉와 부록의 〈표-1〉~〈부록

---

10 2003년의 경우, GEM 순위에서 1위 아이슬란드, 2위 노르웨이, 3위 스웨덴, 4위 덴마크, 5위 핀란드가 등이다. 아이슬란드는 여성의원 비율이 34.9%에 달하고 여성 고위관료와 여성 전문인력 비율이 각각 31%와 55%에 달함. 이에 대하여는 송은희, "여성의 정치참여 현황과 여성정책 과제," 한국국제정치학회 발표 논문(2004.4.23.) 참조.

11 국제의원연맹 2003년 자료에 따르면 여성의원은 스웨덴 45.3%, 덴마크 38%, 핀란드 37.5%임. 아시아권에서도 베트남 27.3%, 중국 21.8%, 파키스탄 21.1%, 필리핀 17.8% 등으로 한국보다 높음. 송은희, 위의 글 참조.

표-8〉과 같이 지속적으로 증가하기는 하였으나, 아직도 2017년 기준으로 여성국회의원의 수는 전체 의원의 17%로 경제협력개발기구(OECD) 평균인 29%에 비하면 적은 편이다.

〈표-2〉 역대 국회에서의 여성의원 비율

국 회	총 의원수	총 여성의원 수	직선에 의한 여성의원 수	전국구 여성의원 수	통일주체 국민회의 진출 여성의원 수	국회내 전체 여성의원 비율	직선 여성의원 비율	전국구 및 통일주체 국민회의 여성의원 비율
1대	200	1	1			0.5%	0.5%	0%
2대	210	2	2			0.9%	0.9%	0%
3대	203	1	1			0.5%	0.5%	0%
4대	233	3	3			1.3%	1.3%	0%
5대	233	1	1			0.4%	0.4%	0%
6대	175	2	1	1		1.1%	0.6%	0.6%
7대	175	3	1	2		1.7%	0.6%	1.1%
8대	204	5	0	5		2.5%	0%	2.5%
9대	219	12	2			5.5%	0.9%	4.6%
10대	231	8	1			3.5%	0.4%	3.0%
11대	276	9	1	8	10	3.3%	0.4%	2.9%
12대	276	8	2	6	7	2.9%	0.7%	2.2%
13대	299	6	0	6		2.0%	0%	2.0%
14대	299	8	1	7		2.7%	0.3%	2.3%
15대	299	9	2	7		3.0%	0.6%	2.3%
16대	273	16	5	11		5.9%	1.8%	4.1%
17대	299	39	10	29		13.0%	4.5%	9.9%
18대	299	41	14	27		13.7%	5.7%	9.0%
19대	300	47	19	28		15.7%	6.3%	9.4%
20대	300	51	26	25		17%	8.7%	8.3%

출처: 중앙선거관리위원회, 선거통계시스템

여성 정치시대라는 것이 여성의원의 정치권 진출만을 가지고 평가할 수는 없다. 그러나 앞에서 지적된 바와 같이 국민의 대표적인 의사결정기구인 의회에 여성의원 비율은 UNDP가 전세계 국가를 대상으로 정치 및 경제 분야에서 정책 결정과정에의 여성참여를 조사하여 만든 여성권한척도(GEM)가 정치발전 지표의 중요한 바로미터가 되고 있기 때문에 제17대 선거에서 여성의원의 비율 상승은 중요한 지표이다.

그동안 여성계는 여성정치인의 국회 진출을 위하여 상당한 노력을 하였다. 95년 광역의회의원 선거 때 비례대표 10% 여성할당제를 시작으로 하여 이번 선거에서는 비례대표 여성의원 50%의 할당제를 선거법 개정에 포함시킴으로써 여성의 의회진출 확대를 달성했다. 이번 정치개혁 과정에서 지역구 의원을 늘리기 위하여 여성 전용구제를 제안하기도 했으나 이는 채택되지 않았다.

제17대 총선에서도 지역구의 경우, 한나라당과 열린우리당을 제외한 민주당, 자민련, 민주노동당 등 다른 정당은 지역구에서 여성 당선자를 내지 못했다. 지역구 여성의원은 제15대에서 2명, 제16대에서 5명이었는데, 제17대 선거에서 당선된 수는 역대 최다수이지만 아직도 서구에 비하면 미미한 수준이다.

한편 지방의회의 경우, 2010년 공직선거법 개정을 통해 지역구 선거에서 국회의원 선거구마다 광역과 기초를 구분하지 않고 여성후보를 1명 이상 추천하도록 하고, 이를 위반시 해당 선거구의 후보 등록을 무효화하고 있어 여성국회의원 당선자 비율보다는 여성지방의원 당선자는 〈표-3〉과 같이 비교적 높다.

〈표-3〉 2018 지방선거 여성당선자의 수와 비율

구분	전체당선자	여성당선자	여성의 비율(%)
광역단체장	17	0	0
기초단체장	226	8	3.5
광역의원	824(87)	160(62)	19.4
기초의원	2,926(385)	900(374)	30.8
교육감	17	2	11.8
교육의원	5	0	0
계	4,015	1,070	26.6

주: 광역의원과 기초의원의 ( )인 숫자는 비례대표 수임. 교육의원의 경우, 제주특별자치도 한함.
출처: 중앙선거관리위원회 선거통계시스템(http://info.nec.go.kr)

이와 같이 여성정치인이 지역구에서 당선되기 힘든 이유는 한국의 정치풍토가 아직도 여성들이 정치현장에서 남성정치인과 경쟁하기 어려운 선거과정 때문이다. 즉 공천과정에서 남성 후보자와 경쟁이 쉽지 않다. 이번 일부 지역구 공천의 경우, 중앙당이 개혁 차원에서 적극적 개입을 통하여 공천이 이뤄진 것은 한국 정치풍토가 아직도 어렵게 하고 있음을 나타내고 있다.

5. 여성정치 참여의 발전과제

제17대 총선으로 인하여 한국정치에서 여성정치인은 국회에서 가장 중요한 정치행위자(political actor)로 등장하였다. 제17대 국회의원 선거가 중대선거로 한국정치사에 새로운 변화의 장을 펼치게 되었으며, 특히 여성의원들은 이런 중대한 변화과정에서 어느 때보다도 중요한 역할을 담당해야 한다. 여성은 남성과 동등한 성(gender)의 자격으로서뿐만 아니라 여성 고유의 역할을 통한 한국정치발전을 위한 임무를 수행해야 한다.

첫째 정치개혁의 지속적 추진이 요망된다. 이번 국회의원 선거에서 여성의원들이 많이 진출한 가장 큰 요인은 선거법을 비롯하여 정치관계법이 개정된 것이다. 비례대표 여성 50% 할당제, 돈 적게 드는 선거, 1인2표제 도입, 정당연설회 폐지, 향응제공금지 등이다. 이번 선거에서 정치개혁의 가능성을 충분히 경험하였다.

따라서 제17대 국회가 개원되면 여성의원들은 정치개혁을 지속적으로 추진하고 동시에 이번 선거과정에서 문제된 부분을 개정해야 한다. 정치부패를 근절하는 데 여성의원들이 앞장서야 한다. 선거구획정도 국회의원이 아닌 시민단체, 학계 등의 참여로 선거 1년 전에 반드시 확정되어야 하며, 국민소환제, 국회의원 면책특권 제한, 부패의원 불체포 특권 폐지 등도 여성의원들이 앞장서서 조속 입법화되어야 한다.

둘째 상생의 정치를 구현해야 한다. 정치의 요체는 타협과 조정이다. 그러나 지금까지 한국정치는 공포의 균형에 의한 폭력의 정치였다. 비전의 제시를 통한 희망의 균형을 주어야 하며, 이는 의회가 여야 간의 타협과 조정을 통한 상생의 정치를 해야 한다. 상생의 정치를 구현하는데 여성의원들의 역할이 특히 중요하다. 싸움을 하는 국회는 국민들이 가장 싫어하는 국회이다.

상생의 정치와 더불어 생산적 정치가 이뤄져야 한다. 제16대 국회는 방탄국회, 정쟁의 국회로서 비생산적이었다. 여성의원들과 더불어 젊은 세대와 전문가들이 비교적 많이 진출한 제17대 국회는 파행적 의회활동보다는 생산적 의회활동을 해야 된다. 의회 내에 연구 및 정책 개발 기능을 강화할 기구의 설치가 필요하다.

셋째 당내 민주정치와 원내정당화의 실현시켜야 한다. 개정된 정치관계법에 따라 과거와 같은 중앙집권적인 정당구조를 갖기 어렵다. 원내정당화를 조속히 실현하여 의회가 원내 정당을 중심으로 활동하여야 한다. 천막당사, 창고 당사에서 원내로 옮겨 정당 활동을 해야 한다. 지방분권화와 더불어 중앙당의 대폭적인 축소는 불가피하다.

　원내 정당과 더불어 당내 민주화가 이룩되어야 한다. 자율성과 독립성을 가진 정책정당으로서의 면모를 위하여 공천제도, 중요 당직자의 선출 등이 민주적 절차에 따라 실시되어야 하며, 특히 일정 기간 여성 정치인의 당직 선출에 대한 특별한 배려가 있어야 한다. 민주노동당은 회의 불참의원의 세비 삭감, 정책보좌진의 풀(pool)제 운영 등 국회운영에 있어 혁신적인 개혁안을 추진할 예정이다.

　넷째 삶의 질을 향상시키는 생활정치를 요망한다. 앞으로 국민들이 가지는 정치에 대한 관심은 과거와 같은 '힘(power)'에 의한 정치보다는 삶의 질(quality of life)을 향상시키는 환경, 교육, 교통, 소비자 보호 등 생활주변 문제 해결에 대한 관심이 더욱 증대될 것이다. 이런 생활정치에 대한 관심은 여성 정치인들이 남성 정치인들보다는 더욱 세심하게 지켜볼 것이며, 동시에 이런 문제 해결에 적극적일 것이다.

　여성 정치인들은 생활정치 문제 해결에 있어 구시대적 정치행태에 의한 해결양식보다는 생활현장에서 직접 유권자들이 체험하고 생각한 문제를 국정에 직접 반영시키기 위한 다양한 방식에 관심을 가져야 한다. 삶의 질을 향상시키기 위한 각종 입법작업에 여성 정치인들이 적극적 역할을 해야 한다.

　여섯째 정치인으로서의 전문성의 제고가 필요하다. 지금까지 일반적으로 여성 정치인들은 남성 정치인들에 비하여 전문성이 다소 뒤지는 것으로 평가되었다. 남성 위주의 사회체제 속에서 경쟁에 이기기 위하여 과거 부모들은 아들들의 교육 등에 많은 투자를 하였으나, 여자들에 대한 투자는 비교적 소홀한 것이 현실이다.

　그러나 새로운 시대는 정치에 있어 성적 구별 없이 동일한 전문성을 요구하고 있다. 여성 정치인들이 남성정치인들보다 의정 활동에 있어 우위를 차지하려면 무엇보다도 각종 입법 행위에 있어 전문지식을 가지고 경쟁에서 이겨야 한다. 정당 역시 전문여성 인력을 대폭적으로 당에 영입, 활용하여야 한다.

6. 여성단체의 역할 강화 필요성

　위와 같은 발전방안 이외에도 여성의 정치참여를 증대시키기 위한 다양한 노력이 있어야 한다. 정당을 비롯한 정치권은 여성의 지도자들을 육성하기 위한 각종 교육과

훈련을 강화해야 하며, 이는 정부는 물론 시민단체들도 적극 지원해야 한다. 대학에서도 여성정치훈련에 대한 프로그램을 개발, 교과과정에 반영해야 한다.

이러한 발전방안이 실질적으로 효과를 보기 위하여 여성단체들은 이번 총선시 기울였던 더욱 많은 노력을 해야 할 것이다. 여성단체들은 그동안 가족법 개정운동이나 여성권익 증진운동이 여성정치세력화 없이는 한계에 있음을 절감하고 지난해 7월 결성된 '제17대 총선을 위한 여성연대'나 또는 한시적으로 여성후보자를 발굴하는 작업을 한 '맑은정치 여성네트워크' 등이 여성정치인의 증대를 위한 중심적 역할을 하였다.[12] 이번 총선에서 경험하였듯이 변화하는 시대적 상황에 맞추어 여성 스스로 적극적 노력을 할 때 여성의 정치참여 기회는 확대되는 것이다.

한국은 민주화 이행 실시된 1988년 제13대 총선 이래 지난 16대 총선까지 분점정부 (divided government)가 출현함으로써 정치권이 안정되지 못하였다. 물론 분점정부 출현 자체가 정치 불안정 요소라기보다는 정치지도자들이 보여 준 정치력의 부족이 더 큰 요소였지만, 역대 정부는 이를 이유로 총선에서의 안정 의석을 요구하였으며, 또한 때로는 인위적으로 총선 이후 단점 정부를 만들어 정쟁의 요인이 되기도 하였다.

그러나 제17대 총선 결과 분점정부는 단점정부가 되었으며, 특히 여성의원들의 대거 진출로 한국의 의회정치는 새로운 전기를 맞게 되었다. 제17대 국회의원 선거시 탄핵정국에서 보는 바와 같이 주요 정치지도자들은 사회에 산재된 갈등을 조정, 다양한 계층과 그룹들을 통합시키는 통합적 리더십을 발휘하기보다는 오히려 사회분열을 부추기는 분열적 리더십을 나타내 사회적 갈등이 더욱 심화되고 있다. 특히 개혁이라는 이름 하에 사회적 갈등만 부추겨 오히려 국민들에게 개혁피로 증후군만 가중시키는 경우도 있다. 따라서 국민들에게 희망을 줄 수 있는 리더십의 어느 때보다 필요하다.

지금 국민은 어려운 경제 문제로 인하여 제2의 IMF 사태를 걱정할 정도로 위기감이 팽배하여 있으나, 정치권은 여야를 막론하고 이에 대한 적절한 대응책을 마련하지 못하고 있다. 정치가 더 이상 국민들로부터 불신의 대상, 부정부패의 대명사가 되어서는 안 된다. 이를 위하여 무엇보다도 국민에게 희망을 주는 비전의 정치,

---

12 총선여성연대는 321개 단체가 참여하였으며, 맑은정치 여성네트워크는 단체가 아닌 개인별로 참여, 조직된 단체로 2004년 1월8일 102명의 여성후보 명단을 발표하였음. 102명 중 총 46명이 지역구, 비례대표로 추천되었으며, 이 중 21명이 당선되었음.

새로운 패러다임에 의한 개혁정치가 실시되어야 하며, 이에 여성의원들의 적극적 정치참여가 어느 때보다 요구된다.

21세기는 변화와 개혁의 시대이다. 따라서 정치개혁을 통하여 '정당의 민주화', '투명한 정치자금', '저비용·고효율의 정치', '지역주의 타파', '리더십의 강화' 등을 통한 새로운 정치 패러다임을 형성, 한국사회 발전의 동력을 추구해야 한다. 이런 과제는 앞으로 국회, 특히 여성의원들이 수행하여야 할 최우선 과제이다.

<부록> 역대 국회 여성의원 당선자 명단 (지역구 및 비례대표)

<표-1> 제17대 총선 지역구 여성후보 당선자

소속정당	지역	지역구	후보명
한나라당	서울	서울 서초갑	이혜훈
	부산	부산 연제	김희정
	대구	대구 달성군	박근혜
	경기	경기 광명을	전재희
	경기	경기 고양일산을	김영선
열린우리당	서울	서울 동대문갑	김희선
	서울	서울 은평갑	이미경
	경기	경기 고양일산갑	한명숙
	경기	경기 안성	김선미
	전북	전북 익산을	조배숙

<표-2> 제17대 총선 비례대표 여성후보자 당선자

소속정당	순번	후보명	주요경력
열린우리당	1	장향숙	한국여성장애인연합대표
	3	김명자	환경부장관
	5	이경숙	한국여성단체연합 대표
	7	홍미영	인천시의원
	9	박영선	MBC 경제부장
	11	김현미	청와대 정무2비서관
	13	김영주	금속노련 부위원장
	15	강혜숙	청주대 무용과 교수
	17	이은영	한국외대 법대 교수
	19	윤원호	당 중앙위원
	21	유승희	당 총괄조직실장
	22	장복심	대한약사회 부회장
한나라당	1	김애실	한국외대 교수
	3	박찬숙	방송인
	5	송영선	국방연구원 안보전략센터소장
	7	전여옥	KBS 기자
	9	이계경	여성신문사 명예회장
	11	나경원	서울행정법원 판사
	13	김영숙	서울 서래초등학교 교장
	15	고경화	당 보건복지 수석전문위원
	17	진수희	당 여의도연구소 연구위원
	19	안명옥	대한의사협회 대외협력이사

21	박순자	당 부대변인
민주노동당	1 심상정	금속노조 사무처장
	3 이영순	울산 동구청장
	5 최순영	당 부대표
	7 현애자	제주여성농민회장
민주당	1 손봉숙	한국여성정치연구소 이사장
	3 이승희	청소년보호위원회 위원장

〈표-3〉 제18대 국회 여성의원 후보 당선자(지역구)

지역	선거구명	성명	소속정당
서울	중구	나경원	한나라당
	성동구갑	진수희	한나라당
	광진구을	추미애	통합민주당
	은평구갑	이미경	통합민주당
	구로구을	박영선	통합민주당
	영등포갑	전여옥	한나라당
	서초구갑	이혜훈	한나라당
	송파구갑	박영아	한나라당
대구	달성군	박근혜	한나라당
전라북도	익산시을	조배숙	통합민주당
경기	수원시권선구	정미경	한나라당
	광명시을	전재희	한나라당
	안산시단원구을	박순자	한나라당
	고양시일산서구	김영선	한나라당

〈표-4〉 제18대 국회 여성의원 비례당선자

정당	추천 순위	성명
통합민주당	1	이성남
	3	최영희
	5	전혜숙
	7	전현희
	9	신낙균
	11	김상희
	13	박선숙
	15	김유정
한나라당	1	감명순
	3	배은희
	5	이정선

	7	김소남
	9	이은재
	11	김금래
	13	조윤선
	15	손숙미
	17	이애주
	19	정옥임
	21	김옥이
자유선진당	1	이영애
	3	박선영
민주노동당	1	곽정숙
	3	이정희
친박연대	1	양정례
	4	송영선
	5	김을동
	7	정영희

〈표-5〉 제19대 국회 여성의원 후보 당선자(지역구)

지역	선거구명	성명	소속정당
서울	광진구을	추미애	민주통합당
	중랑구갑	서영교	민주통합당
	성북구갑	유승희	민주통합당
	도봉구갑	인재근	민주통합당
	은평구갑	이미경	민주통합당
	구로구을	박영선	민주통합당
	영등포구갑	김영주	민주통합당
	송파구갑	박인숙	새누리당
	송파구병	김을동	새누리당
부산	연제구	김희정	새누리당
대구	북구갑	권은희	새누리당
광주	서구갑	박혜자	민주통합당
경기	성남시중원구	김미희	통합진보당
	부천시소사구	김상희	민주통합당
	광명시을	이언주	민주통합당
	고양시덕양구갑	심상정	통합진보당
	고양시일산서구	김현미	민주통합당
	고양시일산동구	유은혜	민주통합당
전라북도	익산시을	전정희	민주통합당

〈표-6〉 제19대 국회 여성의원 비례당선자

정당	추천 순위	성명
새누리당	1	민병주
	3	윤명희
	5	강은희
	7	신의진
	9	이에리사
	11	박근혜
	13	김현숙
	15	이자스민
	17	류지영
	19	민현주
	21	손인춘
	23	현영희
	25	신경림
자유선진당	1	문정림
민주통합당	1	전순옥
	3	은수미
	5	진선미
	7	배재정
	9	남인순
	11	한정애
	13	장하나
	15	한명숙
	17	김현
	19	최민희
	21	임수경
통합진보당	1	유금순
	3	김재연
	5	김제남

〈표-7〉 제20대 국회 여성의원 후보 당선자(지역구)

지역	선거구명	성명	소속정당
서울	광진구갑	전혜숙	더불어민주당
	광진구을	추미애	더불어민주당
	중랑구갑	서영교	더불어민주당
	성북구갑	유승희	더불어민주당
	도봉구갑	인재근	더불어민주당
	마포구을	손혜원	더불어민주당

	강서구병	한정애	더불어민주당
	구로구을	박영선	더불어민주당
	영등포갑	김영주	더불어민주당
	동작구을	나경원	새누리당
	서초구갑	이혜훈	새누리당
	강남구을	전현희	더불어민주당
	강남구병	이은재	새누리당
	송파구갑	박인숙	새누리당
	송파구병	남인순	더불어민주당
	강동구갑	진선미	더불어민주당
광주	광산구을	권은희	국민의당
경기	수원시을	백혜련	더불어민주당
	부천시소사구	김상희	더불어민주당
	광명시을	이언주	더불어민주당
	안산시단원구	박순자	새누리당
	고양시갑	심상정	정의당
	고양시병	유은혜	더불어민주당
	고양시정	김현미	더불어민주당
	고양시일산동구	유은혜	민주통합당
전라북도	익산시을	조배숙	국민의당
경상북도	포항시 북구	김정재	새누리당

〈표-8〉 제20대 국회 여성의원 비례당선자

정당	추천 순위	성명
새누리당	1	송희경
	3	임이자
	5	최연혜
	7	신보라
	9	전희경
	11	김승희
	13	윤종필
	15	김순례
	17	김현아
더불어민주당	1	박경미
	3	송옥주
	5	이재정
	7	문미옥
	9	제윤경
	11	권미혁

	13	정춘숙
국민의당	1	신용현
	3	박주현
	5	박선숙
	7	김수민
	9	김삼화
	11	장정숙
	13	최도자
정의당	1	이정미
	3	추혜선

자료: 중앙선거관리위원회(http://info.nec.go.kr)

제5절

한국 이익집단과 이익집단정치

1. 문제의 제기

한국사회는 변화와 개혁의 21세기를 맞이하여 중요한 전환점에 놓여 있다. 1980년대 후반기 이래 민주화를 통한 변화의 시대의 맞이하여 새로운 가치와 질서의 형성을 통한 정치질서를 추구하고 있으며, 이를 통한 위한 민주정치 발전을 추구하고 있다.

이러한 민주화를 통한 변화의 과정에서 가장 특징적인 현상이 사회구성원의 다양화된 이익의 분출이다. 과거에 비하여 한국정치체제는 안정된 정치질서를 형성하고 있기는 하나 아직도 새로운 질서와 가치가 정착되지 못하고 있는 현상이 나타나는 전환기적 특성이 나타나고 있다.[1]

전환기사회는 안정된 질서와 가치를 형성하기 위해 각종 정치적 행위자(political actor)들이 어느 때보다도 폭발적으로 등장하여 활동하게 되며 이런 과정에서 사회는 심각한 갈등상황을 맞게 된다. 특히 대표적인 현상은 그동안 권위주의적 정치체제 하에 통제 내지 억압되었던 각종 이익갈등이 표면화되어 이에 따른 이익표출 양태가 다양한 형태로 분출이다. 즉 산업사회와 함께 형성된 사회적 분화와 기능의 다양화로 인해 야기된 각종 이익갈등이 폭발적으로 분출되어 이를 조직화하는 이익집단(interest group)의 활동이 어느 때보다도 활성화될 뿐만 아니라 사회적 관심이 고조되고 있다.

정당과 더불어 대표적인 정치적 행위자로서 기능하고 있는 이익집단이 활성화되어 민주적 절차에 따라 이익갈등을 조정하여 정치적 · 사회적 안정에 기여하는 수준은

---

1 이정희, "전환기 이익집단정치의 특성과 과제," 민준기 편저, 『21세기 한국의 정치』(서울: 법문사, 2001), 440쪽.

정치체제의 민주적 성격을 평가하는 중요한 기준이 되고 있다. 이익집단이 구성원의 이익을 집약, 정치과정에 투입시켜 이익추구를 하는 것은 민주정치체제에서 극히 자연스러운 현상이다.

이런 과정에서 정치체제와 이익집단 간에는 상호작용이 이루어져 이익집단정치(interest group politics)가 형성되는 것이다. 따라서 이익집단정치란 사회에 산재한 집단 간의 자유로운 경쟁원리에 의하여 정부의 정책결정과정에 참여하여 정치조직으로 활동, 구성원의 이익을 추구하는 것으로, 이런 과정에서 민주정치과정이 확립되는 것을 의미하기 때문에 민주정치발전과는 밀접한 관계에 있다.[2]

그 동안 한국에서의 이익집단정치는 권위주의 정치체제 하에 국가조합주의(state corporatism)적 통제로 인해 단체의 이익추구도 제대로 하지 못해 이익집단 구성원들로부터 많은 비판을 받았다.[3] 그러나 민주화와 더불어 등장한 김영삼, 김대중 정권 시 형성된 많은 이익집단들은 자율성을 가지고 국가와의 갈등적인 상황을 야기하면서 구성원의 이익을 추구하려는 다원주의적 이익집단정치를 추구하고 있으며, 이는 앞으로 더욱 확대될 것이다.

현재 한국정치체제는 이익집단의 분출 현상이라고 할 정도로 수 많은 이익집단들이 활동하고 있으며, 서구식의 이익집단정치가 점차 제도화되는 현상이 나타나고 있다. 그러나 과거에 비하여 이익집단의 활동공간이 커지고 있음에도 불구하고 이익집단 자체가 확대된 공간을 제대로 활용하지 못하고 스스로의 한계가 노정되는 측면도 지니고 있어 가치와 질서가 안정된 이익집단정치가 제도화되는 것이 필요하다.

2. 이익집단 이론의 재조명

이익집단에 이론적 시각은 최근 많은 변화를 맞이하고 있다. 이익집단 이론의 전통주의적 시각은 주로 사적이익집단(private interest group)을 중심한 다원주의

---

2 윤형섭 · 김영래, "한국 이익집단의 정치참여에 대한 연구," 『한국정치학회보』 제23집 1호(1989), 80쪽; 안병준, 『한국의 정치와 정책』(서울: 전예원, 1986), 147쪽.

3 한국이익집단의 국가조합주의적 성격에 관한 대표적인 연구는 최장집, 『한국의 노동운동과 국가』(부산: 열음사, 1988); 김영래, "한국이익집단에 대한 조합주의적 분석," 연세대학교 대학원 박사학위 논문(1986); 박종주, "한국 근대화와 국가 코포라티즘적 통제," 서울대 행정대학원 박사학위논문(1986); 조기제, "코포라티즘의 한국 적용과 그 문제점," 『현대사회』 (1988) 등이 있음.

(pluralism)적 시각이다. 다원주의적 시각은 서구의 자유주의적 전통에 기반을 둔 이론으로서 집단의 형성 자체를 사회구성원의 고유권리로 보고 사회는 이러한 다양한 집단들의 상호작용에 의해 형성되는 것으로 일종의 시장민주주의(market democracy)라고 할 수 있다.

제2차세계대전 이후 미국을 중심으로 이익집단 활동에 대한 중심이론으로써 해석되고 있는 다원주의 이론은 정책결정과정에 영향을 미치는 이익집단들 간의 압력행사를 통한 상호작용의 결과로 이해하고 있는데, 주로 벤틀리(Arthur Bentley), 트루만(David Truman), 다알(Robert Dahl)등에 의하여 주장된 이론으로써 정부를 주요한 이익집단들의 이익갈등이 토의되고 해결되는 장(arena)으로 간주하거나 정부 외에서 활동하는 집단들 상호간의 경쟁에 의한 균형회복 과정에서 중립적인 지위를 지니는 심판자(umpire)로 간주되었다.[4] 다원주의는 주로 국가와의 관계에서 경쟁에 의한 동일한 영향력을 가지고 항상 접근이 가능한 국가가 중립적인 위치에 있기 때문에 이익집단은 정치과정에서 중심적인 역할을 한다고 보고 있다.

다원주의적 시각은 미국을 비롯한 서구선진국의 정치 모델인 갈등해결의 정치 (politics as conflict-resolution) 모델로서, 이익집단은 경쟁구도에 의해 설정된 게임규칙에 의거, 활동을 하게 되며, 이를 통하여 민주정치 질서는 형성된다는 것이다.[5] 정치적 숲(political forest)보다는 정치적 나무(political tree)를 더욱 중요시하는 다원주의는 자유주의적 개인주의에 바탕을 합리주의적 사고에 기인한 정치모델이다.

그러나 이런 다원주의 시각은 다알의 주장과 같이 이익집단이 지니고 있는 물적 · 인적 자원, 지도력, 로비능력, 영향력의 수준 등의 불평등적 요인에 의해 국가의 무지배성(unruliness), 불안정성(unstableness), 비효율성(uneffectiveness)등과 같은 통치력(governance)의 위기를 초래하고 있으며, 특히 물적 · 인적 자원이 우세한 사적이익집단에 의해 공익이 침해되는 예가 허다하여 문제점으로 등장하고 있다. 국가의 주요 목적인 공공선의 추구가 오히려 다원주의적 이익집단정치에 의해 침해되어 국가의 존립 목적까지도 문제가 된다는 극단적인 비판도 대두되고 있다. 이는

---

4 다원주의 시각은 Arthur F. Bentley, *The Process of Government* (Cambridge, Mass.: Belknap Press of Harvard University, 1967); David Truman, *The Governmental Process* (New York: Alfred A.Knopf, 1951); Robert A.Dahl, *Who Governs?* (New Haven: Yale University Press, 1961) 등을 참조.

5 갈등해결모델로서의 정치이론은 Mark E. Kann 저, 한흥수 · 김영래 공역, 「현대 정치학의 이해」 (서울: 대왕사, 1986), 36-49쪽.

전통적인 독일 국가학에서도 극단적인 다원주의적 양태에 따른 이익집단 활동을 국가의 권위와 파괴로서 인식하기도 했으며, 미국 건국 초기에 메디슨(James Madison)에 의하여도 이런 문제점은 지적되었다.[6]

이러한 인식에서 국가론의 등장과 함께 비주류이론으로써 등장하고 있는 것이 조합주의 이론이다.[7] 일반적으로 사회와 국가와의 조직유형으로 보고 있는 조합주의 이론은 국가론의 전개와 더불어 발전된 이론으로서 이익대표체계와 관련하여 사회조합주의(societal corporatism)와 국가조합주의(state corporatism)로 구분하고 있다.[8]

사회조합주의는 선진자본주의 국가로서 민주복지 국가의 형태를 지닌 북유럽이 대표적인 사례에 속한다. 이는 다원주의적 양태를 지닌 것으로 국가로부터 이익집단들의 자율성이 보장되고 아래로부터의 점진적 진화발전을 특성으로 하고 있기 때문에 현대국가에서 이익집단 정치를 발전시킬 수 있는 유용한 틀로 보고 있으며, 이는 주로 노사관계를 중심으로 전개하는 이론으로 발전되었다.[9]

사회조합주의는 민주적 또는 자유주의적 조합주의(democratic or liberal corporatism)로 지칭되고 있을 정도로 다원주의와의 관계가 밀접하다. 사회적 조합주의는 다원주의가 지니는 낙관적인 시각에 따른 집단 간의 경쟁을 통한 이익갈등의 조화와 균형이 너무 이상적이라고 비판하면서, 오스트리아, 스웨덴 등에서 사회적 균형, 협동, 합의 발견을 이념적 요인으로 하는 이익대표체계인 것이다. 주로 이익갈등이 첨예한 자본가 · 노동자 간의 관계를 국가가 개입하여 자율적인 합의를 유도하는 양식을 의미한다.

이에 대하여 국가조합주의는 권위주의적 조합주의라고 할 정도로 라틴아메리카와 같은 제3세계의 권위주의 정치체제와 친화성을 가지고 있는 것으로 국가의 강력한 힘에 의하여 통제되는 이익집단체계를 의미한다.[10] 이는 국가가 이익집단을 사실상

---

6 선한승, 「사회적 합의주의 연구」(서울: 한국노동연구원, 1992), 8쪽; Martin J. Smith, "Pluralism, Reformed Pluralism and Neopluralism: the Role of Pressure Groups in Policy-Making," *Political Studies*, XXXVII(1990), 303-311쪽.

7 조합주의이론의 대표적 연구는 Philippe Schmitter, "Still the Century of Corporatism?," *Review of Politics*, 36(1974); Philippe Schmitter and Gerhard Lehmbruch, *Trends Toward Corporatist Intermediation* (Beverly Hills, Ca.: Sage Publication, 1979) 등을 참조.

8 위의 글, 21-41쪽.

9 Peter J. Katzenstein, *Corporatism and Change* (Ithaca: Cornell University Press, 1984); Philippe Schmitter and Gerhard Lehmbruch, *Patterns of Corporatist Policy-making* (Beverly Hills: Sage Publications, 1982) 등 참조.

종속화 시키면서 각종 제도적·법적·행정적 장치를 통하여 이익집단들의 조직과 활동을 통제함으로써 국가의 정책목표를 달성하기 위해 이익집단들을 대중동원의 기재나 정당화의 도구로 이용하는 것이다. 이는 국가가 이익집단에 대한 일방적 억압을 통해 이익갈등의 분출을 억제시킴으로써 외형상으로는 이익집단정치에 의한 갈등을 조정하고 있으나, 장기적으로는 이익갈등을 내재화시킴으로써 사회적 불안정은 물론 정치적 불안정까지 야기한 예가 많다.

국가조합주의는 한국 사회가 민주화되기 이전인 1980년 말까지 이익집단의 연구에 있어 유용한 분석틀로서 논의되었다. 그러나 1980년대 이후 국가조합주의는 사회구조, 경제, 그리고 정치체제의 질적 변화에 따른 발전으로 인해 점차 퇴조하고 있으며,[11] 이는 한국에서도 비슷한 현상이 나타나고 있다.

그러나 현재 한국의 이익집단체계는 다원주의, 사회조합주의, 국가조합주의의 어느 하나의 분석틀로서 설명하기 어려운 다양한 요소가 혼재된 전환기적 상황이다. 이런 요소는 다원주의적 전통을 지닌 미국과 같은 선진국에서도 비슷한 상황으로 이익집단에 대한 새로운 조명이 대두되고 있다. 미국에서는 정통적 다원주의 이론이 지닌 문제점에 대한 대안으로서 개혁적 다원주의(reformed pluralism)와 신다원주의(neo-pluralism)이론을 제시하고 있다.[12]

개혁적 다원주의 이론은 집단 간의 완전한 경쟁이란 이론상으로 존재할 뿐 실제로는 과두적이거나 독점적인 상황이며, 정부와 이익집단 간의 관계에서 일부 집단이 제외된다는 고전적 다원주의 이론의 비판을 받아들이며 정책공동체(policy community)는 일부 집단과 쟁점의 제외를 인정하면서 고수준의 제도화된 협의를 강조하고 있다. 신다원주의는 경제단체와 같은 우월적 지위를 지닌 이익집단이 정부와의 관계에 있어 절대적 영향력을 행사하는 예를 들고 있다.

이외에도 미국, 영국 등과 같은 서구정치체제에서는 중산층의 확대, 정보기술의 발달, 이익집단 후원인의 증대, 정부의 구조와 역할의 변화, 정당의 역할 저하

---

10 라틴 아메리카의 국가조합주의적 특성에 관한 대표적인 연구는 Alfred Stepan, *The State and Society: Peru in Comparative Perspective* (Princeton: Princeton University Press, 1978); James M. Malloy(ed), *Authoritarianism and Corporatism in Latin America* (Pittsburgh: University of Pittsburgh Press, 1977) 등을 참조.

11 Wolfgang Streeck and Philippe Schmitter(eds.), *Beyond Market and the State* (Beverly Hills: Sage Publication, 1985), 146쪽.

12 Smith(1990), 앞의 글, 311-321쪽.

등과 같은 현상이 발생하여 이익집단정치에 대한 새로운 이론적 시각이나 활동분석을 요구하고 있다.[13] 물론 한국은 비록 미국과는 정치문화적 배경이나 정치체제의 성격이 다르지만 전환기적 정치상황에서 새로운 차원의 이익집단 정치에 대한 시각을 필요하고 있다.

3. 한국이익집단의 성장과정

한국이익집단의 성장 및 발전과정은 다른 정치사회 분야에 비하여 비교적 짧은 편이며, 따라서 이에 대한 연구도 정치학의 타 분야에 비하여 1980년 중반까지 비교적 적은 편이다.[14] 이익집단의 발달 역사가 오래된 미국, 영국, 독일 등과 같은 선진 구미 여러 나라에 비하여는 말할 필요도 없으며, 라틴아메리카와 같은 신흥공업사회에 비하여도 사회적 분화의 정도가 낮고 계급의식 등이 발달되지 못하였기 때문에 한국 이익집단의 성장 역사는 비교적 짧고 다양하지 못하다.

한국은 1980년대 말까지 다른 신흥공업국 또는 개발도상국과 같이 이익집단이 성장·발전된 역사는 비교적 미천한 상태였다. 여러 가지 정치문화적·사회적·경제적 요인에 의하여 이익의 다양화와 사회적 분화가 낮은 수준이라고 볼 수 있기 때문에 최소한 1960년대 중반 이전까지는 이익집단도 주로 비결사적 이익집단(non-associational interest group)의 형태를 지니고 있었으며, 발전하지도 못하였다. 그러나 이런 전통적인 형태의 이익집단구조는 1960년대 중반부터 공업화·산업구조 등의 변화에 의하여 결사적 이익집단(associational interest group)으로 변모하는 현상이 나타나기 시작하였으나, 서구의 선진국가의 수준은 아니였다.

한국이익집단들은 1980년대 중반 이후, 특히 1987년 6월 민중항쟁 이후, 한국사회에서 일기 시작한 민주화·자유화와 더불어 이익집단은 다음과 같은 환경변화에 의하여 폭발적인 증가를 가져와 이익집단정치에 많은 변화를 주었다.

---

13 Mark P. Petracca, *The Politics of Interest: Interest Groups Transformed* (Colorado: Westview Press, 1992), 23쪽.
14 이정희, "한국이익집단정치 연구의 대상과 방법." 김계수 외, 『한국정치연구의 대상과 방법』 (서울: 한울아카데미, 1993), 215쪽.

1) 양적 변화

민주화와 더불어 나타난 대표적인 현상은 이익집단의 수가 폭발적으로 증가한 것이다. 1960년 이후 산업구조 및 사회구조의 변화에 따라 결사적 이익집단(associational interest group)이 한국사회에 등장하기 시작했는데, 이는 서구에 비하여 극히 적은 수에 지나지 않았다. 그러나 본격적인 산업사회가 되면서 이익집단의 수가 1970-80년대에 급격히 증가했으며, 특히 1987년 이후 폭발적인 증가 현상을 나타내고 있다.

〈표-1〉과 같이 1970년대에 1천여 개에 달하는 이익집단은 1990년 중반에는 약 2천 1백80여 개로 증가하여 이익집단 수에 있어 폭발적인 증가현상을 나타내고 있다. 이는 1960년대에 활동하고 있던 이익집단 6백여 개에 비하면 무려 3배, 70년대에 비하면 2배 이상의 증가, 80년대에 비하여 약 60% 이상의 증가를 나타내고 있다.[15]

〈표-1〉 한국이익집단의 현황 비교

분야별	1974	1984	1994
국제관계	66	70	71
학술연구	455	394	734
문화단체	91	217	301
체육단체	7	8	11
사회단체	88	135	295
노동단체	1	17	29
법조단체	12	12	14
의료단체	15	29	32
후생단체	28	32	33
종교단체	37	110	297
경제단체	234	298	364
총계	1,034	1,322	2,181

자료: 1974년은 윤형섭 교수, 1984년은 필자가 조사한 것임. 윤형섭, 『한국정치론』(서울: 박영사,1 992), 640쪽 참조. 1994년은 『동아연감』(1994); 『연합연감』(1994), 행정부처에서 발간된 자료를 중심으로 조사한 것임.

이와 같은 이익집단의 증가가 미국의 2만여 개, 영국의 7천6백여 개, 일본의 1만2천여 개에 비하면 결코 많은 수는 아니나,[16] 한국의 경우 1980년대 중반 이후 이익집단의 수가 급격히 증가하는 양상을 나타내고 있다.

---

15 1963년 안해균 교수의 조사에 의하면, 당시 한국의 이익집단은 약 6백여 개에 달하고 있음. 안해균, "한국이익 집단에 관한 자료연구,"『행정논총』 제3권 1호(서울: 서울대 행정대학원, 1965) 참조.

16 什中 豊『利益集團』(東京: 東京大學出版會, 1988), 20쪽.

이익집단 수의 증가는 노동조합의 경우 대표적으로 나타나고 있다. 노동단체는 권위주의적 정권 하에서는 정부의 압력에 의해 종속적 상황 하에서 성장하여 단체의 설립이 제약을 받았으나, 민주화·자유화의 사회적 흐름과 더불어 폭발적인 노조의 조직이 나타났다. 1984년 17개이던 노동단체가 현재는 29개로 증가했다. 단위노조의 경우, 87년 6월 30일 2,742개 단위노조에 조합원 1,050,201명이었는데, 1995년 12월 말 현재 단위조합 수는 6,606개로 약2.4배, 조합원은 약 1백 6십 1만5천 명으로 약 1.6배 증가하기도 했다.[17]

노동단체 이외에도 환경 관련 시민단체의 경우, 총 137개 단체 중에서 1980년 중반 이후 무려 1백12개가 설립되었으며, 시민운동단체에 대한 한 조사에 의하면 87년 이후 단체의 68.1%가 새로이 설립되는 등 이익집단 조직화의 폭발적인 현상이 나타나고 있다.[18]

2) 질적 변화

양적 변화에 따른 질적 변화는 당연한 현상인바, 이익집단의 조직양상이 더욱 분화되고 있을 뿐만 아니라 이익추구의 내용도 변화되고 있다. 노동조합의 경우도 단순한 제조업 차원에서 벗어나 전문직과 공공부문에도 노조가 조직되었으며, 한국노총 이외에도 민주노총 제2노조로서 설립되었다. 민주노총은 그동안 재야노조라는 이름 하에 법외조직으로 활동하였으나, 현재는 노동조합법에 의하여 복수노조로서 인정받고 있다.

이익추구에 있어서도 포괄적이고 추상적이기보다는 구체적인 이익을 추구하기 위한 단체를 조직하고 있으며, 동시에 유사한 이익추구에 있어서도 상호갈등적인 단체를 조직하여 단체 간에 대결현상을 보이는 경우도 많다. 전국도시노점상연합회, 전국철거민연합회, 전국AIDS예방운동본부 등과 같은 구체적인 이익을 추구하는 단체에서부터 노래방신고업자들을 중심으로 대한노래연습장업중앙회가 결성되자 이에 미신고 노래방 업자들이 전국미신고노래연습장협회중앙회를 조직하는 등 동일

---

17 한국노동연구원, 「노동동향분석」 제9권 2호(1996), 618쪽.
18 경실련·조선일보사, 「환경을 지키는 한국의 민간단체」(1993), 17–190쪽; 공보처, 「민주공동체 시민운동의 이론과 실제」(1996), 152쪽.

이익추구에 있어 상호 갈등적인 단체가 조직되는 예도 허다하다.

질적인 변화에서 특히 중요한 특징은 공익단체의 조직과 이들 단체의 영향력 증대이다. 종래의 사회경제적 분화에 따른 사적이익(private interest)의 추구보다는 사회경제정의, 소비자보호, 환경보존 등과 같은 불특정 다수의 공공이익(public interest)을 추구하는 단체들이 최근 급격히 증가하고 있으며, 영향력도 점차 증대하고 있다.[19] 공익단체의 대표적인 사례는 경제정의실천시민연합, 환경운동연합, 참여연대, 녹색교통연합, 한국시민단체협의회 등이다.[20]

3) 정부정책의 변화

1987년 중반 이후 민주화 · 자유화를 추구하는 한국정치체제는 이익집단에 대하여 과거와는 다른 정책을 실시하고 있다. 정부는 무엇보다도 단체의 설립이나 활동에 있어 유연성을 갖고 있어 자유로운 단체의 설립이나 활동이 상당한 수준 보장되고 있다. 1990년대 초 실시된 여론조사에 의하면 이익집단에 대한 정부의 통제가 5년전에 비해 약화되었다고 45.3%가 응답한 반면, 11.6%만이 강화되었다고 응답하고 있다.[21] 또한 권위주의 정치체제 하에 정부로부터 법적 단체로 인정을 받지 못하든 단체들도 최근 법적 단체로 등록하여 정부로부터 지원을 받고 있으며,[22] 그 동안 단체설립에 있어 장애요소로 비판을 받던 「사회단체 등록에 관한 법률」도 '등록'이란 용어 대신 '신고'로 변경하는 등 상당한 유연성을 보인다.[23]

또한 정부도 과거와는 달리 정책결정과정에 있어 여론 수렴이나 정당성 확보에 있어 친정부적인 성격을 지닌 이익집단에만 의존하지 않고 정부와 갈등적인 단체까지 포함시키고 있다. 각종 경제정책을 결정하는 데 있어 그동안 재야단체, 또는 정부에 비판적인 단체로서 정부의 각종 위원회에 참여하지 못하던 경실련, 참여연대, 환경운

---

19 이정희, "한국 공익단체의 로비활동,"「의정연구」제56집(서울: 한국의회발전연구소, 1992), 3쪽.

20 시민의 신문사, 「한국민간단체총람」(2000) 참조.

21 김왕식, "한국의 정부–이익집단의 관계패턴," 안병준 외, 「국가, 시민사회, 정치민주화」(서울: 한울, 1995), 171–185쪽.

22 한국민족예술인총합회(의장:염무웅)는 88년 설립 이후 임의단체로 활동하다가 1993년 8월 사단법인으로 전환, 문화체육부에 등록하였으며, 1994년 이후 행사 내용에 따라 문예진흥기금을 지원받고 있음. 최홍렬, "정부내 이념 잣대의 일대 혼란,"「월간조선」(1994.9), 242쪽.

23 「사회단체등록에 관한 법률」이 1994년 1월 7일 법률 제4736호로 「사회단체신고에 관한 법률」로 바뀌었으며, 신고관청도 중앙관서에서 시 · 도지사에게 위임되었음.

동연합, 전국농민운동연합과 같은 단체의 대표자들이 정부의 정책결정과정에 적극 참여하고 있으며, 민주노총 대표도 노사정위원회에 한국노총 대표와 더불어 공식적으로 참여하고 있다.

이런 현상은 정부가 소위 관변단체라는 친정부적 단체에 대한 정책 변화에서도 나타나고 있다. 바르게살기운동협의회, 한국자유총연맹, 새마을운동중앙협의회와 같은 관변단체에 대한 지원은 과거에는 정부부처나 지방자치단체에서 일정한 예산을 공식적으로 지원하였으나, 현재는 다른 단체와 같이 공개적인 신청을 통해 일정한 심사과정을 통하여 지원하는 변화된 정책을 실시하고 있다.

4) 참여적 정치문화의 확대

사회구성원이 적극적인 사고를 가지고 자신들의 이익을 표출하며, 이를 정치체제에 투입시키려는 참여적 정치행태를 보일 때 이익집단은 활성화되고 동시에 이런 과정을 통해 민주적 이익집단정치가 발전하게 된다. 민주화는 권위주의 정치체제와는 달리 사회구성원들로 하여금 자신들의 이익을 자유롭게 표출, 정치체제에 투입시킬 수 있다.

한국사회도 외형적으로는 오래전부터 다원주의적 정치이론에 입각하여 민주적 정치과정을 강조하고 있으나, 실제는 비민주적 정치과정이 권위주의 정치체제 하에 형성되어 선거와 같은 공식적 과정 이외에는 국민의 참여적 정치문화가 제도화되지 못하였다. 그러나 민주화와 더불어 정치참여에 대한 욕구가 증대되고 있으며, 정치체계 역시 점증하는 구성원의 참여 욕구를 적절히 수용하여 정치체제를 운영하는 것이 바람직하다는 인식을 갖게 되었으며, 이런 과정에 이익집단의 활동은 점차 확대되고 있다.

민주화 이후 실시된 여론 조사에 의하면 국민의 약 11%가 사회단체에 가입하여 활동 중이며, 향후 가입할 예정인 응답자가 35%에 달하고, 57.6%가 단체 가입 동기를 단체의 설립목적이나 사회현실 참여라고 응답하고 있다.[24] 이는 약 26%의 국민이 단체에 가입하고 있는 미국의 예를 비교하면 절반에도 미치지 못하나, 과거에 비하면 상당한 수준을 나타내고 있다.[25]

---

24 한국청년정책연구소, 「시민단체에 관한 국민의식 조사 연구」 (1993.11), 8–15쪽.

이런 국민의식의 변화와 참여적 정치문화의 확대는 민주화와 더불어 자신들의 이익을 추구하려는 차원에서 대두되었기 때문에 이익집단 활동에 있어 새로운 변화를 예고하고 있다.

5) 정치권의 인식변화

이익집단과 더불어 중요한 정치적 행위자인 정당의 역할은 점차 저하되고 있는 탈정당화 현상이 확대됨과 동시에 상대적으로 국민의 여론 대변 기관으로서의 이익집단의 역할이 증대되고 있다. 이러한 상황에서 정당이나 정치인들이 지금까지 지니고 있던 이익집단에 대한 인식이 변화되고 있다.

과거에는 정치인들이 이익집단을 정책자료의 수집이나 여론수렴의 상대로 인정하기보다는 단체의 요구를 정치체제에 투입시켜 주는 대가로 정치자금과 같은 검은 돈을 마련할 수 있는 부정적인 시각에서 보았던 사례가 많다. 이는 이익집단의 입장에서도 비공식적인 루트의 활용을 통한 단체의 이익추구라는 차원에서 즐겨 사용하던 영향력 행사 유형이었던 것이다.

그러나 최근 이러한 시각이 변모되고 있다. 선거 시에 직능별 조직 등을 통한 유권자의 지지를 확보하기 위한 다각적인 활동을 강화하고 있으며, 정당의 정책 결정이나 국회의원들의 입법자료 수집을 위한 차원, 또는 후원단체의 구성을 통한 지지세력의 확보를 위해 이익집단을 최대한 활용하고 있다.

각 정당은 중앙당에 직능단체를 관장하는 기구를 두어 이익집단과의 상호협력을 강화하고 있다. 또한 국회 내에 구성된 환경연구회와 같은 각종 연구모임, 섬유산업발전연구회와 같은 특정분야 연구를 전제로 한 지원단체도 관련 이익집단의 활동과 밀접하게 연계되어 있다.

6) 국제적 연계활동

정보사회의 등장에 따른 네트워크의 확대는 이익집단의 활동을 국내적 수준에서뿐만 아니라 국제적 수준에까지 범위를 확대하고 있다. 국제화 · 세계화의 시대적

---

25 Petracca(1992). 위의 책. 7쪽.

흐름과 함께 이익집단 간의 국제적 연계가 강화되고 있다.

한국노총, 전경련과 같은 사적이익집단 간의 상호 공동관심사에 대한 각종 회의의 공동개최, 정보교환, 인적 교류 등을 통한 국제적 연계활동을 오래전부터 강화하고 있으며, 이를 통해 자국 내에서의 영향력 증대는 물론 공동 이익추구를 위한 공조체제의 확대 등을 모색하고 있다. 때로는 국내에서의 단체의 영향력 증대를 위해 국제적 연계조직을 통한 압력을 행사하고 있는 예는 허다하다. 이는 정부도 때로는 정부 간의 관계에서 해결하지 못할 사항을 비정부조직(NGO: Non-Governmental Organizations)을 통해 해결하려고 하며, 이런 과정에 이익집단 간의 국제적 연계가 강화되고 있다.

이익집단 간의 국제적 연대활동은 특히 공익단체의 경우 더욱 두드러지게 나타나고 있다. 환경단체나 소비자단체들은 선진국에서 발전된 단체운영 기법을 후진국이나 발전도상국에 전수하며, 또한 이를 직업적으로 전문화시켜 활동하는 지도자들이 출현하면서 국제적인 유대관계가 강화되고 있다.

이런 현상의 대표적인 예는 1992년 브라질의 리우에서 개최된 국제환경회의에 정부가 조직한 관변단체인 GONGO(Governmental Organization)보다는 순수한 민간단체인 비정부조직(NGO)의 활동이 더욱 두드러진 것으로 평가되고 있으며, 현대그룹에서 추진하던 시베리아 산림벌채 문제가 국제적인 쟁점으로 부각되어 국내외 환경단체들이 압력을 가한 사실, 1993년 10월 러시아에 의한 동해에 핵폐기물 투기 시 그린피스(Greenpeace)와 국내 환경단체들이 강력한 항의운동을 전개하여 다소의 성과를 얻은 것은 좋은 예이다.[26]

이외에도 정보사회의 등장에 따른 정보교환의 이동성의 증대, 1980년대부터 등장한 전문조직인의 등장, 대표이론의 변화, 정부기구의 역할 증대와 세분화, 정당의 역할 저하에 따른 탈정당화 현상 등은 이익집단정치를 위한 변화된 환경적 요소를 제공하고 있다. 특히 최근에는 SNS를 통하여 활동하는 디지털 이익집단의 등장도 새로운 현상이라고 볼 수 있다.

---

26 김영래, "환경운동단체의 현황과 활동", 아주대학교 사회과학연구소 편, 『생태사회과학: 인간, 사회 그리고 환경』 (수원: 아주대학교 출판부, 1994), 326쪽.

4. 한국이익집단의 성장유형

이익집단의 성장유형은 주어진 사회나 정치체계의 특성에 따라서 분류될 수 있다. 미국·영국과 같이 개방된 사회, 또는 기본법에 의하여 결사의 자유가 완전히 보장된 사회에 있어서 산업구조 또는 사회의식의 발달 등에 의하여 단체의 설립은 임의적이며 자율적이기 때문에 어떠한 제약도 받고 있지 않다.

그러나 발전도상국이나 라틴아메리카와 같은 신흥공업국의 경우는 이익집단의 설립에 있어서 국가에 의하여 인위적인 제약이나 권유 등에 의하여 설립되는 예가 많다. 국가가 추구하는 정책목표의 달성을 위하여 국가는 이익집단을 동원세력화하기 위한 여러 가지 제도적 동원장치를 만드는 데, 이에 이익집단이 가장 중요한 도구로 등장하고 있다.

이러한 성장유형에 의거 이익집단의 성장과정을 흔히 두개의 모델로서 구분할 수 있다. 즉, 하나는 미국·영국 등과 같은 선진민주국가에서 임의단체로 국가로부터 아무런 통제 없이 사회적·경제적 이익 등과 같이 여러 가지 이익표출을 위해 사회구성원의 자발적인 의사에 의하여 단체를 설립·성장하는 자율형(autonomy model)이다.

자율형은 단체의 설립에서부터 단체의 성장과정에 이르기까지 단체구성원에 의하여 자율적으로 행하여지는 경우를 말한다. 따라서 단체의 설립 시부터 국가는 큰 역할을 수행하지 못하고 오히려 단체가 하나의 독립체로서 설립과정상에 있어 능동적인 자세로 역할을 하게 된다.

성장유형에 있어 또 하나의 유형은 일종의 법적 단체의 성격을 지닌 것으로 특별법과 같은 법규에 의하여 국가에 의하여 강제적으로 또는 제도적으로 단체가 설립·성장되어 국가에 의한 강력한 통제를 받는 종속형(dependency model)이다. 종속형은 설령 특별법과 같은 법규에 의하여 설립되지 않더라도 단체의 설립을 국가가 음성적으로 지원 또는 권유함에 의하여 단체의 설립을 유도하는 경우에도 해당된다. 따라서 국가의 지원 또는 강요에 의하여 설립된 단체는 국가의 통제하에 놓이게 되며, 국가정책목표의 수행을 위한 동원세력으로 역할을 하게 되는 것이다. 한국과 같은 신흥공업국 또는 경제발전을 위하여 경제적 동원화를 추구하는 사회는 대부분 종속형의 이익단체 성장모형을 지니고 있다.[27]

그러나 이와 같은 자율형과 종속형의 분류는 정치체계에 따라 획일적으로 구분되는 것이 아니고 주어진 정치체계에서 상황에 따라 때로는 자율형, 또는 종속형의 유형을 가지고 성장한다고 볼 수 있다. 더구나 근대사회에 있어서 이익집단의 성장모형이 자율형이든 또는 종속형이든 국가와 밀접하게 관련되었기 때문에 국가로부터 완전히 자유로운 상태에서 단체의 성장과정을 논하기는 힘든 것이다. 때문에 이익집단의 성장유형에 따른 분류와 더불어 이익집단의 활동에 따라 단체의 활동유형을 구분할 수 있다. 이 분류는 단체의 성장모형이 자율형 또는 종속형이든 관계없이 단체의 설립 이후에 어떤 활동을 전개하느냐에 따라 분류되는 것이다. 이는 특히 국가와 관련하여 이익집단이 어떤 활동을 전개하느냐에 대한 분류로 볼 수 있다.

국가와 관련된 활동 분류에 있어 하나의 유형은 이익집단의 활동이 국가가 추진하고 있는 정책목표 범위 내에서 활동하며, 단체가 자신들의 이익보다는 국가의 발전목표 수행을 우선시하면서 협력적인 양태를 취할 때, 이를 협력형(cooperation model)이다. 따라서 협력형의 활동유형에 있어 국가의 정책목표가 우선시되고 있기 때문에 때로는 단체구성원들로부터 단체의 임원들이 불신을 당하는 경우가 많다. 그러나 협력형의 경우에도 국가와 협력적인 태도를 취하면서 동시에 단체의 이익을 추구하는 실리적인 측면도 있다.

활동유형에 있어 또 다른 하나의 분류는 이익집단의 활동이 국가의 정책목표와 자주 대치되는 상황이 전개되는 유형으로 이는 갈등형(conflict model)이라고 지칭될 수 있다. 갈등형에 있어 이익집단은 단체구성원의 이익을 우선적으로 추구하고 있기 때문에 국가와 자주 충돌하게 된다. 갈등형은 국가와 자주 충돌하기 때문에 국가로부터의 통제가 더욱 강하게 실시되는 경우도 많다. 그러나 갈등형에 있어서 단체의 임원들은 단체구성원의 이익을 반영시키기 위하여 일체감을 조성시키기 위한 여러 가지 방안을 강구하고, 이런 일체감을 토대로 하여 국가를 상대로 활동을 전개하게 된다.

이와 같은 활동유형에 따른 이익집단의 분류를 성장과정과 관련시켜 유형화하면 다음과 같이 유형화할 수 있다.[28]

---

27 한국 이익집단의 자생적 구조의 취약성은 윤형섭, "이익표명과 집단", 김운태(외), 『한국정치론』(서울: 박영사, 1982), 356~393쪽; 장달중, "산업화와 이익집단", 『한국정치학회보』, 제19집(1985), 133쪽 참조.

28 김영래, "한국이익집단의 형성과 발전", 『현대사회』, 겨울호(1986), 199쪽.

〈그림-1〉 이익집단의 분류모형

활동형태	성장과정	종속적	자율적
	협력적	종속적 협력형	자율적 협력형
	갈등적	종속적 갈등형	자율적 갈등형

위의 그림을 통하여 이익집단의 유형을 분류하면, 미국·영국·독일 등과 같은 민주적 정치과정이 확립된 선진국가의 경우 대부분의 이익집단은 자율적 협력형(autonomy-cooperation model) 또는 자율적 갈등형(autonomy-conflict model)이 주종을 이루고 있다. 따라서 이들 사회에 있어 이익집단은 이익집단의 설립목적 또는 단체구성원의 용구에 충족될 수 있는 활동을 상황에 따라 때로는 협력적이나 갈등적인 방법에 의하여 처리하고 있다.

한국의 이익집단의 경우, 자율적 협력형에는 대한병원협회, 대한출판문화협회, 한국예술문화단체총연합회, 한국자연보존협회 등이 있으며, 자율적 갈등형에는 경실련, 참여연대, 환경운동연합, 한국기자협회, 민주노총, 대한변호사협회, 전국교직원노동조합 등으로 볼 수 있다.

한편, 개발도상국이나 신흥공업국의 경우 라틴 아메리카에서와 같이 대부분의 이익집단이 국가의 지원이나 통제 하에 성장하고 활동을 하는 종속적 협력형(dependency-cooperation model)에 속한다고 볼 수 있다. 때로는 노동조합과 같은 종속적 갈등형(dependency-conflict model)에 속하고 있는 경우도 있으나, 이는 극히 소수에 지나지 않는다. 한국의 경우, 종속적 협력형은 대한상공회의소, 중소기업협동조합중앙회, 한국자유총연맹, 한국무역협회, 바르게살기운동중앙협의회 등이며, 종속적 갈등형의 대표적인 형태는 한국노총, 한국교원단체총연합회, 전경련 등으로 볼 수 있다.

초근 활동하고 있는 한국의 주요 이익집단은 다음과 같다.

사용자 단체는 전국경제인연합회(The Federation of Korean Industries)와 대한상공회의소(Korea Chamber of Commerce and Industry) 등이다. 전국경제인연합회는 자유시장경제의 창달과 건전한 국민경제의 발전을 목적으로 1961년에 설립된 한국경제협의회가 발전된 대기업 중심의 경제단체이다. 전경련은 2016년 발생한 '최순실게이트'

사건과 관련 정경유착의 대표적인 경제단체로서 탄핵정국 시 비판의 대상이 되었다. 대기업 중 삼성, 현대 등이 탈퇴하였으며, 여러 가지 자체 개혁 방안이 논의되었으며, 과거에 비하여 정부에 대한 영향력이 저하되고 있다.

대한상공회의소는 「상공회의소법」에 의해 조직된 지역적인 종합경제단체. 시·군의 행정구역 단위로 구성되며 그 구역 내의 상공업의 종합적인 개선과 발전을 도모하는 것을 목적으로 상공업에 대한 조사통계, 정보·자료의 수집 및 간행, 지도, 중개알선, 상공업에 관한 증명, 검사, 감정 등 상공업의 각종 진흥업을 담당하고 있다. 현재 전경련보다 더욱 영향력이 강하게 나타나고 있다.

노동단체는 한국노동조합총연맹(Federation of Korean Trade Unions)과 전국민주노동조합총연맹(Korean Confederation of Trade Union)이 대표적이다. 한국노총은 1946년 3월 결성된 대한독립촉성노동총연맹을 모체로 출범하여 1954년 4월 대한노동조합총연합회로 개편된 후, 1960년 11월 한국노동조합총연맹으로 개칭하여 활동하고 있다.

전국민주노동조합총연맹은 사회개혁과 노동자의 정치세력화를 목표로 1995년 11월 11일 출범한 진보적 노동운동계의 대표적 단체로서 1993년 6월 만들어진 전국노동조합대표자회의(전노대)가 모체이다.

교원단체는 한국교원단체총연합회(The Korean Federation of Teachers' Associations)와 전국교직원노동조합(Korean Teachers and Educational Workers' Union)이 대표적이다. 한국교총은 1949년 제정된 교육법 제80조에 의하여 교사들의 단결권이 인정되어 설립되었다. 사단법인 대한교육연합회로 출발하여 1989년 12월 조직 개편을 단행, 현재의 한국교원단체총연합회로 변경, 활동하고 있다.

전국교직원노동조합은 1989년 5월 28일 창립되었다. 1987년 출범한 전국교사협의회를 모체로 하여 활동하다가 현재의 단체명으로 변경하였으며, 일명 전교조라 칭하고 있다. 1999년 1월 6일 교원의 노동조합 설립 및 운영 등에 관한 법률에 따라 합법화되었으나, 그러나 2013년 10월 전교조의 경우, 해직된 전교조 교사들을 가입대상에 포함하고 있어 위 근로자가 아닌 자의 가입을 허용한 경우로 노동조합의 소극적 요건을 구비하지 못하여 법원에서 법외노조로 판결을 받았다. 현재 대법원에서 상고심을 심리 중에 있으므로 재판 결과에 따라 법외노조 여부가 최종 결정될 것이다.

의료단체는 대한의사협회(Korean Medical Association)와 대한약사회(The Korean Pharmaceutical Association)가 대표적이다. 대한의사협회는 1908년 11월 15일 창립된 한국의사연구회가 모체가 되어 1945년에 건국의사회가 설립되었고, 1949~95년 대한의학협회라는 명칭을 사용하다가 1995년 지금의 명칭으로 창립된 의사들의 단체이다. 대한약사회는 1928년 5월 고려약제사회로 창립되었으며, 이후 1945년 10월 조선약제사회를 설립하고 1949년 4월 대한약제사회로 개칭한 후 1954년 11월에 대한약사회로 변경되어 활동하고 있다.

5. 한국 이익집단정치의 특성

한국정치사회는 이익집단에 대한 새로운 이론의 도입과 더불어 집단을 둘러싼 수많은 환경변화를 가져왔으며, 이런 환경변화는 1980년대 말까지 권위주의적 정치체제 하에 활동했던 이익집단이 자율적 또는 타율적으로 변화된 환경에 적응하는 새로운 이익집단정치의 틀을 형성하도록 유도했다. 이익집단을 둘러싼 환경적 요소가 변하여, 모든 이익집단들이 새로운 환경에 적응한 것은 아니더라도 상당한 수준의 변화를 실제적으로 느낄 수 있으며, 이는 다음과 같은 특성에서 나타나고 있다.

1) 다원주의적 양태

정치사회의 민주화로 인하여 이익집단활동은 국가조합주의적 양태에서 다원주의적 양태로 변모시키고 있다. 이는 과거 대부분의 한국 이익집단이 정부로부터 일방적인 지시나 강압에 의해 단체의 활동이 운영되던 소위 '압력을 받던 단체'(pressured group)로부터 '압력을 행사하는 단체'(pressure group)로 변모하는 양상을 나타내고 있다.

국가조합주의는 이익집단을 종속화 시키면서 각종 제도적·법적·행정적 장치들을 이용하여 단체들의 조직과 활동을 통제함으로써 이익집단의 관변단체화 또는 단체의 정부화하는 현상을 야기하고, 또한 국가의 정책적 목표를 위해 이익집단들을 대중동원의 기재로 활용하여, 이익집단이 구성원의 이익을 대변하는 데 한계를 지니고 있었으며, 따라서 때로는 어용단체로 비판을 받기도 했다.

그러나 민주화는 다양한 집단들의 활동을 경쟁구도로 유도하고 이들 간의 상호작용에 의해 정책결정과정이 형성되는데, 이는 집단이 지닌 다양한 자원, 예를 들면 인적·물적자원, 지도력 등과 같은 제 요소에 의해 단체의 이익추구의 수준이 결정된다. 미국과 같은 정치체제가 대표적인 다원주의적 양태인데, 한국도 민주화의 흐름과 더불어 이런 양상이 점차 확대되고 있다.

민주화란 사회구성원 간의 자유로운 경쟁과 타협이 이루어지는 정치과정을 촉진시키기 때문에 이익집단이 다원주의적 양태를 지니는 것이 오히려 당연한 현상이다. 이익대표체계로서의 다원주의적 양태는 구성단위가 불특정한 복합적·자발적·경쟁적·비위계적 질서로 조직되어 있으며, 국가에 의해 특별한 지원이나 승인 없이 자율적으로 단체목표나 행동양식을 결정하여 단체의 이익을 추구하는 것으로 민주정치체제에서 주로 나타나고 있다.[29]

2) 자율적 갈등형의 증대

한국이익집단의 성장과 활동유형은 앞에서 분류된 바와 같이 주어진 정치체계의 특성에 따라 종속적 협력형(Dependency-Cooperation Model), 종속적 갈등형(Dependency-Conflict Model), 자율적 협력형(Autonomy-Cooperation Model), 자율적 갈등형(Autonomy-Conflict Model) 등으로 분류할 수 있는바,[30] 한국의 이익집단들은 자율적 갈등형이 점차 증대하고 있다.

자율적 갈등형은 특정한 법규에 의해 정부의 지원이나 간섭에 의해 설립되지 않고 주로 임의단체로서 단체의 설립에 있어서 공통의 목적을 지닌 사회구성원 간의 합의에 의해 자율적으로 이익집단을 조직하였을 뿐만 아니라 단체의 이익추구 활동에 있어서도 정부의 정책과 충돌하는 상황이 많은 이익집단을 말하는데, 이런 이익집단의 성장이 급격히 증대하고 있다.

정치사회의 민주화는 시민의 기본권을 최대한 보장하고 있기 때문에 공동의 이익을 추구하는 구성원 간의 단체의 설립은 자유롭다. 정치체제의 기본적 구조를 부정하지 않고 체제 내에서 단체의 이익추구를 위한 활동은 비교적 자유스럽기

---

29 Schmitter(1979), 앞의 글, 15쪽.

30 김영래, 『한국의 이익집단』(서울: 대왕사, 1987), 96쪽.

때문에 자율적 갈등형의 단체가 증대되고 있는데, 한국도 이러한 경향이 두드러지게 나타나고 있다.

민주정치 하에서는 종속형보다는 자율적 갈등형 이익집단 활동이 바람직하다. 민주노총, 전교조 등이 대표적으로 단체의 형성에 있어 외부의 힘보다는 구성원 스스로의 자율적 결정에 의해 단체를 설립, 활동하는 것은 미국에서 보는 바와 같이 이익집단정치를 발전시킬 수 있는 중요한 요소가 되고 있다. 미국은 단체의 설립이 특정 법규나 정부의 지원에 의하지 않고 수정헌법 제1조에 의한 기본권의 차원에서 이루어지고 있으며, 이것이 미국정치의 최대 강점으로 평가되고 있다.

한국에 있어 1990년대 전후로 설립된 대부분의 이익집단들은 과거와는 달리 자율적 갈등형이며, 정부와의 충돌도 비교적 많다. 때로는 이익표출 과정에 있어 지나치게 과격한 행동을 하거나 또한 반정부적 성격이 강해 소위 재야단체로 분류되어 정부로부터 법적인 보호보다는 탄압의 대상이 되는 경우도 있으나, 이들 단체들이 현재 이익집단정치의 주요 행위자로 등장하고 있다.

3) 극단적 집단이기주의적 현상

민주화된 정치사회체제 하에 정부는 권위주의 체제와는 달리 이익집단과 같은 사회세력에 대하여 영향력을 행사하기 힘들다. 정부가 통제자의 역할도 또는 일정한 지침의 제시를 통해 이익집단의 활동을 유도하기도 힘들다. 따라서 정부는 이익집단 간의 자율적인 경쟁에 의해 이루어진 정책을 집행하거나 또는 중립적인 차원에서 조정하는 역할을 주로 하고 있다.

때문에 각종 이익집단은 단체의 이익추구를 위해 거의 무한대의 경쟁을 하게 되며, 이런 과정에서 소위 님비(NIMBY: Not In My Back Yard)현상이라는 극단주의적 집단이기주의 현상이 야기된다. 특히 사적 이익의 추구에 있어 이는 단체 구성원의 이익과 직결되었으며, 단체의 사활이 걸린 사항이기 때문에 여하한 수단과 방법을 동원, 이익추구활동을 하고 있다.

이런 예는 최근 수년간에 걸쳐 야기된 한의약분쟁과 의료분쟁이 대표적이다.[31]

---

31 한의약분쟁에 관하여는 김영래(1987), 앞의 책, 392-425쪽; 경실련, 『경실련출범 4주년 기념 자료집』(1994), 18-47쪽; 하승창, "한약분쟁이 우리에게 남긴 것," 『내나라』, 제3권 2호(서울: 내나라연구소, 1993), 109쪽.

한의약분쟁은 한약조제권을 둘러싸고 약사회와 한의사회가 극단적인 이익갈등을 보인 사건으로 양 단체는 국민건강이라는 공익은 무시한 채, 자신들의 이익 추구를 위해 극단적인 행동을 한 대표적인 사례이다. 이는 앞으로의 이익집단 행동이 노동조합과 같은 대중조직이 아닌 이익집단 간의 갈등도 사회갈등의 주역이 될 수 있으며, 정부 역할의 한계를 지적하고 있다.

4) 공익단체의 역할 증대

민주화는 다양한 시민단체의 활동 공간을 증대시켜 주고 있다. 더구나 민주화로 인해 다양한 가치와 질서가 혼재된 과도기적 상황 하에서 공공이익의 추구를 목적으로 한 공익단체는 새로운 질서 형성에 주역이 되고자 더욱 확대된 공간 하에서 다양한 활동을 통해 영역을 증대해 나가고 있다. 한국에 있어 대부분의 단체들은 사적이익집단의 성격을 지니고 있음에도 자신들은 공공이익을 추구하고 있다고 주장하고 있다.

소비자보호, 환경보존, 사회경제정의 실현과 같은 공익 문제는 민주화와 개혁으로 인해 높은 민주시민의식을 지닌 개혁지향적인 사회구성원의 관심이 집중되는 쟁점이다. 더구나 경제성장으로 인해 중산층의 비율이 확대되면서 이들은 인간의 삶의 문제에 관련된 환경과 같은 공익차원에 관심을 증대시키고 있다. 이는 각종 여론조사에서도 나타나고 있는데, 한 여론 조사에 의하면 향후 활성화되어야 할 단체가 환경보호(31%), 의식개혁(22.4%) 등으로 나타난 것도 이를 뒷받침하고 있다.[32]

이는 한국의 대표적인 공익단체인 경실련이 1989년 설립되었으며, 불과 4년 후 전경련, 한국노총, 상공회의소 등과 같은 역사가 오래된 단체들을 제치고 가장 영향력 있는 집단으로 성장한 사실은 이를 증명하고 있다.[33] 정부의 정책결정과정에 이런 단체들은 다양한 방법을 통해 영향력을 행사하고 있으며, 정책결정자들도 이들의 의견을 우선적으로 수렴하려는 것은 공익단체의 영향력이 증대된 것을 의미하고 있다.

예로 1990년 초 경실련 관계인사들은 행정쇄신위원회, 부정부패방지위원회, 교육개혁심의위원회 등과 같은 정부주도 위원회에 참여하고 있으며, 1993년 한의약 분쟁이나 1994년 6월 발생한 철도기관사와 지하철 노조의 파업 등에서 이들이 행한 성공적인

---

32 한국청년정책연구소, 『시민단체에 관한 국민의식조사 연구』(1993.11), 75쪽.
33 『시사저널』(1994.10.21).

중재역할 때문에 더욱 관심이 집중되었으며, 그 후 계속해서 영향력을 확대하고 있다.

그러나 최근 들어 시민사회단체의 주요 임원들이 정부의 주요 직책에 임명되는 사례가 증가함으로써 시민사회단체 활동을 정부의 주요 직책으로 가기 위한 교두보로 이용하고 있다는 비판도 제기되고 있어, 시민사회단체 활동가들의 성찰이 요망되고 있다.

5) 국가의 관리능력 저하

최근 한국사회는 정부의 권위가 상당히 약화되었다는 지적과 함께 정부의 통치력의 위기 문제를 제기하고 있다. 한의약 분쟁, 의료분쟁, 쓰레기소각장을 비롯한 각종 시설의 설치, 행정구역 개편을 둘러싼 지역대립 등에서 정부는 거의 방관자적 자세를 취했다. 심지어는 정부부처 내에서도 법안을 성안하는 데 있어 부처 간의 갈등이 있을 경우, 이에 대한 조정을 통해 문제를 해결하기보다는 방치하고 있다는 지적이 있을 정도이다. 1994년의 경우, 국정감사에서 「방송법」, 「영상진흥기본법」 등 해당 부처나 관련 단체의 이해가 엇갈린 33개의 법안이 지연되어 처리하지 못하는 것도 이런 예에 속한다.[34]

민주화는 민간 부문에 대한 정치체제의 이완을 내포하고 있다. 특히 그동안 권위주의 정치체제 하에 억눌렸던 이익집단들은 정부의 권위에 대한 도전을 통하여 구성원들로부터의 정체성을 확보하려고 하며, 이런 과정에서 정부는 이익집단에 대한 명령적 통제가 민주화에 어긋난다는 이름 하에 방관자적 자세를 위하여 자연히 관리능력이 저하되는 현상을 나타내고 있다.

정부 자신도 이익집단 간의 경쟁에 의한 이익추구과정에 있어 미국과 같은 선진국형 이익갈등 조정방식에 대한 충분한 경험도 없고, 또한 합의된 규칙이나 제도도 마련하지 못했으며, 이익집단 역시 마찬가지 상황이기에 정부의 관리능력 저하에 따른 무질서와 불안정한 정치체제가 운영되는 현상이 나타나고 있다.

권위주의 정치체제와는 달리 정통성을 가진 정부라면 민주적인 절차에 따라 다양한 집단 간의 형성된 갈등을 조정함으로써 오히려 더욱 강성 민주국가(strong democratic state)가 될 수 있음에도 오히려 관리능력 저하에 따른 연성 민주국가(weak

---

34 「조선일보」(1994.9.25).

democratic state)가 되는 현상이 나타나고 있다.

6. 이익집단정치의 과제

　　민주화와 개혁은 기본적으로 억압된 통제체제로부터 탈피를 의미하기 때문에 다양한 사회경제적 이익과 갈등을 대표하는 이익집단의 활동은 더욱 활성화될 것이며, 이들의 영향력은 또한 증대될 것이다. 최근 조사에서도 한국 이익집단의 67.5%는 영향력이 증대될 것으로 믿고 있다.[35] 전환기적 사회란 다양한 가치와 질서가 혼재된 상황이기에 이런 과정에서 이익집단들도 제도화된 규칙이나 절차 없이 자신들의 이익을 극대화시키려 할 것이며, 따라서 무질서한 상황이 전개될 소지는 많다.

　　실제로 이런 양상이 최근 우리 사회에 나타나고 있다. 때로는 집단이기주의 양태로 전개되는 극단적 집단이기주의 현상 때문에 안정된 정치사회질서를 우려하는 시각 역시 만만치 않다.[36] 그러나 정부가 질서유지와 안정을 이유로 또다시 이익집단 활동을 통제한다면 전환기적 상황을 맞아 이익집단은 활성화되지 못하고 오히려 퇴보하여 민주화의 시대적 흐름을 거역하는 것이기 때문에 그럴 수도 없는 것이다.

　　따라서 정부는 민주적인 이익집단정치가 제도화 될 수 있는 방안을 마련하여 이를 실시하여야 하는 어려움에 직면하고 있다. 이는 정부만의 과제가 아니고 이익집단 자신들도 이익집단정치의 발전을 위하여 노력하여야 할 사항이다.

　　첫째, 민주적 정치과정의 확립이다. 한국은 1980년대 말 이후 상당한 수준의 민주화를 이루었으나, 아직도 이를 제도화시키지 못하고 있다. 민주화가 곧 민주적 정치과정의 실시를 의미하는 것은 아니다. 정부부처는 물론 이익집단들도 정책결정 과정 등에서 권위주의적 요소가 팽배하여 정책결정이나 집행에 있어 정통성도 약하고 또한 이익집단 구성원 간의 정체성도 약한 것이 현재의 실정이다.

　　행정부의 경우 각 부처는 민간단체 대표들이 참여하고 있는 각종 의결, 심의 또는 자문위원회가 있으나, 이들은 대부분 형식적으로 운영되고 있다. 행정부에는 〈표-3〉과 같이 2002년 4월 30일 현재 399개 위원회가 있으나, 대부분 형식적이고

---

35 김왕식, "한국의 정부-이익집단의 관계패턴", 안병준 외 공저, 『국가, 시민사회, 정치민주화』(서울: 한울아카데미, 1995), 182쪽.

36 이정희, "전환기적 이익집단정치의 특성과 과제," 민준기 편, 『21세기 한국의 정치』(서울: 법문사, 2001), 458쪽.

관련 이익집단의 참여율은 저조한 편이다.[37]

〈표-2〉 행정부처별 정부위원회 수

부처명	통일부	해양수산부	대통령 및 국무총리 소속	환경부	산업자원부	재정경제부	국방부	노동부	교육인적자원부	기타
위원회수	5	13	28(10)	10(1)	26(2)	19(1)	13	14(4)	21(2)	57(5)
부처명	문화관광부	보건복지부	농림부	건설교통부	여성부	정보통신부	행정자치부	법무부	과학기술부	합계
위원회수	9	29	16(1)	35(2)	3(1)	7(1)	36(4)	12(1)	11	364(35)

*( )안은 행정위원회수
출처: 정부기관 자료(2002. 4.30 기준)

예를 들면, 행정자치부의 경우, 산하 위원회가 40개가 설치되어 있는데, 최근 3년간 2차례 밖에 회의를 열지 못한 위원회가 15개라고 발표하였다. 공무원들은 이런 위원회에 민간단체 대표들이 참여해도 구체적인 전문적인 지식이 없어 별로 도움이 되지 못한다고 주장하면서 주로 관료들에 의한 운영을 하고 있으나, 최근 서울 중랑구에서 쓰레기 소각장 부지 선정에 있어 주민대표로 구성된 '소각장부지 선정위원회'의 성공적인 운영은 민주적 정치과정의 중요성을 인식시켜 주었다고 본다.[38]

특정 이익집단에 의하여 과도하게 영향력이 행사되거나 정책결정과정이 주도되는 것도 민주정과정의 확립에 있어 부정적 요인이다. 한국에는 현재 정·관·경(政官經) 간의 철의 삼각구조가 형성되어 있어 민주화와 개혁은 물론 민주적 정치과정의 확립을 저해하고 있다.

둘째, 이익집단정치가 발전하기 위하여 갈등조정장치의 제도화가 시급하다. 전환기 사회에서 이익집단 간, 또는 정부와 이익집단 간에는 무수한 갈등이 존재하며, 이런 과정에 정치체제를 비롯한 사회적·경제적 불안정 요소가 등장한다. 이는 정치체제로 하여금 또다시 이익집단을 억압기제 속으로 끌어들일 수 있는 명분을 주기 때문에 이익집단정치가 발전되지 못하고 있다.

따라서 이익집단 지도자들이나 정부 관련 인사들 간에 협상과 타협을 촉진할 수 있는 정치사회문화의 확산을 통해 갈등조정장치를 제도화 하여야 한다. 이를

---

37 「시민의 신문」(2002.7.15).

38 「조선일보」(1994.10.21).

위하여 자율적 이익갈등조정을 위한 여건의 조성을 위한 자율성과 민주성의 확보, 이익집단 간 또는 정부와 이익집단 간의 의견교환을 위한 상설기구의 활성화, 갈등조정제도의 내실화 등이 이루어져야 한다.[39]

셋째, 이익집단 영향력 행사로 인해 공공성의 추구가 저해되어서는 안 된다. 이익집단정치의 발전에 있어 가장 어려운 점은 강력한 자원을 지닌 일부 특정 이익집단에 의해 공공이익보다는 사적 이익의 추구가 우선시된다는 것이다. 사적 이익의 우선은 결국 공공성을 침해하여 이익집단정치의 병폐현상이 나타나 이익집단의 활동을 통제할 수 있는 명분을 정부가 가지게 되어 이는 이익집단의 활동을 저해하는 요소로 등장하게 된다.

따라서 이익집단들 간의 자율적 타협과 경쟁원칙은 존중되어야 하나, 그것이 공공이익을 침해하는 담합으로 흐르는 것은 방지되어야 한다. 오늘날 사회는 다양한 기능 간의 상호 의존성이 심화되고 있으므로, 이익집단 간의 경쟁의 결과가 반드시 정통성을 지니는 것은 아니다. 따라서 사적 이익보다는 공공이익이 우선시 될 수 있는 이익집단정치가 발전되어야 할 것이다.

넷째, 이익집단의 자율성 제고이다. 결사적 이익집단(Associational Interest Group)의 활동은 이익집단정치의 핵심이다. 결사적 이익집단은 전문성을 가진 단체로서 구성원 간의 자율적인 조직에 의해 이루어진 단체일 때 더욱 활성화될 수 있다. 정부의 통제나 간섭에 의해 조직되거나 활동하게 되면 자율성을 잃게 되어 단체의 활동이 구성원들로부터 정당성을 가지지 못하게 된다.

자율성의 제고는 정부의 정책과도 관련이 있으나, 기본적으로는 이익집단 자신의 재정적 독립성, 구성원의 응집력, 주요 간부의 지도력 등등의 요소에 의해 결정되는 것이다. 따라서 이는 무엇보다도 이익집단 구성원의 자발적인 참여와 이를 통한 단체의 독립성 확보가 중요한 것이다. 현재 이익집단의 활동이 한계성을 지니고 있는 이유도 구성원의 비자발적 참여와 이에 따른 비조직화 현상이다. 일반회원의 자발적 참여 없이 명망가 중심으로 단체가 운영되면 일시적으로는 이익추구에 있어 효과가 있을 수 있으나, 장기적으로는 단체가 활성화되지 못한다.

다섯째, 시민사회의 활성화이다. 이익집단정치의 활성화란 결국 시민사회의

---

39 김영래 엮음, 『이익집단정치와 이익갈등』 (서울: 한울, 1997), 제4부 참조.

발전을 의미하고 있다. 한국에서의 시민사회의 본격적인 등장은 '87년 민주항쟁 이후의 현상이다. '87년 민주항쟁 이전에는 시민사회의 주축을 이루는 시민사회단체는 비교적 자유롭지 못한 상황에서 활동하였으나, 1980년대 말 이래 활발하게 움직이고 있다. 시민사회를 활성화 시키기 위하여 시민사회단체의 활동을 억압하고 있는 각종 제도적·법적 장치는 개선, 보완되어야 한다.[40]

여섯째, 이익집단은 하나의 정치조직체(political organization)이기 때문에 구성원의 이익추구와 민주적 정치과정의 참여를 보장하기 위하여 정치활동이 허용되어야 한다. 그러나 우리나라의 경우, 실업인 단체인 전경련 등을 비롯한 법인은 정치자금의 기부와 같은 정치활동이 금지되고 있다.[41]

이미 외국에서는 오래전부터 노동조합, 사용자단체 등의 정치참여가 허용되고 있다. 정치민주화는 자유로운 이익집단의 정치참여를 보장할 때 의미가 있다. 이를 위하여 미국과 같이 이익집단 내에 정치활동위원회(Political Action Committee)를 구성하여 정치자금의 기부, 선거 시 특정 후보의 지지, 정치인에 대한 평가서 발표의 정치활동이 자유롭게 이루어지는 것이 바람직하다.

일곱째, 의회정치의 활성화와 로비(lobby)제도가 공개적으로 보장되어야 한다. 의회는 이익집단이 활동하는 주무대가 되어야 하며, 이를 위하여 국회의 운영에 있어 이익집단이 공식적으로 참여할 수 있는 장치가 마련되어야 한다.[42] 이를 위하여 우선적으로 국회가 국민의 여론을 수렴하는 중심이 되어야 하며, 또한 활성화되어야 한다.

국회에 공식적인 로비등록 제도와 같은 것이 없어 대부분의 이익집단들은 음성적이 방법이나 불법적인 방법으로 로비활동을 하고 있는 실정이다. 따라서 이를 공개화 내지 제도화시켜 합법적인 로비활동이 이루어져야 한다. 현재 시민단체들은 투명한 의회운영과 이익집단의 공개적인 로비활동을 제도화하기 위하여 로비스트 등록에 관한 입법 청원을 하고 있으나, 아직 입법화되지 못하고 있다.

---

40 시민사회발전 방안의 구체적 내용은 본서 제3장 제3절 참조.

41 『중앙일보』(2010.12.29.). 현재 노동조합 등 법인은 정치자금법에 의하여 정치자금 기부가 금지되고 있음. 2010년 12월 28일 헌법재판소는 법인이나 단체의 정치자금 기부를 금지한 「정치자금법」 조항이 헌법상 정치활동의 자유를 침해하였다고 전국언론노동조합 위원장 등이 낸 헌법소원 사건에서 합헌으로 결정했음.

42 이병화, "의회정치와 이익집단", 『1992년 하계학술대회 발표논문』(서울: 한국정치학회, 1992), 20쪽.

7. 결론

한국의 정치사회와 같이 민주정치를 위한 제도화 단계를 위한 전환기 사회에서 이익집단정치가 어떻게 전개되느냐는 민주정치발전에 수준을 가름하는 중요한 척도이다. 21세기를 맞아 민주화와 개혁을 통한 새로운 가치와 질서의 형성하고 있는 과정에서 야기되는 다양한 이익표출과 이에 따른 갈등을 새로운 가치와 질서가 어떻게 받아드려 정착시키느냐에 무엇보다는 한국사회 발전을 위한 중요한 과제이다.

이익집단정치는 본질적으로 미국과 같은 선진서구 정치체제에 발전된 다원주의적 개념이다. 다양한 집단 간의 경쟁에 의해 형성된 정치질서를 의미하는 다원주의적 정치질서인 이익집단정치는 미국과 같은 사회에서는 오랜 전통과 가치를 지니고 있기 때문에 민주정치발전에 크게 기여했다. 미국의 유명한 대법원 판사였던 다그라스(William Douglas)가 "미국을 강하게 하는 것은 원자탄의 힘이 아니라 수정헌법 제1조에 있다"라고 한 것은 이익집단정치의 중요성을 강조한 것으로 볼 수 있다.[43]

현재 한국의 이익집단정치는 전환기적 상황에서 하나의 선택을 위한 기로에 놓여 있다. 민주정치의 제도화와 개혁이 강조되는 것은 한국 정치사회에 있어 아직도 민주주의 정치체제가 정착되지 못하였음을 의미하며, 이는 이익집단정치 발전 여하에 따라 민주화와 개혁의 성공 여부도 결정됨을 의미한다. 민주정치는 각종 이익집단 간의 자유로운 경쟁에 의해 단체의 이익이 추구되지만 극단적인 집단이기주의나 지나친 사적 이익의 추구가 아닌 공공성을 고려한 상황에서 타협과 협상의 원칙과 절차가 존중되어 이익집단정치가 발전한다면 민주화와 개혁의 시대적 흐름과 더불어 이익집단정치도 민주정치발전에 크게 기여할 것이다.

이익집단정치는 서구사회에서 보는 바와 같이 오랜 민주정치의 전통 하에서 집단들이 자유롭게 경쟁을 통해 정책결정과정에 참여함으로써 제도화될 수 있는 것이다. 때문에 민주정치가 정착되기 위하여 바람직한 이익집단정치의 제도화가 무엇보다도 필요한 것이다. 이는 21세기를 맞아 한국정치체제가 해결하여야 할 당면한 가장 중요한 과제이다.

---

43 김영래(1987), 앞의 책, 305쪽.

제6절

한국정치자금제도의 현황과 개혁과제

1. 문제의 제기

변화와 개혁의 21세기를 맞이하여 한국은 사회발전을 위하여 정치, 경제, 사회, 교육 등 제 분야에서 많은 개혁과제를 가지고 있다. 특히 역대 정권은 한국사회발전의 최대의 걸림돌이 만연된 부정부패라는 인식 하에 부정부패를 방지할 각종 법적 · 제도적 장치를 마련하는 등 많은 노력을 하였으나, 크게 실효를 거두지 못하고 있다.

이 중 한국정치가 해결하여야 할 가장 중요한 과제는 정치자금제도의 개혁이다. 역대 정권에서 발생한 각종 부정부패는 정치부패와 직접적으로 관련된 문제이며, 이는 특히 불법적인 정치자금 조성과 깊은 관련이 있다. 정치자금과 관련된 정치인과 정치권의 부정부패는 이제 한 국가의 관심사일 뿐만 아니라 전지구적 문제가 되었다.

한국은 정치자금과 관련된 뿌리 깊은 정치부패의 역사를 가지고 있다. 때문에 대부분의 많은 정치지도자들이 부정부패에 연루되어 실패한 대통령, 또는 실패한 정치인이 되었다. 최근 정치부패에 관한 여론 조사 결과에 따르면, 우리 사회에서 가장 부정부패가 심각한 집단으로 정치인을 지적한 응답자가 제일 많은 것으로 나타났다.

한국은 2005년 국제투명성기구(TI: Transparency International)가 발표한 국가별 부패지수(CPI: Corruption Perceptions Index)는 159개 국가 중 40위이다. 한편 TI가 발표한 CPI는 2015년의 경우 168개국 중 52위이며, 2018년에는 45위로 상승하였다. 그러나 아직도 선진국가에 비하면 미흡한 상황이다.[1]

---

1 「연합뉴스」(2020.1.23).

1997년 2월 출범한 김대중 정부는 한국정치사에 있어 최초로 민주적 정권 교체를 이루어, '국민의 정부'라는 이름 하에 부패방지법,[2] 돈세탁방지법[3] 등을 제정하는 등 정치자금과 관련된 정치부패를 근절하기 위한 다각적인 정책을 추진하였으나, 오히려 정현준, 진승현, 이용호, 윤태식 게이트와 같은 부정부패가 집권층을 중심으로 확산되고, 심지어 대통령의 아들 2명이 구속되는 사태까지 발생했다. 이후 집권한 노무현 정부, 이명박 정부, 박근혜 정부 시기도 여러 가지 정치자금과 관련된 비리가 발생, 집권자의 친인척, 측근들이 구속되는 사태가 발생했다.

한국사회가 직면하고 있는 가장 시급한 과제의 하나는 정치부패의 근절을 통한 정치권에 대한 신뢰회복이다. 즉, 정치부패로 야기된 고비용·저효율의 정치구조를 저비용·고효율의 정치구조로 변화시켜 국민으로부터 정치권의 신뢰를 회복하는 것이다. 특히 앞으로 실시될 대통령 선거 및 국회의원 선거에서 공명선거를 통하여 깨끗한 선거, 돈 적게 드는 선거를 하는 것이 필요하다.

2. 민주정치와 정치자금

민주정치는 정당, 이익집단, 선거와 같은 각종 정치적 행위자(political actor)를 필요로 하며, 이를 운용하기 위하여 많은 정치자금이 소요되고 있다. 민주정치의 이상은 돈이 필요 없거나 적게 드는 것을 추구하고 있는데, 현실정치는 상당한 정치자금을 필요로 하고 있다. 따라서 정치자금은 정치에 있어 반드시 필요하기 때문에 민주주의의 비용(cost of democracy), 정치의 모유(mother's milk of politics)라고 하지만, 동시에 정치부패의 요인이 되고 있음으로 이를 민주정치의 필요악(necessary evil)이라고 칭하고 있다.[4]

따라서 정치를 논하는 데 있어 정치자금에 대한 논의 없이는 정치에 대한 본질을

---

2 부패방지법은 2001년 6월 28일 국회에서 통과됨. 동법에 의하여 2002년 1월 25일 대통령 직속기구로 부패방지위원회를 설치하였으며, 현재는 동 업무를 국민권익위원회가 맡고 있음.

3 돈세탁방지법이란 「특정금융거래정보의 보고 및 이용법」으로 2001년 9월 초 국회에서 통과되었으나, 국내의 불법정치자금 거래를 제외시켜 문제가 되고 있음.

4 V. O. Key, Jr., *Politics, Parties and Pressure Groups* (New York: Thomas Y.Crowell, 1964), 486쪽; Herbert Alexander, *Financing Politics*, 4th edition (Washington, D.C.:Congressional Quarterly Press, 1976); 김영래, "정당과 정치자금", 윤정석 외(공저), 「한국정당정치론」(서울: 법문사, 1995), 378–379쪽.

논할 수 없다. 정치는 힘의 논리이고, 정치자금이라는 이름을 지닌 돈은 익명의 전환성을 가지고 다른 재원과 결합하여 정치권력을 장악하는 데 결정적인 역할을 하고 있다.[5] 때문에 정치자금은 정치체계에 대한 본질을 이해하는 데 무엇보다도 중요하다.

일반적으로 정치자금은 정치활동을 위해 소요되는 금전이나 유가증권 기타 물건으로 지칭되고 있는 것으로서 어떠한 정치인이나 정치체계이든 이를 필요로 하며 이는 정치에 있어 막대한 영향력을 행사하고 있다. 정치자금은 대통령, 국회의원과 같은 공직자 선거 시에 필요한 비용은 말할 것도 없고, 정당도 평상시 정당 운영비, 여당의 정권유지비, 그리고 개인의 정치활동비 등 광범위하다. 따라서 정치와 돈, 이는 동전의 양면과 같이 상호 밀접한 관계를 지니고 있다.

정치자금법에서 사용하는 정치자금의 정의는 다음과 같다.[6]

〈그림-1〉과 같이 정치자금에는 당비, 후원금, 기탁금, 보조금과 정당의 당헌·당규 등에서 정한 부대수입 그 밖에 정치활동을 위하여 제공되는 금전이나 유가증권 그밖의 물건이 있다.

〈그림-1〉 정치자금

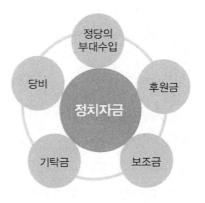

당비는 정당의 당헌·당규 등에 의하여 정당의 당원이 부담하는 금전이나 유가증권 그 밖의 물건이다.

---

5   James Bryce, *Modern Democracies* (New York: Macmillan, 1921), 477-8쪽; Herbert E. Alexander and Rei Shiratori, *Comparative Political Finance among the Democracies* (Boulder, Colorado: Westview Press, 1994), 1-2쪽.

6   중앙선거관리위원회 홈페이지(www.nec.go.kr) 참조.

후원금은 「정치자금법」 규정에 의하여 후원회에 기부하는 금전이나 유가증권 그 밖의 물건이다. 후원회는 후원인(회원과 회원이 아닌 자를 말함)으로부터 후원금을 모금하여 당해 후원회 지정권자에게 기부한다.

정당의 부대수입은 정당의 당헌·당규 등에서 정한 부대수입을 말한다.

기탁금은 정치자금을 정당에 기부하고자 하는 개인(공무원과 사립학교 교원 포함)이 선거관리위원회에 기탁하는 금전이나 유가증권 그 밖의 물건으로서 1인이 기탁할 수 있는 금액은 1회 1만 원 또는 그에 상당하는 가액 이상으로 연간 1억 원 또는 전년도 소득의 5/100 중 다액 이하로 할 수 있다. 중앙선거관리위원회는 매분기 말일까지 기탁된 기탁금을 해당 분기의 말일부터 14일 이내에 국고보조금 배분율에 따라 정당의 중앙당에 배분·지급한다.

보조금은 정당의 보호·육성을 위하여 국가가 정당에 지급하는 금전이나 유가증권으로서 보조금에는 평년의 경상보조금(최근 실시한 임기만료에 의한 국회의원선거의 선거권자 총수에 보조금 계상단가를 곱한 금액)과 공직선거가 있는 연도의 선거보조금(경상보조금과 같음), 공직후보자 여성추천보조금 (최근 실시한 국회의원 총선거의 선거권자 총수에 100원을 곱한 금액), 공직후보자 장애인추천보조금(최근 실시한 임기만료에 의한 국회의원선거의 선거권자 총수에 20원을 곱한 금액)이 있다. 보조금은 국회에 교섭단체 구성 여부, 국회의석수, 득표수비율에 따라 배분하되 경상보조금은 매년 분기별로 균등분할하여 지급하며, 선거보조금은 후보자등록마감일 후 2일 이내에 당해 선거에 후보자를 추천한 정당에 지급한다.

여성추천보조금은 정당이 여성후보자를 추천한 비율을 기준으로 국회의석수, 득표비율 및 여성후보자추천비율에 따라 배분·지급되며 여성후보자에 대한 선거경비로만 사용하여야 한다. 장애인추천보조금은 정당이 장애인후보자를 추천한 비율을 기준으로 국회의석 수, 득표비율 및 장애인후보자 추천 비율에 따라 배분·지급되며 장애인후보자에 대한 선거경비로만 사용하여야 한다.

이러한 정치자금이 가지는 가장 큰 문제는 정치에 있어 고비용·저효율의 문제이다. 선거 시에 선거법에 의하여 규정된 선거비용 한도액은 빙산의 일각에 불과하며, 정당은 물론 국회의원과 같은 정치인 개개인도 감당키 어려운 막대한 정치자금을 사용함으로써 문제가 되고 있다. 더구나 이런 막대한 정치비용이 생산적이기보다는 비생산적인 곳에 사용되고 있으며, 이에 따라 정치부패가 만연되고 있다.

민주정치는 분명히 '국민에 의한, 국민을 위한, 국민의 정치'임에도 불구하고 '돈에 의한, 돈을 요구하는, 돈의 정치'가 되어 문제가 되고 있으며, 이는 한국뿐만 아니라 미국을 비롯한 선진국에서도 문제가 되고 있다. 한국은 자유당 시대의 중석불 사건을 시작으로 전두환·노태우 전직 대통령의 비자금 사건, 또한 김영삼 정권 하에 한보와 기아사태, 김대중 정권, 노무현 정권, 이명박 정권, 박근혜 정권 하에 이르기까지 각종 정치자금과 관련된 부정부패가 많아 문제가 되고 있으며, 이는 특히 과도한 정치자금의 조달과 사용에서 기인되는 문제이다.

대통령 선거에서 수천억 원의 선거자금, 국회의원 선거에서도 선거구당 수십억 원의 선거자금이 소요되고 있다. 예로 1997년 대통령 선거 시 각 정당의 후보자들이 보고한 선거비용은 법정한도액 이내이나 실제 사용된 금액은 법정 선거비용의 수배에 달하는 것으로 알려지고 있으며, 이후 대통령 선거에서도 선거자금 시비가 계속되고 있다. 예를 들면, 제15대 대통령 선거 당시 중앙선관위가 규정한 선거 한도액은 모두 310억 4천만 원이나, 정당 활동비·선거 사무소 임차료 등은 신고 대상에 포함되지 않았고, 실제로 각 후보측에서 사용한 선거 비용은 신고된 금액보다 적어도 2~3배는 되는 규모일 것으로 추정하고 있다.[7]

더불어민주당 문재인 후보는 2017년 제19대 대통령 선거에서 483억 원, 국민의당 안철수 후보는 430억 원, 자유한국당 홍준표 의원은 338억 원을 사용한 것으로 중앙선거관리위원회에 보고하였다. 당시 선거비용제한액은 508억 940만 원이다. 공식적인 비용 이외에 비공식적 선거자금이 사용되었을 것으로 생각된다.[8]

선거 때뿐만 아니라 평상 시에도 고비용의 정치구조를 나타내고 있다. 전직 대통령들은 통치자금 명목으로 수천억 원의 비자금을 조성하여 사용하였는가 하면, 국회의원들도 매달 수천만 원씩의 정치비용이 소요하고 있다. 예를 들면 1990년대 후반 중진급의 국회의원 정도가 되면 매달 경조비만도 무려 1천여만 원을 사용했다고 한다.[9] 따라서 이와 같은 막대한 정치자금을 조달하는 과정에서 정치부패에 연루되는

---

7 「조선일보」(1998.9.9) 참조.

8 「일요시사」(2017.7.4).

9 「국민일보」(1998.3.26). 관혼상제 및 기부금이 여당 중진의원은 약 1천만 원, 야당 초선도 약 5백만 원이 드는 것으로 나타났음.

등 각종 부작용이 일어나고 있다.[10]

국회의원 선거시 사용되는 선거자금도 마찬가지이다. 예를 들면, 2000년 4월 13일 실시된 제16대 총선거 시 후보자들이 사용한 선거자금은 평균 5억 1천만 원으로 법정선거비용한도액 전국평균 1억 1천6백만 원에 비하여 무려 4.5배 가까이 지출된 것으로 나타났다.[11] 그러나 간접비 등을 포함하면 실제 사용액은 2~4배에 달하며 이 중 30억 이상을 사용한 후보도 있는 것으로 알려지고 있으며, 그 후 실시된 국회의원 선거에서 과거에 비하여 다소 개선은 되었으나 역시 비슷한 문제가 발생하고 있다.

민주정치는 적은 비용으로 깨끗한 정치를 하는 것이다. 때문에 각국은 이를 위하여 각종 법규 등을 제정하여 실시하고 있다. 예를 들면, 미국은 1971년 연방선거운동법(Federal Election Campaign Act), 일본은 정치자금규정법을 제정하여 실시하고 있으나, 정치자금이 지니고 있는 특성 때문에 정치부패는 근절되지 않고 있다.

3. 정치자금법의 변천 과정

그동안 한국은 깨끗한 선거, 돈 적게 드는 선거를 위하여 여러 가지 법규를 제정, 실시하였다. 현재 한국에서 운용되고 있는 정치자금과 관련된 대표적인 법규는 정치자금법과 선거법이다. 그동안 이들 법규들은 수차의 개정 과정을 거쳐 민주정치발전을 위하여 상당한 수준까지 개선되었으나, 아직도 법규 자체가 미비한 내용을 지니고 있으며, 더구나 이들 법규가 엄격하게 적용되고 있지 않아 문제가 되고 있다.

정치자금법은 법 제정 초기에 정치인 스스로의 필요성이나 정치권의 요청에 의하기보다는 기업인의 필요에 의하여 제정되었음으로, 이런 입법 목적이 지닌 한계성 때문에 그동안 바람직한 정치자금 제도의 정착을 위하여 크게 역할을 하지 못하였다. 정치자금법 초기 제정과정에는 현재 전국경제인연합회의 전신인 한국경제협의회가 직접 관계하여 제정하였으나, 오늘날에도 정치인은 물론 법 제정을 주도한

---

10 정치자금과 관련된 각종 정치부패는 오경환, 『정치자금의 내막』(서울: 한그루, 1988); 윤승용, 『비자금』(서울: 지양사, 1995) 등을 참조.

11 연세대학교 국제대학원·동아일보사, 『정치사회의 투명성과 국가 경쟁력 비교: 정치자금제도의 한미일 비교연구』(2001.12.10), 30쪽.

기업인 스스로 법을 준수하지 않고 있어 문제가 된다.[12]

〈표-1〉 정치자금법의 개정시기와 주요개정 내용

구분 　　　　내용	일자	주요 내용	비고
정치자금법 제정	1965.2.9	기탁금 규정	경제단체에서 주도
제1차 개정	1969.1.23	기탁금 배분방법 변경	
제2차 개정	1973.6.14	배분방법 변경. 유정회 배분 규정	유신헌법 제정
제3차 개정	1980.12.31	후원회, 국고보조 제도 신설	국회해산
제4차 개정	1989.12.30	후원회 확대 및 국고 보조금 인상, 기탁 한도 규정	여소야대 국회
제5차 개정	1991.12.31	기탁한도 인상. 국고보조금 인상 및 의석 없는 정당에 배분가능 규정	민정당,민주당,공화당 3당합당으로 거대여당
제6차 개정	1992.11.11	후원회 확대 및 1백만 원 익명 가능	
제7차 개정	1994.3.16	국고보조금 및 후원회 확대, 정액 영수증제 채택	청와대 주도
제8차 개정	1995.12.30	후원회원과 후원금 확대, 후원금 모금방법 추가	전두환노태우 전 대통령 구속
제9차 개정	1997.1.13	후원회 회원 수 한도 폐지, 정액영수증제 확대	제도개선특위에서 여야 합의
제10차 개정	1997.11.14	정치자금법에 의한 정치자금 기부만 인정, 지정기탁금제 폐지, 후원금 한도 확대	제15대 대선
제11차 개정	2000.2.14	노조 정치자금기부허용, 정당후원금 기부 한도, 조정(시도지부 1억 원,지구당 2천만 원)	제16대 총선
제13차 개정	2002.3.7	지방의원 선거 시 여성의원 추천 정당에 대한 국고보조금 지급과 보조금회계허위보고 시 감액지급	2002년 지방선거
제14차 개정	2004.3.12	단일계좌 사용과 지출 시 신용카드와 수표사용, 법인과 단체 기부금지, 예비후보자 후원회 구성	2004년 4월 총선
제16차 개정	2005.8.4	10만 원 세액공제제도, 인터넷, 휴대폰, 신용카드 기부 허용	2006년 5월 지방선거
제19차 개정	2006.4.28	여성 추천 보조금 용도 규정과 여성 추천 보조금을 지방선거에도 적용	2006년 5월 지방선거
제20차 개정	2008.2.29	대통령 선거 후보자와 예비후보자에게 후원회 설치 허용,국가보조금 산정 액수를 소비자 물가와연동	2008년 4월 제18대 총선
제22차 개정	2010.1.25.	지방자치단체장까지 지정권자 인정, 장애인 추천 보조금 도입	2010년 5회 지방선거
제23차 개정	2010.7.23	대통령 선거 경선후보자, 예비후보자가 자격상실 시 잔여금 재산 국고 귀속	후원회 규정 강화

12 한국경제인협회, 「사업보고서」(1963); 김영래, 『한국이익집단』(서울: 대왕사, 1987), 236–237쪽.

제24차 개정	2012.2.29	선거비요 위반 시 처벌 강화	2012년 4월 제19대 총선
제25차 개정	2016.1.5	후원회 모금 한도 20% 초과 시 다음 연도 모금에 포함	2016년 4월 제20대 총선
제27차 개정	2017.6.30	정당의 중앙당 후원회 설치	여야 정당에서 요구

　　정치자금법은 1965년 2월 9일 제정 이래 지난 2017년 6월 30일 개정까지 총 27차에 걸친 개정이 있었으며(〈표-1〉 참조), 법규 자체는 과거에 비하여 상당히 발전된 측면도 있으나, 그러나 아직까지도 많은 문제점이 제기되어 개정의 필요성이 대두되고 있다.[13]

　　1997년 제15대 대통령 선거 직전 그동안 여당이 독식하던 지정기탁금제 폐지 등과 같은 개선된 내용이 있으나, 불투명한 정치자금을 근절시키는데 미흡하다.

　　현재 정치자금법에서 규정하고 있는 정치자금제도의 특징은 다음과 같다.[14] 첫째 기부활성화를 위한 조세감면제도 실시하고 있다. 정치자금을 기부한 자 또는 기부받은 자에 대하여는 「조세특례제한법」이 정하는 바에 따라 그 정치자금에 상당하는 금액에 대한 소득세 및 증여세를 면제하고 있다. 개인이 기부한 정치자금에 대하여는 「조세특례제한법」이 정하는 바에 따라 10만 원까지는 그 기부금의 110분의 100을, 10만 원을 초과한 금액에 대해서는 해당 금액의 100분의 15(해당 금액이 3천만원을 초과하는 경우 그 초과분에 대해서는 100분의 25)에 해당하는 금액을 종합소득산출세액에서 공제하고, 「지방세특례제한법」에 따라 그 공제금액의 100분에 10에 해당하는 금액을 해당 과세연도의 개인지방소득세 산출세액에서 추가로 공제하고 있다.

　　둘째 과도한 정치자금 기부로 인한 영향력 배제를 위해 정치자금 기부한도 및 기부제한 규정이 있다. 외국인과 국내·외의 법인 또는 단체는 정치자금을 기부할 수 없도록 하고 있다. 정치인 후원회에 후원하는 경우 기부할 수 있는 후원금은 연간 2천만 원을 초과할 수 없으며, 하나의 후원회에 후원할 수 있는 금액은 다음과 같다. 즉 중앙당(중앙당창당준비위원회 포함), 국회의원(국회의원 선거의 당선인 포함), 지역구 국회의원 선거의 후보자 및 예비후보자(후원회를 둔 국회의원 제외), 당대표 경선 후보자 등, 지방자치단체장 후보자의 후원회의 기부는 각각 500만 원이다. 한편 대통령선거

---

13 정치자금법 변천과정에 관하여는 중앙선거관리위원회 홈페이지(www.nec.go.kr); 김영래, "정치자금제도의 변천과 정과 특징 연구", 『한국정치학회보』, 제28집 1호(1994) 참조.

14 중앙선거관리위원회 홈페이지 (www.nec.go.kr) 참조.

후보자 및 예비후보자, 대통령선거 경선 후보자의 후원회의 기부한도는 각각 1천만 원이다.

또한 선관위에 기탁하는 기탁금의 경우 개인이 1회 1만 원 또는 그에 상당하는 가액 이상, 연간 1억 원 또는 전년도 소득의 100분의 5중 다액 이하의 금액을 기탁금으로 기탁할 수 있다. 연간 300만 원(대통령후보자 등 후원회 500만 원)을 초과하여 정치자금을 기부한 자의 기부금액과 인적사항을 공개하고 있으며, 누구든지 타인의 명의나 가명으로 정치자금을 기부할 수 없도록 하고 있다.

셋째 정치자금의 투명한 조달과 지출을 규정하고 있다. 정치자금의 조달은 누구든지 정치자금법의 규정에 의하지 아니하고는 정치자금을 기부하거나 받을 수 없도록 하고 있다. 또한 정치자금의 지출은 정치자금은 정치활동을 위하여 소요되는 경비로만 지출하여야 하며, 사적경비나 부정한 용도로 지출하여서는 안 된다. 정치자금의 투명한 사용을 위해 1회 120만 원을 초과하여 정치자금을 기부하는 자와 1회 50만 원(공직선거의 후보자·예비후보자의 정치자금, 선거비용: 20만 원)을 초과하여 정치자금을 지출하는 자는 수표나 신용카드·예금계좌입금, 그 밖에 실명이 확인되는 방법으로 기부 또는 지출하여야 한다. 다만, 현금으로 연간 지출할 수 있는 정치자금은 연간지출 총액의 20/100(선거비용은 선거비용제한 액의 10/100)을 초과할 수 없다.

4. 역대 정권의 정치자금 비리

한국의 정치자금과 관련된 부패역사는 상당히 오래되었다. 해방 후 이승만 정권 시부터 최근 탄핵으로 대통령직을 물러난 박근혜 정권까지 정치자금과 관련된 정치부패는 계속적으로 발생하였으며, 이로 인해 역대 대통령 대부분은 집권 말기 또는 퇴임 후 국민들에게 부끄러운 모습을 보여주게 되었다.

역대 정권의 정치자금과 관련된 정치부패 행태를 약술하면 다음과 같다.

1) 이승만 정권

이승만 대통령은 집권하기 전까지는 주로 김성수를 비롯한 한국민주당으로부터 정치자금을 조달하였으며, 다른 정치인보다는 일찍 정치자금의 중요성을 인식하여 다양한 루트를 통해 자금을 조달했다. 해방정국 하에서 김구와 집권경쟁을 했던 이승만은 이상주의자로 정치자금에 대하여 소극적이었던 김구와는 달리 적극적인 자세로 정치자금을 조달했던 것도 집권경쟁에서 승리한 주요 이유라고 할 수 있다.

자유당 정권 하에서 정치자금은 일본사람들이 남기고 간 소위 적산의 불하, 미국으로부터의 원조물자 배정에 따른 이권 등이 정치자금의 최대 조달원이었다. 기업의 규모나 산업화의 수준, 민족자본의 형성 정도가 극히 미미한 당시에는 적산재산을 일부 국영화 시키고 나머지는 대부분 불하하는 과정에서 이를 싼값에 불하함으로써 정치인 또는 정당과 기업인이 밀착되고 이런 과정에서 정치자금이 조달되었다.

자유당 집권 시 발생된 중석불 불하사건은 정부수립 이후 공개된 최초의 정치자금 사건이다. 1952년 피난 수도 부산에서 소위 발췌개헌안의 통과로 야기된 5 · 26 부산정치파동의 여운이 가시지도 않은 상황에서 자유당은 동년 8월 5일 대통령 직선의 정치자금 조달을 위해 중석불을 불하하여 일부 업자들에게 폭리를 주고 자유당 정권의 유지, 특히 반대세력의 회유, 백골단과 같은 정치단체의 운용을 위해 막대한 정치자금을 거두어들였다.

그러나 이승만 대통령 개인은 정치자금으로 축재를 하지 않았으나, 중석불 사건의 진상 규명을 위해 특별위원회까지 구성되었다. 9개월여에 걸친 조사 후에 국무위원 전체에 대한 불신임안까지 제출하였으나 결국 용두사미가 된 이 사건은 업자 7명을 기소하여 공판에 회부하였으나, 그 후 무죄판결을 받아 흐지부지된 정경유착과 관련된 최초의 정치자금 의혹사건이다.

이후 자유당 정권은 1956년의 제3대 정·부통령 선거를 앞두고 선거자금 조달을 위해 발생한 원면 사건, 1958년 5 · 2총선과 관련된 산은연계자금사건, 1960년 3 · 15 정 · 부통령선거시의 산업금융채권 사건 등이 발생하였다. 제1공화국에서 이승만 대통령은 정치자금을 직접 관장하기보다는 자유당이 정치자금 조달에 있어 주요 루트였으며, 주로 당시 실세인 이기붕을 중심으로 조달했다.

2) 장면 정권

집권기간이 불과 9개월로 짧았던 민주당의 장면 정권은 정치자금의 의혹 사건이 발생할 시간도 별로 없었고, 또한 4 · 19학생혁명으로 인하여 모든 정치과정이 공개되고 언론의 자유가 최대한 보장되어 사소한 사건도 전모가 공개되었다. 민주당 시절에는 자유당 정권과 결탁한 부정축재자들이 자신들의 구명운동의 차원에서 민주당을 비롯한 정당에 정치자금을 제공하였으며, 이는 장면 총리에 의해서도 공개적으로 확인되었다. 장면 총리는 기업주들로부터 자발적으로 돈을 받아 민주당 공천자에게 선거자금으로 50만 환씩 지급했다고 해명했을 정도이다. 또한 정권을 잡은 민주당 신파가 중석수출에 개입하여 1백만 달러의 커미션을 받았다고 국회에서 폭로하였으나 특별한 규명 없이 끝났다.

3) 박정희 정권

5·16군사 쿠데타로 권력을 잡은 박정희 대통령의 민주공화당은 18년간이라는 장기간을 집권함으로써 정치자금도 많이 소요되었으며, 또한 이에 따른 비리도 많았다. 이 시기에는 산업화를 추진하는 과정에서 외국에서 많은 외자를 도입하였고, 국내산업도 상당한 수준 발전하는 과정에서 어느 정권보다도 정당 또는 정치인과 정경유착이 심화된 시기였으며, 이는 그 후 한국정치에 고질적인 병폐가 되었고, 이로 인해 금권정치(plutocracy)의 시대가 개막되었다.

박정희 대통령 시대에는 민주공화당을 사전에 조직하는 과정에서 야기된 4대 의혹 사건, 재일 교포 재산 반입을 둘러싼 의혹 사건, 3분 폭리 사건, 각종 금융특혜, 외자도입 시의 커미션 강요, 국유지 불하 사건 등 이루 헤아리기 힘들 정도로 많은 정치자금 비리가 발생하였다.

4대 의혹사건은 민주공화당을 사전 조직하는 과정에서 과거와 같은 은행융자나 불하 같은 수법보다는 새로운 시도로서 정치자금을 마련한 것이다. 일본산 새나라 승용차의 면세도입, 증권파동, 워커힐 공사비 횡령, 파친코 수입에 따른 사건 등등에서 마련된 정치자금은 공화당의 사전 조직 비용으로 유용된 것으로 알려지고 있다. 이는 중앙정보부(현재 국가정보원)를 중심으로 한 쿠데타 주역들이 1963년 민정 이양에 대비하여 1961년부터 민주공화당을 사전에 조직하는 과정에서 필요한 정치자금을 염출하기 위해 일으킨 사건이다.

삼분폭리(三粉暴利) 사건은 밀가루, 설탕, 시멘트 등을 특정업자들이 고시가격을 위반하면서 막대한 폭리를 취하도록 묵인한 사건으로 이것 역시 민주공화당의 박정희 대통령 후보 선거자금으로 사용된 것으로 알려졌다. 삼성그룹이 한국비료건설 과정에 들여온 사카린 밀수 사건도 정치자금과 관련된 의혹사건이었으며, 이 사건 때문에 국회에서는 김두한 의원에 의해 사상 초유의 오물투척 사건이 발생하였다.

이외에도 박정희 대통령 집권 시에 화신산업, 삼성물산, 삼호방직, 대한양회 등 재벌그룹에게 금융특혜를 줌으로써 정치자금 의혹사건이 대두되었고, 지하철 건설에 따른 일본기업에의 리베이트 강요 사건, 걸프, 칼텍스 등과 같은 석유회사로부터의 정치자금 수수, 경제개발을 하는 과정에서 도입된 막대한 외국차관이나 대규모 건설공사에서 6~20%까지 일정한 비율을 정치자금으로 받은 것으로 알려졌다.

4) 전두환 정권

전두환 대통령이 집권한 제5공화국은 민주정의당이 집권당이지만 정치자금은 총재를 겸하고 있는 대통령이 독점하고 있었다. 청와대가 거액의 정치자금을 직접 관리하는 현상은 박정희 대통령 당시 유신체제의 형성과 더불어 심화되었는데, 이런 현상은 제5공화국에 들어와 더욱 심해졌다.

전두환 대통령은 집권 7년 동안 수천억 원의 비자금을 조성하여 집권당에 당 운영비뿐만 아니라 총 선거 시 후보자 지원금, 군 장성을 비롯한 각계 인사들에게 돌린 촌지, 야당 공작금 등등 이루 말할 수 없을 정도의 천문학적인 정치자금을 운용했다. 이로 인하여 전두환 대통령은 부패혐의로 구속, 처벌을 받았다.

검찰이 전두환 대통령을 특가법상 뇌물수수죄로 추가 기소하면서 밝힌 내용에 의하면 전두환 전 대통령은 재임 기간 중 9천5백억 원을 조성한 것으로 나타났다. 이와 같은 막대한 돈은 주로 일해재단 성금, 새마을성금, 새세대 육영회 찬조금, 심장재단 기금 등의 명목으로 기업들로부터 거두어들인 것으로 정경유착이 전례 없이 심화되었다. 정경유착이 심화되어 청와대에 협조적이 아닌 재벌인 국제그룹과 같이 해체되는 지경에까지 이르렀으며, 퇴임 후 전두환 대통령은 구속되는 최초의 대통령이란 불명예를 갖게 되었다.

5) 노태우 정권

노태우 대통령의 제6공화국도 정치자금에 관한 운용은 제5공화국과 크게 다르지 않았다. 노태우 대통령은 전두환 대통령과 마찬가지로 청와대가 정치자금을 독점하고 민정당이나 3당 합당된 민주자유당에 운영자금을 정기적으로 보조했다.

　　노태우 대통령은 집권기간 중 여당의 운영비로 매달 30억 원을 지원한 것으로 알려지고 있으며, 재임 중 최고 1조 원까지의 정치자금을 운영한 것으로 알려지고 있다. 노태우 대통령도 전두환 대통령과 같이 부패혐의로 인하여 구속, 처벌을 받았다. 제6공화국 시에 정치자금과 관련된 대표적인 사건은 원자력 건설, 경부고속전철, 신공항 건설사업, 골프장 허가, 수서 비리, 차세대전투기 구입 사건, 상무대비리 등등이며 삼성, 현대 등과 같은 대그룹 회장으로부터 수백억 원씩 받았다.

　　특히 1995년 10월 민주당 박계동 의원의 국회질의를 통해 폭로된 비자금 300억 원이 노태우 대통령에 의해 직접 조성, 관리된 것으로 나타났으며, 이후 노태우 대통령 자신이 통치자금이란 명목 하에 5천억 원을 조성하였다고 발표하였으며, 검찰도 노태우 전 대통령이 기업으로부터 기업경영 선처 명목으로 받은 2천 3백58억 원을 확인하여 1995년 11월 16일 구속 · 기소되었다.

6) 김영삼 정권

　　김영삼은 대통령에 취임한 이후 청와대가 정치자금을 일체 받지 않겠다고 공언한 이후 금융실명제의 실시, 공직자 재산 공개, 정치자금법을 비롯한 통합선거법의 개정·제정을 통해 깨끗한 정치실현을 목표로 한 김영삼 대통령은 과거의 대통령과는 다른 정치 행태를 나타내고 있었으나, 실체는 다른 것으로 알려지고 있다.

　　당시 집권당인 신한국당도 과거와 같이 청와대에 정치자금을 의존하던 관행에서 벗어나 국고보조금, 후원금 등과 같은 공식적인 정치자금에 의하여 운영하려고 노력했다. 또한 김영삼 대통령은 두 명의 전직 대통령이 뇌물수수혐의로 구속된 이후에 청와대는 과거와는 달리 기업인들로부터 정치자금을 일체 받지 않고 있다고 누차 강조하고 있으나, 지난 1992년 대통령 선거 시 사용된 대선 자금은 국회청문회에서 계속적인 문제로 등장했다. 집권말기에는 한보 · 기아 사태 등 정치자금과 관련된 대형부패사건이 발생. 대통령 차남 김현철이 구속 · 기소되기도 했다.

7) 김대중 정권

　　최초의 실질적인 정권교체를 이룩한 김대중 정권은 정치부패를 방지하기 위하여

반부패기본법, 돈세탁방지법까지 제정하는 등 여러 가지 조치를 취했다. 그러나 김대중 전 대통령의 아들인 김홍업 씨는 2002년 6월 알선 수재와 변호사법 위반 혐의로 구속되어 2003년 5월 대법원에서 징역 2년에 추징금 2억 6천여만 원, 벌금 4억 원을 선고받았다.

또한 김홍업 씨와 차남 김홍걸 씨는 지난 2008년 5~6월 기업체들로부터 뇌물을 받은 혐의로 잇따라 구속되었으며, 이로 인해 김대중 정권의 레임덕은 정점에 달했으며, 대통령이 대국민 사과를 발표하기도 했다. 김대중 대통령의 비자금 문제는 최근까지 여러 가지 의혹이 제기되고 있으나, 실체는 잘 밝혀지지 않고 있다.

8) 노무현 정권

노무현 정권의 수립 초기 가장 큰 이슈는 김대중 대통령과 관련된 정치 비자금 수사를 확대할 것이었으나, 확대 수사를 하지 못한 채 종결되었다. 노무현 대통령의 형인 노건평은 농협으로부터 비자금을 받은 혐의로 구속되었으며, 그 외에 휴캠스 헐값 매각설 및 회사 돈 15억 원을 빼돌려 리얼아이디테크놀러지의 주식 매수 및 토지 구입에 사용한 혐의도 받았다.

또한 노무현 대통령의 오랜 후원자로 알려진 박연차 태광실업 회장도 탈세 및 뇌물 공여혐의로 노건평과 함께 구속되었으며, 정권 말기에는 강금원 창신그룹 회장과 안희정 민주당 최고의원에 대한 조사도 역시 실시하였다. 노무현 대통령은 퇴임 이후에도 비리혐의로 검찰의 조사를 받기도 하였으나, 자살로 생을 마감함으로써 더 이상 밝혀진 것은 없다.

9) 이명박 정권

이명박 대통령의 형인 이상득 전 국회의원이 2012년 솔로몬 저축은행 등으로부터 대통령 선거 시 선거자금을 불법으로 받아 정치자금법 위반으로 구속, 처벌되었다. 또한 이명박 대통령도 삼성전자로부터의 뇌물 수수혐의 등으로 기소되어 현재 재판을 받고 있다. 이명박 대통령은 자동차 부품업체 다스의 회삿돈 수백억 원을 횡령하고 삼성으로부터 뇌물을 받은 혐의 등으로 기소되어 현재 재판을 받고 있다.

10) 박근혜 정권

박근혜 대통령은 청와대 비선 실세인 최순실 게이트와 관련된 대기업과의 유착관계 등이 문제가 되어 대통령 자신도 탄핵으로 파면되고 또한 특별검찰에 의하여 기소, 재판을 받고 있다. 2017년 3월 31일 박근혜 대통령은 국정농단과 관련된 박근혜-최순실 게이트 관련 뇌물수수 및 공무상 비밀누설, 직권남용 및 강요죄 등 13가지 혐의로 인하여 구속영장이 발부·기소되어 현재 재판을 받고 있다.

5. 국회의원의 정치자금 비리

한국의 정경유착은 1960년대 이후 관 주도의 경제개발체제의 전통이 확립되면서 더욱 고질화 되었으며, 이는 '한국주식회사(Korea Inc.)'라는 특이한 정치체제의 유형에서 1997년 경제위기까지 몰고 오는 사태를 야기시켰다. 특히 정치개혁을 담당하여야 될 국회의원들과 정치인들이 오히려 정경유착에 의한 부정부패에 연루되어 더욱 문제가 되고 있다.

국회의원들은 주로 의정활동 수행과정에서 이권개입, 특정기업 또는 업계로부터 로비를 받고 청탁 또는 알선하는 행위, 인사청탁 등인데, 심지어 이런 현상은 국정감사 현장에서도 나타나 문제가 제기되었다. 제19대 국회에서도 철도공사 비리, 불법정치자금 수수혐의로 3명을 구속, 수감되었으며, 제20대 국회의 경우, 일부 국회의원들이 선거 시 정치자금과 관련된 비리 혐의로 국회의원직을 박탈당했다.

그러나 국회의 경우, 국회의원이 정치부패 혐의가 있더라도 회기 중에는 국회의 동의가 있어야 하기 때문에 처벌에 어려움이 있다. 국회의원이 회기 중 구속을 피하기 위하여 소위 방탄국회를 소집하여 문제가 되는 사례도 있다.

6. 정치자금제도의 문제점

1) 고비용 정치구조

한국의 정치자금제도가 지닌 가장 큰 문제점은 고비용의 정치구조이다. 고비용의 정치구조는 투명성, 균형성, 공정성의 문제를 야기시키고 있다. 고비용의 정치자금을 조달하기 위하여 여야는 물론 정치인 개개인들은 투명하지 못한 불공정한 정치구조를 갖게 된다.

선거 때는 말할 필요도 없고 평상 시에도 정당은 물론 정치인들이 고비용의 정치를 하고 있다. 대통령 선거 때 주요 정당의 후보자는 법정 선거비용의 수배가 넘는 막대한 돈을 사용하고 있으며, 국회의원 선거에서도 수십억 원을 사용하는 것을 당연시했다.

한국의 정치자금 소요는 미국에 비하여 약 15배, 일본에 약 5배 이상을 사용하고 있는 것으로 추정되고 있다. 미국의 경우, 지난 1996년 대통령을 비롯하여 연방상하원, 주지사, 주의원 등 모든 공직자 선거에 사용된 비용이 40억 달러이며, 대통령 선거에는 1992년에는 약 5억5천만 달러, 1996년 선거에는 약 7억 달러가 사용되었다.[15]

미국 대통령 선거에 있어 부유한 억만장자인 대선후보는 연방정부로부터 자금 지원을 받지 않고 자신의 재산을 가지고 선거비용으로 쓸 수 있다. 2020년 미국 대선에 입후보하는 마이클 블룸버그 현 뉴욕시장은 정치후원금 없이 모든 선거비용을 자신의 돈으로 감당하겠다고 발표하였다.[16]

한국은 선거가 없는 일상 시에도 정당과 정치인들이 사용하는 정치자금은 미국 등 다른 국가에 비하여 고비용이다. 1990년대의 경우, 정당은 중앙당은 물론 지구당 등 대규모의 조직을 운영하고 있으며, 국회의원과 같은 정치인들도 월 수천만 원의 정치자금을 사용하고 있다. 알려진 바에 의하면 1980~90년대의 경우, 여당의 중진의원은 월 5,000~6,000만 원을 사용했으며, 초선의원도 월 1,000만 원 이상을 사용하고 있는 것으로 추정했다.[17]

---

15 Herbert Alexander, " Money Story," The Roper Center for Opinion Research, *America at the Polls 1996* (University of Conn.:1997), 141-145쪽.
   미국 대통령 선거자금(1968-96) 사용 추이 현황은 다음과 같음.

(단위: 백만 달러)

년도	소요금액	년도	소요금액
1968	100	1984	325
1972	138	1988	500
1976	160	1992	550
1980	275	1996	700

자료: America at Polls 1996, 145쪽.

   한국은 92년 대선에 여야 정당이 사용한 선거자금이 약 2조-1조 5천 억원 전후로 추정됨. 「한국일보」(1997.4.28).
16 「중앙일보」(2019.11.25).

2) 국고보조금제도의 실태와 문제

정당은 헌법(8조)에 의하여 보호받고 있으며, 따라서 국고보조금은 재정적으로 모자라거나 넉넉하지 못한 정당재정의 일부를 국가가 보조하는 것이다. 정당에 대한 국고보조금의 종류는 다음과 같다.

직접보조금은 국고로부터 정당에 직접 지급되는 보조금으로 운영보조금은 매년 정당에게 지급한다. 지급액은 최근 실시한 임기만료에 의한 국회의원 선거권자 총수에 계상단가(매년 액수가 변동됨, 2019년 1,031원, 2020년 1,047원)을 곱한 금액을 계상한다.

선거보조금은 정당이 선거 시에 필요한 경비로 사용할 수 있도록 국고보조금의 명목으로 보조하는 것으로 대통령 선거, 국회의원 선거, 지방의원 선거 시 직접 보조금과 동일한 액수로 지급한다. 한편 여성추천보조금은 임기만료에 의한 선거에서 여성후보자를 추천하는 정당에 지급하는 것으로 최근 실시한 임기만료에 의한 국회의원 선거권자 총수에 100원을 곱한 금액을 보조금 예산에 편성한다. 또한 장애인 추천 보조금은 장애인을 공직후보로 추천할 경우, 일정 금액을 정당에게 지급한다.

최근 정당에게 지급된 국고보조금은 다음과 같다.

〈표-2〉 2018년도 정당별 국고보조금 지급액

지급총액		더불어민주당	자유한국당	국민의당	바른미래당	민주평화당	바른정당	정의당
총지급액 (A)	88,410,835,420	29,669,357,890	27,415,087,330	2,321,689,560	17,324,675,840	5,066,830,080	590,034,710	5,370,598,980
	100.0%	33.6%	31.0%	2.6%	19.6%	5.7%	0.7%	6.1%

〈표-3〉 2019년도 정당별 국고보조금 지급액

지급총액		더불어민주당	자유한국당	바른미래당	정의당	민주평화당	우리공화당 (전 대한애국당)	민중당
총지급액 (A)	43,234,066,390	13,822,263,270	13,593,317,550	9,926,762,450	2,734,101,950	2,169,184,980	34,526,440	953,909,750
	100.0%	32.0%	31.4%	23.0%	6.3%	5.0%	0.1%	2.2%

17 「한국일보」(1996.2.16).

한편 제19대 대통령 선거(2017.5.9)시 국고보조금으로 지급된 정당별 선거지원 현황은 〈표-4〉과 같다.

〈표-4〉 2017년 대통령 선거 정당별 선거보조금

(단위: 만 원)

구분	더불어민주당	자유한국당	국민의당	바른정당	정의당	새누리당
선거보조금	123억4,400	119억7,400	86억9,700	63억3,900	27억5,600	3,200
의석 수	119석	93석	40석	33석	6석	1석

정당에 대한 국고보조금과 관련된 선거비용의 중복지원이 문제가 되고 있다. 제19대 대통령 선거에서 대통령 후보는 1인당 509억 원의 선거자금의 사용이 가능했다. 즉 특별당비, 선거보조금. 정치펀드 방법 등 3가지 조달 가능한데, 그러나 정당이 국고에서 타낸 선거보조금까지 선관위가 이중으로 보전해주어 문제가 되고 있다.

예로 여당인 더불어민주당은 대통령 선거에서 선거보조금으로 123억 원을 지원받았다. 그러나 이후 다시 정당 예산에서 지출한 돈까지 선거비용으로 썼다고 신고해 131억여 원을 타냈음으로 선거보조금으로 처음에는 123억 원, 두 번째는 131억 원 등 총 254억 원을 지원받았다.

한편 자유한국당은 119억 원을 지원받은 뒤 다시 103억 원을 또 받았음으로 총 222억 원을 지원받았다. 국민의당 역시 그런 방식으로 이중 지원을 받았으며, 선거비용의 이중지원이 결국 정당의 자산만 증액시켰다는 지적이 많다.

선거비용 보전은 대선후보 득표율이 15%를 넘었을 때 가능하며, 이에 따라 득표율이 15% 미만이었던 바른정당, 정의당은 선거비용을 보전받지 못했다.

정당에 대한 정부 지원을 한번 받고, 선관위 선거비용 보전으로 또 한번 지원받는 행태와 액수가 드러난 건 이번이 처음이다. 따라서 이런 식으로 대통령 선거가 끝나면 정당 재산이 급증해 정당들이 선거로 '정당 재태크' 한다는 말까지 나올 정도이다.

예를 들면 더불어민주당 재산은 2016년 말 82억 4822만 원에서 2017년 5월 9일 대선 후 163억 1778만 원으로 두 배 가량 늘었다. 자유한국당은 2016년 539억 1024만 원에서 2017년 대선 후 587억 2226만 원으로 늘었으며, 국민의당 재산도 2016년 35억 2033만 원에서 2017년 대선 후 253억 3665만 원으로 약 7배 증가한 사례에서 볼 수 있듯이 문제가 되고 있다.

3) 효율성의 문제

정치자금의 고비용은 정치에 있어 저효율의 문제를 가져오고 있다. 설령 고비용·고효율이 된다고 하더라도 문제인데, 한국정치는 고비용·저효율의 구조 때문에 더욱 문제가 되고 있다. 천문학적인 정치자금을 소요하고 있음에도 불구하고 효율적인 산출 없이 비생산적인 정치를 하고 있다.

효율성의 문제는 고비용 구조에서 찾을 수 있다. 고비용이 드는 정치구조를 개선하게 되면 정치의 효율성은 자연히 높아질 수 있다. 앞에서 지적된 바와 같이 많은 정치인들은 정치인 본연이 활동보다는 비정치적인 행사에 너무 많은 비용과 시간을 보내고 있기 효율적인 의정활동을 하지 못하고 있다.

가장 낭비적인 요소는 1998년 선거법에서 개정된 각종 경조사에 대한 기부금과 이런 행사에 참석이었다. 주례금지, 경조금액의 제한 등을 규정한 선거법 개정으로 이런 행사에 드는 정치비용은 상당한 정도 축소되었다. 그러나 1990년대의 경우, 정치인들은 이런 행사에 많은 정치비용과 시간을 소비하였다. 심지어 어느 중진의원의 경우, 주말인 어느 하루에만 무려 40건의 결혼식과 상가를 방문, 축하 및 조의를 표하고 또한 경조금을 냈다고 하니, 이런 상황에서 효율적인 의정활동을 할 수 없다.[18]

지나치게 비대하게 운영되는 중앙당의 운영구조도 정치자금을 많이 들게 하며, 동시에 정치의 효율성을 떨어지게 하고 있다. 중앙당의 조직이 세계 어느 나라 정당보다도 방대하게 구성되어 있어 이를 운영하기 위한 기본경비가 지나치게 많다. 기본경비는 대부분 중앙당 사무국의 인건비가 주종을 이루고 있다.

현재 지구당은 공식적으로 존재하고 있지 않으나, "ㅇㅇㅇ 국회의원 사무소"란 명칭으로 운영되며 이에도 상당한 자금이 사용되고 있다.

방대한 중앙당과 지역구 사무실을 운영하게 되기 때문에 조직 자체 운영에 대부분 정치자금이 사용되어 효과적인 의정활동을 위한 의정활동비, 또는 정책개발비에는 극히 일부분의 정치자금이 사용되고 있다. 전체 지출 중 정책개발비는 다른 비용에 비하여 상대적으로 적게 사용되고 있다. 이는 막대한 정치자금을 운용하고 있으면서도 효과적인 의정활동과 정책수립을 위한 정책개발비에 투자하지 않음으로서 정치자

---

18 「국민일보」(1998.3.26).

금의 저효율성을 나타내고 있는 것이다.

정치자금의 비효율성은 당비 운영에서 나타나고 있다. 한국의 정당들은 당헌·당규에 의해 당비를 내도록 규정되어 있으나, 이것이 정당운영비에서 차지하는 비중은 아주 적으며, 더구나 이는 공식적인 보고에 의존하고 있기 때문에 정확성에 있어 의문이 제기되고 있다. 중앙선관위에 각 정당이 제출한 공식 보고(2018년)에 의하면, 당비가 차지하는 비율은 더불어민주당 27%, 자유한국당 16%, 바른미래당 60%, 민주평화당 100%, 정의당 32%, 민중당 53%, 대한애국당 70%이다.[19]

이런 당비도 일반당원에 의한 자발적인 당비보다는 당의 주요간부의 특별당비, 전국구 후보자로부터의 헌금 등을 당비의 형식으로 사용한 것이기에 서구정당의 당비 개념과는 상당한 차이가 있다. 이는 정당지도부에도 문제가 있지만 당원으로서의 권리와 의무를 제대로 행사하지 못하는 일반 당원에게도 책임이 있는 것이다.

국고보조금제도는 앞에서 지적된 바와 같이 새로운 참신한 정당의 출현, 지방정치의 활성화, 유권자의 의사 반영과 같은 긍정적인 역할 없이 단순히 정당의 부족한 재원을 보충하는 것 이외에는 특별한 의미를 지니지 못한 것으로 지적되고 있어 이에 대한 개선책이 요구되고 있다.

7. 정치자금제도의 개선방안

고비용·저효율의 정치자금제도를 개선하기 위하여 정치문화의 변화와 같은 거시적인 차원에서부터 선거법, 정치자금법과 같은 미시적인 차원의 문제까지 다양한 접근이 있어야 한다. 더구나 정치부패의 뿌리가 깊은 한국의 경우, 단순한 제도의 변경만으로 깨끗한 정치자금 운용을 통한 정치자금 제도의 개선이 이루어지기 어렵다.

그러나 단기적인 차원에서는 선거법, 정치자금법 등과 같은 법규 개정을 포함한 제도개혁을 통한 정치자금제도의 개선이 요구된다. 중앙선거관리위원회를 비롯한 시민사회단체들은 「정치자금법」의 개정을 요구하고 있으나, 국회는 「정치자금법」 개정에 소극적이다. 따라서 이는 특히 민주정치발전과 관련된 정치자금의 공정성·균형성·효율성이라는 차원에서 우선 단기적 처방을 통해서라도 정치자금의 개혁은 필요하다.

---

19 중앙선관위, 「2018년 정당의 활동개황 및 회계보고」(2019), 532쪽.

1) 정치자금의 실명제 실시

투명성을 지닌 정치자금제도의 정착을 위하여 정치자금의 흐름이 유리알과 같이 맑아야 하며, 이를 위하여 돈의 흐름을 투명하게 하는 방안으로 정치자금 실명제를 실시해야 한다. 이를 위하여 정치자금의 공개가 가장 중요하다. 공개화란 정치부패의 원인을 제공한 공식적 · 비공식적 정치자금을 모두 공개화 · 양성화시키는 것으로서 공개는 정치자금제도 개선에 있어 핵심이다.

정치자금의 실명제를 위하여 국회의원을 비롯한 선출직 공직자는 정치자금 관리를 위한 별도의 은행계좌를 개설, 중앙선관위 신고토록 하며, 모든 정치자금의 수입 · 지출에 관한 사항을 매년 중앙선관위에 보고하여야 하며, 중앙선관위는 이를 일반에게 일반인들이 자유롭게 열람할 수 있도록 공개한다(조항 신설).[20] 중앙선관위 주관 하에 가칭 『정치자금 백서』를 매년 발간하여야 하며, 이는 동시에 컴퓨터 통신망에까지 연결, 언제라도 열람이 가능토록 해야 한다. 중앙선관위는 『정당의 활동개황 및 회계보고』를 발간하고 있는데, 이를 더욱 확대하여 정치자금 수수에 대한 내용을 기록하여야 된다.

정치자금 실명제를 위하여 현행 「정치자금법」에서 사실상 익명이 가능토록 한 정치자금 정액영수증제도는 실명제에 역행하고 있는 제도임으로 폐지하여야 한다(제17조). 야당에 정치자금을 공개적으로 기탁하는 풍토가 정착되지 못했다는 이유만으로 익명이 가능한 이 제도를 채택하는 것은 바람직하지 않다. 따라서 모든 정치자금의 기부와 지출내역은 반드시 공개되어야 하며, 특히 일정액 이상(예를 들면 1백만 원 이상)은 반드시 수표 또는 실명으로 기부하며 동시에 지출 명세도 인적사항, 사용처 등을 명기하여 보고하여야 한다.

정치자금의 실명제 실시를 위하여 정치과정 자체도 공개되어야 하며, 이런 차원에서 정경유착 요인을 제거하기 위하여 업체나 단체 등의 로비활동을 공개화 시키는, 예를 들면, '로비등록법'과 같은 입법 작업이 필요하다. 이런 관점에서 미국에서 실시되는 있는 정치활동위원회(Political Action Committee)의 구성을 각 기업체나

---

20 중앙선관위는 정치자금 실명제를 2002년 3월 국회에 제안하였으며, 국회정치개혁특위에서 이를 적극적으로 검토하였으나, 실제 2003년 2월 개정된 내용에서는 이를 반영치 못하였음. 이후 상당 부분 실명화 되었으나, 아직도 서구에 비하여 미흡한 상태임.

단체 등에 허용하는 것도 고려하여야 한다.

2) 후원회제도 개선

모든 공직선거 출마예정자들은 후원회를 구성할 수 있게 하며, 후원금 모금 후 공직선거에 출마하지 않을 경우, 후원회를 통하여 모금한 정치자금을 중앙선관위 또는 지역선관위가 위탁관리하는 제도적 장치 마련이 요청된다. 시도지사와 기초자치단체장의 경우도 마찬가지이다.

한보사태·기아사태에서 나타난 것과 같이 후원회 제도가 악용될 소지가 있다. 후원회제도가 음성적인 자금을 양성화시키는 데 기여할 수 있도록 후원회 수입 내역을 단순히 총액만 보고하는 것이 아니고 후원금 내역을 비롯한 인적사항이 명기된 구체적인 후원회 수입·지출 내역을 선관위에 보고, 언제든지 유권자에게 공개되어야 한다(제9조). 음성적인 자금이 문제가 되면 적당히 후원금으로 둔갑하는 후원회 제도의 악용은 안 된다.

후원금 모금에서 여야의 불균형도 문제가 되고 있다. 국회의원 후원금에도 '여대야소(與大野小)' 현상이 나타났다. 최근 중앙선관위에 보고된 자료에 의하면 집권당인 더불어민주당을 포함한 범여권 국회의원들이 후원금을 많이 모금한 반면 야당인 자유한국당 의원들은 모금이 저조했다. 또 고액 기부자들 대부분은 국회의원들이었으며 국회의원들이 서로 기부하는 '품앗이' 현상도 여전했다.

중앙선거관리위원회가 2019년 2월 26일 공개한 '2018년 국회의원 후원회 후원금 모금액' 자료에 따르면 20대 국회의 경우, 더불어민주당(129명·손혜원 의원 탈당 이전) 국회의원 후원금은 총 259억 3735만 원으로 가장 많았다.[21]

이어 자유한국당(112명·정태옥 의원 복당 이전) 156억 715만 원, 바른미래당(29명) 31억 4674만 원, 민주평화당(14명) 28억 3384만 원, 정의당(5명) 8억9374만 원 순이었다. 정당별 국회의원 평균 모금액은 더불어민주당이 2억 106만원으로 가장 많았고 민주평화당(2억 241만 원), 정의당(1억 7875만 원), 자유한국당(1억 3935만 원), 바른미래당(1억 850만 원) 순이었다.

20대 국회의원의 경우, 고액 후원금 20명 명단에도 범여권이 압도적으로 많았다.

---

21 「매일경제」(2019..2.26).

노웅래 더불어민주당 의원이 3억 2379만 원으로 가장 많은 후원금을 모금하는 등 20위 중 14명이 더불어민주당 소속이었다. 20위 안에 민주평화당 소속 의원이 2명(정동영·박지원)이었고, 정의당과 바른미래당은 각각 1명(심상정·김관영)이었다. 한국당은 주호영 의원이 3억 1406만 원으로 5위를, 김학용 의원이 3억원으로 20위를 차지하며 이름을 올렸을 뿐이다.

반면 하위 20명 명단에 자유한국당 의원은 12명이다. 모금액 최하위는 의원직 상실한 이우현 자유한국당 의원이었고 다음 순위는 염동열 자유한국당 의원(1592만 원)이 차지했다. 300만 원 이상 고액 후원금 기부자에는 국회의원들이 많았다. 친분이 있는 의원끼리 서로 도와주는 소위 '품앗이' 후원을 한 것이다. 이철희 더불어민주당 의원은 같은 당 기동민 의원에게, 박홍근 의원은 남인순 의원에게 연간 후원금 최대 한도액인 500만 원을 기부했다.

자유한국당에서는 이군현 전 의원이 권성동 의원에게, 정두언 전 의원이 김용태 의원에게 500만 원을 기부했다. 이상돈 바른미래당 의원은 김성수 더불어민주당 의원에게 500만 원을 후원해 눈길을 끌었다. 기업인 중에서는 윤세영 태영그룹 회장이 원혜영·우상호 더불어민주당 의원에게 각각 500만 원을 후원했고, 승명호 한국일보 회장은 김영우 자유한국당 의원에게 500만 원을 기부했다. 민병철어학원으로 유명한 민병철 민병철교육그룹 회장은 임종성 더불어민주당 의원에게 500만 원을 기부했다.

그동안 폐지되었던 중앙당 후원회가 2017년 6월 30일 「정치자금법」의 개정으로 부활하였다. 중앙선거관리위원회는 2018년도 중앙당 후원회의 후원금 모금내역을 집계한 결과 중앙당 후원회가 총 43억 7800여 만 원을 모금했다고 밝혔다.[22] 중앙당 후원회는 후원회를 설치하지 않은 자유한국당을 제외한 9개 정당이 등록했으며, 정의당이 16억9400여 만 원으로 가장 많은 금액을 모았다. 민중당이 13억 9900여 만 원, 대한애국당이 4억 5200여 만 원, 더불어민주당이 2억 7000여 만 원, 녹색당이 1억 9400여 만 원, 노동당이 1억 8900여 만 원을 각각 모았다. 이 밖에 우리미래당 1억 5600여 만 원, 바른미래당 1500여 만 원, 민주평화당 600여 만 원의 순으로 나타났다.

---

22 「중앙일보」(2019.2.26.).

후원인은 여러 후원회에 후원금을 기부할 수 있지만 연간 총 2000만 원을 초과할 수 없다. 하나의 후원회에는 연간 500만 원을 초과할 수 없다. 후원회의 연간 모금 한도액은 중앙당 후원회의 경우 50억 원, 국회의원 후원회의 경우 1억 5000만 원이다. 다만 2018년 제7회 지방선거와 같이 전국단위 공직선거가 있는 해에는 후보자를 추천한 정당의 중앙당 후원회와 해당 선거구에 후보자를 추천한 정당의 지역구 국회의원 후원회는 평년 모금액의 2배인 각각 100억 원, 3억 원을 모금할 수 있다.

3) 국고보조금제도 개선

현재 실시되고 있는 국고보조금은 액수도 많으며, 납세자의 의사를 존중하지 않고 있으며, 또한 배분방식에 문제가 있다(제25-30조). 공직선거가 실시된 1998년 각 정당에 배분된 국고보조금은 총 8백 18억 원에 달하고 있다. 앞에서 기술한 바와 같이 2018년의 국고보조금 지급내역에서 더불어민주당은 전체 수입 중 52%, 자유한국당은 51%를 차지하고 있다.[23] 이는 각 정당의 전체 수입액의 50% 이상을 차지하는 중요한 재원이다.

국고보조금 배분 방식에 대한 대안으로 미국에서 실시하고 있는 연말 세금정산시 정치자금을 기부하는 일괄공제(Check-Off)제도를 도입할 필요성이 있다. 이를 실시하면 정치자금기탁의 확대라는 측면과 많은 납세자인 유권자에게 정치자금의 기부를 통한 정치참여 의식을 제고시킬 수 있고, 나아가서는 정치자금은 정치인이 조달하는 것이 아니라 유권자인 국민이 훌륭한 지도자 선출을 위해 부담하는 민주주의 비용이라는 인식을 확산시키는 기회를 제공할 수 있으며, 이를 통해 정치인이나 정당정치에 대한 간접 평가도 할 수 있는 계기가 된다. 미국은 현재 연말 세금정산시 정치자금기부를 동의하면 3달러를 적립, 대통령 선거시 국고지원 형태로 지급되고 있다.[24]

국고보조금의 지급방법도 개선되어야 한다. 현행 제도는 지나치게 국회의원 선거 결과나 의석수, 그리고 지방의원 및 지방자치단체장 선거를 중심으로 배분되고

23 중앙선관위, 「2018년 정당의 활동개황 및 회계보고」(2019), 532쪽.
24 지난 '96년 미국 대통령 선거시 일괄공제제도로 적립된 공공지원자금 중 2억 3천4백 달러만이 각 정당 후보자에게 지원되었으며, 이는 총 선거비용 약 35%를 차지함. *American at the Polls 1996*, 143쪽.

있으나, 이를 대통령 선거시 득표결과와 연계시켜야 한다. 또한 당원의 당비 납부율과 연계하여 배분비율을 결정하는 제도도 고려되어야 한다. 독일에서는 정당의 득표수 이외에 당비수입금과 기부금 수입액에 비례하여 국고보조금을 배분하고 있다. 「정치자금법」 개정 시 여야 합의에 의해 국고보조금 액수가 지속적으로 증액되고 있는 것도 문제임으로 국고보조금제도는 반드시 개선되어야 한다.

　오는 4월 총선을 겨냥하여 여야 정당들이 이합집산하는 중요한 요인 중의 하나는 국고에 의한 선거보조금 등을 비롯한 막대한 국고보조금을 배분받기 위한 것에서도 볼 수 있듯이 국고보조금제도 개선은 시급한 과제이다.[25]

4) 조세감면제도의 확대

　정치자금 기부액에 대하여 소득세, 증여세 등을 면제하고 있다(제27조). 그러나 일반인들은 이를 잘 알지 못하고 있으며, 따라서 일반인들에 의한 소액헌금이 보편화되어 있지 않다. 이를 일반 납세자에게 적극 홍보함은 물론 연말정산시 미국식의 일괄공제제도를 채택하여 이를 소득세 감면과 연계시킬 필요가 있다. 이를 통하여 정치자금에 대한 유권자에 인식을 확대시킬 수 있으며, 소액다수에 의한 정치자금 기부 관행이 확대될 수 있다.

　조세감면제도와 관련하여 정치자금 기부에 대한 감면혜택을 더욱 제공하여 확대할 필요가 있다. 중앙선거관리위원회의 발표에 의하면 2019년 한 해 동안 국민 총 10,764명이 9억 5천여만 원의 정치자금을 선관위에 기탁하였으며, 이 중 10,762명 (99.9%)이 10만 원 이하의 금액을 기탁하였다.[26] 또한 10월부터 12월까지 국민이 선관위에 기탁한 기탁금 총 9억 9백여만 원으로 연간 기탁금 총액에 대부분이 연말 세금정산 시기와 관련이 있는 것으로 분석되어 정치자금 기부에 대한 적극적인 홍보가 필요하다고 본다.

　기탁금은 국민이 직접 국회의원후원회 또는 중앙당후원회 등에 기부하는 정치후원금과 달리 선관위에 기탁하는 정치자금으로 공무원이나 사립학교 교원 등 국민

---

25 「일요신문」(2020.2.7.).
　　4월 총선 전후로 정당보조금 110억, 선거보조금 440억 등 총 550억 원 정도가 정당에 지원·배분될 예정임.
26 중앙선관위 보도자료 (2020.1.14.) 참조

누구나 참여할 수 있다. 기탁금은 정치자금법에 따라 정당의 교섭단체 구성 여부, 국회 의석 수, 직전 국회의원 선거 득표율에 따라 각 정당에 지급한다.

중앙선관위는 기탁금 모금에 필요한 비용을 공제하고 각 정당에 지급하며 2019년 총액 기준으로 더불어민주당 2억 9천여만 원, 자유한국당 2억 9천여만 원, 바른미래당 2억 9백여만 원, 정의당 5천 9백여만 원, 새로운 보수당 5천 1백여만 원, 민주평화당 2천 2백여만 원, 민중당 2천여만 원, 우리공화당 1백여만 원을 지급하였다.

기탁금 기부는 위원회 직접기탁(81.2%), 정치후원금센터(18.5.%), 카드사(0.3%) 이용순으로 나타났으며 구체적 방법별로는 신용카드(7.0%), 신용카드포인트(4.6%), 간편결제[네이버페이 · 카카오페이 · 페이코](2.0%) 이용 등 새로운 기부방법도 증가하고 있다고 밝혔다. 기탁금은 연말정산 시 기부금액의 10만 원까지는 전액이, 10만 원 초과분은 해당 금액의 15%(3천만 원 초과 시 초과금액의 25%)가 세액공제된다.

5) 당비제도 개선

민주적 정당은 높은 수준의 독립성을 유지해야 되며, 이는 당 재정의 독립성 확보에서 시작된다. 이를 위하여 당원들에 의한 자율적인 당비납부가 중요하다. 현재 당원의 당비 납부 실적은 극히 저조하거나 형식적이기 때문에 이를 실질적인 납부가 될 수 있도록 해야 하며, 이를 위하여 당비를 납부한 당원들에게 실질적인 당원으로서의 역할을 할 수 있도록 제도적인 장치를 마련해야 된다.

예를 들면, 대통령 후보자나 또는 국회의원 후보자에 대한 경선 제도를 실시, 당비를 납부한 당원들에게 투표권을 주어 당원으로서의 권한을 행사할 수 있도록 해야 한다. 정당 간부에 의한 과도한 당비 부담액은 시정되어야 한다. 앞에서 지적된 바와 같이 당운영 자금을 당 간부에게 지나치게 의존하게 되면 사당화의 우려성이 많다.

특별당비는 말이 당비이지 강제성을 지니고 있으며, 특히 선거 시 전국구 공천을 통한 특별당비의 납부는 더욱 문제가 되고 있다. 1993년 12월 27일에 개정된 정당법 제22조2에서는 당비납부 의무제도를 신설하고 이를 이행하지 아니하는 당원에 대한 권리행사의 제한, 제명 등 필요한 사항을 당헌으로 정한다라고 규정되어 있는데, 이는 당원이 자율적으로 당의 재정자립을 하려는 의지가 있을 때 가능하다.

6) 정치펀드(Political Fund)의 활성화

최근 정치자금의 조달과 관련하여 관심의 대상이 되고 있는 것이 미국 등에서 사용하고 있는 정치펀드이다. 정치펀드는 대통령, 지방자치단체장 선거 시 후보자가 선거자금을 모으는 방법으로 등장한 것이다. 2011년 서울특별시장 보궐선거, 2010년 경기도지사 선거 시, 각각 박원순 서울시장 후보와 유시민 경기지사 후보가 정치펀드를 통하여 선거자금을 모금하였다. 당시 유시민의 경우 2010년 41억 원을 모금하였으며, 박원순은 2011년 9월 서울시장 후보로 39억 원을 모금하였다. 2012년 제18대 대선에선 박근혜 전 대통령이 '박근혜 약속펀드'로 250억 원을, 문재인 후보는 '담쟁이 펀드'로 300억 원을 각각 모금하였다.

2017년 5월 9일 실시된 19대 대선 시 문재인 후보 펀드는 4월 19일 출시되었는바, 40분만에 100억이 모금되었으며, 당시 이자율은 3.6%이며, 2017년 7월 19일 상환되었다. 2017년 1월 심상정 정의당 대통령 후보도 '정의당 대선 희망펀드'를 연 1.3%에 출시, 목표 금액 10억 원을 모았다.

이는 일반 유권자로부터 은행의 펀드와 같이 자금을 일정의 이율을 제공한다는 공지를 하여 모금한 다음 선거 후 일정한 이율과 같이 되돌려 주는 방식이다. 그러나 지지율이 적을 경우, 원금 보장이 안되며, 원금 보호의무가 없다.

선거공영제로 인하여 후보가 15% 이상 지지 획득 시 선관위로부터 선거운동 자금을 보전받기 때문에 이를 반환자금으로 사용한다. 대선 후보의 입장에선 선거 홍보와 자금 모금이라는 두 마리 토끼를 잡을 수 있고 유권자의 입장에서도 지지후보를 응원하는 동시에 일정 수익을 챙길 수 있기 때문에 정치펀드는 앞으로 선거 시 더욱 활성화될 것으로 전망한다.

현재 정치권에서는 과거의 불투명한 선거자금 모금 행태를 탈피할 수 있는 좋은 제도라고 볼수 있으며, 서구에서 오래전부터 이용되고 있다. 반면 비판적인 시각도 있는데, 금융회사가 아닌데도 '펀드'라는 명칭으로 돈을 모을 수 있느냐와 '유사수신행위'가 아니냐가 논란의 핵심이다. 이에 대하여 중앙선관위는 선거 펀드는 후원금이 아니라 단순히 돈을 빌리는 '금전소비대차' 행위로 봐야 한다는 것이다. 「정치자금법」에 따르면 지방선거의 경우 광역·기초단체장 후보 및 교육감 후보는 후보 등록 이후에만 후원금을 걷을 수 있다. 그러나 지난해 12월 27일 헌법재판소가 광역자치단체장선거 예비후보자도 후원회를 조직할 수 있다고 결정하여, 광역단체장 예비후보는 대통령, 국회의원 예비후보자와 같이 후원금을 받을 수 있다. 선관위 관계자는 "돈을 공짜로 빌린 게 아니고, 이자율도 현저히 낮지 않아 무리는 없는 것 같다."고 말했다.[27] 따라서 오는 4월 제21대 총선에서 이미 상당 수 후보자들이 'ㅇㅇㅇ펀드'라는 이름 하에 선거자금을 모으고 있다.

7) 기타 정치관계법 개정

정치자금법의 개정과 더불어 정당법, 선거법, 공직자윤리법 등 각종 정치관계법이 개정되어야 하며, 이는 반드시 지켜져야 한다. 아무리 훌륭한 법규를 가지고 있더라도 이것이 지켜지지 않으면 효과가 없다.

우선 선거법을 개정하여 선거제도를 돈 적게드는 선거로 바꾸어야 한다. 이를 위하여 현행 소선거구제를 중 · 대선거구와 정당명부식 비례투표제를 실시할 필요가 있다. 법정 선거비용 한도액에 선거사무소 설치 및 유지비용과 같은 일체의 비용을 선거비용에 포함시키며, 동시에 법정 선거비용을 엄격화하는 것이 바람직하다.

정치자금법 위반자에 대한 처벌이 강화되어야 한다. 지금까지 정치자금법 위반은 일종의 관행으로 묵인되었으나, 앞으로 정치자금법 위반자에 대하여 공직선거에 있어 당선무효는 물론 피선거권, 공무담임권을 일정기간 제한시키는 등 선거법 위반자와 동일한 수준의 처벌이 있어야 된다(조항 신설). 동시에 정치자금법을 위반한 정당에 대하여도 일정한 제재조치가 있어야 되는데, 예를 들면 위반한 정당에 대하여 국고보조금의 배분을 제한하는 조치도 검토될 수 있다.

공직자 재산등록제도에 대한 강화가 필요하다. 국회, 행정부 등에 공직자 윤리위 원회가 설치되어 재산신고사항에 대한 실사가 이루어지고 있으나, 극히 형식적이다. 따라서 공직자 윤리위는 해당 국회의원들이나 공무원들이 참여하기보다는 일반시민 들이 참여하여 실사하여야 한다. 정치자금 운용은 공직자들의 재산등록 상황과 밀접한 관계가 있음으로 공직자윤리위의 권한 강화와 더불어 벌칙 규정의 강화가 필요하다. 현행 재산공개제도는 재산형성과정에 대하여 오히려 면죄부를 주는 역할을 하고 있다.

---

27 http://www.seoul.co.kr/news/newsView.php?id=2010050.

8) 중앙선거관리위원회의 역할과 권한 강화

선거자금을 비롯한 정치자금에 관련된 독점적·포괄적 권한을 가지고 있는 선관위의 역할이 강화되어야 하며, 이는 미국연방선거위원회(Federal Election Commission)를 모델로 할 수 있다.[28] 그러나 한국에서 선관위는 일반적인 선거관리가 주업무이고 정치자금에 관한 업무는 부차적인 사항이 되고 있다. 물론 선거법 개정에 의하여 선관위의 권한이 강화되기는 하였으나, 아직도 미국연방선거위원회의 정치자금 업무관리 및 감독 권한에 비교하면 약하고 또한 실제적인 권한 행사에 있어서도 상당한 제약을 받고 있다.

그동안 선관위에 실사권을 주는 등 선관위의 권한이 대폭 강화되었으나, 실질적인 실사가 되도록 소환권, 조사권 등 더욱 강력한 권한을 부여하여야 한다. 선거비용을 포함한 정치자금 실사과정에서 금융기관에 대한 자료 요구권, 부실 서류 제출자에 대한 처벌권과 더불어 미국연방선거위원회와 같이 선관위 권한이 더욱 강화되어야 한다.

8. 결론

그동안 국회는 정치개혁의 차원에서 선거법을 개정, 주례금지, 현수막 철폐, 경조금 기부 상시 제한과 과감한 조치를 취하여 정치자금의 공정성과 효율성을 통한 깨끗한 정치의 실현을 위한 의지를 보였다. 이는 특히 1997년 IMF사태를 맞이하여 각 부문에서 뼈를 깎는 개혁과 구조조정이 실시되고 있는 상황에서 국회가 이 정도의 법 개정이라고 한 것은 지극히 다행이다.

그러나 아직도 국회는 정치자금의 공정성과 효율성을 높이기 위하여 더욱 차원 높은 개혁조치가 있어야 한다. 아직도 많은 국민들은 국회가 정치개혁에 관하여 국민과 뜻을 같이 하고 있다고 생각하지 않는다. 오히려 국회는 개혁에 적극적인 동참을 하고 있지 않으며, 더구나 기득권을 유지하려고 한다는 비난이 대단하다.

---

28 미국연방선거위원회는 1974년 개정된 연방선거운동법에 의거 1975년 1월에 공식적으로 출범하였음. 동 위원회의 주요 권한과 업무는 연방정부의 선거보조금 관할, 선거자금 모금 및 지출 상황보고서 접수 및 검토, 연방선거운동법의 해석 관련 사항의 심의 및 권고적 의견 발표, 연방 선거운동법 위반사례에 대한 조사, 시정지시(벌금부과 포함) 및 법원에 고소 등임. FEC, *The FEC and the Federal Campaign Finance Law* (1996) 참조.

특히 1994년 「공직선거법」이 제정된 이래 역대 정부는 김영삼 정부를 비롯하여 선거법의 개정을 통하여 과감한 입법 조치를 하였으나, 정치인들이 구태의연한 정치행태를 그대로 지속하고 있어 국민들을 실망시켰다. 정치인들이 "선거에 승리하라; 비용을 걱정말라; 선거에 낙선이 가장 큰 비용의 지출이다"(Win the election; never mind the expense; a defeat is the most expensive of all contests)라는 사고방식을 가지고 있으면, 정치자금 제도의 개선은 어렵다.[29]

정치권이 더 이상 부정부패의 온상이 되어서는 안된다. 변화와 개혁으로 지칭되는 21세기형 정치체제가 되기 위하여, 특히 국민의 대표기관인 국회는 깨끗한 정치의 실현을 위한 과감한 조치를 취하여야 한다. 무엇보다도 정치자금 제도의 개선 없이 깨끗한 정치를 할 수 없다.

정치자금제도 개선에 대한 국민적 공감대가 형성된 지금 깨끗한 정치를 위한 제도적 개선을 하지 못하면, 깨끗한 정치를 통한 민주정치발전도 달성될 수 없으며, 또한 정치권에 대한 신뢰회복도 힘들다. 고비용 · 저효율의 정치구조에서 야기되는 공정성과 효율성의 문제를 해결하기 위한 각종 법적 · 제도적 정비를 서둘러야 한다. 바람직한 정치자금제도로 바꾸는 것은 한국정치가 해결하여야 할 가장 시급하고 중요한 과제이다.

바람직한 정치자금제도의 정착을 위하여는 정치지도자의 강력한 개혁의지, 정치인과 기업인의 자각은 물론 성숙한 민주시민의식, 그리고 관계 법규의 엄격한 적용이 요구된다. 이것은 제4의 물결 시대를 맞이한 21세기의 한국정치가 나아갈 발전방향이다.

---

29 Herbert E. Alexander, *Political Finance in the United States 1995–1996*, (Tokyo: Institute for Political Studies in Japan, Feb. 5, 1998), 1쪽.

제4장

한국정치의 현실과
미래 개혁과제

제1절

정치지도자와 리더십

1. 대통령과 리더십

▌ 대통합 정치를 기대한다

한나라당 이명박 후보가 대통합민주신당의 정동영 후보를 531만표 차이로 누르고 제17대 대통령에 당선됐다. 역대 대선 사상 최다의 표차다. 그러나 대선 투표율은 사상 최저인 62.9%다. 지난 16대 대선 투표율 70.8%에 비해 7.9%포인트나 하락했다. 무려 37.1%인 1396만여명의 유권자는 주권을 스스로 포기했다.

왜 많은 유권자가 투표장에 가지 않았을까. 우리는 흔히 선거는 민주국가에서 축제라고 한다. 선거가 축제였다면 많은 유권자가 투표장을 외면하지는 않았을 것이다. 그러나 지난 수개월 동안 전개된 선거운동과정에서 유권자들은 정치권의 이전투구, 당리당략, 네거티브 캠페인에 지쳤다. 특히 투표를 며칠 앞두고 국회는 내년도 예산 처리는 팽개치고 난투극을 벌여 실망을 증폭시켰다.

이런 선거판이니 과연 유권자들이 선거를 축제로 여기고 자신이 선택한 후보자가 앞으로 대한민국호(號)를 이끌 최선의 지도자라고 생각하면서 투표를 했겠는가. 유권자들은 최선의 후보가 아닌 차선의 후보를 선택하는 데에도 고심을 해야 했다. 많은 유권자가 투표장에 마지못해 갔다고 한다. 그나마 50%대로 투표율이 떨어지지 않은 것은 민주시민으로서의 의무를 다하겠다는 민초들의 우국충정 때문이다. 지난 5년 동안 국민 노릇 하기가 이렇게 힘든지 모르겠다고 한탄하던 민초들은 투표장에 가는 걸음부터 가볍지 않았다.

이명박 당선자는 유효 투표의 48.7%를 획득했다. 이를 전체 유권자 수로 대비하면 약 30.5%정도 지지를 받은 것이다. 물론 기권자가 모두 반대표였다고 할 수는 없지만 전체 유권자의 약 69.5%는 반대 또는 유보적인 태도를 보였다고 분석할 수도 있다. 대통령 당선자는 반대자 또는 잠재적 반대층이 될 수 있는 이들을 항상 염두에 두어야 할 것이다. 낮은 자세로 국민을 섬기겠다는 당선자의 약속과 더불어 반대자를 포용하는 통합적 리더십을 발휘하기 바란다.

이번 선거에선 매니페스토에 의한 정책 경쟁은 실종되고 네거티브 캠페인만 성행하더니 막판에는 '이명박 특검'으로까지 몰아가는 전대미문의 결과를 초래했다. 국민들은 민심이 반영된 선거 결과와 이반되는 특검 문제가 어떻게 처리될지 정치권을 예의 주시하고 있다.

정치인들은 입만 열면 국리민복(國利民福)을 외친다. 정치인들이 국민들을 행복하게 해 줄 것이라는 기대는 저버린 지 이미 오래되었다. 정치권이 국민에게 행복을 주기는 고사하고 심적 고통이나 주지 않았으면 좋겠다는 것이 민초들의 솔직한 심정이다. 말로만 국가와 국민을 논하지 말고 행동으로 옮겨주기 바란다.

2000년 미국 대통령 선거 때 플로리다 주에서 개표 문제가 발생, 법적 · 정치적 혼란을 낳으면서 위기가 닥친 적이 있었다. 일반투표에서 무려 54만여표를 이기고도 플로리다 주에서 불과 500여표 차이로 져 선거인단표에서 패배하고 있는 상황에서 재검표를 지켜보고 있던 민주당의 앨 고어 후보는 개인보다는 당, 당보다는 국가를 위한 대승적 결단을 통해 재검표를 중단시킴으로써 국가적 위기를 수습하였다.

이제 민심에 의한 선거는 끝났다. 승자, 패자 모두 국민통합을 역설했다. 정치권은 말로만이 아닌 대승적 차원의 정치적 결단을 통해 국민통합을 실천적으로 보여야 한다. 새삼 당리당략이나 사리사욕이 아닌 진정으로 국가와 민초들을 위한 정치를 요망한다.

• 서울신문, 시론(2007.12.21) •

세종의 소통·개혁 리더십 절실하다

광화문광장은 이제 세종대로에 있는 단순한 광장이 아니고 한국 정치의 중심이 됐다. 이번 '장미대선'은 광화문광장에서 지난해 10월 29일 개최된 촛불시위가 도화선이 돼 치르게 됐다. 광화문광장에는 성군(聖君) 세종대왕과 성웅(聖雄) 이순신 장군의 동상이 있다. 이 두 분은 민족의 우상이고 대다수 정치인이 가장 존경하는 인물이다.

특히, 세종대왕은 창조적이며 개혁적인 애민(愛民)정신을 가진 리더십을 보여준, 우리 민족의 가장 자랑스러운 성군이다. 만약 세종대왕이 창제한 한글이 없었더라면 오늘과 같은 과학적·문화적으로 융숭한 대한민국이 건설되지 못했을 것이다.

세종은 현대정치에서 일컫는 민주정치 제도 형성에도 영향을 줬다고 볼 수 있다. 물론 왕조시대이기 때문에 국민이 직접 국가지도자를 선출하는 투표 제도는 없었지만, 국민 여론을 경청해 이를 정책에 반영하려는 민본(民本) 제도를 세종이 시행했다는 것은 소통 리더십의 상징으로 볼 수 있다.

세종실록을 보면, 세종은 587년 전인 1430년(세종 12)에 한국 역사에서 최초로 민주적 절차의 하나인 국민투표를 실시한 왕으로 볼 수 있다. 당시 세종은 '공법(貢法)'이라는 새로운 세법 시안을 가지고 백성에게 찬반 의사를 직접 묻는 국민투표를 실시했으며, 의견 수렴 안건은 토지 1결당 일정하게 10두의 세금을 정하는 것이었다.

당시 세금 제도는 관리가 직접 논밭을 돌아보면서 농사의 수확량을 확인, 세금을 정하는 방식이므로 관리들의 주관적인 판단 때문에 세금이 들쑥날쑥해 백성의 원성이 많았다. 이에 세종은 신분 고하와 관계없이 모든 백성에게 의견을 묻기로 했으며, 5개월에 걸쳐 당시 총인구의 4분의 1인 약 17만 명이 찬반 투표에 참여했다고 한다.

국민투표 결과, 17만여 명의 참여자 중 9만8000여 명이 찬성, 7만4000여 명이 반대한 것으로 집계됐다고 한다. 이에 약 57% 찬성의 국민투표 결과 이후에도 찬반 의견이 워낙 팽팽했고 여러 가지 제안이 들어와 세종은 바로 세법을 결정하지 않고, 이후 17년간 다양한 절차를 걸쳐 세법을 확정함으로써 백성의 조세 부담을 경감시켜 주었고, 동시에 가장 많은 국고를 유지할 수 있었다.

전제 왕권의 시대에 국민투표와 같은 민본에 의한 민주적인 의사결정 과정을 거쳤다는 사실은 세종의 애민정신 실천 과정이다. 한글을 창제한 주요 이유도 백성이 어려운 한문보다는 쉬운 한글로 상호 소통을 원활하게 하기 위함이었다. 세종의 애민정신은 국가를 다스리는 데 소통이 얼마나 중요한지를 보여주는 실증적 사례다.

세종의 애민을 위한 리더십은 백성과의 소통을 통해 가능하다는 것을 세종 스스로 보여줌으로써 관리들도 성군 세종의 애민정신을 본받아 민원을 처리함으로써 태평성세를 누릴 수 있었다. 출산휴가의 실시, 부모를 잃은 아이들을 의료기관인 '제생원'에서 돌보게 하는 등 세종은 애민정신을 통해 소통 리더십을 발휘, 지도자의 표상(表象)이 됐다.

최근 TV 토론이나 각종 언론 매체를 통해 대다수 후보자는 세종의 애민정신을 예로 들면서 국민을 주인으로 모시고 머슴으로 봉사하겠다고 열변을 토하고 있다. 선거 유세장에서 유권자에게 큰절까지 하면서 국민을 위한 최적의 봉사자는 자신밖에 없다고 한다. 선거 홍보물도 모두 국민과 친근한 이미지를 나타내는 데 집중돼 있다.

최근 광화문에 있는 '세종이야기홀'에서 중앙선거관리위원회 주최로 '선거: 대한민국을 만들다'라는 유권자의 날 특별기획전이 열리고 있다. 세종의 국민투표 이야기부터 대한민국 초대 대통령 선출 과정, 역대 대통령선거 후보자 선거 포스터, 투표용지, 탄피와 같은 투표 용구 등이 전시되고 있다. 역대 대선 후보자들 모두 국민을 주인으로 모시겠다고 굳게 약속했다.

세종과 같은 애민정신을 가지고 소통 리더십을 발휘한 대통령이 과연 누구였는지, 선거 포스터에 실린 역대 대통령 당선자들의 면면을 보면서 새삼 재평가하게 된다. 앞으로 닷새 후 유권자들은 프랑스 사상가 장 자크 루소의 지적처럼 투표일 하루만이라도 주인 행세를 하기 위해 투표장으로 갈 것이다. 청와대를 배경으로 광화문광장에 정좌하고 계신 세종대왕께서는 애민정신을 가진 정치인이 누구인지를 알고 계실까. 애민정신을 가진 후보자가 선출되기를 기대해 본다.

• 문화일보, 시평(2017.5.4) •

2. 정치가와 정치꾼

▌정치가 케네디와 정치꾼 닉슨

미국의 제35대 대통령 케네디와 제37대 대통령 닉슨은 1960년대 미국 대통령을 지낸 동시대 정치인이지만 두 사람에 대한 미국 국민의 평가는 극명하게 대조적이다.

케네디는 1917년, 닉슨은 1913년으로 비슷한 시기에 출생하여 정치를 시작한 이들 두 사람은 각각 하원과 상원에서 의원생활을 하였고, 1960년 대통령 선거에서 경쟁한 라이벌 정치인이다.

케네디는 동부 매사추세츠 출신이고 닉슨은 서부 캘리포니아 출신이다. 1960년 미국 대통령 선거에서 처음으로 시도된 TV토론에서 패기 있는 젊은 후보자였던 케네디가 승리하여 제35대 대통령으로 당선되었으나, 1963년 11월 텍사스의 댈러스 시 방문 중 저격되어 사망하였다.

반면 닉슨은 대선 패배 후 캘리포니아 주지사선거에도 패배하는 등 불운을 겪다가 1968년 대통령 선거에서 승리, 제37대 대통령이 되었다.

케네디는 최초로 가톨릭교 출신으로 대통령에 당선된 후 뉴 프론티어라는 기치를 내걸고 새로운 미국의 비전을 제시, 희망을 주었으며, 재임 중 베를린 봉쇄, 쿠바 사태 시 소련과는 일전을 불사하면서까지 단호한 정책을 추진, 문제를 해결하여 국민적 지지를 받았다. 지금도 미국에서 케네디 집안은 정치명문가로 국민적 존경을 받고 있다.

반면 부통령까지 역임, 화려한 정치경력을 가진 닉슨 대통령은 선거에서의 승리를 위해 워터게이트 스캔들이라는 미국 초유의 선거부정행위를 자행하여 의회에서 탄핵 직전까지 가는 수모를 당해 대통령직을 중도에 사퇴할 수밖에 없었다. 야누스의 행태를 가진 정객의 오랜 기간 정치경험은 개인의 권력 쟁취와 유지, 확대를 위한 것이지 공동체의 발전을 위한 것은 아니었던 것이다.

얼마 전 있었던 설 명절은 오랜만에 흩어진 가족, 친지들이 모이기 때문에 자연스럽게 정치에 대한 이야기가 많고 따라서 정치인들에 대한 평가도 무성하다. 특히 최근 국무총리 취임, 청와대 비서실장을 비롯한 일부 각료의 개각, 김종필 전 총리의 부인 장례 시 쏟아진 각종 정치언어 등으로 정치인들에 대한 시중의 평가가 화제가 되고 있다.

정치인에 대한 국민들의 평가는 무성하지만 한국에서 존경할 만한 정치인을 찾기는 쉽지 않다. 최근 각종 여론조사를 보면 국민의 약 80% 정도가 가장 신뢰할 수 없는 집단을 정치인이라고 답하고 있다. 심지어 대학생 상대 설문조사에서 정치인들에 대한 신뢰도는 처음 대하는 외국인보다도 낮다고 한다.

정치인들은 매일같이 TV는 물론 신문, 라디오에 단골 인물로 등장하기 때문에 가장 친근해야 되고 또한 국민들로부터 가장 신뢰를 받을 수 있는 여건에 있음에도 불구하고 가장 신뢰받지 못하고 있는 것이 오늘의 한국 정치인들의 자화상이다.

국어사전에 정치가는 '정치에 관여했거나 관여하고 있는 사람'을, 정객은 '정치에 종사하고 있는 사람'이라고 다소 애매하게 추상적으로 정의되고 있다. 그러나 영어 사전에는 정치가는 'Statesman'이라 하며 국민들에게 존경받는 사람으로, 정객은 'Politician'이라 표시하며 이를 정상배, 정치꾼 등으로 국어사전보다 구체적으로 정의하고 있다.

이런 관점에서 보면 미국 국민들에게 케네디는 정치가, 닉슨은 정객으로 인식되고 있는 것 같다. 정치가는 권력보다는 국가장래에 대한 비전과 정치인의 소명의식을 강조한다면, 정객은 권력의 쟁취를 위해서는 권모술수와 사적이익을 우선시하여 국민들로부터 지탄이 대상이 되고 있다.

신뢰받지 못하는 한국정치는 케네디 같은 정치가보다는 소위 닉슨과 같은 정객들이 정치판을 좌지우지하고 있는 것은 아닌지? 지난주 설 직후 민심에 대한 여론조사에서도 정치에 대한 신뢰도는 역시 낮다. 국민들은 사욕과 권력에 도취된 정객보다 서민들에게 희망을 주는 정치가에 의하여 이뤄지는 한국정치를 보고 싶다.

• 경기일보, 칼럼(2015.3.15) •

링컨의 포용적 리더십과 국민통합

국가의 흥망성쇠는 어떠한 리더십을 가진 지도자가 이끄느냐에 따라 좌우된다. 최근 우리 사회는 북한 김정은이 무모하게 전개하는 북한 핵실험과 더불어 사드배치, 탈원전, 복지정책 등 각종 국내외 산재하고 있는 첨예한 쟁점으로 인하여 계층·세대·지역·이념적으로 갈등이 심화되어 국론분열의 위기까지 대두되고 있어 어느 때보다 국민통합이 절실히 요구되고 있다.

이러한 때 새삼 되새겨지는 것은 미국 제16대 대통령 에이브러햄 링컨의 포용적인 리더십이다. 미국 켄터키 산골 통나무집 단칸방에서 태어나 초등학교도 다니지 못할 정도로 어려운 생활환경을 극복하고 대통령이라는 최고 권좌에까지 오른 링컨은 미국 국민들은 물론 세계가 가장 존경하는 정치지도자이다.

노예해방선언을 통해 오늘의 세계 최강국 미국을 건설하는 기초를 다진 링컨은 남북전쟁 시 게티즈버그 연설을 통해 '국민의, 국민에 의한, 국민을 위한 정부'라는 불후의 명언을 남김으로써 민주정치의 원형을 보여주었다. 민주주의를 신봉한 지도자로서의 링컨의 리더십은 그의 인사정책을 통한 포용력이 있는 국민통합 리더십에서 더욱 빛을 발휘했다.

링컨은 어려운 생활만큼이나 정치역정도 순탄하지 않았다. 수차례 걸쳐 하원, 상원 등 총 7차례의 선거에서 패배를 경험했다. 그러나 링컨은 노예제로 인한 남북분열로는 미국은 번영할 수 없다는 인식 하에 국민통합의 비전을 가지고 공화당내 유력 정치인인 뉴욕 상원의원 윌리엄 슈어드, 오하이오 주지사 새먼 체이스, 미주리 주의 유명정객 에드워드 베이츠 등과의 후보 경선에 승리, 대통령까지 되었다.

고난의 정치역정을 통해 최고권력자가 되면 대부분 선거운동 시 도움을 주었던 캠프인사들을 주요 직책에 임명, 이들을 중심으로 국정운영하게 된다. 그러나 링컨은 주요 각료임명에 당내 경선했던 경쟁자, 또는 반대당인 민주당의 지도자에게 중책을 맡겨 국민통합의 리더십을 실천했다.

국무장관에 슈어드, 재무장관에 체이스, 법무장관에 베이츠, 그리고 전쟁장관은 민주당 출신의 애드윈 스탠턴을 임명했다. 앞에 3명은 대통령 후보 자리를 놓고 다투거나 적(敵)이었던 인물들이다. 스탠턴은 민주당 출신으로 링컨을 '숲 속의 고릴라'라고 놀릴 정도로 무시했지만, 그들의 능력을 높이 평가하여 중용했다.

　　특히 국무장관 슈어드는 쓸모없는 땅을 살 필요가 없다는 국내의 거센 비판에도 불구하고 오늘날 미국의 안보전진기지이며, 막대한 지하자원을 가지고 있는 보고(寶庫)인 알래스카를 단돈 720만 달러에 러시아로부터 사들었다. 알래스카는 제17대 대통령 앤드류 존슨 때 공식적으로 사들었지만 협상은 링컨 재임 시 진행되어 성사된 것이다. 알래스카에 가면 슈어드라는 명칭의 하이웨이, 항구 등이 있을 정도로 링컨이 임명한 슈어드가 미국 국가발전에 남긴 업적은 탁월했다.

　　링컨의 포용적 리더십이 아니었더라면 오늘의 최강 미국이 건설될 수 있었을까. 국론이 분열되어 남북전쟁의 상처도 아물지 못했을 것이고 또한 흑백갈등은 더욱 심화되었을 것이다. 자기를 업신여긴 경쟁자들을 정부의 각료로 임명한 링컨은 인사가 만사라는 것을 실천한 포용력 있는 위대한 정치지도자이다.

　　최근 문재인 정부의 인사정책에 대한 비판이 점증하고 있다. 벌써 김이수 헌법재판소장 후보자 등 7명이 낙마했다. 대통령의 국정철학에 대한 이해도 중요하지만 선거운동 캠프 중심으로 인재의 폭을 좁히게 되면 능력있는 인사가 등용될 수 없으며, 이는 국민통합에 걸림돌이 될 수 있다. 문 대통령은 인사가 만사라는 불멸의 진리를 새삼 심각하게 되새겨 볼 필요가 있지 않은지.

• 경기일보, 칼럼(2017.9.18) •

3. 인사(人事)는 만사(萬事)

▌개각 '오기 인사' 안 된다

개각이 이번 주에 있을 예정이다. 지난해 정기국회 회기말부터 개각 논의가 있었기 때문에 새삼스러운 것은 아니다. 더구나 장관들의 평균 재임 기간이 10.5개월로 역대 어느 정권보다도 짧은 김대중 정부이기 때문에 임기 1년을 남겨 놓은 시점에서 이루어지는 개각은 과거 정권의 예로 보면 그동안 신세진 인사들에 대한 보답의 성격도 있어 별로 기대할 것도 없을 것이다.

그렇지만 이번 개각은 어느 때보다 특별한 의미를 지니고 있어 국민은 속는 줄 알면서도 '혹시나' 하면서 새로운 기대를 갖고 어떤 개각이 될까 궁금해하고 있다. 비록 각종 게이트에 김 대통령 측근인 수석 비서관들이 연루되어 더 이상 개각을 하지 않고서는 민심을 수습할 수 없는 막다른 지경이기는 하지만, 김 대통령이 DJP 공조 붕괴 이후 외부의 간섭없이 자신의 의도대로 행하는 사실상 첫 번째이자 임기 마지막 개각일 것이기 때문이다.

김 대통령이 이번 개각에서 최근 검찰총장 임명에서 보여 준 새로운 인사 스타일이 정착되어 마지막 1년을 슬기롭게 넘긴다면 그래도 지난 4년 간의 인사에서 보여 준 망사(亡事)가 다소나마 치유되지 않을까 하는 것이 소박한 민초들의 바람이다. 만약 이번 개각에서도 지연 학연에 얽매이거나 또는 검증되지 못한 인재를 등용해 편중 인사나 불공정 시비에 휘말리게 되면 남은 임기 1년도 엉망이 될 뿐만 아니라 그 후유증은 다음 정권에까지 이어져 국가적 불행이 되지 않을 수 없다. 따라서 김 대통령은 망사 아닌 만사(萬事)의 개각이 되기 위해서 최소한 다음 세 가지를 심각하게 고려해야 할 것이다.

우선 이번 개각은 탈 정치형 내각이 되어야 한다. 김 대통령은 민주당 총재직 사퇴시 초당적으로 국정에 전념하겠다고 국민에게 약속했다. 더구나 금년은 지방선거와 대통령 선거라는 중요한 정치 일정이 있으며, 무엇보다도 현 정권은 이를 공정하게 관리하는 것이 최대의 임무다. 선거를 공정하게 관리하기 위해 내각은 중립적인 인사로 구성된 각료들에 의해 운영되어야 한다. 혹시라도 선거관리에 소위 김심이 작용한다면 이는 큰 문제이므로 탈정치형 성격을 갖는 내각이 필요하다.

둘째, 내각이 탈정치형이 되기 위해 김 대통령 자신이 솔선수범해 민주당을 탈당하는 것도 방법이 될 수 있다. 민주당 대선 후보가 선출된 이후 탈당하는 것은 무의미하다. 더구나 원활한 국정 수행과 산적한 민생문제 등을 해결하기 위해 원내 과반수 의석을 가진 야당의 협조는 절대적이기 때문에 탈당을 통해 초당적 자세를 보여주어야 한다. 따라서 현직 각료 중 당적이 있는 인사는 소속 정당을 탈당해 남은 임기를 김 대통령과 같이 할 필요가 있다.

셋째, 도덕적으로 검증된 인사를 등용해야 한다. 지금 국민은 각종 게이트로 분노하고 있다. 대통령 측근인 수석비서관들이 이렇게 일시에 각종 비리에 연루된 적이 있는가. 심지어 '청와대 게이트' 소리까지 나오고 있다. 최근 각종 게이트는 지연 학연 등으로 똘똘 뭉쳐 상호 견제되지 않은 인사 시스템이 가장 큰 요인이다. 대통령이 접할 수 있는 정보가 충분함에도 이를 제대로 활용하지 못하고 있다. 청문회에 준하는 검증 시스템을 동원해 도덕성을 지닌 인사를 등용해야 할 것이다. 각종 게이트에 지쳐있는 국민에게 능력과 개혁의지보다는 도덕성을 갖춘 인사를 등용시켜 정부의 신뢰를 회복해야 한다.

이번 개각에는 청와대 비서진도 개편될 예정이라고 한다. 장관들이 국정을 소신 있게 운영하기 위해 각료들에게 전권을 주고, 청와대 비서진은 임무를 대통령의 국정수행을 보좌하는 역할에 한정시켜야 한다. 무력해진 청와대 기능을 강화시키기 위해 대통령의 의중을 잘 안다는 이유만으로 과거에 문제 있던 인사를 재등용하는 오기는 버려야 한다. 과거 개각에서 이런 '오기 인사'가 있어 얼마나 호된 비판을 받았던가. 김 대통령은 오기에 의한 개각을 통해 정치게임을 할 시간적 공간적 여유가 없다. 이번 개각을 잘못하면 민심수습이 아니라 오히려 민심이탈을 가속화할 우려가 있다. 대통령 취임 시 가졌던 초심으로 돌아가 새로 조각하는 심정으로 개각을 해야 된다. 오랜 민주화 투쟁으로 노벨평화상까지 수상한 김 대통령이 더 이상 실패한 대통령이 되면 안 된다. 이는 대통령 자신은 물론 국가적으로도 불행한 일이다. 이번 개각은 이를 위한 마지막 선택이다. '혹시나' 기대했던 개각이 '역시나' 개각이 되지 않기를 바란다.

• 동아일보, 시론(2002.1.28) •

인사는 망사(亡事) 아닌 만사(萬事)되어야

올해 최대의 화두는 변화이다. 건국 60주년을 맞이한 대한민국도 지난 10년간의 진보정권을 마감하고 새로운 보수정권의 출범과 함께 많은 변화를 겪고 있다. 그러나 이는 한국만의 현상은 아니다. 세계경제는 유례없는 불황 속에서 경제구조를 새롭게 재편해야 될 정도로 변화를 요구하고 있으며, 세계 최강국 미국도 변화를 외친 40대의 오바마를 대통령에 선출함으로써 거센 변화의 물결을 주도하고 있다.

이웃 일본, 중국, 대만 등과 같은 동북아시아권도 마찬가지이다. 지난주 일본은 2008년 한 해를 상징적으로 보여주는 한자로 총리 교체와 금융위기 등을 반영한 '변(變)'이 선정되었다고 발표하였는가 하면, 대만은 금융위기 여파와 정권교체에 따른 어지러움으로 변화를 포함하는 '난(亂)'을 선정했다고 한다. 미국의 시사 주간지 타임도 올해의 인물로 오바마를 선정하여 변화가 올해의 화두임을 새삼 강조하고 있다.

이러한 변화의 핵심은 인사이다. 때문에 인사는 만사(萬事)라고 한다. 따라서 인사가 원칙과 능력에 따라 적재적소에 배치되면 모든 일이 잘 풀리는 만사가 되지만 그렇지 않을 경우, 망사(亡事)가 되는 것이다. 인사가 만사가 아닌 망사가 되면 결국 정권은 국민으로부터 신뢰를 잃어 정책추진을 제대로 할 수 없게 된다.

우리는 이런 부정적인 사례를 지난 정권에서 무수히 경험했다. 특히 공직임용이 능력에 따른 인사가 아닌 정실 인사, 코드 인사, 또는 회전문 인사 등 비판을 받으면서도 원칙 없이 진행돼 결국 이는 정권에 부메랑으로 돌아와 국민들로부터 불신을 받아 성공적인 정책수행이 추진되지 못한 채 실패한 정권이 되었다.

아무리 국민이 변화를 원해도 또한 좋은 정책이나 경제위기 타개책이 제시되어도 이를 집행하는 것은 결국 관료들이기 때문에 공직사회의 변화야말로 변화의 알파와 오메가인 것이다. 특히 정권이 바뀌면 새로운 정부의 정책을 공직사회가 어떤 가치와 철학, 그리고 추진력을 가지고 수행하느냐는 정권의 성공과 실패를 가름하는 중요한 요인이 된다.

집권 후 지난 10개월간 촛불시위 등으로 정책을 제대로 펴보지 못한 이명박정부가 집권 2년차부터는 선거 시 유권자와 약속한 정책을 과감하게 추진하겠다는 각오 하에 공직사회의 물갈이를 시도하고 있어 공직사회가 요동하고 있다. 교육과학기술부 와 국세청 등에서 1급 공무원들이 사표를 제출해 공직사회가 술렁이고 있으며, 이는 앞으로 다른 부처에까지 파급이 예상돼 연말의 공무원 사회는 어느 때보다 뒤숭숭하다.

이에 대해 교과부 등 관련 부처는 연말을 앞둔 조직 쇄신의 일환이라고 하는가 하면, 청와대는 해당 부처가 자율적으로 취한 조치라고 하지만 눈치 빠른 공직사회는 이것은 시작일 뿐 앞으로 더욱 확대될 것이라고 하면서 몸 사리기에 급급하고 있다. 미국 등 선진국에서도 새로운 정권이 들어서면 고위공직자의 대폭 물갈이가 있는 것은 결코 새로운 일은 아니다. 우리나라도 역대 정권 때마다 이런 물갈이 관행은 되풀이되었으나, 정책의 성공은 고사하고 오히려 후유증만 증폭된 사례가 더욱 많았다.

공직사회의 물갈이는 그 자체가 의미 있는 것이 아니고 정부의 성공적인 정책 추진을 위한 유능한 인재를 적재적소에 배치하느냐가 더욱 중요한 것이다. 능력도 없으면서 정권에 줄대기한 인사들이나 스스로 영혼도 없는 공무원이라고 하면서 정권에 아부하는 출세지향형 공직자가 물갈이로 채워져서는 안 된다.

변화를 모토로 내세운 오바마는 공직인사를 정권 코드에 맞추기보다는 국민 코드에 맞추어 광범위한 인재풀을 가동, 유능한 인사를 등용하고 있어 절대적인 국민적 지지를 받는 것을 타산지석으로 삼아, 이번 공직사회 물갈이는 망사 아닌 만사의 인사가 되기를 바란다.

• 세계일보, 시론(2008.12.12.) •

4. 반기문과 대선후보론

▍반기문 신드롬과 대선의 명암(明暗)

　반기문 전 UN사무총장이 오늘 오후 귀국한다. 조기 대통령 선거가 예상되는 가운데 반기문 열풍이 불고 있다. 마포를 비롯하여 서울에만도 여러 곳에 반기문 대선 캠프가 가동하고 있다고 하며, '반사모'(반기문을 사랑하는 사람들의 모임)는 지난 일요일 대규모 집회를 통해 반기문 열풍을 전국적으로 확산하는 운동을 전개하고 있다. '마포 캠프' '반사모'와 유사한 자문그룹 또는 지지그룹들이 전국에 산재하고 있으며, 이들 간의 주도권 경쟁도 치열하다고 한다.

　반기문은 이미 19대 대통령 선거에 상수가 되었다. '최순실 게이트'로 인한 탄핵정국이 발생하지 않았다면 오늘 인천공항은 대규모 인파로 북새통이 되었을 뿐만 아니라 아마 내일쯤은 박근혜 대통령을 예방, 귀국인사를 하고, 이어 대규모 귀국보고회 겸 대선 후보 출정식도 했을 것 같다.

　사실 반기문의 귀국은 참으로 환영할 만하고 또한 금의환향이다. 얼마나 자랑스러운가. 남북분단으로 UN에 가입도 못했던 대한민국이 지구촌의 최대 국제기구인 UN의 사무총장으로, 그것도 연임까지 하여 10년 임기를 무사히 마치고 귀국한 반기문을 위해 광화문에서 카퍼레이드를 해도 이의를 제기할 국민은 없을 것이다. 그만큼 '반기문'이란 이름은 한국은 물론 지구촌의 귀중한 자산이다.

　그러나 탄핵정국으로 반기문을 맞이하는 정치환경은 급격하게 변했다. 때문에 반기문은 인천공항 환영객을 최소화 하고, 귀국 후 정치일정도 가급적 요란스럽게 벌리지 않도록 측근들에게 주문한 것으로 알려지고 있다. 더구나 친박세력의 새누리당과는 물론 탈당인사들이 창당하는 바른정당과도 일정한 거리를 두고 독자 행보를 할 것으로 예상된다.

　반기문의 이와 같은 조심스러운 정치행보가 전개될수록 '반사모'를 비롯한 지지그룹들은 더욱 애타게 '대통령 반기문'을 외치면서 선거캠페인을 할 것이다. 새누리당의 충청권 국회의원들은 이미 짐을 챙겨 반기문 캠프 쪽으로 옮길 준비를 하고 있으며, 바른정당도 생존을 건 구애작전을 펼칠 것이다. 안철수의 국민의당도 반기문을 끌어드려 대선 흥행을 기대할 것 같다.

19대 대선 환경은 반기문의 신드롬에 의하여 상당 부분 좌우될 것이다. 특히 보수세력이나 소위 중도를 표방하는 제3지대론자들은 반기문 신드롬을 통해 정치적 흥행을 극대화시키려고 할 것이다. 반기문 역시 꽃가마는 아니지만 그러나 국내정치 기반이 없는 상황에서 이들로부터 지지를 받아 대선을 치르는 것은 지극히 당연한 정치행보일 수 있다.

조기 실시가 예상되는 19대 대선에서 나타날 반기문 신드롬의 명과 암은 무엇인가? 우선 오랜 외교관 생활을 통하여 세계적 지도자로 부상한 반기문은 기존 정치권에 대한 환멸을 느끼고 있는 유권자에게 참신한 이미지를 줄 수 있다. 국민들은 기존 정치권의 경우, 여야 불문하고 부패한 구세력으로 보고 있어 참신한 새로운 인물을 열망하고 있으며, 반기문은 이런 기대에 부응할 수 있을 것 같다. 특정 정파에 속해 있지 않은 것도 역시 유권자에게는 신선할 수 있다.

북한과 대치, 안보위협이 상존하고 있으며, 더구나 최근 한반도 주변 강대국이 스트롱맨으로 포진하고 있는 작금의 상황에서 고도의 외교적 곡예가 필요한 우리로서는 10년간 국제무대에서 조정자로서의 역할을 한 외교관 반기문의 경험과 역량은 한반도 평화유지에 상당한 기여가 될 것으로 믿고 있다.

그러나 이런 희망적인 관측에도 불구하고 반기문은 험지와 같은 한국 대선 캠페인 과정을 얼마나 슬기롭게 극복할 수 있을지 미지수이다. 외교현장과 정치현장은 전혀 다른 공간이다. 더구나 대선 과정에서 후보자에 대한 혹독한 검증은 지금까지 특별한 검증과정을 거치지 않고 공직생활을 반기문에게 결코 쉽지 않은 과정이다.

반기문은 아직까지 구체적인 국가경영 비전이나 정책을 제시한 것이 없다. 탄핵정국 때문에 야기된 국론분열에 대해 통합리더십 또는 타협리더십을 강조하고 지난해 연말 '대한민국을 위해 몸을 불사르겠다'는 의지의 표현을 했을 뿐, 빈부격차 · 이념갈등 · 지역갈등 · 청년실업문제 · 심지어 남북문제 해결을 위한 어떠한 정책을 가지고 있는지 구체적으로 밝힌 적은 없다. 때문에 유권자들은 2017년 대선 캠페인 과정에서 반기문 신드롬의 명암을 더욱 철저하게 검증해야 될 것이다.

• 문화일보, 시평(2017.01.12) •

대선에 반(半) 기운 반기문 총장

반기문 유엔사무총장의 5월 말 방한을 계기로 한국정치가 심하게 요동치고 있다. 지난 5월 25일부터 5월30일까지 5박6일의 반기문 총장 방한은 유엔과 관련된 공식적인 행사 참석이 대부분이다. 그러나 관훈클럽 기자회견, JP를 비롯한 원로 정치인들과의 만남, 안동 하회마을의 방문 등을 통하여 남긴 각종 대화 내용과 행동을 보면, 반 총장은 내년 12월 실시되는 제19대 대통령 선거 레이스의 유력한 상수(常數)로 등장한 것 같다.

이번 한국방문에서 반 총장은 외교관이기보다는 내년 대선에 반(半)은 발을 담근 정치인으로서 행동한 것 같다. 필자도 이런 현상을 직접 현장에서 목격할 기회가 있었다. 필자는 지난 5월 30일부터 6월1일까지 경주에서 개최된 제66차 유엔NGO(비정부기구)컨퍼런스에 국무총리 자문 시민사회발전위원회 위원장 자격으로 참석하였다. 따라서 29일 저녁 만찬, 30일 개회식에서 반 총장의 연설과 행동을 비교적 가까운 곳에서 지켜볼 수 있었다.

관훈클럽 기자회견으로 이미 대선 후보로서의 행보를 내딛어 언론의 비상한 관심의 대상이 된 반 총장은 경주에서도 거침없는 정치인으로서 행동을 하였다고 본다. 반 총장은 비록 만찬 주최자인 경북 도지사의 권유 때문이라고는 하지만 만찬이 끝난 후 참석자 모두와 일일이 악수하는 장면은 유엔사무총장이라기보다는 대권을 겨냥한 정치인 반기문의 인상이 더욱 풍겼다.

UN NGO컨퍼런스 개회식 기조연설에서도 시민사회와 유엔과의 강한 유대감은 물론, 어린 시절 한국 교육의 덕분으로 꿈을 갖고 유엔사무총장까지 성장한 배경을 강조함으로써 참석한 한국 시민사회인사들에게 자랑스러운 글로벌 리더로서의 이미지를 강하게 각인시켰다.

오는 12월 31일 유엔사무총장으로 임기가 끝나는 반 총장은 내년 1월 1일부터 대한민국의 자랑스러운 시민으로 돌아오게 된다. 10년간 '세계의 대통령'으로 불리는 유엔 사무총장의 임기를 마치고 돌아 올 반 총장의 금의환향은 6 · 25전쟁의 폐허에서 선진국 반열에 올라 원조를 받던 수원국에서 개발도상국에게 원조를 주는 공여국으로 변한 대한민국의 발전상만큼이나 상징적인 의미를 가지고 있다.

10년 전인 2006년 10월 14일 한반도의 조그마한 도시인 충주 출신 반 총장이 유엔사무총장으로 최종 선출되었을 때 우리는 얼마나 기쁘고 자랑스러웠는가. 수많은 젊은이들이 제2의 반기문이 되겠다는 장대한 포부를 가지고 세계의 문을 두드리면서 글로벌 리더의 꿈을 키우고 있으며, 실제로 그 후 상당수 대한의 건아들이 국제무대에서 중요한 역할을 담당하고 있다.

반기문이란 이름은 한국의 귀중한 자산이자 동시에 세계적 자산이다. 은퇴 후 존경받는 글로벌 리더로서 강연 또는 저술을 통하여 한반도는 물론 세계평화를 위한 중요한 역할을 한다면 이 얼마나 자랑스러운가. 이번 경주컨퍼런스에서 한국시민사회는 UN NGO센터의 한국 유치, 건립에 관한 워크숍을 진행했다.

반 총장은 기조연설에서 국가발전에 있어 NGO 역할을 강조하였는바, 임기 중에 유엔NGO센터를 한국유치, 건립하여 센터 내에 가칭 '반기문 세계평화재단'을 만들어 활동한다면, 제2의 반기문이 되겠다는 젊은이들에게 또 다른 꿈을 주는 것이 아닌지.

이미 대선에 반(半)은 기운 반 총장이지만, 대권이 최선의 선택은 아니지 않을까. 한국의 대선 레이스가 얼마나 험난한 길인가는 반 총장이 더욱 잘 알 것이다. 혹시라도 대선 레이스에서 상처투성이의 후보자가 된다면, 제2의 반기문을 꿈꾸던 젊은이들은 얼마나 실망할까. 필자는 그때도 학생들에게 제2의 반기문을 꿈꾸라고 말할 수 있을까.

• 경기일보, 시론(2016.06.06) •

제2절

국회와 의회정치

1. 국회의 실상과 허상

▌국회법도 못 지키는 국회

　민주노동당 국회의원 10명이 17대 국회의원으로서 받은 첫 세비 840만원 중 노동자의 평균 월급인 180만원을 제외한 나머지를 정책연구비 등으로 사용할 수 있도록 당에 반납하였다고 한다. 원래 민주노동당 의원들이 국민들에게 약속한 사항이니 새삼스러운 것은 아니지만 그래도 요즈음 돌아가는 국회 행태를 보면 그나마 국민과의 약속을 지키는 의원들이 있다는 생각이 들어 신선한 충격을 주고 있다.

　17대 국회가 임기가 시작된 지 벌써 23일 지났다. 그 동안 국회가 한일은 국회의장단 구성, 의장 개원사와 대통령의 개원 축하연설을 들은 것이 전부이다. 총 회의 시간으로 따지면 3시간 조금 넘는다. 물론 3시간 정도의 회의 참석으로 받은 봉급은 아니지만, 여하튼 거액의 봉급을 받으니 대단한 고급직업이라는 생각도 든다.

　여야 대표들은 비롯한 국회의원들은 국민들에게 국회가 개원되기 전에 포부도 당당하게 얼마나 많은 약속을 하였는가. 싸움을 하지 않는 상생국회, 생산적 국회, 민생국회를 하겠다고 다짐했다. 지난 5월3일에는 정동영 당시 열린우리당 대표와 박근혜 한나라당 대표가 국민 앞에 상생정치를 하겠다는 '합의'보다 더욱 강도가 높은 "협약'을 발표했다.

　그러나 지금 국회는 '협약'에 의한 상생을 고사하고 자리다툼 싸움이나 하고 있다. 그것도 스스로 만든 국회법까지 위반하면서 대국민 약속을 어기고 있다.

국회법 제15조에 의하면 의장과 부의장은 총선거 후 최초 집회일에 선출하는 것으로 규정되어 있는데, 첫날인 5일 의장만 선출하고, 부의장은 이틀 뒤인 7일에 선출했다.

첫 단추부터 잘못 꿴 국회는 그 후 계속 반칙이다. 국회법 제48조에는 상임위원의 선임은 최초집회일부터 2일 이내, 또한 제41조에는 국회 상임위원장은 최초집회일부터 3일 이내에 선출하는 것으로 규정되었기 때문에 지난 7일에는 상임위원 선임을, 그리고 8일에는 위원장이 선출되어야 함에도 불구하고 무려 2주일이 지나도록 상임위가 구성되지 못하였으니, 어떻게 상생국회라고 할 수 있겠는가.

역대 최악의 국회라는 16대 국회도 최소한 첫날은 국회법을 어기지 않았다. 상임위원 구성과 위원장 선출은 서로 싸우다가 겨우 16일에 끝냈지만 지금과 같이 이렇게 지루하게 싸우지는 않았다. 문제가 된 예산결산특별위원회의 상임위 전환은 이미 기본 원칙에 합의하였기 때문에 다만 시기의 문제이다. 위원장 배분은 관례에 따르면 된다.

국회의 제1당, 2당 위치는 영구불변이 아닌데, 왜 억지만 부리고 있는지 국민들은 답답하다. 지금 얼마나 많은 국정 현안이 쌓여 있는가. 전국을 들끓게 하고 있는 신행정수도 이전, 병원 노조 파업, 이라크 추가 파병, 주한미군의 대규모 감축, 북핵6자회담, 국민연금, 일자리 창출, 태풍 피해 등등 너무도 산적한 민생문제가 많은데 국민의 대표기관이라는 국회가 본회의는 물론 상임위 한번 열지 못하는 처지가 되었으니, 민초들만 불쌍하다.

오죽하면 '지둘러'라는 별명의 김원기 국회의장이 화가 나서 '서둘러' 의장이 되어 국회법에 부여된 권한을 행사하겠다고 했겠는가. 상임위원장 배분하나 협상을 못해 의장에게 권한을 빼앗기는 여야의 정치력이라면 17대 국회의 앞날이 걱정된다. 여야가 상생을 못하면 의장은 정치력을 발휘해야 되며, 또한 부여된 의장 권한을 행사해야 된다.

우선 국회는 입법기관으로서 법만 제정할 생각하지 말고 국회 스스로의 운영을 규정한 국회법이라도 제대로 지키는 가장 기본적인 책무부터 수행하기 바란다. 이제라도 여야가 당선 직후 국민들에게 보여주었던 초심을 되새겨 최소한 국회원 구성이라도 해서 태풍으로 수해를 당해 슬픔에 잠겨있는 농민들에게 위로의 말이라도 전달해야 되지 않을지.

• 동아일보, 시론(2004.6.22) •

대한민국 국회: 과거·현재·미래

　오늘은 제헌절 70주년이 되는 날이다. 70년 전 국회는 제헌헌법을 제정, 7월17일에 공포했다. 따라서 헌법 공포 70년이 되는 오늘을 기념하기 위해 예년과 다름없이 국회의사당에서 국회의원을 비롯한 주요 정관계인사들이 참석한 가운데 기념식을 거행할 것이다.

　지난 13일 국회의장에 선출된 문희상 국회의장은 최근 국회에 대한 국민의 비판적 시각을 의식해 헌법 수호기관으로서의 국회의 역할에 대한 자성을 촉구하면서 협치를 통한 새로운 국회의 모습을 보여주기를 간절히 요청하는 기념사가 있을 것이다.

　최근 정치권을 비롯한 국회를 보는 국민들의 시선은 대단히 비판적이다. 과연 국회의원들이 개원식에서 "나는 헌법을 준수하고 국민의 자유와 복리의 증진 및 조국의 평화적 통일을 위해 노력하며 국가이익을 우선으로 하여 국회의원의 직무를 양심에 따라 성실히 수행할 것을 국민 앞에 엄숙히 선서합니다"라고 하였는데, 과연 그런 자세로 의정활동을 하였는지 오늘 기념식에 참석하는 국회의원들에게 되묻고 싶다.

　제헌국회는 1948년 5월 10일 선출됐다. 남한만의 단독정부가 수립됨으로 총 200명의 국회의원을 선출하게 되었지만, 제주4·3사건으로 인하여 제주지역에서 선거가 불가능함으로 제주도의 2명을 제외한 198명을 선출, 5월31일 오후 2시에 개원식을 거행했다. 당시 국회의장에 선출된 이승만 박사는 개회사에서 국회의원들은 기미년 3·1정신을 이어 받아 우국애족의 자세를 의정활동을 할 것을 요청했다.

　당시 제헌국회들이 지니고 있었던 국회의원으로서의 자부심은 대단했다. 제헌국회의원들은 국회의원이기 전에 애국자라는 자부심을 가지고 양복도 제대로 입지 못한 의원이 있을 정도의 경제적 여유가 없는 의원도 있었지만 밤낮을 가리지 않고 의정활동을 했다. 제헌국회의원들이 받은 세비는 불과 쌀 세가마니 값 정도 밖에 되지 않았으며, 당시 국회의장의 특별수당이 현재의 '30만 원' 수준이라고 한다.

현재 국회의원은 제헌국회보다 100명이 증가된 300명이다. 그동안 인구도 증가하고 업무도 많아 의원 증원은 불가피할 수 있다. 제20대 국회의원 세비는 현재 월평균 1천149만 원이며 특수활동비를 더하면 국회의원 1명당 월 약 2천만 원을 받고 있다. 유급 인턴 2명을 포함 9명의 보좌진이 의정활동을 뒷받침해주고 있다. 회기 중 불체포특권, 국회 내에서의 발언에 대한 면책특권 등을 비롯해 다양한 혜택을 누리고 있다.

이와 같이 막대한 세금이 사용하고 있으면서도 국회는 비생산적으로 운영되고 있다. 현재 국회에 1만여건의 법안이 제출, 심사를 기다리고 있으나, 국회의원들은 정쟁으로 세월을 보내고 있다. 지난 5월30일자로 정세균 국회의장의 임기가 종료되었으나, 무려 40일 이상 국회 원구성을 가지고 여야가 줄다리기하다가 지난 주 금요일 겨우 국회의장단을 선출했다.

근로자에게는 '무노동·무임금' 원칙 적용을 주장하면서 국회의원들은 예외이다. 지방자치단체장들에게는 국민소환제를 적용하면서 역시 국회의원들은 제외되고 있다. 의정활동에 사용하라고 하는 특수활동비는 영수증도 없이 가정 생활비로 사용했다고 해도 이를 제재할 수 있는 방법이 없는 것이 오늘의 국회 모습이다.

미·중무역전쟁으로 수출전선에 위기가 왔음에도, 남북관계가 예측불허의 상황으로 전개되고 있음에도, 실업자가 100만을 넘어 청년실업자가 사상최대임에도 국회는 심각한 논의조차 하지 않고 당내권력투쟁에 허송세월을 보내고 있으니, 국회를 국리민복을 추구하는 국민의 대표기관이라 할 수 있는가.

국회는 '국회의원을 위한 국회'가 아니고 '국민을 위한 국회'임을 미래의 국회에는 기대할 수 있을까. 제헌절 70주년을 맞아 제헌국회의원의 우국애족으로 정신으로 국회의 미래상이 변모하기를 기대해 본다.

• 경기일보, 시론(2018.7.16) •

2. 국회의 권위와 특권

▎국회의장의 쓴소리와 권위

민주정치의 상징인 영국의회를 수년 전에 방문, 방청한 적이 있었다. 런던 테임스 강변에 위치한 고색창연한 웨스트민스터 사원에 있는 영국의회 의사당은 오랜 민주정치의 역사만큼이나 전통과 권위를 상징하고 있다.

영국의회 견학에서 가장 인상적인 장면은 하얀색의 가발을 쓴 영국의회 의장의 역할과 권위였다. 상원과 하원의 양원으로 구성된 영국의회는 상원은 귀족으로 구성된 명예직이기 때문에 주요 의정활동은 하원에서 진행된다.

하원의장은 치열한 경쟁을 통한 투표보다는 주로 여당과 야당의 합의로 선출되기 때문에 다선의 원로의원으로 여야의원들로부터 존경을 받는 의원이 선출되는 것이 관례이다. 하원의장은 선출과 동시에 소속정당에서 탈당, 무소속이 되며, 동시에 의장의 상징으로 하얀 가발을 쓴다.

엄격한 중립을 지키며, 의회질서 유지에 절대적 권한을 가지고 있다. 필자가 방문 시 여야가 첨예한 쟁점을 가지고 토론을 전개, 여야 의원 간에 다소 소란스러운 장면이 전개되자 의장은 질서유지를 위한 'order(질서)'라고 말하자 의석이 일시에 잠잠해지는 광경을 목격하였다.

우리나라 국회에서 과거 여야 간의 심각한 견해차이가 있는 쟁점을 놓고 토론 중 국회의장의 사회 방식에 불만이 있을 때 의장석을 점령하는가하면 때로는 의장의 사회봉을 빼앗는 사례도 있었으며, 또는 국회의장의 의장석 입장을 저지하는 경우도 있었다.

이런 폭력적인 행태는 영국의회에서는 상상도 할 수 없는 일이다. 하얀 가발을 쓴 의장이 개회를 위하여 황금으로 장식된 지휘봉을 들고 호위관들의 경호를 받으면서 의장석으로 입장할 때 의원들과 관계자들이 기립하여 존경을 표시하는 장면에서 하원의장의 권위를 새삼 느낄 수 있었다.

최근 우리나라 국회의장의 역할에 대한 논의가 뜨겁다. 소위 국회선진화법으로 과거와 같이 국회의장석을 점령하는 꼴사나운 국회의원들의 행태는 사라졌지만 국회의장의 권위는 아직도 영국의회에 비하면 극히 낮은 수준이다.

청와대와 여당이 정의화 국회의장에게 특정 법안의 직권상정을 강하게 요구하는가 하면, 야당 역시 직권상정을 못하도록 의장에게 압력을 행사하고 있다. 국회의장은 삼권분립에 따라 입법부를 대표하는 수장임에도 불구하고 여야당은 물론 청와대로부터 존경이 아닌 비난, 또는 공격의 대상이 되고 있다.

지금과 같은 정도의 국회의장의 권위를 가지게 된 것도 지난 10월 14일 별세한 고 이만섭(故 李萬燮) 의장이 주도하여 개혁한 국회법 때문이다.

고 이만섭 의장은 국회의장이야말로 여야당은 물론 청와대를 대변하는 의장도 아닌 국민을 위한 국회의장이라는 명분 하에 국회법을 개정, 의장의 당직을 이탈하게 함으로서 의장의 중립적 위치를 제도적으로 가능케하였다. 과거의 국회의장은 여당의 당적을 보유하고 있었고 또한 차기 선거도 의식하게 됨으로서 여당은 물론 청와대로부터도 자유스럽지 못하였으며, 때문에 국회의장의 권위는 아주 미약했다.

국회의장을 14, 16대 등 2회에 걸쳐 수행한 고 이만섭 국회의장은 의장 시절 의장석에서 사회봉을 칠 때 '한번은 여당을 보고, 한번은 야당을 보고, 마지막 한번은 국민을 보고 친다'라고 강조했을 정도로 국회의장으로서의 권위를 세우기 위한 노력을 다했으며, 또한 이승만 대통령을 비롯하여 역대 대통령 모두에게 쓴소리를 한 한국 정치의 산증인이었다.

정치를 권모술수보다는 국민을 위한 마음으로 해야 된다는 신념은 그의 저서 '정치는 가슴으로'라는 저서에도 잘 나타나 있다. 역대 2번째인 8선의 국회의원으로 있으면서도 한 번도 정치자금 비롯한 어떤 스캔들에도 회자되지 않은 점에서 고 이만섭 의장의 강직한 성격과 의회주의자로서의 면모를 볼 수 있다.

지난 금요일 국회에서 거행된 고 이만섭 의장 영결식에서 정의화 국회의장은 영결사를 통하여 '국회의원은 계파나 당이 아니라, 나라와 국민부터 생각하라' 말씀하시던 의장님의 호통소리가 우리 귀에 들리는 듯하다고 말했는데, 과연 현재 사면초가에 몰린 정의화 국회의장이 어떻게 입법부 수장으로서의 권위를 지킬 수 있을지 자못 궁금하다.

• 경기일보, 칼럼(2015.12.21) •

국회의원에 대한 불편한 진실

지난 3월 한국언론진흥재단이 발표한 국내 7대 직업군별 신뢰도 설문조사 결과에서 정치인은 5점 만점 기준에 1.89점으로 가장 낮은 점수를 받았다. 상기 조사는 정치인, 고위공직자, 경제인, 법조인, 언론인, 교육자, 종교인을 대상으로 실시한 것으로 정치인은 최근 10년간 조사에서 매번 꼴찌의 수모를 당하고 있다.

한국 정치인의 신뢰도 추락은 해외 조사에도 마찬가지이다. 세계경제포럼(WEF)이 지난 9월 발표한 2017년 국제경쟁력지수 보고서에 의하면 한국의 '정치에 대한 공공의 신뢰도'(public trust in politicians)는 137개 국가 중 90위이다. 이는 세계 각국의 경영인 1만4천명을 대상으로 설문조사를 벌인 결과로서 한국의 경제규모, 교육수준 등과 비교하면 정치인의 신뢰도는 한국정치의 부끄러운 민낯을 보여주고 있다.

한국에서 정치인의 대표는 국회의원이다. 최근 국회의원들은 정치인이 왜 낮은 신뢰도를 받고 있는지를 또다시 국민들에게 보여 주었다. 이번 정기국회에서 새해예산안의 법정통과 시한을 어기면서까지 정쟁을 했던 국회의원들이 자신들의 세비 2.6% 인상은 여야 합의로 통과시켰다.

제19대 국회에서 국회의원들은 세비삭감 30%를 당론으로 의결했다고 밝히면서 이에 대한 개정 법률안을 국회에 제출하는 쇼를 벌이기는 했지만 안건으로 다루지 않아 자동 폐기되었다. 심지어 개혁입법이 통과되지 않으며 세비를 반납하겠다고 서명까지 하는 쇼를 벌였지만 이것도 결국 아무런 일이 없었던 것 같이 되었다. '정부경쟁력 2015 보고서'에 의하면 1인당 GDP당 국회의원 보수 수준은 경제협력개발기구(OECD) 국가 중 한국이 일본·이탈리아에 이어 세 번째로 높다.

국회의원 보좌진 증원도 마찬가지이다. 국회는 인턴 대신 8급 직원을 채용하는 국회법 개정안은 지난 11월17일 국회 운영위에 상정, 의결하여 23일 법사위원회 통과, 24일 국회 본회의에서 일사천리로 가결됐다. 한국 국회의원의 보좌진 규모는 미국·영국·독일·프랑스·일본·한국의 6개국 중 지원 액수에서 미국 다음으로 많은 데, 이를 1명 더 증원하여 내년 88억9천여만원의 국민 혈세가 소요된다.

국회의원들은 상당한 특권을 가지고 있다. 국회의원들 스스로 국회의원을 해보지 않은 사람은 의원이 얼마나 특권이 많은 좋은 직업인지를 모른다고 이야기할 정도이다. 20대 국회에서 특권을 내려놓기 위한 약속은 많이 했지만 대부분 이행이 되고 있지 않다. 여론의 압력으로 겸직 금지, 연금 폐지 등은 통과됐지만, 의원징계 강화 등 민감한 개선안은 여야 공히 시간만 끌면서 눈치만 보다가 흐지부지하는 것이 관행이다.

필자는 지난해 10월 스웨덴을 방문, 의회를 시찰할 기회가 있었다. 대중교통 또는 자전거로 출퇴근하는 의원이 많고 세비도 한국보다 적으며, 지방에서 올라온 의원들은 시내 호텔에서 숙식을 하다가 회기가 끝나면 지역구로 다시 내려간다고 한다. 미국 경찰은 법을 위반한 의원을 현장에서 수갑을 채워 연행하기도 한다. 미국 수정헌법 제27조(의원 세비 변경)는 '상하의원의 세비 변경에 관한 법률은 다음 하원의원 선거가 실시될 때까지 효력을 발생하지 않는다'라고 규정, 해당 회기에 세비를 인상할 수 없게 되어 있다.

현재 국회에서 개헌특위가 구성되어 권력구조 등에 관한 논쟁이 뜨겁다. 우선 이번 개헌안에는 국회의원 소환제, 해당 국회의원 회기 내 세비동결과 같은 조항이 규정되었으면 한다. 자치단체장은 국민소환제를 채택하면서 같은 선출직인데 국회의원은 예외로 하는 것 역시 국회의원들만의 특권이 아닌가. 국회의원 스스로가 불편한 진실을 투명하게 공개, 유권자들로부터 따끔한 심판을 받아야 할 것이다.

• 경기일보, 칼럼(2017.12.12) •

3. 국정감사와 인사청문회 제도

▌국회청문회제도, 개선책 없나

　문재인 대통령의 인사정책 방향은 이낙연 국무총리 후보자에 대한 국회청문회 벽을 어떻게 넘기느냐에 따라 좌우될 것 같다. 상당수 국민은 물론 야당으로부터 이낙연 총리 후보자 지명에 대하여 '탕평과 통합인사'라는 긍정적 평가를 받던 대통령의 총리 지명이 후보자의 위장전입문제 등으로 쟁점이 되어 문재인 정부 1기 내각 구성에 진통을 겪고 있다.

　이번 주부터 본격적인 청문회 정국이 시작된다. 서훈 국정원장 후보자는 29일, 김상조 공정거래위원장 후보자는 6월2일, 그리고 김동연 부총리 겸 기획재정부 장관 후보자는 6월7일 인사청문회가 개최될 예정이다. 또한 강경화 외교부 장관 후보자, 김이수 헌법재판소장 지명자 인사청문회도 곧이어 열릴 예정이다.

　이에 더하여 이낙연 총리후보자가 국회에서 청문회를 통과한다면 곧이어 신임 총리의 제청으로 교육부총리를 비롯한 각부 장관들이 후보자로 임명되어 6월 국회는 뜨거운 초여름 더위만큼이나 청문회 열기로 가득 찰 것이다. 특히 야당은 청문회를 통하여 문재인 정부에 대한 견제는 물론 정국의 주도권을 장악하기 위해, 또는 송곳 같은 질문을 통해 청문회 스타가 되고자 하는 국회의원들의 준비 등으로 정국은 뜨거워질 것이다.

　그러나 국민들이 바라보는 국회 인사청문회에 대한 관심이나 평가는 국회의원들의 열기와는 다소 차이가 있는 것 같다. 청문회 제도 자체는 인사(人事)가 만사(萬事)라는 측면에서 국가발전을 위해 능력 있고 도덕성을 갖춘 인사를 등용해야 됨으로 검증에는 이의가 없지만 현재와 같은 인사청문회가 과연 얼마나 실효성 있는 제도인지에 대하여 의문이 제기되고 있다.

　우리나라에서 총리, 대법관 등 고위공직자에 대한 국회의 인사청문회 제도가 등장한 것은 2000년 2월 국회법 개정과 동년 6월 인사청문회법 제정을 통해서 실시되었으며, 국무위원의 경우, 2005년 7월부터 청문회 대상에 포함되었다. 이 제도는 민주화 이후 고위공직자 임명에 있어 지속적으로 발생하고 있는 정실인사, 편중인사를 배제, 능력 있고 전문성 있는 인사를 등용하라는 취지에서 도입되었다. 특히 미국 의회의 대통령에 대한 견제와 균형 논리를 적용한 인사청문회제도를 모델로 받아들인 것이다.

그러나 지금까지 개최된 인사청문회를 보면 도입취지인 견제와 균형의 논리에 입각하여 인사청문회가 실시되었다고 보기에는 많은 문제점이 노출되고 있다. 인사청문회가 견제와 균형 원리에 의거 진행된다면 여야의원들의 질문 방향이 대체로 비슷해야 됨에도 불구하고 여당의 방어와 야당의 공격 위주의 상반된 입장에서 질문하는 경우가 다반사이다. 더구나 여야정당이 대통령 선거 이후 정당의 위치가 바뀌는 경우, 질문 내용도 여야가 완전히 뒤바뀌는 사례가 너무 많아 청문회 본질이 왜곡, 국민들로부터 비판을 받고 있다.

국회의 인사청문회장이 고위공직 후보자에 대한 청문회가 아니라 여야 간 정쟁의 무대로 급변하는 사례가 비일비재하다. 후보자의 능력이나 전문성 검증을 위한 것이 아니고 사생활, 또는 검증되지 않은 정보를 여과 없이 내보내 청문대상자는 물론 가족에게까지 망신을 주는 경우도 적지 않다. 유사한 질문이 계속되거나 때로는 청문대상자가 부실 자료를 제출, 또는 성의 없는 답변으로 일관하여 청문회의 무용론이 제기되는 경우도 있다.

청문회 준비는 청문대상자는 물론 국회의원들도 철저하게 준비해야 되며, 흠집내기식보다는 후보자의 능력이나 전문성 등을 검증하는 계기가 되어야 한다. 후보자도 관련 자료를 성실하게 제출, 의혹을 해소시켜야 하며, 국회의원들도 확인되지 않은 루머성 자료로 인격모독이나 가족에게까지 피해를 주는 발언은 삼가야 된다.

개인의 병력(病歷) 등과 같은 사생활에 관련된 사항은 비공개로 검증한 후 잘못이 있을 경우, 공개하는 방안도 검토해야 될 것이다. 대통령도 인사원칙이 선거캠페인 시와 다소 차이가 있을 경우, 조속 입장을 정리, 공개적으로 천명해야 된다. 국회도 협치정신에 의거 변화된 정치사회 환경에 따른 청문회운영 규정에 대하여 여야합의를 도출, 생산적인 청문회가 되어야 할 것이다.

• 경기일보, 칼럼(2017.05.29.) •

국정감사와 국회의 적폐청산

국회는 지난 12일부터 오는 31일까지 20일간의 일정으로 국정감사를 실시하고 있다. 문재인 정부 출범 이후 첫 번째 실시하는 국정감사다. 지난해와 달리 여야가 서로 바뀐 상황에서 국정감사가 실시되고 있다. 우리나라 국회의 국정감사권은 외국 의회에서 거의 유례를 찾아볼 수 없는 독특한 권한이다. 국회가 감사권한을 제대로 행사하고 또한 올바른 정책중심의 국정감사를 실시한다면 추락한 국회의 권위를 회복할 수 있는 귀중한 기회다.

그러나 매년 지적되는 사항이지만 지난 며칠간 실시된 국회의 국정감사를 지켜본 국민들의 평가는 '혹시나' 했던 기대와 달리 '역시나' 실망 그 자체다. 우선 국정감사장을 국회의원 자신들의 홍보수단이나 또는 애꿎은 기업인들을 불러 국회의원의 권위주의적 위세를 과시하는 장소로 착각하고 있는 구태의연하고 잘못된 의원 행태가 반복되고 있기 때문이다.

국회 개혁 차원에서 국회의원들의 무분별한 '묻지마식 증인 신청'을 막기 위해 올해 처음 도입된 '증인 신청 실명제'는 오히려 국회의원들의 홍보수단으로 전락했다는 지적이다. 증인 실명제로 인해 증인 신청이 줄어지기보다는 올해 국감에는 역대 최다 인원의 기업인이 국회 출석요구를 받고 있다고 한다.

일부 의원들은 증인 신청을 홍보수단으로 악용, 기업 실무자를 불러도 되는데 굳이 기업 총수를 고집하고 있어 내실 있는 국감보다는 국회의원의 홍보 또는 지역구 민원 챙기기 등과 같은 사적 이해관계가 작용한 것으로 보는 시각도 없지 않다. 기업 경영에 바쁜 기업인이 증인으로 참석, 의원들로부터 질문 하나 받지도 못하고 또는 여야가 국정감사 운영방식을 놓고 고성과 욕설이 난무하는 국감장의 광경이나 구경하다가 돌아가는 씁쓸한 모습을 이번 국감에서도 볼 것 같다.

공무원들은 하반기만 되면 국정감사 준비와 출석으로 대부분 시간을 빼앗겨 정상적인 공무 수행이 상당한 지장을 받고 있다고 한다. 인터넷을 통해 검색만

하면 열람할 수 있는 자료를 제출하도록 요구하여 자료 복사비만도 상당하다. 오랜 기간 준비한 자료에 대한 질문 한번 받지 못하고 돌아가는 사례도 있고, 심지어 질문한 의원은 이미 회의장을 떠나고 없는 상황에서 허공을 대고 답변하는 경우도 있다.

금년 국정감사에서 여야는 서로 '적폐청산'을 가지고 대결하는 양상이다. 여당인 더불어민주당은 이명박·박근혜 정부의 '적폐 청산'을 최우선 화두로 삼고 있다. 반면 제1야당인 자유한국당은 문재인 정부의 외교·안보 정책 무능을 강력 비판하며, 김대중·노무현 정부를 '원조 적폐'로 규정해 '적폐 맞불작전'을 구사하고 있다. 여야 서로 상대방에게 '적폐청산'을 외치면서 국정감사장이 정쟁의 도구가 되고 있다.

국민들의 시각에는 여야의 '적폐청산' 주장이 과연 누구를 위한 적폐청산인지 구분하기 어렵다. 물론 과거 정권에서 잘못된 것이 있으며 당연히 바로잡아야 되며, 이를 국정감사장에서 따져야 된다. 그러나 지금 우리의 안보현실을 감안하면, 과연 국회가 여야 간의 서로 '적폐청산' 운운하면서 안보는 뒷전으로 놓고 정쟁을 하는 것이 올바른 의정활동인지 묻고 싶다.

지난 3월 한국언론진흥재단이 발표한 국내 7대 직업군별(정치인, 고위공직자, 경제인, 법조인, 언론인, 교육자, 종교인) 신뢰도 설문조사 결과에서 정치인은 만점 기준에 1.89점으로 가장 낮은 점수를 받았다고 한다. 국회의원들의 신뢰도는 현재 최악이다.

이번 국정감사에서 국회의원들은 여야 간의 '적폐청산' 운운하면서 서로 싸움만 하지말고 심각한 안보위기 대비책에 대한 국정감사를 철저히 하기 바란다. 구태의연한 재탕, 삼탕식의 큰소리치는 국정감사, 무분별한 증인 신청과 같은 의원 행태는 국회의원 스스로 버려야 할 '적폐청산' 대상이 아닌지.

• 경기일보, 칼럼(2017.10.16) •

제3절

정당과 정치자금

1. 한국 정당과 정당정치

▌거꾸로 가는 한국의 정당정치

얼마 전 미국 캘리포니아대학에서 한국정치에 대한 학술세미나가 있어 필자는 오는 12월 대통령선거를 주제로 논문을 발표하였다 지난해까지만 해도 한국학자들이 외국에서 한국정치로 주제발표를 할 경우, 민주화·정치개혁에 대하여 당당하게 자랑할 수 있었다. 또한 외국학자들도 한국 정치발전에 대해 긍정적인 평가를 했다.

그러나 이제 이들 외국학자는 한국의 대선과정을 이해할 수 없다는 말을 자주 한다. 경선으로 선출한 후보를 선거운동도 제대로 하기 전에 교체해야 한다고 주장하는 집권당 당원이 있는가 하면 여당 당원이 야당의 선거운동을 도와주면서 선거 후에 야당을 하겠다고 자처하는 것 등을 전혀 이해할 수 없다는 것이다.

야당의 경우 이념적 색깔이 전혀 다른 두 개의 정당이 집권 후 권력분점을 미끼로 후보를 단일화하는 진풍경을 빚고 있어 서구식의 합리적 사고로는 그 속내를 알아내기 어렵다는 것이다. 한 정당의 대통령 후보가 같은 정당 소속의 대통령을 탈당하도록 압력을 가하지 않을 수 없는 정치상황도 이해가 어렵기는 마찬가지다.

정당은 정치적 견해를 같이 하는 사람들이 모인 조직이다. 정당이 집권을 목표로 선거에 후보자와 정책을 상품으로 내놓으면, 최종 선택은 유권자의 몫이다. 정책대결 없이 권력만을 미끼로 야합을 하는 합종연횡이 조삼모사식으로 되거나, 공당이 총재에 의하여 사당화 해도 문제다. 서로 다른 정책과 이념을 가진 정치인들이 금배지가 떨어질까 무서워 엉거주춤 같은 살림을 하거나, 실제는 마음이 다른 정당에 있으면서 상대방을 흠집내기 위하여 당내분만 일삼는다면 정당정치의 제도화는 요원하다.

정당정치는 정당 내부의 민주화와 정당 간의 정권교체를 통하여 발전된다. 건전한 여당은 강력한 야당이 있음으로써 존재가치가 있다. 여당은 선거에서 지면 야당이 되고, 야당은 선거에서 이기면 여당이 될 수 있다. 야당에게 절대로 정권을 내줄 수 없다는 여당과 이번에는 여하한 방법과 수단을 동원해서라도 반드시 정권을 잡겠다는 야당이 이전투구의 추잡한 싸움을 벌이는 곳에서 공명정대한 선거를 기대할 수는 없다.

이제라도 정치인과 정당은 정강정책을 가지고 유권자의 심판을 물어야 한다. 정치 − 경제적 현안을 풀어나가는 데 필요한 정책과 새로운 상황에 맞는 비전을 유권자인 국민에게 제시함으로써 국민의 올바른 판단을 기다려야 한다. 인기만을 노린 선거전략으로 유권자인 국민을 기만하려 들거나 표만을 의식한 합종연횡으로 이합집산을 거듭하는 전근대적 정치행태에서 벗어나야 건전한 정당정치가 정착될 수 있고 공명한 선거가 가능하다.

불과 5년 전에 실시된 대선에 참여했던 민자당, 민주당, 통일국민당은 이름조차 없고 모두 '신', '새' 하는 이름 하에 신한국당, 새정치국민회의, 국민신당으로 바꿨으나, 달라진 것은 하나도 없다. 간판만 바뀌었지 정치행태와 관행은 달라진 것이 없다.

1993년 2월 문민정부가 들어설 때 국민의 기대는 컸다. 그러나 5년이 거의 지난 지금 김영삼 정부는 정치도, 경제도 모두 망쳐버렸다. 김영삼 대통령이 정치 9단이라기에 경제는 그렇다치더라도 정치는 제대로 개혁될 것으로 기대하였는데, 결과는 엉망이다. 김 대통령은 정당정치를 제도화 시킬 수 있는 좋은 기회를 스스로 무너뜨렸다. 금융실명제를 실시하면서 아들과 측근들을 제대로 관리하지 못해 엉망으로 만든 것 같이 여당 경선의 의미를 살리지 못하여 스스로 정당정치를 파행화시켰다.

이번에 여당이 단결하여 정정당당한 선거운동을 벌인 후, 선거에 패하여 야당이 되고 반대로 야당이 여당이 된다면, 정당정치는 분명 한 단계 높아질 것이다. 여당 대통령 후보를 경선으로 선출한 첫 번째 대통령이 되겠다던 김 대통령의 바람은 무산되고 소속 정당에서 출당된 첫 번째 대통령이 되고 말 것 같다.

그러나 아직도 대통령으로서 마지막 할 일이 있다. 선거의 공정한 관리다. 지난 8일 대국민담화를 발표하여 공정한 선거관리를 약속했다. 그러나 최근 여론조사에서 유권자의 과반수가 대통령이 선거에서 중립을 지키지 않을 것이라고 보고 있다. 이런 인식을 불식시키기 위해서라도 끝까지 엄정중립을 지켜 선거를 공정하게 관리하였다는 기록만이라도 가지기 바란다.

• 세계일보, 시론(1997.11.11) •

소용돌이 한국 정당정치

최근 정치권이 크게 요동을 치고 있다. 정치는 생물과 같아 변화하는 환경에 지배를 받을 뿐만 아니라 정치 그 자체가 새로운 환경을 조성하는 막강한 힘을 가지고 있기 때문에 정치에서의 변화는 바람직한 것일 수 있다. 그러나 최근 한국 정치권에서 발생하는 변화 움직임은 이런 긍정적 요소보다는 부정적 요소가 더욱 많아 국민들로부터 정치 불신만 증폭시키고 있다.

우선 정치의 가장 핵심적인 집단인 정당이 역할을 제대로 하지 못하고 있다. 집권당인 새누리당은 국회법 개정문제로 청와대와 당이 대립각을 세우면서 의원 스스로 선출한 유승민 여당 원내대표가 임기 도중 의원총회의 사퇴권고안을 받아들여 물러났다.

새로운 원내대표를 투표가 아닌 합의 추대하고 그동안 열리지 못했던 청와대와 당 지도부가 회동하여 외견상으로 당청관계가 복원된 것 같아 보이지만 과연 이런 관계가 얼마나 지속될 수 있을지 의문이다. 대통령을 배출한 집권당이 행정부와 제대로 소통을 하지 못하고 갈등만 야기한 것은 청와대와 당 지도부 모두의 책임이다.

야당인 새정치민주연합의 사정은 더욱 복잡하다. 문재인 대표는 리더십 부재와 더불어 비노(非盧)세력으로부터 친노(親盧)중심의 당을 운영한다고 연일 비판을 받고 있다. 야당은 그동안 당 대표가 너무 자주 교체되어 당 중진들은 거의 당 대표를 한 번씩은 했을 정도이니 리더십이 안정될 리 없다.

당을 혁신하겠다고 외부인사들로 혁신위를 구성, 활동하고 있지만 개혁안에 불만을 가진 상당수의 당 중진들은 분당 변수가 상수(常數)라고 하고 있으니, 이제 분당시기만 남은 것 같다. 이미 전 당직자 상당수가 탈당을 하였으며, 박준영 전 전남지사가 탈당하여 새로운 정당의 창당 신호탄으로 관측되고 있다.

이런 정당들의 요란스러운 행태가 국민을 위한 정책을 추진하는 과정에서 이념적·정책적 갈등에서 야기되고 있다면 국민을 위해 고뇌에 찬 행동을 하는 정치인들에게 아낌없는 찬사를 보내야 할 것이다.

그러나 이런 갈등의 내면은 이념이나 정책적 갈등보다는 당권 장악을 위한, 더 나아가서는 내년 총선을 겨냥한 싸움인 것이 아닌가 생각된다. 현재 국회의원들과 정치지망생들에게 오직 관심은 내년 4월 13일에 있을 국회의원 선거에 어느 정당으로부터 공천을 받아 출마, 당선되느냐에 대한 생각뿐이라고 해도 과언이 아니다.

1945년 8·15 광복 이후 70년 동안 한국정치사에 등장한 정당의 수는 무려 500여개가 넘는다고 한다. 1964년 정치외교학과에 입학 이후 정치학을 공부하고 또한 대학 강단에서 34년 한국정치를 가르친 것까지 합치면 무려 50여년 동안을 정치학과 같이 한 필자도 그동안 명멸된 정당의 명칭과 수를 기억하기 어려울 정도로 참으로 많은 정당들이 한국정치에 등장하였다.

지난 2008년 제18대 선거에는 한나라당, 통합민주당, 자유선진당, 민주노동당, 친박연대 등 20개 정당이 후보자를 입후보 시켰으나, 이 중 현재 활동하고 있는 정당은 거의 없다. 2012년 제19대 국회의원 선거에도 새누리당, 민주통합당, 자유선진당, 통합진보당, 창조한국당, 국민생각, 친박연합 등 19개 정당이 후보자를 등록시켰으나, 이 중 상당 수 정당은 이미 다른 정당에 합병, 또는 해산되었다.

앞으로 9개월 있으면 제20대 국회의원 선거가 실시된다. 얼마나 많은 선거용 정당이 또 생길지 모르겠다. '국민을 위한, 국민에 의한, 국민의 정당'이 아닌 '정치인을 위한, 정치인에 의한, 정치인의 정당'이 우후죽순처럼 설립될 것이다. 정당제도가 도입된지 70년이 지났지만, 아직도 정당정치가 제대로 제도화되지 못한 한국 정당정치의 현실, 언제나 신뢰받는 정당정치가 이뤄질 수 있을까.

• 경기일보, 칼럼(2015.7.20) •

2. 정치와 돈, 그리고 부정부패

▌정치자금 실명제 서둘자

동아건설이 4·13총선 때 100여 명의 후보자에게 10억 원대의 정치자금을 지원한 것은 한국정치의 고질적인 병폐인 검은 돈에 의한 정경유착의 실상을 잘 보여주고 있다. 3조 원 이상의 부실채권을 안고 있는 기업이 수억 원의 정치자금을 제공했으니 자금 사정이 비교적 좋은 기업들은 얼마나 주었겠는가.

검은 돈을 준 기업도 문제이지만 부실기업으로부터 검은 돈을 받고도 이를 제대로 신고하지 않은 정치인은 더욱 문제가 아닐 수 없다. 국민은 워크아웃 기업이 어떻게 막대한 선거자금을 줄 수 있느냐고 야단인데 아직도 동아건설로부터 선거 때 후원금을 받아 사용했다고 떳떳하게 밝히는 국회의원은 없다.

검은 돈을 정치자금으로 받는 데 익숙한 기성 정치인들이야 그렇다고 하더라도 깨끗한 정치를 하겠다고 큰소리치면서 국회에 입성한 소위 386세대 정치인조차 묵묵부답이니 386세대나 기성정치인 모두 정치자금에 관한 한 이심전심(以心傳心)인 것 같다.

후보자들은 4·13총선에서 사용한 선거비용 보고서를 각급 선거관리위원회에 제출하여 현재 선관위는 국세청 직원까지 동원해 실사작업을 하고 있다. 그러나 후보자들은 평균 법정 선거비용 1억 2600만 원의 절반 정도인 6300여만 원밖에 사용하지 않았다고 신고하였으니 이런 엉터리 보고서를 국민이 믿겠는가.

중앙당에서 지원한 선거자금도 특정 선거구는 수억 원이 되며 동아건설을 비롯한 기업에서 받는 정치자금도 상당하다는데 고작 6000여만 원의 내용을 실사한들 무슨 소용이 있겠는가. 일부 후보자는 지출보다 수입이 많다고 신고한 경우도 있는데 선거에 이기고 돈도 남는 장사를 하고 있으니 이 얼마나 좋은 직업인가.

검은 돈에 의한 정경유착이 가능한 것은 정치인이나 기업인의 의식도 문제지만 선거법과 정치자금법도 검은 돈을 제도적으로 차단할 장치를 마련하지 못하고 있기 때문이다. 현행 법규에 의하면 정치인들은 선거 때 후원금으로 받으면 후원금 총액만 선관위에 보고하면 된다. 아무리 검은 돈을 많이 받았다고 하더라도 말썽이 되지 않으면 그만이고 혹시 문제가 되면 사후에라도 후원금으로 받은 것처럼 둔갑시켜 처리하면 된다.

정치자금에 관한 한 이현령비현령(耳懸鈴鼻懸鈴)이다. 기업도 좋고 정치인도 좋은 얼마나 편리한 제도인가. 현재 선관위에서 실사를 하고 있는 선거비용 보고서에는 선거자금 기부자의 명단과 액수도 기재되어 있지 않다. 때문에 나중에 말썽이 되면 후원금으로 처리하면 문제가 되지 않으니 검은 돈을 받은 정치인들은 겁낼 필요가 없다.

정치권의 검은 돈을 차단하기 위해 정치자금의 투명화를 위한 정치자금 실명제 도입이 시급하다. 이를 위해 정치인은 정치자금 관리를 위한 별도의 은행계좌를 개설해 관리토록 하고 또 100만 원 이상의 정치자금은 반드시 수표로 기부토록 의무화할 필요가 있다.

이렇게 하면 동아건설처럼 1만 원권 현찰로 정치자금을 기부하는 것을 막을 수 있다. 미국은 100달러 이상은 수표로 기부토록 해 투명성을 확보하고 있다. 후원금 보고도 총액만 보고하여 법망을 피할 수 있도록 하지 말고 후원인 성명, 후원 액수 등 구체적인 내용을 보고토록 정치자금법과 선거법을 개정해야 된다.

정치를 하는 데 정치자금은 반드시 필요하지만 검은 돈에 의한 정치부패의 온상이 되어 필요악이라고 한다. 정치자금은 잘 쓰면 민주주의를 위한 보약이지만 검은 돈이 지배하면 독약이 된다. 더 이상 독약이 되기 전에 동아건설 선거자금 살포 사건 등을 철저하게 조사해 강력한 처벌을 해야 한다. 검은 돈에 의한 정경유착의 고리를 끊지 않는 한 국민이 기대하는 '개혁정치' '깨끗한 정치'는 요원하다. 국회도 정치자금법과 선거법을 조속히 개정해 검은 돈이 정치권에 유입되는 것을 차단해야 한다.

• 동아일보, 시론(2000.6.9) •

납세자에게 먼저 물어라

전경련이 지난 22일 총회 결의문을 통하여 건전한 정치풍토 개선을 위하여 불투명한 정치자금을 제공하지 않겠다고 하자, 진념 경제부총리가 법인세 1%를 정치자금으로 활용할 수 있을 것이라고 화답했다. 야당은 쌍수를 들어 환영하고 있으며, 여당도 과거의 강한 반대에서 다소 유보적인 태도로 바뀐 것 같다. 더구나 중앙선관위도 비슷한 안을 제안하고 있으니 입법화될 수도 있을 것 같다.

그러나 국민들은 법인세 1%를 정치자금으로 사용하는 방안에 대하여 마음이 편치 않다. 진 부총리의 말대로 정치권이 재계로부터 일절 정치자금을 받지 않고 정치비용을 줄이고 또한 투명한 정치를 한다면 법인세 1%가 아니라 10%를 사용해도 좋다. 그러나 정치권이 연일 정쟁으로 시간을 보내고, 정당은 구조조정을 하지 않고 각종 게이트로 얼룩진 정치상황에서 과연 국민들이 막대한 정치자금까지 혈세로 충당하는 것을 동의할지 의문이다.

재계의 주장대로 불법 정치자금을 연결하는 정경유착의 고리는 끊어야 된다. 불투명한 고비용 정치자금이 운용되는 한 민주정치는 발전할 수 없다. 진 부총리의 말과 같이 금년 지방선거와 대선에서 3조~4조의 정치비용이 드는 것을 법인세 1%를 사용해 다소나마 해결할 수 있다면 이는 바람직한 방안이 될 수 있다. 그러나 이 방안은 다음과 같은 문제점을 갖고 있어 이를 해결하지 않고 납세자의 동의를 받기 어렵다.

첫째 금년 정당에 지급하는 국고보조금이 무려 1138억 원이나 되어 납세자들은 너무 많다고 비판하고 있다. 이런 와중에 법인세 1%에 해당되는 1700억 원의 정치자금 사용은 더욱 많은 것이 아닌가. 요즈음 정치권을 보면 현재 지급되는 국고보조금을 대폭 삭감해도 시원찮은 판인데, 정치권에서 담합으로 막대한 정치자금을 혈세에서 늘리는 것이 타당한가. 1981년 8억 원으로 출발한 국고보조금이 정치자금법이 개정될 때마다 여야가 사이좋게 합의하여 올렸는데, 그동안 정치는 얼마나 좋아졌는지

묻고 싶다.

둘째, 정치권이나 중앙선관위는 이 제도가 실시되면 기업의 후원회 가입은 금지되고 더 이상 정치자금을 안 내도 된다고 하는데, 과연 기업이나 정치권이 이를 제대로 실천할 수 있을까? 정치자금을 일종의 보험금 형태로 기부하는 한국적 기업풍토에서 오히려 기업의 정치자금 부담이 더욱 늘어나는 것은 아닌지. 이 제도가 실시되면 정치권이 더 이상 기업에 뒷돈을 요구하지 않는다고 보장할 수 있는가.

셋째, 정치권이 고비용 정치구조를 비판하면서 정치비용을 줄이기 위한 노력을 얼마나 했는가. 한국과 같이 거대한 중앙당과 지구당을 운영하고 있는 국가가 전 세계에 얼마나 있는가. 정당이 관료화되어 정치가 국민들로부터 더욱 소외되고 있는 상황에서 가만히 있어도 각 정당에 1년에 수백억 원이 정치자금 명목으로 세금에서 지급되면 정당이 무엇이 아쉬워 국민들의 눈치를 보려고 하겠는가.

정치자금은 자동차의 윤활유와 같다. 더구나 정당이 준헌법기관화된 상황 하에서 국고보조금 지급은 불가피하다. 그러나 납세자의 동의도 없이 여야합의로 사이좋게 담합하여 천문학적 액수의 혈세를 정치자금으로 활용하는 것은 바람직하지 않다. 우선 정치권이 정치비용을 최소화·투명화하려는, 뼈를 깎는 노력을 보여 주어야 된다. 정치권과 기업 스스로 정경유착의 고리를 과감하게 끊어야 하며, 정치자금의 수입과 지출이 일목요연하게 국민에게 공개되도록 정치자금 실명화 입법부터 해야 된다.

법인세 1%를 무조건 정치자금으로 활용하는 것은 문제가 많다. 미국과 같이 최소한 연말 세금정산 보고 시 납세자에게 세금의 일정액수를 정치자금으로 활용해도 되느냐의 여부를 물어 사용액을 결정하는 일괄공제(check-off)제도를 시행하여 보는 것은 하나의 대안이 될 수 있을 것이다.

• 조선일보, 시론(2002.2.25) •

제4절

선거와 지방자치, 매니페스토

1. 지방자치와 선거

지방의원에 대한 과도한 세비 인상

　지방의원들의 지나친 의정비 인상에 국민들의 질타가 이어지고 있다. 행정자치부가 집계한 것을 보면 내년도 의정비를 인상하기로 결정한 곳은 전국 16개 광역의회 가운데 14곳, 230개 기초의회 가운데 202곳으로 모두 216곳에 이른다.

　인상 내용을 보면 내년도 광역의회의 의정비 평균액은 5,300여만 원으로 14%, 기초의회의 평균액은 3,800여만 원으로 39%나 올렸다. 일부 기초의회는 98%나 올리기로 결정했다.

　이런 인상률은 지금의 경제사정에 비추어 지나치다. 근로자 평균 임금 인상률이 5%에 불과하고, 올해 소비자 물가 상승률이 3% 정도 예상되고 있는 상황에서 의정비를 이렇게 대폭 올리는 것은 지역주민들의 어려운 경제 사정을 도외시한 행태이다.

　지방의원들은 의정비를 지난해에 이어 또 다시 두 자릿수 올렸다. 무보수 명예직이었던 지방의원들에게 의정비를 지급하기로 한 것은 말 그대로 전문성을 높여 의정활동을 열심히 하라는 뜻이었다. 그러나 유급제 실시 이후 지방의원들의 활동을 평가한 것을 보면 조례발의 건수, 지역발전 제안 건수 등에서 주민들의 기대에 미치지 못하고 있다. 심지어 일부 의원들은 다른 직업을 가지고 있어 의원직이 부업이 됐거나 이권에 개입해 문제가 되고 있다.

　의정활동에 대한 이런 비판에도 불구하고 지방의원들이 유급제를 실시한지 1년

조금 넘은 상황에서 의정비를 또 다시 대폭 인상하는 것은 결코 옳은 일이라 할 수 없다. 지자체의 재정자립도는 대부분 30%정도 밖에 되지 못한다. 이렇게 열악한 지방 재정에 의원들 의정비만 인상하면 그 부담은 결국 지역주민들이 지게 된다. 지역대표인 지방의원들이 지역주민의 사정을 고려하지 않는다면 어떻게 지역대표라고 말할 수 있는가.

의정비 인상 이유도 분명하지 않다. 왜 올려야 하는지 뚜렷한 근거도 없이 다른 곳과 형평을 맞추기 위한 것이라느니, 의정 활동비가 많이 들기 때문이라는 식의 극히 추상적이고 설득력 없는 주장을 펴고 있다.

의정비 대폭 인상으로 지방의회의 역할에 대한 비판적 여론이 확산되고 있다. 지방의원들은 주민들의 비판 여론을 의정비 조례 개정에 반영해 인상을 최소화해야 할 것이다. 지금은 의정비 인상을 요구할 때가 아니고 주민들을 위해 묵묵히 일을 할 때임을 지방의원 스스로가 명심하기 바란다.

• KBS, 뉴스해설(2007.11.3.) •

동네민주주의와 지방정치 발전

　제7회 전국동시지방선거가 이번주 24~25일 있는 후보자 등록을 시작으로 본격적인 선거운동에 돌입할 것이다. 그러나 22일(미국 현지시간) 개최되는 한·미 정상회담, 6월12일 싱가포르에서 개최 예정인 북·미 정상회담 등으로 6월13일 실시되는 지방선거에 대한 유권자의 관심은 극히 저조하다.

　지방선거가 풀뿌리 민주주의의 꽃이며 가장 기초인 것은 오랜 민주정치 역사가 증명하고 있다. 그동안 지방자치가 실시되지 못하다가 1987년 민주화 이후 1991년 지방의원선거가 다시 실시되고, 이후 1995년부터 지방자치단체장선거까지 실시, 본격적인 지방자치의 시대가 열렸다.

　그동안 지방자치에 대한 평가는 다양하지만 '지역민에 의한' '지역민을 위한' '지역민의' 풀뿌리 민주주의가 정착되고 있으며, 지역 특성에 맞는 정책을 개발, 지역발전에 크게 공헌하고 있다. 물론 일부 지방자치단체장이나 지방의원들이 지역 토후세력으로 이권에 개입, 부정부패에 연루되어 처벌을 받거나 또는 자질 문제를 제기되는 사례도 있으나, 민주정치 발전을 위해 지방분권을 통한 지방자치는 더욱 확대되어야 한다.

　필자는 지방자치보다는 지방정치란 용어를 더욱 선호하고 있다. 중앙정치에 종속된 자치의 개념을 상위하는 정치가 지역발전을 위해 바람직하다고 본다. 지방정치의 출발은 우리가 흔히 말하는 '마을' '동네'로부터 시작된다. 영어로 'Town' 'Village'로 통칭되는 '우리 마을' '우리 동네'란 얼마나 정겨운 이름인가. 이는 우리의 삶의 뿌리이며, 생활정치의 원천이다. 이곳에서 주민들은 정치는 물론 삶과 가장 밀접하게 관련있는 경제·문화·교육·환경·교통·의료 등 모든 문제를 논의한다.

　미국정치에서 '타운 홀 미팅'(Town Hall Meeting)이 일상화되어 있다. 이를 통하여 지역의 문제를 서로 토론하고 또한 지역민은 적극적 정치참여를 통해 지방선거

시 지역을 위해 일한 지도자를 선거로 선출, 지역발전을 물론 미국정치사회를 발전시키고 있다. 이것이 동네민주주의(Town Democracy)이다.

　이런 차원에서 6월 지방선거를 통해 동네민주주의를 활성화 시키기 위해 중앙선거관리위원회가 지방선거 슬로건을 '아름다운 선거, 행복한 우리 동네'로 정하고, 유권자가 직접 참여하는 정책선거 분위기를 위해 '우리동네 희망공약 제안하기' 사이트를 선관위 홈페이지에 개설, 제안받고 있다. 또한 빅데이터를 수집, 분석을 통해 '공약지도' 등을 만들어 공개함으로써 정당과 후보자들이 공약을 만드는 데 도움을 주는 것은 선거문화 발전에 크게 기여할 것이다.

　최근 동네민주주의를 통해 지역을 변화시키고 있는 사례가 많다. 예를 들면, 서울 성북동 심우장(만해 한용운 유택)으로 이어지는 길 한편에 마련된 '만해의 산책공원'의 비탈에 심어진 분홍색 복숭아나무 21그루가 있는데, 이는 성북동 주민 40여 명으로 이뤄진 '성북동 마을계획단'이 심은 나무다. 이곳은 잡풀이 우거져 쓰레기 무단 투기로 몸살을 앓아왔고, 경고문으로도 해결되지 않자 동네 주민들이 나무를 심자는 아이디어를 내고, 구청으로부터 예산을 지원받아 복숭아나무를 심어 쓰레기 투기는 없어지고 아름다운 공원으로 탈바꿈하게 된 것이다.

　동네민주주의는 지역주민들이 주인의식을 가지고 스스로 결정하고 선택, 투표에 참여할 때 발전할 수 있다. 방관자가 아니라 우리 동네는 나의 귀중한 한 표를 통해서 발전시킬 수 있다는 주인의식이 없다면 동네민주주의는 한낱 허황된 구호에 불과하다.

　오는 6월 지방선거에서 정당과 후보자가 약속한 공약이 과연 구체적이고 실현가능하고 또한 예산까지 담보된 매니페스토(manifesto)에 의한 공약인가를 꼼꼼하게 따져 투표에 참여하는 현명한 유권자가 된다면 동네민주주의는 지방정치 발전에 핵심이 될 것이다.

• 경기일보, 칼럼(2018.5.22) •

2. 매니페스토와 선거

▌매니페스토와 의정활동계획서

말도 많은 4·13총선 후보자 공천 작업이 막바지에 이르고 있다. 국회의원 후보공천 신청자들은 신청 류 작성 때부터 상당한 시간과 비용을 지불해야 된다. 이미 각 정당은 국회의원 후보공천 신청자들로부터 이력서, 병적사항확인서, 재산보유현황서는 물론 세금납부증명서, 배우자가 포함된 범죄경력에 관한 증명서 등을 각종 서류를 받아 이를 공천후보자 검증자료에 활용하고 있다. 새누리당과 더불어민주당은 25개, 국민의당은 15개의 각종 서류를 받고 있으며, 또한 공천신청 비용도 각각 100만 원, 200만 원, 300만 원씩 납부하고 있다.

이 중 우리가 눈여겨 볼 수 있는 신청서류 중의 하나는 의정활동계획서이다. 이 계획서는 형식에 있어 주요 정당들 간에 다소 차이가 있기는 하지만 후보신청자가 국회의원에 당선되었을 경우, 과연 어떤 의정활동을 계획하고 있는가를 기술하는 내용으로 구성되어 있다.

새누리당은 의정활동 목표, 국정현안 과제, 상임위원회 및 입법활동 계획 등과 같은 구체적인 활동 계획을 담은 내용을, 더불어민주당과 국민의당은 구체적 요구사항 없이 기술하도록 되어 있다.

우리나라에서 국회의원 후보공천 신청서류에 의정활동계획서가 첨가된 것은 2008년 18대 국회의원 선거 때부터이다. 그때까지 각 정당은 일종의 '참 공약'으로 지칭되는 매니페스토(manifesto)의 한 형식인 의정활동계획서 제출이 없었다. 매니페스토는 '헛공약' '뻥튀기 공약'이 아닌 구체적인 예산계획까지 표기된 실천 가능한 공약을 말하고 있는데, 이미 영국과 같은 선진민주국가에서는 오래전부터 실시되어 민주정치발전에 기여하고 있다.

당시 필자는 한국매니페스토실천본부 상임공동대표로 한국의 선거문화를 변화시키고자 매니페스토 운동을 전개하였으며, 이 운동은 2006년 지방선거 시부터 도입되었다. 매니페스토 운동이 각 정당과의 협약식 개최, 중앙선거관리위원회의 지원 등으로 확산되기 시작하였으며, 이것이 계기가 되어 필자는 모 정당의 요청으로 공천심사위원회에 참여하게 되었다.

이때 필자는 공천신청서류에 매니페스토의 한 형식인 의정활동계획서를 포함시킬 것을 강력히 제안하여, 해당 정당은 물론 다른 정당들도 매번 국회의원 선거 시 공천심사 신청서류에 포함시키고 있다.

필자는 당시 의정활동계획서를 공천심사 시 자료로 활용하였으며, 이 계획서를 당 사무국에서 보관, 당선된 국회의원의 경우, 이를 4년 후 평가하여 차기 공천심사 시 자료로 활용하는 것이 좋겠다고 건의하였다. 물론 필자는 특정 정당의 당원이 아니기 때문에 그 후 해당 서류를 당에서 보관하였는지 또는 19대 국회의원 공천 시 심사 자료로 활용하였는지 알 수 없다.

또한 이번 20대 국회의원 후보 공천 시 의정활동계획서가 단순히 공천신청 서류에 요식행위로 제출되었는지 또는 후보자 면접 시 심사 자료로 활용되었는지 알 수 없다.

그러나 최근 국회의원들의 의정활동을 분석하여 보면 공천심사 시 제출한 의정활동계획서는 단순히 신청 서류의 한 형식요건으로 제출한 것이 아닌가 생각된다. 제19대 국회의원들의 홈페이지나 블로그에 의정활동계획서를 공개한 의원들은 거의 없으며, 더구나 자신이 선거 때 약속한 선거 공약 이행진척도를 유권자에게 알려주고 있는 국회의원도 극히 일부에 지나지 않는다.

이는 지난 2월 한국매니페스토실천본부가 지역구 국회의원 239명을 평가한 결과에서 잘 나타내고 있다. 한국매니페스토실천본부에서 행한 평가 결과에서 의정활동계획서를 공개한 의원과 미공개한 의원을 비교해 보면, 선거과정에서 의정활동계획서를 작성, 공개한 의원의 공약 실천도가 더 높은 것으로 분석되었다. 이는 선거과정에서 입법활동계획을 체계적으로 준비한 의원과 그렇지 못한 의원과의 차이가 극명함을 보여주고 있는 것으로 분석되었다.

국회의원 후보 공천 신청자가 제출하는 의정활동계획서는 일회성 공천신청 서류가 아니다. 후보신청자가 국회의원에 당선되면 계획서에 있는 것과 같이 활동을 하겠다는 하나의 약속이며, 또한 이를 실천해야 될 것이다.

유권자들 역시 후보자가 제출한 의정활동계획서를 꼼꼼히 살펴 이번 총선에서 투표 시는 물론 차기 총선 투표 시에도 참고해야 될 것이다.

이와 같은 정치인과 유권자와의 신뢰관계가 형성될 때 한국정치문화가 한 단계 발전, 선진민주정치국가가 될 수 있다.

• 경기일보, 칼럼(2016.3.15.) •

▌ 헛 공약이 더 많이 쏟아지고 있다

대선 시계가 빨라지고 있는 것 같다. 특히, 박한철 헌법재판소장이 지난달 31일 퇴임사를 통해 "대통령의 직무정지 상태가 두 달 가까이 이어지고 있는 상황의 중대성에 비춰 조속히 결론을 내려야 한다는 점을 모든 국민이 공감하고 있을 것"이라고 말함으로써 5월쯤 '조기(早期) 대선' 가능성이 예견되고 있다. 조기 대선이 되려면 지금부터 불과 3개월 이내라는 극히 짧은 기간 안에 유권자들은 대통령을 선출해야 한다.

조기 대선이 치러질 경우 가장 큰 문제는 후보자에 대한 짧은 검증(檢證) 기간으로, 이는 결국 부실 검증으로 이어질 수 있다. 만약 검증이 부실해지면 이번 '최순실 게이트'에서 보듯이 결국 그 피해는 국민이 보게 됨은 물론, 국가 발전에 큰 손해가 아닐 수 없다. 따라서 이번 대선은 어느 때보다 대선 후보자에 대한 엄격한 검증이 필요하다.

그러나 현실은 그런 것 같지 않다. 최근 유력 대선 주자들은 조기 대선에 대비해 공약을 매일같이 쏟아내고 있다. 그러나 이들 대부분은 단발성의 여론 떠보기나 임기응변의 즉흥적인 선거공약으로 구체성이 결여돼 있다. 현실성도 없으며, 구체적인 재정(財政)계획도 마련되지 못한 이른바 '부실 공약(公約)', '헛공약'을 남발하고 있는 것 같다. 즉, 일부 대선 주자가 발표한, 예를 들면 연간 100만 원의 기본소득 제공, 군 복무 1년, 육아 휴직 3년, 사교육 폐지 등과 같은 포퓰리즘 공약이 유권자들을 현혹하고 있다.

만약 조기 대선이 치러진다면 대통령 후보자는 당선 즉시 5년 임기의 막강한 대통령 직무를 수행하게 된다. 과거와 같이 2개월 정도 준비시간이 주어진 대통령직인수위원회도 없이 바로 대통령직을 수행해야 하는 초유의 사태가 발생한다. 과연 초고속으로 국정에 대한 무한한 책임을 수행해야 하는 제19대 대통령이 이 무거운 짐을 어떻게 감당할 수 있을지 참으로 염려스럽다.

이런 대선 시간표를 역으로 계산하면 지금쯤 유력 주자들이 소속 정당과 자신이 집권할 경우 즉각 국정 수행에 접목할 대선 공약을 작성, 유권자는 물론 언론·시민사회·학계 등으로부터 엄격한 검증을 받아야 한다. 그러나 현재 주자들은 부분적으로, 그것도 매우 피상적인 차원에서 언론용으로 발표한 대선 공약은 일부 있으나, '매니페스토(Manifesto)'란 이름 아래 국가 비전을 포함, 종합적이고 구체적인 대선 공약을 발표한 주자는 아직 보이지 않는다.

영국, 독일 등 선진국의 경우 주요 정당과 후보자들은 총선 때 구체적인 실현 가능성이 있는 공약을 재정계획과 더불어 정책 시행 시간표까지 작성, 총선 공약으로 발표하고, 유권자들은 이를 평가, 지지하는 정당과 후보자에게 투표한다. 또한, 선거에 승리한 정당과 후보자는 이런 매니페스토를 소속 정당 홈페이지에 집권 기간 내내 게시하므로 언제든 유권자들은 이를 볼 수 있고, 또 공약 이행 진척도도 점검할 수 있다.

우리나라 선거에도 유권자와의 신뢰 형성을 통해 '헛공약' 아닌 '참공약'을 제시하는 선거문화 변화를 통해 정치 발전을 추구하는 매니페스토가 도입된 지 10년이 지났다. 2006년 5월 31일 치러진 제4회 지방선거를 기해 필자 등이 중심이 돼 네거티브 캠페인이 아닌 정책 중심의 포지티브 캠페인 운동인 매니페스토 운동을 전개했다. 당시 이 운동은 유권자는 물론 언론 등의 많은 관심이 집중됐으며, 매니페스토 관련 조항은 현재 선거법 제66조에 규정돼 외형은 갖췄으나, 아직도 내실은 많이 미흡하다.

반기문 전 유엔 사무총장이 대선 매니페스토를 제대로 만들어, 귀국 즉시 발표했더라면 급격한 지지율 하락에 따른 불출마 선언도 없었을 것이다. 박근혜 대통령도 대선 당시 공약한 집권 매니페스토에 따라 국정을 수행했더라면, 또는 매니페스토 이행 평가위원회를 구성, 제대로 평가 작업을 했더라면 미르재단, K스포츠재단도 만들어지지 않았을 것이다. 그랬다면 오늘의 탄핵소추 사태도 없었을 게 아닌가.

이제라도 주요 정당과 유력 주자들은 '매니페스토 작성위원회'를 구성해 집권 로드맵을 발표하고, 특히 언론은 흥미 위주의 가십성 기사보다는 정책 경쟁을 유도하는 선거문화 확산에 앞장서야 한다. 학계·시민단체·각종 전문직 단체들도 대선 주자와 주요 정당의 정책 책임자를 초청, 대선 매니페스토를 철저히 검증하고 공개해야 할 것이다.

• 문화일보, 시평(2017.2.9) •

3. 민심은 천심

▌민심이 천심, 선거결과 겸허히 수용해야

선거에서 유권자의 투표 결과는 민심의 반영이고 또한 '민심은 곧 천심'이라고 한다. 이번 지방선거 결과는 유권자의 민심이 얼마나 무서운지를 새삼 정치권에 일깨워 주었다. 선거 참패로 한나라당은 큰 충격을 받았고, 민주당은 예상치 못한 승리에 역시 충격을 받았다. 투표를 한 유권자들도 선거 결과에 스스로 놀라고 있다.

역대 지방선거가 대통령 임기 중반에 실시돼 야당은 소위 정권 견제론을 갖고 선거캠페인을 벌이기 때문에 여당에는 '지방선거는 곧 무덤'이라는 징크스가 있다. 2002, 2006년 지방선거에서 당시 야당인 한나라당은 수도권에서 완승을 했으며 이런 민심은 그 후 대선, 총선으로까지 이어져 여당이 됐다. 영남, 호남, 충청이 지역주의의 포로가 되고 있는 구태의연한 한국정치 상황에서 민심의 척도는 언제나 수도권 선거 결과에서 나타났다.

이번 선거에서도 수도권 선거 결과는 혹시나 했지만 역시 예외가 아니었다. 물론 여당이 서울시장과 경기도지사 선거에서 신승해 과거와는 다른 결과를 나타냈다고 자위할지 모르겠지만 4년 전과는 달리 기초자치단체장, 지방의원 선거는 물론 교육감 선거에서조차 패배함으로써 바닥 민심의 흐름을 알 수 있다.

불과 2년 반 전에 약 500만 표차로 대선에서 대승을 하고, 과거 어느 때보다 대통령의 국정지지도가 높아 불과 1주일 전 여론조사에서도 여당은 수도권에서 상당한 차이로 야당 후보에 앞서고 있었는데 이렇게 패배한 것은 민심이 천심이라는 것 이외에는 달리 설명할 방법이 없다. 20, 30대의 젊은 유권자들이 2002년 대선 때와 같이 트위터, 휴대전화, 인터넷 등을 동원해 선거 막판에 야당에 가세함으로써 여당이 패배했다고 핑계를 댈 수 있는가. 북풍(北風)보다는 노풍(盧風)이 더욱 강했다고 바람만을 탓할 수 없지 않은가.

이번 선거에서 유권자들은 여·야당 모두에게 준엄한 경고를 투표로써 말해주고 있다. 우선 여당에는 지금과 같은 방식의 국정운영 기조에 대한 변화를 강하게 주문하고 있다. 현재 논란이 되고 있는 세종시, 4대강 사업 등 중요한 국정 과제 추진에서 여당은 국민에게 신뢰를 주지 못하고 있다. 친이, 친박 하면서 당내에서 연일 집안싸움으로 불협화음이 나타나 원내 다수당의 역할을 제대로 하지 못하는 상황에서 어떻게 국민에게 지지를 받을 수 있는가. 국민은 집권당 내부에서부터 당내 화합을 통해 단결된 여당의 모습을 보여 일관된 국정을 추진하기를 요망하고 있다. 세종시, 4대강 사업에 대해 여당은 당내 끝장토론을 해서라도 원안 고수 또는 수정 중 양자택일해 통일된 정책을 국민에게 보여 주어야 할 것이다.

야당도 마찬가지이다. 현재 제1 야당은 민주당이지만 과연 차기 대안 정당으로서 국민적 신뢰를 얻고 있는지 자문할 필요가 있다. 이번 광역단체장 선거에 돌풍을 일으킨 후보자 대부분은 외양만 민주당이지 정치인으로서 정체성은 고 노무현 전 대통령과 뜻을 같이하고 있다. 안희정, 이광재씨는 말할 것도 없고 '리틀 노무현' 김두관, 그리고 비록 선거에서 패배했으나 선전한 한명숙, 유시민씨 등은 모두 노 전 대통령으로부터 정치적 자산을 이어가고 있는데, 과연 이를 어떻게 수용해 당의 정체성을 확립하느냐가 민주당의 과제이다. 국민에게 믿음을 주는 대안 정당으로 거듭나려면 당의 정체성부터 확실하게 함은 물론 야권 통합도 시급한 과제이다.

오는 7월 재·보선, 2년 후에는 총선과 대선이 실시된다. 여야 정당은 물론 차기 대권을 꿈꾸는 정치지도자들이 이번 선거 결과에서 나타난 민심을 현실 정치에 어떻게 받아들이느냐에 따라 유권자의 투표 행태는 또 변할 것이다. 유권자들은 화려하게 겉만 번듯하게 포장된 지도자보다는 민심을 천심으로 겸허하게 받아들이는 참된 지도자를 갈구하고 있음을 정치인들은 새삼 인식해야 한다.

• 세계일보, 시론(2010.6.3.) •

총선, 유권자가 과연 주인인가

　　프랑스의 저명한 사회사상가 장 자크 루소(Jean Jacques Rousseau)는 그의 저서 '사회계약론'에서 "국민은 투표할 때만 자유롭다. 국회의원은 선출되면 국민은 다시 노예로 전락한다."라고 말할 정도로 선거에서 유권자는 선거 후에 정치인들로부터 철저히 무시당하고 있다고 강하게 비판하고 있다.

　　오는 13일 실시되는 20대 국회의원 선거도 벌써 중반을 치닫고 있어 일주일 후면 유권자의 심판이 결정된다. 국회의원 후보자들은 시장, 지하철 역 입구, 버스 터미널 등 사람이 모이는 곳이면 어디든지 가서 허리를 180도로 굽혀 정중하게 인사를 한다. 심지어 경로당에 가서는 큰절로 인사를 드린 후 무릎을 꿇는 후보도 있다.

　　이들 후보자의 한결같은 외침은 국회의원에 당선되면 유권자 여러분을 주인으로 모시고 열심히 일하겠다는 것이다. 대한민국 헌법 제1조에 '대한민국은 민주공화국이다. 대한민국의 주권은 국민에게 있고, 모든 권력은 국민으로부터 나온다.'라고 명시되어 있다. 따라서 선거에서 주인은 유권자라는 것은 새삼 거론할 필요도 없이 당연한 이야기이며, 또한 후보자의 말은 옳은 이야기다.

　　그러면 과연 선거에서 헌법에 명시된 것과 같이 또한 후보자의 말과 같이 유권자가 주인인가? 우리는 지금까지 대통령 선거를 비롯하여 국회의원 선거, 지방자치단체장과 지방의원 선거 등 수십 차례의 선거를 치렀으나, 과연 선거에서 유권자가 주인으로서의 대접을 제대로 받고 또한 행세를 하였는지 자문자답하지 않을 수 없다.

　　선거에서 진행되는 중요한 과정을 살펴보면 유권자가 주인으로서 제대로 대우를 받지 못하고 오히려 무시당하고 있음을 알 수 있다. 유권자의 의사와는 관계없이 정치인들이 자신들만의 이해관계에 따른 편익에 의거 선거과정을 정치인만을 위한 리그전을 펼침으로써 주인인 유권자는 소외당하고 있다.

　　무엇보다도 가장 중요한 후보자 공천과정에서 유권자는 주인으로서 대접을 제대로 받지 못했다. 선거에 있어 공천은 국회의원 후보자라는 상품을 선거라는 시장에 내놓아 소비자인 유권자가 선택하는 것이기 때문에 선거에서 가장 중요한 제1차 과정이다.

　제1차 과정이 잘못되면 그 후의 과정을 아무리 잘하려고 해도 엉클어지게 되어 있다. 즉 후보자 공천이 잘못되면 아무리 많은 상품을 시장에 내놓아도 결국 불량품질 속에서 선택해야 되기 때문에 좋은 물건을 살 수 없는 것과 같이 선거에서도 마찬가지이다.

　이번 국회의원 후보자 공천은 정당의 주인인 당원이나 또는 일반 유권자의 의사가 반영되기보다는 각 정당의 계파 간의 이전투구 현상에 의하여 진행되었다. 여야 공히 그동안 정치개혁 차원에서 상향식 공천을 약속, 당헌·당규까지 개정하였지만 실제의 공천 과정은 또 다른 개혁의 미명 하에, 또는 시간상의 이유 등으로 결국 상향식 공천은 휴지조각이 되어 버리고 원칙도 기준도 없이 상처투성이의 공천파동만 야기, 정치불신만 증폭시켰다.

　선거는 주인인 유권자가 대표자 선택을 통해 권력을 위임하는 과정이기 때문에 정당의 주인인 당원이나 일반유권자는 공천 과정부터 자신의 의사가 반영되는 제도적 장치가 마련되어야 한다. 선진국인 미국이나 영국의 경우, 각 정당별로 또는 지역구별로 소속 정당의 후보자를 공천하는 예비선거제도가 정착되어 우리나라와 같은 공천파동은 없지 않은가.

　국민이 주인이라는 인식 하에 상향식 공천을 하겠다는 정당 대표의 약속과 당헌·당규를 믿고 공천을 받기 위하여 선거운동을 했던 후보자와 지지자들의 허탈한 표정, 이것은 루소의 말과 우리 국민은 '투표 때'가 아닌 이미 '투표 전'에도 유권자로서 주인 대접을 제대로 받지 못하고 있는 것은 아닌지.

　선거에서 주인은 후보자가 아닌 유권자이다. 후보자는 유권자들의 봉사자이자 대변자일 뿐이다. 투표 때만이라도 유권자가 철저한 주인 의식을 가지고 정당과 후보자들이 제시한 정책과 공약의 실현 가능성, 국가발전에 대한 비전 등을 꼼꼼히 살펴, 참된 일꾼에게 투표한다면 선거 후에도 주인대접을 받지 않을 가. 결국 선거결과는 유권자의 책임이다.

• 경기일보, 칼럼(2018.4.4.) •

제5절

촛불시위와 탄핵, 대의민주주의

1. 촛불시위와 탄핵

▌국격과 촛불시위

　　사람에게는 인격이 있고 상품에는 품격이 있으며, 또한 국가에게는 국격이 있다. 아무리 돈이 많고 또한 막강한 권력과 전문적인 지식을 가졌다고 인격적으로 존경을 받는 것은 아니다. 이미 고인이 되신 김수환 추기경, 법정 스님은 돈과 권력, 지식에 관계없이 국민들로부터 존경을 받고 있다. 상품도 값이 비싸다고 반드시 좋은 물건은 아니다.

　　이와 같은 격의 구분은 국가에도 적용된다. 인구 약 1억4천600만 명, 세계 제1위의 광대한 영토, 부유한 자원, 세계 제2위의 막강한 군사력을 가진 러시아는 분명 대국이다. 반면 인구는 불과 약 820만 명, 국토면적은 러시아의 414분의 1 정도인 유럽의 소국 스위스는 부존 자원도 풍부하지 못하다. 이들 양 국가를 국격의 관점에서 비교할 때 러시아가 스위스보다 국격이 높다고 평가할 수 있겠는가.

　　최근 외신들은 서울을 비롯하여 전국적으로 전개된 촛불시위를 연일 대대적으로 보도하고 있다. 무려 7주째 지속된 촛불시위는 주최 측의 추산에 의하면 연인원 약 750만 명이 참가한 것으로 알려지고 있다. 수백만 명이 참가한 대규모 촛불시위였지만 기물파괴나 인명부상과 같은 폭력행사 없이 평화적으로 진행되었다. 이런 성숙한 시민의식으로 뭉쳐진 민심은 천심이 되어 결국 박근혜 대통령에 대한 국회의 탄핵 소추 가결까지 이어져 대통령 직무가 정지되는 상황까지 발전되었다.

　　그동안 우리나라에는 대규모 시위가 수차례 있었다. 멀리는 4·19 학생혁명에서부터 '87년 민중항쟁, 그리고 2008년 미국산 쇠고기 수입반대운동까지 수십만명이 참가한 각종 시위가 개최되었다. 4·19학생혁명의 경우, 많은 학생들이 경찰의 총에 의하여 희생되었는가 하면 또한 광우병 사태 때는 경찰, 시위참가자 등 상당수 부상당하기도 하는 등 각종 불상사가 발생했다.

그러나 이번 '최순실 게이트'에 분노한 촛불시위에 참가한 시민들은 법에서 규정한 시위 범위를 최대한 준수하였으며, 경찰은 물론 사법부도 성숙한 시민의 시위 질서에 화답하여 평화적으로 개최되었다. 때문에 법원은 경찰의 시위 금지에도 불구하고 성숙한 시민의식을 믿고 청와대 100미터 앞까지 행진하도록 허용한 것이 아닌가. 필자가 지난 11월19일 광화문에서 목격한 시위 장면은 문자 그대로 문화제 행사를 겸한 평화적 집회였다.

이런 평화적인 촛불시위는 비선 실세에 의한 국정농단으로 외국 언론에 의하여 조롱거리가 된 '최순실 게이트'로 인해 추락된 대한민국의 국격을 상당 부분 회생시켰다고 본다. 세계 각국에서 100만 명 이상이 참가한 대규모 집회가 수주일째 계속되면서 평화적으로 전개된 사례는 없기 때문에 외신들은 한국 시민들의 성숙한 민주의식을 대서특필한 것이다. 이는 한국민의 귀중한 사회적 자본이다.

국회가 절대적 다수에 의해 박근혜 대통령에 대한 탄핵 소추를 가결했음에도 불구하고 지난 토요일 박 대통령 조기퇴진을 주장하는 대규모 촛불시위가 역시 개최되었다. 물론 과거에 비하여 강도도 약하고 또한 다분히 탄핵 소추 가결 축하의 의미도 있는 문화제 행사의 시위였다. 그러나 국회에서 민의가 반영된 탄핵 소추가 가결된 지금, 비록 헌법재판소의 탄핵 인용 여부 결정이 다소 시간이 걸리더라도 재판관들의 양식을 믿고 인내하며 기다리는 것이 더욱 성숙된 시민의식이 아닐지.

이제 정치권은 촛불시위에서 나타난 성숙한 시민의식을 승화시켜 국정안정을 도모해야 된다. 여야정당은 물론 국회, 황교안 대통령 권한대행을 비롯한 행정부는 협치 정신을 발휘, 국정혼란을 조속히 종식시켜 한국의 성숙한 정치의식을 세계에 보여 주어야 한다. 이것이야말로 '최순실 게이트'로 추락한 대한민국의 국격을 한 단계 제고시킬 수 있는 방안이 아닌지. 정치권이 분노한 촛불민심을 협치로 풀어 국민들이 정치를 걱정하지 않아도 되는 성숙한 민주정치가 행해지기를 바라는 것은 나의 허망이 아니길 바란다.

• 경기일보, 칼럼(2016.12.12) •

▍헌재 탄핵판결과 솔로몬의 지혜

　　헌법재판소의 탄핵심판 선고가 초읽기에 들어가고 있다. 정치권은 물론 모든 국민의 시선이 온통 헌재 8명의 재판관에게 집중되어 있다. 국내외 언론도 헌재의 최종 판결에 촉각을 곤두세우면서 취재에 열을 올리고 있다. 이번 헌재의 판결은 한국정치 변화의 새로운 전기를 줄 것이라는 희망 대 부정의 대립이 팽팽하다.

　　지난 주 98주년을 맞은 삼일절과 토요일에 있는 대규모 집회장면을 회상하여 보면, 헌재가 어떠한 최종 판결을 하든 국론분열의 큰 혼란을 겪게 될 것 같다. 이는 지금까지 '탄핵 찬성'의 촛불집회 19차, '탄핵 반대'의 태극기집회 16차 등 대규모 집회가 평화적으로 개최되었지만 그러나 이들 2개의 집회에서 외친 구호는 전혀 다른 내용이었기 때문이다.

　　특히 최근 헌재 부근에서 매일같이 열리는 과열된 집회 현장을 보면 과연 헌재의 탄핵심판 선고를 촛불집회와 태극기집회 참가자들이 그대로 받아들일 것 같지 않다. 헌재 재판관들에게 신체적인 위협까지 가할 가능성 때문에 삼엄한 경호 하에 출근하는 현장을 보면 이런 우려는 현실로 나타날 수 있다.

　　더구나 양쪽 집회에는 유력 정치인들이 직접 참가하여 자신들의 의견과 다른 헌재의 결정이 선고될 경우, 이를 받아드릴 수 없다고 공공연하게 주장하는 가하면, 심지어 광장이 피로 물들 수 있다고까지 하고 있지 않은가. 집회 참가자들이 손에 든 피켓을 보면 때론 공포의 느낌을 갖게 된다.

　　헌재는 단순한 사법적 판단만을 하는 헌법적 기구는 아니다. 단순히 사법적 판단만을 필요로 한다면 헌재는 필요 없고 이런 기능은 대법원이 하면 되는 것이다. 특히 탄핵과 같은 정치적 문제는 사법적 판단과 더불어 정치적 성격을 가지고 있기 때문에 미국과는 달리 우리는 헌재를 통하여 탄핵에 대한 최종 심판을 헌재에 맡기고 있는 것이다. 미국은 탄핵의 경우, 연방의회가 최종적인 결정권을 갖는 것이 탄핵에 대한 정치적 성격 때문이라면 우리는 헌재에까지 맡기어 정치적 견해에 사법적 판단까지 더욱 합산시켜 탄핵으로 인한 국민적·정치적 논쟁을 더 이상 확대시키지 말겠다는 고도의 함축적 의미가 있다고 본다.

헌재가 탄핵 소추 인용이든 또는 기각 내지 각하이든 어떤 결정을 해도 국론 분열은 치유되기 힘든 상황이 될 것이며, 이는 국가 발전에 큰 걸림돌로 남을 것이다. 이런 예상되는 상황에서 헌재가 국민통합을 위하여 할 수 있는 사법적 이외에 정치적 판결까지 겸한 성경에 나오는 솔로몬식 판결을 할 수 없을까. 이것이야말로 헌재가 가지는 사법적·정치적 판결의 함축적 의미를 살릴 수 있는 것은 아닌지.

이런 사례는 1954년 미국 연방 대법원이 내린 인종차별금지 판결에서 볼 수 있다. 브라운 등 흑인 학생들이 평등권 침해를 주장, 소송을 낸 이 재판은 흑인의 민권 신장에 중요한 계기를 가져오게 된 일명 '브라운 대 토페카교육위원회(Brown v. Board of Education of Topeka)' 판결이다.

상기 소송에 대하여 대법관들 간의 판결에 대한 이견이 있었음에도 불구하고 판결이 가져올 사회적 혼란을 우려하여 만장일치 판결을 한 것이다. 소수 의견을 가진 대법관을 얼 워런(Earl Warren) 대법원장이 직접 설득하여 만장일치 판결을 내놓았다. 당시 일부 대법관들은 '분리하되 평등의 원칙' 적용을 유지해 인종분리 정책을 합헌으로 생각하고 있었는데, 이를 설득하여 만장일치로 위헌이라고 판결, 국론분열을 최소화 시켰다.

그러나 이런 대법원의 만장일치 결정에도 정치인들의 국민통합 노력이 부합되지 않으면 효과를 거둘 수 없다. 미국 대법원 판결 이후에도 아칸소 주민 등 남부인들의 인종 편견적인 태도가 계속하여 발생, 흑인 학생들의 등교를 막는 사태가 발생했다. 이에 당시 아이젠하워 대통령은 연방법원의 명령을 집행하기 위해 연방군을 파견, 학교 운동장에 주둔, 흑인 학생들을 교실까지 호위하는 적극적인 정책을 실시했다.

탄핵 판결은 한국정치가 과연 선진화될 수 있느냐를 판가름하는 중요한 시금석이 될 것이다. 헌재의 만장일치 결정이 있더라도 이에 정치인들이 협력하지 않으면 결코 국민통합은 될 수 없다. 이제라도 박 대통령을 비롯하여 유력 대선 주자와 정치인, 그리고 집회참가자들 모두 헌재 판결을 수용, 국민통합에 앞장서겠다는 '헌재판결수용 대국민서약'을 하기 바란다. 특히 헌재와 정치권의 국민통합 의지를 마지막까지 기대해 본다.

• 문화일보, 시평 (2017.3.9) •

2. 대의민주주의의 위기

▌한국정치 민주화와 3월의 회상

앞으로 이틀 후면 3·15 마산의거 58주년이 된다. 3·15 마산의거는 1960년 3월 15일 실시된 정·부통령선거에서 이기붕 부통령 후보를 당선시키려는 자유당이 부정선거를 획책하여 이에 항거, 이승만 독재정권을 무너트리는데 결정적인 계기를 만든 한국정치 민주화를 위한 시위였다.

이승만 정권은 이후 4·19 학생혁명과 4월 25일 전개된 대학교수들의 대통령 하야 시위 등이 연이어 일어나자, 이승만 대통령은 4월 26일 "국민들의 원하면 하야 하겠다"고 하여 경무대(현재 청와대)를 떠남으로써 이승만 독재는 마감하였다.

이승만 대통령은 비록 독재를 하였지만 마지막 대통령직 하야 시에는 경찰에 의하여 시위에 참가한 학생들이 희생되었다는 소식과 더불어 국민들의 하야 요구를 받아들여 경무대를 스스로 떠났다는 측면에서 민의를 받아들이는 지도자의 면모를 보여 주었다. 특히 이승만 대통령은 일제로부터 해방 이후 신생국 건설이라는 막중한 임무를 수행, 오늘의 대한민국이 발전하는 데 있어 초석을 쌓은 초대 대통령으로서의 업적은 과소평가될 수 없다.

3·15 마산의거 이전에 이미 자유당 정권이 획책하는 부정선거를 규탄하는 움직임이 여러 곳에서 발생했다. 우선 2월 28일 대구에서 개최된 민주당 장면 부통령후보 선거유세장에 고등학생들의 참석을 막기 위해 일요일에 강제로 등교를 시킴으로써 이에 항거한 2·28 대구학생의거가 있었으며, 이는 각 지역에서 부정선거 항거 시위로 확산되는 계기가 되었다.

이후 제일 먼저 발생한 시위는 서울에서 있은 1960년 3월5일 학생들에 의한 부정선거 반대 시위였다. 지금까지 잘 알려진 사실은 아니지만 필자의 일기에 의하면 서울에서 당일 상당한 규모의 부정선거항의 시위가 있었다. 서울 동대문운동장(현재 동대문디자인플라자)에서 광화문까지 평화적으로 전개된 시위였다. 필자는 1961년 중학교 3학년 때부터 지금까지 58년 동안 일기를 쓰고 있다.

3월5일 동대문야구장에서 당시 3·15 정·부통령 선거에 출마하였던 민주당의 장면 부통령 후보의 선거유세가 있었다. 당시 필자는 중학교 2학년생으로 당일 오후 동대문야구장에서 개최된 선거유세장에 갔다. 토요일 오후였으며, 민주당 장면 후보의 선거유세가 끝난 후 유세장에 모였던 학생들을 비롯한 1천여 명의 청중들이 동대문야구장에서부터 광화문까지 '공명선거를 실시하라'고 외치면서 질서 정연하게 데모를 한 후 해산한 것으로 일기에 적혀있다.

이런 부정선거 항거시위는 일부 신문에 비록 작게 보도됐으나(동아일보 1960.3.6. 조간 3면 기사 참조), 필자의 일기장에 서울에서 3월5일 공명선거를 위한 학생데모는 4·19 학생혁명의 전초역할을 한 것으로 기록되고 있다.

3월은 무엇보다도 3·1 독립운동이 일어난 달이기에 우리 역사에서 가장 찬란하게 기록되고 있다. 3·1 독립운동 일제의 압제에 항거하여 독립운동을 전개한 강인한 민족정신과 정의와 평화에 대한 열망은 한민족의 우수성을 세계만방에 알린 거사였다. 3·1 독립운동 정신이 오늘의 한국을 산업화와 민주화를 달성한 세계가 부러워하는 국가로 발전시킨 원동력이다.

내년이면 3·1 독립운동 100주년이 된다. 올해 99주년을 맞이하는 서울 종로에서 한마음으로 독립을 외치던 3·1 독립운동 때와는 달리 보수와 진보로 극명하게 엇갈린 태극기부대와 한반도기부대의 시위가 각기 다른 장소에서 서로 다른 목소리를 내며 시위를 했다. 우리 사회는 극단적인 이데올로기의 틀 속에서 갈등이 심화, 국가발전에 걸림돌이 되고 있다.

3·1절 100주년을 맞이하는 내년 3월1일에도 이런 모습이 재연되지 않기를 바라는 마음은 나 혼자만의 바람일까. 새로운 봄 냄새가 움트는 3월과 같이 정치에도 새로운 화합과 평화의 기운이 돋기 바란다.

• 경기일보, 칼럼(2018.3.12) •

▌시민단체 낙선운동, 이유 있다

경실련이 제16대 총선 출마가 예상되는 전·현직 의원 164명의 공천 결격사유를 정리한 〈총선 출마예상자 제1차 정보공개〉를 10일 전격적으로 발표하여 일반시민은 물론 정치권이 야단이다. 이는 금년 총선의 최대의 쟁점이 될 것 같다. 더구나 오늘 참여연대를 비롯한 1백여 시민단체가 참여하는 '2000년 총선시민연대'까지 발족하여 문제 있는 정치인에 대한 공천반대 또는 낙선운동을 전개할 예정으로 되어 있어 정치권은 더욱 요란할 것 같다.

시민단체에 의한 공천 부적격자 발표 또는 낙선운동은 이미 오래전부터 예상된 일이다. 지난 해 정기국회 국정감사시 국감모니터를 운영하여 시민들로부터 많은 지지를 받은 시민단체들은 1인보스지배 정당체제의 공천(公薦) 아니 사천(私薦) 관행을 뿌리뽑아 정당민주화를 지향하고 또한 유권자의 알권리를 충족시키기 위해 4.·13 총선거시 적극적인 정치활동을 전개하겠다고 수차례 공언하였기 때문에 이번 발표가 결코 새로운 사실은 아니다. 그러나 정치권에서는 지난 번 국감모니터 때 모니터 결과를 매일매일 의원별로 발표하자, 이는 객관성과 대표성에 있어 문제가 있다고 하면서 방청불허 하는 등 요란했다.

이번에도 역시 예고된 사항임에도 불구하고 막상 경실련이 공천부적격자 명단을 발표하자 객관성과 대표성이 없다느니 또는 시민단체가 오만하다느니 하면서 모처럼 정치권이 한 목소리가 되어 시민단체와의 일전을 불사하겠다는 각오이다. 물론 대다수 일반 시민들이 다소 문제점은 있지만 시민단체의 행동에 대하여 환영하는 분위기며, 이제야 정치권이 정신을 차릴수 있겠구나 하는 반응이다.

이번 시민단체에서 전개하는 공천부적격자 발표나 낙선운동은 다음과 같은 세 가지 점에서 타당한 이유가 있다고 본다. 우선 이번 발표는 정치권으로 하여금 밀실공천, 돈거래공천, 담합공천 등 비민주적 공천을 하지 말라는 유권자의 의사를 대변한 것이다. 공천은 선거에 있어 가장 중요한 첫 단계인데도 불구하고 지금까지 공천이 각 정당의 오너, 또는 계파 보스에 의하여 독점됨으로써 무능, 부패 또는 보스에게 충성을 바치는 가신들이 공천을 받았다. 아무리 부패한 정치인도 보스에게 잘 보이면 공천을 받기 때문에 훌륭한 후보자가 공천을 받지 못해 유권자의 선택 폭이 좁아질 수밖에 없다. 때문에 이번 발표는 자격 있는 후보자를 공천하라는 정치권에 대한 일종의 경고 메시지이다.

둘째 유권자들은 후보자에 대하여 충분히 알권리를 가지고 있으며, 정당은 물론, 언론이나 각 단체는 후보자에 대한 충분한 정보를 알려 주어야 한다. 우리는 선거 때 지연, 학연, 혈연의 투표 성향을 비판하면서도 후보자에 대한 충분한 정보 제공을 기피하고 있다. 유권자들은 단순히 후보자가 자화자찬(自畵自讚)하는 선거홍보물에 의존하고 있으며, 언론도 후보자의 과거 비리 등을 파헤치는데 게을리 하고 있다. 이런 때 시민단체에서 후보자에 대한 정보, 그것도 고된 작업을 거쳐 지금까지 이미 신문이나 잡지에 보도된 것을 객관적인 기준에 따라 유권자의 편리를 위해 단순히 정리해서 발표한 것이 특별히 무엇이 잘못된 것인지 되묻고 싶다. 오히려 자격있는 후보자를 위한 공천자료를 만들어야 하는 정당의 어려운 작업을 시민단체들이 해주어 고맙다고 해야 하지 않을지.

셋째 그 동안 시민단체들은 단체의 정치활동을 금지란 선거법 87조에 대한 개정운동을 꾸준히 전개하였다. 시민단체도 하나의 조직으로서 정치활동을 할 수 있다. 외국의 시민단체들은 선거 때 특정 후보나 정당에 대한 찬·반운동을 자유롭게 전개한다. 엄격한 객관적인 기준을 만들어 오해의 소지를 최소화하여 이를 회원 또는 언론에 공표하며, 최종 선택은 유권자의 몫으로 돌리고 있다. 그러나 우리 나라에서는 이를 법으로 금지하고 있어 그 동안 시민단체나 학계는 87조의 폐기를 주장하였으나, 정치권은 묵묵부답이다. 더구나 노동조합에 대하여는 자유로운 정치 활동을 허용하면서 시민단체에게만 이를 금지하는 것은 형평성에도 어긋난다.

시민단체도 객관적인 자료분석이나 기준에 더욱 엄격하여 잘못된 내용이 있으며, 즉각 수정하여 발표하여야 하며, 또한 문제가 되고 선거법 87조 개정 운동을 더욱 강도 있게 전개할 필요가 있다. 시민단체는 높은 수준의 객관성과 도덕성을 지녀야 한다. 정치권은 이번 일에 흥분하지 말고 공천작업부터 전면 검토하여 자격 있는 후보자가 공천되도록 해야 한다. 선거 때만 되면 신당이니 창당이니 하지 말고 공천민주화부터 단행하여 민주정당의 토대를 마련, 이번 총선에서 유권자에게 정정당 당한 신임을 물어야 할 것이다.

• 조선일보, 시론(2000.1.12) •

제6절

남북관계와 국제정치

1. 한반도와 남북관계

▌판문점은 응답하라

    판문점은 행정구역상으로 경기도 파주시 진서면에 위치한 군사분계선 상에 있는 취락지역으로 널문리라고 한다. 8·15광복 이전 행정구역으로는 경기도 장단군 진서면 어룡리였으나, 지금은 1953년 7월 27일 휴전협정이 이곳에서 조인되면서 명칭은 UN 측과 북한 측의 '공동경비구역(JSA: Joint Security Area)'으로 불리고 있다. 휴전선 내 유일한 유엔·북한 공동경비지역으로서 남·북한의 행정관할권 밖에 있는 불가침의 지역이다.

    판문점은 남북분단과 동족비극의 상징이며 동시에 산교육장이다. 6·25전쟁 이전만 해도 초가집 몇 채만 있는 이름 없는 한적한 마을이었다. 그러나 1951년 10월 25일 이곳에서 휴전회담이 열리면서 세계 뉴스의 초점으로 떠올랐다. 같은 해 8월부터 9월 초까지의 포로교환이 이곳에서 이루어졌고 판문점 서쪽 사천내에 놓여 있는 '돌아오지 않는 다리' 부근에는 1976년 8월 18일 북한 경비군에 의한 도끼만행사건으로 세계 언론의 주목을 받기도 했다.

    공동경비구역인 판문점을 기점으로 남쪽에는 평화의 집이 있으며, 북쪽에는 판문각이 있다. 과거 남북적십자회담이 개최될 때 남북대표단이 각각 평화의 집과 판문각에서 휴식을 취하거나 또는 회담을 하기도 했다. 판문점 남쪽과 북쪽에는 우리나라 최고 100m 국기게양대에 걸린 태극기와 세계 최고 160m에 걸린 인공기가 군사분계선 양쪽에서 나란히 펄럭이고 있어 분단의 현실을 새삼 절감하게 된다.

앞으로 이틀 후면 휴전협정이 체결된 지 64주년이 되는 날이다. 휴전협정의 정식 명칭은 '국제연합군 총사령관을 일방으로 하고 조선민주주의인민공화국 최고사령관 및 중공인민지원군 사령관을 다른 일방으로 하는 한국 군사정전에 관한 협정'이다.

1952년 7월 개성에서 본회담이 시작되어 같은 해 10월 판문점으로 회담 장소를 옮겼으나 전쟁 포로 문제 등으로 인해 9개월간 회담은 중지되었다. 그 후 1953년 7월 27일 판문점에서 국제연합군 총사령관 클라크(Mark Wayne Clark)와 북한군 최고사령관 김일성, 중공인민지원군 사령관 펑더화이(彭德懷)가 최종적으로 서명함으로써 협정이 체결되었으며, 또한 피비린내 나는 6·25전쟁도 일단 정지되었다.

휴전협정으로 남북한은 휴전상태에 들어갔고, 비무장지대와 군사분계선이 설치되었다. 군사정전위원회가 판문점에 설치되고, 스위스·스웨덴 등으로 구성된 중립국감시위원단이 활동하고 있다. 1991년 3월 한국군 장성이 군사정전위원회 수석대표로 임명되고, 이듬해 4월과 12월에 북한과 중국이 각각 군사정전위원회에서 철수하면서 협정 조항은 거의 유명무실해졌다.

때문에 남북한은 물론, 미국 등 이해 당사국 사이에 정전협정 대신 평화협정을 체결해야 한다는 공감대가 형성되어 1997년 스위스 제네바에서 교전 당사국인 남북한과 미국·중국 대표들이 모여 4자회담을 열었으나 성과는 없었다. 북한은 정전협정 서명에 참가하지 않은 한국을 제외하고, 정전협정 당사국인 미국과 평화협정을 체결해야 한다는 주장이다. 반면 한국은 6·25전쟁의 주된 교전 당사국으로서 실질적인 평화협정 당사자라는 주장으로 맞섬으로써 이 문제가 정전체제를 평화체제로 대체하는 데 큰 걸림돌이 되고 있다.

남북한은 지난 2015년 12월 남북차관급 회담 이후 지금까지 어떤 회담도 열리지 못하고 있다. 문재인 정부는 북한에 대한 강온정책을 구사하고 있다. 북한 핵폐기를 위한 미국과의 대북강경정책에 보조를 취하면서 동시에 대화의 통로도 열어놓고 있다. 문재인 정부는 최근 남북 군사회담과 적십자 회담을 전격 제안했으나, 북한은 아직까지 아무런 응답이 없다.

수년 전 판문점을 방문했을 때 남북회담장에서 말없이 무덤덤하게 방문객들을 응시하고 있는 경비원 모습이 새삼 회상된다. 내달 중순 최전방 휴전선을 지켰던 전우들과 판문점을 방문하려고 하는데 그때 쯤에는 판문점이 응답하여 오는 10월 추석 때 남북이산가족 상봉을 위한 남북적십자회담이라도 열리면 얼마나 좋을까.

• 경기일보, 칼럼(2017.7.24) •

올림픽과 정치, 평창은?

제23회 동계올림픽대회가 칼바람이 불고 있는 해발 700m 고지의 평창을 비롯하여 강릉, 정선 등 강원도 일원에서 개최되고 있다. 하계올림픽과 동계올림픽을 모두 개최한 나라는 미국을 비롯하여 프랑스, 러시아, 캐나다, 독일, 이태리, 일본뿐이다. 이제 한국은 여덟 번째 국가가 되었다. 중국도 오는 2022년 베이징 동계올림픽을 개최할 예정이므로 아홉 번째 국가가 될 것이다.

'하나된 열정(Passion: Connected)'이란 주제 하에 개최된 2018 평창 동계올림픽의 2월 9일 개회식 장면은 한국의 발전상과 문화의 우수성을 세계에 알리는데 손색이 없었다. 지구촌의 25억 명이 시청한 올림픽 개회식에서 6·25 한국전쟁으로 폐허가 되었던 한반도는 'KOREA'라는 이름 하에 통일된 남북을 상징하는 한반도기를 앞세우면서 동시에 입장, 평화를 상징하는 평창올림픽의 감격적인 장면을 여실히 보여줌으로써 한민족의 자부심을 새삼 느끼게 하였다. 특히 마지막 성화를 점화하는 '경기의 딸' 김연아의 멋진 장면은 감동 그 자체였다.

고대 그리스의 아테네에서 처음으로 개최되다가 중단된 올림픽은 1896년 프랑스의 피에르 쿠베르탱(Pierre de Coubertin)의 노력으로 부활, 근대올림픽은 분명 세계 젊은이들의 축제이며, 동시에 마라톤을 비롯한 운동경기를 함으로써 스포츠인들의 경연장이다. 이는 올림픽 헌장에도 잘 나타나 있다. 국제올림픽위원회(IOC) 올림픽 헌장 제5장 51조 3항에는 '어떤 종류의 정치, 종교, 인종차별적 선전도 금지한다'고 명시되어 있다.

그러나 최근 개최된 올림픽 역사를 보면 올림픽은 정치와 무관한 젊은이들의 스포츠 축제라고 주장할 수 없을 정도로 치열한 국제외교무대가 되었다. 이미 각국은 올림픽 경기에 출전하는 선수는 물론 참가 임원, 또는 응원단을 통해서 자국의 위대함과 발전상을 최대한 홍보하는 선전장이 되었다. 이념의 대결장, 때로는 총성이 오가는 전쟁터가 된 것이 오늘의 올림픽대회 현장이다.

1936년 8월에 개최된 베를린 하계올림픽은 독재자 히틀러에 의하여 나치 선전장이 되었다. 올림픽대회를 나치의 폭력적 이미지를 희석시키는 기회로 삼아 히틀러는 독일이 평화를 사랑하는 민족이라는 것을 최대한 선전했다. 그러나 이는 위장된 평화였으며, 오히려 3년 뒤 독일은 세계대전을 일으켰다.

최근에는 올림픽에 정치색이 더욱 두드러지게 나타났다. 1972년 뮌헨 올림픽은 '피의 올림픽'이라 불릴 정도로 팔레스타인 '검은 9월단'에 의해 이스라엘 선수들이 살해당했다. 1980년 소련의 아프간 침공으로 미국 등 서방국가들이 모스크바 하계올림픽을 보이콧하고, 4년 뒤 로스앤젤레스에서 개최된 하계올림픽은 공산권이 불참해 반쪽짜리 대회가 되었다. 이란은 2008년 베이징 하계올림픽 때 자국 선수들이 이스라엘과 맞붙게 되면 일부러 철수시켰다.

1988년 서울에서 개최된 하계올림픽은 한국정치 민주화에 크게 기여하였다. 1987년 전두환 정권이 직선제 개헌안을 받아들이는 6월 민주항쟁이 성공하게 된 중요 요인 중에는 서울올림픽을 성공적으로 개최하도록 압력을 가한 미국 등 서방국가와 올림픽 주요 후원자인 다국적 기업, 그리고 IOC 역할을 지적할 수 있다.

평창 동계올림픽도 북한이 '백두혈통'인 김정은의 동생 김여정의 참석과 문재인 대통령의 평양 초청, 북한예술단의 공연, 펜스 미국 부통령의 탈북인사 면담 등으로 북핵문제를 둘러싼 고도의 국제외교전이 전개되고 있다. 평창(平昌) 동계올림픽이 '평양(平壤)올림픽'이 아닌 '평화(平和)올림픽'이 되어 북핵문제를 비롯한 한반도 위기를 일거에 해결하는 '평정(平定)올림픽'이 되기를 간절히 기원한다.

• 경기일보, 칼럼(2018.2.12) •

2. 트럼프와 남북미관계

▌ 트럼프와 불확실성 시대

금년도 최대의 뉴스는 미국 대통령 선거에서 공화당의 도널드 트럼프 후보가 당선된 것이다. 아웃사이더, 막말을 서슴지 않는 부동산 재벌, 인종차별주의자, 심지어 성 추문 등을 거론하면서 비인격자라는 모욕적인 언사까지 동원하여 비판하던 미국의 주류 언론들의 명성을 하루아침에 나락으로 떨어트린 고집불통의 트럼프가 내년 1월 20일 제45대 미국 대통령에 취임하여 세계 지도자로서 지구촌에 막강한 영향력을 행사하게 될 것이다.

인공지능(AI) 이외에는 전혀 예상치 않았던 트럼프의 당선으로 한국을 비롯한 세계는 최소한 앞으로 4년간 트럼프가 과연 어떤 정치를 펼칠 것인가에 촉각을 곤두세우고 있다. 특히 한국은 '미국 우선주의'를 내세우고 있는 트럼프이즘 (Trumpism)에 의하여 통상은 물론 남북관계와 같은 안보에 지대한 변화가 예상되어 이에 대한 세심한 대처가 시급한 과제이다.

그러나 국내 정치상황은 '최순실 게이트'로 인하여 최고통수권자인 박근혜 대통령이 사실상 레임덕으로 리더십을 발휘할 수 없는 상태이기 때문에 과연 한미동맹, 북핵문제, 통상문제 등 중요 국정과제를 어떻게 다루어야 될 것인지 걱정스럽다. 그렇다고 국회가 여야를 초월하여 이 난국을 슬기롭게 처리할 능력이 있는지 역시 의문이다.

유명한 사회사상가 갤브레이스(John Kenneth Galbraith)는 일찍이 현대사회는 정치·경제·사회 등 모든 분야가 예측하기 어려운 상황이 지속적으로 반복되는 불확실성의 시대(The Age of Uncertainty)라고 말하였다. 1977년 발간된 그의 저서가 40년이 지난 오늘의 정치사회를 더욱 잘 반영하고 있는 것 같다. 특히 이번 미국 대선에서 트럼프의 선거운동과정이나 앞으로 그의 정치행태가 이런 불확실성의 시대적 진면목을 더욱 잘 보여줄 것 같다.

트럼프 대통령 당선자가 지난 10일 박 대통령과의 전화 통화에서 '미국, 한국과

100% 함께 할 것'이라고 언급하여 전통적인 한미동맹관계는 지속될 것으로 보인다. 한미동맹은 미국 국가이익에도 부합되기 때문이다. 그러나 트럼프가 지금까지 주장했던 한국의 주한미군 방위비 부담 증가 요구를 수정할 수 있을지 불확실하다.

트럼프는 기본적으로 지금까지의 삶의 스타일이 정치적 측면보다는 사업적 측면을 중시, 거대한 부를 이룩한 사업가로서 최고직인 대통령까지 당선되었다. 또한 선거과정에서도 이를 최대한 활용, 저소득층 백인들의 지지를 전폭적으로 받았음으로 앞으로 한미관계도 이런 차원에서 정책을 수립할 가능성이 농후하여 한미관계의 불확실성이 예상된다.

우선 한국에 있어 트럼프 정부의 등장으로 가장 우려되는 불확실한 분야가 통상문제이다. 한국은 무역으로 살고 있는 국가이다. 미국은 한국의 제2교역상대국이다. 지난해 미국과의 교역에서 우리는 258억 달러의 흑자를 기록하였는데, 이는 2011년 말 자유무역협정(FTA) 발효되기 전 흑자 규모 116억 달러에 비하여 대폭 증가한 것이다. 그러나 트럼프는 한미FTA로 인하여 미국의 일자리가 상당수 줄어들고 있다고 주장하면서 FTA의 폐기를 주장하고 있어 통상문제에 험난한 파고가 예상된다.

이번 미국 대통령 선거는 대통령 선거 사상 가장 비호감도 높은 후보자들 중에서 선택하는 선거이기 때문에 미국 유권자들이 스트레스를 많이 받았다고 불평을 할 정도로 인기가 없었다. 이는 막말을 거침없이 하는 트럼프, 이메일 스캔들의 힐러리 클린턴 모두 국민들로부터 신뢰를 받지 못하였다.

특히 트럼프의 경우, 미국의 상당수 젊은이들과 소수민족계통의 유권자들이 트럼프의 리더십을 신뢰하지 못하고 있다. 미국에서 선거가 끝난 후 대통령 당선자를 반대하는 대규모 시위가 대도시 전역에서 행해지고 있다는 것은 전무후무한 사건으로 이는 아직도 대통령으로서의 트럼프의 리더십을 신뢰하지 못하고 있다는 것이다.

현재로서 가장 확실한 것은 앞으로 4년간 미국은 사업가 출신 트럼프에 의하여 이끌어진다는 것이다. 트럼프의 대통령 당선으로 한미관계의 불확실성이 점증하고 있는 상황이지만, 우리는 트럼프가 한국과 이해관계가 가장 깊은 미국을 이끈다는 확실성에 의한 실체에 접근, 한미동맹의 새로운 관계설정에 깊이 고민해야 될 것이다.

• 경기일보, 칼럼(2016.11.16) •

❚ 협상의 달인, 트럼프와 한국 외교의 과제

　트럼프 미국 대통령이 취임 100일을 전후해 비즈니스맨의 본색을 나타내고 있다. 트럼프는 지난해 대통령 선거운동에서 협상의 달인답게 각종 흥미위주의 뉴스거리를 양산, 매스미디어의 집중 조명을 받아 뉴욕타임즈와 같은 유력 언론의 예측과는 달리 힐러리 클린턴 민주당 후보를 물리치고 대통령에 당선, 세계를 놀라게 했다.

　트럼프의 이와 같은 선거운동방식은 오랜 기간 비즈니스맨으로 사업 현장에서 체험한 협상의 기술을 정치에 적용, 성공했다. 트럼프는 그의 저서 〈거래의 기술〉(The Art of Deal)에서 열한 가지의 거래의 원칙을 제시하고 있는데, 이중 가장 관심있는 것이 '언론을 이용하라'와 '지렛대를 사용하라'의 원칙이라고 볼 수 있다.

　언론과 지렛대 사용의 두 가지 원칙은 상호 분리된 것이 아니고 동전의 양면과 같이 밀접하게 상호 연결된 것이다. 이미 지난해 미국 대선에서 이런 거래의 원칙을 적용, 재미를 본 트럼프가 미국의 외교정책, 특히 대(對)한반도 정책추진 과정에서 적용하고 있어 한국외교가 딜레마에 빠져있다.

　트럼프는 사업에서 상대방과의 협상 시 우선 예기치 못한 강력한 엄포를 내놓아 위기조성을 만든 다음, 협상에서 실리를 추구하는 거래의 기술을 사용했다고 말하고 있다. 즉 이는 상대방과 갈등 상황에 부닥치면 먼저 협상의 지렛대로 최악의 상황을 제시해 엄포를 놓은 다음, 이를 이용하여 위기를 조성한 뒤에 협상에서 자신의 실리를 챙기는 방식이다.

　이런 협상 방식을 지난주 로이터 통신 등과의 인터뷰에서 한미 양국 간 최종 합의가 끝난 사드(THAAD · 고고도미사일방어체계) 배치 비용을 한국이 부담해야 한다는 요구를 기습적으로 내놓아 한국을 당황하게 했다. 사드 비용 부담 언급에 더하여 국가 간 협약인 한미자유무역협정(FTA)을 아예 폐기할 수도 있다는 주장까지 했으니, 이는 한국에 대한 강력한 엄포이다.

　사드와 FTA문제는 한미 간의 안보와 경제에 있어 가장 중요한 분야이다. 때문에 한미동맹의 기본정신을 염두에 둔다면 한쪽이 일방적으로 약속을 파기할 수 있는 문제가 아니다. 지난달 30일 김관진 국가안보실장과 허버트 맥마스터 미국 국가안보보좌관이 사드 비용을 미군이 부담한다는 원칙을 재확인했지만, 이후 또 자신의 말을 뒤집고 있어 믿을 수 없다. 트럼프 정부의 황당한 발언행태는 협상 전략의 일환으로 볼 수 있지만 너무 한국을 무시하고 있다.

트럼프는 이미 고차원의 협상 전략을 미국 외교에 사용하고 있다. 최근 나토(NATO · 북대서양조약기구)와의 협상에서 이를 적용하고 있다. 또한 지난달 30일 트럼프는 펜실베이니아주 집회에서 각 교역 대상국, 세계무역기구(WTO)와 맺은 무역협정에 문제가 없는지 전면 재검토하고, 백악관에 무역정책국을 상설하는 내용의 행정명령에 서명함으로서 재삼 우리에게 경각심을 주고 있다.

'미국 우선주의'(America First)를 외치는 트럼프는 여하한 수단과 방법을 통해서라도 미국의 일자리 창출과 국방비 절감을 위해 노력할 것이다. 이런 면에서 트럼프의 기습적인 사드 비용 10억 달러 청구와 FTA 폐기 엄포는 사드와 FTA라는 지렛대를 이용, 한국과 내년 방위비 분담금 협상에서 유리한 고지를 차지하려는 사전 포석일 수 있다.

비즈니스맨 출신인 트럼프는 그의 저서 첫 장에서 거래를 통해서 인생의 재미를 느끼며, 거래는 자신에게 하나의 예술이라고 말하고 있다. 성공한 비즈니스맨이며 세계 최강국의 대통령인 트럼프에게 협상은 재미있는 예술일지 모르겠지만 우리에게는 생존의 문제이다.

정부와 대선 후보들은 트럼프의 협상전략에 대한 철저한 분석을 통해 대응책을 마련해야 된다. 이제 한미동맹이라는 수사만 가지고 해결할 시대는 지났다. '손자병법'에 '상대방을 알고 나를 알면 백 번 싸워도 위태롭지 않다'(知彼知己 百戰不殆)라는 병술을 적용, 외교 총력전을 펼쳐야 할 것이다.

• 경기일보, 칼럼 (2017.5.1.) •

3. 한일관계와 극일(克日)

▌극일(克日)은 지일(知日)로부터

　손자병법(孫子兵法)의 모공편(謀功篇)에 보면 '지피지기 백전불태(知彼知己 百戰不殆)'라는 글귀가 있다. 적과 자신을 잘 알면 전쟁에서 백번 싸워도 위태롭지 않다는 아주 평범한 내용이다. 세계화로 국경 없는 무한경쟁시대를 맞이하여 소리 없는 외교전쟁을 통해 자국의 이익을 최대한 추구하기 위하여 상대국을 잘 아는 것은 무엇보다도 중요하다. 상대방을 잘 알지 못하면서 어떻게 전쟁에서 승리할 수 있겠는가.

　한일 양국은 올해 한일국교정상화 40주년을 맞이하여 '한일우정의 해 2005'로 명명, 다양한 행사가 지난해부터 중앙정부는 물론 지방정부 차원에서 기획되었다. 그러나 지난 2월말 불거진 주한일본대사의 독도 망언과 역사교과서 왜곡 문제로 많은 행사가 취소되었을 뿐만 아니라 최근 양국 간의 관계는 과거 어느 때보다 악화되어 우정은 고사하고 갈등의 골만 깊어가고 있다.

　흔히 우리는 일본을 '가깝고도 먼 나라' 라고 한다. 일제로부터 해방된 지 60년이 되었지만 일본이 우리의 진정한 이웃이 되기에는 여러 가지 장벽이 아직도 많이 남아 있다. 일제에 의해 무수한 고통을 받은 우리 민족으로서 아무리 시간이 흐르고 또한 주변 환경이 변한다고 해도 일본으로부터의 진솔한 사과와 뉘우침이 없는 한, 지리적으로 가깝다는 이유만으로, 그리고 우리의 문화가 일본에 전수되었다는 긍지만으로 일본과 우호적인 관계를 유지한다는 것은 결코 쉬운 일이 아니다.

　1965년 한일국교 정상화 당시만 해도 양국 간의 방문객은 불과 2만2천명에 달하지 않았다. 그러나 2004년에는 약 244만 명의 일본인이 한국을 방문했고 또한 한국인도 약 177만 명이 일본을 방문하여 양국 간의 인적 교류는 40년 전과 비교하면 그야말로 천양지차이다. 일본에 있는 한국유학생도 1만5천명에 달하며, 한국에 유학 온 일본 학생도 약 2천 명에 달하고 있다.

더구나 방송드라마 '겨울연가'를 시작으로 지난해부터 불기 시작한 한류는 일본사회로 하여금 한국에 대한 인식을 변화시키는 계기가 되었다. 일본의 유수 대학에는 한국학, 한국어강좌가 붐을 이루고 있다. 도쿄 신주쿠 외곽에 위치하고 있는 코리아타운은 연일 들끓는 일본관광객들에게 배용준을 비롯한 한국 유명 배우들의 마스코트가 인기를 끌고 있으며, 한국슈퍼마켓이나 식당들은 일본손님들 때문에 영업이 아주 잘 되고 있다.

그러나 이러한 일본 사회 저변의 변화에도 불구하고 아직도 우리는 일본의 비양심적인 정치인들과 지도자들에 의하여 자행되고 있는 몰염치한 언어의 유희와 일본 사회의 우익화 경향 때문에 앙금을 해소하지 못할 뿐만 아니라 점점 반일(反日)감정이 깊어가고 있는 것 같다. 때로는 일본이라는 말만 나와도 무조건 반사적으로 반일을 외치는 감정적인 대응이 점차 증대하고 있는 것 같다.

　　감정적인 대응은 한 맺힌 응어리를 푸는 데 좋다. 반일(反日)도, 혐일(嫌日)도 얄팍한 일본지도자들의 망언을 생각하면 충분히 이해가 된다. 그러나 우리 가슴속에 맺힌 한을 진정으로 푸는 방법은 반일도, 혐일도 아닌 극일이다. 우리가 일본을 제대로 알고 대응하는 것이 극일이며, 극일이야말로 국가 이익의 추구는 물론 양국 간의 진정한 우호관계를 맺을 수 있는 기틀을 마련하는 것이다.

　　필자는 지난 1년간 일본 게이오대학(慶應大學)에서 연구 활동을 하면서 한국의 많은 젊은이들이 극일하기 위하여 일본을 열심히 연구하고 일본사회를 체험하는 것을 보았다. 앞으로도 많은 젊은이들이 일본에 진출하여 일본의 정치·경제·사회 등을 제대로 알 때 우리는 반일, 혐일을 넘어 극일을 통한 승일(勝日)을 하지 않을까.

• 경기일보, 칼럼(2005.9.5.) •

▌ 반일(反日)과 극일(克日), 우리의 선택은?

한국과 일본, 지구촌에서 지리적으로 가장 가깝게 접하고 있는 이웃이다. 일본령인 대마도는 부산에서 불과 50㎞밖에 되지 않는다. 그러나 지리적 근접성에 비하여 한일 양국 국민이 가지고 있는 감정적 간극은 저 멀리 북극점에 있는 그린란드보다도 더욱 얼어붙고 또한 골이 깊다. 따라서 한일관계 설정은 가깝지만 먼 나라의 희비곡선 하에서 항상 논쟁이 되고 있다.

특히 8월이 되면 양국 국민들은 한일관계에 대하여 고심하게 된다. 언론은 물론 정치인들도 8월이 되면 한일관계에 대하여 어떤 태도를 취하는 것이 과연 바람직한 것인가를 두고 망설이게 된다. 이런 상황에서 일본 정치인들의 돌출적인 망언이 보도되면 한국인들의 응어리진 감정을 폭발시켜 다소 해빙 무드가 조성되던 한일관계는 또다시 얼어붙게 되는 현상이 반복되는 악순환이 전개된다.

오늘은 1910년 8월 22일 대한제국과 일본이 합병조약을 체결한지 107년이 되는 치욕스러운 날이다. 청일전쟁과 노일전쟁에서 승리한 일제가 1904년 한일의정서를 통해 한반도에 군대를 주둔시켰고, 이어 1905년 11월 17일 을사늑약을 강요하여 외교권을 박탈, 보호국을 만들었으며 또한 통감부를 설치하였다. 이 조약은 을사5적 이완용 등이 서명하였다.

1910년 8월 22일 체결된 한일병합조약은 총 8조로 구성되었으며, 일체 통치권을 일본국 황제에게 양여한 것이다. 당일 오후 1시 창덕궁에서 순종이 참가한 형식적인 어전회의를 거쳐 전권위원으로 임명된 내각총리대신 이완용과 데라우치 통감 사이에 병합조약이 조인됨으로써 한국은 암흑의 일제시대 35년간을 맞이하게 된다. 그러나 이 조약은 공식적으로 29일에 발표되어 경술국치일은 29일로 기록되고 있다.

조선총독부를 중심으로 통치권을 장악한 일제가 행한 한민족에 대한 만행은 새삼 언급할 필요도 없이 우리는 치욕의 35년을 고통 속에 견디었다. 수많은 독립지사와 일제가 저지른 태평양 전쟁에 동원된 젊은 청년들이 희생되고 심지어 자신의 이름까지 일본식으로 개명하는 수모를 당했다.

그뿐만 아니다. 한반도는 일본의 군수물자 조달에 전진기지 역할을 했고 수많은 젊은 여성들은 차마 입에 담기도 싫은 위안부로 일본군에 의하여 인권이 유린되었으니, 이 얼마나 통탄할 일인가. 그럼에도 일부 일본 정치인들은 반성하기는커녕 철도 부설 등을 예로 들면서 한국의 근대화에 기여했다고 망언을 하고 있으니, 참으로 기막힐 노릇이다.

일제로 해방된 지 72년이 지난 오늘, 한국과 일본은 동북아 질서의 안정은 물론 양국의 발전을 위해서도 지금과 같은 냉각된 갈등관계를 지속하는 것은 바람직하지 않다. 한일 양국은 경제적 · 안보적으로 상호 밀접하게 연계되어 미래지향적 관계를 설정해야 된다.

우선 일본은 과거 일제가 저지른 잘못에 대하여 진솔하게 사과해야 된다. 위안부 문제 등에 대해 진심 어린 사과를 함으로써 양국 관계는 개선될 수 있다. 우리도 일본에 관한 문제라면 무조건 반대하는 반일(反日), 혐오하는 혐일(嫌日)보다는 우리의 실력을 향상시켜 일본을 극복하는 극일(克日)의 적극적 자세가 필요하다. 특히 정치인들이 일본 수상 아베와 같이 한일관계를 정치적으로 이용하는 것을 한일 양국 국민은 경계해야 된다.

• 경기일보, 칼럼(2017.8.21.) •

제7절

한반도와 한국외교의 과제

1. 한반도와 한국외교의 위기

▌공공외교와 국가이익의 추구

지난달 14일 아베 신조(安倍晉三) 일본 총리가 발표한 담화에 대하여 우리 국민들은 물론 세계가 실망하고 있다. 일본의 전 총리인 무라야마 도미이치(村山富市) 등 양심적인 정치인과 지식인들도 아베의 담화는 잘못된 역사인식을 나타내고 있는 것이라면서 비판하고 있다.

세계 각국의 주요 지도자들도 아베의 담화는 물론 지금까지 행한 아베의 역사인식과 언행에 대하여 비판적인 자세를 취하고 있다.

아베에 잘못된 역사관에 인식한 담화에도 불구하고 유독 미국은 아베의 담화를 환영하고 있어 오랜 한미동맹을 유지하고 있는 우리로서는 미국의 태도에 실망하지 않을 수 없다.

미국 정부는 '아베 총리가 2차 대전 당시 일본이 야기한 고통에 깊은 참회를 표하고 역대 일본 내각이 취해온 역사적 담화를 계승한다고 약속한 것을 환영한다'면서 '일본은 전후 70년간 평화와 민주주의, 법치에 변함없이 헌신해왔으며 이는 세계적 모범이 되고 있다'는 공식적인 입장을 밝혔으니, 이는 아베 총리가 담화를 통해 밝힌 일본의 국제사회에서의 입지를 그대로 인정한 것이나 다름없다.

미국과 일본의 밀월시대는 이것뿐만 아니다. 지난 4월 29일 일본 총리로서는 전후 최초로 미국 상·하원 합동회의에서 연설을 했다.

아베는 연설에서 진정한 사죄보다는 '아시아 국가에 고통을 주었다'라는 말로 일본의 침략 과거사를 적당히 덮었음에도 무려 10여 차례의 기립박수까지 받았다.

그리고 아베 총리는 미국의 주요 도시를 방문, 미국민들의 환영을 받으면서 활발한 외교활동을 한 것을 생각하면 우리로서는 이런 미국의 태도를 이해하기 어렵다.

그러나 이러한 아베의 대미외교 성공은 결코 우연하게 이뤄진 것이 아니다. 이는 일본이 미국을 상대로 오랫동안 공공외교(Public Diplomacy)를 펼쳐온 결과이다.

지금 세계는 외교전쟁 중이며, 특히 한·중·일 간의 외교전은 치열하게 전개되고 있다. 과거 국가 간의 외교관계가 주로 주재 공관의 외교관에 의하여 공식적으로 이뤄졌다고 하면 작금의 외교는 이런 공식적인 채널보다도 민간차원의 공공외교가 더욱 효과적인 외교수단으로 등장하고 있다.

공공외교란 외국 국민들과의 직접적인 소통을 통해 자국의 역사, 문화, 예술, 가치, 등에 대한 공감대를 확산하고 신뢰를 확보함으로써 상호관계를 증진시키는 것을 의미하고 있는데, 일본은 이런 공공외교를 미국을 상대로 지속적으로 행하여 좋은 결과를 얻고 있다.

공공외교는 정부 간 소통과 협상 과정을 일컫는 전통적 의미의 외교와 대비되는 개념으로 문화, 예술, 원조, 홍보 등 다양한 소프트 파워(Soft Power) 기재를 활용하여 외국 대중에게 직접 다가가 그들의 마음을 사고, 감동을 주어 해당 국가 지도자들의 인식을 변화시키는 것이다.

현대 외교는 군사력, 경제력 등을 주 무기로 하는 '하드 파워'의 개념에서 민간차원의 공공외교를 통해 상대방 국민의 마음을 움직이게 하는 '소프트 파워' 경쟁으로 변하고 있다.

우리는 공공외교는 일본과 비교하면 너무도 큰 차이가 난다. 2015년 예산 기준으로 미국 싱크탱크 및 연구소에 대해 한국 정부가 직접 투자하는 금액은 0원이다. 일본의 경우 정부 직접 지원액은 700억 원이며, 정부 산하기관과 민간재단을 모두 합하면 약 906억 원으로 한국의 37억 5천만 원에 비하여 무려 24배나 많다. 양국의 국내총생산(GDP) 격차는 불과 3.4배이지만, 공공외교의 격차는 하늘과 땅 차이이다.

일본의 미국 컬럼비아대 등에 연간 수천만 달러를 기부, 일본전문가를 키우고 있으나, 우리는 액수도 미미할 뿐만 아니라 지속적이 아닌 단발성 기부가 많아 한국전문가를 양성하는 데 어려움이 많다.

외교는 국가이익을 극대화 하는 것임으로 정부와 지방자치단체는 공공외교의 중요성을 새삼 인식하여 민간분야에서 공공외교가 활성화 되도록 최대한 지원해야 될 것이다.

• 경기일보, 칼럼(2015.9.7.) •

스트롱맨 시대와 한국외교의 위기

　한반도를 에워싼 강대국의 지도자들이 소위 스트롱맨(strongman)으로 포진하고 있어 한국 외교가 중대한 시험대에 놓여있다. 그러나 우리는 탄핵정국으로 인하여 황교안 대통령 권한대행체제로 국정을 운영, 강력한 리더십이 사실상 부재인 상태이기 때문에 외교정책 수행에 큰 어려움을 겪고 있다. 이런 상황에서 정유년 벽두부터 주변 강대국들로부터 여러 가지 반갑지 않은 외교적 행태가 전개되고 있어 과연 이를 어떻게 극복할 수 있을지 염려된다.

　우선 미국은 도널드 트럼프 대통령 당선인이 오는 20일 제45대 대통령으로 취임하게 되면 '미국 우선(America First)'이라는 슬로건 아래 국가이익을 강조하면서 어느 때보다 강력한 리더십을 발휘할 것으로 예상된다. 이미 '무기 경쟁을 하겠다'며 핵 능력 강화 입장을 밝혔다. 이는 다분히 러시아를 겨냥한 발언이기도 하지만 국무장관, 국방장관을 비롯한 외교·국방·통상 등 주요 고위직에 보수 강경론자들을 임명한 것을 보면 과거 냉전시대와 같은 논리에 의해 외교정책을 전개할 것 같다.

　트럼프는 지난해 12월 2일 차이잉원(蔡英文) 대만 총통과 통화를 통하여 '왜 하나의 중국에 얽매여야 하는지 모르겠다'고 의문을 제기했을 정도로 미·중 관계가 경색될 가능성이 높다. 이미 통상정책에는 일본 도요타자동차 공장의 멕시코 건설을 철회할 것을 강하게 요구할 정도로 자국이익 중심의 강경한 입장을 취하고 있어, 한국과는 주한미국 방위비 분담 증액, 한미통상협정(FTA)개정 문제 등에 있어 강력한 미국의 입장을 요구할 것이 예상된다.

　지난해 11월 27일 막을 내린 제18기 중국 공산당 중앙위원회 6차 전체회의에서 당의 '핵심'으로 등장, 강력한 지도력을 확인한 시진핑(習近平) 국가주석은 트럼프의 미국과 한판 승부를 치를 준비를 이미 하고 있다. 미국에 접근하려는 대만엔 무역·외교 보복을 했는가 하면, 한국이 미국과 합의, 사드배치를 결정한 이후 중국 내의 한국기업에 대한 세무조사 등을 통해 기업 활동을 제재하는 가하면, 한국행 관광비자

발급 강화를 통하여 '유커(遊客)'의 한국관광을 제한하고 있다.

러시아도 블라디미르 푸틴은 2000년 대통령 취임 이후 무려 16년의 이상 장기집권을 통하여 쟈르 제정시대와 같은 강력한 리더십을 발휘하고 있다. 푸틴은 이미 '전략핵무기 부대의 전투력을 강화해야 한다'고 밝힐 정도로 군비강화를 하고 있으며, 시리아의 독재자 바샤르 알 아사드 대통령을 편들며 시리아 내전에 개입, 수많은 민간인 희생에도 불구하고 중동에서 영향력을 강화, 국제정치의 중심이 되고 있다.

일본 역시 아베신조 총리가 역대 어느 총리보다 보수세력의 절대적 지원 하에 강력한 리더십을 행사하고 있으며, 현재로서는 장기집권의 모드에 돌입하고 있다. 2006~2007년 제1차 집권을 포함 6년 이상 재직하고 있는 아베는 미국의 대중국정책의 전초기지로서의 역할을 충실히 수행하고 있다. 그러나 한국에 대하여는 최근 부산 일본영사관 앞에 세운 위안부 소녀상 문제로 주한일본대사를 불러들이는 등 강경정책을 펼치고 있다.

한반도 주변 국가의 스트롱맨의 등장은 우선 자국의 실리를 최대한 추구하려는 시대적 흐름이기도 하지만 한편으로는 외부를 향한 공격을 통해 세계 질서를 흩뜨려 언론의 주목을 받아 국민적 관심을 끌어들여 내치의 취약성을 상쇄하려는 정치적 계산도 무시될 수 없다. 러시아가 2014년 우크라이나 침공으로 인한 서방의 제재와 저유가로 경제는 파탄 났음에도 푸틴이 80% 넘는 지지율을 유지하고 있는 것이 대표적 사례이다.

문제는 이런 스트롱맨의 틈바구니에서 한국외교가 어떻게 활로를 찾아 국가이익을 우선하는 외교정책을 수행하느냐가 중요한 과제이다. 특히 한국은 미국과 중국의 강대강(强對强) 대치 구도에서 어느 편에도 치중하기 어려운 상황이 되고 있다. 한국은 지금 동북아의 균형추로서의 외교적 역할을 어떻게 전개, 국가이익을 극대화하느냐의 중대한 시험기에 놓여있다. 이런 어려운 상황일수록 정부는 물론 국회가 협치를 통해 외교적 난관을 극복, 동심동제(同心同濟)의 지혜를 발휘하기 바란다.

• 경기일보, 칼럼(2017.1.9) •

2. 급변하는 한반도 정세

▌ 한반도 정세와 신(新)조선책략

최근 한반도를 둘러싼 동북아 정세가 미묘하게 전개되고 있다. 지난 달 31일 박 대통령은 중국 리커창(李克强) 총리와 한·중회담을 했고, 11월 1일 한·중·일정상회담이 3년반만에 개최되기도 했다. 또 지난 2일에는 박 대통령 취임 이후 처음으로 일본 아베 신조(安倍晋三)총리 와의 한·일정상회담을 진행했다.

한·중·일회담에서는 동북아 정세를 비롯, 3국간 경제협력, 북핵문제 문제 등 각종 현안에 대한 논의를 통해 공동성명서를 발표했다. 그러나 한·일회담은 오찬, 공동성명서 발표도 없이 끝났다. 다만 앞으로 양국 정상이 다시 만날 수 있는 실마리를 마련했다는 것이 소득이라고 할 정도이다.

지난 2개월간 한국를 비롯한 동북아에서 치열한 외교전이 전개되었다. 우선 박근혜 대통령은 9월 3일 파격적인 중국 전승절 열병식 참석과 이를 계기로 한 한·중 정상회담을, 같은 달 25일 워싱턴에서 미·중 정상회담, 그리고 지난 달 10일 북한의 당 창건 70주년 기념식의 류윈산(劉雲山) 중국공산당 중앙정치국 상무위원의 방북이 있었다.

그 후 지난달 16일 박 대통령과 오바마 미 대통령 간의 한·미 정상회담 등 동북아를 둘러싼 미묘한 외교가 전개되었다.

한반도는 지정학적으로 강대국의 틈새에 위치하고 있어 주변 정세가 미묘하고 또한 갈등이 심화될 경우, 외교적 곡예를 해야 하는 어려움에 처하게 된다.

혹자는 지금의 한반도 정세가 조선조 말의 주변정세와 유사하게 전개되고 있다고 한다. 물론 현재 한국의 국력은 그때와는 상당한 차이가 있기는 하지만 주변정세는 당시와 흡사점이 있다.

이런 한반도의 정세 변화와 관련, 조선조 말 당시 조선의 외교정책 방향에 대하여 언급한 주일 청국공사 참사관 황준헌(黃遵憲)이 지은 〈조선책략〉(朝鮮策略)을 다시 생각하게 된다. 황준헌은 이 책에서 극동의 패권을 장악하려는 러시아를 방어하기 위해 조선의 외교정책은 친중국(親中國), 결일본(結日本), 연미국(聯美國)하여 자체의 자강을 도모해야 한다고 주장하였다.

황준헌은 중국과는 오랜 우호관계를 유지하고 있었기 때문에 더욱 이를 증대한다면 러시아가 중국이 무서워서도 감히 조선을 넘보지 못한다는 것이며, 일본은 조선이 중국 이외에 가장 가까운 나라이고, 과거부터 통교해 온 유일한 국가이기에 서로 결합해야 된다는 것이다.

한편 미국의 경우, 비록 조선과는 멀리 떨어져 있지만 남의 토지나 인민을 탐내지 않고, 남의 나라 정사에도 간여하지 않는 민주국가로서 오히려 약소국을 돕고자 하니 미국을 끌어들여 조선의 우방으로 해두면 러시아로부터의 공략의 화를 면할 것이라고 말하고 있다.

이와 같은 황준헌의 친중국, 결일본, 연미국의 외교정책을 언급한 조선책략은 당시 조선 조야에 큰 반응을 불러 일으켰고 또한 이로 인한 논쟁도 상당했다. 이 책은 고종을 비롯한 집권층에게는 큰 영향을 주어 1880년대 이후 조선이 비록 소극적이나마 개방정책의 추진, 서구 문물을 수용하도록 하는 계기를 마련하였다. 그러나 국력이 약한 조선은 결국 일본의 침략 야욕에 의해 식민지가 되는 비운을 맞게 되었다.

외교는 국력이 뒷받침되지 않으면 성공할 수 없다. 주변정세에 대한 정확한 분석과 대응 정책을 통해 강한 국력을 기반으로 외교정책을 수행해야 된다.

특히 미·중·일·러 등 주변 4대강국과의 숙명적인 외교관계는 한국이 직면한 외교 현실이다. 우리는 19세기 황준헌이 주장한 조선책략을 새롭게 음미하여 21세기형의 국가이익 추구를 위한 신조선책략을 수립해야 하지 않을까. 한국 외교가가 새로운 시련기를 맞고 있음을 외교당국의 직시, 험량한 외교파고를 헤쳐나가기 바란다.

• 경기일보, 칼럼(2015.11.9.) •

트럼프 vs 김정은 세기의 드라마, 승자는?

오늘 지구촌은 아시아의 조그마한 나라, 싱가포르에서 펼쳐지는 세기의 드라마에 시선이 집중되어 있다. 오늘 오전 싱가포르의 센토사 섬에 있는 카펠라호텔에서 과연 어떤 드라마가 펼쳐질 것인지 누구도 예측하지 못하지만, 그러나 이번 드라마는 분명 한반도의 미래에 중차대한 영향을 미치게 되기 때문에 이 드라마를 보는 우리의 마음은 즐겁기보다는 긴장과 더불어 한편으로 불안하기도 하다.

시청률이 높은 드라마는 예측되는 상황의 전개보다는 반전의 반전을 거듭하여 드라마가 예측할 수 없이 전개되다가 해피엔딩으로 마지막을 장식할 때, 시청자들은 아낌없는 박수를 보낸다. 최소한 이런 관점에서 보면 오늘 미국 도널드 트럼프 대통령과 북한 김정은 국무위원장이 주연으로 등장하는 세기의 드라마는 그동안 반전의 반전을 거듭하는 쇼를 보이면서 지구촌의 시선을 집중시켜 싱가포르 회담까지 왔기 때문에 일단 성공적인 연출을 했다고 볼 수 있다.

싱가포르 정상회담이 성사되기까지 얼마나 많은 우여곡절이 있었는가? 최근 국제정치사에서 이번 북·미 정상회담 같이 회담 의제, 장소, 시기 등과 같은 문제로 오랜 기간 지구촌 언론의 뜨거운 조명을 받은 회담이 있었는가? 불과 수개월 전까지 해도 상대방에 대하여 최악의 비속어를 사용하면서 비난하던 당사자들이 과연 어떤 모습으로 카메라 앞에 등장하여 서로 악수를 하면서 포즈를 취할지, 어떤 복장을 하고 등장할지 등등 이들의 일거수일투족이 지구촌의 관심사다.

세기의 드라마에 등장하는 두 명의 주연은 최고의 연기자임은 세계가 이미 인정하고 있다. 양 정상은 서로 다른 성장배경과 캐릭터를 가지고 있음에도 드라마에서 최고의 연기를 하고 있다. 72세의 세계 최강국의 대통령이며, 미국 NBC TV의 리얼리티 쇼 프로그램까지 진행했던 트럼프의 연기력은 참으로 대단하다. 최고의 협상가로서 세기의 담판을 위해 평생을 준비했다고 말하는 트럼프는 백전노장답게 정상회담에서 노련한 연기를 펼칠 것 같다.

반면 김정은은 불과 34세의 집권 7년차 되는 애송이 정치인이다. 트럼프와 같이 경쟁이 치열한 선거과정도 없이 백두혈통의 후광으로 최고지도자가 되었다. 그러나 자신을 최고지도자에 오르게 하는데 일조한 고모부까지 처형, 권력 장악에 성공했으며, 핵보유국까지 되는 막강한 지도력을 과시했다. 더구나 최근 남북 정상회담과 북·중 정상회담에서 이복형까지 독살시킨 폭악한 지도자의 이미지를 변신하는데 성공하는 연기력을 발휘, 드라마의 주연으로 등장했다.

　　북·미 정상회담이라는 드라마가 성공하려면 단순히 주연들의 역할만 가지고 연기를 펼치기에는 너무도 많은 조연급 배우들이 등장하고 있다. 드라마 줄거리를 엮는데 결정적인 역할을 한 연출자는 문재인 대통령이며, 문 대통령은 기회가 주어지면 언제든지 주연으로 등장할 준비가 되어 있다. 결국 한반도 문제의 최종해결은 남북 당사간의 해결이 열쇠이기 때문이다.

　　그뿐만 아니다. 중국 시진핑, 일본 아베, 러시아 푸틴도 트럼프와 김정은에게 러브콜을 보내면서 언제든지 주연급으로 등장하겠다는 의사를 나타내고 있다. 이들은 자신들이 이번 드라마에서 홀대를 당하고 있다고 생각하면 일거에 드라마 자체를 뒤죽박죽 만들 힘도 가지고 있다고 믿고 있어 이들의 연기도 주목해야 한다.

　　북·미 정상회담이라는 세기적 드라마를 싱가포르까지 이끌어 오는 데 일단 성공했다. 주연은 물론 조연들의 이해관계가 너무 복잡다단하여 드라마가 앞으로 어떻게 전개될지 예측할 수 없다. 주연과 조연들 간의 국내외 정치적 이해관계가 워낙 복잡하여 단편보다는 장편으로 이어질 가능성이 많다. 북·미 정상회담이 세기의 드라마답게 북한 비핵화와 한반도 평화라는 해피엔딩으로 끝나 주연은 물론 조연들 모두 승자가 되어 시청자들로부터 박수를 받을 수 있을지 지켜보자.

• 경기일보, 칼럼(2018.6.11) •

제8절

뉴미디어 시대와 정치드라마

1. 소셜미디어와 가짜 뉴스

▍소셜미디어와 한국정치의 변화

추석 연휴 때 가장 바쁜 시간을 보낸 사람은 정치인일 것이다. 특히 내년 12월에 있을 19대 대통령 선거에 출마가 예상되는 정치인들에게 추석은 그야말로 대목이다. 추석은 민족대이동 기간으로 여론 형성에 최적기이기 때문에 이를 최대한 이용하기 위하여 전국을 누비는 것은 물론 소셜미디어(social media)를 활용, 자신을 알리기에 분주한 시간을 보냈을 것이다.

추석 연휴가 끝난 이번 주 유력 정치인들은 연휴 기간 중 각가지 방법을 동원한 자신의 정치활동이 여론조사에 있어 과연 얼마나 영향을 주었는가에 손익을 계산하느라 역시 바쁠 것이다. 민족대이동 기간인 음력 설날과 추석 명절 연휴를 통하여 형성되는 국민 여론은 여야정당은 물론 정치인의 향후 행보에 큰 영향을 미치고 있다.

제4차 산업혁명시대를 맞이하고 있는 한국은 세계가 부러워하는 정보강국이다. 2015년 기준으로 스마트폰 보급률은 83.0%로 세계 4위, 인터넷 이용률은 무려 85.1%에 달하고 있다. 이런 ICT(information and communication technologies)의 급격한 발전으로 인하여 선거를 비롯한 각종 정치과정에 지대한 변화를 주고 있다.

2002년 12월 제16대 대통령 선거에서 당시 노무현 새천년민주당 후보가 불과 1년 전 여론조사에서 한 자리 숫자의 지지 밖에 받지 못하였음에도 불구하고 지지율 부동의 위치에 있던 이회창 한나라당 후보를 제치고 당선된 것은 인터넷과 스마트폰을 통한 SNS(social network service) 덕분이었다는 것은 이미 잘 알려진 사실이다.

투표 당일 오전 중에는 이회창 후보의 지지투표율이 앞선 것으로 알려지고 있었다.

그러나 오후, 특히 투표 마감시간대에 젊은 유권자들이 대거 투표장을 찾음으로서 노무현 후보가 당선된 것이다. 이때 노무현 후보의 팬클럽인 '노사모'(노무현을 사랑하는 사람들)를 중심으로 SNS를 통해 노무현 후보가 밀리고 있다는 것을 알리는 동시에 젊은이들에게 투표에 참여할 것을 독려, 이에 젊은 유권자들이 대거 호응함으로써 전세가 역전된 것으로 분석되고 있다.

지난 4월 실시된 제20대 총선에서도 각 정당이나 후보자들은 페이스북, 트위터, 블로그와 같은 SNS를 적극 활용했다. 페이스북의 경우, 후보자의 약 71.4%가 이용하였으며, 특히 당선들의 SNS 이용률은 낙선 후보자들보다 더욱 높은 것으로 나타났다. 당시 총선에서 제1당이 된 더불어민주당의 트위터 이용률은 73.1%로 새누리당의 52%보다 무려 20%이상 높았다는 것은 총선 선거결과와 더불어 흥미있는 분석이다.

미국 대통령 선거에서도 SNS를 통한 선거캠페인은 주요 전략이 되었다. 특히 2008년 대통령 선거에서 무명의 초선 상원의원인 오바마 후보가 민주당 경선에서 힐러리 클린턴 후보를 물리치고 본선에 진출, 승리한 것은 SNS 활용 덕분이었다. 오바마는 대통령 당선 이후에도 SNS를 중요한 정치커뮤니케이션 수단으로 활용, 임기 말임에도 불구하고 약 50% 이상의 지지율을 유지하고 있다.

정치인의 SNS의 이용은 뉴미디어 시대에 저비용·고효율 정치를 할 수 있어 이미 대세로 자리 잡고 있다. 과거 여의도 광장에 수천 대의 차량을 동원, 수십만 명의 유권자들이 운집한 대규모 선거 유세는 이미 역사 속으로 사라졌다. 정치인들은 페이스북, 트위터, 블로그를 통하여 자신의 지지자는 물론 많은 국민들에게 정책과 정치활동을 쉽고 빠르게 전달할 수 있다.

특히 유력 정치인들은 자신의 팬클럽과 SNS를 통하여 언제든지 소통할 수 있으며, 또한 정치이벤트에 동원할 수 있다. 박근혜 대통령의 '박사모'를 비롯하여 김무성의 '김사모', 문재인의 '문팬', 안철수의 '해피스', 반기문의 '반딧불이', 남경필의 '남사모', 박원순의 '원순친구들모임' 등이 대표적이다. 이들 팬클럽에는 SNS를 통해 접속하는 팔로워들이 수천 명에서부터 수만 명에 달하고 있다.

팬클럽은 해당 정치인과 철학을 공유하고 정치참여를 활성화한다는 순기능도 있지만 정치 세력화에 따른 부작용도 만만치 않다. 이번 추석 연휴 때 정치인들의 SNS를 통한 정치활동이 앞으로 한국정치 변화에 어떠한 영향을 줄 것인지 관심 있게 지켜보자.

• 경기일보, 칼럼(2016.9.19) •

▌ 가짜 뉴스와 정치불신

최근 지방선거가 임박해오고 또한 남북관계가 급변하면서부터 가짜 뉴스가 범람하고 있다. 특히 지난해 탄핵정국으로 인하여 이념적인 갈등이 심화된 우리 사회는 보수와 진보 간의 극단적인 이념적 대결이 사회관계망서비스(SNS)를 통해 더욱 확산되면서 가짜 뉴스는 더욱 기승을 부리고 있다.

따라서 이를 그대로 방치할 경우, 정치사회의 발전을 저해하는 심각한 문제가 될 뿐만 아니라 오는 6월 13일 실시되는 지방선거에 영향을 미칠 수 있어 이에 대한 단속과 주의가 요망되고 있다. SNS의 급속한 발달로 인하여 가짜 뉴스를 완전하게 없애는 것은 불가능하지만, 그러나 엄격한 감시장치를 통하여 가짜 뉴스로부터 오는 피해를 최소화하는 것은 반드시 필요하다.

가짜 뉴스는 지난 2016년 미국 대통령 선거에서 큰 영향력을 발휘했다. 예를 들면 당시 가짜 뉴스는 "프란치스코 교황이 트럼프 후보 지지를 선언했다" "트럼프 반대 시위자가 3천500달러를 받았다" 등이다. 약 96만 건이 유통된 '교황의 트럼프 지지선언'의 가짜 뉴스는 미국 대통령 선거 시 트럼프의 당선에 일조했다는 평가를 받고 있다.

지금 미국은 물론 우리 사회도 각종 가짜 뉴스로 골치를 앓고 있다. 대통령을 비롯한 유력 정치인의 행태와 관련된 가짜 뉴스는 사례를 들을 수 없을 정도로 넘쳐나고 있다. 잘못된 정보에 의한 신상 털기는 기본이고 허무맹랑한 때로는 가공할 정보까지 각색하여 무차별로 전파되고 있다.

특히 최근에는 남북관계와 관련된 다분히 이념적 편향성이 가미된 가짜 뉴스가 범람하고 있다. 유명 정치인, 전직 고위 관료, 사회 저명인사의 성명을 도용하여 가짜 뉴스를 SNS를 통해 여과 없이 전파하는 사례는 비일비재하다. 또한 최근 미투(#ME TOO)와 관련된 가짜 뉴스도 팩트 체크 없이 번지고 있어 때로는 신문이나 TV를 보기도 겁날 정도로 제2차 피해가 발생하고 있다.

가짜 뉴스로 인한 경제적 손실도 상당한 것으로 추정되고 있다. 현대경제연구원이 최근 발표한 '가짜 뉴스의 경제적 비용추정'에 따르면 가짜 뉴스 당사자의 피해 금액은 약 22조 7천 700억 원에 달하며, 사회적 피해금액 또한 약 7조 3천 200억 원에 육박한다. 가짜 뉴스로 인해 연간 30조 900억 원, 즉 대한민국 GDP의 1.9%가 피해금액으로 발생하고 있는 셈이다.

오는 6월 13일 지방선거를 앞두고 가짜 뉴스가 더욱 기승을 부리고 있다. 4년 전 지방선거와 비교하여 무려 30배가 증가되었다고 한다. 문제는 가짜 뉴스가 진짜 뉴스보다 SNS를 통하여 더 많이 전파, 공유되고 '이에 따른 이익을 공유하는 집단'끼리는 입맛에 맞게 걸러진 정보만을 편식하는 부작용 발생하여 정치사회에 대한 불신을 심화시키고 있다. SNS를 통해 전파되는 가짜 뉴스의 온라인 확산속도는 진짜 뉴스 대비 무려 6배 빠르다는 연구결과도 있다.

중앙선거관리위원회는 물론 검찰, 경찰, 그리고 언론기관에서 팩트 체크를 통하여 가짜 뉴스 전파가 되지 않도록 최대한 노력하고 있지만, 이는 한계가 있는 것이다. 결국 선거에 있어 최종 책임은 유권자에 있듯이 팩트 체크 없이 가짜 뉴스에 속아 유권자가 자격 없는 공직 후보자를 선출한다면 이에 따른 책임 역시 유권자의 몫인 것이다. 이번 지방선거에서 가짜 뉴스를 유권자 스스로 걸러내는 현명함이 있어야 될 것이다.

• 경기일보, 칼럼(2018.4.2) •

2. 정치드라마의 허실(虛實)

▌단일화 드라마의 종착역은?

　　최근 며칠 동안 노무현·정몽준 두 후보가 주연으로 출연한 '대선 후보단일화'의 정치드라마는 등장 배우들의 탁월한 연기력으로 전 국민들의 이목을 집중시켜 30%의 높은 시청률을 기록하였으니 드라마의 개막 팡파르는 일단 성공한 것으로 보인다. 전격적으로 드라마가 공연되었음에도 많은 유권자를 끌어들였으며, 더구나 연일 언론들이 TV토론 후의 여론조사 결과를 대서특필함으로써 극적인 효과는 충분히 거둔 것 같다. 이런 것을 두고 정치가 실제 드라마보다 더욱 재미있다고 할까.

　　그러나 드라마가 극적인 오픈을 통하여 개막에는 성공했지만 개막 시 끌어들인 관람객을 계속 유지하여 막장까지 관객들의 환호 속에 대단원의 막을 내릴지 현재 아무도 모른다. 드라마의 대본도 아직 공개된 것이 없고, 더구나 총감독과 각본 제작자조차 누구인지 제대로 밝혀지지 않았기 때문에 그야말로 드라마 속의 주연 배우의 운명도, 총감독의 속셈도 알 수 없다. 오직 단 하나의 해답은 '깜짝 드라마'를 본 관객들의 여론조사인데, 그 여론조사 방법조차 철저하게 베일에 가려 있으니 또 다른 극적 효과를 내려는 것인지, 또는 시비에 휘말려 중도에 막을 내리려는 것인지 예측하기 어렵다.

　　드라마 제1막은 이미 성공리에 끝났으나, 제2막은 현재 비밀 장막 속에서 여론조사라는 이름 아래 진행 중이다. 그러나 제2막이 잘못되면 제3막은 열리지 않을 수도 있다. 제3막이 열린다 해도 주연들조차 대본을 몰라 어리둥절하면서 개막 직전에 배본되는 대본을 보고 연기를 해야 될 판이니 당황하는 배우들을 보는 관객들은 흥미진진하겠으나, 당사자들은 여간 고통스러운 일이 아닐 것이다.

　　노무현·정몽준 두 후보는 이제 자신들의 정치운명을 여론조사에 맡겨놓고 그 결과만을 기다리고 있으니, 대학입시를 치르는 시험생만큼이나 답답해할 것이다.

TV토론 후 각 언론이 실시한 여론조사 결과는 오차범위 내에서 혼전이기에 자신들의 정치운명이 결정될 제3막은 어떻게 펼쳐질지 모르는 고난도의 연기를 준비해야 될 것이다.

이미 후보단일화의 주사위는 던져졌다. 이제 주사위가 두 후보 중 누구에게 던져질 것인가의 결과만 남아 있다. 그러나 주사위가 순풍을 맞아 제대로 떨어질지, 또는 떨어지는 과정에서 악풍이 불어 두 후보가 아닌 전혀 다른 곳에 떨어질지도 모른다. 주사위가 자신에게 떨어질 것이라고 장담하면서 후보단일화는 모두 승자가 되는 윈-윈 게임이라고 하지만 잘못하면 모두 패자가 될 수도 있다.

이번 후보단일화는 한국 정치사에서 유례를 찾아볼 수 없는 새로운 정치실험이다. 대선이 불과 24일밖에 남아 있지 않은 상황에서 마이너 후보가 아닌 메이저 후보 간의 경쟁구도가 제대로 형성되지 않았다는 것은 아직도 한국 정치의 후진성을 나타내는 것인지, 또는 벼락치기 공사에 익숙한 한국인의 기질을 정치에서 유감없이 발휘하는 것인지.

이번 두 후보가 합의한 단일화의 정치실험이 실패한다면 국민의 정치 불신은 가중될 것이고 또한 정치는 더욱 퇴락의 길을 걷게 될 것이다. 따라서 최소한 후보단일화는 12월 19일 실시되는 대통령 선거 결과와 상관없이 두 후보가 합의한 대로 약속을 지켜 단일화의 열매를 맺어야 한다. 비록 문제가 많은 여론조사에 의한 도박이지만 자신들의 유불리(有不利)에 따라 합의를 파기하면 준엄한 국민적 심판을 받을 것이다.

현재로서는 후보단일화의 드라마 종착역이 어디인지 아무도 모른다. 드라마의 개막이 멋있다고 종막까지 성공하는 것은 아니다. 주연, 조연 배우는 물론 감독이 끝까지 관객을 의식, 최선을 다해 혼신의 연기를 해도 성공하기가 쉽지 않다. 성격이 전혀 다른 배우들이 갈등을 극복하고 조화를 이루어 멋진 화합의 무대를 펼칠지, 또는 도저히 화합할 수 없어 파경을 선언하고 중도에 막을 내림으로써 관객들이 외면하는 실패한 드라마가 될지 유권자들은 관심 있게 지켜볼 것이다.

• 경향신문, 시론(2002.11.24.) •

정치드라마가 성공하려면

　　정치는 한 편의 드라마다. 정치라는 무대에는 대통령을 비롯해 국회의원, 장관과 같은 고위 공직자는 물론 국회, 정당, 이익집단 등 수많은 정치행위자(political actor)들이 등장하여 관객인 국민을 상대로 연기를 펼치는 하나의 예술이다. 정치라는 드라마에 등장하는 배우들의 다양한 연기에 따라 국민은 웃고 우는가 하면 때로는 실망도 하고 희망을 갖기도 한다. 정치 드라마의 위력은 대단하여 잘하면 국민을 통합시키기도 하지만, 잘못하면 분열시키기도 한다.

　　드라마의 묘미는 반전에 반전을 거듭하는 역전에 있다. 역전 드라마가 묘미 있는 것은 관객들이 극이 어떻게 전개될지 몰라 등장 배우들의 몸짓 하나하나를 유심히 관찰하면서 관객 스스로 드라마에 몰입하기 때문이다. 그러나 등장하는 배우들이 새로운 스토리 전개 없이 과거에 쓰던 행위를 자주 반복하게 되면 이미 드라마로서의 흥미를 잃게 되어 관객들이 외면함으로써 드라마는 흥행에 성공하지 못하고, 따라서 주연 배우들은 서서히 쓸쓸하게 무대에서 사라지게 된다.

　　새해 벽두부터 정치 현실에서 등장하는 한국의 정치 드라마를 보면 보고 싶다는 흥미를 갖게 되기보다는 오히려 짜증부터 나게 된다. 스토리가 구태의연하게 전개될 뿐만 아니라 드라마 자체가 관객을 위한 것인지 배우 혼자 즐기려는 독백인지조차 분간하기 어려우니 관객들은 자연히 드라마를 외면하게 된다. 관객의 열광적인 호응 없이 펼치는 드라마는 결국 등장하는 배우들만의 잔치를 위한 무대가 아닌가.

　　드라마가 성공하려면 최소한 두 가지 요소는 갖추어야 한다. 첫째, 등장 배우들의 행위의 진지함과 책임성이다. 둘째, 배우가 관객과 호흡을 같이해야 한다. 그러나 최근 대통령이나 여·야당 정치인들이 펼치는 정치 드라마는 이런 요소가 아주 부족하다. 우선 배우들의 진지함이 미흡하다. 행위에 대한 진지함은 그에 대한 책임성을 수반하게 된다. 더구나 자신의 잘못된 행위를 남에게 전가하고 있다. 행위 그 자체로서 의미가 있는 것이 아니라 행위 후 결과에까지 염두에 두어야 한다. 새해 벽두부터 등장한 개각이나 탈당 문제 등은 모두 진지함과 책임성이 결여되어 있는 것 같다.

병술년 새해를 희망을 가지고 맞이하자고 다짐하던 청와대나 여당의 신년 건배주 잔이 다 비기도 전에 전개된 개각과 탈당 운운 드라마에는 한국 정치의 진지함과 책임성이 전혀 보이지 않는다. 특히 지난주 전개된 탈당 드라마는 비록 과거형이라고 하지만 아직도 2년 이상의 임기가 남은 상황에서 열린우리당의 144명 국회의원과 수많은 당원을 무시한 처사이다. 열린우리당은 1000년의 장생을 꿈꾸면서 대통령을 만든 새천년민주당을 쪼개면서까지 100년을 가겠다고 다짐한 정당인데, 겨우 3년도 안 되어 대통령으로부터 버림받는다면 창당 초심과는 너무 거리가 멀지 않은가. 비록 앞으로 진행될 미래형이 될지 모른다고 하더라도 과연 지금이 탈당 운운하면서 정치 드라마를 연출할 시기인가. 권부의 오만함과 집권당의 초라한 모습이 너무 대조적이다.

개각이나 탈당 문제 역시 드라마가 가져야 할 관객과의 호흡이 아주 미흡하다. 관객들과 호흡을 같이하지 않는 드라마는 성공할 수 없다. 관객들은 때로는 변덕쟁이일 수 있다. 설령 관객들이 변덕스럽다고 하더라도 배우는 관객들의 성향을 잘 파악하고 왜 변덕스러워졌는지도 알아야 한다. 관객들의 변덕스러움조차 염두에 두고 고민하는 모습도 보이면서 진지하게 드라마를 해야 된다. 관객들의 수준이 낮아 이들을 무시하고 홀로 고차원 드라마를 한다고 자족한들 그것이 무슨 의미가 있는가.

관객과의 호흡을 맞추지 못하기는 야당 역시 마찬가지이다. 엄동설한에 온방 잘된 국회를 외면하고 장외투쟁에서 무엇을 얻겠다는 것인가. 지금이 국민과 언로가 막혀 있는 군부 권위주의 정권 시대인가. 청와대는 물론 여야 모두 관객을 끌어들이는 멋진 정치 드라마를 펼칠 수 없을까. 새해 벽두부터 연출되는 짜증나는 정치 드라마에 관객들이 식상하고 있다.

• 세계일보, 시론(2006.1.17.) •

제9절

정치환경 변화와 개헌

1. 희망의 정치

▌글로벌 시대와 시민의식

　노무현 대통령과 한나라당 강재섭 대표가 오늘 청와대에서 만나 민생문제를 논의한다. 노무현 대통령이 제1야당인 한나라당 대표를 단독으로 만나는 것은 2005년 9월 박근혜 당시 대표와의 회담 이후 1년 5개월만이다. 대통령과 야당 대표와의 민생회담은 과거와는 전혀 다른 정치적 상황에서 열린다.

　열린우리당에서 30명의 의원이 탈당함으로써 이제 원내 제1당의 자리가 한나라당으로 바뀌었다. 대통령은 4년 연임제 개헌에 주력하고 있고, 정치권은 12월 대선을 겨냥해 민생보다는 자신들의 정치적 입지를 확보하는 데 몰두하고 있다.

　이번 민생회담에서 개헌 문제 등 민감한 정치적 사안은 논의하지 않기로 청와대와 한나라당이 사전 합의했다. 회담 의제는 사립학교법과 사법개혁법안 등 2월 임시국회에 계류된 법안과 부동산 정책, 대학등록금 문제 등 민생문제로 한정돼 있다. 그러나 모두 정치적 타협이 필요한 사안들이다.

　그동안 대통령과 야당 대표 간의 회담이 몇 차례 열렸으나 그 후 합의된 내용이 제대로 지켜지지 않거나, 또는 단순히 정치 쇼에 지나지 않은 경우가 많았다. 그때마다 국민들의 실망은 컸다. 이번 회담만은 정치 쇼가 아니라 서민들의 마음을 헤아려 어려운 경제를 살리는 데 뜻을 모으는 진정한 민생회담이 되어야 한다. 민생회담을 성공으로 이끌기 위해 대통령은 야당 대표의 의견을 최대한 수렴해야 할 것이다. 열린우리당이 제 구실을 못하고 있는 상황에서 대통령은 야당의 협조 없이 남은

1년 임기 동안 국정을 제대로 수행하기 어렵다. 대통령은 야당의 협조를 요구하는 대신 남은 임기 동안 민감한 정치문제보다는 민생에 전념하고, 대통령 선거에 중립을 지키겠다는 분명한 약속을 해야 한다.

한나라당도 이제 단순히 제1야당이 아닌 의회권한을 장악한 국정의 파트너로서 국정운영에 역할을 담당해야 할 책무가 있다. 한나라당 대표는 대통령에게 국민의 여론을 가감 없이 전달하고 민생 현안에 대한 정책 대안을 확실하게 제시해야 한다. 또한 원내 제1당으로서 대통령이 남은 임기를 민생에 전념할 수 있도록 최대한 협조하는 책임 있는 수권정당의 모습을 보여주어야 한다.

모처럼 열리는 대통령과 한나라당 대표 간의 민생회담이 성과를 거둬 서민들의 어려운 생활에 도움이 되고 정치적 안정이 이뤄지길 기대한다. 국민들은 대통령과 의회권력을 장악한 야당대표의 회담을 관심 있게 지켜볼 것이다.

• KBS, 뉴스해설(2007.2.9) •

과거정치와 미래정치

　최근 한국정치를 보면 22년 전 삼성그룹 이건희 회장이 말한 한국정치에 대한 평가가 새삼 떠오른다. 이건희 회장은 1995년 4월13일 베이징의 국빈관에서 기자들에게 "우리나라 정치는 4류, 행정은 3류, 기업은 2류"라는 발언을 하여 한국정치에 대하여 기업인으로서 겪은 불만 토로와 더불어 따끔한 충고를 했다. 10년이면 강산도 변한다고 하는데, 과연 한국 정치가 그동안 얼마나 변했는지. 한국정치가 삼성전자와 같은 세계적인 1류기업은 못되었지만 행정 정도의 3류라도 되었는지. 물론 한국은 그동안 3번의 평화적인 정권교체와 세계 경제 10위권에 진입하여 산업화와 민주화를 성공적으로 달성한 세계가 부러워하는 국가로 발전했다.

　그러나 최근 수개월 동안 전개되고 있는 한국정치를 보면 아직도 후진적인 요소를 벗어나지 못하고 있다. 탄핵정국으로 정권교체는 되었지만 정치권은 촛불민심이 보여준 높은 시민의식을 제대로 반영하지 못하고 있다.

　정치권은 촛불민심을 자신의 방식대로 해석, 소위 '내로남불'(내가 하면 로맨스고 남이 하면 불륜)의 프레임에서 벗어나지 못하고 있어 정치인에 대한 불신이 크다. 또한 국민들은 정치권이 구태의연한 과거정치에 집착, 희망적인 미래정치를 팽개치고 있어 누적된 피로감으로 덮인 피로사회가 되고 있다.

　과거정치로의 회귀는 생산적이고 희망적인 정치가 되지 못한다. 물론 잘못된 과거의 정치관행이나 적폐는 청산되어야 밝은 희망적 미래를 지향할 수 있다. 그러나 지금까지 역대 정권은 권력을 잡으면 항상 적폐청산, 구태청산을 외쳤지만 결국 용두사미로 끝나거나 때로는 '한(恨)풀이' 보복정치의 연속이었다.

　과거정치의 대표적인 사례는 우선 국회의 의정행태다. 국회는 여야정당이 서로 여야의 위치만 이동했을 뿐, 여야 정당의 행태는 과거정치의 판박이다. 청문회에서 고위공직후보자의 자질과는 상관없이 여당은 후보자를 감싸는 데 급급하고, 야당은 흠집 내기에 여념이 없다. 어떻게 여야의 위치와 언행이 그렇게 정반대로 변했는지

정치인들 스스로 고소를 금치 못할 것이다.

정당의 이합집산 역시 마찬가지다. 지금 현재 여야 정당은 당명만을 놓고 본다면 주요 정당들은 창당된 지 불과 1년도 되지 못하고 있다. 창당 1주년도 안된 상황에서 이합집산 이야기가 나오는가 하면 또한 일부 정치인들은 명분도 없이 내년 선거만을 의식, 탈당과 복당의 혼미를 거듭하고 있다. 밀가루식의 정당운영을 가지고 정당정치의 제도화를 말할 수 있는가.

역사학자 E. H. 카(Carr)는 '역사란 무엇인가'에서 "역사란 현재와 과거의 끊임없는 대화"라고 말했다. 이는 과거의 경험과 지혜가 미래를 결정할 우리에게 중요한 자료로 인지되어야 한다는 것을 의미하는 것이지 과거에 집착하라는 것은 아니다. 즉 과거의 잘못된 정치를 반면교사로 삼아 새로운 미래정치를 하라는 것이다.

적폐청산 역시 마찬가지다. 여야는 공히 '구(舊)적폐', '신(新)적폐'하면서 적폐청산을 외치면서 서로 이전투구만을 하고 있다. 적폐와 과거에만 집착하게 되면 결국 남는 것은 피아(彼我)의 구별뿐이다.

적과 동지의 구별만 하는 정치를 해서는 국민통합, 협치의 정치를 할 수 없다. 남아프리카 공화국의 넬슨 만델라 전 대통령은 27년의 감옥살이를 했음에도 그를 고문하고 흑인을 탄압했던 백인경찰관은 물론 반대정치세력에게 사면령을 내리는 대통합의 포용정치를 통해 오히려 백인지배의 과거정치를 청산했다.

미래정치는 이전투구의 구태정치가 아닌 국민들에게 밝은 희망을 주는 통합과 신뢰의 정치를 의미한다. 조선조의 정치도 한풀이의 과거정치에서 벗어나지 못해 국론분열과 국력쇠퇴로 인해 임진왜란과 같은 외침을 당했다. 이제 우리도 과거정치의 낡은 프레임에서 벗어나 협치를 통해 국민에게 밝은 희망을 주는 미래정치를 펼치기 바란다.

• 경기일보, 칼럼(2017.11.13.) •

2. 헌법과 개헌문제

▌'87체제의 한계와 헌법 개정

최근 여론조사에 의하면 국민의 약 70% 정도가 개헌을 지지하는 것으로 나타났다. 또한 한국정치학회가 지난 주 발표한 20대 국회의원을 대상으로 한 설문조사에서 응답 의원 217명 중 93.5%인 203명이 개헌에 대하여 찬성한 것으로 답했다. 이는 개헌 의결정족수 200명을 넘은 수치이다.

이런 개헌에 대한 여론은 2년 전의 조사와는 상당한 차이를 나타내고 있다. 한국갤럽이 2014년 10월 하순 실시한 개헌의 필요성 여부를 조사한 결과 응답자의 46%가 개헌에 부정적 의견을, 42%는 긍정적으로 나타날 정도로 의견이 갈려 있었다. 따라서 최근 여론은 2년 전의 비하여 무려 30% 정도 개헌 찬성이 높아진 것이다.

이와 같은 개헌에 대한 찬성 여론이 증가하고 있는 것은 지난 4월 20대 국회의원 선거 결과에 이미 나타났다고 볼 수 있다. 20대 총선에서 국민들은 1987년 정치체제의 문제점을 지적, 국회 구조를 거대 양당체제에서 3당체제로 변화시켰고 또한 정치세력 간의 이전투구가 아닌 협치를 요구하였다.

올해가 87년 6월 시민항쟁이 일어난 지 29년이 된다. 6월 시민항쟁의 결과로 5년 단임 직선제 대통령제를 택한 제9차 개헌이 되었으므로 현행 헌법이 적용된 지 29년이 되고 있다. 우리는 그동안 6명의 대통령을 선출하였으며, 또한 8차례의 국회의원 선거를 치렀다.

그러나 불행하게도 지금까지 6명의 5년 단임제 대통령은 제왕과 같은 절대권력만 향유하였지 효율적인 국정운영을 하지 못하였다. 대통령은 집권 후반기에는 레임덕 현상을 맞아 효율적인 국정 운영은 하지 못하였으며, 심지어 일부 대통령은 집권당으로부터 탈당을 강요받아 탈당한 사례도 있다.

그러면 지난 29년간 국회운영은 어떠했는가. 의회정치의 본질은 토론과 타협이다. 그러나 한국 국회는 거대 양당 구조에 의하여 갈등과 대치가 의정활동에 주류를 이루었으며, 국회는 식물국회라는 오명까지 받을 정도로 국민들에게 불신의 대상이 되었다.

10년이면 강산도 변한다는 속담이 있듯이 현행 헌법은 지난 29년간 시행을 통하여 많은 문제점이 노출되었으므로 이제 새로운 옷으로 갈아입을 때가 된 것이다. 제9차 개헌은 기본적인 헌법 틀의 변경 없이 3김의 집권을 우선시하는 직선의 5년 단임제에 초점을 둔 것이기 때문에 현행 헌법은 변화하는 시대의 흐름을 정치에 제대로 반영하지 못하고 있다.

정치권에서 전개되는 개헌 논의는 역대 정권에 따라 다소 정도의 차이는 있으나 항상 거론되었다. 특히 박 대통령은 2012년 대선 후보 시 개헌을 선거 공약으로 제시한 바 있다. 대통령 취임 후 경제문제 등을 이유로 개헌 문제에 부정적 입장을 취하였지만, 지난 4월 총선으로 정치지형이 변화된 상황을 감안하면 개헌에 대한 입장이 과거와는 다를 수 있다고 본다.

20대 국회 개원과 더불어 개헌론이 봇물같이 터지고 있다. 정세균 국회의장은 국회 개원식에서 '개헌은 더 이상 외면하고 있을 문제가 아니다'라고 역설하면서 개헌에 불을 지폈으며, 각 정당 대표들은 물론 남경필 경기지사 등도 개헌 논의에 동참하고 있다. 20대 국회는 정치개혁 차원에서 개헌을 우선적으로 다루는 것이 요망된다.

헌법은 국가의 기본법이다. 따라서 헌법을 자주 변경하는 것도 문제이지만 그렇다고 시대가 변했음에도 헌법을 개정하지 않은 것은 더욱 문제이다. 지금은 4월 총선 결과로 여야 정당도, 그리고 청와대도 정치권력을 독점하고 있지 못하고 있으며, 내년 대선 후보도 아직은 뚜렷하게 부각되지 못하고 있다.

따라서 내년 봄까지 개헌문제를 매듭질 수 있는 적기이다. 대선이 본격화되면 개헌논의는 또 어려워진다. 민생문제에 전념하기 위해서라도 정치권은 조기에 개헌 문제를 공론화하여 매듭짓기 바란다.

• 경기일보, 칼럼(2016.6.27) •

▌ '지방분권 개헌'도 필요하다

　　앞으로 1년 있으면 제7회 전국동시지방선거가 실시된다. 내년 6월 13일 치러질 지방선거는 그 어느 때보다 중요한 의미를 가지고 있다. 우선, 문재인 대통령이 대선 공약에서는 물론 취임 후에도 연방제 수준의 강력한 지방분권을 실시하겠다고 약속했다. 문 대통령은 후보 시절이던 지난 4월 27일 발표한 자치분권 공약에서 대통령과 광역단체장이 참여하는 제2 국무회의의 정례화, 지방자치법 개정을 통한 분권의 법적 기반 확보, 중앙정부의 권한과 사무의 이행을 통한 자치 사무 비율을 40%로 높이겠다고 했다.

　　문 대통령은 헌법 개정을 위한 국민투표를 별도로 하면 엄청난 비용과 국력이 낭비되므로 지방선거와 같이 헌법 개정 국민투표를 함께 하겠다고 약속했다. 따라서 내년 지방선거는 지방분권의 원년은 물론 개헌(改憲)을 통해 1987년 체제를 마감, 새로운 패러다임의 정치 체제를 형성하게 될 것 같다.

　　올해로 민선 지방자치가 부활한 지 22년째이며, 1991년 3월 26일 실시된 지방의회를 기준으로 하면 26년째가 되는 해이다. 실질적 지방자치인 민선단체장까지 포함된 제1회 전국동시지방선거가 1995년 6월 27일 실시된 이후 지방자치는 '20% 지방자치' '절름발이 지방자치'란 비판에도 불구하고 풀뿌리 민주주의를 정착시키는 데 많은 기여를 했다. 각 지방자치단체가 특성 있는 지방 발전 전략을 수립함으로써 지역 발전이 활성화되고 애향심이 고취되는 등 지방자치가 점차 뿌리내리는 과정이다.

　　반면, 지방자치에 대한 부정적 인식도 상당하다. 최근 의정부 경전철 파산선고와 같이 지방자치단체장의 선심 행정에 의한 방만한 지방재정 운영, 지역 토호 세력과의 비리 연계와 지방권력 독점화 현상, 자질 부족에 더해 이권 개입에 바쁜 지방의원 행태, 중앙정치에 의한 지방정치 종속화 현상 등은 지방자치 발전을 위해 개혁돼야 할 것이다.

　　이러한 지방자치에 대한 명암에도 불구하고 최근 수차례 치러진 대통령 선거에서 본 것처럼 유력 대선 후보들이 지자체장을 통해 국가지도자로 등장하는 과정을 볼 수 있다. 지난 5월 9일 치러진 대선에서도 더불어민주당의 안희정 충남지사, 이재명 성남시장, 최성 고양시장, 자유한국당의 홍준표 경남지사, 바른정당의 남경필 경기지사는 당 예비선거, 또는 본선에서 대선 경쟁을 했다.

이미 제17대 대통령 선거에서 이명박 전 서울시장이 당선됐고, 과거 대선 후보에 출마 또는 유력 후보자로 거론됐던 고건, 손학규, 이인제, 김문수, 오세훈, 박원순씨 등도 역시 광역단체장 경험을 가졌다. 이런 현상은 이미 서구 선진 민주정치 국가에서 일반화한 현상이며, 우리나라도 이런 국가지도자로서의 리더십 형성과 상승 과정이 점차 정착되는 경향이 나타나고 있다.

그뿐만이 아니다. 우리는 지난 6개월 동안 박근혜 전 대통령의 탄핵 문제로 유례없는 국정 공백 상태를 겪었다. 만약 과거와 같이 지자체장을 중앙정부에서 임명했더라면 임명직 단체장들은 대통령의 탄핵 여부에만 신경을 쓰면서 서울에 상주했을 것이며, 따라서 지방행정은 마비돼 지금보다 더욱 심각한 국정 공백 상태가 지속됐을 것이다.

민주정치는 풀뿌리 민주주의의 가장 기초인 지방자치를 통해 단계적으로 발전한다. 따라서 지방자치는 흔히 '민주정치의 학교'라고 한다. 미국, 독일 등 지방자치가 발달한 국가들이 안정된 정치 리더십 아래 정치 발전을 하고 있는 것은 지방자치와 밀접하게 연계돼 있기 때문이다.

내년 지방선거 실시 전에 선거법 개정도 고려해 볼 수 있다. 현행 선거법에 따르면 제20대 대통령 선거는 2022년 3월 9일에 있을 예정이다. 따라서 2022년 6월 예정인 제8회 지방선거일을, 임기 단축을 통해 제20대 대통령 선거와 동시에 2022년 3월 9일에 실시하는 것도 정치 개혁의 하나는 아닐까. 3개월 간격으로 전국단위 선거를 2회 치르는 것은 국력 낭비다.

앞으로 있을 개헌의 초점은 권력구조 개편, 기본권 강화와 지방분권이다. 특히, 지방분권은 지방자치 확대 차원을 넘어 실질적인 기능을 할 수 있는 근거를 개헌에 담아야 한다. 국정기획자문위원회는 지방분권에 대한 새 정부 의지를 국정 과제로 채택, 지방분권의 시대정신을 구현해야 한다. 재정과 권력 집중을 해소하는 분권과 자치 실현은 새로운 정치 패러다임의 첫 단계가 될 것이다.

• 문화일보, 시평(2017.6.8) •

제10절

정치선진화와 복지국가

1. 신뢰정치와 복지국가

▋ 강한 정치보다 신뢰받는 정치를

금년 들어 언론에 '강한'(strong)이란 용어가 자주 등장하고 있다. 김대중(金大中) 대통령이 연두 기자회견에서 '강한 정부'를 내세우면서 좌고우면(左雇右眄)하지 않고 원칙과 법을 준수하는 강력한 정부를 실현하겠다고 하였으며, 김중권(金重權)새천년민주당 대표는 역시 '강한 여당'의 논리를 내세우며 강한 정부론을 뒷받침하고 있다. 지난 20일 취임한 미국의 제43대 부시 대통령도 취임사에서 세계의 경찰국가로서 '강한 미국'을 강조했다.

'강한 정부' '강한 여당'을 추구하는 희망은 모든 지도자나 국민들이 소망하는 것이다. 강한 정부를 통하여 강한 국가를 만들겠다고 하는데 누가 이를 싫어하겠는가. 대통령이 확고한 리더십을 가지고 국민을 지지를 바탕으로 원칙과 법이 준수되는 사회를 건설, 국민들에게 안전과 행복한 삶을 누릴 수 있도록 하겠다고 하는데, 이를 반대할 사람이 누가 있겠는가. 더구나 최근같이 공권력이 땅에 떨어져 범죄가 난무하고 정부의 정책이 원칙없이 시행되어 일관성을 잃어 국민들이 불안해하고 있는 상황에서 강한 정부는 우리 모두가 바라는 바이며 또한 그렇게 되기를 바란다.

그러나 강한 정부는 결코 힘의 논리나 또는 수(數)의 논리에 의하여 되는 것이 아니다. 정부가 가지고 있는 막강한 공권력을 바탕으로 힘의 논리를 구사한다고 원칙과 법이 준수되는 것이 아니고 여당이 국회에서 의석수가 야당에 비하여 부족하여 국회운영이 어렵다고 해서 소속 의원을 다른 정당에 임대하여 주면서까지 우당(友黨)으로 만든다고 강한 여당이 되는 것은 아니다. 더구나 '약한'(weak)야당을 만드는 것이 '강한'여당을 만드는 지름길은 아니다. 강한 정부가 되기 위해서 무엇보다도 필요한 것은 국민들로부터 신뢰를 얻는 것이다.

논어(論語)의 안연(顏淵)편에 의하면 子貢問政,子曰 '足食足兵民信之矣.' 子貢曰 '必不得己而去 於斯三者何先' 曰 去兵. 子貢曰 '必不得己而去 於斯二者何先' 曰 去食. 自古皆有死 民無信不立이란 구절이 있다. 이를 해석하면 다음과 같다. 즉 공자는 정치가 무엇이냐고 묻는 제자 자공에게 정치는 국민들을 잘 먹이고 외침으로부터 보호하고 또한 신뢰를 얻는 것이라고 했다. 이에 자공은 부득이한 상황에서 이 세가지 중 한가지를 포기하려면 무엇을 포기해야 됩니까라고 물었을 때, 공자는 군대를 버리라고 했으며, 이에 또 다른 하나를 부득이 포기할 경우, 먹는 것을 포기하라고 하면서 여하한 경우에도 끝까지 지켜야 될 것은 즉 국민들로부터의 신뢰를 얻는 것이라고 했다.

대통령이 강한 정부를 주창한 이후 경제가 다소 호전되고 또한 여당이 자민련과 공조를 선언한 이후 국정운영에 자신감을 갖고 있는 것 같아 그나마 다행이다. 그러나 경제 상황이 호전되고 있고 있다고 해서, 또는 여당이 힘을 얻었다고 해서 강한 정부나 강한 여당이 되는 것은 아니다. 진정으로 강한 정부와 여당이 되기 위해서는 무엇보다도 국민들로부터 신뢰를 회복하는 것이다. 지금과 같이 정치에 대한 신뢰가 하락된 예가 없다. 국민들은 정치에 대하여 혐오감을 가질 정도이다.

이는 정부, 여당만의 책임이 아니다. 물론 정부와 여당이 가장 큰 책임이 있지만 원내 제1당인 야당도 결코 책임을 면할 수 없다. 끊임없이 불거지는 정치부패, 거짓말을 일삼는 정치인들의 행태, 사회지도층들의 도덕적 해이 등으로 국민들은 정치에 심한 불신감을 가지고 있다. 정치의 근본을 국민들부터의 믿음이라고 강조한 공자의 혜안이 다시금 되새겨진다.

• 경인일보, 시론(2004..1.29) •

복지공약과 사회적 합의

　벚꽃 대선의 가능성이 커지면서 19대 대통령선거에 출마하려는 후보자들의 공약이 봇물처럼 쏟아지고 있다. 개헌, 군복무기간 단축, 교육, 북한 핵문제 등 유권자들이 관심을 가지고 있는 다양한 주제에 대하여 대선 후보자들은 자신만이 이 문제를 해결하는 데 가장 적합한 인물이라고 주장하면서 각종 해결책을 선거 공약으로 제시하고 있다.

　이 중 유권자들이 가장 관심을 갖고 있는 공약은 복지문제일 것이다. 선진국가들은 복지사회를 통하여 국민들의 삶의 질을 향상시키고 있다. 때문에 선진복지사회를 추구하고 있는 국민들의 욕구를 충족시키기 위하여 대선 후보들이 복지 공약을 우선적으로 내세우는 것은 지극히 당연한 현상이고 또한 바람직한 시대적 추세이다.

　현재 거론되고 있는 주요 대선 후보들이 대표적으로 내세우고 있는 복지공약은 기본소득제, 아동수당, 기초노령연금 등이다. 아동수당과 같은 제도 등은 이미 스웨덴, 노르웨이와 같은 북유럽 국가에서 실시하고 있는 제도이며, 우리나라도 기초노령연금 등은 선별적으로 실시하고 있기 때문에 결코 새로운 제도는 아니다.

　그러나 대선 후보자들이 우후죽순으로 내세우고 있는 각종 복지공약이 철저한 검토와 실현가능성을 전제한 차원에서 제시된 공약인지 또는 선거에서 표만 얻기 위하여 임기응변적으로 포퓰리즘의 형태로 내세운 공약인지에 대한 여러 가지 의문을 제기하지 않을 수 없다.

　필자는 지난해 하반기 스웨덴, 노르웨이 등을 방문, 북유럽 국가에서 실시하고 있는 복지정책을 시찰할 기회가 있었다. 이들 국가는 세계가 부러워하는 복지선진국이다. 이들 국가들은 우리나라와는 경제규모, 인구는 물론 정치사회체제에서 차이가 있기 때문에 유사한 기준으로 대비하기는 다소 문제점이 있기는 하지만, 그러나 많은 시사점을 주고 있다.

　이들 국가들도 초기에는 복지제도를 실시하는 데 많은 어려움을 겪었다. 제한된 재정과 폭증하는 복지 수요를 균형 있게 조화시키는 것은 가장 힘든 과제였다. 즉 복지에는 많은 재원이 필요하고 이들 재원은 결국 기업과 노동자들이 내는 세금으로 충당할 수밖에 없기 때문이다.

이런 어려운 과제를 이들 국가들이 슬기롭게 넘길 수 있었던 것은 사회조합주의 (social corporatism) 국가로서 다양한 갈등을 해결하는 사회적 합의가 가능했기 때문이다. 즉 임금 문제, 노동 유연성 등과 같은 기업과 노동자들 간의 갈등이 있는 중요한 사회적 문제를 노동자·사용자·정부 합의에 의하여 해결하기 때문에 큰 충돌 없이 사회적 안정을 통하여 오늘의 복지국가를 이루고 있는 것이다.

사회조합주의는 후기 자유주의적 선진민주복지국가에서 나타나는 유형으로 국가 통치력 약화에 따른 통치력 보강과 사회경제적 위기 해소를 위해 이익집단 상호 간의 타협과 협력을 하는 체제이다. 특히 사업자와 노동자 집단이 자율성을 가지고 정부와 상호 조정 하에 노사문제를 비롯하여 각종 사회적 쟁점들을 해결하는 것이며, 이런 과정이 사회적 자본(social capital)을 형성하고 있다.

사회적 자본은 공동체 구성원들 사이의 협력을 가능케 하는 구성원들의 공유된 제도, 규범, 네트워크, 신뢰 등 일체의 사회적 자산을 포괄하여 지칭하는 것으로 이는 사회적 안정과 발전의 원동력이 된다.

따라서 복지정책을 실천하기 위하여 가장 중요한 것은 사회적 합의이다. 그러나 지금과 같이 하여 노동조합 대표들이 불참하여 사실상 운영되지 못하고 있는 우리나라의 노사정위원회 실상을 볼 때 지금 후보들이 내놓고 있는 복지정책들이 공약으로 실현될 수 있을지 의문이다.

때문에 후보들은 복지정책을 논하기 전에 북유럽에서 사회적 합의를 이끈 노사정위원회와 같은 사회적 신뢰기구를 어떻게 운영, 제도화 할 수 있는 방법부터 우선 제시해야 될 것이 아닌가.

• 경기일보, 칼럼(2017.2.6) •

2. 정치선진화의 과제

▌정치선진화의 갈림길에서 선 한국

계절의 봄은 오고 있으나, 한국정치에 있어 봄은 오지 않고 있다. 봄이 오기는커녕 건너 뛰어 오히려 아스팔트에 불볕이 뜨겁게 달아오르는 폭염의 여름이 성큼 닥아오고 있는 느낌이다. 기후변화를 지구온난화에만 탓하기에는 탄핵정국의 열기가 너무 뜨거워 큰 화상이라도 입을 것 같은 살벌한 분위기다.

지난 1일 삼일절 98주년을 맞은 광화문 광장은 태극기 물결로 열기가 넘쳐났다. 8ㆍ15 해방 이후 대한민국 정치의 상징인 광화문 광장에서 태극기 물결이 그렇게 많이 펄럭인 것은 처음인 것 같다. 세계 정치사에도 광장에 수백만명의 시민이 운집하여 상호 갈등 세력이 무력충돌 없이 국기를 흔들며 평화적 시위를 한 것은 아마 기네스북에 오를 장면일 것이다.

그러나 광장에 모인 시민이 흔든 수백만 개의 태극기는 98년 전 대한독립 만세를 외친 민족을 하나로 뭉치게 한 '화합과 통합'의 태극기가 아니고 오히려 '분열과 갈등'을 나타내는 상징의 표상이 되었다. 참가자들이 외치는 내용도 달랐다. 촛불집회는 '박근혜 퇴진, 탄핵 인용'을, 태극기집회는 '탄핵 기각, 박근혜 대통령 무죄'를 외쳤다.

과연 이런 광경을 이승에 계신 독립운동 선열들이 보았다면, 오늘의 후손들을 어떻게 평가하실지 하는 생각을 하면 우선 죄송스러움뿐이다.

지난해 1월 다보스포럼 이후 세계의 주요 화두는 제4차 산업혁명이다. 인공지능 (AI) 등으로 상징되는 제4차 산업혁명에 대비하여 각국은 정치ㆍ경제ㆍ사회ㆍ문화 등 제반 분야에서 치열한 경쟁과 혁신을 진행하고 있으며, 특히 정치에서도 많은 변화가 예상된다.

한국정치 역시 제4차 산업혁명과 더불어 제4의 물결 시대를 맞이하고 있다. 제1의 물결은 이승만 정부에 의한 신생국가 건설이며, 제2의 물결은 박정희 정부에 의한 산업화 시대이다. 또한 제3의 물결은 김영삼 정부 이후 민주화시 대이며, 현재 우리는 제4의 물결 시대를 맞고 있다.

제4의 물결 시대는 정치선진화이다. 산업화와 민주화를 성공적으로 달성, 해외원조를 주는 공여국으로 변한 한국은 G20정상회의도 개최했을 정도의 선진국 반열에 진입하고 있다. 그러나 최근 탄핵정국에서 보여준 한국정치의 단면을 보면 정치선진화는 결코 쉽지 않을 것 같다.

정치선진화의 요체는 법치주의이다. 민주주의는 과정의 정치이며, 이는 법치에 의하여 질서가 유지될 때 가능하다. 아무리 선한 의도를 가진 정치행위라도 과정 자체가 정당하지 못하면 그 결과 역시 정당화될 수 없다. 민주국가에 있어 법은 공동체 구성원의 토론과 합의에 의하여 이뤄진 것이 때문에 이는 당연히 준수되어야 한다.

헌재의 탄핵소추 인용 여부가 이제 눈앞에 다가왔다. 지금까지 촛불과 태극기 집회 참여자 모두 각각 자신들의 주장을 일방적으로 전달하였으며, 자신들의 의견과 다른 헌재의 결정은 받아들일 수 없다고 하는데, 이는 지극히 잘못된 인식이다. 더구나 일부 대선 주자들이 이런 견해에 동조 또는 선동하는 행태는 바람직하지 않다. 헌법재판소에 의한 탄핵소추에 대한 최종심판을 정치권과 국민들은 겸허하게 수용해야 한다. 특히 유력 대선 주자들과 각 정당의 대표들은 이를 조건 없이 수용, 국민통합에 앞장서겠다는 명시적 선언을 해야 한 것이다.

제4의 물결 시대를 맞이한 한국은 산업화와 민주화를 성공적으로 이룩, 이제 정치선진화란 시대적 과제를 안고 있다. 헌재의 탄핵 결정 이후 전개되는 정치권과 국민들의 행태는 한국정치의 선진화 여부를 가름하는 중요한 갈림길이 될 것이다. 그동안 수백만이 참여한 촛불과 태극기 집회가 평화적으로 개최되어 세계가 놀란 시위문화를 헌재의 탄핵 결정 이후에도 보여주어 다시 한번 한국민의 성숙한 민주시민 의식을 과시하기를 바라는 것은 우리 모두의 간절한 소망이 아닌지.

• 경기일보, 칼럼(2017.3.7) •

▌직접민주주의와 대의민주주의와의 경쟁

최근 정치권은 물론 학계, 언론계 등에서 민주주의(Democracy)에 대한 논쟁이 뜨겁다. 민주주의의 어원은 국민(Demos)과 지배(Kratos)의 합성어이다. 이는 다수의 국민에 의한 지배를 의미하는 것으로 가장 이상적인 정치제도는 아니지만, 지금까지 각국이 경험한 정치제도로서 최선 아닌 차선의 제도로서 사회구성원 다수의 여론을 수렴, 정치에 반영시킨다는 차원에서 민주주의는 특별한 이론없이 받아들이고 있다.

현재 민주주의를 채택한 대부분의 국가들은 자유민주주의 형태의 대의민주주의를 근간으로 하고 있다. 그러나 최근 민주주의에 대한 논란의 핵심은 직접민주주의의 대안으로 등장한 대의민주주의가 제대로 기능하지 못함으로써 제기되고 있다. 대의민주주의는 인구의 폭발적인 증가 등으로 고대 그리스와 같이 구성원 전체가 직접 참여하는 민주정치 운영은 어렵기 때문에 이에 대한 대안으로 국민의 대표를 선출, 권한을 위임하여 등장한 것이 대의민주제도이다.

국민이 직접 선거를 통하여 선출한 대표들로 구성된 의회를 비롯한 정치권이 '국민을 위한, 국민에 의한, 국민의 정치'인 민주주의를 제대로 수행하지 하지 못하고 오히려 '정치인을 위한, 정치인에 의한, 정치인의 정치'를 행함으로써 대의민주주의의 위기가 대두되고 있다.

프랑스 사상가 루소(Rousseau)가 말한 바와 같이 유권자는 선거 당일 하루만 주인행세를 하고 선거 후 정치인이 오히려 주인행세를 하는 것이 현대판 대의민주주의의 실상이다. 때문에 국민들은 정치인을 불신하고 또한 의회는 민생보다는 자신들의 권력 장악에 몰두, 정쟁만을 일삼거나 또는 소수의 특권층 이익만을 대변하고 있어 지탄의 대상이 되고 있다.

지난해 박근혜 대통령이 탄핵으로 파면된 것은 대의민주주의의 한 형태인 국회의 탄핵소추안 결의와 헌법재판소의 최종 판결로서 이뤄진 것이기는 하지만, 이는 직접민주주의의 한 형태인 촛불시위에서 탄핵 문제가 제기된 것이다. 국회가 대통령의 권력을 제대로 견제하지 못하였기 때문에 국민들이 직접 촛불을 들고 대통령 퇴진을 외친 것이며, 이에 국회와 헌법재판소는 국민의 여론에 응답한 것이다.

지난해 11월에 결정된 신고리 원전5·6호기 공사 재개 결정 역시 직접민주주의의 한 형태로서 결정된 것이다. 정치권이 이에 대한 국민 여론을 제대로 파악하지 못하고 갈팡질팡하고 있을 때, 정부는 시민들로 구성된 원전공론화위원회를 출범, 오랜 기간 조사와 토론 과정을 거쳐 원전공사 재개라는 성공적인 결론을 도출한 것이다.

최근 국회 개헌특위 자문위원회의 개헌 초안에 직접민주주의 제도를 대거 도입하는 문제가 제기되고 있다고 한다. 이는 국가의 중요한 정책을 국민투표로 정하는 '중요 정책 국민투표제', 헌법·법률을 국회를 통하지 않고 국민이 개정할 수 있도록 하는 '개헌안·법률안 국민발안제' 등으로 알려지고 있으며, 따라서 사드 배치처럼 전문적 판단이 필요한 사안도 국민투표에 부칠 수 있는 것이다.

대의민주정치의 상징인 국회가 당리당략이나 의원 개인의 사익을 추구하기 위한 도구로 전락하는 한, 간접민주주의의 위기는 더욱 심화되고 따라서 직접민주주의에 대한 요구는 거세질 것이다. 이는 국민의 대표인 정치인들이 주인인 유권자를 무시, 스스로 화를 자초한 것이다.

직접민주주의이든 대의민주주의이든 민주정치는 경쟁을 기본 원리로 하고 있다. 정치인들이 지금과 같이 금과옥조로 여기는 권력을 향유하고 싶으면 다원성과 다양성을 존중하는 대의민주주의를 효과적으로 운용, 직접민주주의와의 경쟁에서 이겨야 될 것이다. 직접민주주의에 대한 거센 파도가 몰아치기 전에 정치인 스스로의 반성이 어느 때보다 절실하다.

• 경기일보, 칼럼(2018.1.9) •

참고문헌

가상준(외). 2018. 『대한민국 국회제도의 형성과 변화』. 푸른길

강신구. 2017. 『변화하는 한국 유권자』. 동아시아연구원.

강민. 1983. "관료적 권위주의의 한국적 생성". 한국정치학회. 『한국정치학회보』. 제17집.

강원택. 2003. 『한국의 선거정치』. 푸른길.

----. 2004. "탄핵정국과 17대 총선." 한국정치학회 총선분석 특별학술회의 발표 논문.

----. 2011. 『김대중을 생각한다』. 삼인.

----. 2015. 『대한민국 민주화 이야기: 민주화를 향한 현대한국정치사』. 대한민국 역사박물관.

----. 2018. 『한국정치론』. 박영사.

강정인(외). 2002. 『민주주의의 한국적 수용: 한국의 민주화, 민주주의의 한국화』. 책세상.

강준만. 2002. 『한국 현대사 산책』. 인물과 사상사.

----. 2009. 『한국 현대사 산책 1960년대편. 1 4 · 19혁명에서 3선 개헌까지』. 인물과 사상사.

경제정의실천시민연합. 2019. 『경실련 30년사』.

고려대 100년사편찬위원회. 2005. 『고려대학교 학생운동사』. 고려대 출판부.

고평석. 2017. 『제4의 물결, 답은 역사에 있다』. 한빛비즈.

공재욱(외). 1999. 『1960년대의 정치사회변동』. 백산서당.

국가정보원. 2007. 『 과거와 대화, 미래의 성찰』.

국회사무처. 2000. 『 대한민국 국회50년사』.

군사혁명사편찬위원회. 1964. 『5 · 16군사혁명의 전모』. 문광사.

길승흠(외). 1987. 『한국선거론』. 다산출판사.

김광웅(외). 1987. 『한국선거론』. 나남.

김대중. 2010. 『김대중 자서전』. 삼인출판사.

김만규. 2003. 『민주정치와 사회발전』. 앰애드.

김삼웅. 1984. 『민족 민주 민중 선언』. 일월서각.

----. 2010. 『김대중 평전: 행동하는 양심으로』. 시대의 창.

김성환(외). 1984. 『1960년대』. 거름.

김영래. 1987. 『한국의 이익집단』. 대왕사.

----(외). 1987. 『현대한국정치와 국가』. 법문사.

김영래(외). 1988. 『민주시민론』. 경남대 출판부.

————(외). 1988. 『북한의 법과 법이론』. 경남대 출판부.

————. 1989. "한국이익집단의 정치참여에 대한 연구". 『한국정치학회보』, 제23집 1호.

————(외). 1989. 『정치학개론』. 박영사.

————(외). 1989. 『동아시아 발전의 정치경제』. 경남대 출판부.

————. 1990. "소연방 내의 소수민족운동에 관한 연구". 『한국정치학회보』, 제24 2호.

————. 1992. "한국의 정치자금 제도화에 관한 연구". 『한국정치학회보』, 제26집 1호.

————(외). 1992. 『러시아와 동유럽』. 한국정신문화연구원.

————(외). 1993. 『북한의 이해』. 아주대 출판부.

————(외). 1993. 『생태사회과학』. 아주대 출판부.

————. 1994. "정치자금제도의 변천과정과 특징 연구". 『한국정치학회보』, 제28집 1호.

————. 1995. "이익갈등제도의 비교연구". 『국제정치논총』, 제35집 1호.

————(외). 1996. 『현대정당정치론』. 법문사

————(외). 1996. 『수원지역의 현황과 과제』. 아주대 출판부

————(외). 1996. 『이익집단정치와 이익갈등』. 한울

————(외). 1999. "비정부조직(NGO)과 국가와의 상호작용 연구". 『국제정치논총』, 제39집 3호.

————. 2001. "비정부조직(NGO)의 초국가적 네트워크와 시민사회전략에 관한 비교연구. 『국제정치
        논총』, 제41집 4호.

————(외). 2001. 『정보사회와 정치』. 오름.

————(외). 2003. 『환경과 사회: 인간, 생명, 그리고 생태』. 오름.

———— . 2003. "한국시민사회운동의 현황과 발전과제". 『NGO연구』, 제1집.

————(외). 2003. 『당신의 조국 한국을 알자: 한국문제연구회 40년사: 연세대학교 학생운동사』.
        디컨하우스.

————(외). 2004. 『한국 의회정치와 제도개혁』. 한울

————(외). 2004. 『NGO와 한국정치』. 아르케

————. 2006. "매니페스토 운동과 정치문화의 변화." 『NGO연구』, 제4집 제1집.

————(외). 2006. 『한국정치 어떻게 볼 것인가』. 박영사.

————(외). 2006. 『매니페스토와 지방선거』. 논형

————(외). 2007. 『한국사회 발전과 도산 안창호』. 흥사단 출판부.

————(외). 2008. 『매니페스토와 정책선거』. 논형.

————. 2008. "한국선거제도의 개혁과 시민사회의 역할 연구." 『NGO연구』, 제6집.

————(외). 2013. 『당신의 조국 한국을 알자; 한국문제연구회 50년사: 연세대학교 학생운동사』.
        새롬.

————(외). 2016. 『한국의 민주화와 민주화 운동』. 한울아카데미.

김영명. 1986. 『군부정치론』. 녹두.

----. 1992. 『한국현대정치사 -정치변동의 역학』. 을유문화사.

----. 1999. 『고쳐 쓴 한국현대정치사』. 을유문화사.

----. 2006. 『한국의 정치변동』. 을유문화사.

김영삼. 2015. 『김영삼 회고록. 3 : 민주주의를 위한 나의 투쟁』. 백산서당.

김왕식. 2006. "1인 2표제 도입의 정치적 효과." 어수영 편저, 『한국의 선거: 제16대 대통령선거와 제17대 국회의원 선거』. 오름 .

김용호. 2000. "21세기 새로운 의회정치의 모색. "『의정연구』제10호.

----(외). 2000. 『4.13 총선: 캠페인 사례연구와 쟁점 분석』. 문형.

----. 2004. "17대 총선과 대통령-국회의 관계에 대한 전망." 한국정치학회춘계학술회의 논문.

김운태. 1994. 『한국정치론』. 박영사.

김원홍. 2003. "한국의 당내 경선제도와 여성정치의 현주소." 한국정치학회 발표논문.

김일영. 1999. 『1960년 정치사회변동』. 백산서당.

김정호. 2005. 『후기 실학의 정치사상』. 백산서당.

김종필·중앙일보 김종필 증언록팀. 2016. 『김종필 증언록 세트 : JP가 말하는 대한민국 현대사』. 와이즈베리.

김홍규. 2016. 『분단 70년의 국제관계』. 경남대극동문제연구소.

김현우. 2000. 『한국정당통합운동사』. 을유문화사.

김형준. 2001. "국회의원 연계기능연구," 한국정치학회. 『정보사회와 정치』. 오름

노병구. 2012. 『김영삼과 박정희 : 민주화의 대장정』. 팝콘미디어.

대한민국 정부. 1965. 『한일회담 백서』.

동아일보사. 1988. 『현대한국의 뒤흔든 60대사건』. 동아일보사.

류근일. 1997. 『권위주의체제하의 민주화운동: 1960-70년대 제도외적 반대세력의 형성과정』. 나남.

류영렬. 1995. "육삼학생운동의 전개와 역사적 의의." 『한국사연구』, 제88호.

문우진. 2019. 『한국 민주주의의 작동원리』. 고려대 출판문화원.

민주화운동기념사업회. 2004a. 『민주화운동관련 사건·단체사전 편찬을 위한 기초조사연구보고서』. (한국전쟁 이후-1969년)

----. 2004b. 『민주화운동관련 사건·단체사전 편찬을 위한 기초조사연구보고서』. (1970대).

----. 2005a. 『민주화운동관련 사건·단체사전 편찬을 위한 기초조사연구 보고서』. (광주·전남지역).

----. 2005b. 『민주화운동 관련 사건·단체사전 편찬을 위한 기초조사연구보고서』. (대전·충남지역).

----. 2006a. 『민주화운동관련 사건·단체사전 편찬을 위한 기초조사연구보고서』. (대구·경북지역).

----. 2006b. 『민주화운동관련 사건·단체사전 편찬을 위한 기초조사연구보고서』. (부산·경남지역).

민주화운동기념사업회 연구소. 2006. 『한국민주화운동사 연표』. 선인.

----. 2008. 『한국민주화운동사 1』. 돌베개.

민주화운동기념사업회 연구소. 2009. 『한국민주화운동사 2』. 돌베개.

----. 2010. 『한국민주화운동사 3』. 돌베개.

민준기(외). 2001. 『21세기 한국의 정치』. 법문사.

민청학련운동계승사업회. 2003. 『실록 민청학련-1974 4월』. 학민사.

박경미(외). 2012. 『한국의 민주주의: 공고화를 넘어 심화로』. 오름.

박권흠. 1982. 『정치의 현장: 제3공화국 정치비화, 516에서 10월유신까지』. 백양출판사.

박명호. 2002. "정책선거실현을 위한 방안." 한국정당학회 추계학술회의 발표집.

박상필. 2001. 『NGO와 현대사회』. 아르케.

박재창. 1995. 『한국의회정치론』. 법문사

박정희. 1963. 『국가와 혁명과 나』. 향문사

박종흡. 1996. 『의회와 입법과정』. 국회사무처

박진희. 2007. "한일 양국의 한일협정반대 논리." 『기억과 전망』, 제16호. 민주화운동기념사업회.

박찬승. 2008. "6·3 학생운동의 이념." 『6·3민주화운동의 역사적 조명』. 학술회의자료집. 한국민족
    운동사학회·6·3동지회.

박찬욱. 1993. "14대국회의원 총선에서의 정당지지도 분석." 이남영. 『한국의 선거 1』. 나남.

----. 2013. 『2012년 대통령 선거 분석』. 나남.

박찬표. 1998. "국회 상임위 활성화 방안." 한국정당정치연구소 제2차 한국정치포럼 발표 논문.

박태순·김동춘. 1991. 『1960년대의 사회운동』. 까치.

백영철. 1999. 『한국의회정치론』. 건국대 출판부.

부산민주화운동사편찬위원회. 1998. 『부산민주화운동사』.

비키 랜달. 김민정(외) 옮김. 2000. 『여성과 정치』. 풀빛.

서병조. 1982. 『비화 제3공화국 /그때 그 사람들』. 청목.

서병훈. 2017. 『위대한 정치』. 책세상.

서중석. 1988. " 3선개헌반대.민청학련 투쟁.반유신 투쟁." 『역사비평』, 3호.

----. 1997. "1960년 이후 학생운동의 특징과 역사적 공과." 『역사비평』, 41호.

----. 2007. 『한국현대사』. 역사비평사.

----. 2015. 『현대사 이야기』. 프레시안.

손호철. 2003. 『현대한국정치 1945-2003』. 사회평론.

송은희. 2004. "여성의 정치참여 현황과 여성정책 과제." 한국국제정치학회 발표 논문.

시민운동정보센터. 2004. 『한국시민사회운동 15년사』. 시민의신문사.

----. 2012. 『한국시민단체총람』.

----. 2015. 『한국시민사회운동 25년사』.

----. 2017. 『한국시민사회연감 2017』.

시민의 신문. 2006. 『한국시민사회연감 2005』.

신명순. 1993. 『한국정치론』. 법문사.

----. 1999. 『비교정치』. 박영사.

----(외). 2015. 『한국의 정치 70년』. 나남.

----. 2018. 『신명순의 한국정치보기』. 아현.

신민당. 1967. 『6·8 부정선거백서』.

심지연. 2004. 『한국정당정치사—위기와 통합의 정치』. 백산서당.

안병만. 1995. 『한국정부론』. 다산출판사.

안병영(외). 2000. 『세계화와 신자유주의의 이념·현실·대응』. 나남.

---. 2016. 『왜 오스트리아 모델인가』. 문학과 지성사.

안병욱(외). 2010. 『한국민주화운동의 성격과 논리』. 선인.

안재흥. 2012. 『한국 복지국가의 정치경제』. 아연출판사.

----. 2013. 『복지자본주의 정치경제의 형성과 재편』. 후마니타스.

안철현. 2009. 『한국현대정치사』. 새로운 사람들.

양병기. 2014. 『현대 남북한정치론』. 법문사.

어수영. 2006. 『한국의 선거 V』. 오름.

오명호. 2015. 『현대정치분석:학제간 연구를 중심으로』. 오름.

유승익(외). 2003. 『환경과 사회』. 오름.

유시민. 2014. 『나의 한국 현대사』. 돌베개.

유진산. 1972 .『해뜨는 지평선』. 한얼문고.

6·3동지회. 2001. 『6·3학생운동사』. 역사비평사.

윤보선. 1991. 『외로운 선택의 나날』. 동아일보사.

윤성이. 2015. 『한국정치:민주주의·시민사회·뉴미디어』. 법문사.

윤형섭. 1992. 『한국정치론』. 박영사.

----(외). 1988. 『한국정치과정론』. 법문사.

이극찬. 1999. 『정치학』. 법문사.

이기택. 1987. 『한국야당사』. 백산서당.

이남영. 1993. 『한국의 선거 I』. 나남.

이달순. 2012. 『현대정치사와 김종필』. 박영사.

이동수. 2012. "차기정부의 시민사회정책의 과제." 내나라연구소. 『한국 시민운동의 평가와 발전 과제』.

이상우. 1986. 『박정권 18년: 그 권력의 내막』. 동아일보사.

이연호. 2014. 『불평등 발전과 민주주의: 한국정치경제론』. 박영사. ㄹ

이완범. 2005. 『1980년대 한국사회연구』. 백산서당.

이왕휘. 2018. 『사이버공간의 국제정치경제』. 사회평론.

이재묵. 2017. 『EU 자본주의와 민주주의』. 박영사.

이재열. 2005. "한국사회의 위험 구조 변화." 정보통신정책연구원. 『21세기 한국메가트렌드 시리즈 III』.

이재오. 1984. 『해방 후 학생운동사』. 형성사.

이정복(외). 2009. 『21세기 한국정치발전의 방향』. 서울대학교 출판부.

이정식. 1987. "제3공화국 근대화의 정치." 양동안(외). 『현대한국정치사』. 한국정신문화연구원.

이정희. 2004. "한국의 당정관계의 역동성과 제도화." 김영래(외). 『한국의회정치와 제도 개혁』. 한울.

────. 2010. 『이익집단정치』. 인간사랑.

────. 2018. 『한국 현대정치사의 쟁점』. 인간사랑.

이종식. 2008. 『한국정치의 이해』. 한국학술정보.

────. 2015. 『글로벌시대와 시민사회』. 한국학술정보.

이주희. 2006. "지방자치발전과 로칼 매니페스토 운동 방안." 중앙선관위 · 531 스마트 매니페스토 정책 선거 추진본부. 『한국형 매니페스토 확산과 정착을 위한 국민대토론회자료집』.

이충묵(외). 2009. 『미국의 외교정책』. 박영사.

이태동(외). 2017. 『마을학개론』. 푸른길.

이한수. 2017. 『국민의 참여가 민주주의를 살린다』. 푸른길.

이현출. 2004. "매니페스토(Manifesto): 국민에 대한 계약으로서의 선거공약." 국회도서관. 『입법정보』, 제141호.

────. 2005. "선거공약의 정치과정과 함의: 광역자치단체장 선거를 중심으로." 한국지방행정연구원. 『지방행정연구』, 제19권 제1호.

────. 2005. "정책선거 유도를 위한 공약이행 평가방안." 중앙선거관리위원회. 『선거관리』, 제51호.

────. 2006. "한국의 지방선거와 정책정당화 과제." 내나라연구소 · 한국정당학회 주최. 『지방선거와 정치발전에 관한 한 · 일 비교』 국제세미나 발표논문.

────. 2006. "외국의 매니페스토와 한국의 도입을 위한 시사점." 중앙선관위 · 531 스마트 매니페스토 정책 선거 추진본부, 『한국형 매니페스토 확산과 정착을 위한 국민대토론회자료집』.

인간사(편). 1984. 『자료 1: 제3공화국 연표(1961-1979)』. 인간사.

임성호. 1998. "한국 의회민주주의와 국회제도개혁 방안." 『의정연구』, 4권 2호.

────. 2001. "국회 토의 활성화를 위한 제도의 모색: 개정 국회법의 시행 현황과 평가." 한국의회발전연구소 제40차 의정연구논단 발표 자료.

임혁백. 1990. "한국에서의 민주화 과정 분석─전략적 선택이론을 중심으로." 『한국정치학회보』, 24집 1호.

────. 1994. 『시장 · 국가 · 민주주의』. 나남.

임현진(외). 1995. 『전환의 정치, 전환의 한국사회』. 사회비평사.

----. 2011. 『글로벌 NGOs』. 나남.

장훈. 2010. 『20년 실험: 한국정치개혁의 이론과 역사』. 나남

장휘(외). 2018. 『현대정치철학의 이해』. 동명사.

전인권. 2006. 『박정희 평전』. 서울: 이학사

조기숙 . 1996. 『합리적 선택: 한국의 선거와 유권자』. 한울

조대엽. 2013. "한국의 시민운동, 이대로 좋은가?." 시민사회포럼 · 성균관대 인문학연구원 주최 토크콘서트.

조성대. 2000. "지역주의와 인물투표." 김용호(외). 『4.13 총선: 캠페인 사례연구와 쟁점 분석』. 문형.

조영래. 1991. 『전태일 평전』. 돌베개.

조진만. 2018. 『대한민국 국회제도의 형성과 변화』. 푸른길.

조희연. 2007. 『박정희와 개발독재시대』. 역사비평사.

주성수. 2003. "참여시대의 시민, 정부, 그리고 NGO". 「시민사회와 NGO」, 제1권 1호. 한양대학교 제3섹터연구소.

중앙선거관리위원회. 1973. 『대한민국 선거사 제1집』.

----. 1981. 『대한민국 정당사』.

지방의제21전국협의회. 2002. 「글로벌 거버넌스와 지방 행동 : 21세기 WSSD 참가보고서」.

지병문(외). 2014. 『현대한국의 정치: 전개과정과 동인』. 피엔씨 미디어.

진영재. 2002. 『한국의 선거 Ⅳ』. 한국사회과학데이터센터.

----. 2015. 『한국정치: 통치구조 · 정당 · 선거』. 법문사.

총선시민연대. 2000. 『2000총선연대』.

최장집. 1993. 『한국민주주의론』. 한길사.

----. 2005. 『민주화 이후의 민주주의: 한국민주주의의 보수적 기원과 위기』. 후마니타스.

최정원. 2002. "한국 국회 입법과정의 변화와 특징." 정갑영 (외). 『동아시아의 정치와 경제』. 나남.

----. 2004. "법안 발의제도와 국회입법과정의 정치역학." 김영래(외). 『한국의회정치와 제도개혁』. 한울.

특임장관실 · 시민사회발전자문위원회 · 경희대 공공정책대학원. 2012. 『민간협력과 시민사회 발전을 위한 청사진 1』.

하연섭(외). 2015. 『위험사회와 국가정책』. 박영사.

한국기독교교회협의회. 1987. 『70년대 민주화 운동』. 한국기독교교회협의회.

한국노동조합총연맹. 1979. 『한국노동조합운동사』.

한국문제연구회. 1988. 『한연회 25주년 일지』. 연세대 한국문제연구회 선후배 모임.

----. 2013. 『한국문제연구회 50년사: 연세대학교 학생운동사』. 새롬.

한국사 사전편찬위원회. 2005. 『한국근현대사사전』. 가람기획.

한국역사연구회. 1991. 『한국현대사』. 풀빛.

한국정신문화연구원. 2002. 『박정희시대 연구』. 백산서당.

한국정치연구회. 1993. 『한국한국현대사 이야기 주머니』. 녹두.

――――――. 1994. 『한국정치사』. 백산서당.

――――――. 2010. 『다시 보는 한국 민주화운동: 기원, 과정 그리고 제도』. 선인.

한배호(편). 1990. 『한국현대정치론』. 나남.

한승헌(외). 1984. 『유신체제와 민주화운동』. 춘추사.

한완상. 1990. 『4.19혁명론』. 일월서각.

한용원. 1993. 『한국의 군부정치』. 대왕사.

한흥수. 1996. 『한국정치동태론』. 오름.

함성득. 1998. "의회와 정당, 대통령과의 새로운 관계." 『의정연구』, 제6호.

허 영. 1993. 『한국헌법론』. 박영사.

호광석. 2006. "국회의원 선거제도와 정당체계 변화: 전국구 비례대표제의 영향을 중심으로." 『사회과학연구』, 제12권 2호.

Aldrich, John. 1995. *Why Parties*. Chicago: University of Chicago Press.

Alexander, Herbert. 1976. *Financing Politics*. Washington, D.C.: Congressional Quarterly Press.

Beck, Ulrich. 2009. *World at Risk*. Cambridge: Polity.

Bibbly, John F. 1996. *Politics, Parties and Elections in America. 3rd ed*. Chicago: Nelson-Hall.

Chung, Kyoung Cho. 1971. *Korea: The Third Republic*. New York: The Macmillan Company.

Cleary, Seamus. 1997. *The Role of NGOs under Authoritarian Political System*. New York: St. Martins Press.

Congressional Quarterly. 1995. *Congressional Quarterly's Guide to U.S. Elections. 5th edition*. Washington D.C.: Congressional Quarterly Inc.

Conway, Margaret. 2001. "Political Participation in American Elections: Who Decide What?" in William Crotty. *America's Choice 2000: Entering a New Millenium*. New York: Westview Press.

Cox, Gary. 1997. *Making Votes Count*. New York: Cambridge University Press.

Dudley, Robert L. and Alan R. Gitelson. 2002. *American Elections: the Rules Matter*. New York: Longman.

Duverger, Maurice. 1964. *Political Parties*. London: Methuen.

Duverger, Maurice. 1984. "Which is the Best Electoral System?" in Arend Lijphart and Bernard Grofman. *Choosing an Electoral System: Issues and Alternatives*. New York: Praeger.

Fisher, Jule. 1998. *Non-Governments: NGOs and the Political Development of the Third World*. West Hartford, CT.: Kumarian Press.

Franklin, Mark N. 2002. "The Dynamics of Electoral Participation." in Le Duc, Niemi, and Norris. *Comparing Democracies II: New Challenges in the Study of Elections and Voting*. London: Sage Publications.

Gill, Graeme. 2000. *The Dynamics of Democratization: Elites, Civil Society and the Transition Process*. New York: Palgrave.

Grugel, Jean. 2002. *Democratization: A Critical Introduction*. Palgrave: The Macmillan Company.

Grumm, J. G. 1975. "Theories of Electoral System." *Midwest Journal of Political Science Vol. II*.

Gunther, Richard P. Nikiforos Diamandouros, and Hans-Jurgen Puhle(eds.). 1995. *The Politics of Democratic Consolidation: Southern Europe in Comparative Perspective*. Johns Hopkins University Press.

Haerpfer, Christian. 2009. *Democratization*. New York: Oxford University Press.

Herrone, E. and M. Nishikawa. 2001. "Contamination Effects and the Number of Parties in Mixed-Superpositional Electoral Systems." *Electoral Studies Vol. 20*.

Hirst, Paul. 1994. *Associative Democracy: New Forms of Economic and Social Governance*. Cambridge: Polity Press.

Huntington, Samuel P. 1968. *Political Order in Changing Societies*. New Haven, Yale University Press.1968.

----. 1991. *The Third World: Democratization in the Late Twentieth Century*. Norman: University of Oklahoma Press.

Kanter, Donald L. and Philip H. Mirvis. 1989. *The Cynical Americans: Living and Working in an Age of Discontent and Disillusion*. San Francisco: Jossey-Bass Publishers.

Kann, Mark.E(저).한흥수 · 김영래(공역). 1986. 『현대정치학의 이해』(*Thinking About Politics: Two Political Science*). 대왕사.

Key, V. O. 1965. "A Theory of Critical Elections," *Journal of Politics*.

----. 1966. *The Responsible Electorate*. Cambridge: Belknap Press.

Kim, Kwan Bong. 1971. *The Korea-Japan Crisis and Instability of Korean Political System*. New York: Praeger.

Kim, Se-jin. 1971. *The Politics of Military Revolution in Korea*. Chapel Hill, N. C.:

University of North Carolina Press.

Kim, Young Rae. 1981. "Rousseau's Political Equality and Justice." *Kyungnam University Thesis, No.8.*

————. 1982. "Critical Remarks on Weber's Concept of Rationality." *Kyungnam University Thesis, No.9.*

————. 1982. "Soviet Union's Shifting Policy toward East Asia." Park Jae-kyu(ed.). *The Soviet Union and East Asia in the 1980s.* Kyungnam University Press.

————. 1987. "Contemporary Issues in the Study of the Political Party." *Kyungnam University Thesis, No.14.*

————. 1999. "Emerging Civil Society and Development of Interest Group Politics in Korea." *Korea Observer.* The Institute of Korean Studies.

————. 2003. "Reforming Korea's Political Finance System." *Pacific Focus.* Center for International Studies, Inha University.

Kim, Wang Sik. 2005. "The New Mixed Electoral System in Korea: Ticket Splitting, Party Arrangement and Voting Turnout." *Korean Political Science Review Vol. 39, No. 4.*

Lijphart, Arend. 1994. *Electoral Systems and Party Systems: A Study of Twenty-Seven Democracies 1945-1990.* Oxford: Oxford University Press.

Lindberg, Staffan. 2009. *Democratization by Elections: A New Mode of Transition.* New York : Johns Hopkins University Press.

Lipset, Seymour Martin. 1981. *Political Man: The Social Basis of Politics.* Baltimore: Johns Hopkins University Press

Maynard, Herman Bryant and Susan E. Mertens. 1993. *The Fourth Wave: Business in the 21st Century.* San Francisco, Ca.: Berrett-Koehler.

Michael Barone. 1990. *Our Country: The Shaping of America from Roosevelt to Reagan.* New York: The Free Press.

Nelson, Barbara J and Najma Chowdhury. 1993. *Women and Politics Worldwide.* New Haven : Yale University Press

Norris, Pippa. 1999. *Critical Citizens: Global Support for Democratic Governance.* New York: Oxford University Press.

Norris. Pippa. 2003. *Electoral Engineering: Voting Rules and Political Behavior.* New York: Cambridge University Press.

O'Connor, Karen and Larry J. Sabato. 2002. *American Government: Continuity and Change.* New York: Longman.

O'Donnell, Guillermo and Philippe C. Schmitter. 1986. *Transition from Authoritarian Rule: Tentative Conclusions about Uncertain Democracies.* Baltimore: Johns Hopkins University Press.

Powell, G. Bingham Jr. 2000. *Elections as Instruments of Democracy : Majoritarian and Proportional Vision.* New Heaven: Yale University Press.

Putnam, Robert D. 1993. *Making Democracy Work: Civil Traditions in Modern Italy.* Princeton: Princeton University Press.

―――. 2001. B*owling Alone : The Collapse and Revival of American Community.* Simon & Schuster.

Reeve, Andrew. and Alan Ware. 1992. *Electoral Systems: A Comparative and Theoretical Introduction.* London: Routledge.

Riker, William H. 1982. "The Two Party System and Duverger's Law." *American Political Science Review Vol. 76.*

Rosenstone, Steven J. and John Mark Hansen. 1993. *Mobilization, Participation, and Democracy in America.* New York: Macmillan Publishing Company.

Salamon, Lester M. 1994. "The Rise of Nonprofit Sector," *Foreign Affairs, Vol 74 No.4.*

Sartori, Giovani. 1986. "The Influence of Electoral Systems: Faculty Laws or Faculty Method?" in Bernard Grofman. *Electoral Laws and Their Political Consequences.* New York: Agathon Press.

Schattschneider, Elmer E. 1942. *Party Government.* NewYork: Holt, Rinehartand Winston.

Schumpeter, J. A. 1952. *Capitalism, Socialism, and Democracy. 4th Edition.* London: George Allen &Unwin Ltd.

Staar, Richard F.(저). 김영래 · 한석태(공역). 1985. 『동유럽공산정치론』(*Communist Regimes in Eastern Europe).* 민음사.

Taagepera, Rein and Matthew Shugart. 1989. *Seats and Votes: The Effects and Determinants of Electoral System.* New Heaven: Yale University Press.

Toffler, Alvin. 1970. *Future Shock.* New York: Random House.

―――. 1980. *The Third Wave: The Classic Study of Tomorrow.* New York: Bantam, Brown.

―――. 1990. *Power Shift.* New Your: Bantam

―――― and Heidi Toffler. 1994. *Creating a New Civilzation.* New York: Turner pub.

―――. 2006. *Revolutionary Wealth.* New York: Bantam.

Wattenberg, Martin P. 2000. "The Decline of Party Mobilization." in Russell J. Dalton and Martin Wattenberg. *Parties without Partisans*. New York: Oxford University Press.

Webb, Paul. 2000. *The Modern British Party System*. London: SAGE.

Weiss, Thomas G. and Leon Gordenker. 1996. *NGOs, the UN, and Global Governance*. Boulder: Lynne Rienner Publishers.

Yamamoto, Tadashi. 1995. *Emerging Civil Society in the Asia Pacific Community*. Tokyo: Japan Center for International Exchange.

－－－－. 1999. *Declining the Public Good: Governance and Civil Society in Japan*. Tokyo: JCIE.

UFJ総合研究所国土地域政策部. 2004.『ローカル マニフェストによる地方のガバナンス改革 ― 自治体が変わる、地域も変わる』.

大山礼子・藤森克彦. 2004.『マニフェストで政治を育てる』. 東京: 雅粒社.

金井辰樹. 2003.『マニフェスト:新しい政治の潮流』. 東京: 光文社新書.

北川正恭. 2004.『生活者起点の「行政革命」』. ぎょうせい.

木村剛. 2003.『マニフェスト論争 最終審判』(光文社ペーパーバックス、２００３年)

神吉信之. 2005. "マニフェスト型公開討論會への取り組み," 第2回ローカルマニフェスト檢證大會 發表資料.

言論NPO. 2003. "英國におけるマニフェスト"『言論NPO』通算8号.

佐々木毅. 2004. "政權公約デビューから定着の10年へ,"『中央公論』(3月号).

四日市大学地域政策研究所. 2003.『ローカル マニフェスト―政治への信頼回復をめざして―』.

曾根泰敎. 2006. "日本地方選擧導入政治變化," (사) 내나라연구소・한국정당학회 주최『지방선거와 정치발전에 관한 한・일 비교』세미나 발표논문.

－－－－. 2005.『衆議院選擧制度改革の評価』日本選擧学会選擧研究20.

財團法人インターネット協會. 2005.『インターネット白書2005』

西尾眞治. 2004. "地方におけるマニフェスト・サイクルの確立に向けて,"『地方財政』, 제605호.

松沢成文. 2005.『実践 ザ ローカルマニフェスト』. 東京;東信堂.

인명색인

사항색인

제4의 물결과 한국정치의 과제

초판 발행	2020년 2월 28일
지은이	김영래
펴낸이	안종만 · 안상준
편 집	정수정
기획/마케팅	정연환
표지디자인	조아라
제 작	우인도 · 고철민
펴낸곳	(주)**박영사**
	서울특별시 종로구 새문안로3길 36, 1601
	등록 1959. 3. 11. 제300-1959-1호(倫)
전 화	02)733-6771
f a x	02)736-4818
e-mail	pys@pybook.co.kr
homepage	www.pybook.co.kr
ISBN	979-11-303-0925-5 93340

정 가   27,000원